정형기법

Formal Methods

정형기법

Formal Methods

이문근 저

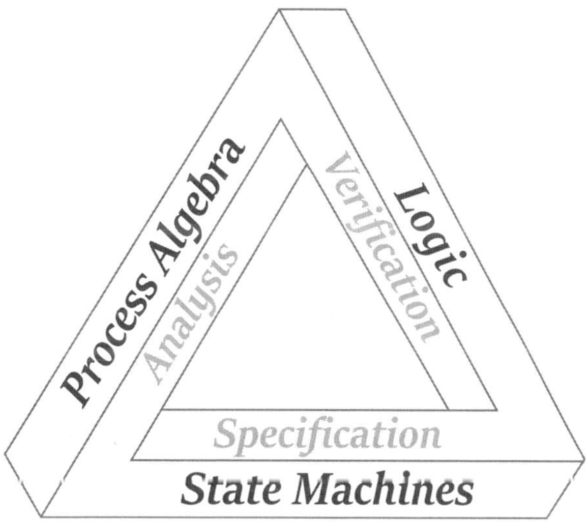

전북대학교
출판문화원

For

OMiLAB Korea

&

OMiLAB Global

진(眞)
령(昤)
안(顔)
에게

Prologue

이 책은 정형기법이 왜 필요한가에 대한 SW 공학적 동기를 시작으로, 정형기법의 3대 영역인 상태 기계, 논리, 프로세스 대수에 대한 총론과 각론을 다루었다. 각 각론마다 각 영역에서의 대표적인 정형기법 사례를 심층적으로 기술하였고, 각 정형기법 사례마다, 가능하면, 실질적인 예에 대해 공개된 도구를 기반으로 그 유용성을 강조하였다. 그리고 마지막 장에서는 이러한 정형기법이 우주 항공 SW표준에 대해 어떻게 인증 과정에 적용될 수 있는지 도구를 기반으로 준수됨을 제시하였다. 마지막으로 부록에서, 이러한 정형기법을 실제 제품으로 구현할 수 있는 도구 제작 방법을 ADOxx Meta-Modeling Platform을 사용하여 공개하였다.

이 책은 원래 대학원 학생을 위한 것이지만, 학부 4학년 학생에게도 적합할 듯하다. SW 공학을 전공하거나, SW 개발에 관심이 있는 학생에게는, 산업계에서 요구되는 정형기법에 대한 이해를 높이고, 설계 과정에서 정형기법 도구를 이용하여 SW를 정형적으로 명세하고 분석하고 검증할 수 있는 경험을 쌓고, 나아가 그러한 도구를 제품으로서 개발할 수 있는 능력을 키우는데 도움이 되기를 바란다.

한 학기동안, 이 교재를 만들면서, 같이 학습하고 토론한 최영복, 이성현, 송준섭 연구원에게 감사를 드린다. 특히 ADOxx Meta Modeling Platform 기반 SAVE 도구를 실제 주도적으로 개발하고, 이를 기반으로 ADOxx 기반 도구 제작 방법을 부록으로 제공한 최영복 연구원에게 감사를 드린다. 그리고 이런 출판의 기회를 준 전북대학교 출판문화원에도 감사를 표한다.

2017년 6월 30일
전북대학교 연구실에서

CONTENTS

PART 01

정형기법 개요

PART 02

SW 공학과 공정 모델

PART 03

상태 기계 개요

PART 04

Petri Net

CONTENTS

PART 06
Modechart

PART 07
논리학 개요

PART 10 Real-Time Logic

PART 11 프로세스 대수 개요

PART 14

dT-calculus

PART 16

부록

01
PART

정형기법 개요

PART 01

정형기법 개요

무형(intangible)의 SW(Software)는, 손으로 만질 수는 없지만, 특정한 공정 과정을 거쳐 생산되는 일반 제품과 크게 다르지 않다. 이러한 SW는 용도에 따라 다양한 유형의 제품이 있고, 그 생산 과정 및 방법 또한 다양할 수 있으나, 기본적으로 유형(tangible)의 다른 제품처럼 SW 또한 다음과 같은 가장 기본적인 공정 과정을 거쳐야 한다: 1) 제품에 대한 요구 사항 추출 및 분석, 2) 제품 설계 및 검증, 3) 제품 구현 및 검사, 4) 제품 공급 및 운영. 이 중 SW를 설계하고 검증하는 수단으로 사용하는 언어가 정형기법(Formal Methods)[1)]이다. 이 장에서는 정형기법이 왜 필요한지에 대한 동기와 그 종류 및 특성을 알아보고, 간단한 예를 통해서 실제 정형기법이 어떻게 적용되는지 살펴본다. 그리고 교재의 구성에 대해 알아본다.

1.1 동기

1) 과학이 어떤 대상과 현상을 관찰·조사·분석해 그 원리를 밝혀내는 학문이고, 이러한 원리를 기술하는 언어가 수학이라면, 이렇게 밝혀진 원리를 실생활에 적용하는 학문으로서 공학에서 사용하는 언어가 있다. 특히 컴퓨터 기반 시스템을 운영하고 관리하는 SW를 공학할 때, 그 설계 과정에서 SW의 구성, 행위 및 특성을 명세하고 검증 및 분석하는데 사용하는 수학 기반 언어가 정형기법(Formal Methods)이다. 일반기법과 다르게 정형(formal)이라고 명명한 것은 설계 과정에 모순이나 오류가 발생되지 않아야 한다는 수학적 관점을 반영한 것이다.

1996년 6월 4일에 발생한, EU의 ESA[2)]의 아리안 5호 폭발 사고[3)]는 SW 공정 과정과 정형기법의 중요성을 보여주는 대표적인 사건이다. 이 사고의 직접적인 원인은 아리안 5호에서 아리안4호의 모듈(module)을 새로운 요구 사항을 확인하거나 반영하지 않고 그대로 사용함으로써 발생이 된 문제였다[4)]. 이 문제의 Ada 코드를 살펴보자[ARIANEADA]:

- 문제의 코드: 다음 procedure LIRE_DERIVE() 중 15번 줄에 있는 단 한 줄의 코드가 문제를 발생시켰다. 아리안 4호에서는 16비트 정수값을 받는데, 아리안 5호에서는 64비트 부동소수값이 들어온다는 것을 반영하지 않은 결과이다.

```
1  procedure LIRE_DERIVE (...) is
2  ...
3  begin
4     ...
5     L_MBV_32:=TBD.T_ENTIER_32S ((1.0/C_M_LSB_BV)*
6                                  G_M_INFO_DERIVE(T_ALG.E_BV));
7     if L_M_BV_32 > 32767 then
8        P_M_DERIVE(T_ALG.E_BV) := 16#7FFF#;
9     elsif L_M_BV_32 < -32768 then
```

2) ESA(European Space Agency): 유럽우주 항공. 미국의 NASA와 같은 기구이다.

3) 1996년 6월 4일, EU의 ESA Flight 501를 발사체로 아리안 5호를 발사했는데, 발사된 지 37초만에 SW의 오작동으로 궤도를 벗어났고, 컴퓨터에서 초과된 고도 변경 명령을 내린 결과, 과도한 공기압력을 받아 폭발하고 말았다. 오작동의 원인은, 아리안 5호가 Ada로 작성된 아리안4호의 일부 모듈을 그대로 재사용하면서 발생되었다. 문제의 모듈은 16비트 정수값을 처리할 때는 문제가 없었으나, 64비트 부동소수값을 처리할 때, numeric overflow가 발생했고, 이를 처리하지 못해 문제가 발생되었다. 원래 아리안4호에서는 16비트 정수값만 입력을 받았고, 이를 처리하던 코드는 전혀 문제가 없었다. 그런데, 아리안 5호를 개발하면서, 요구 사항이 64비트 부동소수값으로 변경이 되었는데도, 이를 확인하지 않고 그대로 사용한 것이 문제였다. 그 결과 아리안 5호는 공중폭발되었고, 총 3억7천만불(4157억원)을 허공에 날렸다. 아리안 5호에는 태양계에서 지구의 전 자전 과정에서 지구의 전자자기장을 연구하기 위한 Cluster II라는 4개의 동일한 인공 위성이 장착되었었다. SW 재사용시 요구 사항이 제대로 반영이 되었는지 철저히 점검해야 한다는 사실을 보여주는 대표적인 사례이다[ARIANE96].

4) 첫 번째 코드는 해당 모듈 중 문제를 발생시킨 코드이다. 이 코드의 15번 줄에서 발생한 문제 때문에, 개발 비용 약 70억불(8.4조원), 발사체 및 탑재 인공 위성 비용 약 3억7천만불(4440억원)이 공중분해되었다는 것은 시사하는 바가 매우 크다. 만약 이 한 줄의 코드를 다음 코드의 15~23줄처럼 float number를 integer로 변경하는 절차만 거쳤더라도 이러한 상황은 발생하지 않았을 것이다.

```
10         P_M_DERIVE(T_ALG.E_BV) := 16#8000#;
11      else
12         P_M_DERIVE(T_ALG.E_BV):= UC_16S_EN_16NS(TBD.T_ENTER_16S(L_M_BV_32));
13      end if;
14
15      P_M_DERIVE(T_ALG.E_BH) := UC_16S_EN_16NS(TBD.T_ENTER_16S
16                                         ((1.0/C_M_LSB_BH)*
17                                            G_M_INFO_DERIVE(T_ALG.E_BV)));
18   end LIRE_DERIVE;
```

- 수정된 코드: 위 procedure LIRE_DERIVE() 중 15번 줄을 아래와 같이 15에서 23까지 수정하면 위 문제가 '간단히' 해결된다. 즉 입력 받은 16비트 정수값을 64비트 부동소수값으로 바꾸면 된다.

```
1    procedure LIRE_DERIVE (...) is
2    ...
3    begin
4       ...
5       L_MBV_32:=TBD.T_ENTIER_32S ((1.0/C_M_LSB_BV)*
6                                   G_M_INFO_DERIVE(T_ALG.E_BV));
7       if L_M_BV_32 > 32767 then
8          P_M_DERIVE(T_ALG.E_BV) := 16#7FFF#;
9       elsif L_M_BV_32 < -32768 then
10         P_M_DERIVE(T_ALG.E_BV) := 16#8000#;
11      else
12         P_M_DERIVE(T_ALG.E_BV) := UC_16S_EN_16NS(TBD.T_ENTER_16S(L_M_BV_32));
13      end if;
14
15      L_M_BH_32 := TBD.T_ENTIER_32S ((1.0/C_M_LSB_BH)*
16                                   G_M_INFO_DERIVE(T_ALG.E_BH));
17      if L_M_BH_32 > 32767 then
18         P_M_DERIVE(T_ALG.E_BH) := 16#7FFF#;
19      elsif L_M_BH_32 < -32768 then
20         P_M_DERIVE(T_ALG.E_BH) := 16#8000#;
21      else
22         P_M_DERIVE(T_ALG.E_BH):= UC_16S_EN_16NS(TBD.T_ENTER_16S(L_M_BH_32));
23      end if;
24   end LIRE_DERIVE;
```

위 한 줄 코드 때문에 아리안 5호 폭발 사고가 발생이 되었다는 것은 쉽게 납득이 가지 않을 수 있다. 특히 약 70억불(8.4조원)이라는 총 개발 비용과 약 3억7천만불(4440억원)이라는 발사체 및 탑재 인공 위성 비용이 한순간에 허무하게 공중에서 사라졌다는 사실은 당시 매우 충격적인 일이었다. SW의 체계적인 개발과 관리가 얼마나 중요한가를 전문가가 절실하게 인식할 수 있는 계기가 되었다.

아리안 5호 폭발 사고와 같은 문제가 발생이 된 원인은, SW를 제작하는 공정 과정에서 요구 사항을 철저히 분석하고, 이를 설계 과정에서 모델 및 정형기법으로 명세하고, 이를 다시 검증 및 분석을 한 후에, 이러한 명세 내용이 적합하게 구현되었는지 검사하고, 이를 배치 후 제대로 작동이 되는지 확인하는 등의 절차를 명확히 거치지 않았기 때문이다. 나아가, SW 재사용 관점에서 기존의 SW에 대한 설계 및 역설계 정보를 기반으로 기존의 SW가 새로운 요구 사항을 만족하는지, 그렇지 않을 경우, 어떻게 이 요구 사항을 반영하고 이를 검증 및 분석을 할 건지에 대한 체계적인 절차나 원칙이 없었기 때문이다. 이 사고는 단순히 공중에서 발사체와 탑재된 인공 위성이 공중에서 폭발되어 분해된 것에 그쳤지만, 만약 체르노빌이나 후쿠시마와 같은 원자력 발전소라든지, 또는 핵폭탄 같은 무기체계였다면, 이러한 사고는 인류와 문명 및 자연에게 회복할 수 없는 결과를 초래했을 것이다.

아리안 5호 참사 이후, ESA는 산하 우주 항공 시스템의 정형적인 개발을 위해 ECSS5), 즉 우주표준유럽협의체를 구성하였고, 여기에서 우주 항공 표준안을 공포하였다 [JM02]. 이 표준안에서는 경영(Management), 보증(Assurance 및 공학(Engineering)이라는 3대 영역을 설정하고, 각 영역별로 다음과 같은 세부 표준안을 규정하였다:

1) ECSS-M-00: Space Project Management
   - ECSS-M-10: Project Breakdown Structures
   - ECSS-M-20: Project Organization
   - ECSS-M-30: Project Phasing & Planning
   - ECSS-M-40: Configuration Management
   - ECSS-M-50: Information/Documentation Management

5) ECSS(European Cooperation for Space Standardization): ECSS(우주 표준 유럽 협의제)는 EU연합의 ESA(European Space Agency)에 의해서 주도적으로 구성된 유럽형 우주 관련 사업의 표준을 위해 구성된 유럽 협의체이다. 여기에서는 아리안 5호 참사 원인을 철저히 분석하였고, 이러한 참사가 다시는 발생이 되지 않도록, ESA에서 추진하는 모든 우주 프로젝트에 관한을 위한 세부 표준안을 규정하였다.

- ECSS-M-60: Cost & Schedule Management
- ECSS-M-60: Integrated Logistics Support

2) ECSS-Q-00: Space Project Assurance
   - ECSS-Q-10: Quality Assurance
   - ECSS-Q-20: Dependability
   - ECSS-Q-30: Safety
   - ECSS-Q-40: EEE Component Control
   - ECSS-Q-50: Material, Mech. Parts & Processes
   - ECSS-Q-60: Software Product Assurance

3) ECSS-M-00: Space Engineering
   - ECSS-E-10: System Engineering
   - ECSS-E-20: Electrical & Electronics
   - ECSS-E-30: Mechanical
   - ECSS-E-40: Software
   - ECSS-E-50: Communications
   - ECSS-E-60: Control Systems
   - ECSS-E-70: Ground Systems & Operations

이 표준안에서 주목할 사안은 표준안의 대상이 단지 시스템 공학(System Engineering)이나 전기-전자(Electrical & Electronics), 기계 및 역학(Mechanical), 소프트웨어(Software), 제어(Control Systems), 지상 시스템과 운영(Ground Systems & Operations)과 같은 우주 공학(Space Engineering)에 관한 요소만을 다룬 것이 아니라; 품질 보증(Quality Assurance), 신뢰성(Dependability), 안정성(Safety), 전기전자공학 요소 제어(EEE Component Control), 재료 기계 구성체 및 공정(Material, Mech. Parts & Processes), 소프트웨어 제품 보증(Software Product Assurance)과 같은 우주 프로젝트 보증(Space Project Assurance)에 관한 요소을 포함하여; 프로젝트 세부 구조(Project Breakdown Structures), 프로젝트 조직(Project Organization), 프로젝트 단계 및 계획(Project Phasing & Planning), 배치 관리(Configuration Management), 정보 및 문서 관리(nformation/Documentation Management), 비용 및 일정 관리(Cost & Schedule Management), 통합 자재 및 인력 공급

및 작동(Integrated Logistics Support)과 같은 우주 프로젝트 관리 및 경영(Space Project Management)에 관한 요소까지 포함하고 있다는 것이다. 즉 이는 우주 프로젝트와 시스템과 제품을, 영역별로 체계적으로, 유기적으로 관리하고, 제작하고, 운영해야 한다는 기본 원칙을 반영한 것이다. 특히, 아리안 5호 폭발 사고를 발생시켰던 SW에 대해서는, ECSS-E-40 SW의 표준안을 통해서, SW 공학 프로세스 적용, 모델 및 정형기법 기반 공학 적용, 도구 기반 공학 적용 및 SW 생명 주기 프로세스 적용 등과 같은 핵심 원칙을 규정하였다[6]. 이 표준안이 설정된 이후 2013년까지 총 67회의 발사 중 단 4회만 실패하였고, 나머지 63회는 성공하였다. 이는 이전의 성공률에 비해 매우 향상된 결과로 평가되고 있다 [ARIANE].

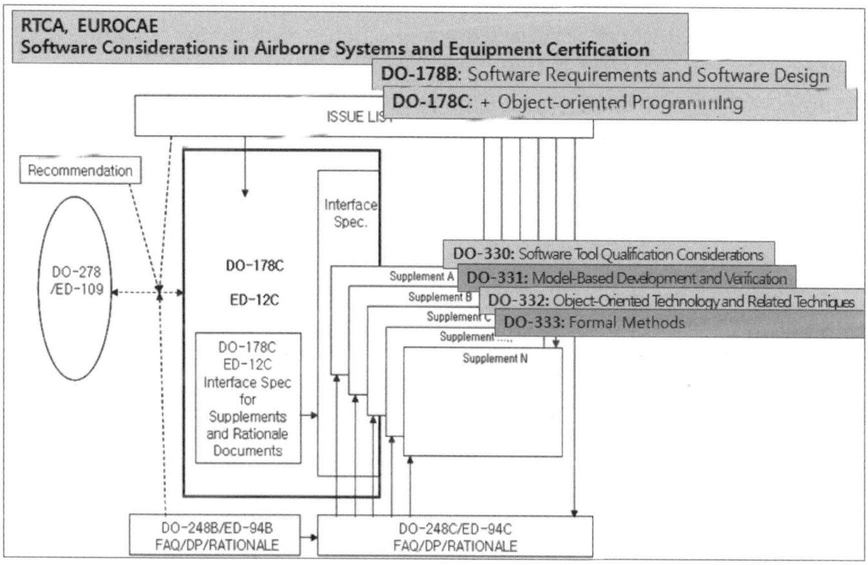

<그림 2-1> 미국의 DO 178C 표준안

이와 비슷한 시기에 미국에서도 RTCA(Radio Technical Commission for

6) 이 교재의 마지막 장인 제15장에서는 ECSS-E-40에서 SW개발 공정 과정과 SW에 대한 명세 및 검증이 어떻게 구체적으로 규정되었으며, 이 규정을 어떻게 만족하는지를, 인증을 위한, 규정 준수(Compliance) 관점에서 ADONIS[ADONIS] 제품과 d-Calculus[CL15] 프로세스 대수와 SAVE[CL15] 도구를 통해 보여준다.

Aeronautics)를 중심으로 <그림 1-1>과 같은 SW 요구 사항과 설계를 규정한 표준안 DO-178B와 더불어 객체 지향프로그램 표준안 DO-178C를 규정하였다. ECSS에서처럼 여기에서도 DO-330, 331, 332, 333 부록을 통해, SW를 위한, SW 도구 적용 항목(SW Tool Qualification Considerations), 모델 기반 개발 및 검증(Model-Based Development and Verification), 객체 지향 기법 및 관련 기법(Object-Oriented Technoloby and Related Technologies), 정형기법(Formal Methods)에 관한 표준을 설정하였다[BROS10].

- ANSI: American National Standards Institute
- AIAA: American Institute of Aeronautics and Astronautics
- EIA: Electronic Industries Association
- IEC: International Electrotechnical Commission
- IEEE: Institute of Electrical and Electronics Engineers, Computer Society, SW Engineering Standards Committee
- ISO: International Organization for Standardization
- RTCA: Radio Technical Commission for Aeronautics
- EUROCAE: European Organization for Civil Aviation Equipment
- ECSS: European Cooperation for Space Standardization

Aerospace/ Avionics Systems	Railway Systems	Nuclear Power Plants	Automobile Systems	Embedded Systems	Defense Systems
ECSS-E-40 DO-178C IEEE 12207 AIAA G-010-1993 CMMI	EN-50128	IEC-60880	ISO-26262 IEC 61508	IEC-61508	MIL-STD-882E

<그림 1-2> 국제 표준 기구와 영역별 표준안

이 외에도 <그림 1-2>에서 보여주는 바와 같이 많은 국제 표준 기구에서 해당 제품의 안전성과 품질을 보장하기 위한 해당 표준안을 제시하고 있다. 특히 자동차의 경우, 수출용 자동차에 장착되는 모든 SW는 2014년부터 국제 표준 기구의 표준안 ISO-26262를 만족해야 한다 [QV12]. 이 표준안의 핵심 내용은 ECSS-E-40과 DO-178 표준안과 유사함을 알 수 있다. 즉 SW 공학 프로세스 적용, 모델 및 정형기법 기반 공학 적용, 도구 기반 공학 적용, 객체 지향 기법 적용 및 SW 생명 주기 프로세스 적용 등과 같은 핵심 원칙을 기본으로 하고

있다.

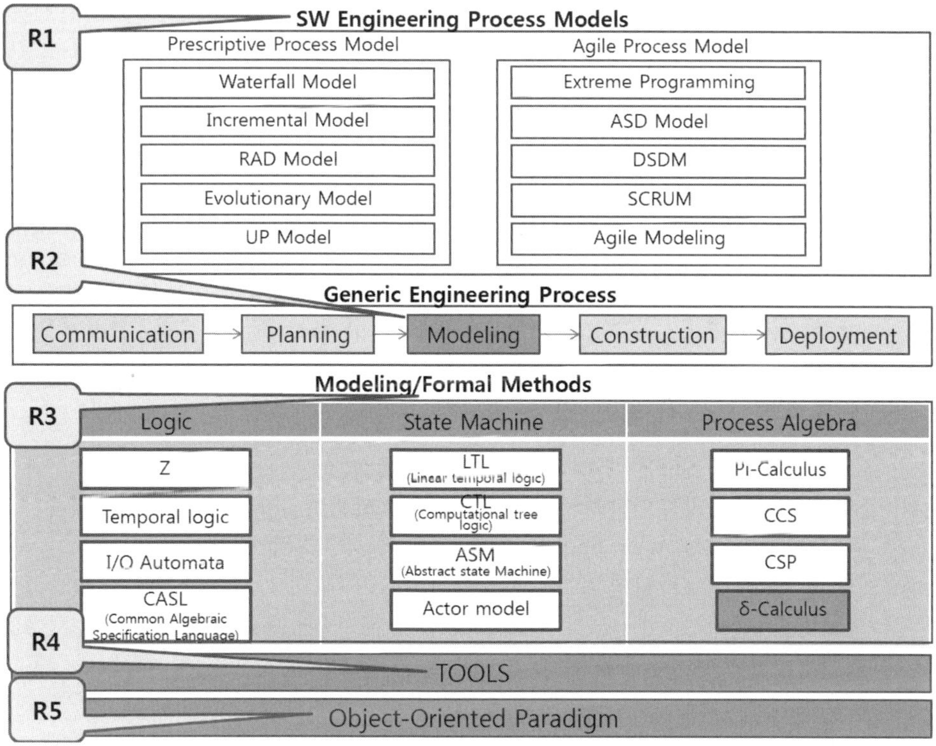

<그림 1-2> SW 개발 기준과 요구 사항

1.2 SW 공학 공정 모델

제품의 안전성과 생산성을 위해서, ECSS의 표준안과 DO-178B 또는 DO-178C 표준안 및 ISO[7] 국제 표준안처럼, 일반적으로 제품의 공정 과정은 제품의 품질

7) ISO(Interantional Standard Organization)는 여러 국제 표준 기구 중 대표적인 국제 표준 기구이다. 1947년에 창립되었고, 스위스, 제네바에 본부를 두고 있다. 이 기구는 자산, 기업 및 사업의 표준화를 도모하고 증진시키며, 2017년 현재 총 162개국이 참여하고 있다 [ISO]. 대표적인 표준안은 품질 경영 시스템을 위한 ISO9000, 전기 전자 제품의 기능 안정성을 위한 ISO26262 등이 있다. ISO이외에도, <그림 1-2>에서 보여주

과 안전성을 위해 규격화된다. 특히 인간의 생명과 자산을 다루는 시스템의 경우, 이는 매우 엄격하다. SW의 경우, ESA의 ECSS-E-40[JM02]과 RTCA의 DO-178B/C 표준안[BROS10]을 보면, <그림 1-2>에서 보여주는 바와 같이, 다음 기준(Standards) 및 요구 사항(Requirements)을 설정했음을 확인할 수 있다:

- R1) 검증 가능한 공학 과정을 적용해야 한다.
- R2) 설계 과정에서 모델 기법을 사용해야 한다.
- R3) 설계 과정 중, 핵심 SW는 정형기법을 적용해야 한다.
- R4) 공정 과정 관리, 모델링 및 정형 명세를 위해서 도구를 사용해야 한다.
- R5) 객체 지향 패러다임을 적용해야 한다.

여기에서 강조하는 바는, 신뢰성과 안전성을 보장하는 SW를 개발하기 위해서는, 특정 공정 과정을 적용해야 하며, 이 공정 과정 중, 설계 및 모델 과정이 있어야 하며, 그 과정에서 정형기법을 적용해야 한다는 것이다. 그리고 가능하면, 이 과정을 수동으로 하지 말고, 도구를 통해서 자동화 또는 반자동화해야 하며, 객체 지향 패러다임을 기반으로 개발해야 한다는 것이다. 그리고 이러한 공정 과정이 CMMI[8)]에 부합해야 하다는 것도 강조했다.

그럼 첫 번째 요구 사항인 SW개발공정에 대해 알아보자. SW개발공정은 다음과 같이 크게 두가지 유형의 모델로 구분할 수 있다:

는 것처럼, 각 전문분야별로 다양한 국제 표준 기구가 있다.

8) CMMI(Capability Maturity Model Integration): CMMI는 미국의 Carnegie Mellon 대학의 SEI(Software Engineering Institute)에서 개발한, 공정 수준을 개선하기 위한 교육 및 평가 프로그램이다 [CMMI]. 이 프로그램은 미국 국방부와 정부가 정부에 SW를 납품하는 업체를 대상으로 그들의 제품 공정 수준을 평가하고 관리하기 위한 프로그램이다. 이는 납품하는 SW를 그 공정 과정의 수준으로 평가할 수 있다는 의미와 같다. CMMI의 공정 수준에는 5개의 수준이 있다: 1) Initial, 2) Managed, 3) Defined, 4) Quantitatively Managed, 5) Optimized. 일반적으로 수준-3 이상을 요구하는데, 그 이유는 SW가 어떤 공정 과정을 거쳐서 개발되었는지에 대한 명확한 정의가 설정되어야 한다는 의미이다. 나아가 이런 공정 과정이 단계적으로 개선 및 발전되어야 한다는 의미도 포함되어 있다.

- 규정/지시-적 공정 모델 (Prescriptive[9] Process Model): 규정적 모델은 SW를 제작하기 위한 정확한 단계와 방법이 명확히 규정되어 있어, 어떤 상황에서라도 이 규정적 단계와 절차 및 방법을 정확히 따라야 되는 모델이다. 대표적인 모델은 다음과 같다:

  1) 낙수(落水) 모델(Waterfall Model): 낙수 모델은 수리(水理)에 의해 물이 위에서 아래로 자연스럽게 흐르듯, 한 단계 이후, 다음 단계로, 순차적으로 진행하는 모델이다[WIN70, WF07]. 이 모델은 SW 공학에 있어 가정 고전적인 모델이며, 가장 오래된 모형(paradigm)이다.

  2) 증량 모델(Incremental Model): 이 모델은, SW를 여러 단계의 증량수위로 나누고, 각 단계마다 낙수 모델(Waterfall Model)을 적용한 모델이다[MR93]. 예를 들면, 제품의 기능을 저, 중, 고급으로 나누고, 이를 기반으로 제품을 개발하는 빙법으로 이해할 수 있다.

  3) RAD 모델 (신속응용개발: Rapid Application Development Model): RAD모델은, 짧은 개발 주기를 강조하는 증량 SW 공정 방법이다[MARTIN91] 이는, 개발 방법에 컴포넌트 개념을 적용해 개발 과정을 단축시킨, 낙수 모델의 신속한 적용 모델이라고 볼 수 있다.

  4) 진화 모델(Evolutionary Model): 진화 모델은 진화라는 생명 주기를 따르는 SW의 본질에 따른 모델이다[BROOKS75, BOEHM88]. SW는 일반 생명체처럼 진화하는 속성을 지닌다. 그 이유는 시간이 지남에 따라 SW에 대한 요구 사항이 강화되고 복잡해지기 때문에, 이러한 요구 사항의 강화와 복잡도 증가를 만족시키기 위해서 요구되는 모델이다.

- 신속/상황-적 공정 모델 (Agile Process Model): 신속 모델은 상황에 최적화된 모델로 가장 신속하게 요구 사항을 만족힐 수 있는 SW를

---

9) 이 개념은 descriptive(기술적)이 상대직인 개념으로 이해할 필요가 있다. Prescriptive가 원칙적인 면을 의미하거나 강조한다면, descriptive는 그에 대한 기술적인 면을 의미하고 강조한디고 볼 수 있다.

제작하기 위한 모델이다. 대표적인 모델은 다음과 같다:

1) XP(Extreme Programming) 모델: XP는 고객 요구 사항의 변화에 맞춰 SW 품질과 대응성을 향상시키기 위한 SW 개발 방법론이다[BECK04]. XP에서는 Agile SW 개발 방법 중 하나로서, 생산성을 향상시키고 고객 요구 사항의 변화를 적극적으로 수용하기 위하여, 체크 포인트를 설정하고, 짧은 개발 주기에 맞게, 제품을 증량적으로 여러 번 출시한다.

2) 적응형 소프트웨어 개발(ASD: Adaptive Software development) 모델: 이전 Prescriptive 모델의 하나인 RAD 모델에 기반을 둔 SW개발 모델이다[BECK04]. ASD에서는 당면한 작업에 대한 각 공정 과정이 업무 수준에 적응을 할 때까지 지속되어야 한다는 일반적인 원칙을 담고 있다. ASD는 전통적인 낙수 주기를 일련의 추측, 공동 작업 및 학습 주기로 대체하고, 프로젝트의 긴급 상태에 대한 지속적인 학습과 적응을 요구한다. ASD 생명 주기의 특징은 임무 지향, 특징 기반, 반복, 타임박스(Timebox)[10), 위험 제어와 변화 수용에 있다.

3) DSDM (Dynamic systems development method) 모델: Agile Project Delivery Framework로서, 처음에는 소프트웨어 개발 방법으로 사용되었다[KEITH07, PLONKA14]. 1994년에 처음 출시된 DSDM은 원래 RAD 모델에 대한 몇 가지 규율을 제공하고자 했다[ABRA03]. 이후 버전에서 DSDM Agile Project Framework가 개정되면서, SW개발 및 코드 생성에 초점을 맞추기 보다는 프로젝트 관리 및 솔루션 제공에 대한 일반적인 접근 방식이 되었으며, IT가 아닌 일반 프로젝트에도 사용될 수 있었다. DSDM Agile Project Framework는 전체 프로젝트 라이프 사이클 전반에 걸쳐 광범위한 활동을 다루고 있고, 강력한 기반과 관리를 포함하여, 이는 다른 애자일 방법과 차별화된다. DSDM Agile Project Framework는 지속적인 사용자/고객 참여를 포함하여, 애자일 개발 원칙을 수용하는 반복적이고 점증적인 접근 방법이다.

---

10) 시간을 관리하는 목적으로 각 업무에 대해 확정된 시간을 규정하여 마감 일정(deadline)을 준수하도록 관리하는 방법이다.

4) Scrum 모델: 제품 개발을 관리하기 위한 점진적이고 민첩한 agile SW 개발 프레임 워크이다[SCRUM16, GUNTHER16]. Scrum은 "개발팀이 하나의 공동 목표를 달성하기 위한 unit으로 작동하는 유연하고 종합적인 제품 개발 전략"을 나타내며[HIRO86], 제품 개발을 위한 전통적이고 순차적인 접근 방법에 도전하고, 팀 구성원을 공동의 공간에 위치시키거나 긴밀한 온라인 협업을 구성하여 팀 구성원간에 일대일 대화를 함으로써 자체 팀 구성을 가능하게 한다.

5) FDD(Feature Driven Development) 모델: FDD는 반복적이며 점진적인 SW 개발 방법론이다[PALMER02]. 이는 SW를 개발하기 위해서 고안한 경량 또는 신속 방법이다. FDD는 기업에서 가장 우수하다고 인정한, 다수의 실제 방안을 하나의 강화된 방안으로 융합하여 만든 방법이다. 고객이 인정하는 기능성, 즉 속성의 관점에서 이 방안이 도출된다. 이 방법의 주 목석은 궁극적으로 작동되는 SW를 시간 내에 반복적으로 공급하는 것이다.

초기 SW 공정 모델은 규정 공정 모델이 일반적이었다. 하지만 SW의 종류가 다양해지고, 각 SW의 요구 사항과 이를 제작하기 위한 환경과 조건이 다양해지면서, 또한 제작 경쟁력을 강화하기 위한 목적으로, 다양한 신속 공정 모델이 고안되었다.

한편, SW 개발을 위해 다양한 공정 모델이 존재하지만 <그림 1-4>에서 보여주는 바와 같이, 이러한 공정 모델이 준수해야 하는 가장 기본적인 핵심 과정이 있다. 이를 간단히 정리하면 다음과 같다:

1) 요구 사항 수출 및 분석: 어떤 제품이든지, 그 제품이 어떤 용도인지, 왜 필요한지, 어떤 기능을 제공하는지 등에 대한 요구 사항이 명확히 규명되어야 하고, 나아가 이러한 요구 사항이 타당한지를 분석하고 확인해야 한다. 그리고 이러한 요구 사항은 최종 제품이 만들어졌을 때, 그 제품의 품질을 평가하는 기준이 되어야 한다.

2) 설계 및 명세: 1)의 요구 사항이 명확히 규명되고 분석된 이후에는, 제품

을 사전에 설계하고, 이를 구조·기능·작동 또는 행위적 관점에서 명확히 명세해야 한다. 그리고 이러한 명세가 1)의 요구 사항을 명확히 반영하고 있는지를 사전에 검증해야 한다. 설계와 명세가 잘못되었을 경우, 당연히 잘못된 제품이 만들어질 것임으로; 정확한 설계와 검증을 통해서 정확한 제품을 만들어야 한다는 것이다.

3) 구현 및 시험: 1)에서 요구 사항을 명확히 규정하고 분석한 다음, 2)에서 이를 기반으로 정확한 설계와 검증이 이루어진 다음, 이 설계를 기반으로 정확한 제품을 만들고, 그 제품을 설계와 명세를 기반으로 시험을 하는 것이다.

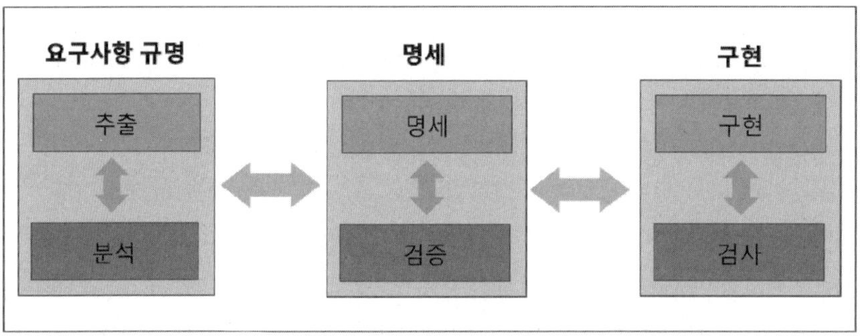

<그림 1-3> SW 개발 핵심 공정 모델

위 과정은 반복적으로 진행되어야 한다. 즉 명세 중 문제가 있으면, 역으로 되돌아가, 요구 사항을 다시 분석하고; 구현 과정에서 문제가 있으면, 역으로 명세 사항을 다시 검증해야 한다는 의미이다.

이 과정에서 중요한 것은, 정형기법이 요구 사항을 명세하고 이를 검증 및 분석하는데 사용된다는 점이다. 그럼 SW에 대한 ECSS-E-40와 DO-178B/C 표준안의 두 번째 요구 사항(Requirements)인 정형기법을 살펴보자.

1.3 정형기법

설계 단계에서 제품에 대한 신뢰성과 안전성을 확인하기 위해서, 제품에 대한 기본 구조와 성질과 기능을 명세하고 이를 기반으로 모의 실험 등을 거쳐 실제품의 신뢰성 및 안전성과 같은 품질을 사전에 평가하고 판단할 수 있어야 한다. 제품으로서의 SW도 마찬가지로, 설계 단계에서 SW에 대한 신뢰성과 안전성을 확인하기 위해서, SW에 대한 기본 구조와 성질과 기능을 명세히고 이를 기반으로 모의 실험 등을 거쳐 실제품의 신뢰성 및 안전성과 같은 품질을 사전에 평가하고 판단할 수 있어야 한다. 이때 사용하는 방법이 정형기법이다.

정형기법은, 컴퓨터에서 SW를 설계 단계에서 형식적(formal)으로 명세하고, 검증 및 분석을 하기 위한, 수학에 기반을 둔 기법(method)[11]이다[FM]. 이러한 기법을 사용하는 이유는 기법이 건전하고 완전한 수학 체계에 기반을 두고 있기 때문에, HW와 SW에 대한 명세와 이에 대한 일관성 있는 검증 및 분석이 가능하기 때문이다. 이렇게 설계 과정에서, 명세와 그에 대한 검증과 분석을 통해서, SW 제품이 실제 구현되어 고객에게 공급되기 이전에, 제품상의 구소, 기능, 작동적 오류를 발견한다면, 많은 비용과 인력 및 자원, 그리고 시간을 현저하게 절감할 수 있다.

과학[12]이 사물의 본질과 현상의 원리를 밝히는 학문이고, 공학[13]은 그 본질과 원리를 응용해서 실생활에 용이한 제품을 제작하는 학문이라면, 컴퓨터나 SW처럼 과학과 공학의 성질을 복합적이며, 융합적으로 가진 학문도 드물 것이다[14]. 이유는 당연히 컴퓨터가 Turing Machine[15]이란 수학에 기반을 둔 개념적 기계를 공학적으로 구현한 것이고, SW는 Turing Machine을 작동시키기 위한 알

11) Method에 대해서는 학술적, 나아가 용어적(taxonomical) 정의가 요구된다. 일본에서는 이를 기술(技術)이라고 번역하지만 비엔나 대학의 OMiLAB에서는 실체적 기능도 포함했다 [FK13]. 즉 Methods를 단순히 수학적인 또는 개념적 모델인 아닌, 실제 도구(tool)로서 작업을 할 수 있는 수단을 제공해야 한다는 주장이 설득력이 있다

12) 자연, 사회 등에 대한 체계적인 지식, 또는 그것을 밝히는 학문.

13) 공업에 관한 이론과 기술 등을 연구하는 학문.

14) 외국에서는 컴퓨터 과학을 응용 과학(Applied Science)로 구분한다.

15) Alan Turing에 의해 1936년 수학적으로 정의한 추상화된 개념 기계이다. 입력 테이프에 주어진 문자열을 읽고, 또는 쓸 수 있는 Read/Write Head를 가진 추상 기계이며, 주어진 문자열에 대해 Header가 테이프 상에서 좌우로 움직일 수 있고, 읽고 쓸 수 있는 기능을 가졌다. TM은 1930년대 후반에서 1940대 초반 사이, 초기 컴퓨터의 기본 아키텍처인 von Neumann Architecture의 기본이 되었다.

고리즘을 컴퓨터에서 구현한 것이기 때문이다. 이는 역으로 수학에 기반을 둔 컴퓨터를 응용하는 SW는 근본적으로 수학적으로 명세하고, 검증 및 분석을 해야 한다는 의미와 같다. 이런 목적으로 설계 단계에서 사용하는 수학적 체계(Mathematical Structure)[16]가 정형기법이다. SW를 명세하고, 검증 및 분석을 하기 위한 정형기법은 크게 다음과 같은 유형으로 구분할 수 있다:

- 오토마타(Automata) 또는 상태 기계(State Machine): 컴퓨터를 정의한 수학 모델이다. 이는 컴퓨터가 가질 수 있는 모든 경우 또는 상태를 메모리의 상태로 산정하고, 메모리의 상태를 변경시킬 수 있는 Read/Write(R/W)가 가능한 Controller의 R/W Header의 메모리 위치에서, 메모리의 상태를 기반으로, 주어진 Input에 대하여, 특정한 Output을 발생시키고, 그 상태와 주어진 Input의 조건에 따라, 주어진 메모리의 상태를 Rewrite하여 상태를 전환할 수 있고, 나아가 그 Header의 위치를 변경, 즉 이동할 수 있게 하였다. 그리고 이렇게 Controller에게 작동할 수 있게 지시하는 것을 수학 기반 코드(Code)로 규정하였고, 나아가 컴퓨터에서는 그 코드를 SW로, 코드의 지시를 받는 물리적인 기계를 HW(Hardware)로 규정하였다. 역으로 설명하면, 우리의 관찰 대상인 시스템을 작동시키는 SW의 작동 원리와 상태의 변화를 수학 체계인 오토마타 또는 상태 기계(State Machine)를 통해서 정의하고, 규명하고, 설명할 수 있게 하였다. 즉 특정의 상태에서 특정한 조건이 성립이 될 때 특정한 상태로 전환이 이루어짐을 수학적으로 설명하였다. 대표적인 기법으로는 Statechart[MAREL87], Modechart[JM94], Petri Net[MUR89], Timed Petri Net[RAM74] 등이 있다.
- 논리학(Logic): 상태도를 기반으로 시스템이나 SW를 수학적으로 기술하고 설명하는 것은 어떤 면에서 단순히 기계적일 수 있다. 하지만 SW를 시스

16) 수학 체계(Mathematical Structrue)에서 체계는 집합에 수학적인 특징을 가진 객체를 결합한 구조를 의미한다. 예를 들면, 자연수의 집합에 +, *과 같은 연산자를 결합하고, 이에 대한 +의 항등원 0, 과 *의 항등원 1을 결합한 구조를 자연수에 대한 대수(Algebra)라는 구조(structure)로 정의한다. 이 대수는 건전하고 완전하게 동작되기 위해서는 닫힘 성질을 만족해야 한다. 구조에는 Measures, Group, Fields, Topologies, Geometrics, Orders, Events, Equivalences, Differential Structures, Categories 등이 있다.

템을 운영, 즉 작동과 변화를 결정해야 하는 판단 능력을 가진, 논리적이고 지능적인 관찰 대상이라고 간주한다면, 위의 상태기계와 다른 수학 체계가 요구된다. 이를 위한 수학 체계가 논리학이다. 논리학은 가장 오래된 과학중의 하나이며, 주로 철학에 속해 있었다. 하지만 논리학이 기호학적인 개념으로 전환되면서, 컴퓨터와 SW를 설명하기 위한 중요한 수단으로 활용되었고, 발전되었다. 다시 말하면, 컴퓨터와 이를 작동시키는 SW의 작동과 상태 및 상황 변화를 논리적인 인과관계로 설명할 수 있게 되었다. 즉 주어진 상황에서, 특정한 조건이 성립이 될 때, 특정한 결과를 초래한다는 인과관계를 규칙적으로 설명한 수학 체계로 규정되었다. 이러한 논리학을 기반으로, 우리의 관찰 대상인 시스템이 어떤 전제 조건에서 어떤 규칙에 의해서 어떤 결과로 유도되는지를, SW 관점에서, 논리적으로, 수학적으로 설명할 수 있다. 대표적으로는 Z[SPIV92], Temporal Logic [MP91], Real-Time Logic[JLM88], CASL[CTG99] 등이 있다.

- 프로세스 대수(Process Algebra): 만약 시스템을 구성하는 요소가 여러 개의 프로세스로 이루어진 경우는 위의 상태도와 논리학을 적용하기 어렵다. 특히 이들 간의 상호 작용(Interaction)이 빈번하거나 결정적일 경우, 즉 시스템 상태의 변화가 이를 구성하는 프로세스 간의 상호 작용에 의해서 결정되는 경우에는 다른 수학 체계를 적용해야 한다. 이를 위해서 고안된 방법이 프로세스 대수이다. 프로세스 대수에서는 기본적으로 시스템을 구성하는 기본 요소를 프로세스로 규정하고, 시스템의 상태 변화를 시스템을 구성하는 프로세스 간의 상호 작용으로 규정한다. 이를 수학적으로 정의하기 위해, 프로세스를 집합의 원소로, 이들 간의 상호 작용을 집합 내의 원소인 프로세스 간의 대수 연산으로 정의하여, 시스템의 변화를 프로세스에 대한 연속적인 대수 연산으로 정의할 수 있다. 즉 대수적인 수학 체계를 통해서 관찰 대상인 시스템과 시스템의 변화와 변동을 주도하는 SW를 대수적으로, 수학적으로 설명할 수 있다. 특히 프로세스 대수에서 강조하는 바는 프로세스 간의 동일성이다. 그리고 동일성이 외부와 내부의 조건에 때라 달라짐을 구분하였다. 대표적으로는 CCS[MIL89], CSP[HOA85], ACP[BK85], ACSR[LDG91], LOTOS[ISO87,HOG89], Pi-Calculus[MIL99], Mobile Ambient[CG98], δ-Calculus[CL15] 등이 있다.

SW를 명세하고 검증 및 분석하기 위해 정형기법이 요구되는 이유는, 설명한 바와 같이, 정형기법이 수학에 기반을 두고 있어 건전성과 안전성을 보장하기 때문이다. 하지만 정형기법으로 SW를 명세하고, 검증 및 분석한다고 해서 자동으로 완벽하게 SW에 대한 신뢰성과 안전성을 보장하는 것은 아니다. 그 이유는 기본적으로 설계단계의 SW에 대한 관점이 실세계의 SW와 현격한 차이가 있을 수 있기 때문이다. 즉 관념적인 것과 물리적적인 차이가 분명히 있을 수 있다는 의미이다[17]. 이런 관점에서, 효과적이고 효율적으로 정형기법을 사용하기 위해서는 다음과 같은 '정형기법 10계명'을 이해하는 것은 필수적이다 [BOWA94]:

1) 응용 영역에 적합한 정형기법을 선택하라[18].
2) 필수적인 영역과 경우에만 정형화가 필요하고, 불필요한 경우에는 적용을 삼가하라.
3) 정형기법에 대한 비용을 고려하라: 훈련·도구 사용·상담 등에 비용이 든다.
4) 초기 사용 시 정형기법 전문가가 필요하다.
5) 기존의 개발방법과의 통합 및 결합이 필요하다: 시너지 효과를 평가하라.
6) 정형 명세에 대한 충분한 자연어적 주석과 기술, 즉 문서화가 필요하다.
7) SW 품질 인증에 관한 지속적인 활동이 필요하다.
8) 정형기법은 정확성에 대한 보증이 아니다: 최종 시스템에서 오류가 발생할 수 있다.
9) SW에 대한 시험은 필수적이다.

---

17) SW가 실제 작동되는 상황을 고려하면 그 차이를 이해할 수 있다. HW나 OS, 나아가 통신과 프로토콜 등을 고려하면, 설계 단계에서 고려할 수 없는 많은 실질적인 요소가 있다. 이를 SW의 설계 단계에서부터 직접적으로 고려하여 명세 및 검증 및 분석 단계에서부터 직접 반영한다는 것은 쉽지 않다. 이런 문제는 구현 및 배치 단계에서의 검사(Testing 또는 Validation)에서 처리할 수 있다.

18) 자연어는 3000~8000개가 있다고 알려져 있고, SIL International의 출판된 Ethnologue에 의하면 2009년 6909개의 자연어가 있다고 발표되었다 [ETHN09]. 모든 인공어의 수를 파악하는 것은 어렵지만, 프로그래밍 언어만 약 8512개 정도가 있으면, 정형기법은 1000개가 넘는다고 알려져 있다. 이 중 대표적으로 또는 범용적으로 사용되는 프로그래밍 언어와 정형기법은 매우 제한적인데, 그 의미는 각 언어와 기법마다 특수하게 사용되는 용도에 있다고 볼 수 있다.

10) 정형기법적 측면에서의 재사용성을 고려해야 한다.

<그림 1-5>은 이러한 정형기법의 유형별 예제 및 주제를 서로 비교하여 보여준다.

Types	Typical Methods	Characteristics	Cons
Data/Logic-Based	Z Temporal Logic CASL, etc.	- Formal - Text-based - Consistency - Validity - Completeness - Soundness	
State Machine-Based	Statechart Modechart Petri Net Timed Petri Net, etc.	- Reachability - Graph-based - Structured/Hierarchy - Reactive System - Priority - Temporal properties	- Abstraction - Mobility - Syntax
Process Algebra-Based	CCS CSP ACP ACSR LOTOS Pi-Calculus Mobile Ambient, etc.	- In The Large - In The Small - Formal/Algebra - Abstraction - Equivalence: weak/strong - Bisimulation - Resource - Priority - Time - Mobility	- Understandability - Visualization

<그림 1-4> 정형기법의 유형과 예제 및 특성

1.4 예제

이 절에서는, <그림 1-6>에서 제시한, 정형기법에 기반을 둔 가장 기본적인 SW 공학 공정 모델을 Basic Formal Method Model(BFMM)로 정의하고, 이 모델을 기반으로 SW가 어떻게 개발이 되는지를 간단한 Cooking Robot System(CRS)[LV85] 예제를 통해 보인다.

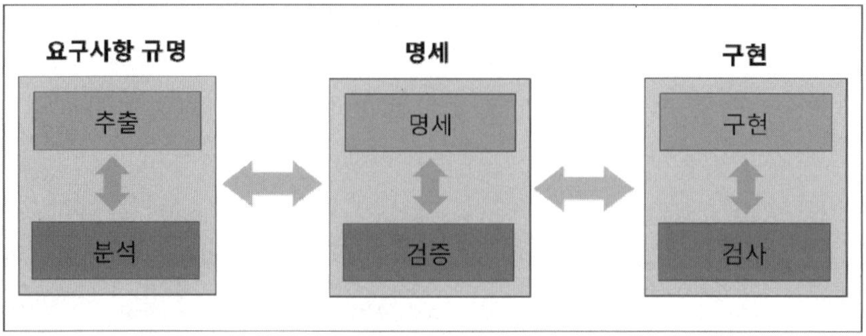

<그림 1-5> SW 개발 핵심 공정 모델

1.4.1 Basic Formal Method Model

1.2절의 마지막 부분에서, 이 모델에 대해 간단하게 설명했지만, 이를 다시 구체적으로 설명하면 다음과 같다:

1) 요구 추출 및 분석: 첫 단계는 요구를 추출 및 분석하는 단계이다. 이 단계는 다음과 같이 추출과 분석 단계로 나뉜다.

   1-1) 요구 추출: 요구 사항 추출 단계에서는 고객이 어떤 SW를 원하는지, 고객으로부터 요구 사항을 추출한다. 기본적으로 자연어로 요구 사항이 정리가 되겠지만, 도표나 수식도 가능하다.

   1-2) 요구 분석: 요구 사항 추출 단계에서는 위에서 추출된 요구 사항을 분석한다. 구조·기능·행위 등의 관점에서의 요구 사항과 이에 대한 일관성 등을 파악한다. 또한 SW의 품질을 결정하는 기준을 분석하고 유효성 검사를 위한 기준을 도출한다.

2) 정형 명세 및 검증: 두 번째 단계는 정형 명세와 검증 단계이다. 이 단계는 다음과 같이 정형 명세와 정형 검증 단계로 나뉜다.

   2-1) 명세: 명세 단계에서는 위 요구 분석 결과 도출된 다양한 기준의 SW 속성, 기능 및 행위를 정형기법을 사용해 명세한다. 또한 검증해야 할 신뢰성·안전성·요구 사항도 정형기법을 사용해 명세한다.

   2-2) 검증: 위 단계에서 명세한 여러 속성이, 예를 들면, 작동 및 행위 등

의 속성이 신뢰성과 안전성 등에 관한 요구 사항을 만족하는지 검증한다. 일반적으로, 논리적으로 검증을 하거나, 모델 체킹을 수행하거나, 위 명세 내용을 모의 실험하여 그 결과가 특정한 속성을 만족하는지에 대한 검사를 수행한다.

3) 구현 및 시험/검사: 마지막 단계는 구현과 시험/검사 단계이다. 이 단계는 다음과 같이 구현과 검사 단계로 나뉜다.

3-1) 구현: 구현 단계에서는 정형기법으로 명세한 SW를 프로그래밍 언어를 가지고 구현하는 단계이다. 이 단계에서는 SW가 작동되는 HW나 OS, 그리고 개발 언어 및 도구도 고려해야 한다.

3-2) 검사: 검사 단계는 이렇게 구현된 SW를 요구 분석 결과에서 도출한 검사 기준에 의해 검사하는 단계이다. 특히 SW와 OS 및 실행 플랫폼 상에서의 보증(validation)을 검사를 통해 입증해야 한다.

그럼 CRS(Cooking Robot System) 예제를 가지고 위 BFMM 공정 과정을 살펴보자.

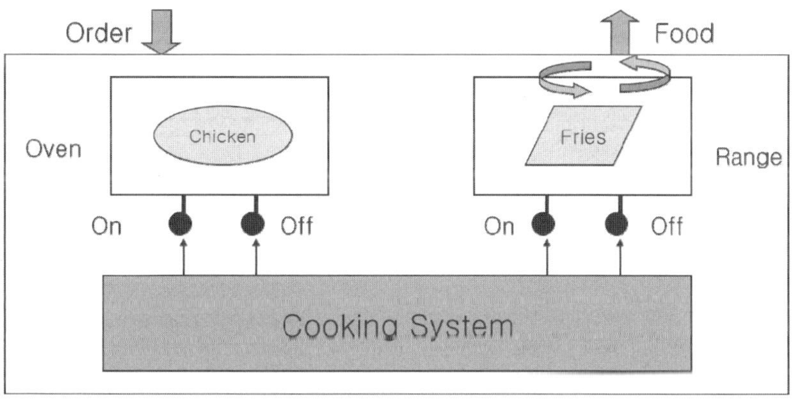

<그림 1-6> CRS System View

1.4.2 Cooking Robot System

1) 요구 추출 및 분석

<그림 1-7>에서 보여주는 바와 같이, CRS(Cooking Robot System)는 Fast Food 식당에서 고객의 음식을 주문받아 특정한 시간 내에 그 음식을 고객에게 제공하는 시스템이다[LV85]. 이 CRS에 대한 요구를 정리하면 다음과 같다.

1-1) 요구 추출

추출한 요구 사항은 다음과 같다:

- R1) 다음은 CRS의 요구 목록이다.
- R2) 고객이 주문을 하면, CRS는 고객에게 구운 닭 한조각과 덖은 감자 한 봉지를 20분 이내에 제공해야 한다.
- R3) 오븐(Oven)에서 닭을 굽는 데에는 15분이 소요된다.
- R4) 렌지(Range)에서 감자를 덖는 데에는 10분이 소요된다.
- R5) 감자를 덖는 작업은 지속적인 작업이다.
- R6) 감자를 덖는 동안에는 매 40초마다 10초 동안 지속적으로 저어주어야 한다.
- R7) 감자를 덖는 것은 닭 굽기를 시작한 후에 시작해야 하고, 닭 굽기를 마치기 전에 마쳐야 시작해야 한다.

1-2) 요구 분석

위에서 추출한 요구를 분석하면 다음과 같은 한 요구 사항을 항목별로 도출할 수 있다:

1) CRS는 3개의 구성 요소로 이루어져 있다: Controller, Oven, Range.
2) 시나리오는 다음과 같다: 이벤트(event)[19)]
   a) 손님이 주문을 한다: t_a.

b) 오븐을 켠다: t_b.

c) 렌지를 켠다: t_c.

d) 오븐에 닭을 넣고 굽는다: t_d.

e) 렌지에 감자를 올리고 볶는다: t_e.

f) 감자를 렌지에서 건진다: t_f.

g) 닭을 오븐에서 꺼낸다: t_g.

h) 닭과 감자를 손님에게 준다: t_h.

3) 제약 조건

3-1) 시간에 대한 제약 조건: 이벤트

a) 닭은 15분 동안 굽는다: 2-d).

b) 감자는 10분 동안 볶는다: 2-e).

c) 감자를 볶을 때, 매 40초마다 10초 동안 지속적으로 감자를 젓는다: 2-e).

d) 손님에게 주문을 받은 후, 20분 내에 주문한 음식을 제공해야 한다.

3-2) 선후 제약 조건

a) 감자는 닭을 굽기 시작한 후에 볶기 시작한다: $t_d < t_e$.

b) 감자는 닭을 다 구운 전에 볶어져야 한다: $t_f < t_g$.

2) 정형 명세 및 검증

2-1) 정형 명세

가. 도표식 명세

위 1-2 단계의 요구 분석 중 시나리오와 시간에 대한 제약 조건을 UML[20)]

19) 외부 액터 또는 내부 액터나 구성 요소 간의 상호 작용을 위해서 발생되는 관찰 가능한 사건.

Sequence Chart[21]로 명세하면 다음 <그림 1-8> 과 같다. 여기에서는 CRS의 actor가 어떤 시간 제약 하에서 상호간에 어떻게 상호 작용 하는지를 시간의 흐름에 따라 보여주고 있다.

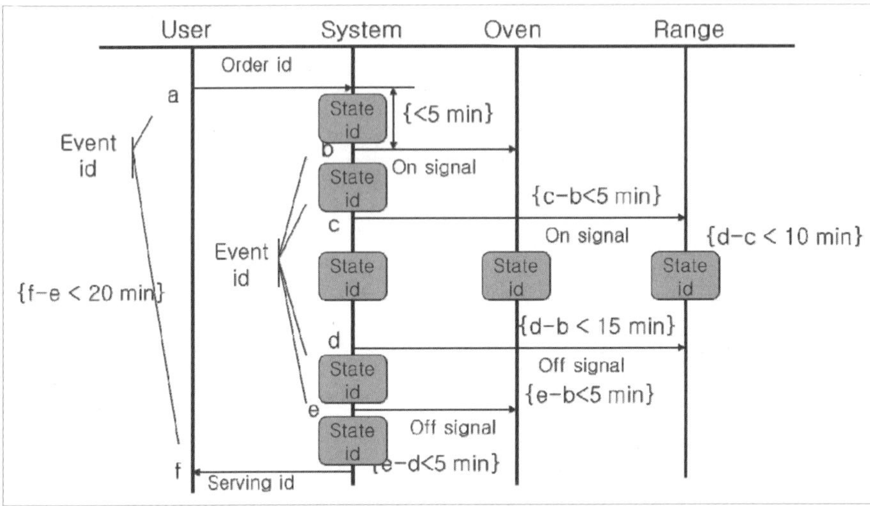

<그림 1-7> UML Sequence Chart

나. 문자식 명세

<그림 1-9>는 개념적 언어를 이용하여 실시간 구문(construct)으로 CRS를 구현한 예를 보여준다 [LV85]. Cooking_robot process에는 Range에 대한 call-port가 설정되어 있고, Oven에 대한 On과 Off in-port가 설정되어 있다. Call-port는 acknowledgement가 요구되는 port이며, in-port는 acknowledgement가 필요없는 port이다. 작업의 종료 시간을 명시하기 위한 ToBeDone 변수가 time 유형으로 설정되어 있다. 작업은 현재부터 20분 동안

20) UML(Unfied Methodology Language)는 Software Engineering 분야에서 시스템과 SW의 설계를 시각적으로 보여주기 위해 고안된 범용적 시각 모델링 언어군이다 [UML].

21) Sequence Chart는 UML의 여러 시간언어 중 시스템과 SW의 행위를 모델링하기 위해 고안된 언어 중의 하나이다. 이 외의 행위 모델링 언어에는 Activity Diagram와 Statechart 등이 있다 [UML].

Oven과 Range를 켜고, Oven이 켜져 있는가를 확인하고, 그 Oven이 15분 뒤에 꺼지도록 Ovenoff를 설정한다. 그리고 이후부터 10분동안, 매40초마다, 10초동안 지속적으로 Oven에 Stir을 실행한다. 이후 Range를 끄고, Oven이 꺼진 것을 확인하고, 20분이 지날 때까지 대기 한 후, 작업, 즉 cooking_robot process를 종료한다. 이 예제는 개념적 언어를 이용하여 실제 CRS가 시간에 대한 제약 조건을 만족하기 위해 어떻게 명세가 되어야 하는가를 상세히 보여주는 예이다.

```
process cooking_robot;
 call-port RangeOn [deadline 2 sec], RangeOff [deadline 2 sec];
 in-port: OvenOn [deadline 2 sec], OvenOff [deadline 2 sec];
 var ToBeDone : time
begin
   start now within 20 min do
      call (RangeOn, nil);
      send (OvenOn, nil);
      receive (RangeOn, nil, 1)l
      ToBeDone := now + 15 min ;
      delayedsend (OvenOff, ToBeDone, nil);
      from now to now+10min every 40 sec
         execute 10 sec within 10 sec do
      end;
      call ( RangeOff, nil);
      receive(RangeOff, nil, 1);
      start after (ToBeDone-now) do end;
      end;
end;
```

<그림 1-9> 개념 명세 언어에 의한 CRS 명세

2-2) 정형 명세

위 명세 언어는 실행기나 모의 실험기가 제시되지 않았기 때문에 실행이나 모의 실험의 결과에 대한 검증을 확인할 수 없다. 하지만 실제 명세상이 실행이 되거나, 모의시험이 이루어졌다면, 다음과 같은 1-2의 시간에 대한 제약 조건과 선후에 대한 제약 조건을 섬승 및 검사할 수 있을 것이다:

3-1) 시간에 대한 제약 조건

a) 2-d: 닭을 15분 동안 굽는 조건.

b) 2-e: 감자를 10분 동안 볶는 조건.

c) 2-e: 감자를 볶을 때, 매 40초마다 10초 동안 지속적으로 감자를 젓는 조건.

d) 손님에게 주문을 받은 후, 20분 내에 주문한 음식을 제공해야 하는 조건.

3-2) 선후 제약 조건

a) $t_d < t_e$: 감자는 닭을 굽기 시작한 후에 볶기를 시작해야 하는 조건.

b) $t_f < t_g$: 감자는 닭을 다 굽기 전에 볶어져야 하는 조건.

3) 구현 및 검사

다음은 마지막 단계로 위 명세로부터 CRS 예제가 Ada[22][COHEN86]로 어떻게 구현될 수 있는지 알아보자.

```
WITH Ada.Real_Time; USE Ada.Real_time;
WITH Ada.Calendar;  USE Ada.Calendar;

PACKAGE CRS IS

   TASK Controller IS
      ENTRY get_order(prd_4_s,: in second;
```

22) Ada는 미국방부가 미국방용 SW를 위해서 개발한 언어이다. 지금까지 알려진 프로그램밍 언어 중에 가장 방대한 언어라고 알려져 있다. 진화 과정에서 총 3종류의 유형이 존재한다: Ada83, Ada95, Ada12. 무기체계, 우주 항공 분야와 같은 분산실시간 시스템를 구현하는 주요 핵심언어로 평가받고 있다. 이에 대한 표준안도 ISO/IEC 8652:2012 규정되어 있다 [ADA].

```
                    prd_4_b: in time;
                    prd_4_f: in time);
      ENTRY serve_with_food();
   END Controller;

   TASK Oven IS
      ENTRY bake(prd: in time);
   END Controller;

   TASK Range IS
      ENTRY fry(prd: in time);
   END Controller;

END CRS;
```

```
PACKAGE BODY CRS IS

   TASK BODY Controller IS
      s_period, b_period, f_period: time := 0;
      end_t, current_t: Clock:= 0;
   BEGIN
      LOOP
         ACCEPT get_order(prd_4_s: in time;
                    prd_4_b: in time;
                    prd_4_f: in time) DO
               s_period := prd_4_s;
               b_period := prd_4_b;
               f_period := prd_4_f;
            end;
         current_t := clock();
         end_t := current + period_4_s;
         Oven.bake(b_period);
         Range.fry(f_period);
         ACCEPT fry_done();
         ACCEPT bake_done();
         SELECT
            DELAY end_t;
         OR
            ACCCEPT sereve_with_food();
         END SELECT;
      END LOOP;
   END Controller;

   TASK BODY Oven is
      start_t, end_t : Clock;
      period : time;
   BEGIN
      LOOP
```

```
          ACCEPT bake(prd: in time) DO
                period := prd;
          END;
          start_t := Clock();
          end_t := start_t + period;
          SELECT
              DELAY end_t;
              -- Baking chicken
          OR
              Controller.bake_done();
          END SELECT;
      END LOOP;
   END Controller;

   TASK BODY Range is
      current_t, start_t, end_t : Clock;
      period, next : time;
   BEGIN
      LOOP
          ACCEPT fry(prd: in time) DO
                period := prd;
          END;
           start_t := Clock();
           end_t := start_t + period;
           -- Frying potatoes
           LOOP
              current := clock();
              if (end_t>current+40)
                  -- Stirring for 40 Seconds
              else
                  EXIT done;
           END LOOP;
    done: SELECT
              DELAY end_t;
            OR
              Controller.fry_done();
           END SELECT;
      END LOOP;
   END Controller;

BEGIN

   ...

END CRS;
```

<그림 1-10> <그림1-9>로부터 구현한 CRS Ada 코드

<그림 1-10>는 <그림 1-9>로부터 구현한 CRS Ada 코드를 보여주고 있다.

CRS 예제는 Ada의 Package[23]로 구현이 되었다. 그리고 이 CRS Package는 Spec[24]과 Body[25]로 정의가 되었다. CRS Spec과 Body를 설명하기 이전에, Ada Library에서 참조한 Real_Time Package와 Calendar Package가 있음을 확인하자:

- Real_Time Package: 이는 Ada 코드로 짜여진 SW가 실행 환경에서 실행이 될 때 필요한 시간에 대한 정보를 제공하기 위한 package이다. 예를 들면 실행되는 시간을 time이라는 유형으로 제공해 준다. 즉 time이라는 시간에 대한 자료 유형도 이미 여기에 정의되어 있다.
- Calendar Package: 이는 위와 같은 환경에서 실행시 필요한 다양한 달력에 관한 정보와 이를 다루기 위한 procedure와 function을 제공해 준다. 당연히 여기에는 Calendar와 이와 관련된 다양한 자료 유형이 정의되어 있다.

CRS Package에서는 위에서 제공하는 자료 유형과 함수를 사용하여, CTS 예제에서 요구하는 시간에 대한 요구 사항을 만족시키고자 한다.

우선 CRS Package Spec에 대해 알아보자. CRS Spec에는 다음과 같이 3개의 task가 정의되어 있다:

---

23) Ada의 package는 Java처럼 독립적으로 운영 및 관리가 가능한 Library의 한 컴포넌트이다.

24) Specification은 package의 내부 정보 중 외부에서 접근 가능한 정보, 즉 program unit이나, type, 변수 등을 공개하는 형식이다. 이를 통해서, 외부에서 이 package를 참조하거나 활용할 때, 정확한 접근법을 활용할 수 있다.

25) Body는 Implementation이라고도 한다. 이는 객체 지향패러다임(OOP: Object-Oriented Paradigm)에서 요구되는 몇가지의 요구 사항, 예를 들면, 존재화(Ontology), 상속성(inheritance), 포장화(encapsulation), 은닉화(information hiding), 추상화(abstraction), 모듈화(modularization) 중, 은닉화를 위해 방식이다. Ada에는 여러 방법이 있는데, 첫째는 Spec과 Body를 구분하는 방식이다. 즉 공개할 내용만, Spec에 공개하는 방식이다. 즉 나머지 중요한 정의나 내용은 Body에 은닉하는 방법이나. 다른 방법은 Abstract Type 방식과 더 나아가 protected를 위한 private type 등이 있다. 특히 private type은 외부에서, package 내부에서 어떤 type이 사용되는지 원천적으로 봉쇄하기 위한 방법이다. 즉 어떤 객체나 자료를 사용하기 위해서는 그 유형을 알아야 하는데, 그 유형에 대한 정보를 원천적으로 차단하여 그 유형을 기반으로 한 어떤 자료나 program unit에도 접근하지 못하게 한다.

- Controller Task: 여기에는 2개의 entry가 있다. 나머지 2개의 entry는 공개하지 않았다[26].
    - get_order(): Controller Task에게 주문을 하는 entry이며, 주문 시 배달 기간과 닭과 감자를 굽고 덖는 시간을 초 단위로 전달한다.
    - serve_with_food: 음식이 다 준비되면 주어진 시간 내에 배달하는 entry이다.
- Oven Task: 여기에는 1개의 entry가 있다.
    - bake(): Oven Task에게 닭을 굽는 주문을 하는 entry이며, 닭을 굽는 시간을 초 단위로 전달한다.
- Range Task: 여기에는 1개의 entry가 있다.
    - fry(): Oven Task에게 감자 덖기를 주문하는 entry이며, 감자 덖기는 시간을 초 단위로 전달한다.

그리고 CRS Package Body에는 다음과 같이 3개의 task가 정의되어 있다:

- Controller Task Body: 음식을 하기 위한 시간을 설정한 이후, 다음과 같이 작동된다.
    1) 주문이 들어오면, 닭과 감자를 굽고 덖는 시간과 배달 시간을 받는다.
    2) 현재 시간을 설정하고, 이로부터 배달 시간을 정한다.
    3) 오븐에게 닭을 구으라고 명령하고, 그 굽는 시간을 전해 준다.
    4) 렌지에게 감자를 덖으라고 명령하고, 그 덖는 시간을 전해 준다.
    5) 렌지로부터 감자를 덖었다는 것을 확인한다.
    6) 오븐으로부터 닭을 구웠다는 것을 확인한다.
    7) 배달 시간 내에 음식을 배달한다.
- Oven Task Body: 음식을 하기 위한 시간을 설정한 이후, 다음과 같이 작동된다.

26) 공개하지 않은 이유는 이 entry가 내부적으로 필요하다고 판단했기 때문이다.

1) 닭을 주어진 시간동안 구우라는 명령을 받는다.

2) 주어진 시간동안 닭을 굽고, 구운 후 이를 Controller에게 통보한다.

- Range Task Body: 음식을 하기 위한 시간을 설정한 이후, 다음과 같이 작동된다.

  1) 감자를 주어진 시간동안 덖으라는 명령을 받는다.

  2) 덖는 동안, 매 40초마다 지속적으로 감자를 젓는다.

  3) 주어진 시간동안 감자를 덖고, 덖은 후 이를 Controller에게 통보한다.

그럼 이 Ada 코드를 통해서 CRS의 요구 사항이 만족이 되는지 코드 상으로 확인해 보자. 처음 CRS Ada Pacage를 작동을 시키기 위해서는 CRS Contoller Task의 get_order() entry를 다음과 같이 호출해야 한다:

```
CRS.Contoller.get_order(1200, 900, 600);
```

get_order() entry에 입력된 값은 각각 배달 시간, 닭을 굽는 시간, 감자를 덖는 시간을 초단위로 표현한 것이다. 이를 기반으로 다음 요구 사항을 점검하면 다음과 같은 결론을 도출할 수 있다:

- 3-1) 시간에 대한 제약 조건
  - a) 2-d: 닭을 15분(900초) 동안 굽는 조건.
    - ◆ <u>Oven Task Body에서, DELAY에 의해, 900초 동안 구워지는 것을 확인할 수 있다.</u>
  - b) 2-e: 감자를 10분(600초) 동안 덖는 조건.
    - ◆ <u>Range Task Body에서, LOOP에 의해, 600초 동안 덖어지는 것을 확인할 수 있다.</u>
  - c) 2-e: 감자를 덖을 때, 매 40초마다 10초 동안 지속적으로 감자를 젓는 조건.
    - ◆ <u>Range Task Body에서, LOOP 안에서, 매 40초마다 지속적으로 저어지는 것을 확인할 수 있다.</u>

- d) 손님에게 주문을 받은 후, 20분(1200초) 내에 주문한 음식을 제공해야 하는 조건.
  - Controller Task Body에서, DELAY에 의해, 1200초에 맞춰 음식이 배달이 됨을 확인할 수 있다.

- 3-2) 선후 제약 조건
  - a) $t_d < t_e$: 감자는 닭을 굽기 시작한 후에 덖기 시작해야 하는 조건.
    - Controller Task Body의 다음 entry call에 의해 만족됨을 확인할 수 있다:

```
Oven.bake(b_period);
Range.fry(f_period);
```

  - b) $t_f < t_g$: 감자는 닭을 다 굽기 전에 덖어져야 하는 조건.
    - Controller Task Body의 다음 entry call ACCPET에 의해 만족됨을 확인할 수 있다:

```
ACCEPT fry_done();
ACCEPT bake_done();
```

지금까지 CRS 예제를 통해서 요구 사항으로부터 명세를 거쳐 코드까지 SW가 어떻게 구현이 되는지 간략하게 살펴보았다.

1.5 교재 구성

교재의 구성은 다음과 같다.

- 제2장에서는 일반 SW 공학과 이의 공정 모델을 Prescriptive Model과 Agile Model 두 유형으로 나누어 설명한다. 이러한 모델이 어떤 경우에 어떻게 적용이 되는지 살펴본 후에, 그리고 UML 모델을 기반으로 CRS의 공정 과정을 살펴본다.

정형기법을 상태 기계, 논리학, 프로세스 대수 유형으로 구분하였다. 각 영역마다 총론을 제시하고, 이에 대한 세 가지 정형기법 예를 들었다.

첫 번째 정형기법은 상태 기계이다. 이에 대한 내용은 다음과 같다:

- 제3장에서는 상태 기계에 대한 일반적인 정의·종류·경우를 살펴본다.
- 제4장은 Petri Net을 다룬다.
- 제5장은 Statechart를 다룬다.
- 제6장은 Modechart를 다룬다.

두 번째 정형기법은 논리학이다. 이에 대한 내용은 다음과 같다:

- 제7장에서는 논리학에 대한 일반적인 정의·종류·경우를 살펴본다.
- 제8장은 Z을 다룬다.
- 제9장은 Temporal Logic을 다룬다.
- 제10장은 Real-time Logic을 다룬다.

세 번째 정형기법은 프로세스 대수이다. 이에 대한 내용은 다음과 같다:

- 제11장에서는 논리학에 대한 일반적인 정의·종류·경우를 살펴본다.
- 제12장은 CCS을 다룬다.
- 제13장은 ACSR을 다룬다.
- 제14장은 dT Calculus[CLL17][27]을 다룬다.

이 교재에서는 전통적이고 관례적인 수학적인 문제풀이보다는 특정 실 사례를 대상으로 이를 어떻게 명세하고 구현할 수 있는가라는 실천적 방안에 초점을 두었다. 특히 각 정형기법마다, 그 기법의 장점을 살릴 수 있는 적합한 예제를 가지고, 각 예제의 요구 사항을 정형기법으로 어떻게 명세하고 그 명세된 내용을

27) dT Calculus는 δ-Calculus에 시간 개념을 추가한 프로세스 대수이다.

어떻게 검증할 수 있는가에 중점을 두었다. 그리고 가능하면 이를 위하여, 공개된 Open 도구가 있을 경우, 이러한 도구를 사용해서 예제를 실제 어떻게 명세하고 검증할 수 있는가를 보였다. 그렇지 않을 경우, 도구와 비슷한 환경을 설정하여, 명세와 검증이 이루어질 수 있도록 하였다.

마지막 장에서는 국제 표준안에서 요구하는 SW 개발 공정 과정과 검증의 준수(compliance) 여부를 정형기법 관점에서 도구를 사용하여 살펴본다.

- 제15장은 ESA의 ECSS 표준안 중, SW에 대한 표준안 ECSS-E-40에서 요구하는 SW 개발 공정 절차와 이 중 명세와 검증 및 도구에 대한 준수 여부를 δ-Calculus[28)][CL15] 정형기법과 SAVE[CL15] 도구를 사용하여 살펴본다, 준수를 위해서 ADONIS BPMN 도구를 사용한다.

부록 A에서는 ADOxx Meta-Modeling Platform[FK13]을 사용하여 일반적인 정형기법을 위한 모델링 도구를 제작하는 방법을 알아본다. 이 방법은 Meta-CASE 도구를 사용하여 CASE 도구를 만드는 방법과 유사하다.

참고 문헌

[ADA] https://en.wikipedia.org/wiki/Ada_(programming_language)

[ADONIS] https://en.wikipedia.org/wiki/ADONIS_(software)

[ARIANE] http://www.arianespace.com/ariane-5-milestones/

[ARIANE96] https://en.wikipedia.org/wiki/Cluster_(spacecraft)#Launch_failure

28) δ-Calculus는 프로세스에 이동성을 정의한 프로세스 대수이다.

[ARIANEADA]
http://moscova.inria.fr/~levy/talks/10enslongo/enslongo.pdf

[BECK04] Beck, K., Extreme Programming Explained: Embrace Change, 2nd Ed., Addison-Wesley, 2004.

[BK85] J.A. Bergstra and J.W. Klop. Algebra of Communicating Processes with Abstraction. Journal of Theoretical Computer Science, 37:77-121,1985.

[BOEHM88] Boehm, B., The Spiral Model for Software Development and Enhancement, Computer, Vol. 21, no. 5, May 1988, pp.61-72.

[BOWA94] J.P. Bowan and M.G. Hinchley, Ten Commands of Formal Methods, Technical Report No. 350, University of Cambridge Computer Lab., Cambridge, UK, Sept. 1994.

[BROOKS75] Brooks, F. The Mythical Man Month, Addison-Wesley, 1975.

[BROS10] BROSGOL, Ben; COMAR, Cyrille. DO-178C: A New Standard for Software Safety Certification. 2010.

[CG98] L. Cardelli and A. Gordon, Mobile Ambients, in Proceedings of FoSSaCS'98 (M. Nivat, Ed.), Lecture Notes in Computer Science, Vol. 1378, pp. 140~155, Springer-Verlag, Berlin, 1998.

[CL15] Y. Choe and M. Lee, δ-Calculus: Process Algebra to Model Secure Movements of Distributed Mobile Processes in Real-Time Business Application, 23rd European Conference on Information Systems, 2015.

[CLL17] Y. Choe, S. Lee, M. Lee, dT-Calculus: A Process Algebra to Model Timed Movements of Processes, 19th International Conference on Mathematical and

Computational Methods in Science and Engineering, 2017.03.

[CMMI] https://en.wikipedia.org/wiki/Capability_Maturity_Model_Integration

[COHEN86] Norman H. Cohen. Ada as a second language. McGraw-Hill, 1986.

[CTG99] The CoFI Task Group on Language Design. CASL The Common Algebraic Specification Language Summary. Version 1.0. Techinical report, 1999.

[ETHN09] https://www.ethnologue.com/

[FK13] Fill H, Karagiannis D. On the Conceptualisation of Modelling Methods Using the ADOxx Meta Modelling Platform. Enterprise Modelling and Information Systems Architecture s Vol. 8, No. 1. Mar. 2013. pp. 4-25

[FM] https://en.wikipedia.org/wiki/Formal_methods

[GUNTHER16] Verheyen, Gunther. Scrum: Framework, not methodology. Gunther Verheyen. Gunter Verheyen. Retrieved February 24, 2016.

[HIRO86] Takeuchi, Hirotaka; Nonaka, Ikujiro (January 1, 1986). New Product Development Game. Harvard Business Review.

[HOA85] C.A.R. Hoare, Communicating Sequential Processes, Prentice Hall Int l, 1985.

[HOG89] Hogrefe, D., Estelle, Lotus und SDL, Springer-Verlag, Berlin, Germany, 1989.

[ISO] https://en.wikipedia.org/wiki/International_Organization_for_

Standardization

[ISO87] International Standard Organization. LOTOS - a formal description technique based on the temporal ordering of observational behavior. Technical Report ISO/TC97/SC21N1573, ISO, Feb 1987.

[JLM88] F. Jajanian, R.S. Lee, and A.K. Mok. Semantics of modechart in real-time logic. In Proc. of 21st Hawaii International Conference on System Sciences, January 1988.

[JM02] JONES, M., et al. Introducing ECSS Software-Engineering Standards within ESA. ESA bulletin, 2002, 132-139.

[JM94] F. Jahanian and A.K. Mok, A Modechart: A Specification Language for Real-Time Systems, IEEE Trans. Software Eng., vol. 20, no. 12, pp. 933-947, Dec. 1994.

[KEITH07] Keith Richards, Agile project management: running PRINCE2 projects with DSDM Atern. OGC - Office of Government Commerce. The Stationery Office, 31 jul. 2007.

[LDG91] Insup Lee, Susan Davidson, and Richard Gerber. Communicating Shared Resources: A Paradigm for Integrated Real-Time Specification and Implementation. In A.M. van Tilborg and G.M. Koob, Foundation of Real-Time Computing: Formal Specification and Methods, pp. 87-109. Kluwer Academic Press, 1991.

[LV85] Language Constructs for Distributed Real-Time Programming, Insup Lee and Vijay Gehlot, Proceedings of 6th Real-Time Systems Symposium (RTSS85), San Diego, California, Dec. 1985.

[MAREL87] D. Harel, A Statecharts: A Visual Formalism for

Complex Systems, Science of Computer Programming, 1987.

[MIL89] R. Milner, Communication and Concurrency, Prentice-Hall, London, 1989.

[MIL99] R. Milner, Communicating and Mobile Systems: The Pi-Calculus, Cambridge University Press, Cambridge, UK, 1999.

[MP91] Z. Manna and A. Pnueli: The Temporal Logic of Reactive and Concurrent Systems (Specification), Springer-Verlag, Berlin, 1991.

[MR93] McDermid, J., and P. Rook, Software Development Process Models, in Software Engineering Reference Book, CRC Press, 1993, pp. 15/16-15/28.

[MUR89] Murata, T. Petri Net: Properties, analysis and applications. Proc. of the IEEE, 77(4):541-580, 1989.

[PALMER02] Palmer, S.R., & Felsing, J.M. (2002). A Practical Guide to Feature-Driven Development. Prentice Hall. (ISBN 0-13-067615-2.

[PLONKA14] Plonka, Laura, et al. UX Design in Agile: A DSDM Case Study. Agile Processes in Software Engineering and Extreme Programming. Springer International Publishing, 2014. 1-15.

[QV12] Dr. Qi Van Eikema Hommes, Assessment of the ISO 26262 Standard, Road Vehicles - Functional Safety, SAE 2012 Government/Industry Meeting.

[RAM74] RAMCHANDA, C. Analysis of asynchronous concurrent systems by timed Petri Net, PhD Thesis, Dept. Electrical Engineermg, MIT, Cambridge, Mass., 1974; MAC-TR-120, Project MAC, MIT, Feb. 1974.

[SCRUM16] Scrum Alliance, What is Scrum? An Agile Framework

Scrum Alliance. Retrieved February 24, 2016.

[SPIV92] J. M. Spivey, The Z Notation: A Reference Manual, 2nd Ed., Prentice Hall, 1992.

[UML] https://en.wikipedia.org/wiki/Unified_Modeling_Language

[WF07] Wasserfallmodell, Entstehungskontext, Markus Rerych, Institut für Gestaltungs- und Wirkungsforschung, TU-Wien.

[WIN70] Royce, Winston, Managing the Development of Large Software Systems", Proceedings of IEEE WESCON, 26 August 1970): 1-9.

02
PART

SW 공학과 공정 모델

PART 02

SW 공학과 공정 모델

이 장에서는 SW 공학(Software Engineering)을 정의하고, 이를 기반으로 SW를 제품으로 제작하는 공정 모델에 대해 설명하고, 그 차이점을 비교하고 분석한다. 그리고 이러한 모델의 가장 기본이 되는 일반 공정 모델을 기반으로 SW가 어떤 관점에서 각 단계별로 제작 과정을 거치는지, CRS 예제를 통해 그 공정 과정을 설명한다.

2.1 SW 공학

SW 공학(Software Engineering)을 이해하기 위해서는 SW에 대한 이해가 필요하다. SW는, 컴퓨터 시스템의 일부로서, 컴퓨터에서 연산이 가능한 것; 또는 컴퓨터에서 정보를 생성·관리·획득·수정·제시·전송하는 것; 프로그램·자료·데이터 등으로 구성된 객체 및 품목의 집합 등으로 정의할 수 있다[WIKISW]. 일반적으로 이런 SW는 크게 응용(applcaiton) SW, 시스템(system) SW 외에도 악성(malicious) SW 등으로 구분된다[WIKISW].

이 교재에서 다루고자 하는 SW는 분산 이동 실시간 시스템(MDRTS: Distributed Mobile Real-Time Systems) SW이다[BENN94, HM96]. 이러한 시

스템은 규모가 매우 방대하며 복잡하기 때문에 정확한 공정 과정과 절차를 거쳐야 한다. 그렇지 않을 경우, 이러한 시스템이 다루는 대상, 즉 생명과 자산 및 자연에 막대한 폐해를 입힐 수 있다. 또한 이러한 SW는 복잡하고 방대하기 때문에 요구 사항이 변경되거나 갱신되었을 경우, 매번 새로운 SW를 제작하는 것은 많은 비용, 시간, 인력 과 노력이 투입되어야 하기 때문에, 사전에 SW의 재사용을 고려하여 제작해야 한다. 이를 위해서는 SW가 지속적으로 진화하는 특성 및 특징[29]에 대한 철저한 이해가 필요할 뿐만 아니라, 왜 SW가 진화해야 하는가[30]에 대한 이해도 필요하다[PRESS10,LEHMAN97].

그리고 이런 SW를 제작하기 위한 공학을 SW 공학으로 정의했다. IEEE[31]에서는 SW 공학을 다음과 같이 정의했다 [IEEE93]:

> "SW를 개발, 작동 및 관리하기 위하여 체계적이고 원리에 근거한 정량적인 방법을 적용한 것, 즉 SW에 공학을 적용한 것"

이러한 공학의 영역에는 공학을 위한 도구·방법·공정 모델도 포함하고 있을 뿐만

---

29) 제8대 SW진화의 법칙[LEHMAN97]:
  a) 변화 지속의 법칙.
  b) 복잡도 증가의 법칙.
  c) 자율 규정의 법칙.
  d) 조직 안정 보존의 법칙.
  e) 친숙성 보전의 법칙.
  f) 성정 지속의 법칙.
  g) 품질 저하의 법칙.
  h) 시스템 피드백 법칙.

30) Legacy SW의 현대화 원인[PRESS10]:
  a) SW는 새로운 환경과 기술의 요구 사항에 맞게 적응해야 한다.
  b) SW는 새로운 업무 요구 사항을 수행하도록 강화되어야 한다.
  c) SW는 다른 현대화된 시스템과 DB와 연동하도록 확장되어야 한다.
  d) SW는 통신 환경에서 생존 및 성장할 수 있도록 재구성되어야 한다.

31) IEEE(Institute of Electrical and Electronics Engineers)은 미국전기전자공학학술연합회다. 미국 뉴욕시에 본부가 있고, 뉴저지에 운영 센터가 있다 전 세계 160개국의 전기·전자·통신·컴퓨터 분야의 전문가 약 42만명의 회원이 등록되어 있는 세계에서 가장 큰 전문 학술 연합회라고 평가되고 있다. 이 분야의 다양한 학술 활동을 기반으로 관련 기술, 교육 및 표준을 규정한다.

아니라, 때로는 이러한 공학 영역에 대한 접근 방법을 연구하는 학문을 공학에 포함하기도 한다 [PRESS10]. 이 장에서는 가장 대표적인 공정 모델을 살펴보도록 하자.

2.2 공정 모델

SW 공학에 있어서의 가장 대표적인 공정 모델은 <그림 1-3>에서 보여주는 바와 같이, 두 가지 유형으로 구분할 수 있다 [PRESS10]:

1) 규정/지시-적 공정 모델 (Prescriptive[32] Process Model): 규정적 모델은 SW를 제작하기 위한 정확한 단계와 방법이 명확히 규정되어 있어, 어떤 상황에서라도 이 규정적 단계와 절차 및 방법을 정확히 따라야 하는 모델이다.

2) 신속/상황-적 공정 모델 (Agile Process Model): 반면 신속 모델은 상황에 최적화된 모델로 가장 신속하게 요구 사항을 만족할 수 있는 SW를 제작하기 위한 모델이다.

초기 SW 공정 모델은 규정 공정 모델이 일반적이었다. 하지만 SW의 종류가 다양해지고, 각 SW의 요구 사항과 이를 제작하기 위한 환경과 조건이 다양해지면서, 또한 제작 경쟁력을 강화하기 위한 목적으로, 다양한 신속 공정 모델이 고안되었다.

2.2.1 Prescriptive Process Model

32) 이 개념은 descriptive(기술적)의 상대적인 개념으로 이해할 필요가 있다. Prescriptive가 원칙적인 면을 의미하고 강조한다면, descriptive는 그에 대한 기술적이 면을 의미하고 강조한다고 볼 수 있다.

설명한 바와 같이, 원론(규정적/고정) 공정 모델(Prescriptive Process Model)은 SW를 제작하기 위한 정확한 단계와 방법이 명확히 규정되어 있어, 어떤 상황에서라도 이 규정적 단계와 절차 및 방법을 정확히 따라야 되는 모델을 의미한다.

가. 낙수(落水) 모델(Waterfall Model)

낙수 모델은 수리(水理)에 의해 물이 위에서 아래로 자연스럽게 흐르듯이, 한 단계 이후, 다음 단계로, 순차적으로 진행하는 모델이다[WIN70, WF07]. 이 모델은 SW 공학에 있어 가정 고전적인 모델이며, 가장 오래된 모형(paradigm)이다. 이 모델은 <그림 2-1>에서 보여주는 바와 같이 다음 단계로 구성되어 있다:

1) 요구 사항(Requirements) 추출 및 분석 단계: 이 단계는 사용자나 고객이 주문한 제품에 대한 요구 사항을 도출하고 이를 분석하는 단계이다. 요구 사항을 도출하기 위해서 이 과정에서 고려해야 할 사항이 많다. 예를 들면, 회의나 통신과 같은, 요구 사항을 추출하기 위한 방식과 형식을 규정해야 한다. 또한 회의 결과물을 정리하고 합의하기 위한 방식과 형식 및 원칙 또한 중요하다. 그리고 이를 설계 및 구현 과정에서 이 요구 사항이 어떻게 반영되고 있는지에 대한 점검 및 확인 방법 등에 대해서도 원칙과 합의가 있어야 한다. 이 단계에서는 제품요구 문서(Product Requirements Documents)로 도출된다.
2) 설계(Design) 단계: 이 단계는 단계 1)에서 도출한 요구 사항을 기반으로 설계문서를 도출하는 단계이다. 가장 중요한 것은 SW에 대한 아키텍처를 구축하는 것이다. 당연히 이 아키텍처를 구성하는 요소, 예를 들면, 모듈(Module)이나 컴포넌트(Components)를 규정해야 하고, 이들 간의 제어(Control) 및 자료(Data) 흐름 및 종속성을 정의하기 위한 흐름도 등을 포함하여, 사용자 인터페이스(UI: User Interface) 및 DBMS(Database Management Systems)와 이에 대한 접근 방법 등을 규정해야 한다. 이 외에도 SW 제작 후 수행되는 다양한 검사나 검증을 하기 위한 요구 사항

과 기능성 및 시험 목록(Test Case)도 생성해야 한다. 이 단계에서는 이와 같이 아키텍처를 포함한 다양한 설계문서가 도출된다.

3) 구현(Implementation) 단계: 이 단계는 설계 정보를 기반으로 SW를 제작하는 단계이다. SW는 임의로 개발할 수 없고, 해서도 안된다. 제품으로서의 SW는 이전 단계에서 설계된 바대로 정확하고 명확하게 제작되어야 한다. 이 단계에서는 제품으로서의 SW 뿐만 아니라, 이에 대한 구성도 및 설명서 이외에도 사용자 매뉴얼 및 시스템 구성도 등과 같은 다양한 관련 자료도 도출된다.

4) 검증(Verification)[33] 단계: 이 단계는 이전 구현 단계에서 제작한 SW가 요구 사항을 만족하는지에 대한 다양한 검사(Test)나 검증(Verification)을 하는 단계이다. 일반적으로 이 단계에서 검사나 검증을 위한 기본 요구 사항 및 항목은 요구 사항 분석 단계에서 제공된다. 즉 검증과 검사는 요구사항에 기반 한 원칙에 의해서 수행되어야 한다는 의미와 같다. 나아가 이 단계에서는 제품이 작동이 되어져야 하는 다양한 환경에서의 시험도 수행되어야 한다. 이러한 의미의 시험을 일반적인 알파-테스트(α-test)[34]와 베타-테스트(β-test)[35]로 정의되는 기능적인 시험보다 더 원론적인 보증(Validation)[36] 검사라고 한다. 이 단계에서는 수행한 다양한 시험과 검증의 결과물을 제기하고, 그 결과 SW가 요구 사항을 만족함을 입증할 수 있는 자료를 제공해야 한다.

5) 배치(Deployment) 및 관리(Maintenance) 단계: 이 단계에서는 제작한

33) 검증(Verification)과 보증(Validation): 일반적으로 검증은 명세 단계에서 명세상의 오류가 없음을 확인하는 작업이나, 또는 요구 사항이 만족되는지를 확인하는 절차이다. 반면 보증은 구현된 결과물, 즉 SW가 실행 환경에서 오류가 발생이 되지 않고, 요구 사항을 반영하면서 정상적으로 실행이 되는지를 검사하는 절차이다.

34) 알파-테스트(α-test)는 개발자가 수행하는 검사이다. 일반적으로 개발 팀에서 수행할 수 있으나, 객관적인 검사를 위해서 독립적인 검사팀이 수행해야 한다. Stress Test, Robust Test 등 다양한 검사도 수행해야 한다.

35) 베타-테스트(β-test)는 고객이나 사용자가 개발된 제품을 사용하면서 수행하는 검사이다. 개발자의 입장보다는 사용자나 고객의 입장을 현장에서 반영해서 수행해야 한다. 즉 고객이나 사용자가 요구했던 기능적인 요구 사항이 제대로 반영했는가에 대한 검사도 중요하지만 사용자 입장에서의 다양한 품질상의 안전성 및 신뢰성에 대한 검사가 수행되어져야 한다.

36) 위 33)의 보증(Validation)와 같은 개념이다.

SW를 설치, 운영 및 관리하기 위한 단계이다. 이 단계에서 시스템 설치 및 사용자 매뉴얼과 문제 발생시 해결 방법 설명서와 같은 다양한 문서를 제공해야 한다. 그리고 문제가 발생될 시 이를 해결하고 기록하기 위한 다양한 체계도 구축해야 한다. 특히 SW 관점에서 이를 관리하기 위한 모듈을 개발하여 배치하는 것도 좋은 방안이라고 볼 수 있다.

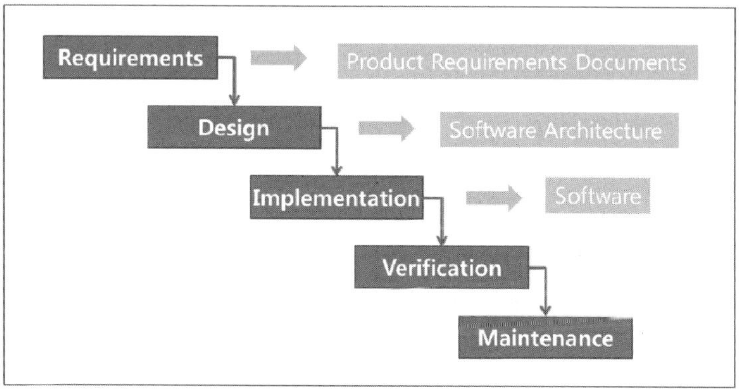

<그림 2-1> 낙수(落水) 모델 (Waterfall Model)

이 모델에는 다음과 같은 문제점이 있을 수 있다:

1) 실제 프로젝트는 실제 순차적인 단계를 따르는 낙수 모델을 따르기가 매우 어렵다. 그 이유는 개발 중 다양한 요구 사항의 변동이 발생될 수 있고, 그럴 경우, 현 단계에서 이전 단계로 되돌아가야 하는 경우가 빈번하게 발생되기 때문이다.

2) 일반적으로 고객이 SW 제작을 주문할 때, 자신이 무엇을 원하는지 모르는 경우가 많이 있다. 그럴 경우, 제품에 대한 요구 사항을 일시에 추출할 수 없다. 이럴 경우 고객으로부터 요구 사항을 노출하기 위한 다양한 방법과 기술을 적용해야 한다. 고객의 입장에서 자신이 원하는 SW가 매우 단편적일 수 있다가, 시간이 지나면서, 제품의 기능성을 조금씩 이해하면서, 요구 사항이 구체화되는 경우도 매우 빈번하게 발생된다.

3) 고객입장에서는, 전 과정을 거친 후에야 주문한 SW를 접할 수 있기 때문에, SW의 기능성을 확인하기 위해서는 시간이 많이 걸리고, 인내가 필요

하다.

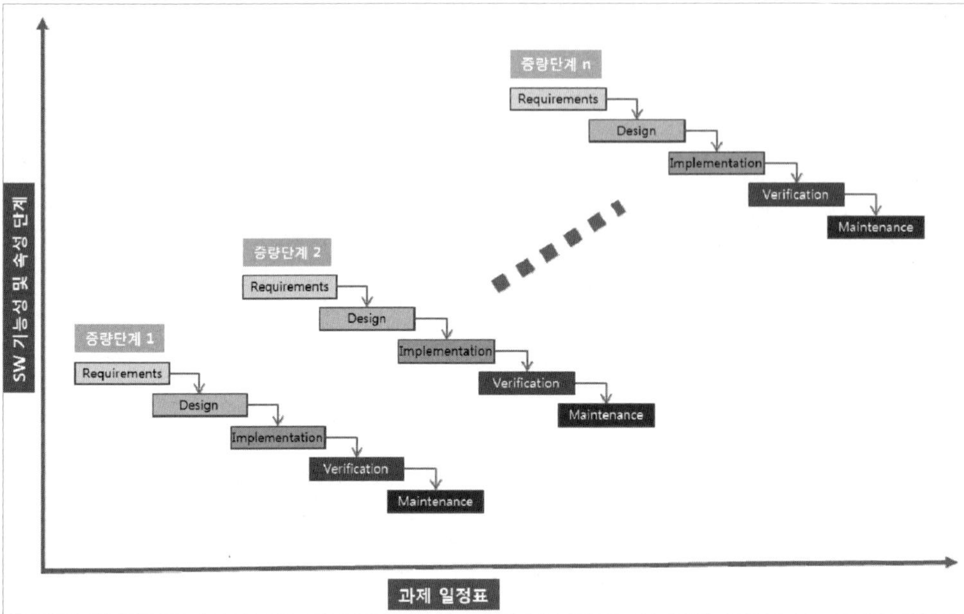

<그림 2-2> 증량 모델 (Incremental Model)

나. 증량 모델(Incremental Model)

이 모델은, <그림 2-2>에서 보여주는 바와 같이, SW를 여러 단계의 증량 수위로 나누고, 각 단계마다 낙수 모델(Waterfall Model)을 적용한 모델이다[MR93]. 예를 들면, 제품의 기능을 저·중·고급으로 나누고, 이를 기반으로 제품을 개발하는 방법으로 이해할 수 있다. 이 방법에서는 단계별로 반복적으로 낙수 모델을 적용하기 때문에, 마감일까지 SW 제작 업무를 완료하기 위해 구현 팀이 체계적으로 구축이 되지 않을 경우 유용할 수 있다. 또한 이 경우, 증량 단계별로 요구되는 최소한의 인력만이 필요하기 때문에 전체적인 일감을 줄일 수 있을 뿐만 아니라, 반복적으로 수행되는 증강 절차에 의해 숙련도가 향상될 수 있다.

하지만 증강단계를 잘못 판단했을 경우, 단계 별 제품의 기능성과 속성 간의 종속 관계나 포함 관계가 위배 되어 실제 제품의 단계별 완성도를 실현시키지 못하는 기술적인 한계가 있을 수 있을 뿐만 아니라, 전체적인 제품 제작 시간이 반복적인 단계별 작업에 의해 많이 소요될 수 있다.

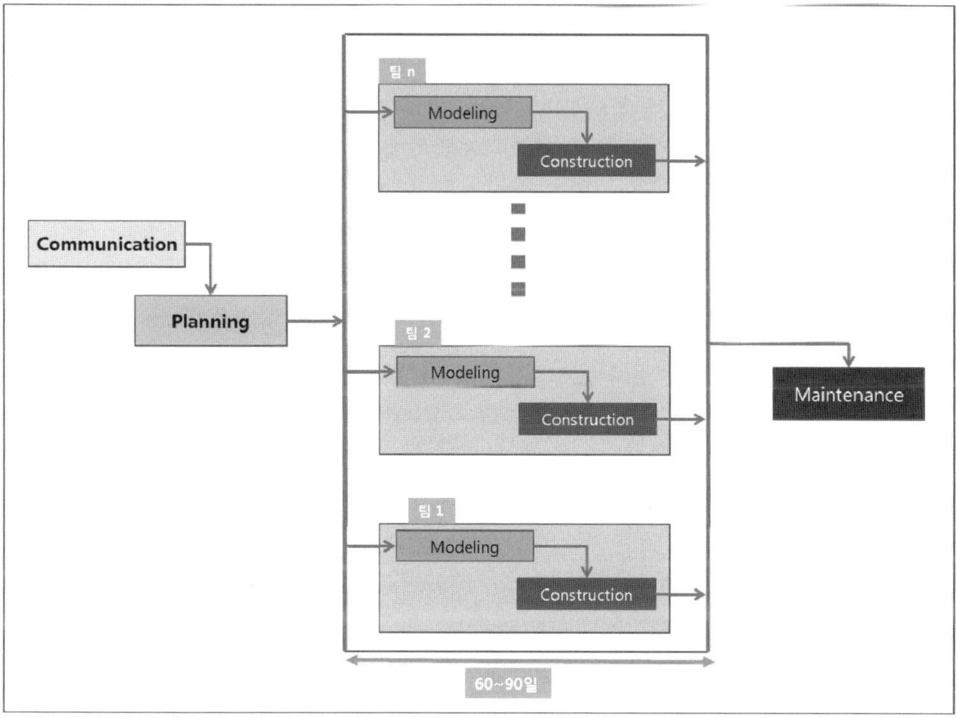

<그림 2-3> RAD 모델 (Rapid Application Development Model)

다. 신속적용개발 모델 (RAD: Rapid Application Development Model)

RAD 모델은, <그림 2-3>에서 보여주는 바와 같이, 짧은 개발 주기를 강조하는 증량 SW 공정 방법이다[MARTIN91]. 이는 개발 방법에 컴포넌트 개념을 적용해 개발 과정을 단축시킨, 낙수 모델의 신속한 적용 모델이라고 볼 수 있다. 그림에서 보여주는 바와 같이, 1) 소통(Communication) 단계에서 요구 사항을 추출하고 분석한다. 2) 계획(Planning) 단계에서 이를 기반으로 계획을 수립한다. 이후 요구 사항을 SW의 컴포넌트 구성 요소별로 나누고, 각 팀을 할당하여, 각 팀별로 할당된 요구 사항을 만족할 있는 컴포넌트를 3) 모델링(Modeling)하고, 4) 구축(Construction)한다. 일반적으로 60일에서 90일 정도의 작업으로 한정한다. 이렇게 모든 컴포넌트에 대한 구축이 완료되면, 마지막 5) 배치(Deployment) 단계에서 이를 통합하고 배치한다.

이 방법이 적용되기 위해서는 우선 공정 과정이 일반 공정 과정과 일치해야 한다. 그리고 SW가 컴포넌트로 모듈화될 수 있어야 한다. 이 방법은 시간을 단축시킬 수 있는 장점이 있는 반면, 각 컴포넌트를 개발할 수 있는 팀을 구축하기 위해서 충분한 인력이 제공되어야 한다. 또한 고객과 개발 팀과의 신속한 연계 활동이 필요하다, 왜냐하면, 각 팀이 동시다발적으로 고객과 같이 일을 진행해야 하는 상황이 발생될 수 있기 때문이다. 또한 각 팀별 능력이 모두 최고의 수준을 유지해야 하며, 컴포넌트 통합 과정에서 팀 간의 유기적인 융합이 절실히 요구된다.

그렇지 않을 경우, 한 팀 때문에 전체 일정이 늦어지거나, 한 컴포넌트의 문제 때문에 전체 SW의 통합이 지연되는 결과를 초래할 수 있다. 그리고 동시다발적으로 각 팀에서 각 컴포넌트를 개발하기 때문에 개발에 대한 기술적인 위험이 매우 높다고 볼 수 있다.

라. 진화 모델(Evolutionary Model)

진화 모델은 진화라는 생명 주기를 따르는 SW의 본질에 따른 모델이다. SW는 일반 생명체처럼 진화하는 속성을 지닌다. 그 이유는 시간이 지남에 따라 SW에 대해 요구 사항이 강화되고 복잡해지기 때문이다. 이러한 요구 사항의 강화와 복잡도 증가를 수용시키기 위해, SW는 발전되고 고도화될 수밖에 없다. 즉 지속적인 버전-업(Version-Up)이 이루어져야 한다. 이는 당연히 우리 사회와 시대의 기술 발전을 SW에 반영한 것이라고 볼 수 있다. 그렇지 않을 경우. SW는 사장되거나 폐장될 수밖에 없다. 여기에서는 대표적인 두 개의 진화 모델을 살펴보자.

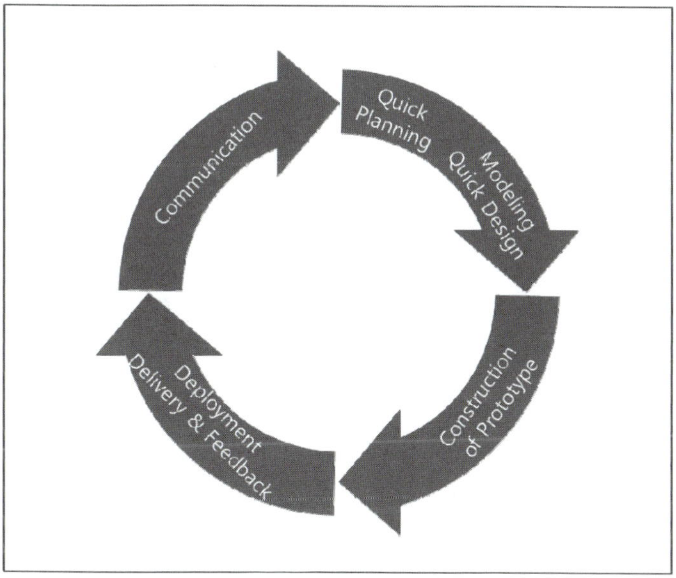

<그림 2-4> 프로토타입 모델 (Prototyping Model)

A. 프로토타입 모델(Prototyping Model)

이 모델은 요구 사항이 명확하지 않거나, 개발 준비가 온전히 다 되지 않을 경우에 적용하는 모델이다 [BROOKS75]. <그림 2-4>에서 보여주는 바와 같이, 이 모델에서의 공정 과정은 다음과 같이 진행된다:

1) 소통 (Communication) 단계: 이 단계에서는 고객과의 소통을 통해 요구 사항을 추출하고 분석한다. 거론한 바와 같이, 요구 사항이 불투명하거나, 개발 준비가 부족할 수 있다. 하지만 고객이나 사용자에게 그들과의 소통 속에서 추출된 요구 사항을 외형적으로, 시각적으로 제품에서 보여줄 필요가 있다.

2) 급계획(Quick Design) 단계: 부족하지만 위 단계에서 도출하고 분석한 요구 사항만을 기반으로 바로 계획에 들어간다.

3) 모델링 및 급설계(Modeling & Quick Design) 단계: 위 단계에서 도출하고 분석한 요구 사항 중, 고객과 사용자에게 노출된 외형적인 SW의 기능

과 속성만을 신속하게 시각적으로 보여주기 위해 바로 프로토타입 설계에 들어간다.

4) 프로토타입 구축(Prototype Construction): 설계된 대로 프로토타입[37]을 구축한다.

5) 고객과 사용자가 만족을 할 때까지 위 1)부터 4)까지의 과정을 반복한다.

이 과정을 통해서, 고객과 사용자가 자신이 모르거나 불확실했던 제품에 대한 구체적인 모형과 기능을 최종 확정하고, 본격적인 제품개발에 착수할 수 있다.

여기에서의 문제점은 반복적으로 빠르게 진행되는 과정에서 제품의 품질을 관리하기가 어려울 수 있다는 것이다. 또 빠른 프로토타입 개발에 따라 부적합한 운영체제와 프로그래밍 언어가 사용될 가능성이 있다.

B. 나선형 모델(Spiral Model)

이 모델은 <그림 2-5>에서 보여주는 바와 같이, 프로토타입 모델의 본질에 낙수 모델의 제어적이고 체계적인 측면을 결합한 모델이다 [BOEHM88]. 이 모델에서는 공정 과정을 다섯 개의 기반틀-활동(Framework Activity)으로 나누었다: Communication, Planning, Modeling, Construction, Deployment.

이 모델의 장점은 SW 생명 주기를 통해서 지속적으로 적용할 수 있는 모델이라는 것이다. 그리고 이 모델은 방대한 SW와 시스템을 개발하는 데 있어, 매우 현실적이고 실제적인 방법이라고 평가할 수 있다.

하지만 고객에게 이 방법을 통제할 수 있다고 확신시키는 것은 어려울 수 있다.

---

37) 프로토타입(Prototype): SW에서는 프로토타입을 SW를 시스템으로서 엔진이나 DB없이, GUI와 메뉴만 있는 와형을 의미한다. 하지만 고객의 입장에서는 자신이 구체화시키지 못하고 관념적으로 생각하던 제품을 외형적으로 확인할 수 있으니 발전적이고 긍정적인 결과를 확인할 수 있다. 나아가 SW를 실제 개발하던 과정에서 발생될 수 있는 요구 사항의 변경이나 제품 기능성에 대한 변경으로 초래될 수 있는 시간과 인력 및 예산의 낭비를 사전에 예방할 수 있다.

그 이유는 이러한 확신을 심어주기 위해서 상당한 위험 평가 전문성이 요구될 뿐만 아니라, 이 모델을 성공적으로 적용하는 것 또한 그 전문성에 기반을 두어야 하기 때문이다.

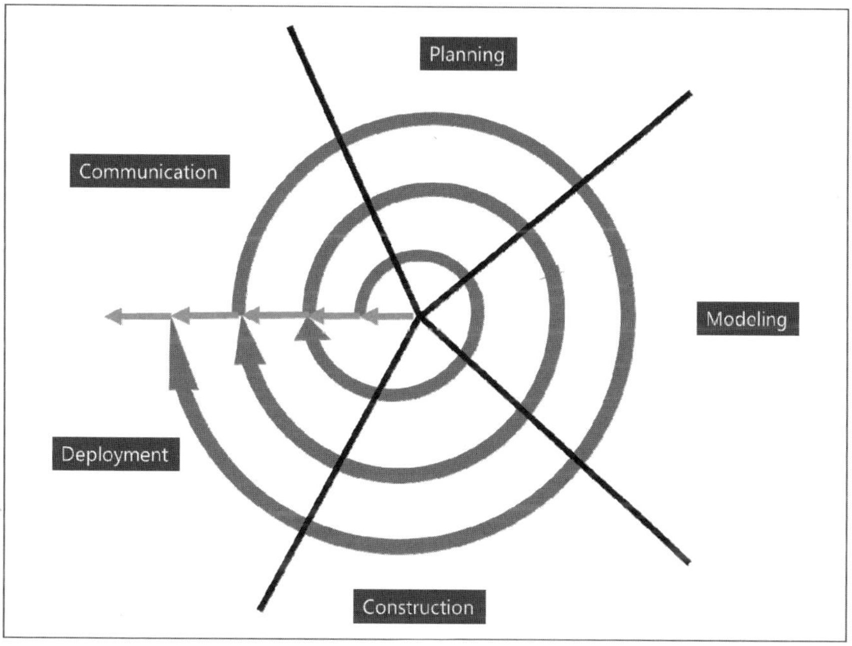

<그림 2-5> 나선형 모델 (Spiral Model)

이 외에도 다양한 모델이 존재한다:

1) Concurrent Model: 각 단계별로 동시에 수행하는 활동에 기반한 모델.
2) Component 기반 개발 모델: SW 재사용이 주목적인 개발 방법론.
3) 정형기법 모델: 요구 사항을 수학 기반 정형기법으로 명세한 방법론.
4) AOSA(Aspect-Oriented Component Model): SW에 대한 정의, 명세, 설계 및 구축 측면에서의 공정과 접근법에 기반한 방법론 .

5) Unified Model: UML[38]에 입각하여, use-case에 의해 유도되고, 아키텍처 중심이며, 반복적이며 증량적인 공정 방법론.

2.2.2 Agile Process Model

설명한 바와 같이, 신속/상황-적 공정 모델 (Agile Process Model)은 상황에 최적화된 모델로, 가장 신속하게 요구 사항을 만족할 수 있는 SW를 제작하기 위한 모델이다 [JACOBSON]. 이 모델에서는 일반적으로, 공정 과정과 도구보다는 SW 관련 전문가와 이들 간의 연대 및 상호 작용; 전체적인 문서보다는 작동되는 SW가; 계약 협상 보다는 고객과의 협력이; 계획에 입각한 것보다는 변경을 반영하는 것에 더 중점을 두는 SW 개발 방법론이다[AGILE].

이러한 방법론이 필요하게 된 원인은, SW 요구 사항 변경과 기술 변화에 효과적으로, 즉 빠르고 적합하게 대응하고; 모든 SW 이해 당사자(stakeholder)에게 효과적으로 알리고; 고객을 개발 팀에 참여하게 하고; 개발 팀이 수행하는 작업을 통제할 수 있도록 구성하여, SW를 빠르고 증량적으로 제공하기 위해서이다.

이를 위해서 Agile Alliance에서는 12개의 원칙을 규정했다 [AGILE]:

1) 제일 중요한 것은 유용한 SW를 일찍 그리고 지속적으로 고객에게 제공하여 고객을 만족시키는 것이다.
2) 개발 마지막 단계일지라도 요구 사항이 변경되면 적극적으로 반영한다.
3) 대략 매 2주에서 2달마다 작동되는 SW를 자주 제공하다.
4) 매일 프로젝트를 통해 개발자는 영업 인력과 같이 일을 해야 한다.
5) 동기 부여가 확실한 인력을 중심으로 프로젝트를 구축해야 한다.

---

38) UML(Unfied Methodology Language)는 Software Engineering 분야에서 시스템과 SW의 설계를 시각적으로 보여주기 위해 고안된, 범용 시각 모델링 언어군이다 [UML].

6) 개발 팀에게 정보를 전달하는 가장 효과적이고 효율적인 방법은 면전 대화다.
7) SW의 작동 여부가 업무 진행 여부를 판단하는 기본이 된다.
8) Agile 업무는 개발 상 유지가능하게 촉진되어야 한다.
9) 지속적으로 기술적 우수성과 더 나은 설계 강화에 집중해야 한다.
10) 단순하게 불필요한 업무를 극소화하는 기술이 필요하다.
11) 자율적으로 팀을 구성할 때, 최고의 아키텍처, 요구 문서와 설계가 나온다.
12) 주기적으로 어떻게 하면 팀이 더 효과적일 수 있는지 복기한 다음, 그에 맞게 팀의 활동을 조정하고 조율해야 한다.

애자일 방법이 적용되기 위해서는, 다음과 같은 전제 조건이 필요하다: 어떤 요구 사항이 지속적이며 어떤 요구 사항이 변경될 것인지 사전에 예측하기가 어렵거나; 여러 유형의 SW를 구축하기 위해, 설계와 구현이 동시에 수행할 수 없어야 할 뿐 아니라; 분석·설계·구축· 시험이, 프로젝트 계획 관점에서, 우리가 원하는 것처럼, 예측할 수 없어야 한다.

애자일 방법의 특징을 살펴보면 다음과 같다: 고객이 요구하는 사안에 따라 공정이 이루어지며; 이렇기 때문에, 수립된 계획이 오래가지 못하며; SW 구축 활동에 집중한 반복적인 개발 단계를 거쳐야하며; 여러 단계의 증량식 제품을 제공하며; 변경이 발생이 되면 바로 이를 반영해야 한다는 점이다.

이 과정에서 중요한 역할을 하는 것은 당연히 업무를 수행하는 개발자다. 개발자가 지녀야 할 덕목에는 작업 수행 능력·공동 관심사·협조 능력·의사 결정 능력·불투명성 해결 능력·상호 신뢰와 존중·자율적인 조직 능력 등이 있다. 그 이유는 위와 같은 불확실한 조건에서 업무를 정상적으로 수행하기 위해서는 불확실성을 해결할 수 있는 능동적이며 자율적인 능력이 요구되기 때문이다.

다음은 대표적인 유형의 애자일 모델링 방법을 알아보자.

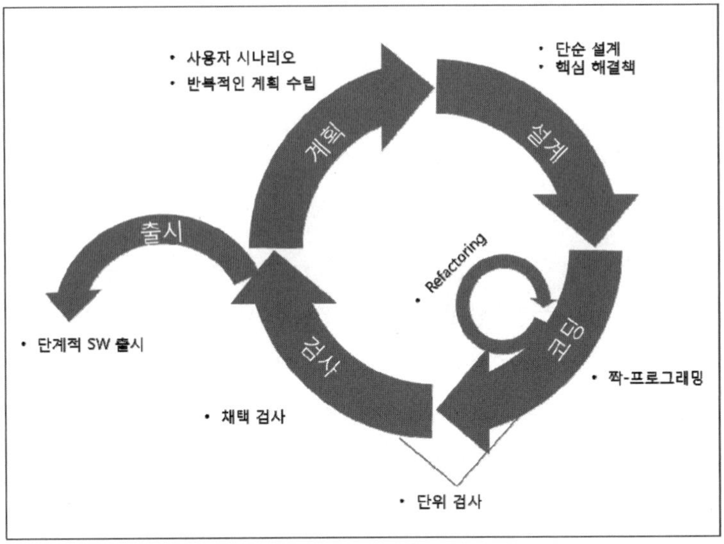

<그림 2-6> XP 모델

가. XP (Extreme Programming)

XP는 <그림 2-6>에서 보여주는 바와 같이, 고객 요구 사항의 변화에 맞춰 SW 품질과 대응성을 향상시키기 위한 SW 개발 방법론이다[BECK04]. XP에서는 agile SW 개발 방법 중 하나로서, 생산성을 향상시키고 고객 요구 사항의 변화를 적극적으로 수용하기 위하여 체크 포인트를 설정하고, 짧은 개발 주기에 맞게 제품을 증량적으로 여러 번 출시한다. XP는 이 외에도, 짝을 맞춰 프로그래밍[39]을 하거나, 광범위하게 코드를 검토하거나, 모든 코드를 단위별로 검사하거나, 해당 기능이 필요해지기 전에는 해당 기능을 바로 프로그래밍하지 않고, 수평적으로 구조를 관리하고, 코드를 단순하고 명료하게 유지하고, 시간이 지남에 따라 고객의 요구 사항이 변할 것을 미리 예상하고, 문제를 잘 이해하기 위해 고객과 프로그래머 간의 의사소통을 자주 한다. 이 방법론의 이름은 기존의 SW 공학 방법의 좋은 점을 극한 수준으로 끌어 올린다는 것에서 유래했다. 예를 들면, 코드

39) Pair programming: 한 컴퓨터에서 두 명의 프로그래머가 작업하는 방식의 agile SW개발 방법론이다. 한 명이 코딩을 하는 동안, 다른 한 명은 그 코딩을 한 줄 한 줄 면밀하게 검토하는 등의 협업이 이루어진다. 주기적으로 그 역할을 바꾸기도 한다.

검토는 좋은 점으로 간주되어, 짝-프로그래밍(pair programming)에서처럼, 극단적인 수준까지 코드 리뷰를 지속적으로 수행할 수 있다.

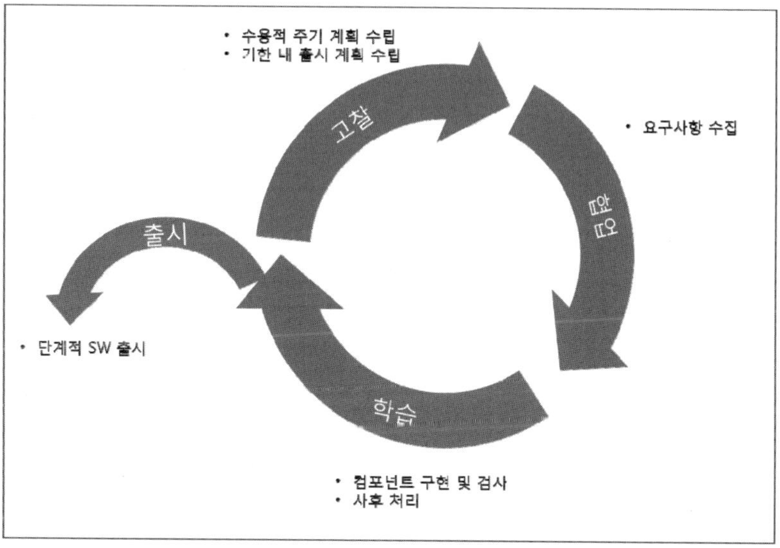

<그림 2-7> ASD 모델

나. ASD Model

적응형 소프트웨어 개발(ASD: Adaptive Software development)은 <그림 2-7>에서 보여주는 바와 같이, 이전 Prescriptive 모델의 하나인 RAD 모델에 기반을 둔 SW개발 모델이다[HIGH00]. ASD에서는 당면한 작업에 대한 각 공정 과정이 업무 수준에 적응할 때까지 지속되어야 한다는 일반적인 원칙을 담고 있다.

ASD는 전통적인 폭포수 주기(waterfall cycle)를 일련의 추측, 공동 작업 및 학습 주기로 대체하고, 프로젝트의 긴급 상태에 대한 지속적인 학습과 적응을 요구한다. ASD 생명 주기의 특징은 임무 지향·특징 기반·반복·타임박스(Timebox)[40]·위험 제어·변화 수용(change tolerant)에 있다.

40) 시간을 관리하는 목적으로 각 업무에 대해 확정된 시간을 규정하여 마감 일정(deadline)을 준수하도록 관리하는 방법이다.

확정적인 계획과 예측이라는 단어는 서로 모순일 수 있다. 개발 중 예측을 통해 모든 이해 당사자가 프로젝트를 시작할 때 프로젝트 업무에 대해 특정한 면이 잘못되었다고 판단할 수 있다. 예측을 기반으로 프로젝트가 시작되고 계획이 주기적으로 적응되며 수행된다. 이러한 적응화된 주기적 또는 반복적인 계획은, 프로젝트 초기부터, 고객으로부터 업무에 대한 진술을 듣거나, 납기 날짜 또는 사용자 설명 등과 같은 프로젝트에 대한 제약 사항을 파악하거나, 프로젝트에 필요한 출시 주기 등을 규정하기 위한 기본적인 요구 사항 등으로부터 시작한다.

이 모델에서 요구하는 협업이란, 계획 및 지침 등과 같이, 작업 환경에서 예측 가능한 부분, 즉 기술·요구 사항·이해 당사자·SW 공급 업체와 같이 다양한 요소로 인해 발생하는 불확실하지만, 예측 가능한 상황에 대해, 균형 있게 대처하기 위한 노력을 의미한다.

모든 이해 당사자에게 요구되는 학습 주기는 반복되는 설계, 구축 및 검사의 주기를 기반으로 한다. 이러한 반복 과정을 통해, 잘못된 가정을 토대로 발생되었던 작은 실수를 바로 잡음으로써, 지식을 수집하게 되고, 경험을 풍부하게 쌓게 되고, 이 문제에 대해 숙달하게 된다.

다. DSDM(Dynamic Systems Development Method) Model

DSDM은 <그림 2-8>에서 보여주는 바와 같이, Agile Project Delivery Framework로서, 처음에는 소프트웨어 개발 방법으로 사용되었다[KEITH07, PLONKA14]. 1994년에 처음 출시된 DSDM은 원래 RAD 모델에 대한 몇 가지 규율을 제공하고자 했다[ABRA03]. 이후 버전에서 DSDM Agile Project Framework가 개정되면서, SW개발 및 코드 생성에 초점을 맞추기 보다는 프로젝트 관리 및 솔루션 제공에 대한 일반적인 접근 방식이 되었으며, IT가 아닌 일반 프로젝트에도 사용될 수 있었다. DSDM Agile Project Framework는 전체 프로젝트 라이프 사이클 전반에 걸쳐 광범위한 활동을 다루고 있으며, 강력한 기반과 관리를 포함하고 있으며, 이는 다른 애자일 방법과 차별화된다. DSDM Agile Project Framework는 지속적인 사용자/고객 참여를 포함하여, 애자일 개발 원칙을 수용하는 반복적이고 점증적인 접근 방법이다.

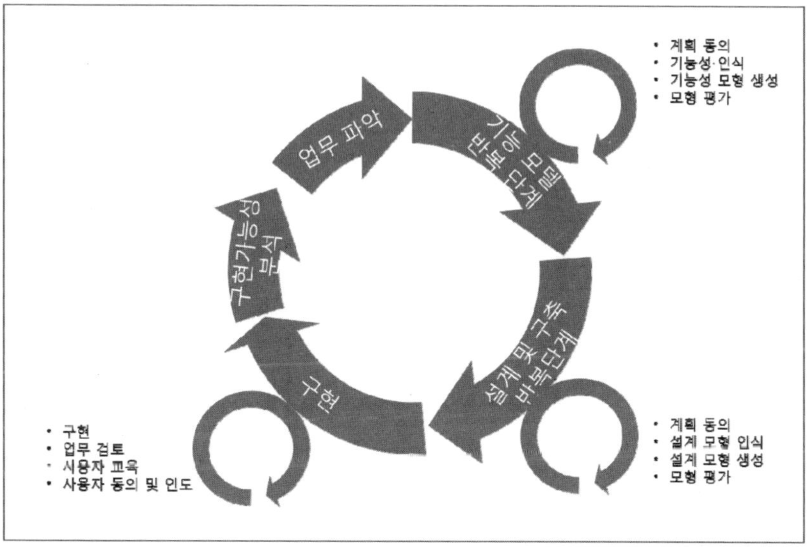

<그림 2-8> DSDM 모델

DSDM은 초기 비용, 품질 및 시간을 고정하고, musts, shoulds, coulds로 범위의 MoSCoW[41] 우선 순위 지정을 사용한다. 그리고 정해진 시간 제약 조건을 충족시키기 위해 프로젝트 산출물을 조정할 수 없다. DSDM은 SW 및 IT가 아닌 솔루션을 개발하기 위한 수많은 애자일 방법 중 하나이며, Agile Alliance의 일부를 형성한다.

2007년 DSDM은 'DSDM Atern'으로 명칭이 변경되었다[KEITH07]. Atern이란 이름은 광대한 거리를 여행 할 수 있고, 우선 순위 및 협업 같은 작업이 자연스럽게 이루어지는, 협력적인 조류인 북극 제비 갈매기의 약어이다.
2014년 DSDM은 'Atern' 명칭을 삭제하고, 접근 방법의 최신 버전에서 'DSDM Agile Project Framework'인 원래 이름으로 되돌렸다. 동시에 새로운 DSDM

41) MoSCoW 기법은 제품 개발 과정에서 이해 당사자 간에 각각의 요구 사항에 대해 일정한 합의를 도출하기 위해 적용되는, 경영·업무 분석·프로젝트 관리·SW개발 상에서의 우선 순위 선정 기법이다.

매뉴얼은 PRINCE2[42], Managing Successful Programmes 및 PMI-BOK[43]와 관련하여 다른 프레임 워크와 함께 운영할 필요성을 인식했다. 이전 버전(DSDM 4.2)에는 Extreme Programming으로 DSDM을 사용하는 방법에 대한 지침만 포함되어 있다.

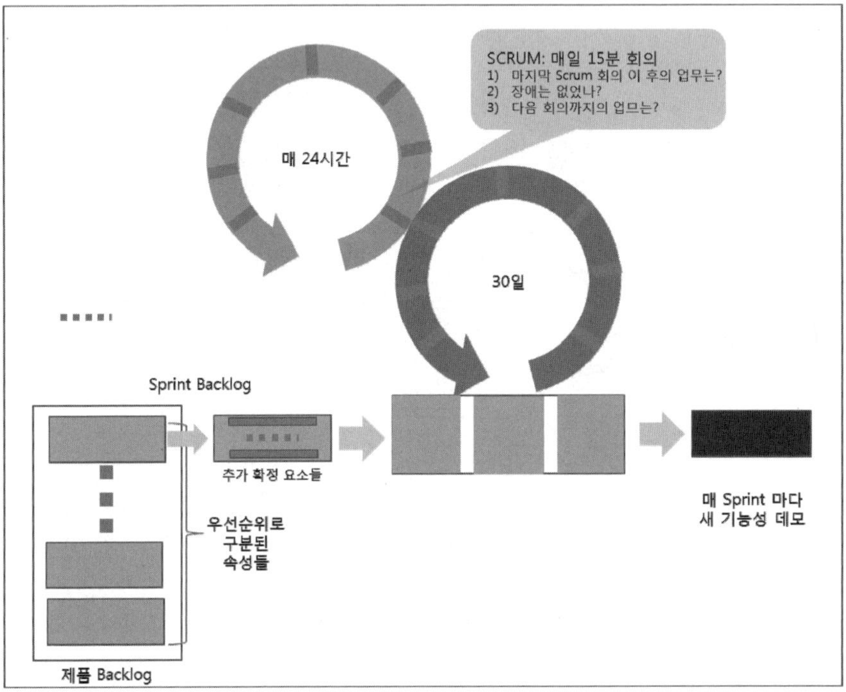

<그림 2-9> SCRUM 모델

라. SCRUM

Scrum은 <그림 2-9>에서 보여주는 바와 같이, 제품 개발을 관리하기 위한 점진적이고 민첩한 agile SW 개발 프레임워크이다[SCRUM16, GUNTHER16]. Scrum은 “개발 팀이 하나의 공동 목표를 달성하기 위한 unit으로 작동하는, 유

42) PRINCE2는 프로젝트 관리 기법의 하나다.
43) ISO의 프로젝트 관리 가이드라인의 하나다.

연하고 종합적인 제품 개발 전략"을 추구한다[HIRO86]. 제품 개발을 위한 전통적이고 순차적인 접근 방법의 한계를 극복하고, 팀 구성원 간에 공동의 공간에서 긴밀한 온라인 협업을 이루면서, 이들 간의 일대일 대화를 기반으로 팀을 구성하게 한다.

Scrum의 핵심 원리는 고객이 원하거나 필요로 하는 것에 대해 마음이 바뀔 수 있다는 것과, 예기치 못한 문제가 발생할 수 있어 예측 또는 계획적 접근 방법이 적합하지 않다는 것이다. Scrum은 문제를 완벽히 이해하거나 정의할 수 없기 때문에, 새로운 요구 사항에 대응하고 시장의 변화와 기술의 진화에 대응하는 팀의 능력을 극대화하기 위한 방법에 초점을 맞추는 증거 기반의 경험적 접근 방법을 사용한다.

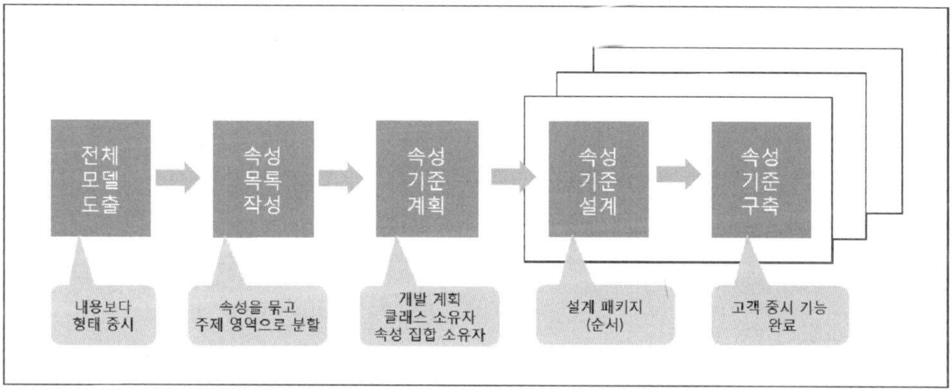

<그림 2-10> FDD(Feature Driven Development) 모델

마. FDD(Feature Driven Development)

FDD는 <그림 2-10>에서 보여주는 바와 같이, 반복적이며 점진적인 SW 개발 방법론이다[PALMER02]. 이는 SW를 개발하기 위해서 고안한 경량 또는 신속 방법이다. FDD는 기업에서 가장 우수하다고 인정한, 다수의 실제 방안을 하나의 강화된 방안으로 융합하여 만든 방법이다. 고객이 인정하는 기능성, 즉 속성의 관점에서 이 방안이 도출된다. 이 방법의 주 목적은 구체적이며 작동되는 SW를 시간 내에 반복적으로 공급하는 것이다.

그럼 다음 절에서는 가장 일반적인 공정 과정에 대해 알아보자.

2.3 일반 공정 모델과 공정 평가 모델

일반 SW 공정 과정을 실제 적용 가능한 실천적 관점[44]에서 포괄적으로 이해할 필요가 있다. 가장 고전적인 실천 방법은, 예를 들면, 주어진 문제를 잘 이해하고, 이걸 기반으로 해결 방안을 짜고, 이렇게 짠 방안을 계획대로 수행하고, 마지막으로 그 수행 결과의 정확도를 검사하는 것이다. 하지만 아마도 이러한 방법의 핵심은 상식적 문제 해결 방안이 좋은 실천 방안일 수 있다는 것을 의미한다.

<표 2-1>에서 보여주는 바와 같이, 가장 보편적으로 알려진 SW 공정 과정은 다음과 같다 [PRESS05]:

1) 소통(Communication): 요구 사항을 추출을 위한 관련자 간 회의 및 소통 단계.
2) 계획(Planning): 개발 목표·비용·인력·방법 등에 대한 전반적인 계획 단계.
3) 모형(Modeling): 요구 사항 분석·설계·분석·검증에 관한 모형화 단계.
4) 구축(Construction): 체계적인 SW 구현 및 시험 단계.
5) 배치(Deployment): SW 배치, 관리 및 운영 단계.

이 표는 각 단계별로 활동 원리와 준비 사항과 업무를 보여준다. 특히 모델 단계에서 분석 모델과 설계모델이 단계적으로 적용됨을 확인할 수 있다. 이 단계에서 다양한 유형의 정형기법이 시스템의 다양한 관점을 명세하기 위해서 사용된다.

44) 실천적인 관점이라는 것은 SW를 계획적으로 개발하기 위해서 고려해야 하는 일련의 개념·원리·방법·도구를 전체적으로 의미한다.

<table>
<tr><th colspan="2"></th><th>원리</th><th>준비</th><th>본 업무</th></tr>
<tr><td colspan="2">소통</td><td>• 청취
• 대화/회의 준비
• 소통 촉진 방법 구비
• 1:1 면전 대화
• 기록 및 결정사항 문서화
• 고객과의 협업
• 집중
• 불투명한 사안 도식화
• 윈-윈 협상</td><td>• 상방이 물리적으로 가까운 상황
• 반복적인 대화 방식으로
• 강건한 팀 분위기를 만들면서
• 정확한 팀 구조를 적용함</td><td>• 논의 대상 확인
• 대화 위한 최적 방식 규정
• 전반적 목적, 목표 및 범위 설정
• 관련자 사용 시나리오 확인
• 주 기능과 속성 도출 확인
• 고객/관련자와 도출결과 확인</td></tr>
<tr><td colspan="2">계획</td><td>• 개발 범위 이해
• 고객 및 관련자 참여
• 계획의 반복성 이해
• 이해 내에서의 견적 도출
• 리스크 고려
• 실제적
• 계획에 따라 정밀도 조정
• 품질 보장 방법 규정
• 수정 반영 방법 규정
• 계획 추적</td><td>• Boehm의 질문 적용
- 시스템 개발 이유는?
- 구체적 수행 업무는?
- 마감일은?
- 책임자는?
- 설치 장소는?
- 기술/관리 업무 수행방법은?
- 각 자원의 필요 정도는?</td><td>• 개발 범위 재평가
• 리스트 평가
• 기능 및 속성 평가
• 기반시설 기능 및 속성 평가
• 개략적 계획 수립
• 첫 도출물 상세 계획 수립
• 진행 추적</td></tr>
<tr><td rowspan="2">모형</td><td>분석</td><td>• SW 도메인 집중
• 정보영역 표현
• SW 기능 표현
• SW 행위 표현
• 표현물 분할
• 구현 입장 강조</td><td>• 자료 이해
• 자료 흐름 이해
• 제어 흐름 이해
• 객체 관계 이해
• 객체 행위 이해</td><td>• 자료 분석
• 자료 흐름 분석
• 제어 흐름 분석
• 클래스 분석
• 객체 행위 분석</td></tr>
<tr><td>설계</td><td>• SW 분할 집중
• 분석 모델 기반
• 아키텍처 기반
• 자료 설계 핵심
• 인터페이스 규정: 외/내부
• 컴포넌트 기능 독립성 보장
• 컴포넌트 약결합성[45] 보장
• 설계의 용이한 판독성 보장
• 설계의 반복성 보장</td><td>• 자료 이해 및 분석
• 아키텍처 이해
• 컴포넌트 이해
• 인터페이스 이해</td><td>• 자료 설계
• 아키텍처 설계
• 컴포넌트 설계
• 인터페이스 설계</td></tr>
<tr><td rowspan="2">구축</td><td>코딩</td><td>• 알고리즘 후 구조적 코딩
• 설계 기반 자료구조 결정
• 아키텍처 기반 인터페이스 일관성
• 단순한 조건 논리식 유지
• 용이한 시험용 Loop 포함 고려
• 이름 의미화 및 표준 코딩 준수
• 자체 문서화 코딩 준수
• 판독성 높은 코딩 시각화 고려</td><td rowspan="2">• 해결 대상에 대한 이해
• 기본 설계 원리와 개념 이해
• SW 구현 언어 및 환경 선정
• 구현 도구 제공 완성 선정
• 컴포넌트 별 단위-시험 생성</td><td>• 코딩</td></tr>
<tr><td>보증</td><td>• 적정한 walk-through[46] 적용
• 단위-시험 실시 및 오류수정
• 코드 리팩터링[47]</td><td>• 보증 검사</td></tr>
</table>

45) 약결합성(Loosely Coupled): SW의 구성 요소 간의 결합 정도를 나타내는 개념이다.

	검사	• 요구 사항 기반 검사 • 계획 하의 검사 • Pareto[48] 원리 적용 • 미시적에서부터 거시적으로의 검사 • 고갈 시험 불가		• 시험 및 검증
배치		• 각 출시제품에 대한 고객기대 관리 • 출시전 모든 제품 통합 및 검사 • 사용자에게 모든 교육자료 제공 • 문제 제품은 항상 수정 후 공급		

<표 2-1> SW개발 일반 공정 과정에서의 원리, 분비 사항 및 본 업무 목록

SW 개발 과정에서 어떤 공정 모델 및 방법을 적용한다 하더라도, 이 방법의 적용 과정에서의 성숙도를 평가하는 것은 매우 중요하다. 이 방법 중에 대표적인 방법이 CMMI[49] 방법이다. CMMI는 확정 목표(Specific Goal)의 관점에서 각 업무 영역을 정의하고, 이 목표를 달성하는 데 필요한 확정 실천 안(Specific Practice)을 정의하여, 공정 과정에서의 업무가 어느 수준에서 달성되었는가는 평가하는 모델이다.

그럼 다음 절에서는 이러한 모델이 SW개발 과정에서 어떻게 적용되는지 실례를

악한 결합은 Loosely Coupled, 강한 결합은 Tightly Coupled라 한다. 결합은 상호 작용이나 종속성에 의해서 결정된다.

46) Walk-Through는 SW 제품이나 프로그램 및 코드에 대해 발생이 될 수 있는 오류, 개발 표준 위반 및 다른 문제가 발생이 될 소지가 있는지를, 개발자가 다른 개발 팀원이나 이해 당사자에게 보여주는 동료 간 검토 및 검사이다.

47) Code Refactoring은 코드에서 procedure, function 또는 객체의 method이 외형적인 interface의 변경 없이 내부 코드만을 변경할 수 있게 허용하는 기법이다.

48) Pareto 원리는 코드 실행 오류 중 80%는 코드의 20% 영역에서 발생이 된다는 이론이다.

49) CMMI(Capability Maturity Model Integration): CMMI는 미국의 Carnegie Mellon 대학의 SEI(Software Engineering Institute)에서 개발한 공정 수준을 개선하기 위한 교육 및 평가 프로그램이다 [CMMI]. 이 프로그램은 미국 국방부와 정부가 SW를 납품하는 업체를 대상으로 그들의 제품 공정 수준을 평가하고 관리하기 위한 프로그램이다. 이는 납품하는 SW를 그 공정과정의 수준으로 평가할 수 있다는 의미와 같다. CMMI의 공정 수준에는 5 단계가 있다: 1) Initial, 2) Managed, 3) Defined, 4) Quantitatively Managed, 5) Optimized. 일반적으로 수준-3 이상을 요구하는데, 그 이유는 SW가 어떤 공정 과정을 거쳐서 개발되었는지에 대한 명확한 정의가 설정되어야 한다는 의미이다. 나아가 이런 공정 과정이 단계적으로 개선 및 발전되어야 한다는 의미도 포함되어 있다.

들어 살펴보자.

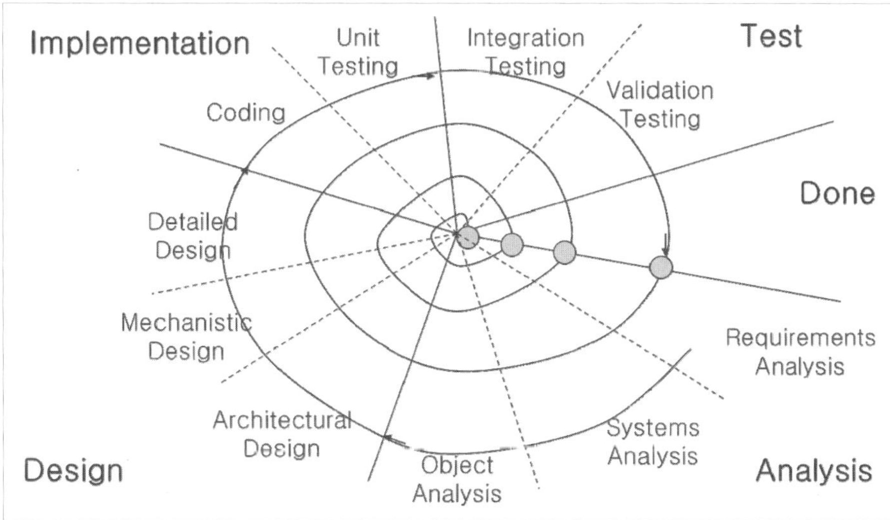

<그림 2-11> ROPES 공정 모델

2.4 ROPES/UML 모델

이 절에서는 Cooking Robot System[50]의 예제[LV85]가 ROPES(Rapid Object-Oriented Process for Embedded Systems)[BRUCE99a, BRUCE99b]의 공정 과정을 거쳐 실제 어떻게 구현되는지 알아보자.

2.4.1 공정 모델

가. ROPES Process

ROPES 모델은 UML에 기반을 두고 있으며, <그림 2-11>에서 보여주는 바와 같

50) Cooking Robot Example은 제1장에서 설명한 바와 같이, CRS은 Fast Food 식당에서 고객의 음식을 주문받아 특정한 시간 내에 그 음식을 고객에게 제공하는 시스템이다.

이, 다음과 같이 5단계로 이루어져 있다:

1) 분석(Analysis): 이 단계는 요구 분석, 시스템 분석, 객체 분석 활동(activity[51])으로 구성된다.
2) 설계(Design): 이 단계는 아키텍처 설계, 메커니즘 설계, 상세 설계 활동으로 구성된다.
3) 구현(Implementation): 이 단계는 코딩과 단위 검사 활동으로 구성된다.
4) 검사(Test): 이 단계는 통합 검사, 보증 또는 인증[52] 검사 활동으로 구성된다.
5) 완료(Done): 이 단계에서는 최종 결과를 증량적(Incremental)으로 진행된 프로토타입을 고객에게 제공한다.

각 단계의 활동 결과는 구체적인 결과물, 즉 artifact[53]가 고객에게 작업의 결과물로 제공이 되어야 한다. 또한 이 전 과정에서 사전에 계획한 점진 또는 증량적 단계의 결과로서 프로토타입을 반복적으로 고객에게 제공해야 한다.

나. Process와 Artifacts

기술한 바와 같이 ROPES 모델에서의 공정 과정은 여러 활동으로 이루어져 있고, 각 활동마다 특정한 자료나 문서가 필요로 하고, 그 활동의 결과, 규정된 자료나 문서를 생성한다. 이러한 자료나 문서 등을 artifact 또는 산물이라 정의한다. <그림 2-12>는 이들 간의 관계를 도식적으로 보여주고 있다. 예를 들면, 분석 단계에서는, 제품에 대한 요구 문서가 필요하고, 그 분석의 결과, 시나리오, use case, 리스크 분석과 같은 결과물을 제공하여, 다음 단계인 설계 과정에 이 artifact를 가지고 업무를 수행할 수 있도록 해야 한다. 여기에서 Translation 단계는 이전 그림에서 Implementation 단계를 위미한다.

51) Activity: 개발자에 의해 수행되는 작업.
52) 보증(Validation): 실행 환경을 염두에 둔 Test를 의미.
53) Artifact: Activity의 결과 제공-가능한 작업 결과물.

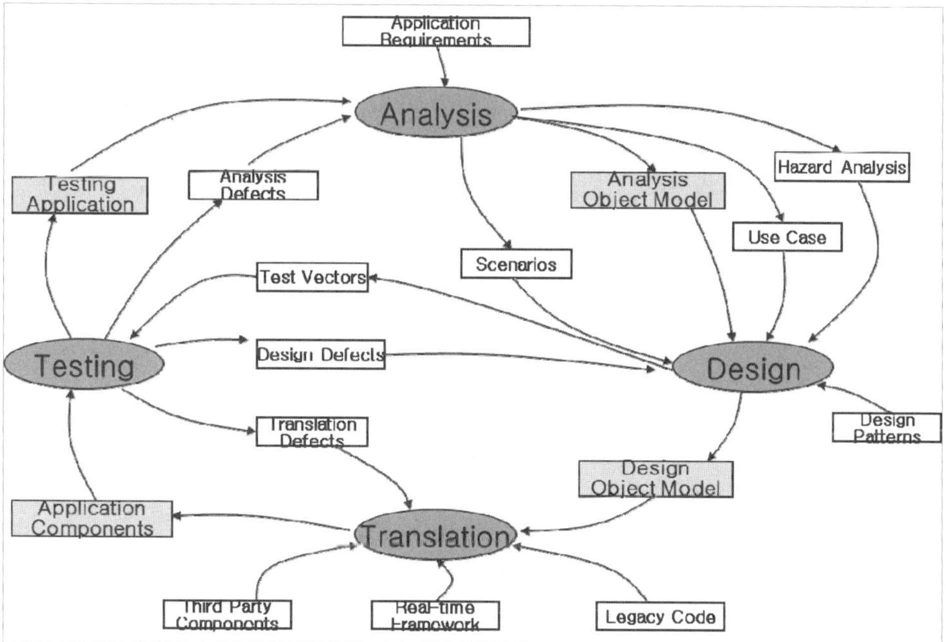

<그림 2-12> ROPES 공정 과정에의 활동과 산물

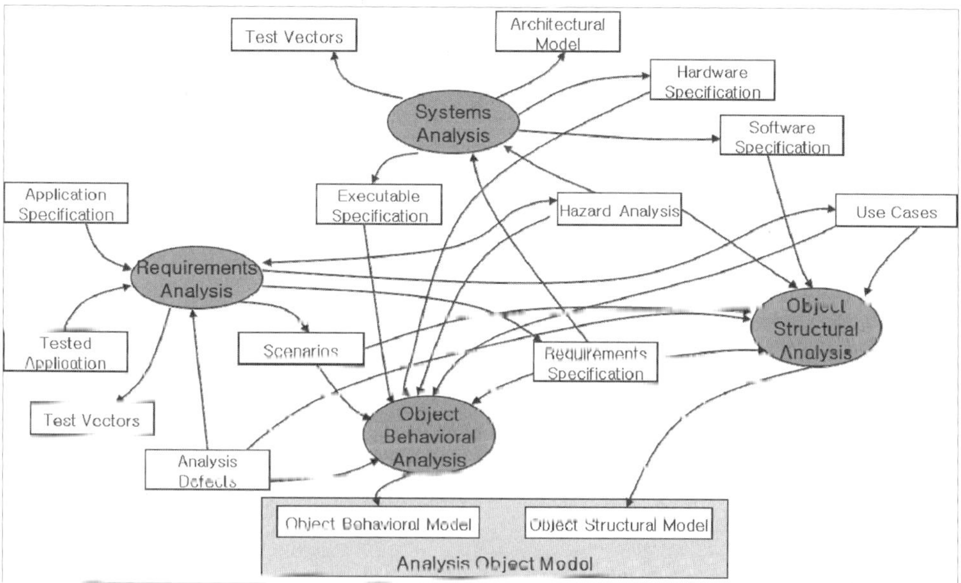

<그림 2-13> Analysis Process와 Artifacts

다. Analysis Process와 Artifacts

그림 분석 단계에서의 활동을 확인해 보자. <그림 2-13>는 분석단계가 모두 4개의 활동으로 이루어져 있음을 확인할 수 있다: Requirements Analysis, Systems Analysis, Object Structure Analysis, Object Behavior Analysis. 그리고 각 활동마다 필요한 artifact와 활동의 결과를 제공해야 하는 artifact가 그림에서 도식적으로 표현되어 있다. 그 예를 요구분석 활동에서 살펴보자.

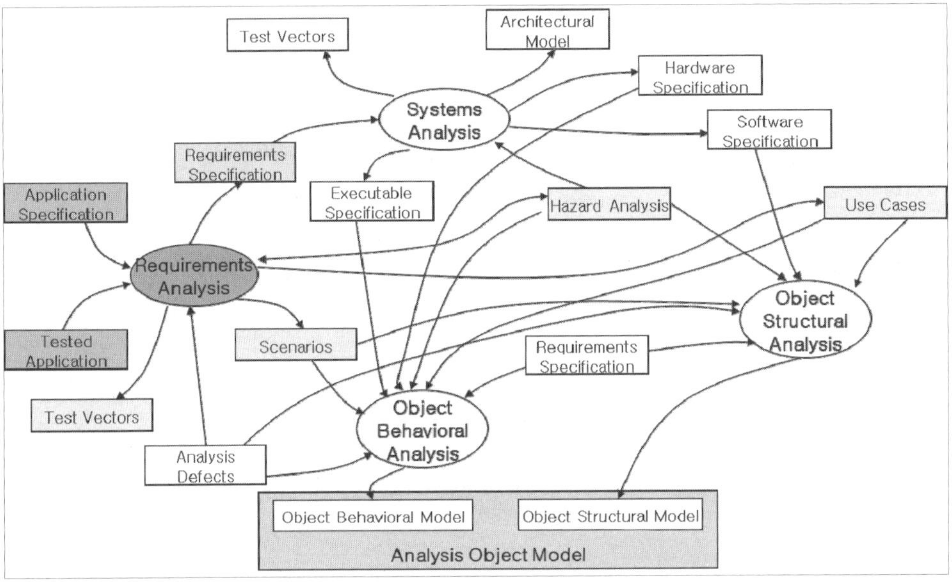

<그림 2-14> Requirements Analysis

라. Requirements Analysis

<그림 2-14>는 요구분석 활동과 artifact와의 관계를 보여준다. 이 활동에서는 고객, 사용자 및 관련 전문가로부터 제품에 대한 요구 문서, 즉 Application Specification, Tested Application 및 Hazard Analysis[54] 등을 받아서 요구사항을 분석한다. 그 결과, Scenario·Use Case·Test Vectors·Requirements

54) Risk Analysis와 유사하다.

Specification을 생성하고, Hazard Analysis를 갱신한다[55]. 이렇게 생성된 artifact는 다음 활동이나 단계에서 사용된다. 예를 들면, Requirements Specification은 Systems Analysis 활동에서; Scenario, Use Case, Hazard Analysis는 Object Structure Analysis 활동과 Object Behavior Analysis 활동에서; 그리고 Test Vectors는 마지막 Testing 단계에서 요구된다[56]. 다음은 설계 단계의 활동을 살펴보자.

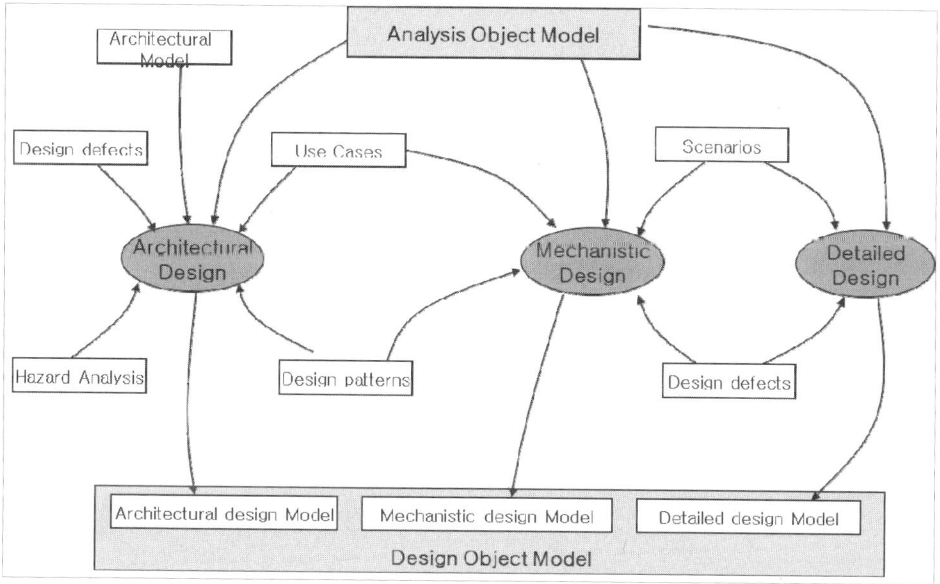

<그림 2-15> Design Process와 Artifacts

마. Design Process와 Artifacts

다음 Design 단계는 Architecture Design, Mechanistic Design, Detailed Design 활동으로 이루어져 있다. 각 활동별로 필요한 artifact와 활동의 결과 생성되는 artifact의 관계가 <그림 2-15>에 도시적으로 표현되어 있다. 기본적으로

55) 그 이유는 공정의 전 과정이 반복적으로 수행되는 점진 모델이기 때문이다. 즉 다음 공정 주기에서 이전의 자료를 다시 갱신할 수 있음을 의미한다.

56) 이는 Testing, 즉 구현된 SW에 대한 검사가 무작위로 수행될 수 없고, 사전에 요구분석 단계에서 철저하게 검사 항목과 경우 및 정도를 규정해야 한다는 의미이다.

이 전 Analysis 단계에서 생성된 Scenario·Use Case·Hazard Analysis·Analysis Object Model이 전 활동에서 사용됨을 알 수 있다. 좀 더 구체적으로 이 단계의 활동에서 요구되는, 그리고 생성되는 artifact 간의 관계를 살펴보자. 이 활동이 순차적으로, 그리고 반복적으로 수행된다는 점을 명심하자.

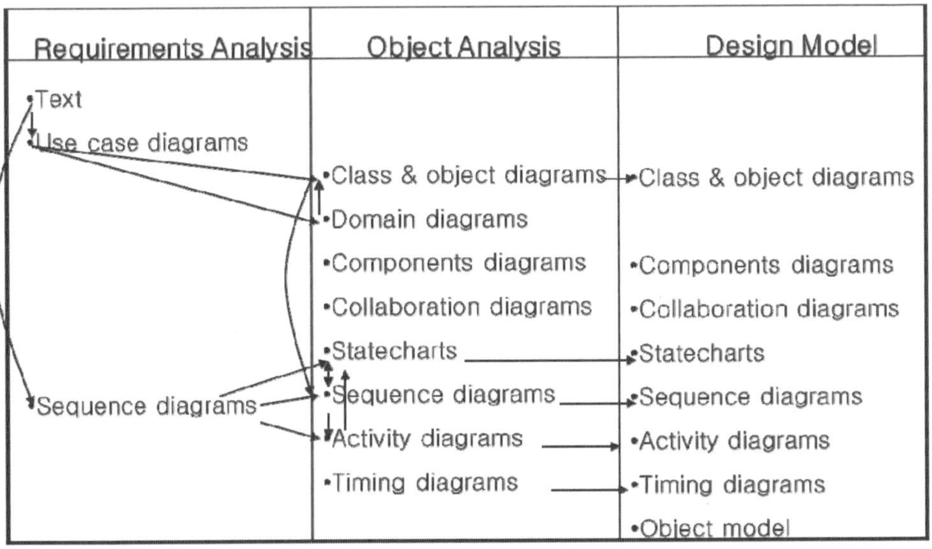

<그림 2-16> 공정 단계 artifact 간의 자료 종속 관계

바. 단계 간 Artifacts

<그림 2-16>는 Analysis 단계의 Requirements Analysis와 Object Analysis 활동과 Design 단계의 Design 활동과 관련된 Artifact와 Artifact 간의 관계를 보여주고 있다. 예를 들면, Requirements Analysis에서 요구 문서를 받아서 이를 분석한 결과 Use Case Diagram과 Sequence Diagram을 생성한다. Object Analysis 활동에서는 이렇게 생성된 Use Case Diagram과 Sequence Diagram을 기반으로 Domain Diagram, Class & Object Diagram, Activity Diagram 및 Statechart를 생성한다. 이 과정에서 이전의 Sequence Diagram는 더 상세하게 생성된다. 또한 이 활동에서 생성된 artifact는 반복적으로 갱신되거나 참조된다. 예를 들면, Sequence Diagram을 기반으로 생성된 Activity Diagram이

다시 Statechart를 생성하는 데 참조되고, 또한 그 결과가 다음 단계에서 Sequence Diagram을 상세하게 명세할 수 있게 한다. 다음은 실제 ROPES 모델을 통해서, 간단한 Cooking Robot 예제가 각 단계별로, 각 활동을 통해서 어떤 artifact를 생성하는지 살펴보자.

2.4.2 CRS 예제: 설계와 모델 관점에서

이 절에서는 CRS 예제가 ROPES 모델에서 어떤 공정 과정을 거치며, 어떤 artifact가 생성이 되는지, 설계와 모델 관점에서, 기술한다.

제1장의 예에서 설명한 바와 같이, CRS는 Fast Food 식당에서 고객의 음식을 주문받아 특정한 시간 내에 그 음식을 고객에게 제공하는 시스템이다. 우선 이 CRS에 대한 요구 사항을 살펴보자.

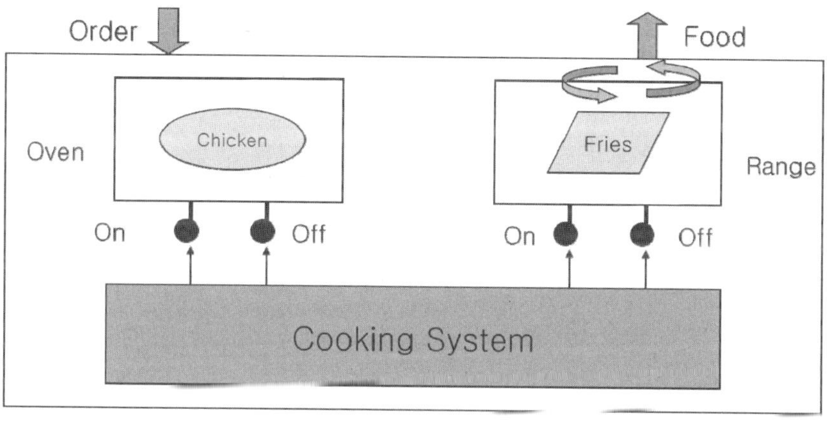

<그림 2-17> CRS System View

2.4.2.1 Analysis Phase

가. 요구 분석 활동

여기에서는 자연어로 기술된 요구 사항이 어떻게 Requirements Analysis 활동의 artifact로 표현되는지 알아보도록 한다.

CRS는 <그림 2-17>이 보여주는 바와 같이, 식당에서 고객의 음식을 주문받아 특정한 시간 내에 그 음식을 고객에게 제공하는 시스템이다. 이에 대한 요구명세가 자연어로 <그림 2-18>과 같이 명세가 되었다고 가정하자[57].

1. The following is a list of the requirements for a cooking system.
2. When a customer orders, the system provides him/her with a piece of chicken and a bag of French fries in 20 minutes.
3. Cooking the chicken takes 15 minutes in an oven.
4. Frying takes 10 minutes in a range.
5. Cooking and frying are continuous jobs.
6. Fries should be stirred for 10 seconds in every 40 seconds while being fried.
7. Frying should start after cooking starts and end before cooking ends.

<그림 2-18> CRS Requirements

이를 분석한 결과, 다음과 같은 시스템 정보와 시나리오 및 제약 조건을 도출할 수 있다:

1) CRS는 3개의 구성 요소로 이루어져 있다: Controller, Oven, Range.

2) 시나리오는 다음과 같다:

  a) 손님이 주문을 한다: t_a.

  b) 오븐을 켠다: t_b.

57) 특정 시스템 또는 SW 제품에 대한 요구 사항은 각 공학자나 분석가가 자신이 가진 다양한 관점에서 기술할 수 있다. 하지만 이러한 다양한 관점이 시스템과 SW를 공학하는 집단에 의해 일관된 요구 사항을 규정하고 유지하는 것이 매우 중요하다. 그렇지 않을 경우, 요구 사항 내에 오류나 모순이 발생이 될 수 있다. 따라서 추출된 요구 사항 내에서 일관성을 위해서, 면밀한 분석과 판단이 필요하다. 이를 위해서, 자연어로 이루진 요구 사항을 체계적으로 관리하기 위해서 도구를 사용해야 한다. 예를 들면, Blueprint, Cameo, Jama Contuor, DOORS 등이 있다[RMTOOLS].

c) 렌지를 켠다 t_c.

d) 오븐에 닭을 넣고 굽는다: t_d.

e) 렌지에 감자를 넣고 볶는다: t_e.

f) 감자를 렌지에서 건진다: t_f.

g) 닭을 오븐에서 꺼낸다: t_g.

h) 구운 닭과 볶은 감자를 손님에게 준다: t_h.

3) 제약 조건

3-1) 시간에 대한 제약 조건

a) 닭을 15분 동안 굽는다: 2-d).

b) 감자를 10분 동안 볶는다: 2-e).

c) 감자를 볶을 때, 매 40초마다 10초 동안 지속적으로 감자를 젓는다: 2-e).

d) 손님에게 주문을 받은 후, 20분 내에 주문한 음식을 제공해야 한다.

3-2) 선후 제약 조건

a) 감자는 닭을 굽기 시작한 후에 볶기를 시작한다: $t_d < t_e$.

b) 감자는 닭을 다 굽기 전에 볶어져야 한다: $t_f < t_g$.

특히 시간 관점에서 제약 및 종속 조건을 정리하면 <그림 2-19>와 같다. 즉 닭을 굽는 것는 것은 15분, 감자를 볶는 것은 10분이며, 두 요리는 동시에 20분 이내에 마쳐야하고, 굽는 것은 볶기는 것 이전에 시작하고, 볶은 이후에 마쳐야 한다는 관계를 도표는 시각적으로 일목요연하게 보여주고 있다.

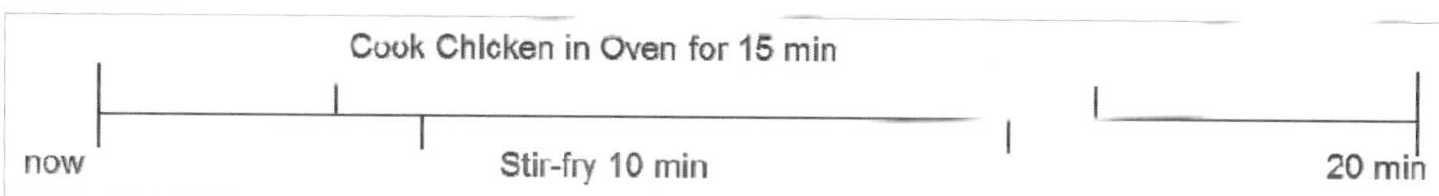

<그림 2-19> CRS의 시간에 대한 요구 사항 도표

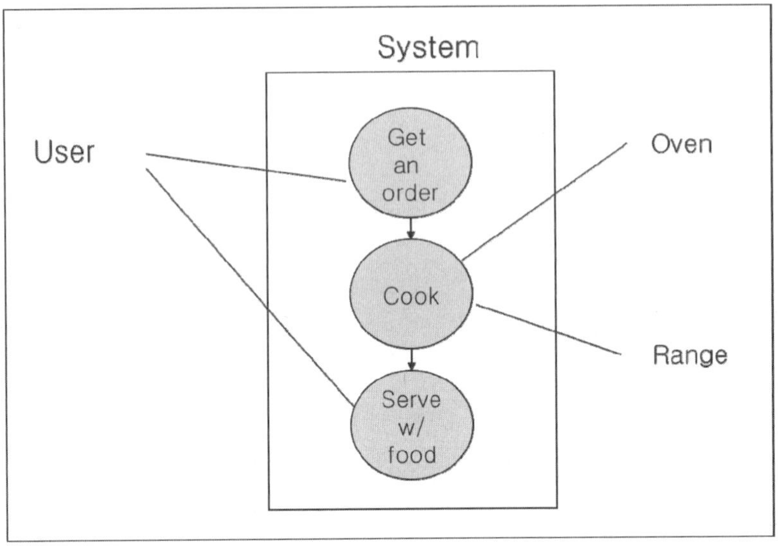

<그림 2-20> CRS의 Use Case

나. Use Case

CRS의 Use Case는 액터(Actor)[58] 간의 외형적인 상호 작용을 표현하는 <그림 2-20>과 같다. 즉 1) 고객으로부터 주문을 받으면(Get an Order), 2) Oven과 Range에게 요리를 명령하고 (Cook), 3) 요리가 끝나면 음식을 제공한다 (Serve with Food).

다. Scenario

CRS의 시나리오는 시스템을 구성하는 기본 요소인 액터 간의 기본적인 상호 작용을 통해서 <그림 2-21>처럼 작성된다. 즉 1) System이 User로부터 주문을 받으면 (order_found();), 2) System은 Oven에 굽기를 명령하고 (start_cooking();), 다음, 3) System은 Range에게 덖기를 명령하고

58) UML에서는 Actor를 특정 대상과 상호 작용하는 사용자나 타 시스템으로 정의한다.

(start_frying();), 4) 시간이 되면 System은 Range에게 튀기 그만두기를 명령하고 (stop_frying();), 다음, 5) 시간이 되면 System은 Oven에게 굽기 그만두기를 명령하고 (stop_cooking();), 마지막으로, 6) System은 User에게 주문 받은 음식을 제공한다 (serve_with_food();).

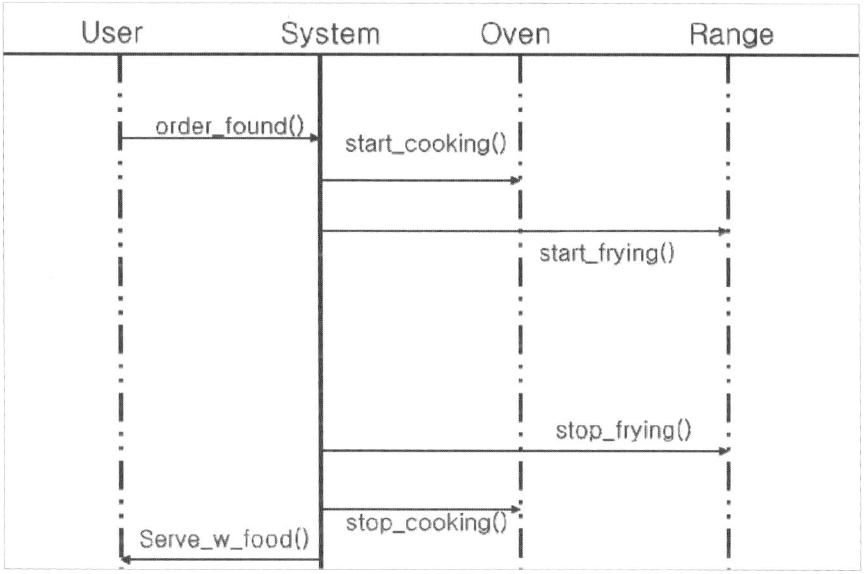

<그림 2-21> CRS의 시나리오 (Scenario)

라. Sequence Diagram

CRS의 Sequence Diagram은 <그림 2-22>와 같다. 이는 이전의 Scenario 도표와 유사하나, 각 액터 간의 상호 작용을 이벤트[59]를 기반으로 한 통신으로 표현했고, 각 이벤트 간의 시간적인 제약 조건을 상세히 표현했다. 특히 이벤트를 통해서 각 액터의 상태가 전환되는 것에 주목하자. 이는 나중에 액터의 상태를 표현하는 데, 매우 중요한 근거를 제시한다.

59) UML에서는 Event를 특정 시간에 발생이 되는 일 또는 사건으로 정의한다. 예를 들면, 통신이나 시스널 등이 있다.

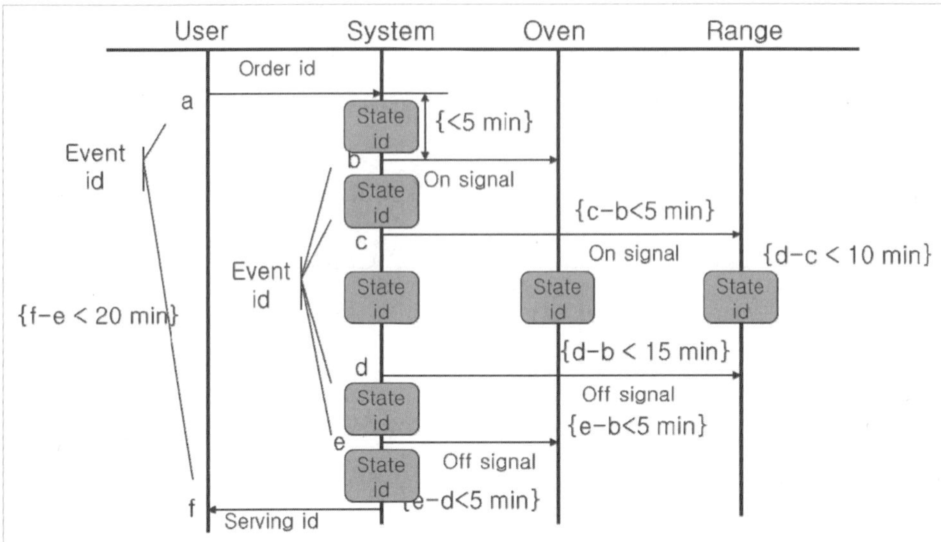

<그림 2-22> CRS의 순차도 (Sequence Diagram)

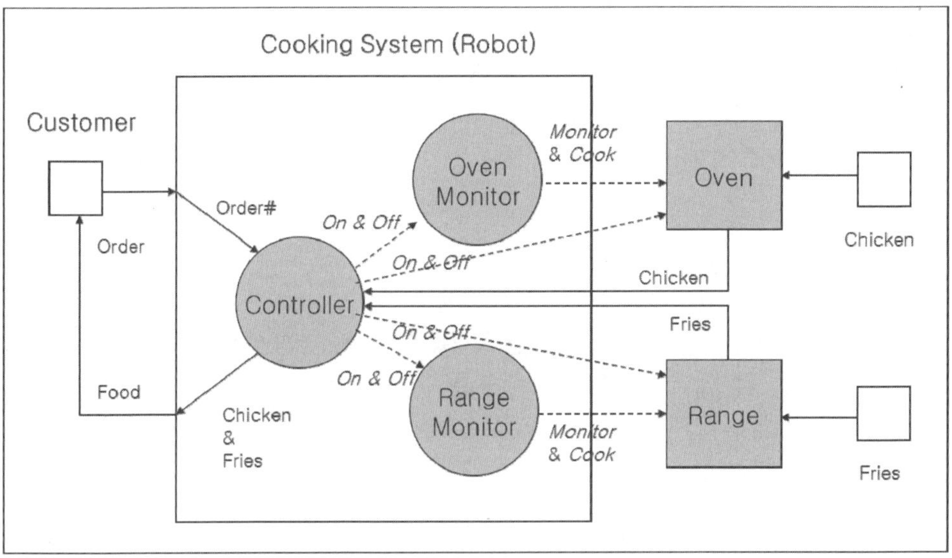

<그림 2-23> CRS의 자료/제어 흐름도

마. Data/Control Flow View

자료 및 제어 흐름도는 시스템의 구성 요소 간의 자료와 제어 흐름을 보여주는 도표이다. <그림 2-23>는 CRS의 자료와 제어 흐름을 보여준다. 예를 들면, System은 Controller, Oven Monitor, Range Monitor로 구성되어 있다는 것과 Controller에 의해 Oven Monitor와 Range Monitor에 각각 On과 Off 제어 신호를 보내고, 이후, 각 모니터가 Oven과 Range를 Monitoring 한 이후에, Controller가 Oven과 Range에게 각각 On과 Off 제어 신호를 보낸다. Oven과 Range가 각 Monitor에 의해 통제되는 것을 보여준다.

이렇게 CRS에 대한 Requirements Analysis 활동의 artifact를 살펴보았다. 다음은 Object Analysis 활동의 artifact를 살펴보자.

2.4.2.2 Object Analysis

여기에서는 이전의 Requirements Analysis 활동의 artifact가 어떻게 Object Analysis 활동의 artifact로 표현이 되는지 알아보도록 한다.

가. Activity Diagram

Activity Diagram은 시스템의 실행이 어떻게 전개되는지를 보여주는 도표이다. 여기에서는 주문을 받은 이후에, Oven을 키고 Oven을 Monitoring 하는 작업과 Range를 키고 반복적인 Stirring하는 작업이 동시에 진행이 되는 것과, Monitoring과 Stirring 작업이 완료된 후 Oven과 Range를 끄는 작업을 확인할 수 있다. 이는 <그림 2-24>에서 보여주는 바와 같이 System을 구성하는 3개의 구성 요소가 동시에 실행되어야함을 시각적으로 Thread[60]를 통해서 묘사한 것이다.

60) Thread는 일반적으로 SW에서 프로세스가 실행이 되는 경로(path)를 의미한다. 단일 프로세스가 실행되면, 경로를 하나로 표현할 수 있다. n개의 프로세스가 실행되면, n개의 경로(path)를 통해서 n개의 프로세스가 동시에 실행됨을 표현한다. 여기에서 프로세스란 SW를 구성하는 단위 프로그램이 실행 상태일 때를 지칭한다. 프로그램이 정적인 거라면, 프로세스는 동적이라 구분할 수 있다.

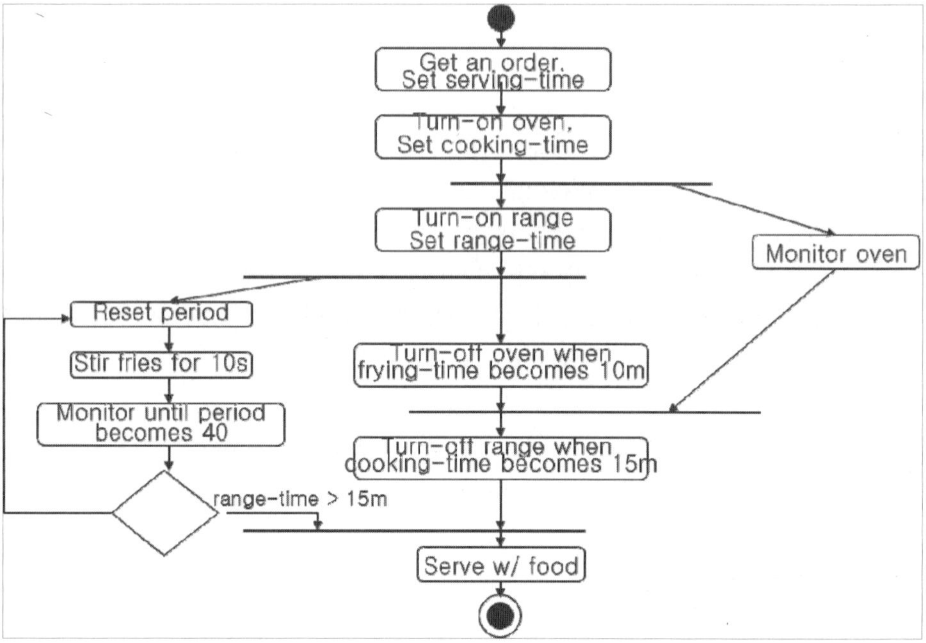

<그림 2-24> CRS의 Activity Diagram

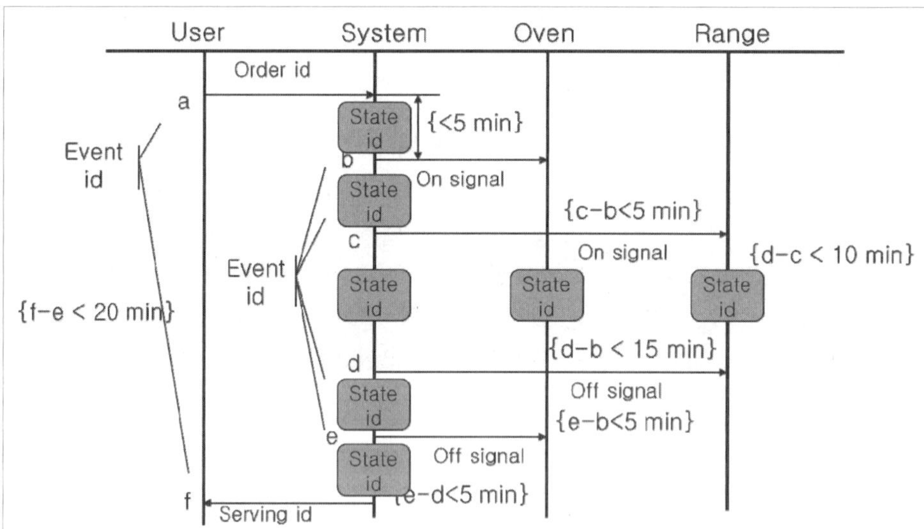

<그림 2-25> CRS의 Sequence Diagram

나. Sequence Diagram

<그림 2-25>에서 보여주는 바와 같이, CRS 예제에서는, Object Analysis 활동에서의 Sequence Diagram은 이전 Requirements Analysis 활동의 Sequence Diagram과 크게 다르지 않다는 것을 알 수 있다. 하지만 일반적으로 이전 활동보다 더 상세한 Diagram이 만들어지는 것이 일반적인 결과이다.

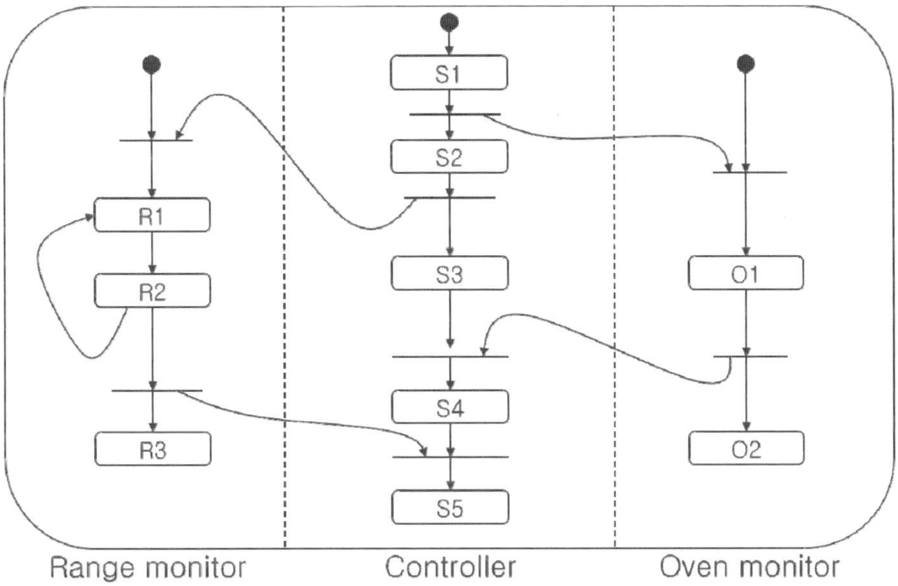

<그림 2-26> CRS의 Statecharts

다. Statecharts

Statechart는 시스템의 구성 요소가 서로 어떤 상태를 가지고 있으며, 상호 작용에 따라, 그 상태가 어떻게 변하는지를 보여주는 대표적인 상태도 중의 하나이다. 일반적으로 Statechart는 이전 활동의 artifact인 Sequence Diagram을 참조하기는 하지만 이를 기반으로 형성된 본 활동의 artifact인 Activity Diagram을 동시에 참조하여, 이들의 정보를 더 상세하게 구체화 한 결과물이다. <그림

2-26>은 CRS 예제의 Activity Diagram과 Sequence Diagram으로부터 생성된 Statechart를 보여준다. 병렬적인 세 기계가 동시에 실행을 하면서, 서로 어느 시점에서 무엇으로 종속되는지를 시각적으로 보여주고 있다.

1. The following is a list of the requirements for a cooking system.
2. When **a customer** orders, **the system** provides him/her with a piece of **chicken** and a bag of **French fries** in 20 minutes.
3. *Cooking* the chicken takes 15 minutes in an **oven**.
4. *Frying* takes 10 minutes in a **range**.
5. Cooking and *frying* are continuous jobs.
6. Fries should be *stirred* for 10 seconds in every 40 seconds while being fried.
7. Frying should start after cooking starts and end before cooking ends.

<그림 2-27> CRS의 Object와 Operation

Object	Attributes		Methods	
	Event	Property	Event	Property
Controller	Ordering_time Serving_time Serving_duration Cooking_time Frying_time Order_id	t(order) t(serving) t(serving)-t(order) c(cooking_time)=15m c(fryng_time)=10m	Cooking() Frying() Stirring()	
Oven	Operation_mode Operation_time Cooking_time	c(cooking_time)=15m	Cooking()	
Range	Operation_mode Operation_time Frying_time Stirring_time Period Waiting_time	c(fryng_time)=10m c(Stirring_time)=10s c(Period)=40s	Frying() Stirring() Waiting()	

<그림 2-28> CRS의 Object와 기본 정의

마. Object/Class Diagram

객체와 클래스를 규정하기 위해서는 요구 문서 내에 존재하는 객체를 구분하는 것이 우선이다. 예를 들면, CRS 예제에서는, <그림 2-27>에서 보여주는 바와 같이 총 6개의 객체를 구분할 수 있다: Customer·System·Chicken·French Fries ·Oven·Range. 그리고 이들 객체의 기본적인 Operation이 Cooking과 Frying+Stirring임을 할 수 있다. 그리고 요구 문서 내에 존재하는 객체 간의 이벤트 및 상호 작용, 즉 통신도 구분할 수 있다: Order, Provide, Start, End.

이러한 정보를 기반으로 객체를 정의하기 위한 Attribute와 Method를 계략적으로 정의해보면 <그림 2-28>와 같이 정의할 수 있다.

그리고 이를 기반으로 Object/Class Diagram을 정의하면 <그림 2-29>와 같을 수 있다.

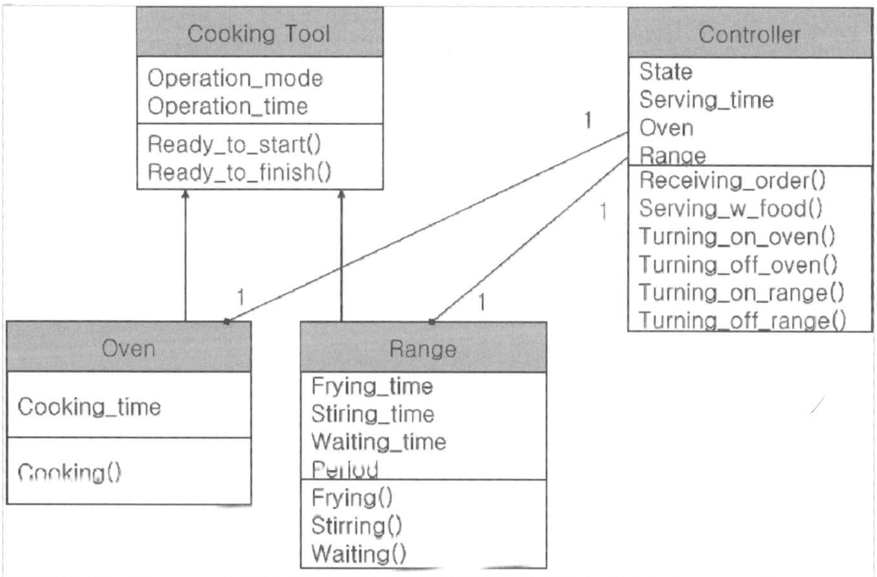

<그림 2-29> 분석 단계에서의 CRS Class

이렇게 해서 최종적으로 다음과 같은 설계모델을 도출할 수 있다.

2.4.2.3 Design Model

여기에서는 Object Analysis 활동의 결과 생성된 artifact를 기반으로 Design 단계에서 생성된 Design Model Artifact를 보여준다. CRS 예제에서는, 이 Artifact를 이전 Object Analysis 활동의 Artifact와 유사하지만 실제는 더 상세하고 구체적임을 명심하자.

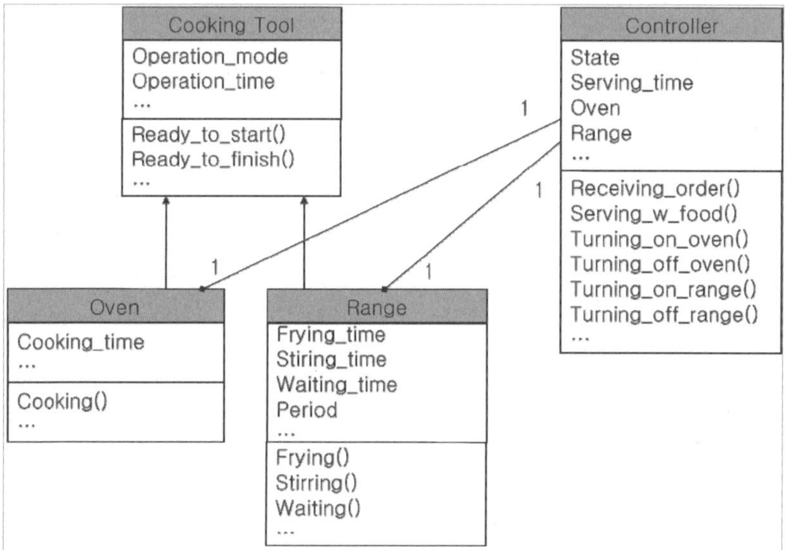

<그림 2-30> 설계 단계에서의 CRS Class

가. Class/Object Diagram

<그림 2-30>은 Design 단계의 최종 Class Diagram을 보여준다. CRS 시스템에는 다음과 같은 Class를 정의하였다:

- Controller: Oven과 Range를 제어하는 Class. 다음과 같은 attribute와 method가 있다.
  - Attribute:

- State: Controller의 상태
- Serving_time: 음식을 제공하는 시간
- ...

◦ method:

- Receiving_order(): 주문을 받는 인터페이스
- Serving_w_food(): 음식을 제공하는 인터페이스
- ...

- Cooking Tool: Oven과 Range의 상위 Class. 다음과 같은 attribute와 method가 있다.
  - Attribute:
    - Operation_mode: 작동 모드
    - Operation_time: 작동 시간
    - ...
  - method:
    - Ready_to_start(): 작동 준비를 위한 인터페이스
    - Ready_to_finish(): 작동 종료를 위한 인터페이스
    - ...
- Oven: 오븐 Class. 다음과 같은 attribute와 method가 있다.
  - Attribute:
    - Cooking_time: 닭을 굽는 시간
    - ...
  - method:
    - Cooking(): 닭을 굽기 위한 인터페이스
    - ...
- Range: 렌지 Class. 다음과 같은 attribute와 method가 있다.
  - Attribute:
    - Frying_time: 감자를 덖는 시간
    - Stirring_time: 감자를 젓는 시간
    - ...
  - method:
    - Frying(): 감자를 덖기 위한 인터페이스

- Stirring(): 감자를 젓기 위한 인터페이스
- …

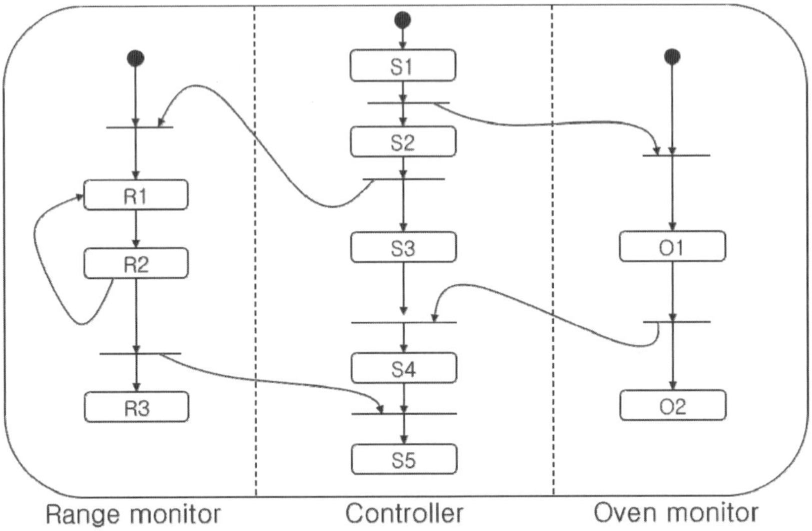

<그림 2-31> 설계 단계에서의 CRS Statechart

나. Statecharts

<그림 2-31>은 Design 단계에서 CRS의 최종 Statechart를 보여준다. 여기에는 다음과 같은 3개의 thread가 존재하며, 이들 간에 다음과 같이 총 4번의 상호 작용 또는 동기화가 발생됨을 보여주고 있다:

- 병렬객체(Thread): 다음과 같이 3개의 Thread가 동시에 작동되어야 한다.
  - Controller: Controller Class의 객체
  - Oven: Oven Class의 객체
  - Range: Range Class의 객체
- 동기화(Interafction/Synchronization): 다음과 같이 4번의 상호 작용이 있어야 한다.
  - Controller→Oven: Controller에서 Oven을 작동시키기 위한 Signal.

- Controller→Range: Controller에서 Range를 작동시키기 위한 Signal.
- Controller→Oven: Controller에서 Oven의 작동을 멈추기 위한 Signal.
- Controller→Range: Controller에서 Range의 작동을 멈추기 위한 Signal.

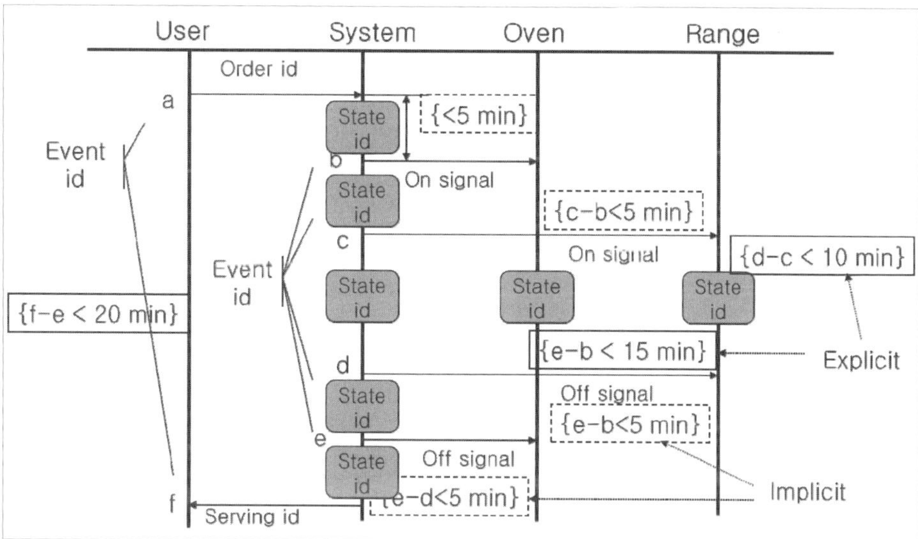

<그림 2-32> 설계 단계에서의 CRS Sequence Diagram

다. Sequence Diagram

<그림 2-32>는 Design 단계에서 CRS의 최종 Sequence Diagram을 보여준다. 여기에 대한 자세한 설명은 생략한다. 하지만 상호 작용의 순서와 이들 간에 어떤 정보가 교환되고, 시간에 대한 제약 조건은 무엇인지 자세히 확인할 수 있다. 특히 명시적이고, 암시적인 시간에 대한 제약 조건이 있음에 주의하자. 명시적인 제약 조건은 명세 시 가시적으로 정의할 수 있지만, 암시적인 제약 조건을 가시적으로 정의할 수 없고, 그 가시적으로 명세한 제약 조건의 결과에 암시적으로, 즉 간접적으로 정의할 수 밖에 없는 경우가 있다.

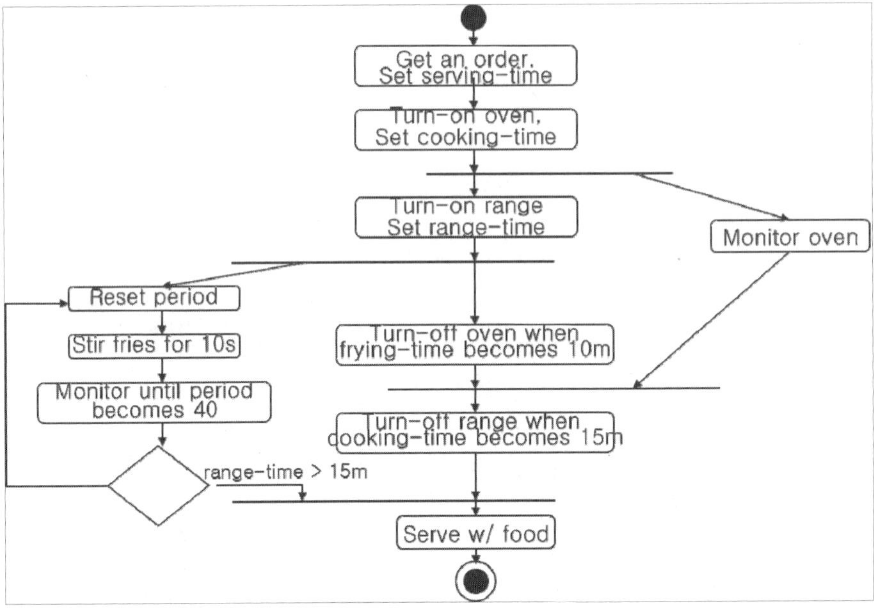

<그림 2-33> 설계 단계에서의 CRS Activity Diagram

라. Activity Diagram

<그림 2-33>은 Design 단계에서 CRS의 최종 Activity Diagram을 보여준다. 위 <그림 2-31>에서 설명한 Statechart와 유사하나, 더 구체적인 내용과 조건이 정의되어 있다. 특히 시간에 대한 제약 조건까지 상세하게 정의되어 있음을 알 수 있다. 여기에 대한 자세한 기술은 생략한다.

2.4.2.4 Timing Requirements

실시간 시스템을 제작하는 과정에서는 시간의 속성을 분석하는 것이 매우 중요하다. CRS 예제에서 시간의 속성을 분석하면 <그림 2-34>와 같은 요구 사항을 도출해 낼 수 있다.

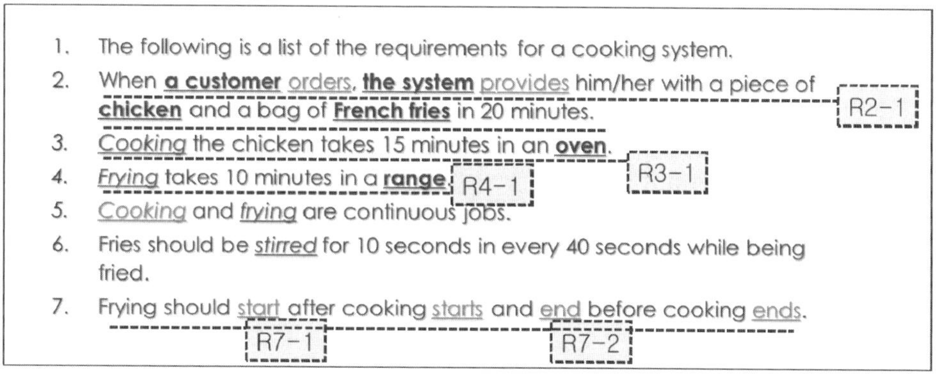

<그림 2-34> CRS의 시간에 대한 제약 조건

이를 정리하면 다음과 같다:

1) R2-1: 음식 주문 후, 제공은 20분 이내에 이루어져야 한다.
2) R3-1: Oven에서의 굽기는 15분 동안이다.
3) R4-1: Range에서의 튀기는 10분 동안이다.
4) R7-1: 굽기는 튀기 전에 시작되어야 한다.
5) R7-2: 굽기는 튀은 후에 종료되어야 한다.

이를 간단한 명세 언어로 표현하면 <그림 2-35>와 같다.

Req	Properties
R2-1	t(controller'order) - t(controller'serve) < 20m
R3-1	t(oven'operation == off) t(oven'operation == on) < 15m
R4-1	t(range'operation == off) - t(range'operation == on) < 10m
R7-1	t(oven'operation == on) - t(range'operation == on) >= 0s
R7-2	t(oven'operation == off) - t(range'operation == off) <= 0s

<그림 2-35> CRS의 시간 제약 조건 명세

이러한 시간에 대한 요구 사항 명세가 중요한 이유는 설계 과정에서 산출된 시

스템 작동(Operational) 명세에 대한 검증 과정에서 이러한 시간에 안전성(Safety) 요구 사항이 실제 만족이 되는지를 확인해야 한다. 그러기 위해서는 시제 논리(Temporal Logic)[MP91] 및 시간 논리(Real-Time Logic)[JLM88]에 기반을 둔 검증 시스템을 기반으로 이러한 안전성 요구 사항을 명세할 수 있는 편집기 도구와 이를 기반으로 대상시스템의 실행 또는 모의 실행 결과에 대하여 이러한 안전성 요구 사항이 만족이 되는지 검증할 수 있는 검증 도구(Verifier) 필요하다. 이 내용은 제7장에서 자세히 다른다.

2.5 결어

이 장에서는 SW 공학의 기본적인 정의와 이를 위한 다양한 공정 모델을, Presscriptive 모델과 Agile 모델을 중심으로 살펴보았다. 그리고 CRS 예제를 통해, UML 기반 ROPES 모델의 공정 과정을 SW 설계 관점에서 자세히 살펴보았다.

참고 문헌

[ABRA03] Abrahamsson, Pekka, et al. New directions on agile methods: a comparative analysis. Software Engineering, 2003. Proceedings. 25th International Conference on. Ieee, 2003.

[AGILE] http://www.agilealliance.org/home

[BECK04] Beck, K., Extreme Programming Explained: Embrace Change, 2nd Ed., Addison-Wesley, 2004.

[BENN94] Stuart Bennett. Real-Time Computer Control: An Introduction, Prentice Hall, 1994.

[BOEHM88] Boehm, B., The Spiral Model for Software Development and Enhancement, Computer, Vol. 21, no. 5, May 1988, pp.61-72.

[BROOKS75] Brooks, F. The Mythical Man Month, Addison-Wesley, 1975.

[BRUCE99a] Bruce, Powell Douglass, Doing Hard Time: Developing Real-Time Systems using UML, Objects, Frameworks, and Patterns Reading, MA: Addison-Wesley, 1999.

[BRUCE99b] Bruce Powel Douglass, ROPES: Rapid Object-Oriented Process for Embedded Systems, I-Logix Inc, 1999. http://www.cs.ru.nl/lab/uml/Ropes.pdf

[HIRO86] Takeuchi, Hirotaka; Nonaka, Ikujiro (January 1, 1986). New New Product Development Game. Harvard Business Review.

[GUNTHER16] Verheyen, Gunther. Scrum: Framework, not methodology. Gunther Verheyen. Gunter Verheyen.

[HIGH00] Adaptive Software Development: A Collaborative Approach to Managing Complex Systems, Highsmith, J.A., 2000 New York: Dorset House, 392pp, ISBN 0-932633-40-4.

[HM96] Constance Heitmeyer and Dino Mandrioli. Formal Method for Real-Time Computing, Wiley, 1996.

[IEEE93] IEEE Standards Collection: Software Engineering, IEEE Standard 610.12-1990. IEEE, 1993.

[JACOBSON] Jacobson, I., A Sounding 'Yes' to Agile Processes-But Also More, Cutter IT Journal, vol. 15, no. 1., January 2002, pp. 18-24.

[JLM88] F. Jajanian, R.S. Lee, and A.K. Mok. Semantics of modechart in real-time logic. In Proc. of 21st Hawaii International Conference on System Sciences, January 1988.

[KEITH07] Keith Richards, Agile project management: running

PRINCE2 projects with DSDM Atern. OGC - Office of Government Commerce. The Stationery Office, 31 jul. 2007.

[LEHMAN97] Source: Lehman, M., et al, Metrics and Laws of Software Evolution-The Nineties View, Proceedings of the 4th International Software Metrics Symposium (METRICS '97), IEEE, 1997.

[LV85] Language Constructs for Distributed Real-Time Programming, Insup Lee and Vijay Gehlot, Proceedings of 6th Real-Time Systems Symposium (RTSS85), San Diego, California, Dec. 1985.

[MARTIN91] Martin J., Rapid Application Development, Prentice Hall, 1991.

[MP91] Z. Manna and A. Pnueli: The Temporal Logic of Reactive and Concurrent Systems (Specification), Springer-Verlag, Berlin, 1991.

[MR93] McDermid, J., and P. Rook, Software Development Process Models, in Software Engineering Reference Book, CRC Press, 1993, pp. 15/16-15/28.

[PALMER02] Palmer, S.R., & Felsing, J.M. (2002). A Practical Guide to Feature-Driven Development. Prentice Hall. (ISBN 0-13-067615-2.

[PLONKA14] Plonka, Laura, et al. UX Design in Agile: A DSDM Case Study. Agile Processes in Software Engineering and Extreme Programming. Springer International Publishing, 2014. 1-15.

[PRESS10] Roger S. Pressman. Software Engineering: A Practitioner's Approach. McGraw-Hill, 2010.

[RMTOOLS] http://makingofsoftware.com/resources/list-of-rm-tools

[SCRUM16] Scrum Alliance. What is Scrum? An Agile Framework

for Completing Complex Projects - Scrum Alliance. Scrum Alliance.

[WF07] Wasserfallmodell, Entstehungskontext, Markus Rerych, Institut für Gestaltungs- und Wirkungsforschung, TU-Wien.

http://cartoon.iguw.tuwien.ac.at/fit/fit01/wasserfall/entstehung.html

[WIKISW] https://en.wikipedia.org/wiki/Software

[WIN70] Royce, Winston (1970), Managing the Development of Large Software Systems, Proceedings of IEEE WESCON, 26 (August): 1-9.

03

PART

상태 기계 개요

PART 03

상태 기계 개요

시스템이 초기 상태부터 어떤 과정과 경로를 거쳐 최종 상태에 이르는지를 정의하고 분석하는 것은 매우 중요하다. 또한 SW 관점에서 시스템이 초기 상태에서 어떤 조건과 상태에 따라 어떤 과정과 경로를 거쳐 시스템이 정상적으로 종료되는지를, 그리고 어떤 조건과 상태에서 오류가 발생이 되고, 비정상적인 상황이 발생이 되는지를 정의하고 분석하는 것도 중요하다.

이러한 목적으로 시스템과 컴퓨터 및 SW를 정의하고 분석하기 위해 고안한 수학 체계(Mathematical Structure)가 오토마타(Automata)[61] 또는 상태 기계(State Machine)[62]이다. 대표적인 오토마타 또는 상태 기계로 알려진, 개념적 연산 기계인 튜링 머신(Turing Machine)[63]은 세계 최초의 컴퓨터로 알려진

61) 오토마타(Automaton[단수]; Automata[복수])는 스스로 작동되는 시계를 의미한다. 이 기계의 작동원리는 주어진 업무를 순차적으로 수행할 수 있도록 미리 규정한 명령 체계에서의 자동 업무 수행 방식이다. 고대로부터 현대에까지 이런 유형의 기계가 존재한다[AUTOMATA]. 하지만 현대의 컴퓨터는 전자화된 구조에서 전자화된 명령 체계에 따라 업무를 수행하는 새로운 패러다임의 오토마타라고 정의할 수 있다. 나노 단위에서의 오토마타에 대한 연구는 지금 활발히 연구가 진행이 되고 있으며, 나아가 DNA와 RNA를 기반으로 한 생물학적인 오토마타도 이론적으로 가능할 수 있을 것이다.

62) 오토마타의 또 다른 이름이다.

63) Alan Turing에 의해 1936년 수학적으로 정의한 추상화된 개념 기계이다. 입력 테이프에 주어진 문자열을 읽고, 또는 쓸 수 있는 Read/Write Head를 가진 추상 기계이며, 주이진 문자열에 대해 Header가 테이프 상에서 좌우로 움직일 수 있고, 읽고 쓸

ENIAC[64]이 개발되기 10년 전인, 1936년 앨런 튜링(Alan Turing)[65]에 의해 개발되었고[TURING37], 이후에 ENIAC 컴퓨터의 기본적인 모델인 폰 뉴먼(von Neumann) 아키텍처의 기반이 되었다[NEUMANN45].

이는 우리에게 시사하는 바가 많다. 그 이유는 우리가 살고 있는 현대 사회는 컴퓨터와 분리할 수 없는 정보사회에 살고 있기 때문이다. 역사 속에서 각 시대와 문명에는 그 문명을 상징하는 결정체가 있다. 우리 시대의 문명을 상징하는 결정체는 아마도 컴퓨터일 것이다. 왜냐하면, 컴퓨터가 단순히 연산(computing)만을 하는 계산기(computer)의 수준을 넘어, 우리 인간의 반복적인 단순한 일을 대신해 주는 기계의 수준에서부터 복잡한 의사 결정까지 대신해 주는 인공 지능의 수준까지 이르고 있기 때문이다.

이런 수준까지 이르게 된 배경은 무엇일까? 지금 수준의 컴퓨터는 아니지만, 과거 수학적인 연산을 자동으로 하는 시계를 발명하기 위한 연구와 노력이 많이 있었고[66], 나아가 오토마타(Automata)와 같은 자동화 기계에 대한 연구도 활발히 진행되었다. 하지만 이런 연산기와 오토마타에 대한 연구가 한계에 직면할 수밖에 없었던 이유는 그 시대의 공학적인 한계 때문이라고 볼 수 있다. 과학을 사

수 있는 기능을 가졌다. TM은 1930년대 후반에서 1940대 초반 사이, 초기 컴퓨터의 기본 아키텍처인 von Neumann Architecture의 기본이 되었다[TURING37, TURING38].

64) ENIAC(Electronic Numerical Integrator and Computer)은 미국 펜실베니아대학(The University of Pennsylvania)에서 만든 세계 최초의 전자식 범용 컴퓨터로 알려져 있다. 이론상 Turing Machine에 기반을 두고 있으며, 구조상 von Neumann Architecture에 기반을 두고 있다. ENIAC의 개발 목적은 미육군 탄도연구소에서 포사격표(artillery firing table)의 탄도각도를 계산하기 위한 것이었다[ENIAC]

65) 앨런 튜링(Alan Turing)[1912년 6월 23일 ~ 1954년 6월 7일]은 지금 우리가 사용하고 있는 컴퓨터를 Turing Machine이라는 수학에 기반을 automata로 고안한 수학자이며, 논리 학자이며, 철학자이다. 이 튜링 머신은 세계 최초의 컴퓨터 알려진 ENIAC의 기본 아키텍처인 von Neumann Architecture의 배경이 되었으며, 튜링은 이 기계를 통해서, 괴델의 불완전성 이론, 즉 참이지만 참임을 증명할 수 없는 명제가 있음을, 기계적으로 증명하였다[TURING].

66) 동양의 주판을 시작으로, Charles Babbage의 Difference Engine, Analytical Engine 등의 최초의 연산 장치를 비롯하여, William Thomson 경의 Tide-Predicting Machine, H.L. Hazen과 Vannevar Bush의 Differential Analyzer 등과 같은 Analog식 연산기가 있다.

물과 그 현상에 대한 원리를 연구하는 학문으로, 공학은 그 과학을 실제 현실 세계에서 하나의 제품으로서 구현하는 학문으로 본다면, 한 시대의 공학(Engineering) 수준은 그 시대의 과학(Science) 수준을 반영한 것이라고 볼 수 있다. 즉 과거의 계산기와 오토마타가 지금에 비해 단순한 수준에 머무를 수밖에 없었던 이유는 그 시대의 과학적 한계 때문이라는 의미이다.

우리 시대의 컴퓨터는 여러 과학의 종합적인 산물이라고 평가할 수 있다. 전기·전자·반도체·집적회로 등의 물리 과학뿐 아니라, 산술과 미적분 이외의 논리·대수·집합·통계 등의 수리 과학을 넘어, 언어·인지·철학 등의 인문 과학까지를 포함한 과학의 결정체라고 볼 수 있다. 이 중에서 가정 중요한 과학은 아마도 수학이라고 볼 수 있다. 그 중에서도 상태도에 기반을 둔 튜링 머신은 현대 과학의 결정체이며, 그 결정체의 산물이 바로 컴퓨터라도 해도 부족함이 없다고 판단된다.

이 장에서는 튜링 머신의 기반이 되는 상태 기계에 대해 간단하게 설명한다. 일반적으로 상태 기계는 특정한 상태에서 주어진 입력에 대해서 특정한 출력을 한 후 상태를 변경시키는 기계로 이해할 수 있다. 그리고 이러한 상황을 설명하는 도표를 상태도표 또는 상태도(State Diagram)라고 한다.

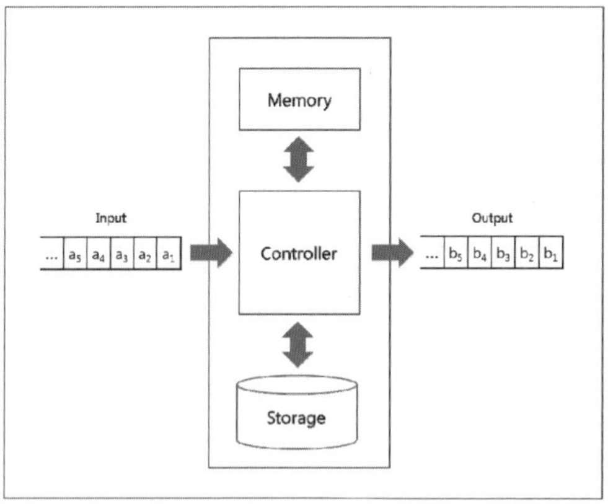

<그림 3-1> 컴퓨터 기본 모델

3.1 컴퓨터 기본 모델

전형적인 컴퓨터 기본 모델은 <그림 3-1> 과 같다. 이 모델은 자료(Data)를 입력(Input)받아서 규정된 절차에 따라 이를 처리(Process)하고 그 결과를 자료로 출력(Output)하는 기계이다. 이 과정에서 컴퓨터의 제어기(Controller)는 입력, 출력 및 임시 자료를 메모리(Memory) 또는 저장소(Storage)에 저장할 수 있다. 일반적으로 단기용 자료는 메모리에, 장기용 자료는 저장소에 관리한다.

이런 개념적 컴퓨터 모델을 일반적으로 추상 연산 모델(Abstract Computing Model) 또는 기계(Machine)이라고 한다. 이런 모델 중 가장 기본적인 모델을 오토마타(Automata) 또는 상태 기계(State Machine)이다. 이런 상태도는 모델을 구성하는 요소와 성질에 따라 다음과 같이 구분된다:

- 상태의 유한성: 상태 기계가 머무를 수 있는, 또는 가질 수 있는 상태의 수가 유한한가 또는 무한한가에 따라 다음과 같은 기계로 구분된다. 하지만 무한 상태 기계는 이론상으로만 존재하고, 현실에서는 존재할 수 없다.
    - 유한 상태 기계(Finite State Machine): 상태 기계가 머무를 수 있는, 또는 가질 수 있는 상태의 수가 유한인 기계.
    - 무한 상태 기계(Infinite State Machine): 상태 기계가 머무를 수 있는, 또는 가질 수 있는 상태의 수가 무한인 기계.
- 전이 상태 결정의 유일성: 제어기는 현재의 기계 상태 또는 메모리의 상태에서 주어진 입력에 따라 전이하는 다음 상태를 결정해야 한다. 이때 단 하나의 유일한 상태만을 결정할 수 있는지, 아니면 하나 이상의 상태를 임의적으로 결정할 수 있는지에 따라 다음과 같이 기계로 구분된다.
    - 결정 상태 기계(Deterministic State Machine): 제어기는 현재의 기계 상태 또는 메모리의 상태에서 주어진 입력에 따라 전이하는 다음 상태를 결정할 때, 단 하나의 유일한 상태만을 결정할 수 있는 기계.
    - 비결정 상태 기계(Non-deterministic State Machine): 제어기는 현재의 기계 상태 또는 메모리의 상태에서 주어진 입력에 따라 전이하는 다음 상태를 결정할 때, 하나 이상의 상태를 임의적으로 결정할 수 있는 기계.

- 테이프(Tape)의 종류: 테이프의 종류에 따라 기계를 다음과 같이 구분할 수 있다.
    - 읽기 또는 읽기/쓰기 전용: 읽기만 되거나, 읽기와 쓰기가 동시에 되는 테이프를 가진 기계.
    - 단일 또는 복수 트랙: 트랙이 하나이거나, 여러 개인 테이프를 가진 기계.
    - 단일 또는 복수 테이프: 테이프가 하나인, 또는 다수인 기계.
- 입출력 테이프 헤더(Header)의 종류: 헤더의 종류에 따라 기계를 다음과 같이 구분할 수 있다.
    - 읽기 전용 헤더: 테이프에 대해 읽기 전용 헤더를 가진 기계.
    - 읽기/쓰기 헤더: 테이프에 대해 읽기와 쓰기 모두 가능한 헤더를 가진 기계.
- 출력 방식: 출력 방식에 따라 기계를 다음과 같이 구분할 수 있다.
    - 상태에서 출력: 상태에서 출력이 가능한 기계.
    - 전이에서 출력: 전이에서 출력이 가능한 기계.

기본적인 상태 기계의 경우, 일반적으로 유한한 상태의 결정적 기계를 의미한다. 나아가 정형기법에서 적용하고 있는 상태 기계는 입출력 테이프와 헤더를 제외하고, 입출력을 상태 또는 전이 과정에서 기술하는 Labelled Transition System[67][LTS] 방식을 적용하고 있는 것이 일반적이다.

3.2 컴퓨터 입출력 자료

다음 절에 기술할 다양한 상태 기계를 이해하기 위해서는 상태 기계에 입력 및

67) LTS(Labelled Transition System)는 컴퓨터 연산 분야에서 사용하는 개념으로 이산 시스템을 기술하는 데 사용된다. 이 시스템은 상태(state)와 이들 간의 전이(transition)로 구성이 되어 있는데, 상태와 전이의 값과 조건을 Label이라는 형식으로 도표 상에 덧붙인 체계이다. 즉 오토마타와 상태 기계를 도표로 표현하기에 적합한 체계이다.

출력되는, 그리고 임시로 저정되는 자료(Data)의 추상적 정의에 대한 이해가 필요하다.

상태 기계에 입력되는 기본 자료를 부호로 정의한다. 부호는 상태 기계에서 추상적인 존재로 정의되었지만, 컴퓨터 관점에서는 ASCII 코드[68][ASCII]나 EDCDIC[EDCDIC] 코드[69]로 구현되었다. 이와 관련된 기본적인 개념을 정의하면 다음과 같다.

[정의 3.2.1] 부호 (Symbol)
 문자, 숫자와 같은 추상적 존재.

[예제 3.2.1] 문자(A, B, …, Z, a, b, …, z, !, @, …, *), 숫자(0, 1, 2, …, 9)와 같은 것.

[정의 3.2.2] 알파벳 (Alphabet)
 부호의 유한 집합.

[예제 3.2.2] $\Sigma = \{0, 1, a, b, 0\}$

[정의 3.2.3] 부호열 (String)
 알파벳의 원소로 구성된 유한한 부호의 열.

[예제 3.2.3] $w = ab1b$

[정의 3.2.4] 부호열의 길이 (Length)
 부호열의 길이.

---

68) ASCII(American Standard Code for Information Interchange)은 7-비트 기반 정보교환을 위한 기본 미국 표준 코드 체계이다[ASCII]. '아스키' 또는 '애스키'라고 발음한다.

69) EBCDIC(Extended Binary Coded Decimal Interchange Code)은 8-비트 기반 정보교환을 위한 확장 미국 표준 코드 체계이다[EDCDIC]. '앱스딕'라고 발음한다.

[예제 3.2.4] $w = ab1b$, $|w| = 4$

[정의 3.2.5] 공 문자열 (Empty String)

$\epsilon; |\epsilon| = 0.$

[예제 3.2.5] $w = \epsilon$, $|w| = 0$

[정의 3.2.6] 부분 문자열 (Substring)

w를 문자열이라고 가정하고, 다음과 같은 조건을 만족하는 부호열 u와 v가 있을 경우, x를 w의 부분 문자열이라고 한다:

$w = uxv$

[예제 3.2.6] $w = 01x\#ba$; w의 부분 부호열={ε, 0, 1, #, b, a, 01, 1#, ...}

[정의 3.2.7] 접두 문자열 (Prefix)

x를 w의 부분 문자열이라고 가정할 경우, $u = \epsilon$ 이면, x를 w의 접두 문자열이라고 한다:

$w = uxv$

[예제 3.2.7] $w = abc$; w의 접두 부호열={ε, a, ab, abc}

[정의 3.2.8] 접미 문자열 (Postfix)

x를 w의 부분 문자열이라고 가정할 경우, $v = \epsilon$ 이면, x를 w의 접미 문자열이라고 한다:

$w = uxv$

[예제 3.2.8] $w = abc$; w의 접미 부호열={ε, c, bc, abc}

[정의 3.2.9] 정규 접두/접미 문자열 (Proper Pre/Post-Fix)

x가 w의 부분 문자열이고, $x \neq w$ 이면, x를 w의 정규 접두/접미 문자열이라고 한다.

[예제 3.2.9] $w = abc$; w의 정규 접두 부호열={ε, a, ab}

[정의 3.2.10] 이음(Concatenation) 문자열

빈칸 없이 첫 문자열 다음에 다음 문자열로 형성된 문자를 이음 문자열이라고 한다.

[예제 3.2.10] dog & house = doghouse

[정의 3.2.11] 이음 연산자(Juxtaposition)

이음 연산자

[예제 3.2.11] w & v = wv

[정의 3.2.12] 표기법(Notation) I

- $w^i = \underbrace{ww \cdots w}_{i\text{개}}$
- $w^R = w$의 역배열 부호열

[예제 3.2.12]

- $w = 110, then\, w^2 = 110110$
- $w = 110, then\, w^R = 011$

[정의 3.2.13] 정형 언어

특정한 하나의 알파벳으로부터 생성된 부호열의 집합.

[예제 3.2.13]

1) $\Sigma = \{0, 1\}$; $L = \{0^n 1^n | n \geq 0\}$.
   n개의 0 다음에 동일한 수의 1 이 뒤에 연결된 문자열.
   L={ε, 01, 0011, 000111, … }
2) $\varnothing$

3) {ε}

4) 회문(Palindromes) $L = \{x \mid x = x^R\}$

[정의 3.2.14] 표기법(Notation) II

주어진 알파벳 Σ에 대해, Σ^*는 Σ로부터 생성될 수 있는 모든 문자로 구성된 언어를 의미한다.

[예제 3.2.14]

1) $\Sigma = \{0, 1\}$

2) $\Sigma^* = \{\epsilon, 0, 1, 00, 11, 01, 10, \cdots\}$

3) $\Sigma^+ = \Sigma^* - \{\epsilon\}$

다음은 이러한 개념을 기반으로 다양한 상태 기계의 개념을 이해해 보자.

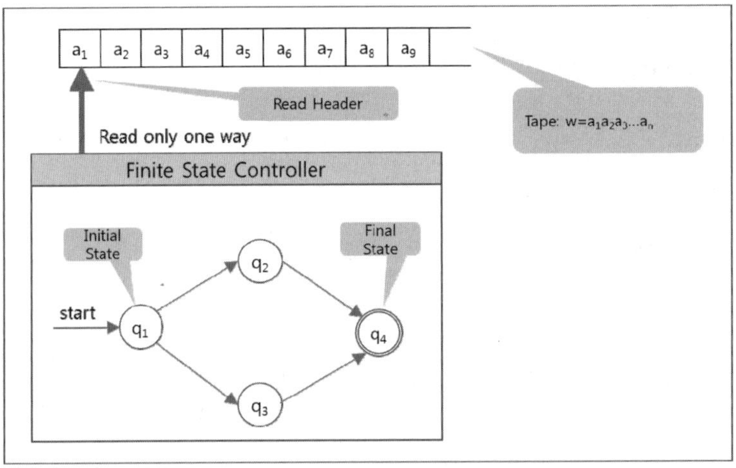

<그림 3-2> 유한상태 기계

3.3 Finite State Machine

유한 상태 기계(FSM: Finite State Machine)를 다음과 같이 정의한다.

[정의 3.3.1] 유한 상태 기계 (FSM: Finite State Machine)

정형적으로 유한 상태 기계 M는, <그림 3-2>에서 보여주는 바와 같이, 다음 5-관계쌍, 즉 5-튜플(quintuple)[70]로 정의된다:

$M = \langle Q, \Sigma, \delta, q_0, F \rangle$

여기에서,

Q	: 유한한 상태의 집합
Σ	: 유한한 입력 부호
$\delta = Q \times \Sigma \rightarrow Q$	: 전이 함수[71]
$q_0 \in Q$	: 초기 또는 시작 상태
$F \subseteq Q$	: 최종 또는 수락 상태의 집합

전이 함수와 확정 전이 함수는 다음과 같이 정의된다:

1) 전이 함수 $\delta(q, a) = p$ 는 비정형적으로 다음을 의미한다: M이 상태 q에서 입력 부호 a를 읽고, 상태 p로 진입한다.
2) 확장 전이 함수 $\hat{\delta}(q, x) = p$ 는 비정형적으로 다음을 의미한다: M이 상태 q에서 x의 입력 부호를 읽고, 상태 p로 진입한다.

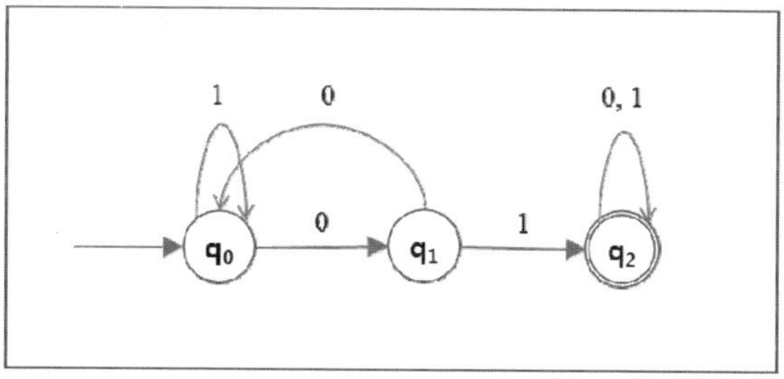

<그림 3-3> 예제 3.3.1의 FSM

70) Tuple의 정의.
a) ()의 의미: 순서 중요하지 않음.
b) 〈〉의 의미: 순서 중요함.

71) 전이 함수는 전시 함수이어야 한다.

[예제 3.3.1]

$M = \langle \{q_0, q_1, q_2\}, \{0,1\}, \delta, q_0, \{q_2\} \rangle$

$\delta = \{\delta(q_0,0) = q_1, \delta(q_0,1) = q_0, \delta(q_1,0) = q_0, \delta(q_1,1) = q_2, \delta(q_2,0) = q_2, \delta(q_2,1) = q_2\}$

이를 상태도(State Diagram)로 표현하면 <그림 3-3>와 같다.

[정의 3.3.2] 수락 (Acceptance)

FSM M이 초기 상태에서 주어진 문자열 w를 읽어들인 후 최종 상태에 도달하게 되면, M이 w를 수락(accept)한다고 정의한다.

[예제 3.3.2] [예제 3.3.1]의 FSM M은 문자열 01, 101, 1101, 010, 011, 0100, 0101 등의 문자열을 수락한다.

[정의 3.3.3] 정규 언어 (Regular Language)

언어를 수락하는 FSM이 존재할 때, 이 언어를 정규 언어라 한다.

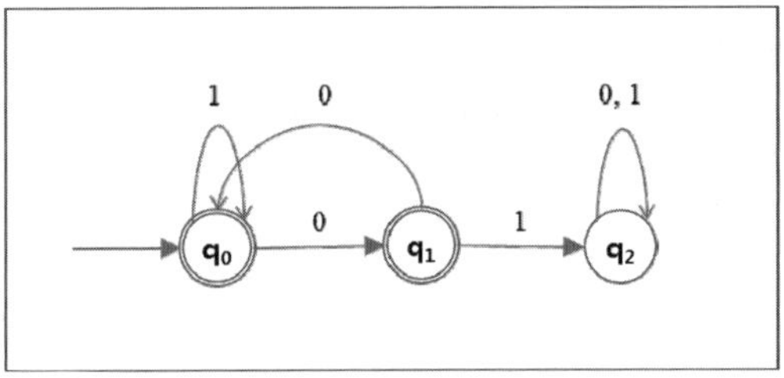

<그림 3-4> 예제 3.3.3의 FSM

[예제 3.3.3] <그림 3-4>에서처럼,

1) $L = \varnothing$

2) $L = \{\epsilon\}$

3) $L = \{0,1\}^*$

4) $L = \{x \mid x는\ 01을\ 부분문자열로\ 가진\ 문자열\}$

5) $L = \{x \mid x는\ 01을\ 부분문자열로\ 갖지\ 않은\ 문자열\}$

이에 대한 증명은 FSM이 존재함을 보이면 된다.

4) [예제 3.2]

5) $M = \langle \{q_0, q_1, q_2\}, \{0,1\}, \delta, q_0, \{q_0, q_1\} \rangle$

$$\delta = \begin{Bmatrix} \delta(q_0,0) = q_1, \delta(q_0,1) = q_0, \delta(q_1,0) = q_0, \delta(q_1,1) = q_2, \\ \delta(q_2,0) = q_2, \delta(q_2,1) = q_2 \end{Bmatrix}$$

3.4 Non-Deterministic Finite State Machine

비결정 유한 상태 기계(DFM: Non-deterministic Finite State Machine)를 다음과 같이 정의한다.

[정의 3.4.1] 비결정 유한 상태 기계(NFM: Non-Deterministic Finite State Machine)

정형적으로 비결정 유한 상태 기계(NFM: Non-Deterministic Finitc State Machine) M은 다음과 같은 5-관계쌍, 즉 5-튜플(quintuple)로 정의된다:

$M = \langle Q, \Sigma, \delta, q_0, F \rangle$

여기에서,

Q : 유한한 상태의 집합

Σ : 유한한 입력 부호

$\delta = Q \times \Sigma \rightarrow 2^Q$: 전이 함수

$q_0 \in Q$: 초기 또는 시작 상태

$F \subseteq Q$: 최종 또는 수락 상태의 집합

FSM과의 대표적인 차이점은 전이 함수에 의해서 도달 가능한 다음 상태가 하나 이상이라는 것이다.

[예제 3.4.1] [예제 3.3.1]의 FSM M에 해당하는 NFM M'은?

$M' = \langle \{q_0, q_1, q_2\}, \{0,1\}, \delta, q_0, \{q_2\} \rangle$

$$\delta = \begin{Bmatrix} \delta(q_0,0) = \{q_0, q_1\}, \delta(q_0,1) = \{q_0\}, \delta(q_1,0) - \{q_0\}, \delta(q_1,1) - \{q_2\}, \\ \delta(q_2,0) = \{q_2\}, \delta(q_2,1) = \{q_2\} \end{Bmatrix}$$

이를 상내노(State Diagram)로 표현하면 <그림 3-5>와 같다.

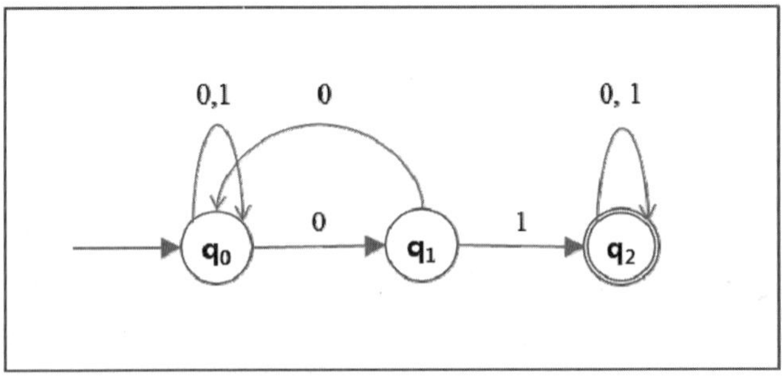

<그림 3-5> 예제 3.4.1의 NFM

[정의 3.4.2] 수락 (Acceptance)

DFM M이 초기 상태에서 주어진 문자열 w를 읽어들인 후 비결정적으로 도달 가능한 상태 중 최종 상태가 포함되어 있으면, M이 w를 수락(accept)한다고 정의한다.

[예제 3.4.2] [예제 3.4.1]의 FSM M은 문자열 01, 101, 1101, 010, 011, 0100, 0101 등의 문자열을 수락한다.

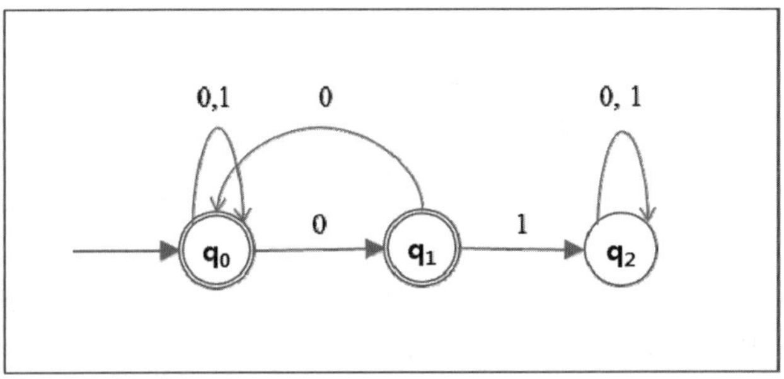

<그림 3-6> 예제 3.4.3의 NFM

[예제 3.4.3] $L = \{x | x\text{는 01을 부분 문자열로 가지지 않은 문자열}\}$을 수락하는 NFM?

<그림 3-6>에서 보여주는 바와 같이,

$M = \langle \{q_0, q_1, q_2\}, \{0,1\}, \delta, q_0, \{q_0, q_1\} \rangle$

$$\delta = \begin{Bmatrix} \delta(q_0,0)=q_1,\delta(q_0,1)=q_0,\delta(q_1,0)=q_0,\delta(q_1,1)=q_2, \\ \delta(q_2,0)=q_2,\delta(q_2,1)=q_2 \end{Bmatrix}$$

<그림 3-5>와 비교하여, 일반 상태가 수락 상태로, 수락 상태가 일반 상태로 바뀌었음을 확인하자.

3.5 2-Way Finite State Machine

양방향(2-Way) 유한 상태 기계(FSM: Finite State Machine)를 다음과 같이 정의한다.

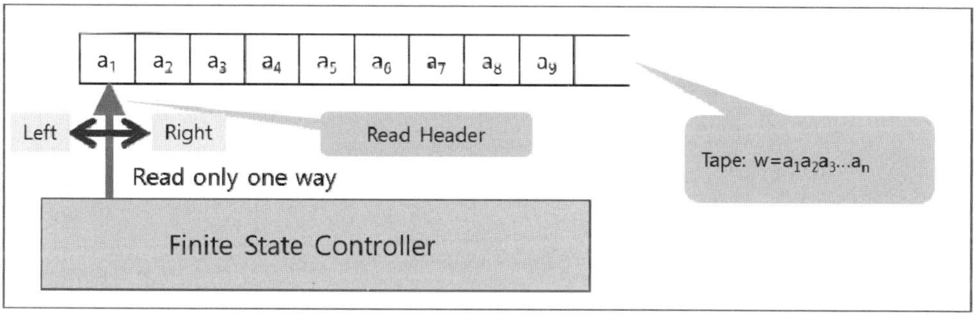

<그림 3-7> 양방향 유한상태 기계(FSM: Finite State Machine)

[정의 3.5.1] 양방향 유한 상태 기계 (2-Way FSM: 2-Way Finite State Machine)

정형적으로 2-Way FSM M은, <그림 3-7>에서 보여주는 바와 같이, 다음 5-괸게쌍, 즉 5-튜플(tuple)로 정의된다:

$M - \langle Q, \Sigma, \delta, q_0, F \rangle$

여기에서,

Q	: 유한한 상태의 집합
Σ	: 유한한 입력 부호
$q_0 \in Q$	: 초기 또는 시작 상태
$F \subseteq Q$	: 최종 또는 수락 상태의 집합

$\delta : Q \times \Sigma \rightarrow Q \times \{L, R\}$: 전이 함수; $\{L, R\}$은 헤더의 방향 명세; Right, Left.

$\delta(p,a) = (p,d)$ 의 의미는 다음과 같다: 상태 q에 있는 기계 M이 입력 a를 읽은 후에 상태 p로 전환한 다음, 입력 헤더를 d방향으로 움직인다.

[예제 3.5.1] 다음은 전이 함수 δ를 전이표(Tansition Table)로 표현한 예이다.

δ	0	1
q_0	(q_1, R)	(q_0, R)
q_1	(q_1, R)	(q_2, L)
q_2	(q_0, R)	(q_0, L)

[정의 3.5.2] 수락 (Acceptance)

2-Way FSM M이 초기 상태 q_0에서, 입력 헤더가 입력 문자열 w의 왼쪽으로부터 시작하여 w의 모든 보호를 읽어 들인 후, 즉 입력 헤더가 입력 문자열 w의 오른쪽 끝에 이름과 동시에, 최종 상태에 도달하면, M이 w를 수락한다고 한다.

여기에서 문자열 w를 읽어 들이는 상태를 일반적으로 <그림 3-8>과 같이 표기한다.

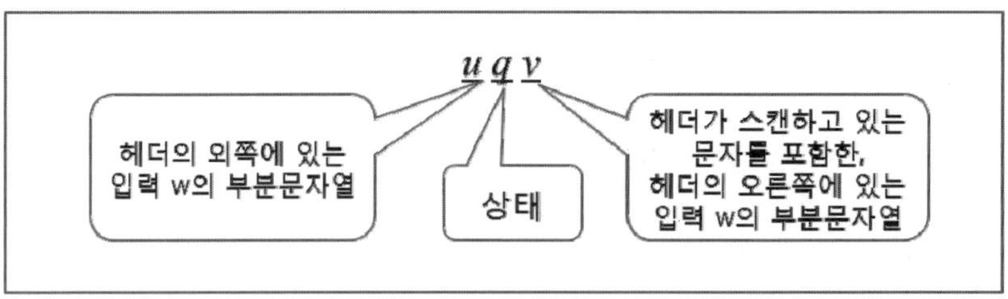

<그림 3-8> 문자열 읽기 상태 표현

왼쪽 u는 입력 문자열 w=uv에서 기계의 Read-Write Header의 왼쪽에 있는 문자열을 의미하고, q는 기계의 현 상태를 의미하고, v는 입력 문자열 w에서 현재 Header가 가르키고 있는 문자를 포함해서 오른쪽에 있는 문자열을 의미한다. 여

기에서 현재 Header가 가르키고 있는, 즉 스캔하고 있는 문자는 *v*의 맨 왼쪽에 있는 문자이다. 예를 들면 다음과 같다.

[예제 3.5.2] [예제 3.5.1]의 전이 함수에 대한 w=101001의 수락 여부.

$$
\begin{aligned}
q_0101001 &\vdash 1q_001001 \\
&\vdash 10q_11001 \\
&\vdash 1q_201001 \\
&\vdash 10q_01001 \\
&\vdash 101q_0001 \\
&\vdash 1010q_101 \\
&\vdash 10100q_11 \\
&\vdash 1010q_201 \\
&\vdash 10100q_01 \quad \leftarrow \text{최종 상태} \\
&\vdash 101001q_0 \\
&\models \{q_0\}
\end{aligned}
$$

여기에서 ⊢ 부호는 일반적으로 문법적인 유도 또는 전이 과정을 의미한다. 예를 들면 A ⊢ B 는 A로부터 B가 유도됨을, 또는 전이됨을 의미한다. ⊨ 부호는 일반적으로 의미적인 유도 또는 결론을 의미한다.

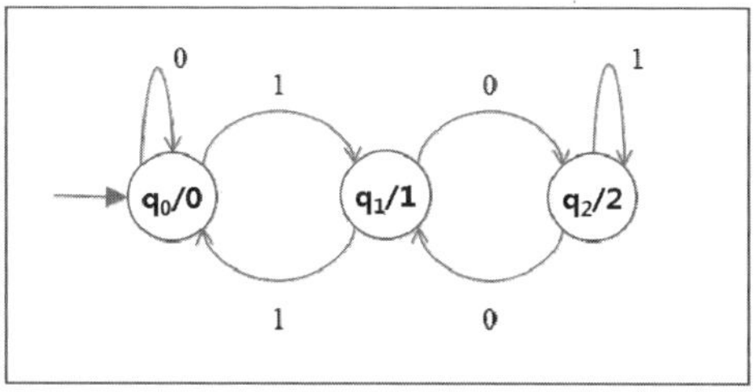

<그림 3-9> Moore Machine의 예

3.6 Output Finite State Machine

이번 절에서는 출력을 표현할 수 있는 상태 기계에 대해서 알아보자. 상태 기계에서 출력을 표현할 수 있는 방법은 2가지가 있으며, 이를 각각 Moore Machine[72][MOORE56]과 Mealy Machine[73][MEELY55]이라고 한다.

3.6.1 Moore Machine

Moore Machine은 상태 기반 출력 방식이며, 다음과 같이 정의된다.

[정의 3.6.1] 무어 기계 (Moore Machine)

정형적으로 Moore Machine M은, <그림 3-9>에서 보여주는 바와 같이, 다음 7-관계쌍, 즉 7-튜플(tuple)로 정의된다:

$M = \langle Q, \Sigma, \Delta, \delta, \lambda, q_0, F \rangle$

여기에서,

Q : 유한한 상태의 집합

Σ : 유한한 입력 부호

Δ : 유한한 출력 부호

$q_0 \in Q$: 초기 또는 시작 상태

$F \subseteq Q$: 최종 또는 수락 상태의 집합

$\delta : Q \times \Sigma \rightarrow Q$: 전이 함수; $\{L, R\}$은 헤더의 방향 명세; Right, Left.

$\lambda : Q \rightarrow \Delta$: 출력 함수

[예제 3.6.1] (n % 3) 연산 Moore Machine

$M = \langle \{q_0, q_1, q_2\}, \{0,1\}, \{0,1,2\}, \delta, \lambda, q_0, \{\ \} \rangle$

δ :

Q \ Σ	0	1
q_0	q_0	q_1
q_1	q_2	q_0
q_2	q_1	q_2

72) Moore Machine은 상태에서 출력이 가능한 기계이다 [MOORE56]
73) Mealy Machine은 전이에서 출력이 가능한 기계이다 [MEELY55]

λ :

Q	Δ
q_0	0
q_1	1
q_2	2

만약 입력 w=101 이면,

입력		1	0	1
상태	q_0	q_1	q_2	q_2
출력	0	1	2	2

← 입력보다 부호가 하나 더 많음.

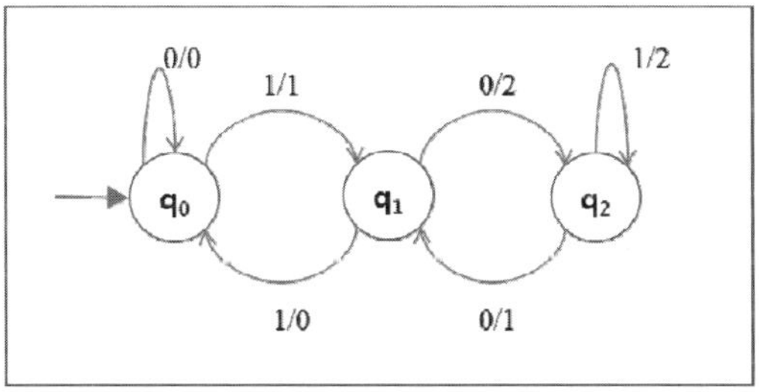

<그림 3-10> Meely Machine의 예

3.6.2 Mealy Machine

Mealy Machine은 전이 기반 출력 방식이며, 다음과 같이 정의된다.

[정의 3.6.1] 밀리 기계(Mealy Machine)

정형적으로 Mealy Machine ***M***은, <그림 3-10>에서 보여주는 바와 같이, 다음과 같은 7-관계쌍, 즉 7-튜플(tuple)로 정의된다:

$M = \langle Q, \Sigma, \Delta, \delta, \lambda, q_0, F \rangle$

여기에서,

Q	: 유한한 상태의 집합
Σ	: 유한한 입력 부호
Δ	: 유한한 출력 부호
$q_0 \in Q$	: 초기 또는 시작 상태

$F \subseteq Q$: 최종 또는 수락 상태의 집합

$\delta : Q \times \Sigma \rightarrow Q$: 전이 함수; $\{L, R\}$은 헤더의 방향 명세; Right, Left.

$\lambda : Q \times \Sigma \rightarrow \Delta$: 출력 함수

[예제 3.6.2] (n % 3) 연산 Moore Machine

$M = \langle \{q_0, q_1, q_2\}, \{0,1\}, \{0,1,2\}, \delta, \lambda, q_0, \{\ \} \rangle$

δ :

Q \ Σ	0	1
q_0	q_0	q_1
q_1	q_2	q_0
q_2	q_1	q_2

λ :

Q \ Σ	0	1
q_0	0	1
q_1	2	0
q_2	1	2

만약 입력 w=101 이면,

입력		1	0	1
상태	q_0	q_1	q_2	q_2
출력		1	2	2

3.7 Pushdown Automata

PDA(Pushdown Automata)는 FSM에 스택(Stack)[74] 이 추가된 상태 기계이다. 추가된 스택 때문에 더 많은 상태와 기능을 정의할 수 있다. 이에 대한 정의는 다음과 같다.

74) Stack은 컴퓨터 과학에서 자료를 관리하는 추상 자료형(ADT: Abstract Data Type) 개념이다. 여기에는 push(), pop() 등의 기본 연산만을 허용하여 자료와 접근의 안정성을 보장한다.

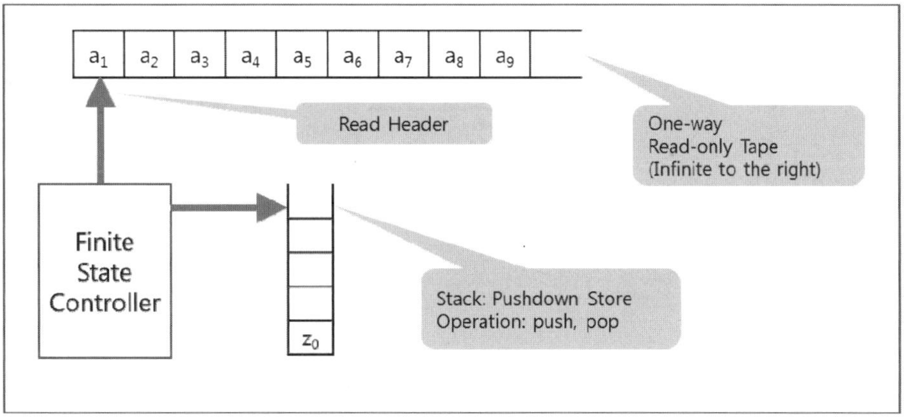

<그림 3-11> PDA(Pushdown Automata)

[정의 3.7.1] Pushdown Automata(PDA)

정형적으로 PDA M은, <그림 3-11>에서 보여주는 바와 같이, 다음 7-관계쌍, 즉 7-튜플(tuple)로 정의된다:

$M = \langle Q, \Sigma, \Gamma, \delta, q_0, z_0, F \rangle$

여기에서,

Q	: 유한한 상태의 집합
Σ	: 유한한 입력 부호
Γ	: 유한한 스택 부호
$q_0 \in Q$	: 초기 또는 시작 상태
$z_0 \in \Gamma$	: 스택 바닥 부호 (Bottom-of-Stack symbol)
$F \subseteq Q$	: 최종 또는 수락 상태의 집합
$\delta : Q \times (\Sigma \cup \epsilon) \times \Gamma \rightarrow 2^{(Q \times \Gamma^*)}$	: 전이 함수

여기에서 전이 함수 $\delta(q, a, z) = \{ (p_1, \varphi_1), (p_2, \varphi_2), \ldots, (p_n, \varphi_n) \}$ 는 다음을 의미한다: PDA M이 상태 q에서 a 문자 부호를 입력 받고, 스택의 맨 위에 있는 부호 z_i를 바꾸고, 상태를 p_i로 전이한다. 예를 들면, $\delta(q,a,z)=\{(p,z_3z_2z_1)\}$를 도식적으로 이해하면, <그림 3-12>와 같다.

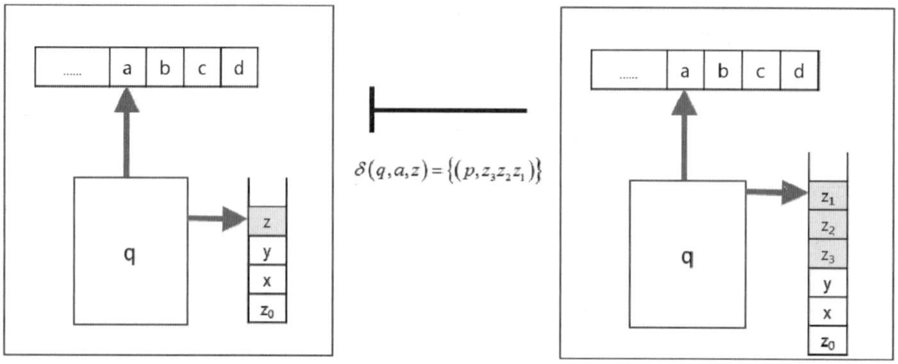

<그림 3-13> $\delta(q,a,z)=\{(p,z_3z_2z_1)\}$의 도식적 표현

여기에서 사용되는 현 상태에 대한 Instantaneous Description은, <그림 3-13>에서 보여주는 바와 같이, (q, x, ψ)로 표현된다:

- q : 현상태
- x : 아직 처리하지 않은 입력 문자열
- ψ : 스택에 있는 문자열

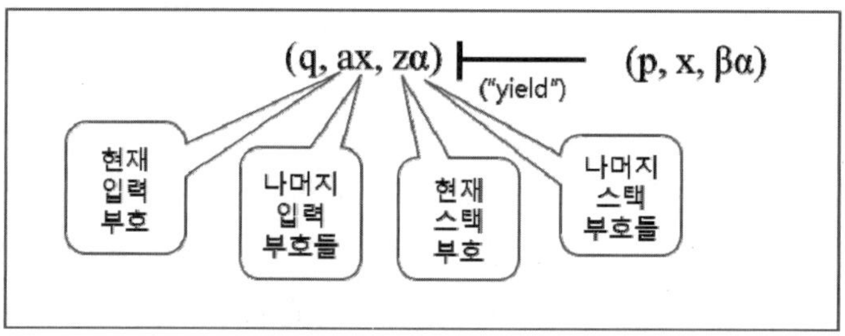

<그림 3-13> 문자열 읽기 상태 표현

[정의 3.7.2] 수락 (Acceptance)

PDA M에서의 주어진 문자열의 수락 여부는 2가지 기준에서 결정될 수 있다:

1) <u>Acceptance by the final state</u>

M1 : $L(M) = \{w \mid (q_0, w, z_0) \vdash^{*} (p, \varepsilon, \wp) \text{ for some } p \in F\}$

여기에서 p는 최종 상태이다.

2) <u>Acceptance by empty stack</u> :

M2 : L(M) = {w | (q_0, w, z_0) $\vdash^{*}$ (p, ε_1, ε_2) for some p∈Q}

여기에서 ε_1은 입력 문자열이, ε_2은 스택이 비어있음을 의미한다.

[예제 3.7.1] L = {x#x^R | x in {0, 1}$^+$ }을 수락하는 PDA]

$M = \langle Q, \Sigma, \Gamma, \delta, q_0, z_0, F \rangle$ // *Acceptance by Empty Stack*

$Q = \{q_0, q_1\}$

$\Sigma = \{0, 1, \#\}$

$\delta(q_0, a, z) = \{(q_0, az)\}$ for $a \in \{0,1\}$ and $z \in \Gamma$ // *Push*

$\delta(q_0, \#, z) = \{(q_1, z)\}$ for $z \in \Gamma$ // *Getridof#*

$\delta(q_0, a, a) = \{(q_1, \epsilon)\}$ for $a \in \{0,1\}$ // *Popif symbols match*

$\delta(q_0, \epsilon_1, z_0) = \{(q_1, \epsilon_2)\}$ // *Emptystack*

여기에서 ε_1은 입력 문자렬이, ε_2은 스택이 비어있음을 의미한다.

FSM처럼 PDA도 비결정(Non-deterministic) PDA와 양방향 (2-Way) PDA가 있다.

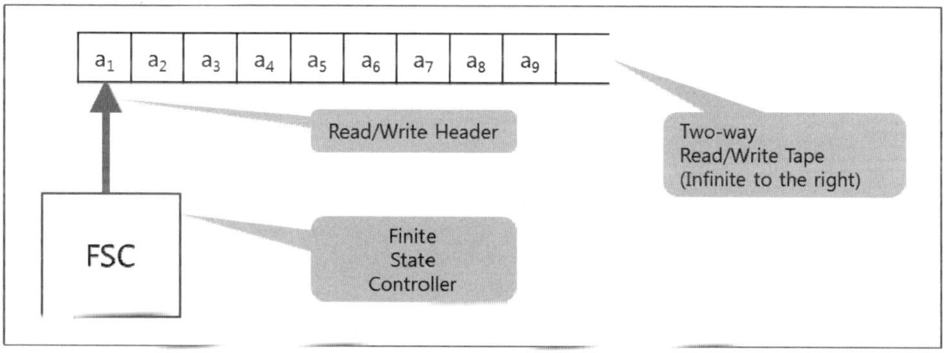

<그림 3-14> TM (Turing Machine)

3.8 Turing Machine

다음은 TM(Turing Machine)에 대한 정의이다. TM은 이선의 기계에 비해, 입력

Tape가 양방향으로 읽고 쓸 수 있으며, Header도 양방향으로 움직이며 읽고 쓸 수 있다. 그리고 기본 TM의 FSC는 이전 기계처럼 결정적 유한 상태 기반이다.

[정의 3.8.1] 튜링 머신(Turing Machine)

정형적으로 Turing Machine M은, <그림 3-14>에서 보여주는 바와 같이, 다음 7-관계쌍, 즉 7-튜플(tuple)로 정의된다:

$M = \langle Q, \Sigma, \Gamma, \delta, q_0, B, F \rangle$

여기에서,

Q : 유한한 상태의 집합

Σ : 유한한 입력 부호

Γ : 허용된 유한한 테이프 부호

$q_0 \in Q$: 초기 또는 시작 상태

$z_0 \in \Gamma$: 스택 바닥 부호 (Bottom-of-Stack symbol)

$F \subseteq Q$: 최종 또는 수락 상태의 집합

$\delta : Q \times \Sigma \times \Gamma \rightarrow \Sigma \times \Gamma \times \{L, R\}$: 다음 동작 함수[75] (Next Move Function)

[정의 3.8.2] 튜링 머신에서의 수락 (Acceptance)

PDA M에서의

L(M) = { $w \in \Sigma^* \mid q_0 w \vdash^* \alpha_1 q \alpha_2$ where $q \in F$ for where $\alpha_1 \alpha_2 \in \Gamma^*$ }

[예제 3.8.1] L = $\{a^n b^n c^n \mid n \geq 1\}$을 수락하는 튜링 머신

$M = \langle Q, \Sigma, \Gamma, \delta, q_0, B, F \rangle$

여기에서,

$Q = \{q_0, q_1, q_2, q_3, q_4, q_5\}$

$\Sigma = \{a, b, c\}$

$\Gamma = \{a, b, c\} \cup \{x, y, z, B\}$

$F = \{q_5\}$

75) 전사 함수일 필요 없음. 즉 모든 경우에 대해 정의할 필요는 없음.

δ :

의미	상태 \ Γ	a	b	c	x	y	z	B
맨 왼쪽 a를 찾아 이동한다	q_0	(q_1,x,R)	-	-	-	(q_4,y,R)	-	-
찾은 a에 해당하는 맨 왼쪽 b를 찾는다	q_1	(q_1,a,R)	(q_2,y,R)	-	-	(q_1,y,R)	-	-
찾은 a와 b에 해당하는 맨 왼쪽 c를 찾는다	q_2	-	(q_2,b,R)	(q_3,z,L)	-	-	(q_2,z,R)	-
맨 오른쪽 x를 왼쪽으로 이동한다	q_3	(q_3,a,L)	(q_3,b,L)	-	(q_0,x,R)	(q_3,y,L)	(q_3,z,L)	-
a가 없을 때, b와 c도 없음을 확인한다	q_4	-	-	-	-	(q_4,y,R)	(q_4,z,R)	(q_5,B,any)
다음 이동이 없는 상태를 찾는다	q_5	-	-	-	-	-	-	-

여기에서 '-'는 비수락 상태를 의미한다.

예를 들면, w = aabbcc 에 대하여 다음과 같이 수락이 됨을 확인할 수 있다:

$$
\begin{aligned}
q_0aabbcc \quad & \vdash xq_1abbcc \\
& \vdash xaq_1bbcc \\
& \vdash xaYq_2bcc \\
& \vdash xaYbq_2cc \\
& \vdash xaYq_3bzc \\
& \vdash xaq_3Ybzc \\
& \vdash xq_3aYbzc \\
& \vdash q_3xaYbzc \\
& \vdash^{*} xxyyzzq_5
\end{aligned}
$$

다른 가게와 다르게 TM은 다음 조건을 가진 다양한 유형의 기계로 확장될 수 있다:

1) 테이프에 다수 트랙을 가진 TM
2) 다수의 테이프를 가진 TM
3) 다수의 Head를 가진 TM

다음 절에서는 TM에 기반을 둔 다양한 연산 문제를 살펴보자.

3.9 이론적 주요 관심사

3.9.1 동일성

직관적으로 각 기계 간에는 성능적인 차이가 있음을 알 수 있다. 예를 들면, TM > PDA > FSM 으로 성능을 표현할 수 있다. 즉 TM이 성능이 가장 우수하고, 다음은 PDA, 그 다음이 FSM임을 할 수 있다. 그럼 각 기계마다 다른 성능의 유형의 기계가 있는데, 이들 간에는 어떤 성능의 차이가 있는지 확인해 보는 것은 매우 중요하다. 먼저 FSM 기계 간의 차이를 살펴보자.

상태 기계에는 다양한 유형의 기계가 존재한다. 그리고 각 기계 간에 성능면에서 어떤 관계가 성립이 되는지를 판단하는 것도 매우 중요하다. 아래 표는 유한 상태 기계(FSM) 간의 동일성(≡)[76] 관계를 보여주고 있다.

1-way FSM	≡	2-way FSM
≡		≡
1-way NFM	≡	2-way NFM

여기에서의 동일성은 기계 성능의 동일성을 의미하지만 그 증명 과정이 한 기계의 식이 다른 기계의 식으로 전환될 수 있는지, 그리고 그 역관계가 성립되는지라는 관점에서 고찰한다면 기계간의 문법적인 동일성으로 간주할 수도 있다. 예를 들면, 1FSM≡2FSM[77]의 동일성을 증명하는 과정은 다음과 같다:

---

76) '≡'의 일반적인 정의는 문법적 동일성을 의미한다. 하지만 상태 기계에서 '≡'는 기계의 성능이 동일함을 의미한다. 하지만 증명 과정에서 한 기계의 작동이 다른 기계의 작동으로 언어적 관점에서 전환이 가능하다는 관점에서 본다면, 문법적 동일성으로 해석해도 가능할 것이다.

77) 여기에서의 1과 2는 단방향과 양방향을 의미한다.

1) 2FSM⇒1FSM: 2FSM은 1FSM의 특수한 경우이다. 즉 단방향 FSM은 양방향중 한 방향만을 표현한 FSM이다.
2) 2FSM⇐1FSM: 2FSM이 문자열을 수락한다면, 각 문자열의 문자를 경유하는 상태는 항상 홀수이며, 유한해야 한다. 이 상태의 집합에 대해 각 문자에 대한 전이 함수는 항상 단방향으로 이동하는 새로운 상태로 전환되며, 그 결과, 2FSM은 1FSM으로 표현될 수 있다.

즉 위 1)과 2)에 의해, 1FSM≡2FSM 성립됨을 볼 수 있다.

다음은 PDA(Push Down Automata) 사이에는 어떤 관계가 성립되는지 확인해 보자. 아래 표는 PDA 간의 포함관계를 보여준다. 여기에서 DPDA는 결정적(Deterministic) PDA를 의미한다.

1-way DPDA	⊊	2-way DPDA
≠∩		|∩
1-way PDA	⊊	2-way PDA

여기에서 1DPDA와 2DPDA; 1DPDA와 2PDA; 1PDA와 2PDA 사이에 동일관계가 성립되지 않음에 유의하자. 그 이유는 이들이 수용하는 언어가 같지 않기 때문이다. 이는 다음 절에서 설명하도록 한다.

3.9.2 촘스키 계층구조

상태 기계 또는 오토마타는 문자열을 입력받고 문자열을 출력하는 기계이다. 각 기계가 수용하거나 생성하는 문자열이 특정 성질을 가진 언어를 생성한다면 그 언어를 그 성질에 따라 구분하고, 역으로 그 구분된 언어를 수용 또는 생성하는 기계로 그 언어에 따라 구분하는 것도 타당해 보인다.

1956년 Norm Chomsky[78]와 Marcel-Paul Schützenberger는 정형 언어

(Formal Language), 즉 정형 문법(Formal Grammar)으로부터 생성된 언어를, <표 3-1>과 같이, 4가지 유형으로 구분하였고, 이를 촘스키 계층(Chomsky Hierarchy) 또는 쉬첸버거 계층(Schützenberger Hierarchy)이라고 칭하였다[79].

Grammar	Language	Automata	Production Rules (Constraints)
Type-0	Recursively Enumerable	Turing Machine	$\alpha \to \beta$ (no restriction)
Type-1	Context-Sensitive	Linear Bounded Non-Deterministic Turing Machine	$\alpha A \beta \to \alpha \gamma \beta$
Type-2	Context-Free	Non-Deterministic Pushdown Automata	$A \to \gamma$
Type-3	Regular	Finite State Automata	$A \to a$ & $A \to aB$

<표 3-1> 정형 언어에 대한 촘스키 계층 (Chomsky Hierarchy)

위 표에서 보는 바와 같이, Chomsky Hierarchy에서는 각 정형 언어를 정형 문법과 이에 상의하는 기계로 구분한다. 여기에서의 정형 문법 G는 <S, T, N, P>의 쌍으로 이루어진 언어 문법 체계로 정의되었으며, 이 쌍에서 S는 각각 시작 부호(Start Symbol), T는 최종 부호(Terminal Symbols)의 유한 집합, N은 중간 부호(Non-Terminal Symbols)의 유한 집합, 그리고 P는 생성 규칙(Production Rules)의 유한 집합을 의미한다. 특히 생성 규칙은 다음과 같이 생성 규칙의 유도 과정을 보여주는 화살표를 중심으로 왼쪽에 있는 N의 부호가 오

---

78) Norm Chomsky[1928년 12월 7일~]는 현대 언어학의 창시자로 알려진, 미국의 언어학자, 철학자, 역사학자, 사회 활동가이다. 미국 필라델피아에서, 유대인 이민자 집안에서 태어나, 16살에 펜실베니아대학에 입학해서 언어학, 수학, 철학 등을 전공했고, 이후 하버드 대학에서 변형 문법(Transformational Grammar)이론으로 박사 학위를 받았다. 이후 MIT에서 현대 언어학의 지표라 할 수 있는 문법 구조(Syntactic Structures)[CHOM57] 이론을 완성했으며, 지금까지 언어학 및 인지 과학 연구를 수행하고 있다 [CHOMSKY].

79) Norm Chomsky와 Marcel-Paul Schützenberger에 의해 1956년 정립된 정형 언어(formal language) 분류 체계이다. 여기에서 정형 언어의 문법을 G=<S, T, N, P>이라는 형식 문법(formal grammar)으로 정의했다. 여기에서 S는 시작 부호, T는 최종(Terminal) 부호, N은 중간(Non-Terminal) 부호, 그리고 P는 생성 규칙(Production Rule)으로 정의했다 [CHOM56].

른쪽에 있는 N의 부호와 T의 부호의 조합으로 확장되도록 표현되고, 이 생성 규칙의 성능에 따라 다음과 같이 4가지의 유형으로 구분한다:

1) Type-0 문법: 무제약 문법 (Unrestricted Grammar)

이 문법은 제약이 없는 문법이다. 즉 모든 정형 문법을 수용할 수 있다. 이는 Turing Machine에 의해서 수용되는 언어만을 생성한다. 이렇게 생성된 언어는 재귀적으로 나열-가능한 (Recursively Enumerable) 또는 튜링-수용-가능한 (Turing-Recognizable) 언어[80]라 한다.

2) Type-1 문법: 콘텍스트-종속 문법 (Context-Sensitive Grammar)

이 유형의 문법은 생성 규칙 $\alpha A\beta \rightarrow \alpha\gamma\beta$의 조건을 가지고 있다. 여기에서 A는 Non-Terminal이며, α, β, γ는 Terminal이나 Non-Terminal의 문자열이다. α와 β는 empty일 수 있지만, γ는 empty일 수 없다[81]. S가 어떤 규칙의 오른쪽에도 나타나지 않는다면, $S \rightarrow \varepsilon$를 허용한다[82]. 이렇게 생성된 언어를 문맥-종속 언어(Context Sensitive Language)라 하고, 이러한 언어는 오직 Linear Bounded Automata[83]에 의해서만 수용된다.

3) Type-2 문법: 문맥-자유 문법 (Context Free Grammar)

이 유형의 문법은 생성 규칙 $A \rightarrow \gamma$의 조건을 가지고 있다. 여기에서 A는 Non-Terminal이며, γ는 Terminal이나 Non-Terminal의 문자열이다[84]. 이렇게 생성된 언어를 문맥-자유 언어(Context Free Language)라 하고, 이러한 언어는 오직 Pushdown Automata에 의해서만 수용된다.

4) Type-3 문법: 정규 문법 (Regular Grammar)

---

80) 이 언어는 정지(Halting)-TM에 의해서 수용되는 재귀 언어(RE: Recursive Language)와는 다르다. Hating-TM이 일반 TM의 특수한 경우이므로, Recursive Language는 Recursively Enumerable Language의 부분 집합이다.

81) 생성 규칙에서 A의 확정은 α와 β의 값에 따라 종속된다는, 즉 sensitive하다는 의미이다.

82) 그렇지 않을 경우, α와 β의 값에 종속되지 않는 경우, 즉 sensitive 하지 않다는 의미이다.

83) Linear Bounded Automata는 비결정적(Non-Deterministic) TM으로 이 기계의 Tape이 주어진 입력 문자열의 길이에 한정된 경우의 기계를 의미한다.

84) 생성 규칙에서 A의 확정이 문법의 어떤 값에도, 예를 들면, Context Sensitive 문법의 α와 β처럼, 종속되지 않는다는 것을 의미한다.

이 유형의 문법은 두 가지의 제약 조건을 가지고 있다: 1) A→a, 즉 하나의 Non-Terminal은 하나의 Terminal로 유도되거나, 2) A→aB, 하나의 Non-Terminal은 하나의 Terminal과 그 다음에 하나의 Non-Terminal로 유도된다. 이것은 하나의 Non-Terminal이 하나의 Terminal로 확장되거나, 아니며, 이 Terminal 다음에 또 하나의 Non-Terminal로 확장이 됨을 의미한다. S가 모든 규칙의 오른쪽도 나타나지 않는다면, S→ε를 허용한다. 이렇게 생성된 언어를 자유 언어(Free Language)라 하고, 이러한 언어는 오직 Finite State Automata에 의해서만 수용된다.

이를 지금의 분류 체계로 표현하면 <그림 3-15>과 같다.

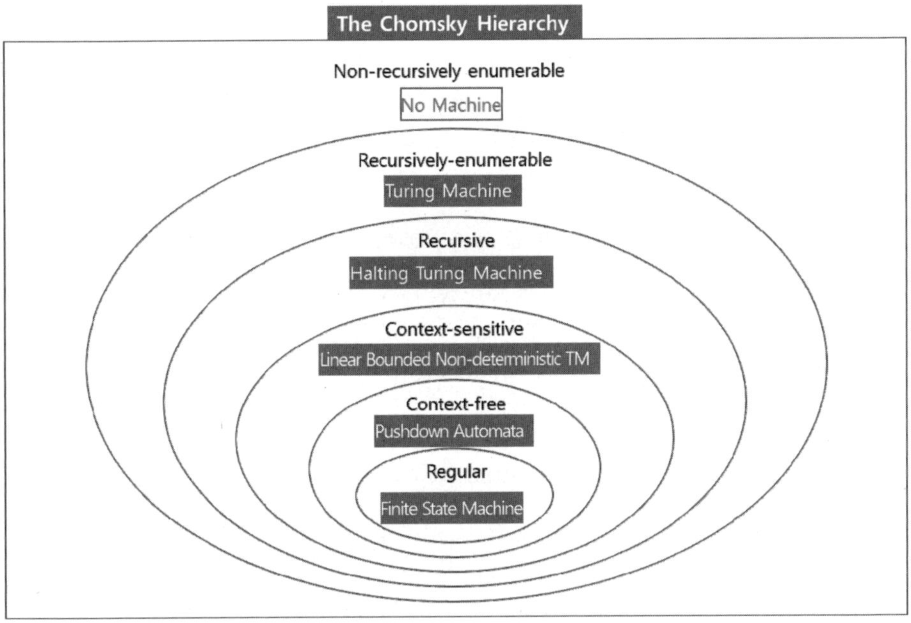

<그림 3-15>촘스키 언어 계층 (Chomsky Hierarchy)

3.9.3 결정 문제와 복잡도: N과 NP 문제

상태 기계는 특정 문법에 맞는 언어를 수용하거나 생성하는 기계로 설명할 수 있다. 특히 Turing Machine(TM)은 이러한 문제를 간단하게 Yes, No로 판단할 수 있는 용도로 활용할 수 있다. 예를 들면, 한 문자열이 특정 언어에 속해 있는지를 판단하는 소속원(Membership) 문제, 한 언어가 다른 언어와 같은지를 판단하는 동일성(Equivalence) 문제, 한 언어가 다른 언어에 속해 있는지를 판단하는 포함(Inclusion) 문제 등에 활용할 수 있다. 그리고 이렇게 Yes나 No로 판단하여 결정을 내릴 수 있는 문제를 결정성 문제(Decision Problem)라고 한다 [HC28]. 그리고 이러한 문제에서 중요한 관건은 이러한 문제를 해결하는 데 걸리는 시간, 즉 시간에 대한 복잡도(Time Complexity)이다[85]. 이러한 문제를 해결하는 주체가 Turing Machine임으로 Turing Machine의 유형과 특징에 따라 이러한 문제를 해결하는 데 걸리는 시간이 다음과 같이 P, NP, NP-Hard, NP-Complete로 구분된다. 그리고 여기에서 고전적인 'N=NP?'[86] 문제가 도출되었다:

이 때 이 기계는 다음과 같은 문제를 판단할 수 있는 결정 문제(Decision Problem)에 활용할 수 있다:

1) P[87]: 결정적(Deterministic) TM(DTM)를 사용하여 해결할 수 있는 문제를 P 또는 P 문제의 유형이라고 한다. 문제를 해결하는 과정에서, DTM에 입력된 문자열의 크기가 n이라고 했을 때, 그 문제를 해결하는 데 걸리는 시간은 결정적으로 $O(n^a)$, 즉 n의 상수곱이다.

2) NP[88]: 비결정적(Non-Deterministic) TM(NTM)을 사용하여 해결할 수 있

85) 시간 복잡도(Time Complexity) 외에도 공간 복잡도가 있으나 여기에서는 거론하지 않는다. 단 시간과 동일한 관점에서 문제를 해결하는데 요구되는 공간, 즉 Turing Machine의 Tape이 얼마나 필요한가에 대한 문제이다. 이를 컴퓨터 관점에서 보면, 문제를 해결하기 위해 필요한 Memory 크기를 의미할 수도 있다.

86) 컴퓨터 과학자에게 가장 관심이 있는 고전적인 문제 중의 하나는 P와 NP 문제일 것이다. 그 이유는 P와 NP, 그리고 그 이외의 NP-Complete와 NP-Hard 문제가 모두 컴퓨터 개념 모델인 Turing Machine에 기반을 두고 있기 때문이다.

87) P는 Polynomial을 의미한다. 즉 결정적(Deterministic) TM에 입력된 문자열의 크기가 n이라고 했을 때, 그 문제를 해결하는 데 걸리는 시간이 $O(n^a)$, 즉 n의 상수곱인 문제를 P 유형의 문제라고 한다.

88) NP는 Non-Polynomial을 의미한다. 즉 비결정적(Non-Deterministic) TM에 입력된 문자열이 크기가 n이라고 했을 때, 그 문제를 해결하는 데 걸리는 시간이 $O(n^a)$, 즉 n의 상수곱인 문제를 P 유형의 문제라고 한다. 여기서 중요한 것은 비결정이라는 것이

는 문제를 NP 문제 또는 NP 문제의 유형이라고 한다. 문제를 해결하는 과정에서, NTM에 입력된 문자열의 크기가 n이라고 했을 때, 그 문제를 해결하는 데 걸리는 시간은 비결정적으로 $O(n^a)$, 즉 n의 상수곱이다.

3) NP-Hard: NP에 속하는 모든 결정 문제가 다항 시간 내에 다대일로 전환할 수 있는 문제[89]를 NP-Hard 문제 또는 NP-Hard 문제의 유형이라고 한다. 즉 NP-Hard는 NP 문제 중 가장 어려운 문제이거나, 또는 NP 보다 더 복잡한 문제일 수 있다. 다시 말하면, 최소한 NP만큼은 복잡한 문제라고 볼 수 있다. 여기에 속한 대표적인 문제는 Subset-Sum 문제[90], Halting 문제[91] 등이 있다.

4) NP-Complete: NP-Hard에 속하면서, NP인 문제를 NP-Complete 문제

다. 비결정적으로 $O(n^a)$이 걸린다는 것은 결정적으로 $O(a^n)$, 즉 a의 n-지수곱이 걸린다고 말할 수 있다.

89) NP-Hard는 NP 문제 중에 가장 풀기 어려운, 즉 시간이 많이 걸리는 문제라고 할 수 있다. 이러한 풀기 어려운 문제는 "어렵기" 때문에 이 보다 덜 어려운 문제가 모두 어려운 문제로 전환할 수 있다는 의미이다. 개념 자체가 모호하겠지만, 예를 들면, 1차원 공간에 해당하는 문제가 있다고 가정하자. 이런 모든 문제는 2차원 공간에서 당연히 표현될 수 있다. 왜냐하면, 2차원은 당연히 1차원을 포함하고 있기 때문이다. 이는 결정 문제로 대입하면, NP-Hard는 NP 문제 중에서도 복잡도가 높아서 기간이 많이 걸리는 문제인데, 나머지 문제는 이보다 덜 복잡하여 시간이 덜 걸리는 문제이다 보니, 다항시간이 주어진다면, 덜 복잡한 문제를 전환 과정에서 요구되는 다항식만큼의 복잡도가 증가한다 하더라도, 결국 NP-Hard의 복잡도 이상으로 문제가 더 복잡해지지는 않는다 라는 의미이다.

90) Subset-Sum 문제는 정수의 집합이 있을 때, 이 집합의, 공집합이 아닌, 부분 집합의 합이 0이 되는 집합이 있는지 아닌지의 문제이다. 이 문제는 NP-Hard 이면서도, NP인 문제이다. 즉 NP-Complete에 해당된다.

91) Halting 문제는 한 프로그램과 그에 대한 입력을 주었을 때, 입력에 대해서 프로그램이 멈출 것인가 아닌가에 대한 문제이다. 이는 입력을 수용하면 Yes라는 답을 주고 멈추겠지만, 그렇지 않을 경우 No라는 답을 줄 수 없는 상황을 의미한다. 즉 이 문제는 NP-Hard 이지만, NP-Complete가 아닌 문제가 된다. 즉 다항 시간 내에 답을 할 수 없는, 또는 영원히 답을 할 수 없는 경우가 있을 수 있다는 의미한다. 문제의 복잡도가 제일 높은, 즉 영원한 시간을 주어도 해결할 수 없는 문제로 규정할 수 있다. 이를 다른 관점에서 바라보면, 다음 Membership 문제와 같다: $a \in A$? 집합 A가 유한 집합이면, 유한한 시간 내에 문제는 해결된다. 즉 Yes 또는 No라고 답할 수 있다. 하지만 A가 무한집합일 경우는 그렇지 않다. 만약 $a \in A$라면, 시간이 얼마나 걸리든지 유한한 시간 내에 Yes하는 답을 할 수 있다. 하지만 그렇지 않을 경우, 즉 $a \notin A$라면, a가 A에 포함되어 있지 않기 때문에 무한한 집합을 무한하게 찾는다 해도 찾을 수 없다. 그리고 집합은 무한하기 때문에 원소를 찾는 작업이 무한하게 계속되어야 한다. 즉 영원히 No라는 답을 할 수 없게 된다.

또는 NP-Complete 문제의 유형이라고 한다. 즉 NP-Complete는 NP와 NP-Hard의 교집합이다. 여기에 속한 대표적인 문제는 Hamilton Path 문제, Satisfiability 문제, Traveling Salesperson 문제, Graph Coloring 문제 등이 있다.

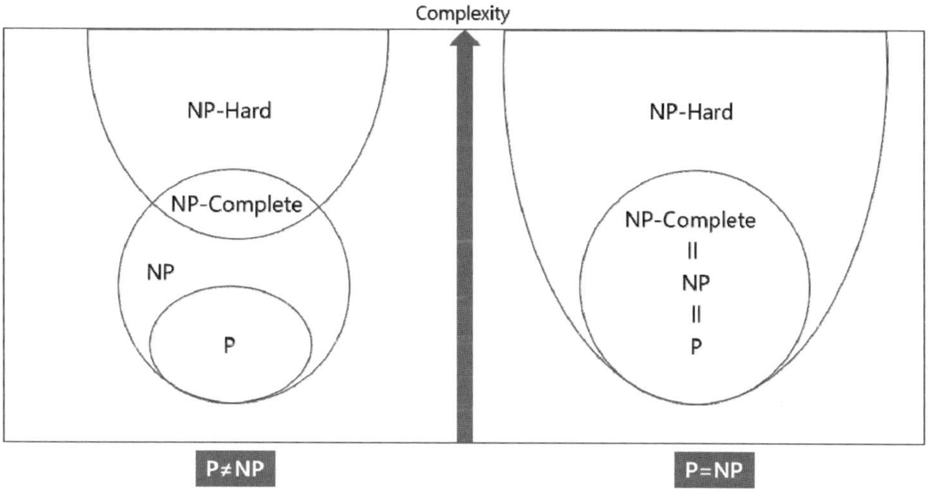

<그림 3-16> P와 NP의 관계도

이러한 문제 유형 간의 관계를 도식적으로 표현하면 <그림 3-16>과 같다. 여기에서 관심을 가지고 고찰해야 할 점은 포함 관계가 'P=NP'인 경우와 'P≠NP'인 경우가 다르다는 점이다. 'P=NP?' 문제[92]는 컴퓨터 연산 이론 분야에서 가장 고

92) 이 문제는 1950년대에 John Forbes Nash Jr. 가 National Security Agency에게, 그리고 Kurt Gödel이 John von Neumann에게 보낸 편지에서 거론하기 시작한 문제다. 이에 대한 명확한 문제 정의는 1971년 Stephen Cook의 세미나 논문에서 "The complexity of theorem proving procedures"에서 처음 소개되었다[COOK'71]. 그리고 이 문제는 20세기가 시작하면서 Hilbert가 제시했던 20세기의 23개 문제를 제시했던 것처럼, 21세기가 시작하던 2000년에 미국의 Clay 수학협회에서 7개의 21세기 문제-Birch and Swinnerton-Dyer conjecture, Hodge conjecture, Navier-Stokes existence and smoothness, P versus NP problem, Poincaré conjecture, Riemann hypothesis, 그리고 Yang-Mills existence and mass gap-를 제시했고, 각 문제마다 백만불의 상금을 걸었다. 이중 현재까지 단 한 문제 '프엥카레 추측'(Poincaré conjecture) 문제만이 러시아 수학자 그리고리 페레만(Grigori Perelman)에 의해 해결이 되었고, 나머지는 지금도 미해결 상태이다. 흥미로운 것은

전적인 문제이며, 가장 대표적인 미해결 문제이다. 이 문제를 DTM으로 해결되는 문제와 NTM으로 해결되는 문제는 같은 복잡도를 가지는가에 대한 문제이다. 이 문제는 현재까지 증명되지 않았다. 단 P=NP인 경우, P=NP=NPC⊂NPH가 성립되고; P≠NP인 경우, P⊂NP∧P∩NPC=∅∧NPC⊂NP∧NP∩NPH=∅가 성립됨을 <그림 3-16>을 통해서 알 수 있다.

3.10 실천적 주요 관심사

3.10.1 모델 체킹

일반적으로 상태 기계는 정형적(formal)이지 않고, 반정형적(semi-formal)하다고 할 수 있다. 그 이유는 상태 기계 자체가 논리나 대수처럼 수학적인 건전성과 완전성을 보장하는 체계가 성립되어 있지 않기 때문이다. 즉 상태 기계는 상태와 전이라는 기본적이 개념으로 이루어진 기계이며, 기계가 잘 작동이 되는지, 문제가 있는지는 기계를 제작한 공학자의 책임이라는 것이다. 이는 논리 체계나 대수처럼 우리가 그 수학 체계에 어떤 오류도 발생이 되지 않을 것이라는 과학적인 확신과 믿음을 가지고 쓸 수 있는 것과는 다른 차원의 체계이다. 이는 상태 기계가 수학 체계의 의미론적 관점에서 기계의 신뢰성을 보장하기 위해서, 구축한 상태 기계가 특정한 성질을 만족하는지를 판단할 수 있는 보조적인 장치가 필요하다는 의미한다. 상태 기계의 이러한 논리적, 대수적 취약점을 보완하기 위해서 모델 체킹(Model Checking)[93]이라는 개념이 도입되고 도구가 제작되었다.

모델 체킹은 주어진 시스템의 모델에 대해, 이 모델이 특정 명세 조건을 만족하는지 자동으로 고갈(exhaustive) 검사를 하는 것을 의미한다. 예를 들면, 주어진

페레만이 학회가 수여하는 백만불의 상금을 거절했다는 점이다. 아마도 페레만 자신에게 프엥카레 추측의 증명은 금전적 가치로 평가받을 수 없다는 학자로서의 어떤 철학과 가치가 있었을 것이라고 '추측'해 본다.

93) Model Checking은 E. M. Clark과 E. A. Emerson [EC80,CE81], 그리고 J. P. Queille와 J. Sifakis[QS82]의 선구적인 연구의 결과로 정립되었다. 그리고 모델 체킹의 핵심적인 유형 중의 하나는 HW와 SW에 대한 명세를 모델 체킹하기 위해 Temporal Logic[CE86] 정식을 이용한 유형이라고 할 수 있다.

HW나 SW로 구성된 시스템이 있다고 하자. 그리고 이러한 시스템에 대한 명세에는 deadlock이나 crash와 같은 안전성에 대한 요구 사항이 있다고 하자. 이럴 경우, 모델 체킹은 상태 기계에 대해 이러한 deadlock과 crash와 같은 문제가 발생이 되지 않는다는 안전성에 대한 타당성(Correctness)을 자동으로 검증해 주는 기술이다.

3.10.2 상태 최소화 문제

여러 상태 기계가 동시에 작동되거나 연동되는 시스템은 여러 상태 기계가 복합적으로 작동 또는 연동되는 시스템 상태를 표현하고 관리해야 한다. 가장 일반적인 방법은 여러 상태 기계를 동시에 결합하여 시스템 상태를 정의하고 이를 기반으로 시스템을 관리 및 운영하는 것이다. 상태 기계의 수가 소수일 경우에는 복잡도가 어느 정도 증가해도 큰 문제가 되지 않지만, 기계의 수가 증가하게 되면, 시스템 상태의 수가 기하급수적으로 증가하기 때문에 시스템을 관리하고 운영하는데 심각한 문제를 초래한다. 이러한 문제를 상태 증폭 문제(State Explosion Problem)94)라 정의한다. 이러한 문제를 해결하기 위한 다양한 연구가 진행되어 왔고, 대표적인 연구를 정리하면 다음과 같다:

1) CSM(*Communicating State Machine*)[JP89]에서는 데이터와 통신에 적용되는 이벤트의 변화를 분석하여 데이터 도메인을 다수의 동치 클래스로 클러스터링하는 상태 최소화 방법을 제안한다. 그러나 이 방법은 실시간 시스템과 같이 많은 변수가 사용되는 시스템에는 적용이 어렵다. 변수가 많아지면 많아질수록 모든 변수가 동치 클래스로 클러스터링되더라도 복잡도는 기하급수적으로 증가하기 때문이다. 또한, CSM은 시스템의 시간 속성 명세를 위한 정의를 제공하지 않아 실시간 시스템에는 적용될 수 없으며 시스템의 모든 변수를 고려하기 때문에 불필요한 데이터 도메인을 생성할 수 있는 가능성이 존재한다.

2) CRSM(*Communicating Real-time State Machine*)을 사용하여 명세한

94) 이 문제는 일반적으로 Combinatorial Explosion의 경우로 본다[KK10]

실시간 시스템의 안전성을 검증하기 위해 도달성에 대한 분석 방법을 제공한다[RAJU93]. 여기에서의 접근 방법은 시간 상태 공간의 처리를 통하여 무한한 도달성 그래프를 유한한 도달성 그래프로 변환한다. 그러나 변환 영역은 시간 공간에만 적용하며 최소화를 위해 데이터와 제어 공간은 고려하지 않는다.

3) TA(*Timed Automata*) 에 대한 상태 최소화 방법은 발생 상태를 최소화하기 위해 *history equivalence*와 *transition bisimulation* 개념을 사용한다[KL94]. 두 개념의 적용 결과는 시간 개념이 존재하는 상태를 시간 개념이 없는 오토마타에 의해 생성된 상태로 만든다. 즉, 데이터 공간이나 이벤트에 대한 도달성 분석은 가능하나 시간 공간에 대한 분석은 고려할 수 없다.

<표 3-2>은 다른 관련 연구와 본 논문에서의 접근 방법에 대한 비교로 추상화 유형에 관점을 둔 것이다. 표에서 ×, △, ○는 각각 관련 정도를 나타내는 기호이다.

	CSM[JP89]		CRSM[RAJU93]		TA[KL94]	
계산	×	없음	×	없음	×	없음
제너릭 패턴	○	도달성 그래프에서 반복된 패턴을 루프 형태로 표현	×	없음	○	Transition bisimulation. History equivalence
한계 간격	△	소용없어진 시간에 '*' 표기 사용	△	데이터 영역 분할. 시간 영역은 고려하지 않음	×	없음
범위	×	없음	×	없음	×	없음

<표 3-2>관련 연구 비교 분석표

3.11 결어

이 장에서는 여러 유형의 상태 기계를 살펴보았다. 그리고 컴퓨터의 이론적 기반이 되는 Turing Machine을 기반으로 여러 언어의 유형과 복잡도 문제의 유형이 발생되는지를 확인하였다. 그리고 컴퓨터 분야에서 거론되는 N와 NP의 문제도 알아보았다. 그럼 이를 기반으로 한 정형기법에 대해서 다음 장에서 알아보도록 하자.

참고 문헌

[ASCII] "USA Standard Code for Information Interchange, USAS X3.4-1967. United States of America Standards Institute (USASI). July 7, 1967.

[AUTOMATA] https://en.wikipedia.org/wiki/Automaton

[CE81] Edmund M. Clarke, E. Allen Emerson. Design and Synthesis of Synchronization Skeletons Using Branching-Time Temporal Logic. Logic of Programs, 1981: 52-71.

[CE86] Clarke, E. M, Emerson, E. A., Sistla, A. P., Automatic verification of finite-state concurrent systems using temporal logic specifications, ACM Transactions on Programming Languages and Systems, 1986, 8(2), 244, doi:10.1145/5397.5399.

[CHOMSKY] https://en.wikipedia.org/wiki/Noam_Chomsky

[CHOM56] Chomsky, Noam. Three models for the description of language . IRE Transactions on Information Theory, Feb 1956, pp. 113-124. doi:10.1109/TIT.1956.1056813.

[CHOM57] Chomsky, Noam (1957), Syntactic Structures, The Hague/Paris: Mouton, ISBN 978 3 11-021832-9

[COOK71] Cook, Stephen (1971). "he complexity of theorem proving procedures. Proceedings of the Third Annual ACM Symposium on Theory of Computing. pp. 151-158.

[EBSDIC] Mackenzie, Charles E. (1980). Coded Character Sets, History and Development. The Systems Programming

Series (1 ed.). Addison-Wesley Publishing Company, Inc. ISBN 0-201-14460-3. LCCN 77-90165. ISBN 978-0-201-14460-4. Retrieved 2016-05-22.

[EC80] Allen Emerson, E.; Clarke, Edmund M. (1980), Characterizing correctness properties of parallel programs using fixpoints, Automata, Languages and Programming, doi:10.1007/3-540-10003-2_69.

[EM47] John Presper Eckert Jr. and John W. Mauchly, Electronic Numerical Integrator and Computer, United States Patent Office, US Patent 3,120,606, filed 26 June 1947, issued 4 February 1964;

[ENIAC] https://en.wikipedia.org/wiki/ENIAC

[HC28] David Hilbert and Wilhelm Ackermann (1928). Grundzüge der theoretischen Logik (Principles of Mathematical Logic). Springer-Verlag, ISBN 0-8218-2024-9.

[JP89] B. Josson and J. Parrow. Deciding Bisimulation Equivalences for a Class of Non-finite-state Programs. Technical Report SICS/R-89/8908, Swedish Institute of Computer Science, August 1989.

[KK10] Krippendorff, Klaus. Combinatorial Explosion. Web Dictionary of Cybernetics and Systems. PRINCIPIA CYBERNETICA WEB.

[KL94] I. Kang and I. Lee. State Minimization for Concurrent System Analysis Based on State Space Exploration. In Proceeding of Conference on Computer Assurance, 1994, pp. 123-134.

[LTS] https://en.wikipedia.org/wiki/Transition_system

[MEALY55] Mealy, George H. (1955). A Method for Synthesizing Sequential Circuits. Bell System Technical Journal. pp. 1045-1079.

[NEUMANN45] von Neumann, John (1945), First Draft of a Report on the EDVAC (PDF), archived from the original (PDF) on March 14, 2013.

[MOORE56] Moore, Edward F (1956). Gedanken-experiments on Sequential Machines. Automata Studies, Annals of Math. Studies. Princeton, N.J.: Princeton University Press (34): 129-153.

[QS82] J Queille, J Sifakis. International Symposium on programming, pp. 337-351.

[RAJU93] S. Raju. An Automatic Verification Technique for Communicating Real-Time State Machines. Technical Report 93-04-08, Dept. of Computer Science and Engineering, Univ. of Washington, April, 1993.

[TURING] https://en.wikipedia.org/wiki/Alan_Turing

[TURING37] Turing, A. M. (1937) [Delivered to the Society November 1936]. On Computable Numbers, with an Application to the Entscheidungsproblem. Proceedings of the London Mathematical Society. 2. 42. pp. 230-65. doi:10.1112/plms/s2-42.1.230.

[TURING38] Turing, A.M. (1938). On Computable Numbers, with an Application to the Entscheidungsproblem: A correction. Proceedings of the London Mathematical Society. 2. 43 (published 1937). pp. 544-46. doi:10.1112/plms/s2-43.6.544.

[WEIK61] Weik, Martin H. The ENIAC Story. O R D N A N C E. 708 Mills Building - Washington, DC: American Ordnance Association (January-February 1961). Retrieved 29 March 2015.

04 PART

Petri Net

PART 04

Petri Net

4.1 개요

Petri net은 1962년 Carl Adam Petri[95]의 박사 논문에서 처음 소개된 automata, 즉 상태 기계 이론이다 [PETRI66]. 당시 이전의 다른 automata 하고 다르게, Petri net은 automata에서의 통신을 정형적으로 분석하기 위해 개발되었으며, 주로 병렬 시스템(concurrency system)과 동적 이산 이벤트 시스템(dynamic discrete event system)을 명세하고 분석하기 위해 고안되었다.

Petri net은 체계적인 수학적인 구조를 가졌을 뿐만 아니라, 시각적으로 도표 이론에 기반을 두고 있어, 이론과 실기적인 장점을 가지고 있다. Petri net의 도표식(graphical notation)은 UML Activity Diagram[96], Business Process

95) Carl Adam Petri(1926년 6월 12일 - 2010년 6월 2일)는 독일 Leipzig에서 태어난 독일 수학자이며 컴퓨터 과학자이다. 1950년 지금의 University of Hanover 대학에서 수학을 전공했으며, 1959년부터 1962년까지 University of Bonn 대학에서 일을 했으며, 1962년 Darmstadt Technical에서 Ph.D. 학위를 받았다. Petri net은 그의 박사 논문에서 병렬 시스템과 동적 이산 이벤트 시스템을 명세하고 분석하기 위해 고안한 상태 기계(Kommikation mit Automaten; Communication with Automata)이다. 이 Petri net은 Carl Adam Petri가 13살 때인 1939년 화학 반응 과정을 기술하기 위해 고안되었다고 알려져 있다 [PETRI].

96) UML(Unfied Methodology Language)는 Software Engineering 분야에서 시스템과

Model and Notation(BPMN)[97]과 함께 산업계를 대표하는 표준 도구로 활용되고 있다. 특히 오직 두 종류의 노드와 방향성이 있는 연결만을 사용한 'bipartite directed graph'[98](이분 방향성 그래프)에 기반을 두고, 선택(choice)·반복(iteration; loop)·병렬 실행(concurrent execution)을 제공함으로써 수학적 모델을 시각적으로 표현하고, 이를 기반으로 병렬성과 통신과 제어와 같은 동적인 이벤트를 명세하고 분석할 수 있게 하였을 뿐만 아니라, 추상화를 통해서 이들을 단순화하였다.

그럼 Petri net의 기본적인 정의와 특징을 살펴보고, EMS(Emergency Medical Systems)[99]의 예를 통해서 이를 확인해 보자. 여기에서 제공하는 예제는 실제 OMiLAB[100]의 Open Model[101] 중의 하나인, Perti Net 도구[102]를 사용하여 제

SW의 설계를 시각적으로 보여주기 위해 고안된, 범용적이며 개발 과정을 위한 모델링 언어군이다. 이중 Activitiy Diagram은 시스템과 SW의 동적 성질을 명세하기 위해 정의한 시각 모델링 언어이다 [UML].

97) Business Process 모델링에서 Business Process를 명세하기 위해 고안한 시각 모델링 언어이다[BPMN]. 여기에서 Business를 '업무'로 번역하는 것이 타당하다. 즉 업무 공정 과정을 명세하기 위한 언어로 번역할 수 있다.

98) Bipartite Directed Graph는 G=<V,E>, 즉 그래프를 구성하는 점의 집합(V)과 방향선의 집합(E)에서 V가 $V=V_1 \cup V_2$ 이고 $V_1 \cup \cap V_2=\varnothing$ 인 상황에서, 모든 방향선 $e_i=<n_1, n_2>$는 $n_1 \in V_1$ 인 경우 $n_2 \in V_2$ 이거나, $n_2 \in V_1$ 인 경우 $n_1 \in V_2$ 이어야 하는 도표를 의미한다. 즉 도표를 구성하는 점이 두 부분 집합으로 나뉘고, 선은 이 두 부분 집합의 원소 간에만 존재할 수 있는 도표를 의미한다.

99) EMS(Emergency Medical Systems)는 의료 위급 시스템이다. 위급한 의료 사건이 발생되어, 환자를 주어진 시간 내에 응급치료와 병원에 이송을 해야 한다.

100) OMiLAB은 Open Model Initiative Lab의 약자이다. OMiLAB은 2014년 University of Vienna 대학에서 Karagiannis 교수를 중심으로 EU Modelling 학자가 만든 R&D 모임이다[OMILAB]. 이 모임의 철학은 Open Source, Open SW, Open System처럼, Modeling을 전공하는 과학자와 공학자가 ADOxx Meta-Modeling Platform[FK13]에서 제작한 Modelling 도구를 비영리적인 목적으로 공유하기 위한 것이다. 현재 비엔나 대학의 OMiLAB Global 센터(www.omilab.org)가 있으며, 그 산하에 OMiLAB Austria (austria.omilab.org), OMiLAB Korea (korea.omilab.org), OMiLAB Maxico (mexico.omilab.org) 등이 있다.

101) Open Model은 OMiLAB에서 제공하는 공개 모델을 의미한다. 여기에서 공개 모델이란, 브라질 Institute of Informatics Universidade Federal do (IIUF)의 José Palazzo M. de Oliveira 교수가 ER2013 국제학술대회의 "Are we Close to Open Models?" 패널 토론에서 정의한 바에 의하면, 다음과 같다 [PO13]:

- "Open models is the idea that certain models should be freely available to everyone to use and republish as they wish, without

작되었다.

4.2 Method

4.2.1 Syntax

가. Petri Net

Petri net의 구조는 다음과 같이 정의된다.

[정의 4.1] Petri Net

Petri net은 4-tuple $N=(P, T, Pre, Post)$로 구성된다.

여기에서,

- $P=\{p_1, p_2, \ldots, p_n\}$는 place의 유한 집합이다.
- $T=\{t_1, t_2, \ldots, t_n\}$ 는 transition의 유한 집합이다.
- Pre 는 다음의 형식을 지닌 incidence function 이다:
  - $Pre : P \times T \rightarrow N$
- $Post$ 는 다음의 형식을 지닌 incidence function 이다:
  - $Post : P \times T \rightarrow N$

---

restrictions from copyright, patents or other mechanisms of control."

- "The goals of the open models movement are similar to those of other open movements such as open source, open hardware, open content, open data, open science, and open access."

Open Model의 핵심 철가은 누구나 비영리적인 목적으로 사용할 수 있는 공개 모델을 도구로 사용할 수 있도록 제공하는 것이다. OMiLAB에서는 총 31개의 Open Model 도구를 제공하고 있다. OMiLAB Global 홈페이지에 가면 이 모델을 제공 받을 수 있다: http://www.omilab.org/psm/content/ep/globalnetworkservice?view=tilestools.

102) Petri Net 도구는 OMiLAB Global에서 제공하는 Open Model 도구 중의 하나이다. 이 도구는 비엔나 대학의 OMiLAB Austria 센터에서 개발한 모델링 교육 도구 세트인 BEE-UP의 한 도구이다[BEEUP]. BEE-UP은 총 5개의 도구를 제공한다: BPMN, EPC, ER, UML, Petri Net. 여기에서의 Petri net 예제는 이 도구를 사용하여 생성한 명세물이다.

Place는 특정한 상태를 나타내는 노드이고 transition은 상태의 변화를 나타낸다. Pre 는 place 에서 transition 으로 연결된 oriented arc를 나타낸다. $Pre(p,t)$ 는 $arc(p,t)$ 의 가중치를 의미한다. 예를 들면 <그림 4-1>에서 $Pre(P2, T3) = 3$ 이다. $Post$ 는 Pre 와 반대로 transition 에서 place 로 연결된 oriented arc를 나타낸다. $Post(p,t)$ 는 $arc(t,p)$ 의 가중치를 의미한다. 예를 들면 <그림 4-1>에서 $Post(P2, T4) = 3$ 이다.

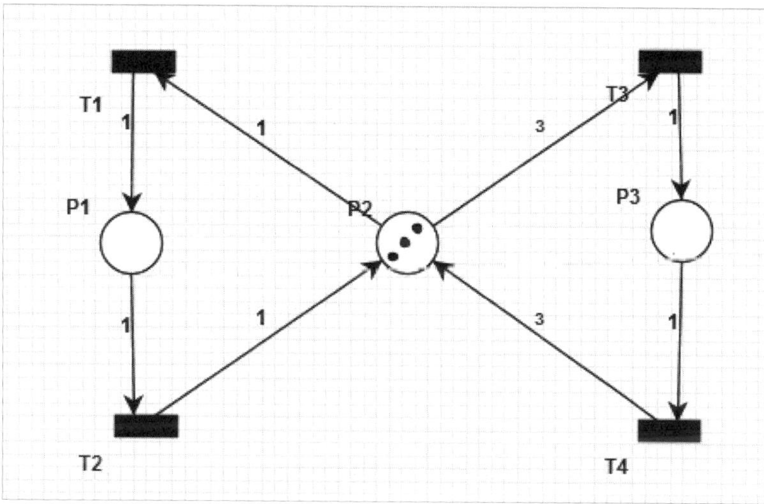

<그림 4-1> Readers & writers 예제 [VPG99]

<그림 4-1>은 readers & writers 예제를 나타낸다. 각각의 reader와 writer는 작업을 수행하기 위해 메모리에 접근해야 하며, 어느 한 작업이 수행 중이면 다른 작업은 수행될 수 없다. P1은 reader, P3는 writer를 나타내며, T1은 reader authorization, T2는 end of operation for reader, T3은 writer authorization, T4는 end of operation for writer를 나타낸다. 가중치 및 token의 개수에 의해 reader는 동시에 3명이 작업을 수행할 수 있지만, writer는 1명만 작업을 수행할 수 있다.

<그림 4-1>과 같이 표현된 Petri net을 수학적 구조로 나타내면 다음과 같다:

- $P = \{P1, P2, P3\}$
- $T = \{T1, T2, T3, T4\}$
- $Pre = \begin{bmatrix} 0\,1\,0\,0 \\ 1\,0\,3\,0 \\ 0\,0\,0\,1 \end{bmatrix}$
- $Post = \begin{bmatrix} 1\,0\,0\,0 \\ 0\,1\,0\,3 \\ 0\,0\,1\,0 \end{bmatrix}$

Pre 와 $Post$ 에서 각각의 행은 P, 열은 T 를 나타낸다. 예를 들면 Pre 의 1 행인 $[0\,1\,0\,0]$ 은 $Pre(P1, T2) = 1$ 이고 $Pre(P1, T1) = Pre(P1, T3) = Pre(P1, T4) = 0$ 임을 나타낸다.

나. Marked Petri Net

Petri net에는 token이라는 개념이 정의되어 있다. 이를 나타내기 위한 정의는 다음과 같다.

[정의 4.2] Marked Petri Net (함수)
Petri net $N = (P, T, Pre, Post)$의 marking M 은 $M: P \rightarrow N$ 형식의 함수이다.

[정의 4.3] Marked Petri Net (Tuple)
Marked petri net은 2-tuple (N, M_0)로 구성된다.
여기에서,

- N은 Petri net이다.
- M_0는 $M_0 : P \rightarrow N$ 함수 형식의 초기 marking이다.

달리 말하자면, marking은 각 place에 포함된 token의 수를 나타낸다. 예를 들면 <그림 4-1>에서 $M_0 = \begin{bmatrix} 0 \\ 3 \\ 0 \end{bmatrix}$ 이다. <그림 4-1>에서 $T3$가 발생하면 M이 변화하게 되며 이를 $\begin{bmatrix} 0 \\ 3 \\ 0 \end{bmatrix} \xrightarrow{T2} \begin{bmatrix} 0 \\ 0 \\ 1 \end{bmatrix}$ 와 같이 기술한다.

다. Incidence Matrix

Petri net에서는 incidence matrix를 다음과 같이 정의하고 있다.

[정의 4.4] Incidence Matrix

Petri net N에 대하여 matrix $C = Post - Pre$를 incidence matrix라 한다.

예를 들면 <그림 4-1>에 대한 incidence matrix는 $C = \begin{bmatrix} 1 & -1 & 0 & 0 \\ -1 & 1 & -3 & 3 \\ 0 & 0 & 1 & -1 \end{bmatrix}$ 이다.

Incidence matrix는 각각의 행을 통해 place 관점에서 각 transition이 발생했을 시 token 수의 변화량을 나타내며, 각각의 열을 통해 transition 관점에서 해당 transition이 발생했을 시 각 place에 대한 token 수의 변화량을 나타낸다.

4.2.2 Semantics

가. Transition

Petri net에서 transition이 발생하기 위해서는 특정한 조건을 필요로 하게 된다. Transition의 조건은 다음과 같이 정의된다.

[정의 4.5]

Petri net $N = (P, T, Pre, Post)$ 의 transition t는 현재 M에 대하여 $M \geq Pre(\bullet, t)$ 인 경우에만 활성화된다.

정의 4.5의 조건은 $\forall p \subset P\ M(p) \geq Pre(p, t)$ 와 동일한 의미를 지닌다. 예를 들면 <그림 4-1>에서 $M_o = \begin{bmatrix} 0 \\ 3 \\ 0 \end{bmatrix}$ 이고 $Pre(\bullet, T1) = \begin{bmatrix} 0 \\ 1 \\ 0 \end{bmatrix}$, $Pre(\bullet, T3) = \begin{bmatrix} 0 \\ 3 \\ 0 \end{bmatrix}$ 이

므로 M_0 인 상태에서는 $T1$과 $T3$만이 활성화된다.

Transition이 발생하면 M이 변화하게 된다. M은 Petri net의 Pre , $Post$를 기반으로 변화한다. 만약 transition 이 $M \xrightarrow{t} M'$와 같이 발생한다면, M'은 다음과 같이 변화한다:

$$M' = M + Post(\bullet, t) - Pre(\bullet, t)$$

이 식을 다르게 표현하면 다음과 같다:

$$M' = M + C(\bullet, t)$$

예를 들면 <그림 4-1>에서 $T1$이 발생하면 다음과 같이 변화한다:

$$\begin{bmatrix}1\\2\\0\end{bmatrix} = \begin{bmatrix}0\\3\\0\end{bmatrix} + \begin{bmatrix}1\\0\\0\end{bmatrix} - \begin{bmatrix}0\\1\\0\end{bmatrix}$$

나. Reachability

Petri net에서 도달 가능한 상태에 대한 정의는 다음과 같다.

[정의 4.6]

Petri net N의 M과 $t \in T$ 에 대하여 $M \xrightarrow{t} M'$ 조건을 만족할 때에만 M'은 도달 가능하다.

즉, M_0로부터 특정한 transition을 거쳐 M'이 된다면 M'은 도달 가능하다고 할 수 있다.

Petri net에서는 특정 순서를 지닌 여러 transition을 다음과 같이 하나로 축약하여 표현할 수 있다.

[정의 4.7]

$s = t_1\, t_2 \ldots t_k$를 Petri net N의 transition의 순서라 하면 s는 다음의 조건을 만족하는 경우에만 M_1으로부터 발생한다:

- transition t_1에 대하여 $M_1 \xrightarrow{t_1} M_2$이 성립한다.
- $s' = t_2\, t_3 \ldots t_k$ 와 M_2에 대하여 재귀적으로 성립한다.

즉, M_1과 s에 대하여 $M_1 \xrightarrow{s} M_{k+1}$관계가 성립한다. s를 vector로 표현하기 위해 다음과 같이 정의한다.

[정의 4.8]

Petri net N의 s를 vector로 표현하기 위한 함수 $\overline{s}$는 다음과 같다:

- $\overline{s}: T \rightarrow N$
- $\overline{s}(t)$ 는 transition t가 s에서 나타난 횟수를 의미한다.

<그림 4-1>의 예에서 $s = T1\ T1\ T2$ 인 경우 $\overline{T1\ T1\ T2} = \begin{bmatrix} 2 \\ 1 \\ 0 \\ 0 \end{bmatrix}$ 으로 표기할 수 있다. 이 vector 를 사용하여 M의 변화를 나타내면 다음과 같다:

$$M_{k+1} = M_1 + C \bullet \overline{s}$$

C 는 incidence matrix를 나타낸다. 이 식을 fundamental equation of N이라 한다.

정의 4.7을 사용하여 정의 4.6을 확장시키면 다음과 같다.

[정의 4.9]

Petri net N의 M과 transition의 순서 s에 대하여 $M_1 \xrightarrow{s} M'$ 조건을 만족할 때에만 M' 은 도달 가능하다.

<그림 4-1>에서 $M = \begin{bmatrix} 3 \\ 0 \\ 0 \end{bmatrix}$ 은 다음의 식에 따라 도달 가능하다:

$$\begin{bmatrix} 0 \\ 3 \\ 0 \end{bmatrix} \xrightarrow{T1\ T1\ T1} \begin{bmatrix} 3 \\ 0 \\ 0 \end{bmatrix}$$

[정의 4.10]

Marked petri net (N, M_0)의 reachability set는 $\Re(N, M_0)$이며 $(M \in \Re(N, M_0)) \Leftrightarrow (\exists\, s\ M_0 \xrightarrow{s} M)$을 만족한다.

[정의 4.11]

Marked petri net (N, M_0)의 reachability graph는 다음의 조건을 만족한다:

- 노드는 $\Re(N, M_0)$ 의 원소이다.
- transition $t \in T$ 에 대하여 $M \xrightarrow{t} M'$ 조건을 만족하는 경우에만 M에서 M'방향으로 연결한다.

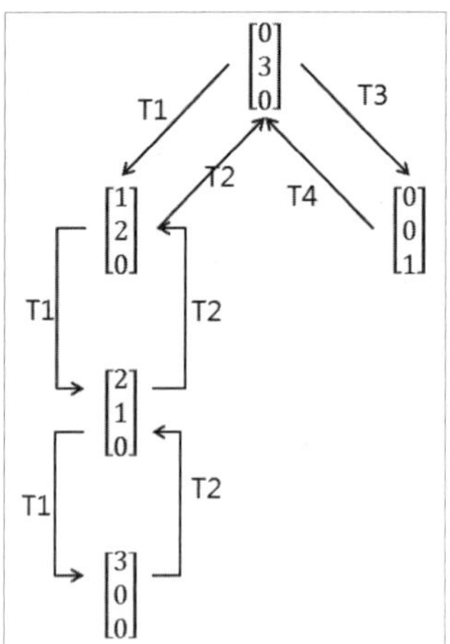

<그림 4-2> Readers & writers 예제의 reachability graph [VPG99]

정의에 따라 <그림 4-1> 예제의 reachability graph를 구성하면 <그림 4-2>와 같다.

4.2.3 Properties

가. Boundedness

[정의 4.12]

Marked petri net (N, M_0)이 다음의 조건을 만족하는 경우에만 k-bounded라 한다:

$$\forall M \in \Re(N, M_0)\ and\ \forall p \in P\ then\ M(p) \leq k\ (k \in \mathbb{N}\ and\ k \neq 0)$$

[정의 4.13]

Marked petri net (N, M_0)이 1-bounded인 경우 safe Petri net이라 한다.

k-bounded 는 모든 place가 최대 k까지의 token을 지닐 수 있다는 것을 의미한다. Safe Petri net의 경우 모든 place는 토큰을 하나만 갖거나 가지고 있지 않은 상태를 나타낸다. 즉 각 place의 token을 통해 Boolean condition을 표현한다 할 수 있다. 예를 들면 token이 있으면 true 상태, token이 없다면 false 상태로 간주할 수 있다. 그러나 safe 하지 않은 petri net에서는 둘 이상의 token을 지닌 place에 대하여 표현할 수 있는 방법이 없으므로 inconsistent 상태가 된다.

만약 Petri net이 un-bounded하다면 많은 문제가 발생하게 된다. 특정 place에 대하여 token의 수가 한정되지 않으므로 $\Re(N, M_0)$의 원소가 무한하게 증가한다. 이러한 시스템은 검증이 불가능하다. <그림 4-3>은 un-bounded Petri net을 나타낸다. <그림 4-3>에서 $T1$ $T2$ 순서로 계속해서 반복하게 되면 P3 내에 token이 계속해서 쌓이게 된다.

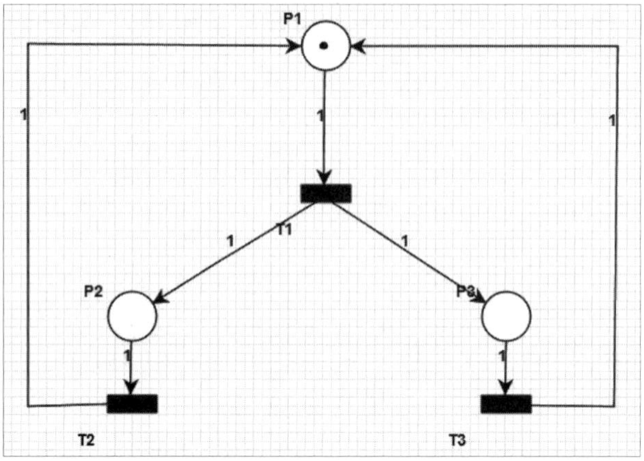

<그림 4-3> Un-bounded marked Petri net [VPG99]

나. Liveness

[정의 4.14]

Marked petri net (N, M_0) 의 transition t 에 대하여 다음의 조건을 만족하는 경우 transition t는 live하다고 한다:

$$\forall M \in \Re(N, M_0), \exists\, s \ such \ that \ M \xrightarrow{s} M' \ and \ M' \xrightarrow{t} M''$$

이는 transition t가 live하다면 marked petri net (N, M_0)이 어떤 상태에 있더라도 transition t를 발생시킬 수 있는 상태로 전이될 수 있다는 것을 의미한다.

[정의 4.15]

Marked Petri net (N, M_0)의 모든 transition이 live한 경우 Marked petri net (N, M_0)은 live하다.

이 속성은 Petri net이 deadlock이 발생하지 않음을 보장한다. Deadlock은 현재 상태에서 어떠한 transition도 발생시킬 수 없는 상황을 의미한다. 그러나 정의 4.14 및 정의 4.15 를 만족하는 Petri net은 어느 상태에 있더라도 적어도 하나의 transition이 발생할 수 있음을 나타낸다.

Liveness 속성은 deadlock 방지보다 더욱 강력한 제약 조건이다. 특정 Petri net에서 deadlock이 전혀 발생하지 않더라도 liveness 속성을 만족하지 못할 수 있다. <그림 4-4>는 deadlock이 발생하지 않지만 liveness 속성을 충족시키지 못하는 petri net을 나타낸다.

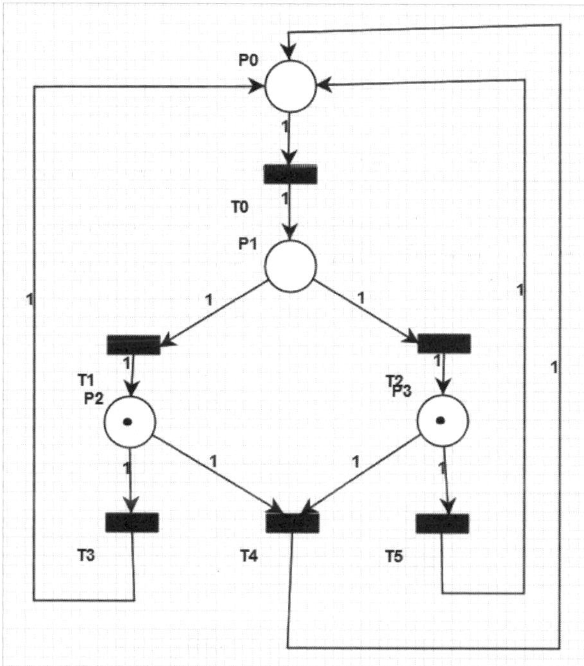

<그림 4-4> A non live marked Petri net [VPG99]

<그림 4-4>에서 *T4 T0* 순서로 transition이 발생하면 *P1* 에 token이 하나 존재하는 상태가 된다. 이 상태에서는 *T1 T3 T0* 순서 또는 *T2 T5 T0* 순서로만 transition이 발생할 수 있으며 결과는 다시 *P1*에 token이 하나 존재하는 상태가 된다. 즉, *T4*가 한번 발생한 후에는 더 이상 *T4*를 발생시킬 수 있는 상태로 전이될 수 없다 *T4*가 live 하지 않으므로 이 Petri net은 liveness를 충족시키지 못하지만 token이 *P2* 또는 *P3*로 전달되면서 deadlock 없이 계속해서 동작하게 된다.

다. Reversibility

[정의 4.16]

Marked petri net (N, M_0)은 다음의 조건을 만족하는 경우에만 reversible 하다:

$$\forall M \in \Re(N, M_0), \exists\, s \text{ such that } M \xrightarrow{s} M_0$$

이 속성은 reachability graph가 강하게 연결되어있음을 의미한다. 대부분의 시스템이 주기적으로 작동하기 때문에 일반적으로 reversible 속성이 요구된다.

Liveness 속성과 reversibility 속성은 비슷해 보이지만 전혀 다른 속성으로 두 속성 간에는 어떠한 연관관계도 존재하지 않는다. Liveness 속성은 만족하지만 reversibility 속성을 만족하지 못할 수 있고, 반대로 reversibility 속성은 만족하지만 liveness 속성을 만족하지 못할 수 있다. <그림 4-5>는 liveness 속성은 만족하지만 reversibility 속성을 만족하지 못하는 예이다.

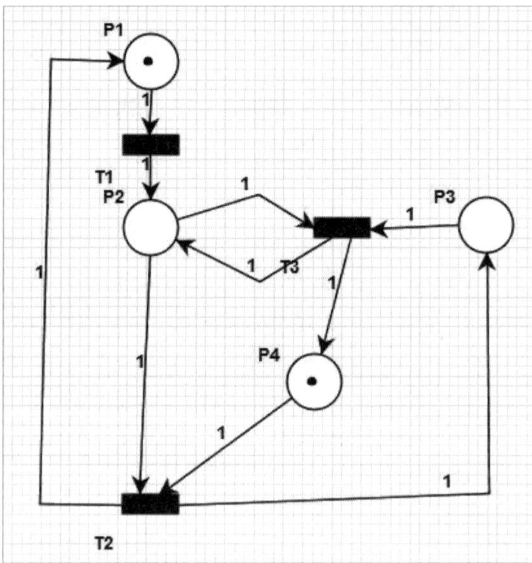

<그림 4-5> A non reversible live marked Petri net [VPG99]

<그림 4-5>에서는 $M_0 = \begin{bmatrix}1\\0\\0\\1\end{bmatrix}$ 상태에서 $T1$만 발생한다. 이후 $M_1 = \begin{bmatrix}0\\1\\0\\1\end{bmatrix}$ 이 되며, $T2$를 발생시킬 수 있다. $M_2 = \begin{bmatrix}1\\0\\1\\0\end{bmatrix}$ 상태에서 $T1$이 발생하여 $M_3 = \begin{bmatrix}0\\1\\1\\0\end{bmatrix}$ 이 되고 $T3$가 발생하여 $M_1 = \begin{bmatrix}0\\1\\0\\1\end{bmatrix}$ 이 발생한다. 이를 정리하면 $M_0 \xrightarrow{T1} M_1 \xrightarrow{T2} M_2 \xrightarrow{T1} M_3 \xrightarrow{T3} M_1 \xrightarrow{T2} M_2 \xrightarrow{T1} M_3 \xrightarrow{T3} \ldots$ 과 같이 나타낼 수 있다. 모든 transition이 반복적으로 발생하므로 liveness 조건을 만족하지만 M_0 상태로는 다시 돌아갈 수 없는 것을 확인할 수 있다.

반면에 <그림 4-1>의 예제를 살펴보면 3-bounded이며 liveness를 만족하고 reversibility 또한 만족함을 확인할 수 있다.

4.3 Example

4.3.1 Main Example

본 장에서는 EMS(Emergency Medical Systems) 예제를 사용하여 Petri net 명세와 분석에 대하여 설명한다.

4.3.2 Description

EMS 시스템은 운전 중 사고가 발생 시 연락을 받은 911(미국; 한국 119)에서 구급차를 보내 환자를 병원으로 이송하는 과정을 표현한다. 사고가 발생하면 운전자는 의식이 있거나 의식이 없는 두 가지 중 한 상태로 전이되며, 각각의 상태에 따라 다른 방식으로 동작한다. 의식이 있다면 직접 911에 연락 후 이송을 기다리게 되며, 의식이 없다면 차량 또는 휴대기기의 smart 기능에 의해 자동으로 연락이 가게 되며 구급차가 사고 현장에 도착 후 환자를 차량에서 구출한 뒤에 병원으로 이송하게 된다.

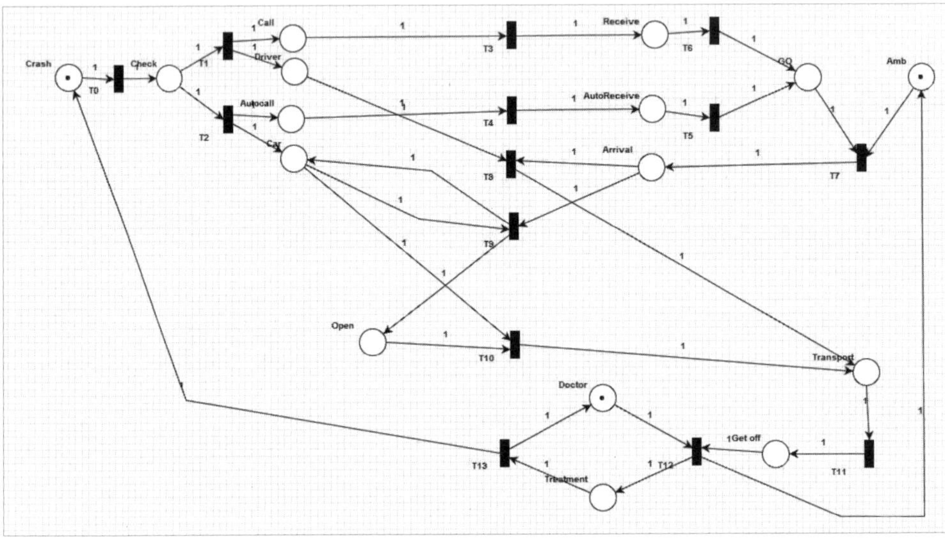

<그림 4-6> EMS Example

4.3.3 Specification

<그림 4-6>은 EMS 예제를 Petri net으로 명세한 것이다. 최초 토큰은 Crash, Amb, Doctor place에 하나씩 존재하며, $T1$과 $T2$에서 환자의 상태에 따른 분기가 발생한다. 시스템의 상세한 동작은 다음과 같다:

(1) $M_0 \xrightarrow{T0} M_1$: Crash에서 Check로 token이 이동한다.

이 후 분기가 발생한다. $T1$은 운전자의 의식이 있는 경우를 나타내며, $T2$는 운전자의 의식이 없는 경우를 나타낸다. 먼저 $T1$이 발생하는 경우를 나타내면 다음과 같다:

(2) $M_1 \xrightarrow{T1} M_2$: Check에서 Call과 Driver로 token이 이동한다.

(3) $M_2 \xrightarrow{T3} M_3$: Call에서 Receive로 token이 이동한다.

(4) $M_3 \xrightarrow{T6} M_4$: Receive에서 GO로 token이 이동한다.

(5) $M_4 \xrightarrow{T7} M_5$: GO와 Amb의 token이 사라지고 Arrival에 token이 생성된다.

(6) $M_6 \xrightarrow{T8} M_7$: Driver와 Arrival의 token이 사라지고 Transport에 token이 생성된다.

(7) $M_7 \xrightarrow{T11} M_8$: Transport에서 Get off로 token이 생성된다.

(8) $M_8 \xrightarrow{T12} M_9$: Get off와 Doctor의 token이 사라지고, Treatment와 Amb에 token이 생성된다.

(9) $M_9 \xrightarrow{T13} M_0$: Treatment에서 Doctor와 Crash로 token이 이동한다.

$T13$이 발생한 후에는 token이 Crash, Amb, Doctor에 하나씩 존재하게 되며 이 상태는 M_0와 동일하다.

두 번째 경우인 $T2$가 발생하는 경우를 나타내면 다음과 같다:

(2) $M_1 \xrightarrow{T2} M_{10}$: Check에서 Autocall과 Car로 token이 이동한다.

(3) $M_{10} \xrightarrow{T4} M_{11}$: Autocall에서 AutoReceive로 token이 이동한다.

(4) $M_{11} \xrightarrow{T5} M_{12}$: AutoReceive에서 GO로 token이 이동한다.

(5) $M_{12} \xrightarrow{T7} M_{13}$: GO와 Amb의 token이 사라지고 Arrival에 token이 생성된다.

(6) $M_{13} \xrightarrow{T9} M_{14}$: Car와 Arrival의 token이 사라지고 Open과 Car에 token이 생성된다.

(7) $M_{14} \xrightarrow{T10} M_{7}$: Car와 Open의 token이 사라지고 Transport에 token이 생성된다.

(8) $M_{7} \xrightarrow{T11} M_{8}$: Transport에서 Get off로 token이 생성된다.

(9) $M_{8} \xrightarrow{T12} M_{9}$: Get off와 Doctor의 token이 사라지고, Treatment와 Amb에 token이 생성된다.

(10) $M_{9} \xrightarrow{T13} M_{0}$: Treatment에서 Doctor와 Crash로 token이 이동한다.

두 번째 경우도 첫 번째 경우와 동일하게 $T13$이 발생한 후 M_0로 돌아오게 된다.

4.3.4 Verification

시스템의 안정성을 위해 Boundedness·Liveness·Reversibility의 3가지 항목에 대하여 검증을 수행한다. 각각의 3가지 항목은 반드시 요구되어야 하는 항목은 아니며, 시스템의 특성에 따라 몇 가지 특성을 만족하지 못할 수 있다. 각각의 항목에는 의미가 있으며, 어떤 항목을 만족하는지를 통해 시스템의 특성을 표현할 수 있다.

Boundedness는 Petri net의 각 place가 가질 수 있는 token의 수가 제한되어 있음을 의미한다. 즉 시스템 상태의 수가 무한하지 않고 유한함을 의미한다. 만약 Boundedness를 만족하지 못한다면 무한한 상태, 즉 검증 불가능한 시스템일 수 있음을 의미한다.

Liveness는 모든 transition에 대하여 시스템이 어떠한 상태에 있어도 각각의 transition을 실행할 수 있는 상태로 전이될 수 있음을 의미한다. 즉 시스템이 deadlock 상태가 되는 일이 없이 계속해서 동작함을 보장하는 속성이다.

Reversibility는 어떠한 상태에서도 M_0로 전이될 수 있음을 의미하며, 이는 도달 가능한 모든 상태가 2번 이상 발생할 수 있음을 나타낸다.

가. Boundedness

EMS 예제의 모든 transition의 가중치는 1이다. 이는 모든 transition에 대하여 각 place의 token이 하나만 소비되며, token이 하나만 생성됨을 의미한다. 또한 M_0 상태에서의 token은 Crash, Amb, Doctor에 각각 하나씩만 존재한다. 이를 통해 EMS 예제는 1-bounded라 예상할 수 있다. 그러나 다양한 transition에 의해 token의 수가 변화할 수 있으므로 이를 확인할 필요성이 있다.

Place에 token이 둘 이상 쌓이기 위해서는 같은 transition이 반복 실행되거나, place의 input arc가 둘 이상 존재해야 한다.

M_0에서 다시 M_0로 돌아오기까지 14개의 transition은 실행되지 않거나 한번만 실행된다. 즉, 모든 transition은 M_0에서 다시 M_0로 돌아오기까지 반복 실행되지 않음을 알 수 있다.

input arc가 둘 이상 존재하는 place는 GO, Car, Transport가 있다. 각각의 place에 대해 살펴보면 다음과 같다:

(1) GO: GO place에 대한 input transition은 $T5$와 $T6$이다. 그러나 두

transition은 $T1$과 $T2$의 분기에 의해 둘 중 하나만 실행되며 $T5$와 $T6$이 모두 실행되지 않는다. 따라서 GO place에는 token이 둘 이상 쌓이지 않는다.

(2) Car: Car place에 대한 input transition은 $T2$와 $T9$이다. $T2$와 $T9$는 모두 실행되지만 $T9$를 실행하기 위해 Car의 token을 소모하게 된다. 즉, $T9$는 Car의 token의 수를 변화시키지 못한다. 따라서 Car에는 token이 둘 이상 쌓이지 않는다.

(3) Transport: Transport place에 대한 input transition은 $T8$과 $T10$이다. 그러나 두 transition은 $T1$과 $T2$의 분기에 의해 둘 중 하나만 실행되며 $T8$과 $T10$이 모두 실행되지 않는다. 따라서 GO place에는 token이 둘 이상 쌓이지 않는다.

따라서 EMS 예제는 모든 place에서 token이 둘 이상 쌓이지 않는 1-bounded 형태로 설계되었음을 알 수 있다.

나. Liveness

Liveness를 충족하는지 확인하기 위해서는 모든 transition이 실행 가능한지, 각 transition을 실행할 수 있는 상태로 언제든지 전이될 수 있는지를 확인해야 한다.

EMS 예제는 M_0에서 여러 transition을 거쳐 다시 M_0상태로 돌아온다. 따라서 M_0에서 다시 M_0로 돌아오기까지 모든 transition이 실행 가능하다면, M_0로 돌아온 뒤 해당 transition을 다시 실행할 수 있는 상태로 전이될 수 있음을 나타낸다.

EMS 예제에서 정의된 transition은 $T0$부터 $T13$까지 14개가 존재한다. EMS 예제의 동작에 따른 transition 실행 여부는 다음과 같다:

(1) 반드시 실행되는 transition: $T0$, $T7$, $T11$, $T12$, $T13$
(2) $T1$이 실행된 경우에만 실행되는 transition: $T1$, $T3$, $T6$, $T8$
(3) $T2$가 실행된 경우에만 실행되는 transition: $T2$, $T4$, $T5$, $T9$, $T10$

M_0에서 다시 M_0로 돌아오기까지 14개의 transition이 모두 실행 가능함을 확인하였다. $T13$에 의해 시스템이 M_0로 돌아가므로 결국 모든 transition이 실행 가능하며, 각 transition을 수행하기 위한 상태로 전이가 가능하다. 따라서 EMS 예제는 Liveness를 충족함을 알 수 있다.

다. Reversibility

Reversibility를 충족하는지 확인하기 위해서는 모든 상태에서 M_0로 돌아갈 수 있는지를 확인해야 한다.

EMS 예제 동작 분석을 통해 알 수 있듯이 시스템이 M_0로 돌아가기 위해서는 $T13$이 실행되어야 한다. 그리고 $T13$은 $T1$과 $T2$의 분기와 관계없이 반드시 실행되는 transition이다. 따라서 EMS 예제는 $T1$과 $T2$의 분기와 관계없이 M_0로 돌아갈 수 있음을 나타내며, 이는 EMS 예제가 Reversibility를 충족함을 의미한다.

4.4 Tool

Petri net을 사용하여 시스템을 명세하고 시뮬레이션 할 수 있는 도구로는 Bee-up[103) 이 있다. Bee-up은 BPMN·ER·EPC·UML·Petri net의 5가지 모델을

103) Petri Net 도구는 OMiLAB Global에서 제공하는 Open Model 도구 중의 하나이다. 이 도구는 비엔나 대학의 OMiLAB Austria 센터에서 개발한 모델링 교육 도구 세트인 BEE-UP의 한 도구이다[BEEUP]. BEE-UP은 총 5개의 도구를 제공한다: BPMN·EPC·ER·UML·Petri Net. 여기에서의 Petri net 예제는 이 도구를 사용하여 생성한 명세물이다.

생성할 수 있는 통합 도구이다. 이 도구는 University of Vienna 에서 ADOxx meta-modeling platform[104]을 사용하여 개발되었다.

4.4.1 설치

Bee-up은 "http://austria.omilab.org/psm/content/bee-up/info"에서 다운로드 할 수 있다. Bee-up을 사용하기 위해서는 Windows 계열 OS를 필요로 한다. Bee-up은 현재 한글, 중국어, 일본어 등 2 byte 기반의 character set를 지원하지 않으므로 Bee-up의 설치를 위해 컴퓨터 환경 설정을 변경해야 한다. 본문의 설명 및 그림은 Windows 7 OS를 기준으로 설명되었다.

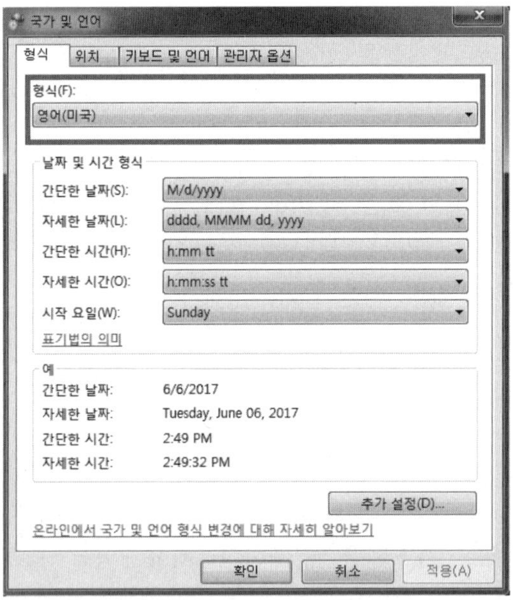

<그림 4-7> 시간 형식 변경

104) ADOxx Meta-Modeling Platform은 오스트리아 비엔나대학의 OMiLAB에서 제공하는 Meta-Modeling Platform 이다[FK13]. 이 도구는 모델링 또는 CASE 도구를 개발하기 위한 다양한 환경과 Library를 제공하고 있다. AToM3, MetaEditr+, DOME 등과 같은 다른 유사 제품과 비교하여, 용이하고 안전적이다. 특히 비영리적인 목적으로 사용 가능한 Open Meta-Tool이다.

(1) 날짜 형식 변경

제어판에서 "국가 및 언어" 또는 "시계, 언어 및 국가별 옵션->날짜, 시간 또는 숫자 형식 변경" 항목으로 이동하여 <그림 4-7>과 같이 형식을 '영어(미국)'으로 변경한다.

(2) 시스템 로캘 변경

제어판에서 "국가 및 언어" 또는 "시계, 언어 및 국가별 옵션->날짜, 시간 또는 숫자 형식 변경" 항목으로 이동한 뒤 "관리자 옵션" 탭으로 이동한다. 그 뒤 <그림 4-8>의 시스템 로캘 변경 항목으로 들어간 뒤 <그림 4-9>와 같이 시스템 로캘을 영어(미국)으로 변경한다. 이 작업은 컴퓨터의 재부팅을 필요로 한다.

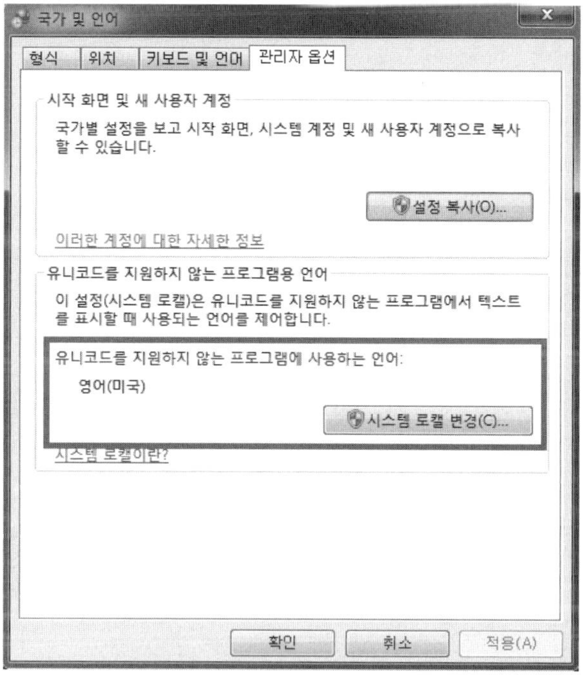

<그림 4-8> 시스템 로캘 변경 1

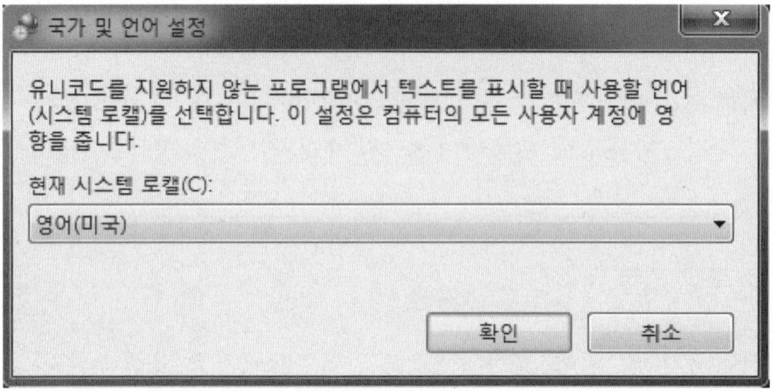

<그림 4-9> 시스템 로캘 변경 2

(3) Bee-up 설치

다운로드 받은 Bee-up의 압축을 푼 뒤에 "setup.exe"를 실행시키면 Bee-up이 설치된다.

4.4.2 모델 생성

Bee-up을 실행시키면 <그림 4-10>과 같은 화면이 나타난다. Bee-up은 Petri net 외에도 다양한 모델을 생성할 수 있으므로 새 모델을 생성할 시 Petri net 모델을 그릴 수 있는 모델을 생성해야 한다. Bee-up에서 petri net 모델을 생성하는 방법은 <그림 4-11>과 같이 petri net 타입의 모델을 선택하여 생성할 수 있다.

Petri net 모델을 생성하면 <그림 4-12>와 같이 place, transition, arc와 추가 기능을 위한 여러 node를 생성할 수 있다. <그림 4-13>은 Bee-up에서 Petri net 모델을 생성한 그림이다.

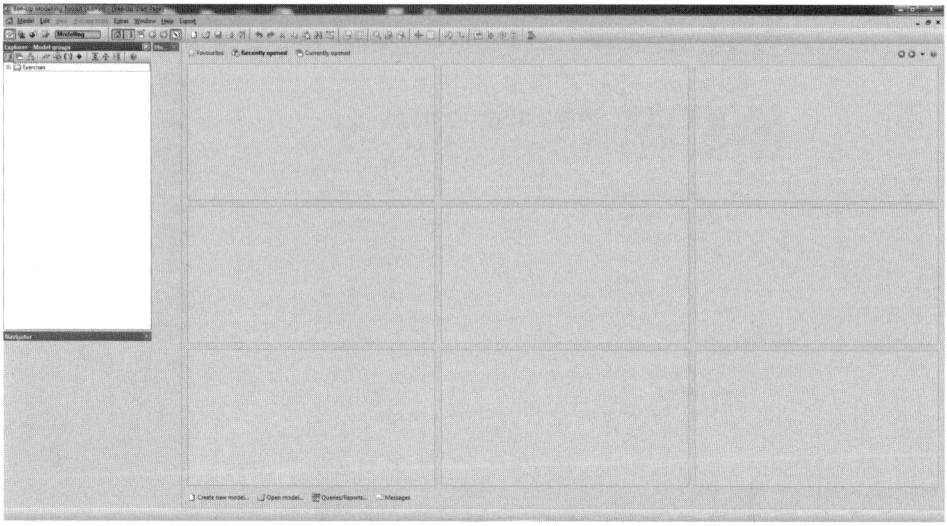

<그림 4-10> Bee-up 실행 하면

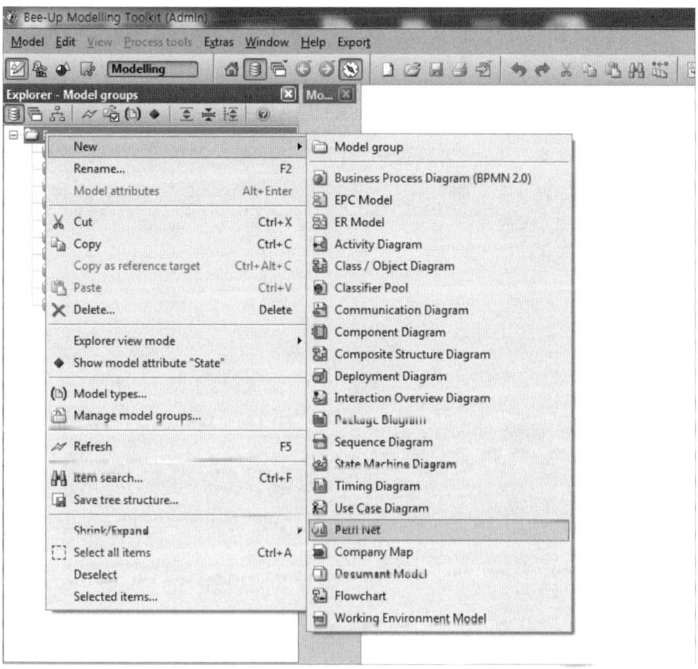

<그림 4-11> Petri net 모델 생성

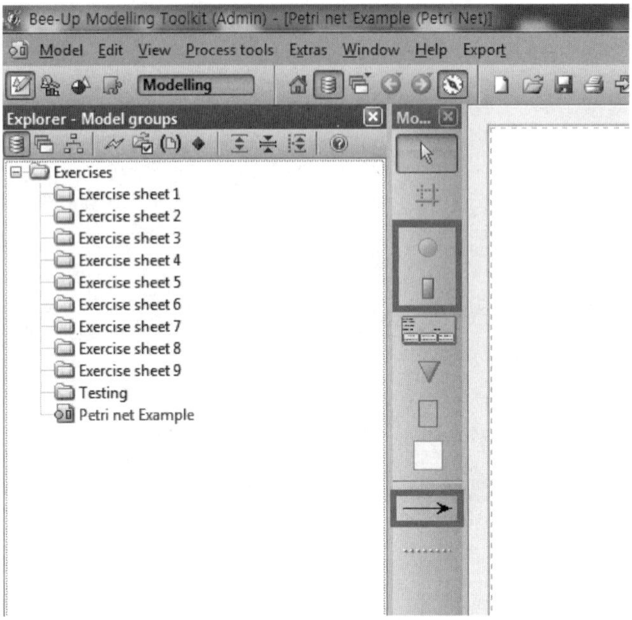

<그림 4-12> 생성 가능한 Place, Transition, Arc

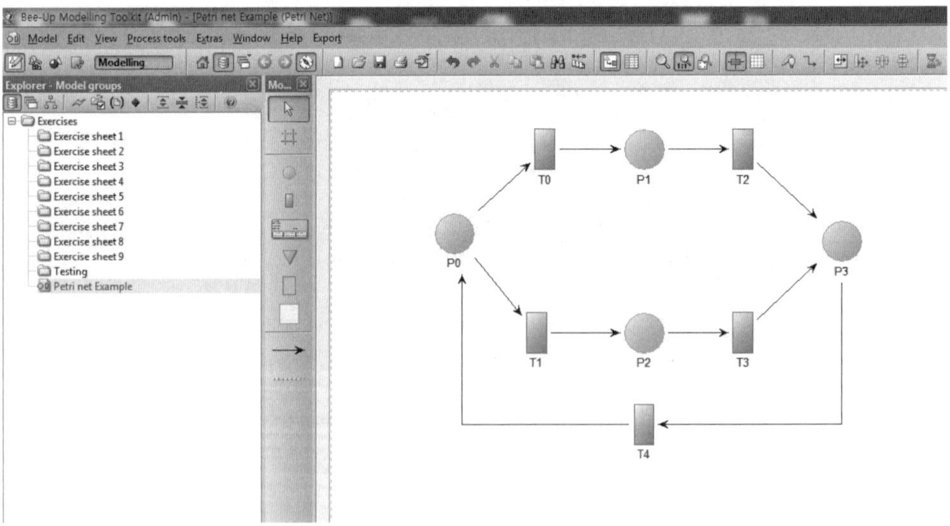

<그림 4-13> Petri net 모델

모델을 생성한 후에는 각 node에 대한 이름 변경 등의 수정 작업을 수행해야 한다. 정보를 수정할 node를 더블 클릭하면 <그림 4-14>와 같이 각 node에 대한 추가 정보를 기입할 수 있는 창이 열린다. 이러한 창을 notebook이라 하며, notebook을 활용하여 각 node에 대한 이름, 설명 등의 다양한 추가 정보를 입력할 수 있다.

Place의 notebook에서 주로 활용되는 추가 정보는 Name, Description, Token이 있다. Name은 모델 화면에 출력될 place의 이름이며, Description은 화면에 출력되지는 않지만 place에 대한 의미 등의 추가 내용을 기입하는데 사용된다. Tokens는 해당 place에 포함될 token의 수를 결정하는데 사용된다.

Transition의 notebook에서 주로 활용되는 추가 정보는 Name, Description이 있다. Name은 모델 화면에 출력될 transition의 이름이며, Description은 화면에 출력되지는 않지만 transition에 대한 의미 등의 추가 내용을 기입하는데 사용된다.

Arc의 notebook에서 주로 활용되는 추가 정보는 Weight가 있다. Weight는 transition에 대한 Pre 및 $Post$의 가중치를 설정하는데 사용된다.

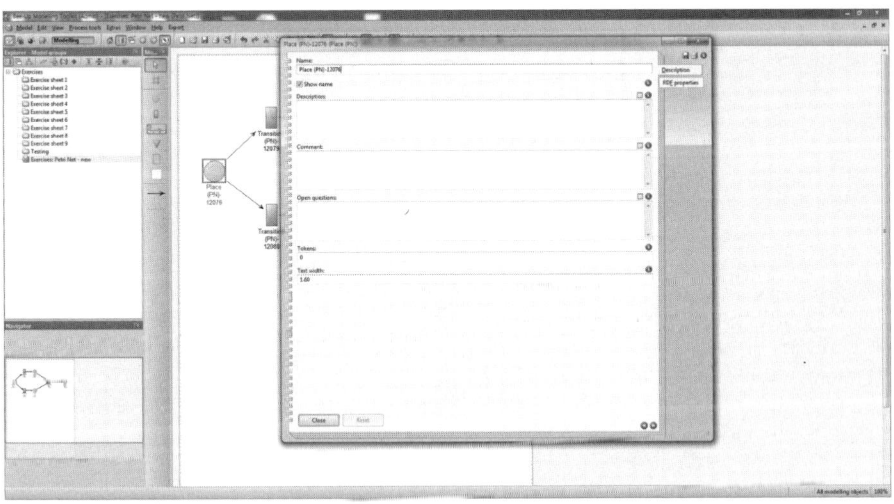

<그림 4-14> Notebook

4.4.3 시뮬레이션

모델을 생성하고 place, transition, arc, token의 배치가 완료되면 시뮬레이션을 진행할 수 있다. 시뮬레이션을 하는 방법은 직접 transition을 하나씩 fire 시키는 방법과, simulation configurator를 사용하여 자동으로 시뮬레이션을 수행하는 두 가지 방법이 있다.

먼저 직접 transition을 fire 시키는 방법을 살펴보자. 모델을 생성하고 모든 node와 token의 배치를 완료하면 여러 transition 중 fire 조건을 충족한 transition이 하나 이상 존재하게 된다. Transition을 위한 조건이 충족되어 fire 가능한 상태가 되면 transition 아이콘이 <그림 4-15>와 같이 변화하게 된다. Transition 위의 "Fire" 문구를 클릭하면 transition이 수행되고 그에 따라 token이 이동하게 된다. 이 방법은 여러 transition에 의한 분기가 존재하고 그 중 특정 transition을 선택하고자 할 때 주로 사용되는 방법이며, 전이 단계 하나하나를 천천히 살펴볼 수 있다. 그러나 이 방법은 사용자가 원하는 transition을 선택하기 때문에, 선택에 따라 발생할 수 있는 deadlock을 발견하지 못할 가능성이 존재한다.

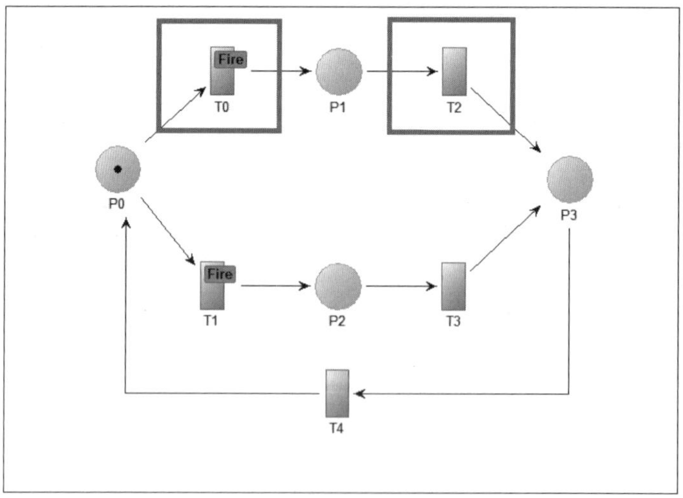

<그림 4-15> Transition의 상태 비교

시뮬레이션을 실행하는 또 다른 방법은 simulation configurator를 사용하는 것이다. Petri net 모델에서 <그림 4-16>과 같이 simulation configurator를 선택한 뒤 모델 내에 생성하면 <그림 4-17>과 같이 나타난다. 생성한 simulation configurator의 각 버튼을 클릭하여 One iteration, Multiple iteration, Delayed iteration 중 하나의 방법으로 시뮬레이션을 실행시킬 수 있다. One iteration은 한번 transition을 fire시키는 방법이며, Multiple iteration은 설정된 수 만큼 transition을 fire시킨다. Delayed iteration은 사용자가 중지할 때까지 계속해서 transition을 fire시키지만 각 transition을 fire시킬 때마다 설정된 delay 값만큼 대기함으로서 transition 과정을 살펴볼 수 있도록 하는 방법이다.

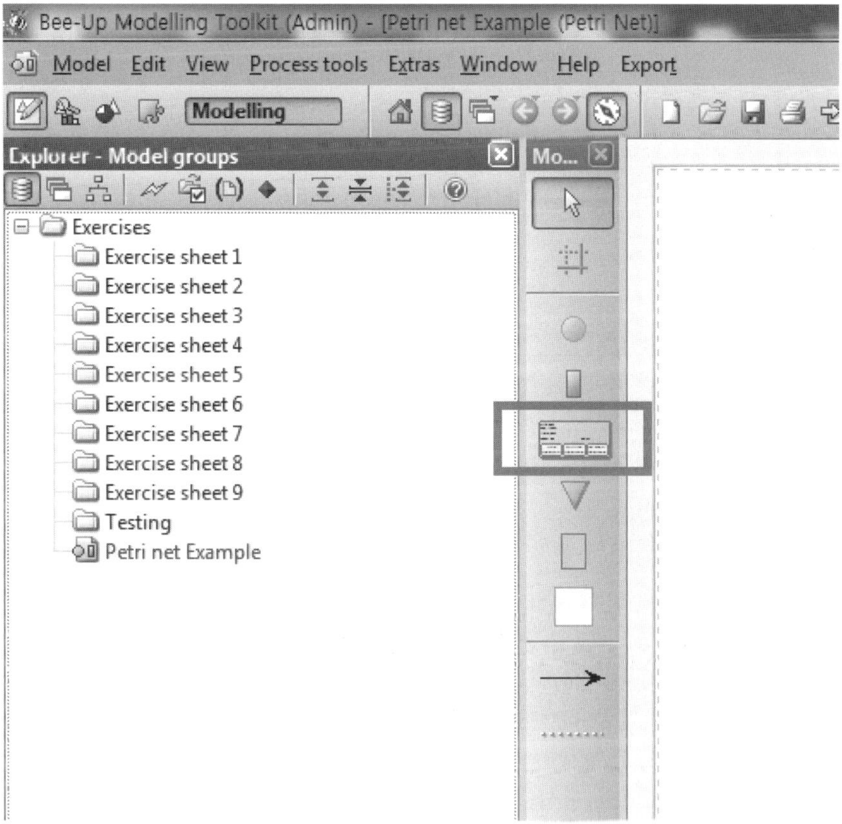

<그림 4-16> Simulation configurator의 생성

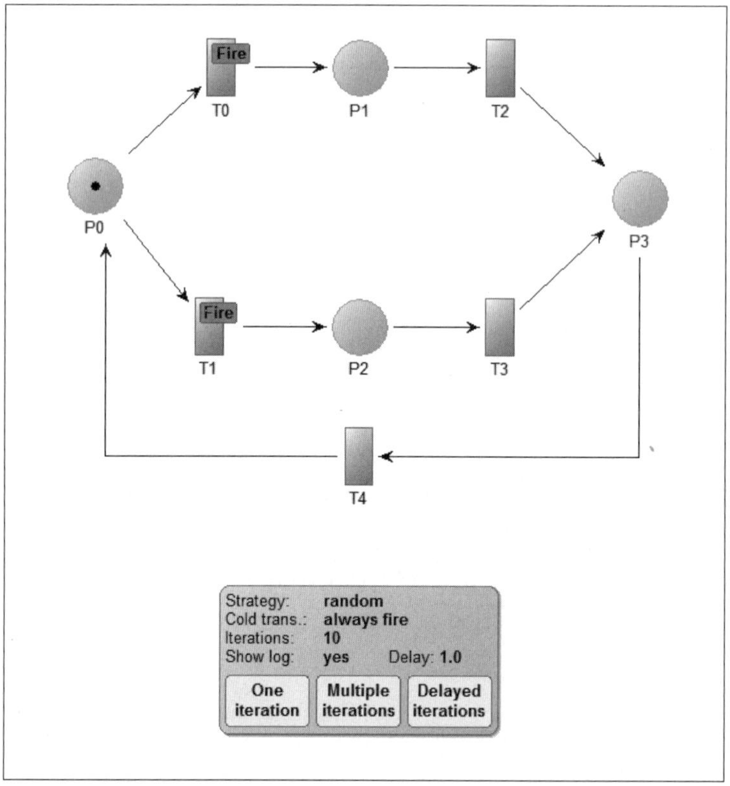

<그림 4-17> 생성된 Simulation configurator

<그림 4-18>에서처럼, Simulation configurator에서는 시뮬레이션을 위한 iteration 회수, delay 값, 시뮬레이션 방식 등을 설정할 수 있다. 해당 Simulation configuration을 우클릭 한 뒤 "Visible attributes" 항목을 선택하면 설정할 수 있는 값의 목록이 나타난다.

"Transition conflict strategy" 항목에서는 transition을 선택하는 방법을 설정한다. 기본적으로는 "default"로 설정되어 있다. "defalut" 는 먼저 연결된 transition을 우선적으로 선택하므로 오직 한가지 방법으로만 시뮬레이션이 실행된다. "random"을 선택하면 fire 가능한 transition 중 랜덤으로 하나를 선택하여 진행하므로 시뮬레이션을 실행할 때마다 다른 방식으로 transition이 발생한다. 그 외에는 확률에 따른 선택 방법 등이 존재한다.

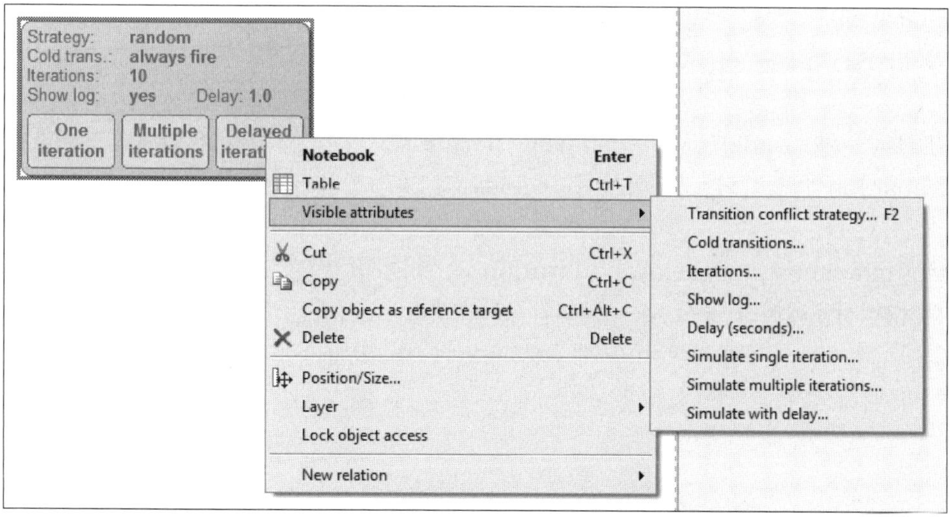

<그림 4-18> Simulation configurator 설정

<그림 4-19> 시뮬레이션 결과

“Iteration” 항목은 Multiple iteration 방법에서 사용되는 값으로서, transition을 fire할 회수를 설정할 수 있다.

“Delay (seconds)” 는 delayed iteration 방법에서 사용되는 값으로서, transition이 실행되는 사이사이의 delay 값을 결정한다.

Multiple iteration, Delayed iteration 중 하나의 방법으로 시뮬레이션을 실행시키면 시뮬레이션 종료 후 시뮬레이션 결과를 표기하는 창이 나타난다. 이 결과 창에서는 각 상태별 token의 개수를 확인할 수 있다. 결과 창은 <그림 4-19>와 같이 나타난다.

4.5 결어

Petri net은 automata에서의 통신을 정형적으로 분석하기 위해 개발되었으며, 주로 병렬 시스템(concurrency system)과 동적 이산 이벤트 시스템(dynamic discrete event system) 을 명세하고 분석하기 위해 고안된 언어이다.

체계적인 수학적 구조로 구성되었을 뿐 아니라 시각적인 도표로 표현하여 시스템의 명세와 분석을 더욱 간편하게 하였다.

Petri net은 다양한 분야에서 시스템 모델링을 위한 언어로 사용되고 있으며, 이를 활용하기 위한 도구가 많이 개발되어 제공되고 있다. 또한 시스템 환경의 변화에 따른 새로운 요구 사항의 충족을 위해 Colored Petri net 등의 확장된 여러 Petri net이 정의되어 활용되고 있다.

참고 문헌

[BEEUP] http://austria.omilab.org/psm/content/bee-up/info

[BPMN]

https://en.wikipedia.org/wiki/Business_Process_Model_and_Notation

[FK13] H. Fill and D. Karagiannis, On the Conceptualisation of Modeling Methods Using the ADOxx Meta Modeling Platform, Enterprise Modeling and Information Systems Architectures 8(1), pp.4-25, 2013.

[OMILAB] http://www.omilab.org/psm/home

[PETRI] https://en.wikipedia.org/wiki/Carl_Adam_Petri

[PETRI66b]

http://edoc.sub.uni-hamburg.de/informatik/volltexte/2010/155/

[PETRI66a] Carl Adam Petri, Communication with Automata: Volume 1 Supplement 1, Technical Report RADC-TR-65-377, Vol.1, 1966.

[PO13] José Palazzo M. de Oliveira, Open Models, Pannel I: Are we Close to Open Models? ER2013, Flagenfrut, Austria.

[VPG99] R. Valette, B. Paradin-Chezalviel and F. Girault, An Introduction to Petri Net Theory, Fuzziness in Petri Net, pp.3-24, A Springer-Verlag Company, 1999.

[UML] https://en.wikipedia.org/wiki/Unified_Modeling_Language

05
PART

Statechart

PART 05

Statechart

5.1 개요

Statechart는 1987년 David Harel[105]이 I-Logic[106]의 Statemate[107] 도구를

105) David Harel은 1950년 영국 런던에서 태어났다. 미국 MIT에서 1978년 Ph.D.를 마친 후, 현재 Weizmann Institute of Science에서 컴퓨터 과학자로 있으며, the William Sussman Professorial Chair of Mathematics을 역임하고 있다[HAREL]. 이 기관의 the Faculty of Mathematics and Computer Science에서 7년 동안 학장으로 일했으며, 현재 Israel Academy of Sciences and Humanities에서 부총장으로 재직 중이다. Harel은 Amir Pnueli 교수 등과 함께 1984년 이스라엘에서 I-Logic을 창업하였다. 여기에서 Statechart와 Statemate를 개발하였다.

106) I-Logix은 David Harel이 Amir Pnueli 교수 등과 함께 1984년 이스라엘에서 창업한 IT 기업이다. 1986년 David Harel은 여기에서 Israel Aerospace Industries의 Lavi Aircraft Project의 자문으로 일을 하면서 avionics 시스템을 설계하고 정의하는 수단으로 Statechart와 관련 도구의 개념을 고안하였고[HAREL86], 이후 1986년 Statechart와 Statemate를 개발하였다. I-Logic은 미국 Boston에서 I-Logic Ltd.로 재설립되었고, 이전의 I-Logic은 I-Logic Israel로 개명되었다. 이후 Statechart는 UML의 일부가 되면서 대표적인 업계 표준 도구의 일부가 되었다. I-Logic은 2006년 Telelogic AB로 인수되었고, 2006년 Telelogic AB는 다시 2008년 I-Logic의 제품을 IBM에 넘겼고, 이후 이 제품은 IBM의 Rational Software 의 일부가 되었다 [ILOGIX].

통해 공식적으로 발표한 State Machine이다[HAREL86, HAREL87]. 1994년부터 1996년, Statechart가 UML의 Activity Diagram[108]으로 채택이 되면서, 업계에서 가장 기본이 되는 표준 모델과 도구의 일부가 되었다. 하지만 원래 Statechart는 원래 David Harel가 1986년 자신이 창업한 I-Logic에서 Israel Aerospace Industries의 Lavi Aircraft Project의 자문으로 일을 하면서 avionics[109] 시스템을 설계하고 정의하는 수단으로 개발한 개념 모델이었다. 그리고 다음 해인 1987년 I-Logic에서 이 모델을 Statemate라는 도구를 통해 공식으로 공개했다.

Statechart는 상태 기계로서 외부/내부의 상태 변화 또는 자극에 따라 지속적으로 변화하는 시스템, 또는 이벤트(Event)에 기반하여 복잡하게 반응하는, 일명 반응 또는 *반작용 시스템(Reactive System)*[HP85]의 행위를 명세하기 위해 고안된 시각 정형 명세 언어이다. Statechart는 상태 기계를 표현하기 위한 *상태 전이도(STD: State Transition Diagram)*[110]에 다음과 같은 *계층성(Hierarchy)*, *동시성(Concurrency)*, *동시 통신(Broadcast Communication)* 등의 개념을 추가하여, 기존의 상태 중심 도표(Diagram) 방식의 언어가 갖는 시스템 표현의 단점을 극복한 기법이라고 표현할 수 있다:

Statechart = *State Transition Diagram* (*STD*)
+ *Hierarchy*
+ *Concurrency*

107) Statemate는 1986년 David Harel이 I-Logic에서 Israel Aerospace Industries의 Lavi Aircraft Project의 자문으로 일을 하면서 avionics 시스템을 설계화고 정의하는 수단으로 고안한 개념 모델인 Statechart를 1987년 I-Logic이 개발한 구현 도구이다 [STATEMATE]

108) UML(Unfied Methodology Language)는 Software Engineering 분야에서 시스템과 SW의 실체를 시각적으로 보여주기 위해 고안된, 범용 모델링 언어군이다. 이중 Activity Diagram은 시스템과 SW의 동적 성질을 명세하기 위해 정의한 시각 모델링 언어이다 [UML].

109) 항공기, 인공 위성, 우주선 등에서 사용되는 전기·전자·통신·컴퓨터 시스템이다. 주 임무는 시스템의 각 기능을 항공 시스템이 원활히 수행할 수 있도록, 수신에서 수배개에 이르는 관련 시스템에 대한 통신, 항법, 전시 및 관리를 포함하고 있다 [AVIONICS].

110) 기본적으로 상태도와 같다. 상태도는 전이(transition)를 함축적으로 포함한다.

+ *Broadcast Communication*

Statechart는 객체 하나를 대상으로 생성에서 소멸까지, 생존기간 중 다양하게 발생하는 *상태(State)*의 변화, 즉 객체의 동적 상태를 정의하고 분석하기 위해 사용된다. 또한 객체의 상태 변화를 유발하는 *이벤트 트리거(Event Trigger) 또는 사건 유발* 정의를 통해 이에 의한 객체 반응을 분석할 수 있게 했다.

Statechart는 객체 지향 모델링 언어의 국제 표준인 UML에서 시스템이나 소프트웨어(SW: Software)의 동적인 성질을 명세하고 검증하는 기본 모델로 사용되고 있다.

5.2 Method

5.2.1 수학적 정의

Statechart는 이론적으로 상태 기계(State Machine)에 기반을 두고 있다. 제3장에서 다양한 유형의 상태 기계 또는 오토마타에 대해 살펴보았지만, 여기에서 다시 한번 간단하게 그 정의를 정리해 보자.

[정의 5.1] 유한 상태 기계(FSM: Finite State Machine)

FSM M_1은 방향 그래프(Directed Graph)로서 표현할 수 있는, 다음 6-관계 쌍으로 정의할 수 있다 [BOOTH67, HU79]:

$M_1 = <Q, \Sigma, Z, \delta, q0, F>$

여기에서,

- Q: 점(Vertice)의 집합.
    - 열린 원(Open Circle)으로 표현하며, 내부에 지정 기호 또는 단어로 상태를 표현할 수 있다.
- Σ: 입력부호(Input Symbol)의 집합
- Z: 출력부호(Output Symbol)의 집합

- ◦ 출력 함수 ω : Σ × Q → Z
- ◦ ω는 입력부호에 대해 특정 상태에서 특정 부호를 출력하는 함수이다.

- δ: 선(Edge) 또는 전이 함수
  - ◦ 상태 전이 함수 δ : Q × Σ → Q
  - ◦ 현재 상태에서 다음 상태로 향하는 화살표로 표현된다.
- q0: 시작 상태(Start State)
  - ◦ q0∈Q
  - ◦ 닫힌 원(Close Circle)으로 표현된다.
- F: 수락상태(Accepting State)의 집합
  - ◦ F⊂Q
  - ◦ 이중 원으로 표현된다.
  - ◦ 수락 상태가 최종 상태(Final State)일 수도 있다 [HU79].

이를 도식적으로 표현하면 <그림 5-1>과 같다.

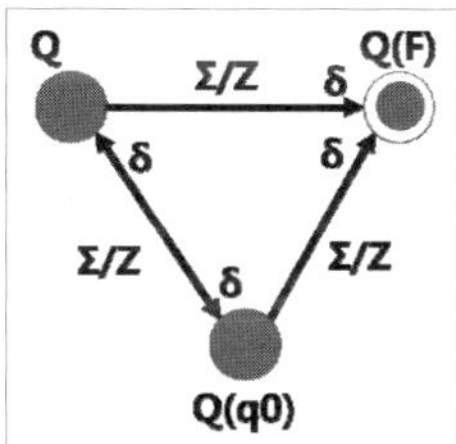

<그림 5-1> 요소 (Q,Σ,Z,δ,q0,F)를 갖는 방향 그래프(Directed Graph)

그림에서 보여주는 바와 같이, 입력과 출력은 각각 선에 직접 표현하는 Mealy Machine의 표기식을 따른다 [MEALY55]. 즉 '/'를 통해 입력과 출력은 분리하는 방식을 따른다. 예를 들어 "1/0"은 "1이 입력 시 상태가 변화하며, 출력은 0을 한다"는 의미를 가진다.

이론적으로 이러한 상태 기계에 기반을 두고 있는 Statechart는 다음과 같이 5-

관계 쌍으로 정의할 수 있다 [HWANG11].

[정의 5.2] Statechart

Statechart M_2을 다음과 같이 5-관계쌍으로 정의한다:

M_2 = <N, E, T, G, A>

여기에서,

- N: 상태 노드(State Node)의 집합
- E: 이벤트 트리거 (Event Trigger)의 집합
- T: 전이(Transition)의 집합
- G: 조건(Guard Condition) 표현식의 집합
- A: 액션(Action) 표현식의 집합

이를 [정의 5.1]과 비교해 보면 다음과 같다:

- N: 상태 노드 N은 M_1의 점의 집합 $(Q \cup \{q0\} \cup F)$와 같다.
- T: 전이의 집합 T는 M_1의 전이 함수 δ와 같다.
- E : 이벤트 트리거 E는 M_1의 입력부호의 집합 Σ와 같다.
- A: 액션 표현식의 집합은 M_1의 출력부호의 집합 Z과 같다.

상태 기계와 다른 점은, Statechart는 이벤트 트리거 E에 의해 전이가 발생될 때 요구되는 조건 G를 추가하였다. 자세한 내용은 5.2.2에서 설명한다.

5.2.2 도표적 정의

앞서 설명한 바와 같이, Statechart는 *상태 전이도(STD: State Transition Diagram)*[111]에 *계층성(Hierarchy)·동시성(Concurrency)·동시 통신(Broadcast*

111) 상태도(State Diagram)라고도 한다. 상태도는 전이(transition)를 함축적으로 포함한다.

Communication) 등을 추가된 개념이다. 이 장에서는 상태 전이도의 기본적인 표기법을 살펴보고, 계층성·동시성·동시 통신이 어떻게 정의되었는지 확인해 보자.

5.2.2.1 기본 표기법

상태 전이도는 기본적으로 *상태*(*State*)와 *전이*(*Transition*)로 구성되어 있다. 여기에서 *상태*는 다시 상태의 시작을 나타내는 *초기/시작 상태*(*Initial State*), 상태의 종료를 나타내는 *종료 상태*(*Final State*), 그리고 시작과 종료 사이를 나타내는 중간 또는 일반 *상태*(*State*)로 구분되며, *전이*를 통해 이 상태의 변화를 나타낸다.

<그림 5-2>는 ADOxx Meta-Modeling Platform[112)]을 기반으로 개발한 OMiLAB[113)]의 *Bee-Up* 도구[114)]를 이용해서 작성한 Statechart의 기본 표기법을 보여준다. 본 장의 모든 예제는 Bee-Up 도구를 사용해서 명세하였다. Bee-Up 도구에 대한 자세한 내용은 제5.4절 Tools에서 소개하며, ADOxx Meta-Modeling Platform에 대한 자세한 내용은 본서의 부록 A에 첨부되어 있

112) ADOxx Meta-Modeling Platform은 오스트리아 비엔나대학의 OMiLAB(아래 각주 참조)에서 제공하는 Meta-Modeling Platform이다[FK13]. 이 도구는 모델링 또는 CASE 도구를 개발하기 위한 다양한 환경과 Library를 제공하고 있다. AToM3, MetaEditr+, DOME 등과 같은 다른 유사 제품과 비교하여, 용이하고 안정적이다. 특히, 비영리적인 목적으로 사용 가능한 Open Meta-Tool이다.

113) OMiLAB은 Open Model Initiative Lab의 약자이다. OMiLAB은 2014년 University of Vienna 대학에서 Karagiannis 교수를 중심으로 EU Modelling 학자가 만든 R&D 모임이다[OMILAB]. 이 모임의 철학은 Open Source, Open SW, Open System처럼, Modeling을 전공하는 과학자와 공학자가 ADOxx Meta Modeling Platform[FK13]에서 제작한 Modelling 도구를 비영리적인 목적으로 공유하기 위한 것이다. 현재 비엔나 대학의 OMiLAB Global 센터(www.omilab.org)가 있으며, 그 산하에 OMiLAB Austria (austria.omilab.org), OMiLAB Korea (korea.omilab.org), OMiLAB Maxico (mexico.omilab.org) 등이 있다.

114) BEE-UP은 OMiLAB Global에서 제공하는 Open Model 도구 중의 하나이다. 이 도구는 비엔나 대학의 OMiLAB Austria 센터에서 모델링 교육을 목적으로 개발한 도구 세트이다[BEEUP]. BEE-UP은 총 5개의 도구를 제공한다: BPMN, EPC, ER, UML, Petri Net. 이 외에도 다른 모델링 기법을 위해 확장이 가능하다.

다.

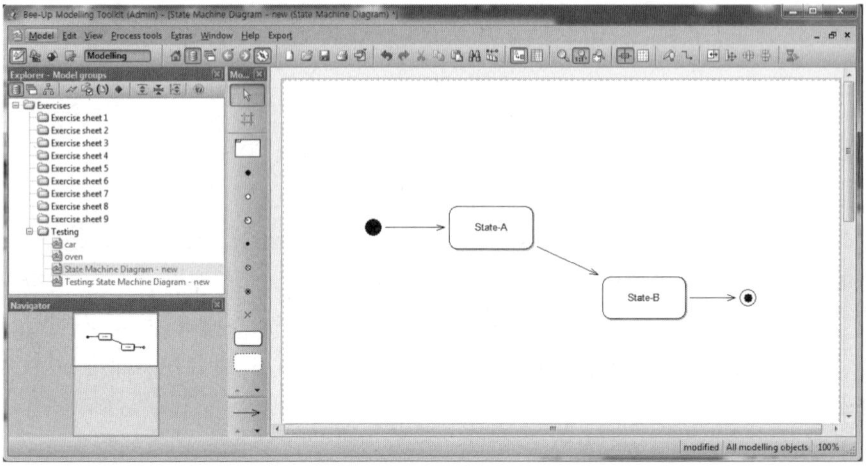

<그림 5-2> State Diagram의 기본 표기법

기본 표기법은 다음과 같다.

가. 초기/시작 상태(Initial/Start State)

<그림 5-3> 초기/시작 상태(Initial/Start State)

<그림 5-3>은 *시작 상태(Start State*) 노드(node)의 그림 기호, 즉 아이콘(icon)을 보여준다. 시작 상태는 객체의 상태 변화가 시작되는 시점을 의미하며, 보통 객체의 생성시점이 시작 상태가 된다. 시작 상태는 닫힌 원(Close Circle)으로 표기한다.

나. 종료 상태(End State)

<그림 5-4> 종료 상태(End State)

<그림 5-4>는 *종료 상태(End State)* 노드의 그림 기호를 보여준다. 종료 상태는 객체 상태 변화가 종료하는 곳을 의미하며, 보통 객체의 소멸지점이 종료 상태가 된다. 종료 상태는 닫힌 원의 바깥에 또 다른 원이 둘러싸고 있는 모양으로 표기한다.

다. 상태(State)

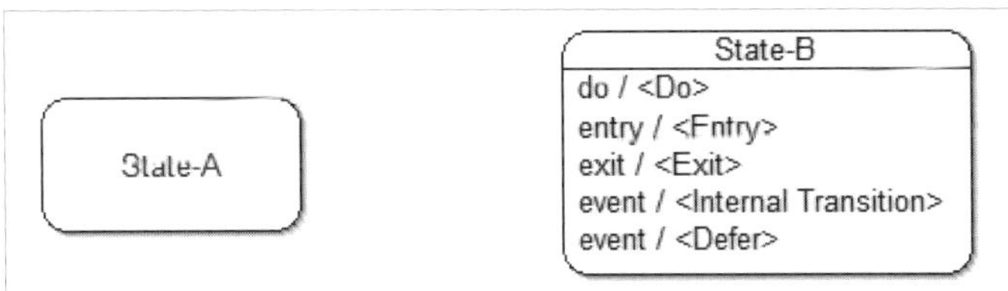

<그림 5-5> 상태(State)

<그림 5-5>는 *상태(State)* 노드의 그림 기호를 보여준다. 상태는 꼭지점이 둥근 사각형으로 표현된다. 상태는 객체가 가질 수 있는 조건이나 상황에 의해, 생명주기 동안 상태가 계속 변화한다. 예를 들어 <그림 5-6>은 자동차 객체의 StateChart 일부분으로, 객체의 상태는 *주차·전진·정차·후진*으로 구분한다. 이 같은 상태는 *전이(Transition)*에 의해 계속 변화된다. <그림 5-6>을 보면 *Brake, Accelerator* 전이에 의해 자동차의 상태인 *Parking·Stop·Forward Movement·Backwoard Movement*가 변하는 것을 확인할 수 있다. 예를 들어 *Stop* 상태에서 *Accelerator* 전이 중 기어가 *R(Reverse)*인 경우, 자동차의 상태는 *Backwoard Movement*로 변화한다. 전이의 자세한 내용은 다음 절에서 확인할 수 있다.

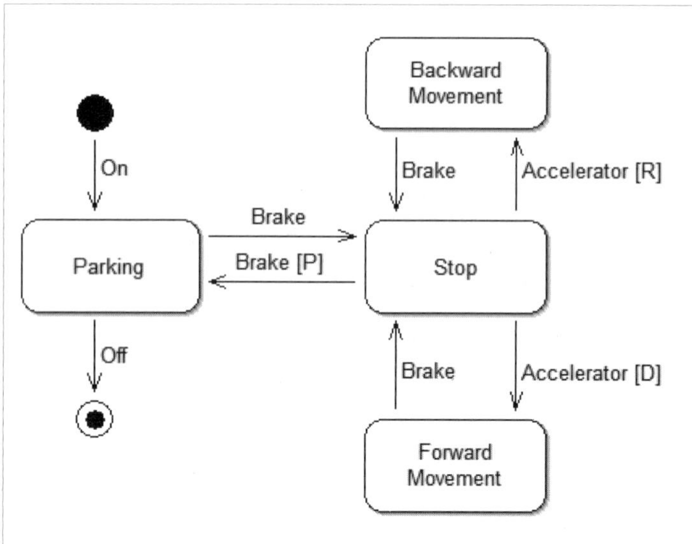

<그림 5-6> 자동차 객체의 Statechart

<그림 5-5>의 왼쪽은 상태의 기본 표기법으로 상태 이름만 입력하면 된다. 오른쪽은 상세 표기법으로 상태 이름을 위에 작성하고 동작 및 그 외 부분은 아래에 작성한다. 상세 표기법 내부의 자세한 내용은 다음과 같다.

- do / <Do> :
  - 현 상태에서 수행할 동작을 정의한다.
- entry / <Entry> :
  - 상태에 진입할 때 수행되는 동작을 정의한다.
- exit / <Exit> :
  - 상태에서 나갈 때 수행되는 동작을 정의한다.
  - event / <Internal Transition> :
  - 현 상태에서 처리 할 수 있는 이벤트 트리거가 발생할 경우, 상태를 떠나지 않고 해당 이벤트를 처리한다.
- event / <defer> :

- 현 상태의 시간에 대한 제약 조건을 정의한다.
- Delay와 Time-out을 지정할 수 있다.

다음은 상태의 내부 동작을 알아보자. <그림 5-7>은 *토스터 오븐 상태 기계* (*Toaster Oven State Machine*)[UML2]로 내부 동작 중 *entry* / *exit* 동작을 이용한 예제이다. *Entry* 및 *exit* 동작은, 객체 지향 프로그래밍의 클래스 생성자 및 소멸자와 유사하게, 초기화 및 복구를 위한 수단으로 사용된다. 예를 들어 <그림 5-7>을 보면, 시작 상태에서 *heating* 상태로 전이가 발생하면서, 오븐이 동작하게 된다. *Heating* 상태에서 *heating*의 *entry* 동작이 활성화되어 *heater_on*() 이라는 함수가 동작하고 히터가 활성화 된다. 이때, *DOOR_OPEN* 이라는 이벤트 트리거가 발생하여 *door_open* 이라는 상태로 전이가 발생할 경우, *heating* 상태를 나오게 되며 *heating*의 *exit* 동작이 활성화된다. *heating*의 *exit* 동작, 즉 *heater_off()* 함수에 의해 히터가 비활성화 되고, *door_open*의 *entry* 동작, 즉 *internal_lamp_on*() 함수로 오븐의 내부 조명이 켜지게 된다. 이 예제를 통해 실제 오븐을 설계할 경우, *heating*의 *exit* 동작은 오븐의 안전성을 보장해 준다. *heating*의 *exit* 동작이 없을 경우, 오븐의 문이 열려도 히터는 계속 활성화 상태일 것이며, 이는 사고의 원인이 될 수 있다.

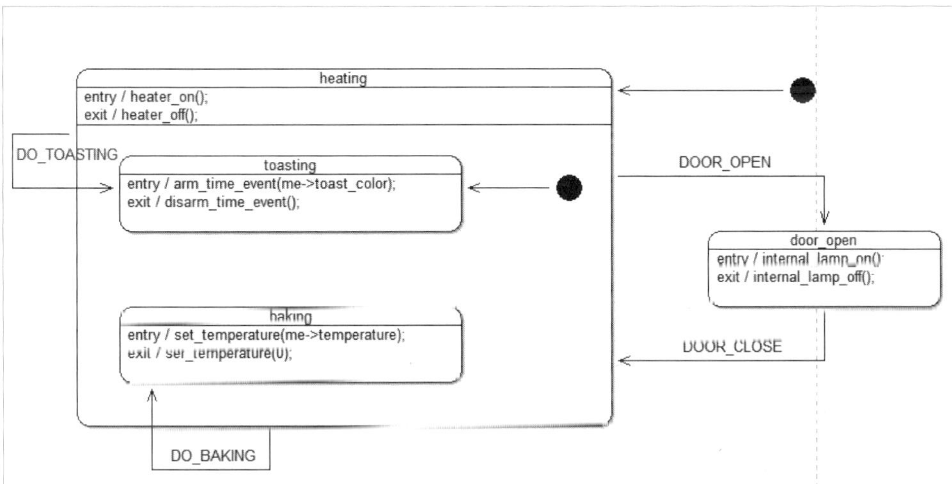

<그림 5-7> 토스터 오븐 상태 기계(Toaster Oven State Machine)

내부 전이 또한 *event / <Internal Transition>* 형태로 상태 내부에 표현할 수 있다. <그림 5-8>을 보면 두 가지 방법으로 *내부전이(Internal Transition)*를 표현하였다. <그림 5-8>은 키보드의 *Caps Lock* 버튼에 대한 상태 동작을 보여준다 [UML2]. *Default* 상태의 *ANY_KEY/send_lower_case_scan_code()* 는 내부 전이로 이벤트 트리거 *ANY_KEY*가 발생하여 *send_lower_case_scan_code()* 연산을 수행 하고, 현재 상태를 그대로 유지하는 것을 의미한다. 즉, *default* 상태에서 *Caps Lock* 버튼을 제외한 어떤 키보드 자판이 눌릴 경우, *send_lower_case_scan_code()* 연산을 통해 소문자만 입력되는 것을 의미한다. 이후 *Caps Lock* 버튼을 눌러 *CAPS_LOCK* 이벤트 트리거로 인해 전이가 발생하고 *caps_locked* 상태가 된다. *caps_lock* 상태는 *default*와 달리 전이 표기법을 사용해서 표현했다. 전이의 표기법에 대한 자세한 내용은 다음 절에서 확인할 수 있다.

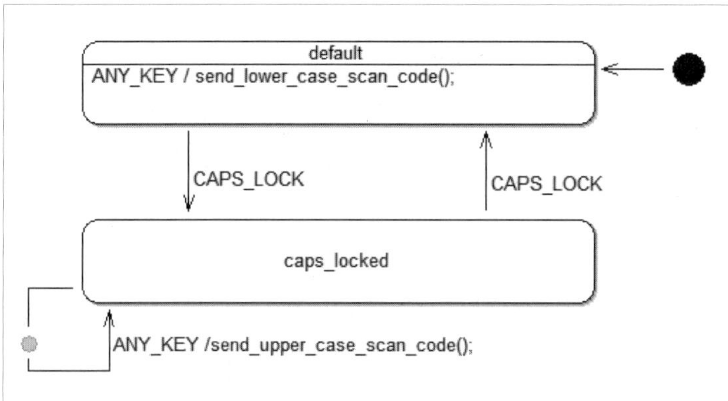

<그림 5-8> 키보드의 Caps Lock 버튼에 대한 상태 동작

상태의 시간에 대한 정의는 *event/<defer>*를 사용하고 *Delay*와 *Time-out*을 지정할 수 있다. *Delay*는 해당 상태에 진입한 후 일정 시간 동안 해당 상태의 이벤트 트리거를 수행할 수 없게 한다. <그림 5-9>는 *Delay*에 대한 예제이다. *A* 상태에 진입 후 *10초* 이전에 *OK버튼을 클릭*하면 *delay*로 인해 전이가 발생하지 않지만, *A* 상태에서 *10초 후 OK버튼을 클릭*하면 *B* 상태로 전이가 발생함을 의미한다. 반면, *Time-out*은 제한 시간을 지정하여 일정 시간이 지나면 *Time-out*

이벤트 트리거를 통해 자동적으로 전이가 발생하게 한다. <그림 5-10>은 *Time-out*의 예제로, *C* 상태에서 *20분* 동안 어떠한 동작도 없을 경우, *20분* 후 *Time-out* 이벤트 트리거를 통해 자동적으로 *종료 상태*로 전이가 발생함을 의미한다.

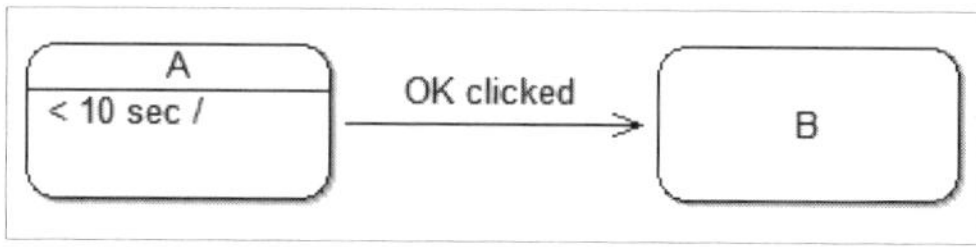

<그림 5-9> Delay

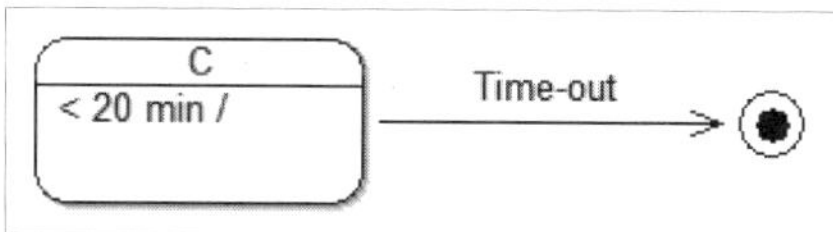

<그림 5-10> Time-out

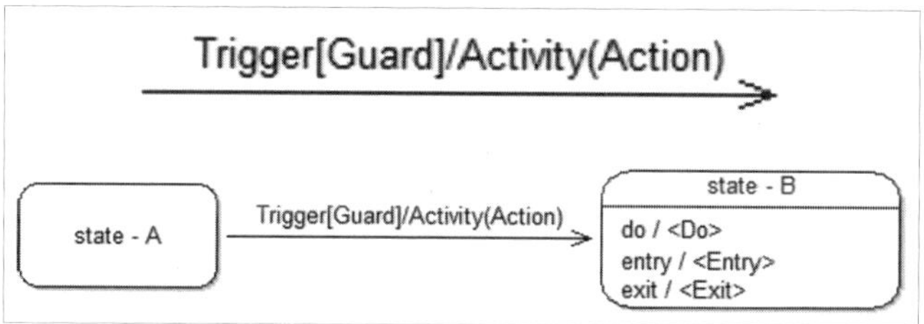

<그림 5-11> 전이(Transition)

라. 전이(Transition)

<그림 5-11>은 *전이(Transition)*의 표기법을 보여준다. 전이는 하나의 상태에서 다른 상태로 이동하는 것을 나타내며, 상태 간의 관계로 표현한다. <그림 5-11>에서 전이는 상태 간에 화살표가 달린 실선으로 표기한다. 화살표 위에 *Trigger, Guard, Activity*를 차례로 표기할 수 있으며, 이것은 생략이 가능하다. *Trigger, Guard, Activity*의 자세한 내용은 다음과 같다:

- Trigger :
  - 전이를 일으키는 사건
- Guard(Condition) :
  - 전이가 발생할 시 검토되는 조건식
  - 참일 경우, 전이 발생
- Activity(Action) :
  - 전이 도중 실행되는 행위 또는 연산

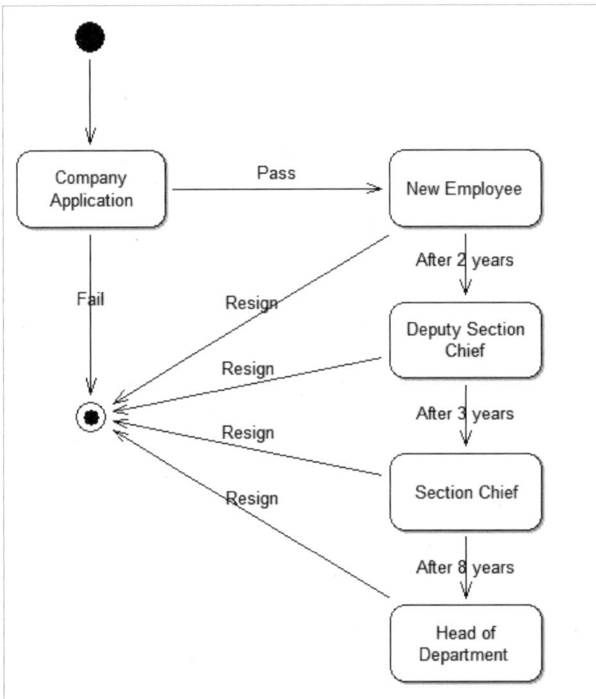

<그림 5-12> Office Life 예제

마. 예제

<그림 5-12>는 Statechart로 기술한 *회사 생활(Office Life)* 예제이다. 작동은 *시작 상태*가 *입사 지원(Company Application)* 상태로 전이 되면서 시작한다.

입사 지원 상태에서 *합격(Pass)*일 경우, *신입 사원(New Employee)* 상태로 전이되어 *회사 생활*을 이어갈 수도 있지만, *불합격(Fail)*일 경우 *회사 생활*을 이어가지 못하고 *종료(End State)하게 된다. 신입 사원 상태에서 2년(After 2 years)* 후 *대리(Deputy Section Chief)*, *3년(After 3 years)* 후 *과장(Section Chief)*, *8년(After 8 years)* 후 *부장(Head of Department)*을 거쳐 *회사 생활*을 이어갈 수도 있지만, 각 상태 마다 *퇴사(Resign)*할 경우, *회사 생활*을 이어가지 못하고 *종료*하게 된다.

5.2.2.2 확장된 표기법

앞 절에서 Statechart의 기본 표기법에 대해 알아보았다. 이 절에서는 확장된 표기법으로 *계층성(Hierarchy)*·*동시성(Concurrency)*·*동시 통신(Broadcast Communication)* 등이 어떻게 표현되는지 알아보자. 그리고 그 외 표기법도 알아보자.

가. 계층성(Hierarchy)

Statechart에서 *계층성(Hierarchy)*은 *상태(State)*안에 *상태*가 있는 구조로, *상위 상태*를 *Composite State*라 하고 *하위 상태*를 *Sub State* (or *Nested State*)라고 한다. 계층성은 객체의 상태 변화를 단순화할 목적으로 사용되며 XOR[115] 분할로 나타낸다. <그림 5-13>은 Statechart의 계층성을 보여 준다. <그림 5-13>은 <그림 5-12>에 계층성을 적용하여 표현한 것으로 *입사 지원(Company*

115) XOR[XOR]은 우리말로는 배타적 논리합이라고 한다. XOR은 수리 논리학에서 주어진 2개의 명제 중 1개의 명제만 참일 경우, 참을 출력하는 논리연산이다. 즉 2개의 명제가 주어질 때 하나는 참, 다른 하나는 거짓일 경우, 그 결과가 참임을 의미한다. XOR의 진리표는 오른쪽 표와 같다. Statechart에서의 XOR 분할의 의미는 *계층성*이 표현된 상태에서 현재 상태가 단 하나의 *내부 상태* 이어야 함을 의미한다. <그림 5-13>의 예를 들 경우, *회사 생활*의 *내부 상태* 중 현재 상태가 *신입 사원*, *대리*, *과장*, *부장* 중 단 하나의 상태 이어야함을 의미한다. 즉 신입 사원이면서 과장의 직급을 동시에 가질 수 없음을 의미한다.

명제 P	명제 Q	P ∨ Q
참	참	거짓
참	거짓	참
거짓	참	참
거짓	거짓	거짓

Application) 상태 후 *회사 생활*(*Office Life*) 상태를 거쳐 *종료*(*End State*)되는 예제이다. <그림 5-13>의 왼쪽을 보면, *회사 생활* 상태 안에 *신입 사원*(*New Employee*), *대리*(*Deputy Section Chief*), *과장*(*Section Chief*), *부장*(*Head of Department*) 이라는 다양한 상태가 들어 있는 것을 확인 할 수 있다. 여기서 *회사 생활* 상태는 내부에 있는 다른 상태의 XOR이 된다. 따라서 *회사 생활* 이 *종료 상태* 로 전이 될 경우, *회사 생활* 상태는 내부의 상태 중 하나의 상태로 존재해야 한다. <그림 5-13>의 오른쪽은 완전히 *추상화*(*Abstraction*)된 것으로 *회사 생활* 이라는 하나의 추상화된 상태로 표현한 것이다. 즉, *시작 상태*(*Start State*)에서 *입사 지원* 상태로 전이되고 *입사 지원* 상태에서 *합격*(*Pass*)일 경우, *회사 생활* 상태로 전이가 되고, *회사 생활* 상태의 자세한 내용은 확인할 수 없다. <그림 5-12>과 비교해 봤을 때 상당히 간략하게 표현된 것을 확인할 수 있지만, 내부적으로 어떤 상태 전이가 발생하는지는 알 수 없다.

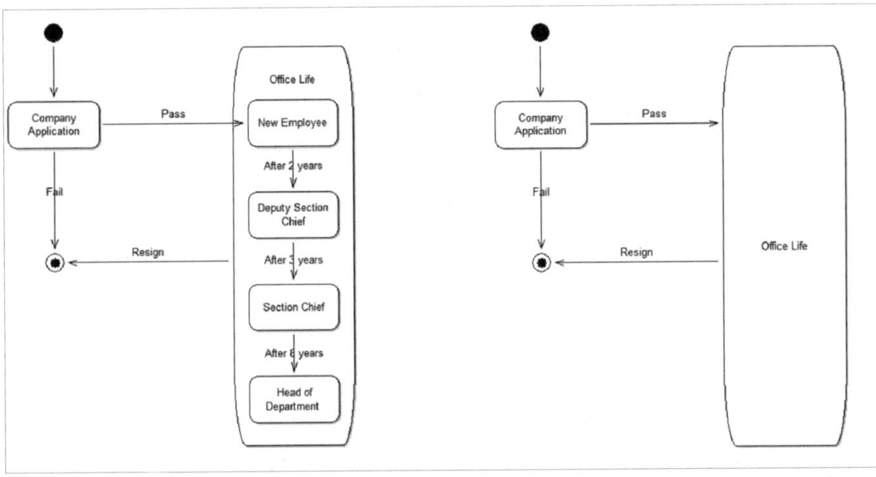

<그림 5-13> <그림 5-12>에 계층성(Hierarchy) 적용

계층성이 적용될 경우 전이가 <그림 5-13> 왼쪽의 *합격*(*Pass*) 전이처럼 다음 상태로 곧바로 전이가 이루어지게 표현할 수도 있지만, *회사 생활* 상태 내부에 *시작 상태*를 따로 추가하여 <그림 5-14>와 같이 표현할 수도 있다. <그림 5-14>을 보면 *시작 상태*에서 *입사 지원* 상태로 전이되고 *입사 지원* 상태에서 *합격*일 경우, *회사 생활* 상태로 전이가 된다. 다음 *회사 생활* 상태 내부의 *시작 상태* 부

터 *신입 사원*, *대리*, *과장*, *부장* 상태로 전이 된다. *회사 생활* 상태에서 *퇴사*(*Resign*) 이벤트 트리거가 발생할 경우, *회사 생활* 상태는 *종료*하게 된다.

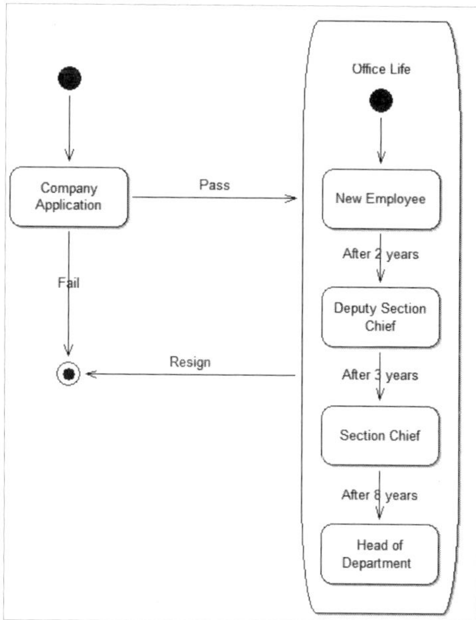

<그림 5-14> 계층성 적용 시 시작 상태 표현

나. 동시성(Concurrency)과 동시 통신(Broadcast Communication)

Statechart에서 *동시성*(*Concurrency*)은 두 개 이상의 XOR 분할이 AND[116] 분할로 이루어져 있는 것을 의미한다. 즉 <그림 5-15>에서 상태 *A*, *D*, *H*는 동시성이 적용된 상태가 된다. *동시 통신*(*Broadcast Communication*)은 하나의 외

116) AND[AND]는 우리말로 논리곱이라고 한다. AND는 수리 논리학에서 주어진 2개의 명제가 모두 참일 경우, 참을 출력하는 논리연산이다. 즉 2개의 명제가 주어질 때 두 명제 모두 참일 경우만, 그 결과가 참임을 의미한다. AND의 진리표는 오른쪽 표와 같다. Statechart에서의 AND 분할의 의미는 *계층성*이 표현된 상태에서 현재 상태가 여러 *내부 상태*로 존재할 수 있음을 의미한다. <그림 5-15>의 예를 들 경우, <그림 5-15>의 *내부 상태* 중 현재 상태가 *B*, *F*, *J*상태일 수 있음을 의미한다. 즉 <그림 5-15>의 *내부 상태*는 현재 각각 *B*, *F*, *J* 상태들임을 의미한다.

명제 P	명제 Q	P ∧ Q
참	참	참
참	거짓	거짓
거짓	참	거짓
거짓	거짓	거짓

부 이벤트가 발생함으로 해당 이벤트와 관련된 모든 전이가 발생될 수 있는 것을 나타낸다. <그림 5-15>에서 *Trigger f* 가 발생했을 때 *f/g*라는 전이가 발생하면서 즉각적으로 *Trigger g*가 반응하게 되는 것을 뜻한다. 예를 들어 <그림 5-15>에서 시스템이 상태 *B, F, J* 에 있고 *Trigger m*이 발생하면, 다음 상태는 *Trigger e*에 의해 *C, G, I*가 된다. 여기에서 *Trigger n*이 발생하면 연쇄반응으로 새로운 상태 *B, E, I*가 된다.

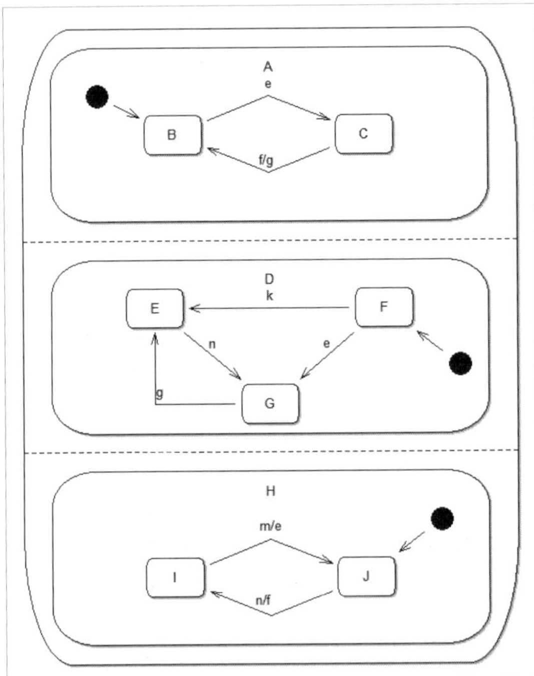

<그림 5-15> 동시성(Concurrency)과 동시 통신(Broadcasting) 적용

다. 히스토리 상태(History State)

*히스토리 상태(History State)*는 *Composite State*를 빠져 나올 때 가장 마지막 상태를 기억해 두는 상태로서 *Shallow History State, Deep History State* 두 종류가 있다.

ㄱ. Shallow History State

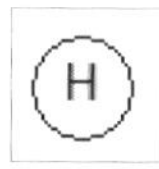

<그림 5-16> Shallow History State 표기법

<그림 5-16>은 *Shallow History State*의 표기법을 보여주며, Shallow History State는 *하위 상태(Sub State)*의 가장 마지막 상태만 기억한다. <그림 5-17>은 <그림 5-14>에 *휴가(Rest)* 상태를 추가하여 구성한 Statechart이다. 예를 들어 *회사 생활(Office Life)* 상태에서 *휴식(Break)* 이벤트 트리거가 발생하여 *휴가* 상태로 전이가 발생할 경우, Shallow History State는 *회사 생활* 내부의 *하위 상태* 중 현재 상태를 기억하고 있다가, 일정 시간이 지나 *복귀(ComeBack)* 이벤트 트리거가 발생하여 *회사 생활* 상태로 되돌아오게 되면 Shallow History State가 기억하고 있는 *하위 상태*로 돌아오게 된다. 나시 말해, *신입 사원(New Employee)* 상태에서 *휴가* 상태로 전이가 발생하고 다시 돌아오게 되면 Shallow History State는 *신입 사원* 상태를 기억하고 있어 *신입 사원* 상태부터 전이를 이어가는 것을 의미한다. Shallow History State은 <그림 5-17> 처럼 2 가지 방법으로 표현할 수 있다.

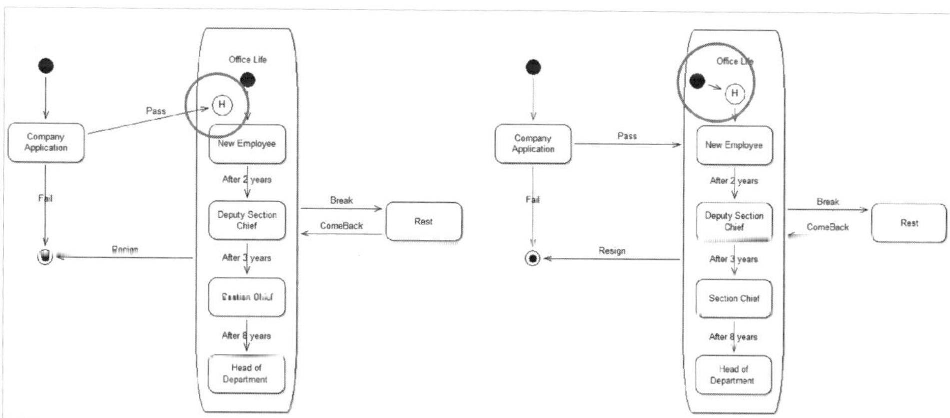

<그림 5-17> <그림 5-14>에 Shallow History State 적용

ㄴ. Deep History State

<그림 5-18> Deep History State 표기법

<그림 5-18>은 *Deep History State*의 표기법을 보여주며, Deep History State는 *모든 하위 상태*(*Sub State*)의 가장 마지막 상태만 기억한다. <그림 5-19>는 <그림 5-15>에 Deep History State를 적용한 것이다. 만약 *A*, *D*, *H* 의 *하위 상태* 의 마지막 상태가 *C*, *G*, *I* 인 상태에서 *x* 이벤트 트리거가 발생하여 *K* 상태로 전이가 발생하고, 이후에 *y* 이벤트 트리거가 발생하여 다시 되돌아 왔을 경우, Deep History State는 상태 *C*, *G*, *I*를 기억하고 있어 *C*, *G*, *I* 상태로부터 전이를 이어가는 것을 의미한다.

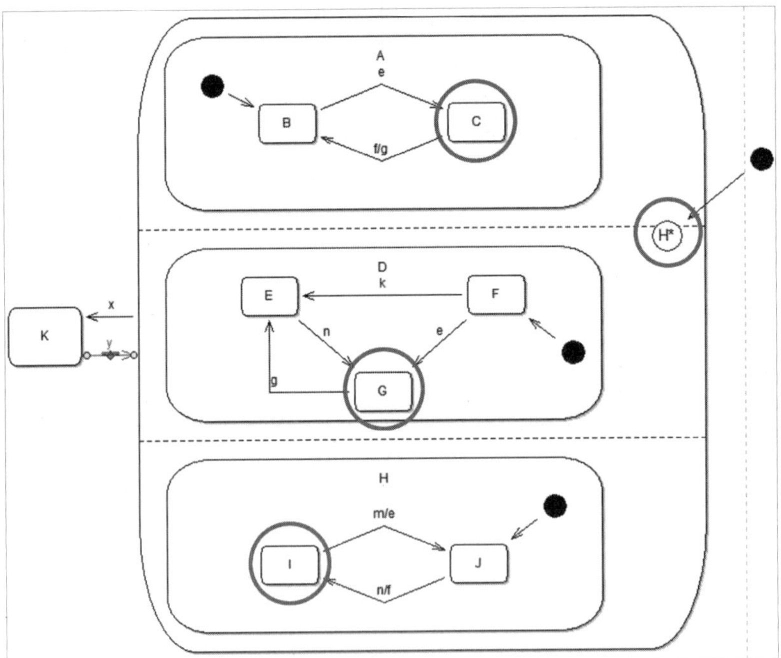

<그림 5-19> <그림 5-15>에 Deep History State 적용

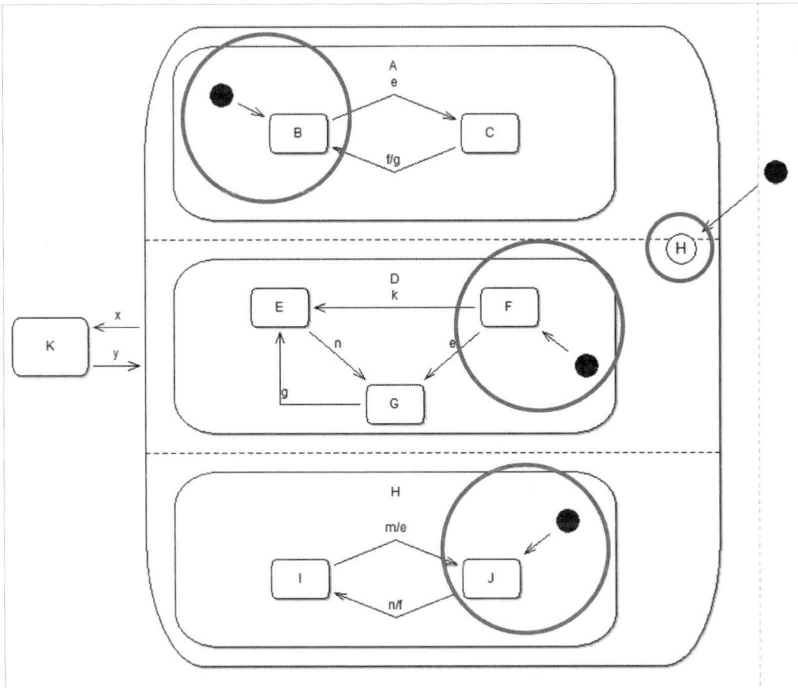

<그림 5-20> <그림 5-15>에 Shallow History State 적용

<그림 5-20>을 보면 Shallow History State, Deep History State의 차이점을 보다 명확하게 확인할 수 있다. <그림 5-20>은 <그림 5-15>에 Shallow History State를 적용한 예제이다. <그림 5-19>와 마찬가지로 상태 *A*, *D*, *H*의 *하위 상태*의 마지막 상태가 *C*, *G*, *I* 인 경우, *x* 이벤트 트리거가 발생하여 상태 *K*로 전이되었다가, *y* 이벤트 트리거가 발생하여 되돌아 왔을 경우, Shallow History State는 단순히 상태 *A*, *D*, *H*의 상태만을 기억하고 있어, *A*, *D*, *H*의 *하위 상태*는 *B*, *F*, *J* 부터 다시 시작하게 된다.

5.3 Example

5.3.1 Main Example

본 장에서 PBC(Producer-Buffer-Consumer) 예제를 사용하여 Statechart를 명세하고 설명한다. <그림 5-21>은 PBC 예제의 구성도를 보여준다. <그림 5-21>을 보면 *Producer*(*P*)와 *Buffer*(*B*), *Consumer*(*C*)로 구성되며, P는 *Resource1*(*R1*), *Resource2*(*R2*)를 가지고 있다고 가정한다. 이 예제는 *P*에 있는 *R1*과 *R2*를 *B*를 통해 *C*로 이동시키는 예제이다.

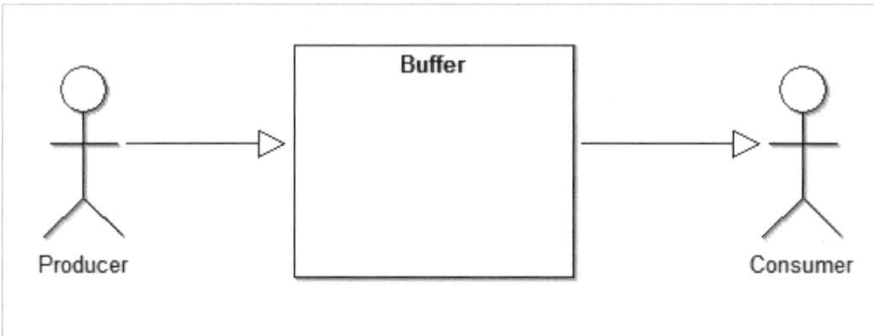

<그림 5-21> PBC 예제

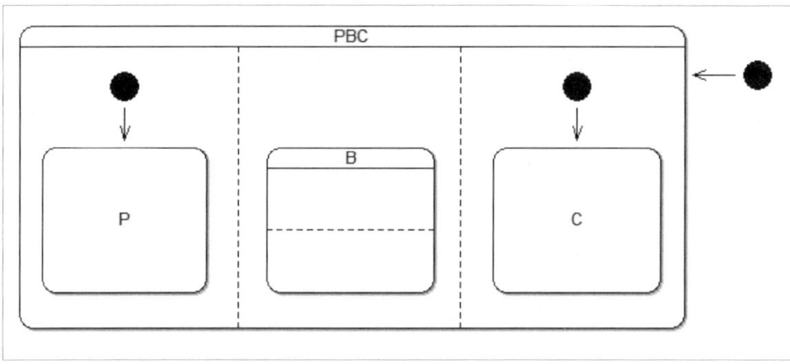

<그림 5-22> Statechart PBC

5.3.2 Description/Specification

이 절에서는 PBC 예제의 요구 사항을 기반으로 Statechart를 명세해 본다. PBC의 동작에 대한 요구 사항은 다음과 같다:

- Producer는 2개의 리소스 Resource1과 Resource2를 생성한다.
- Producer는 Buffer에 리소스를 순서대로 저장한다.

- Producer는 Buffer에 Resource1과 Resource2, 또는 Resource2와 Resource1의 순서를 알린다.
- Consumer는 Buffer에 1번 요청하고 리소스를 순서대로 사용한다.
- 리소스 사용의 순서는 Consumer에 의해 정해진다.

<그림 5-22>는 최상위 추상화 단계에서 Statechart로 명세한 PBC 예제이다. <그림 5-22>를 보면 PBC 상태는 *Producer*의 상태를 나타내는 *P*와 *Buffer*의 상태를 나타내는 *B*, *Consumer*의 상태를 나타내는 *C*로 구성되어 있으며, *P*, *B*, *C* 각 상태는 *동시성*(*Concurrency*)을 표현한 AND 분할로 이루어져 있다. *B* 상태는 다시 *B_Receive* 와 *B_Send*로 동시성을 표현한다. 자세한 내용은 <그림 5-24>에서 확인할 수 있다.

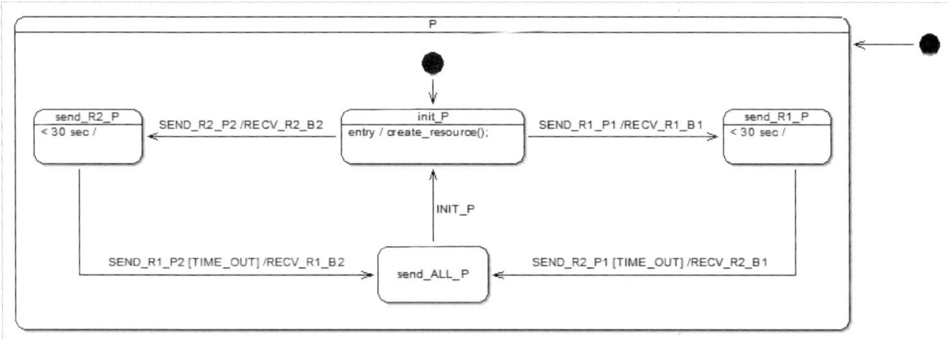

<그림 5-23> Statechart Producer(P)

<그림 5-23>은 <그림 5-22>의 *P*의 하위 상태를 명세한 것으로 의미는 다음과 같다. 여기서는 *R1* 먼저 전달되는 과정을 명세했다:

1. *시작 상태*(*Start State*)에서 *init_P*로 진이가 발생하면서 *P*의 상태가 시작한다.
2. *init_P* 상태에 진입할 경우, *entry* 동작 *create_resource()*를 통해 2개의 리소스 *R1*과 *R2*가 생성된다.
3. *이벤트 트리거*(*Event Trigger*) *SEND_R1_P1*가 발생될 경우, 리소스 *R1*이 먼저 *B*로 전달되며, *SEND_R2_P2*는 리소스 *R2*가 먼저 *B*로 전달된다.
4. *SEND_R1_P1*가 발생되면서, *init_P* 상태에서 *send_R1_P* 상태로 전이가

발생되며, 동시에 Statechart의 특성인 *동시 통신*(*Broadcast Communication*)에 의해 이벤트 트리거 *RECV_R1_B1*이 발생된다. *RECV_R1_B1*으로 인한 전이는 <그림 5-24>에서 설명한다.

5. *send_R1_P* 상태는 *R1*을 먼저 *B*로 전송한 상태로 '< *30 sec*'이라는 전이 조건을 가지고 있다. 이는 *30초 후 TIMEOUT*이 발생하여 다음 상태로 전이 되는 것을 의미한다. 이벤트 트리거 *SEND_R2_P1*을 보면 발생 조건으로 [*TIME_OUT*]이 있는 것을 확인할 수 있다.
6. 이벤트 트리거 *SEND_R2_P1*이 발생되면, 동시에 이벤트 트리거 *RECV_R2_B1*도 발생된다. *send_R1_P* 상태에서 *send_ALL_P* 상태로 전이를 하게 되면, *P*는 생성한 2개의 리소스 *R1*, *R2* 모두 *B*로 보낸 상태가 된다.
7. 이벤트 트리거 *INIT_P*가 발생되면 초기화가 이루어지고, *P*의 상태는 1 ~ 7과정을 반복한다.

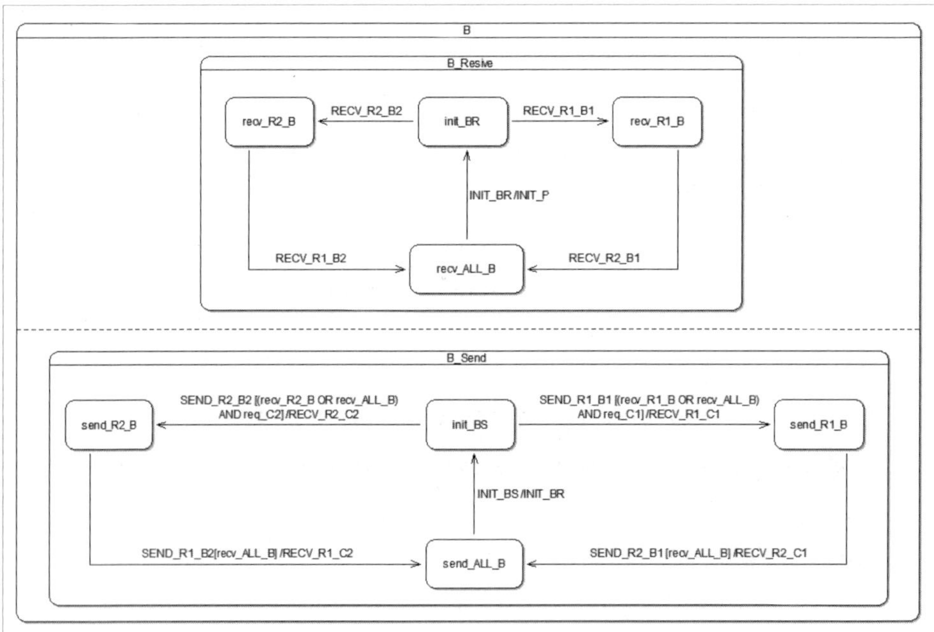

<그림 5-24> Statechart Buffer(B)

<그림 5-24>는 <그림 5-22>에서 *B*의 *하위 상태*를 명세한 것으로, *P*에서 *B*로 리소스를 전달 받는 *B_Receive* 와 *B*에서 *C*로 전달하는 *B_Send*로의 동시성을 표현한다. <그림 5-24>의 위쪽은 *B_Receive* 상태이며, 아래쪽은 *B_Send*상태이다. <그림 5-24> 의미는 다음과 같으며, *R1*이 먼저 전달되는 순서로 설명한다.

- [B_Receive 상태]
  1) *B_Receive*는 *init_BR* 상태에서 시작하며, <그림 5-23>의 *4번*에서의 이벤트 트리거 *SEND_R1_P1*이 발생되면서, *동시 통신*(*Broadcast Communication*)으로 이벤트 트리거 *RECV_R1_B1*이 발생된다. 이로 인해 *init_BR* 상태에서 *R1*을 받은 상태를 의미하는 *recv_R1_B* 상태로 전이된다.
  2) 1번과 같이 <그림 5-23>의 *6번*에 의해 이벤트 트리거 *RECV_R2_B1*이 발생되고, 모든 리소스를 받은 상태를 의미하는 *recv_ALL_B* 상태로 전이된다.
  3) *recv_ALL_B* 상태에서 이벤트 트리거 *INIT_BR*이 발생되면, 동시 통신으로 *INIT_P*가 발생되고 *B_Receive* 상태는 1 ~ 3을 반복한다.

- [B_Send 상태]
  4) *B_Send* 상태는 *init_BS* 상태에서 시작하며, 이벤트 트리거 *SEND_R1_B1*이 발생되면서 상태의 전이가 발생한다.
  5) 이벤트 트리거 *SEND_R1_B1*은 *Guard* [(*recv_R1_B* *OR* *recv_ALL_B*) *AND* *req_C1*]를 만족해야 발생한다. 이 조건식은 *R1*을 받은 상태인 *recv_R1_B* 상태, 모든 리소스를 받은 상태인 *recv_ALL_B* 상태, *C* 상태에서 *R1* 리소스를 요청한 상태인 *req_C1* 상태를 의미한다. 즉 이 조건식은 *B*에서 *R1*을 받은 상태, *C*에서 *R1*을 요청한 상태를 모두 만족해야 이벤트 트리거 *SEND_R1_B1*이 발생됨을 의미한다. 조건을 만족하여 이벤트 트리거 *SEND_R1_B1*이 발생될 경우, 동시 통신으로 인해 *RECV_R1_C1*이 발생되고, *init_BS* 상태에서 *send_R1_B* 상태로 전이가 발생된다.
  6) 이벤트 트리거 *SEND_R2_B1*이 조건 [*recv_ALL_B*]를 만족하게 되면, *send_ALL_B* 상태로 전이가 발생되다. *send_ALL_B* 상태는 *C*로 모든 리소스를 보낸 상태를 의미한다.

7) *send_ALL_B* 상태에서 이벤트 트리거 *INIT_BS*가 발생되면서, 동시에 이벤트 트리거 *INIT_BR*이 발생된다. *init_BS* 상태로 전이가 되며, *B_Send* 상태는 1 ~ 4를 반복하게 된다.

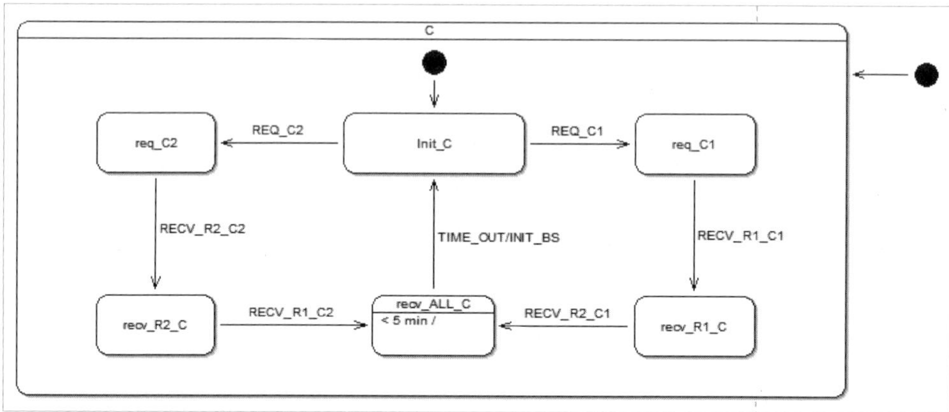

<그림 5-25> Statechart Consumer(C)

<그림 5-25>는 <그림 5-22>의 *C*의 하위 상태를 명세한 것이다. *R1*이 먼저 전달되는 과정을 다음과 같이 설명한다.

1) 시작 상태(Start State)에서 init_C로 전이가 발생되면서 C의 상태가 시작한다.
2) 이벤트 트리거 REQ_C1이 발생되어 R1을 요청하는 상태인 req_C1 상태로 전이가 발생된다.
3) req_C1 상태에서 <그림 5-24> 중 [B_Send 상태]의 2번에 의해 이벤트 트리거 SEND_R1_B1이 발생되고 동시 통신(Broadcast Communication)으로 RECV_R1_C1이 발생되면 R1을 받은 상태인 recv_R1_C 상태로 전이가 이루어진다.
4) recv_R1_C 상태에서 <그림 5-24> 중 [B_Send 상태]의 3번에 의해 모든 리소스를 받은 recv_ALL_C 상태로 전이가 발생된다.
5) recv_ALL_C에서 모든 리소스는 < 5 min 동작으로 인해 5분 안에 소모가 이루어져야 하며, 5분 이후 이벤트 트리거 TIME_OUT으로 인해 init_C 상태로 초기화 된다. 이때 동시 통신으로 이벤트 트리거 INIT_BS가 발생된다. C의 상태는 1 ~ 5를 반복한다.

*초기화 과정*은, *C* 상태로 모든 리소스가 소모된 후, 동시 통신에 의해 차례대로 이루어진다. <그림 5-23>부터 <그림 5-25>까지의 초기화 이벤트 트리거, 즉 *INIT_BS*, *INIT_BR*, *INIT_P*를 통해 확인할 수 있다. <그림 5-26>은 <그림 5-22>부터 <그림 5-25>까지를 통합한 PBC 예제이다.

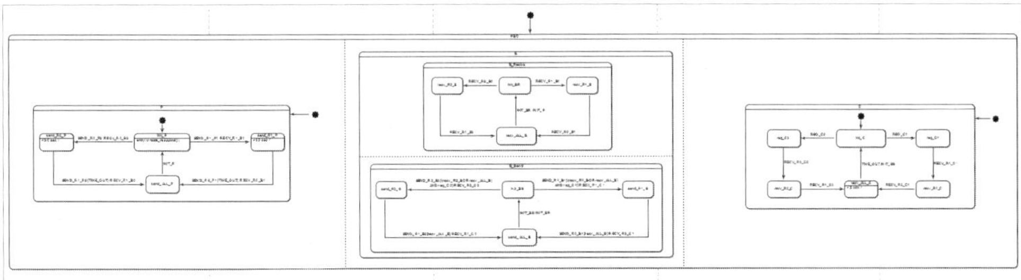

<그림 5-26> Statechart PBC 통합

5.3.3 Verification

다음은 PBC 예제의 안전성에 대한 요구 사항이다. 명세한 예제를 통해 요구 사항을 얼마나 충족했는지 확인해 보자.

PBC예제에 대한 안전성 요구 사항은 다음과 같다:

1) 첫 번째 전송되는 리소스에는 두 번째 전송되는 리소스의 해석할 보안 정보를 포함하고 있으므로 순서를 위반해서는 안 된다.
2) 첫 번째와 두 번째 사이의 전송 시간은 30초 미만이어야 한다.
3) Producer에서 생성된 리소스는 Consumer에서 5분 미만으로 소비되어야 한다.

이 요구 사항이 만족이 되는지를 다음과 같이 확인할 수 있다:

1) 첫 번째 요구 사항인 순서를 위반하지 않기 위해 모든 송수신 과정을 *R1*이 먼저인 경우와 *R2*가 먼저인 경우로 나눠서 명세하였다. 앞서 설명한

예제는 *R1*을 먼저 송수신 하는 과정을 보여준다.

2) <그림 5-23>의 *send_R1_P* 상태를 보면, 시간에 대한 동작을 추가하여 *30초 이후* 이벤트 트리거 *TIME_OUT*이 발생하여 두 리소스 전송 간에 시간을 30초 이내로 제한하였다.
3) <그림 5-25>의 *recv_ALL_C* 상태를 보면, 시간에 대한 동작을 추가하여 5분 동안 모든 리소스를 소모하도록 표현 하였으며, 5분 이후 *TIME_OUT*으로 인해 초기화 되도록 설계하였다.

5.4 Tool

본 장에 나온 모든 그림은 *Bee-Up*[117]을 사용하여 시스템을 명세하였다. Bee-Up은 *BPMN*(*Business Process Model and Notation*), *ER*(*Entity-Relationship models*), *EPC*(*Event-driven Process Chains*), *UML*(*Unified Modeling Language*), *Petri net*의 5가지 모델을 생성할 수 있는 통합 도구로서, ADOxx meta-modeling platform을 사용하여 개발되었다.

5.4.1 설치

Bee-Up의 설치 과정은 앞서 *4장 Petri net*에 설명되어 있다.

5.4.2 모델 생성

Bee-up을 실행시키면 <그림 5-27>과 같은 화면이 나타난다. Bee-up에서 Statechart를 생성하려면 Statechart 모델을 그릴 수 있는 모델을 생성해야 한다. <그림 5-28>은 Bee-up에서 Statechart 모델을 생성하는 방법을 나타낸다. *Exercises* 폴더에서 *마우스 오른쪽 클릭* 후 *New*의 하위 항목을 확인하게 되면 <그림 5-28>과 같이 나온다. 이후 *State Machine Diagram*을 클릭한다.

117) BEE-UP은 OMiLAB Global에서 제공하는 Open Model 도구 중의 하나이다. 이 도구는 비엔나 대학의 OMiLAB Austria 센터에서 모델링 교육을 목적으로 개발한 도구 세트이다[BEEUP]. BEE-UP은 총 5개의 도구를 제공한다: BPMN, EPC, ER, UML, Petri Net. 이 외에도 다른 모델링 기법을 위해 확장이 가능하다.

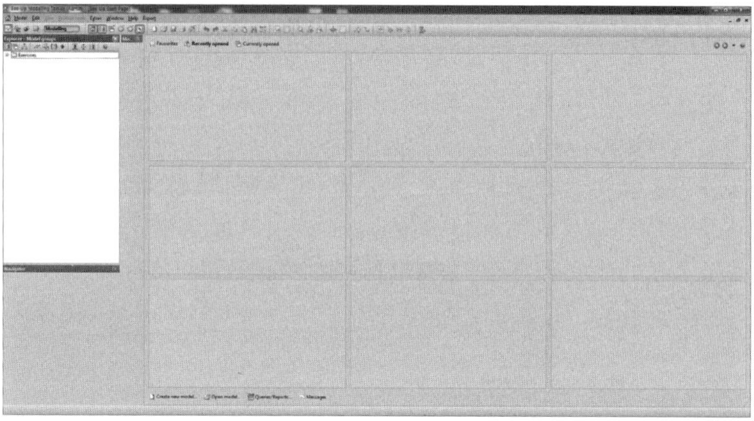

<그림 5-27> Bee-up 실행 화면

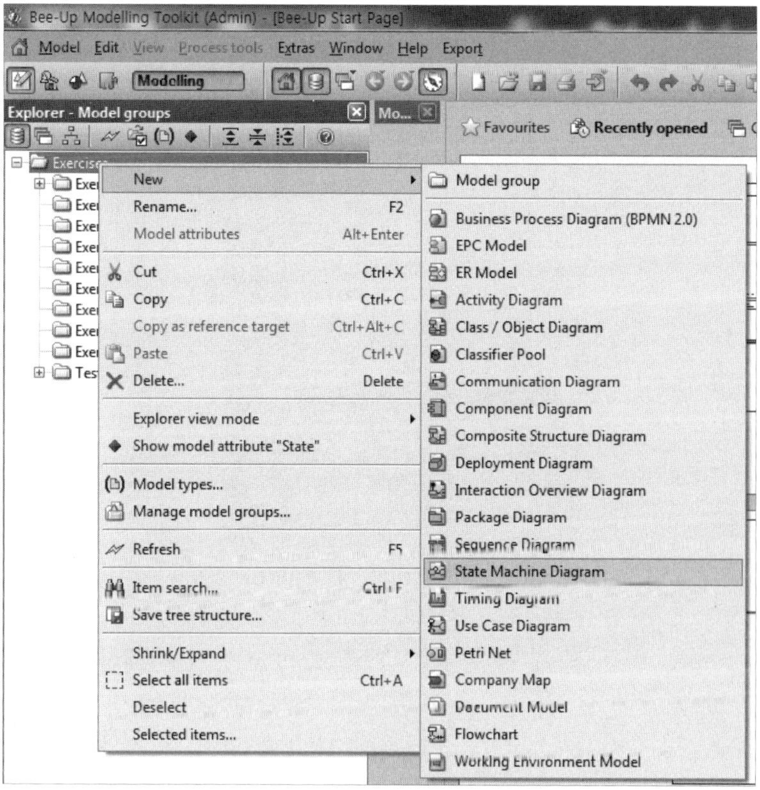

<그림 5-28> State Machine Diagram 모델 생성

State Machine Diagram 모델을 생성하면 <그림 5-29>와 같이 *Initial Pseudostate, State, History, Final State, Transition* 등 여러 노드(node)를 생성할 수 있으며, <그림 5-30>은 Bee-up에서 State Machine Diagram 모델을 생성한 그림이다. *Initial Pseudostate*는 *Start State*를 의미하며, *Final State*는 *End State*를 의미한다.

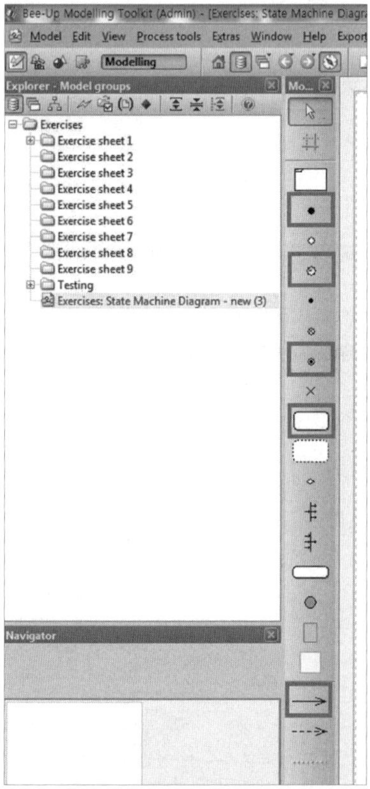

<그림 5-29> State, History, Transition 등 여러 노드

각 노드의 *이름, 추가 정보, 해당 노드의 특정 속성* 등의 자세한 정보는 해당 노드를 *더블 클릭* 하여 <그림 5-31>과 같이 *notebook* 창을 열어 확인할 수 있다. 예를 들어 <그림 5-32>는 *State* 노드의 *notebook*이며, 여기에서 상태의 *이름, 내부 동작, 동시성 표현* 등을 지정할 수 있다.

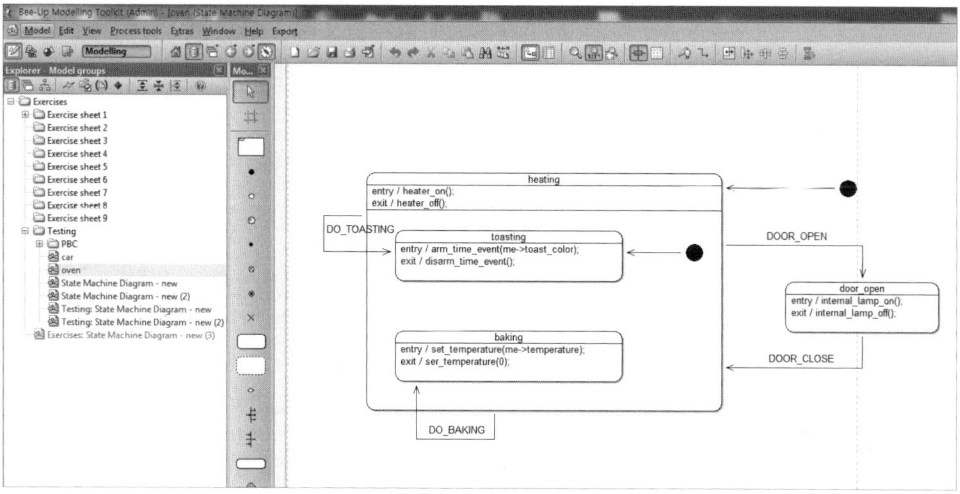

<그림 5-30> Bee-Up 으로 Statechart 모델

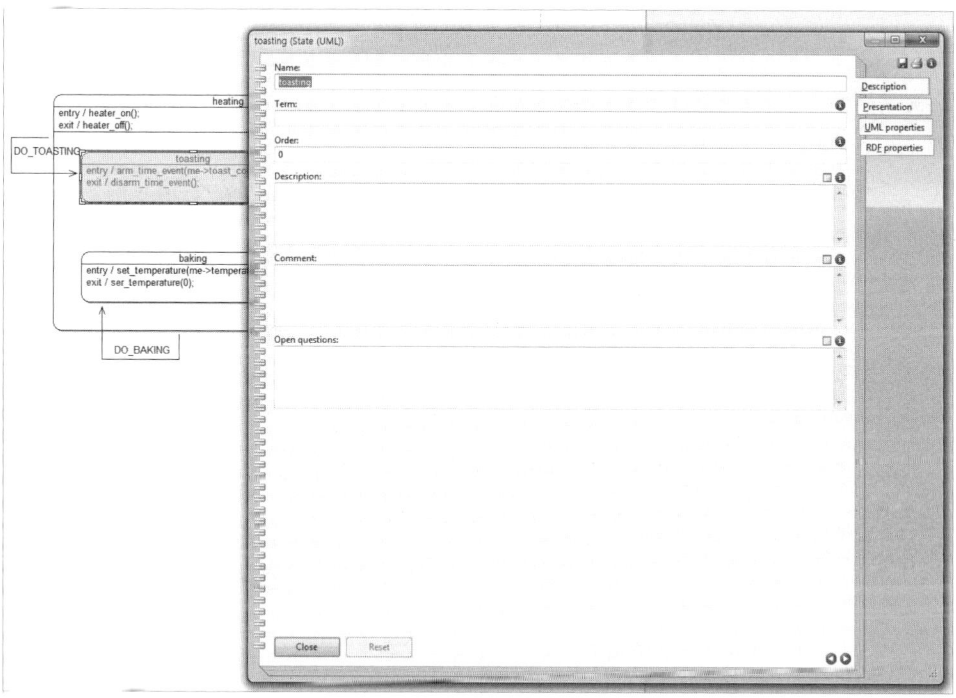

<그림 5-31> notcbook

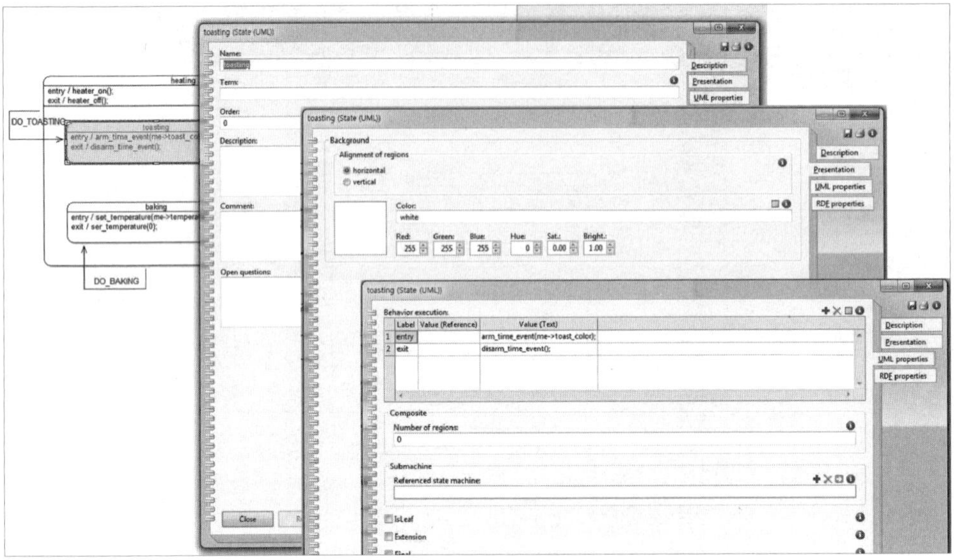

<그림 5-32> State node의 notebook

5.5 결어

본 장에서는 Statechart의 역사를 통해 Statechart의 배경을 알아보았으며, 다양한 예제를 통해 표기법의 사용법에 대해 알아보았다. 그리고 PBC 예제에 적용해 보았다. 또한 Statechart 명세하기 위한 도구인 Bee-Up을 사용해서 명세를 진행하였다. Statechart는 이벤트(Event)에 기반하여 복잡하게 반응하는 *반응* 또는 *반작용 시스템(Reactive System)*의 행위를 명세하기 위해 고안한 시각 정형 명세 언어로써 UML에 채택되어 많은 분야에 활용되고 있다.

참고 문헌

[AND] https://en.wikipedia.org/wiki/Logical_conjunction

[AVIONICS] https://en.wikipedia.org/wiki/Avionics

[BEEUP] http://austria.omilab.org/psm/content/bee-up/

[BOOTH67] Taylor Booth (1967) Sequential Machines and Automata Theory, John Wiley and Sons, New York.

[HAREL] https://en.wikipedia.org/wiki/David_Harel

[HAREL86] Harel, David. Statecharts in the Making: A Personal Account. The Weizmann Institute of Science.

[HAREL87] David Harel, Statecharts: A visual formalism for complex systems. Science of Computer Programming, 8(3):231-274, June 1987.

[HP85] D. Harel and A. Pnueli, On the development of reactive systems, in: K.R. Apt, Ed., Logics and Models of Concurrent Systems (Springer, New York, 1985) 477-498.

[HU79] John Hopcroft and Jeffrey Ullman, Introduction to Automata Theory, Languages, and Computation, Addison-Wesley Publishing Company, Reading Mass, ISBN 0-201-02988-X, (1979)

[HWANG11] D. Hwang, J. Kim, and J. Choi, SC/ACSR : combining ACSR and Statechart for formal Specification, KOREA INFORMATION SCIENCE SOCIETY 2011, 38(1A), pp. 214-216

[MEALY55] Mealy, George H. (1955). A Method for Synthesizing Sequential Circuits. Bell System Technical Journal. pp. 1045-1079.

[ILOGIX] https://en.wikipedia.org/wiki/I-Logix

[STATEMATE] STATEMATE: a working environment for the development of complex reactive systems, doi:10.1109/ICCSSE.1988.72235

[UML] https://en.wikipedia.org/wiki/Unified_Modeling_Language

[UML2] https://en.wikipedia.org/wiki/UML_state_machine

[XOR] https://en.wikipedia.org/wiki/Exclusive_or

06

PART

Modechart

PART 06

Modechart

6.1 개요

Modechart[118]는 1994년에 Farnam Jahanian과 Aloysius K. Mok에 의해 개발된 도표 언어이다[JM94]. 이에 대한 의미론은 Real-time Logic에 기반을 두고 있다 [JLM88]. Modechart는 실시간 시스템(Real-time Systems, RTS)을 명세하기 위해 개발된 도표(graphic) 명세 언어이며, Statechart에 의해 영향을 받았다.

Modechart는 시스템의 모든 상태를 *모드*(*Mode*)로 표현한다. 모드는 시스템의 제어 상태를 나타내는 기본 단위이며, *전이*(*Transition*)를 사용하여 모드의 변화(상태의 변화)를 나타낸다. Modechart는 동기화를 위한 장치로서 *사건*(*Event*)을 도입한다. 사건은 모드의 변화에 의해 발생하며, 발생 시점에 따른 다양한 사건이 존재한다.

모드는 계층적 구조로 표현 가능하며, 계층적 구조는 *직렬*(*Serial*), *병렬*(*Parallel*)로 나뉜다. *직렬 모드*(*Serial Mode*)는 모드 안에 있는 각 자식 모드 간에 전이로 연결되어 있다. 직렬 모드 안에 존재하는 자식 모드 중 단 하나의 모

118) Modechart 이름은 Statechart에서 유래했다.

드만이 활성화된다. *병렬 모드(Parallel Mode)*는 모드 안에 있는 자식 모드가 동시에 수행된다. 즉 병렬 모드안의 모든 자식 모드가 활성화된다.

Modechart에서는 모드간의 동기화를 위해 사건을 사용한다. Statechart는 단순히 여러 전이가 동시에 수행될 수 있도록 하는 동기화 개념만을 사용한다. 이와 비교하여 Modechart 특징은 동기화의 다양성에 있다. Modechart에서는 특정 모드 *진입 사건(Entry event)*, *퇴장 사건(Exit event)*과 *전이 사건(Transition event)*을 사용함으로써 단순 동시 실행 동기화가 아닌 좀 더 세분화된 형태의 동기화를 제공한다.

전이에는 전이를 위한 여러 조건을 명세할 수 있으며, 크게 *시간 조건(Timing condition)*과 *계기 조건(Trigger condition)*으로 나뉜다. 시간 조건은 시간에 따른 제약 조건을 지닌 전이를 뜻한다. 시간 조건의 속성은 *지연(delay)*과 *마감(deadline)*이 있다. 지연은 전이가 발생하기 위해 반드시 대기해야 하는 시간이고, 마감은 전이가 마감 내에 발생되어야 한다는 의미이다. 계기 조건은 사건의 발생 또는 특정 모드의 상태에 따른 조건을 뜻한다. 이러한 전이 조건을 사용함으로써, 전이를 위한 여러 가지 제약 조건을 명세할 수 있다.

본장에서 소개되는 일부 예제는 [HCM96]을 참조하였다.

6.2 Method

6.2.1 정식 모드

*모드(Mode)*는 시스템의 제어 상태를 나타내는 기본 단위이다. 이 절에서는 주로 모드의 수학적 정의를 다룬다. 수학적 정의가 제대로 이루어지지 않으면 시스템을 해석할 때 모호함을 유발할 수 있다. 정식 모드는 모드의 수학적 정의를 기반으로 모드의 상태를 잘 이해할 수 있도록 돕는다. 모드는 계층적 구조를 표현할 수 있으며, 계층적인 구조의 상태에 따라서 *기본 모드(Primitive mode)*, *복합 모드(Compound mode)*, *루트 모드(Root mode)*와 *직계 자식 모드(Immediate* *child of a mode*)로 구분된다. 기본 모드란 다른 모드를 포함하지 않은 모드이며, 복합 모드를 구성할 때 사용할 수 있는 가장 작은 단위이다. 반면 복합 모드는 다음과 같은 세 가지 방법으로 구성된다:

- 모드를 모은 직렬 모드
- 모드를 모은 병렬 모드
- 전이에 의한 두 모드 연결

정식 모드는 다른 모드를 포함하지 않거나, 모드를 포함하였을 때, 모드의 포함 관계가 정의를 기반으로 한 계층구조를 이루고 있는 상태이다. 정식 직렬 모드는 하나의 시작 모드를 가질 수 있고, 정식 병렬 모드는 시작 모드를 가질 수 없다.

[정의 6.1] 모드의 포함 관계의 부분 순서(Containment Partial Order)

M이 모드의 집합 $\{M_1, M_2, \dots, M_m\}$일 때, 이진 포함 관계를 $\subset$로 표기하고, 집합 M의 원소의 부분 순서를 정의한다. 시각적으로, $M_i \subset M_j$ 인 경우 모드 M_i는 모드 M_j의 내부에 포함된다.

[정의 6.2] 모드의 종류 정의

모드에는 다음과 같은 유형이 있다:

- $\forall j\ M_j \not\subset M_i$ 인 경우, 모드 M_i 는 기본 모드
- $\exists j\ M_j \subset M_i$ 인 경우, 모드 M_i 은 복합 모드
- $\forall j\ M_i \not\subset M_j$ 인 경우, 모드 M_i 은 루트 모드
- $M_i \subset M_j \wedge (\forall k\ j \neq k \wedge M_i \subset M_k \rightarrow M_j \subset M_k)$ 인 경우, 모드 M_i 는 모드 M_j의 직계 자식 모드

모드의 종류를 다른 관점에서 설명하자면 다음과 같이 이해할 수 있다:

- 기본 모드: 내부에 어떤 모드도 포함하고 있지 않은 모드
- 복합 모드: 어떤 모드를 포함하고 있는 모드

- 루트 모드: 어떠한 모드에도 포함되어 있지 않은 모드
- 직계 자식 모드: 자식 모드와 부모 모드 사이에 다른 모드가 포함관계를 갖지 않는 모드

[정의 6.3] 정식 모드에 대한 재귀적 정의

정식 모드에 대한 재귀적 정의는 다음과 같다:

- 기본 모드는 정식 모드이다.
- $M_1, M_2, ..., M_m$이 정식 루트 모드일 때, M의 직계 자식 모드 중 하나의 모드 M_i가 시작 모드이면, 직렬 모드 M은 정식 모드이다.
- $M_1, M_2, ..., M_m$이 정식 루트 모드일 때, M의 직계 자식 모드 중 시작 모드가 없다면, 병렬 모드 M은 정식 모드이다.
- M이 정식 모드이고 $M_i \subset M$ 이고 $M_j \subset M$ 라 하자. M_i와 M_j 가 직렬 모드인 경우에만 M_i로부터 M_j로 전이를 연결할 수 있다.

즉, [정의 6.3]은 직렬 모드와 병렬 모드가 정식 모드가 되기 위한 조건을 표현한다. 직렬 모드는 직계 자식 중 하나가 반드시 시작 모드이어야 하며, 병렬 모드는 직계 자식에 시작 모드가 포함되어서는 안 된다. 전이는 두 모드의 공통 부모 모드 중 가장 안쪽의 모드가 직렬 모드인 경우에만 연결 가능하다.

[정의 6.1], [정의 6.2]와 [정의 6.3]은 정식 모드가 무엇인지를 설명하고 있다. 그러나 이 정의는 시작 모드에 관한 조건에 대하여 명확히 표현하고 있지 않다. 따라서 정식 모드에 대한 모호성을 제거하기 위해 추가적인 정의가 필요하다. 정의 6.4은 *착륙 모드(landing mode)*에 대한 정의이다. 착륙 모드란 한 모드에서 다른 모드로 전이가 발생했을 때 전이된 모드에서 가장 처음 진입하는 모드를 뜻한다.

[정의 6.4] 착륙 모드의 조건에 대한 정의

모드 M이 다음의 조건 중 하나를 만족하는 경우, M은 착륙 모드이다:

- M이 루트 모드인 경우

- 모드 M으로 전이가 연결된 경우
- 부모 모드M'이 직렬 모드이고, M'이 착륙 모드이고, M이 시작 모드일 경우
- 부모 모드M'이 병렬 모드이고, M'이 착륙 모드일 경우
- 부모 모드M'이 병렬 모드이고, M이 전이로 연결되어 있는 경우

[정의 6.5] 시작 모드 명시 설정(UDIM: Unambiguous Designation of Initial Modes) 조건 정의:

- 각 직렬 모드가 착륙 모드일 경우, 정확히 하나의 시작 모드만이 존재한다.

위의 조건을 설명하기 위해 시스템이 직렬 모드 M에 진입한다고 가정한다. M이 착륙 모드가 아니면 M에 진입하기 위한 유일한 방법은 전이에 의해 해당 모드로 진입하는 것이다. 이 경우, 전이는 진입할 M의 고유한 자식을 식별한다. 즉 모호성이 없다.

그러나 M이 착륙 모드인 경우, 시작 모드 명시 설정 조건은 M이 초기 모드를 가져야하므로 모호함을 방지할 수 있다.

6.2.2 도표적 정의

6.2.2.1 Syntax

Modechart는 실시간 시스템에 대한 계층적 도표 명세 언어이며, Modechart는 모드(Modes)와 전이(Transitions)이라는 두 가지 기본 요소로 구성되어 있다.

가. 모드(Modes)

모드는 시스템의 제어 상태를 나타내며 기본(Primitive), 직렬(Serial)과 병렬(Parallel), 총 세 가지 유형이 있다. 모드의 상태는 반드시 세 가지 유형 중 하나여야 한다.

(1) 기본 모드(Primitive Modes)

기본 모드는 블록의 기본 단위이며 내부에 어떠한 모드도 포함하지 않는다. <그림 6-1>에서 기본 모드는 병렬 모드 안에 있는 자식 모드 $Mode1$과 $Mode2$이다. 기본 모드는 내부에 어떠한 모드도 포함하지 않는 것이 조건이므로, 자식 모드를 가지지 않은 병렬 모드도 기본 모드로 간주할 수 있다.

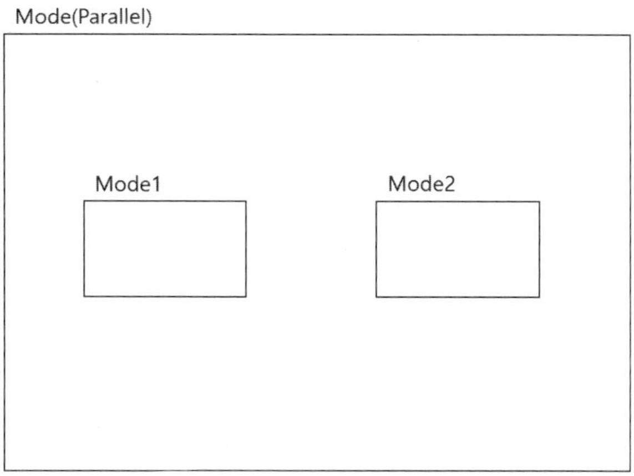

<그림 6-1> 기본 모드(Primitive mode)

(2) 직렬 모드(Serial Modes)

직렬 모드는 내부가 구조화 되어 있다. 식렬 모드는 적어도 하나 이상의 *자식 모드(child mode)*가 있어야 하며, 자식 모드 중 하나는 직렬 모드의 시작을 나타내는 *시작 모드(initial mode)*이어야 한다. 직렬 모드는 자식 모드가 순차적으로 구성되어 있음을 나타낸다. 추가적으로 직렬 모드가 활성화 상태일 때, 직렬 모드 내부의 자식 모드 하나는 반드시 활성화 상태이어야 한다. 일반적으로 자식 모드 중 시작 모드는 직렬 모드가 활성화 될 때 같이 활성화된다. 그러나 명시적으로 외부로부터 transition을 통해 특정 자식 모드로 전이될 때는 해당 자식 모드가 활성화된다. <그림 6-2>에서 직렬 모드는 $Mode$이고 자식 모드 $Mode1$, $Mode2$와 $Mode3$를 포함하고 있다. 직렬 모드는 모드의 이름 우측에 "(Serial)" 문구를 붙임으로써 해당 모드가 직렬 모드임을 명시적으로 표현한다.

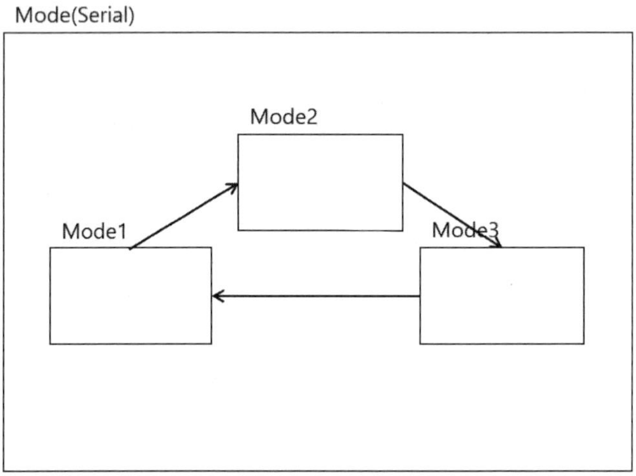

<그림 6-2> 직렬 모드(Serial Mode)

(3) 병렬 모드(Parallel Modes)

병렬 모드도 직렬 모드와 마찬가지로 내부가 구조화 되어 있다. 각 병렬 모드는 다수의 자식 모드를 가질 수 있지만, 만약 병렬 모드가 단 하나의 자식 모드도 가지지 않는다면 기본 모드와 동일하게 간주된다. 병렬 모드는 자식 모드가 병렬적으로 구성되어 있음을 나타낸다. 추가적으로 병렬 모드가 활성화 상태일 때, 병렬 모드 내부의 모든 자식 모드는 반드시 활성화 상태이어야 한다. <그림 6-3>에서 병렬 모드는 $Mode$이며 자식 모드 $Mode1$, $Mode2$와 $Mode3$를 포함하고 있다. 단 하나의 자식 모드만 활성화 가능한 직렬 모드와 다르게 병렬 모드에서는 모든 자식 모드가 활성화된다. 직렬 모드와 마찬가지로, 병렬 모드는 모드의 이름 우측에 "(Parallel)" 문구를 붙임으로써 해당 모드가 병렬 모드임을 명시적으로 표현한다.

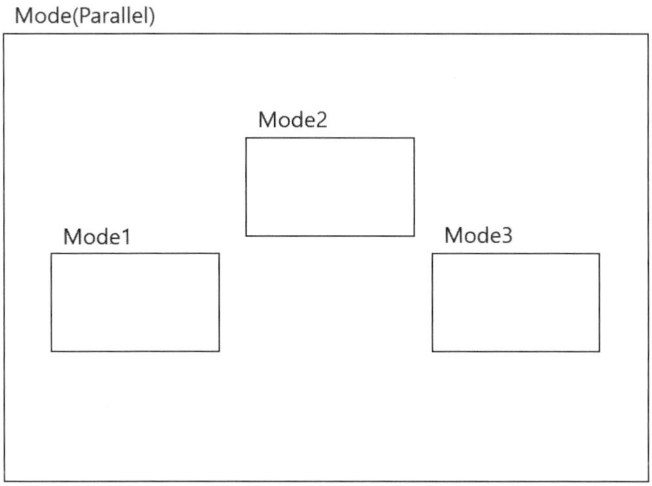

<그림 6-3> 병렬 모드(Parallel Mode)

나. 전이(Transitions)

모드가 시스템의 제어 상태를 표현한다면, 제어 상태 간의 제어 흐름은 전이로 표현된다. 전이는 모드 간에 화살표 연결선으로 표현한다. 그러므로 각 전이는 *출발 모드*(*Source mode*)와 *도착 모드*(*Destination mode*)를 가진다. 전이의 연결은 출발 모드의 제어가 도착 모드로 넘어가는 것을 표현한다. 병렬 모드가 활성화 상태일 때 병렬 모드의 모든 자식 모드가 활성화 상태이기 때문에, 전이는 직렬 모드의 자식 모드에만 사용 가능하다. 직렬 모드에서 전이 연결 시에, 자식 모드 중 하나가 출발 모드가 되고, 출발 모드 외에 다른 자식 모드가 도착 모드가 된다. 추가적으로, 직렬 모드에서 전이의 연결은 자식 모드 간에 순환 구조이어야 한다. <그림 6-2>의 직렬 모드는 $Mode1$에서 $Mode2$, $Mode2$에서 $Mode3$, $Mode3$에서 $Mode1$까지 총 3개의 전이를 가지고 있다.

6.2.2.2 Semantics

Modechart의 의미는 Real time logic과 연관이 있기 때문에 의미를 파악하기 위해선 Real-time logic에 대한 이해가 필요하다. 의미에서 사용하는 몇몇 예제는 참고 문헌의 일부 예제를 사용하였다[HCM96]. Real-time Logic에 대한 자세한 내용은 10장에서 다룬다.

가. RTL(Real-time Logic)

Real-time Logic[JLM88]은 1차-술어 논리로 실시간 시스템의 시간 속성을 추론하기 위해 만들어졌다. Real-time Logic과 다른 논리와의 뚜렷한 차이는 *행동(Action)*과 *사건(Event)* 사이에 있다. 행동은 한정된 양의 시스템 자원이 필요하다. 반면, 사건은 시간을 나타낼 때 사용된다. 모든 행동은 두 가지의 사건에 의해 특징지어지며, 두 사건은 각각 시작 시간과 완료 시간을 나타낸다. 또한 사건은 네 가지의 유형으로 구분할 수 있다:

- 외부 사건(external event)
- 행동의 시작을 나타내는 시작 사건(state event)
- 행동의 완료를 나타내는 정지 사건(stop event)
- 시스템 속성의 변화를 표기하는 상태 변수 전이 사건(State variable transition event)

위의 유형 중에서 외부 사건은 외부로부터 발생되는 사건을 의미하고, 상태 변수 전이 사건은 시스템의 상태가 변화하는 사건을 의미한다. 예를 들어서 작업자가 버튼을 눌러 기계를 동작시키는 시스템 요구 사항을 명세할 때, 작업자가 버튼을 누르는 행위는 외부로부터 일어난 사건이고, 버튼의 눌림에 의해 기계가 동작되는 행위는 상태 변수 전이 사건이다.

사건은 고유의 이름을 갖는다. 특수 문자 Ω로 시작하는 대문자로 된 이름은 외부 사건을 나타내는 데에 사용된다. 행동의 실행은 시작과 종료 사건으로 표현된다. $\uparrow$A는 사건의 시작에 관한 표기이고 $\downarrow$A는 사건의 종료에 관한 표기이다. 상태 변수는 물리적 측면이나 시스템의 특정한 속성을 기술한다. 예를 들어, ON 또는 OFF 상태 중 하나만의 상태를 가질 수 있는 자동스위치가 있다. 행동의 실행은 하나 또는 그 이상의 상태 변수의 변화를 야기한다. A 상태 속성 S는 상태

변수가 특정 값을 가지는 것을 의미한다. 예를 들어 S가 다음 술어를 나타낼 수 있다:

The autopilot is ON

이 때 부합하는 상태 변수 전이 사건은 (S :=T)와 (S :=F)로 표현할 수 있으며 이는 스위치의 사건 on과 off를 나타낸다.

문자 "@"로 표시된 발생 함수는 시간 값을 사건 발생에 할당하여 실시간 개념을 포착하기 위해 도입되었다. "@" 함수는 공간 (E, Z^{+})에서 N까지의 사상(mapping)이다. 여기서 E, Z^{+}, N은 각각 상수의 집합, 양의 정수의 집합, 자연수의 집합이다.

RTL 술어는 상수와 발생 함수에 의한 등·부등 관계($=, <, \leq, >, \geq$)와 정수, 상수, 변수, 덧셈, 뺄셈, 곱셈과 같은 대수로 표현된다. RTL 공식은 등호·부등호 술어, 전체 한정자와 존재 한정자, 그리고 일차 논리 연결 요소를 사용하여 구성된다. 다음은 RTL 공식을 활용한 예제이다.

$$\forall (\Omega_{BUTTON1}, i) < @(\uparrow_{SAMPLE}, i) \wedge (\downarrow_{SAMPLE}, i) \leq @(\Omega_{BUTTON1}, i) + 20$$

위의 RTL 표현은 다음과 같이 해석된다: 행동 SAMPLE은 누름 BUTTON1이 눌러진 후에만 실행되고, SAMPLE의 모든 실행은 BUTTON1을 누른 후 20단위 이내에 완료되어야 한다.

연산 모델(Computation model)은 사건의 집합으로서 시스템을 규정하기 때문에, 모드와 전이에 대한 사건의 정의는 필수적이다

나. 사건(Event)

사건은 어떠한 사건이 일어날 때의 시점이기 때문에 이미 활성화된 모드는 사건이 아니다. 모드의 사건은 *진입 사건(Entry event)*과 *퇴장 사건(Exit event)* 두

가지가 있고, *전이 사건(Transition event)*까지 포함하면 세 가지 사건이 있다. 사건에 대한 표기는 다음과 같다:

- 진입 사건(Entry event): $\rightarrow M$
- 퇴장 사건(Exit event): $M\rightarrow$
- 전이 사건(Transition event): $M1\rightarrow M2$

<그림 6-4>를 살펴보자. Rod1은 직렬 모드로 작동하며, 세 개의 자식 모드를 보유하고 있다. 각 자식 모드의 이름은 rest1, move1, reset1이며 자식 모드에 해당하는 기본 모드가 각각 전이에 연결되어 있다.

만약 move1으로부터 reset1으로의 전이가 발생하면, 이와 관련되어 총 3가지의 사건이 발생할 수 있다. 첫 번째로, move1으로부터 reset1으로의 전이가 발생하기 직전, move1에 대한 $move1\rightarrow$ 퇴장 사건이 발생한다. 그 후에 전이가 발생하면서, 이와 동시에 $move1\rightarrow reset1$ 전이 사건이 발생한다. 마지막으로, 전이가 완료된 직후, reset1에 대하여 $\rightarrow reset1$ 사건이 발생한다. 그러나 전이 자체는 시간이 소모되지 않기 때문에 위의 세 가지 사건은 모두 동시에 발생한 것으로 간주된다. 이러한 사건은 전이를 위한 조건으로 활용될 수 있다.

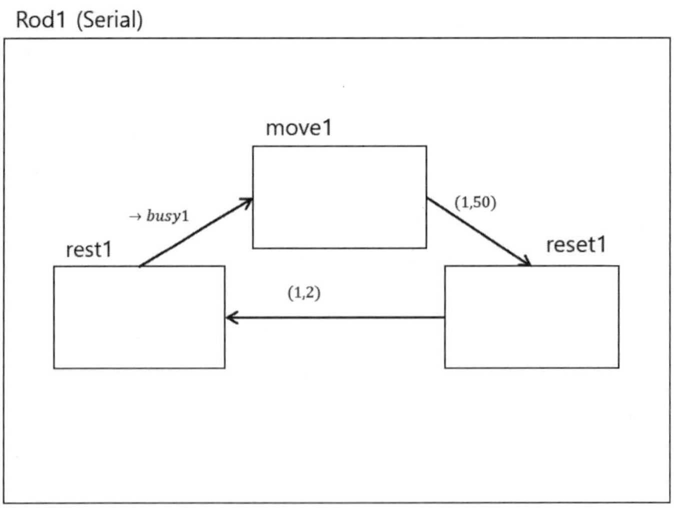

<그림 6-4> Rod1 예제

다. 조건(Condition)

조건은 전이가 일어날 시기를 정의하는 것이다. 전이가 일어날 수 있는 조건은 두 가지가 있으며, *시간 조건(Timing condition)*과 *계기 조건(Triggering condition)*으로 구분된다. 전이는 정확히 하나의 조건에 의해서만 실행될 수 있다.

(1) 시간 조건(Timing Condition)

시간 조건은 *지연(delay)*과 *마감(deadline)*으로 구성되어 있다. 지연과 마감은 0 이상의 정수여야 하며, 마감은 지연보다 같거나 커야만 한다. 또한 특별한 시간 제약에 대한 몇 가지 약어 표현(*delay, alarm, deadline*)이 있다. 시간 조건에 대한 제약 조건, 약어, 표기법 및 설명을 정리하면 다음과 같다.

- $Deadline \geqq Delay$
- 지연 r과 마감 d의 표기: (r,d)
- $(delay\ \ r):(r,\infty)$
- $(alarm\ \ r):(r,r)$
- $(deadline\ \ d):(0,d)$

지연은 전이가 발생하는데 필요한 시간을 의미한다. 모드 M으로부터 전이가 발생하기 위해서는 모드 M이 활성화 된 후 전이에 정의된 지연 값만큼의 대기 시간을 필요로 한다. 마감은 전이가 발생할 수 있는 마감 시간을 의미한다. 전이는 발생 가능한 시점으로부터 마감 이전까지의 시점까지 언제든지 발생할 수 있다. 만약 전이가 발생하지 않은 채 마감 시간에 도달하게 되면 강제적으로 전이가 발생하게 된다

시간 조건에 대한 예제는 <그림 6-5>와 같다. controller1 직렬 모드는 네 개의 기본 모드로 구성되어 있고, 각각의 이름은 idle1, req1, busy1, done1이다. 모드는 전이에 의해 순환 구조 형태를 띄고 있으며, 각 전이에는 전이 조건이 명시되어 있다. idle1 모드에서 req1 모드로 연결되는 전이의 시간 조건인 $(deadline\ \ infinity)$는 (0, $infinity$)와 대응된다. 이는 전이가 언제든 발생할

수 있지만, 반대로 영원히 발생하지 않을 수도 있음을 의미한다. 또 다른 전이 조건을 보기 위해, done1 모드와 idle1 모드를 보면 ($alarm$ 2)라는 전이 조건이 연결되어 있음을 확인할 수 있다. 이 전이 조건은 (2, 2)와 대응되며 지연 시간이 2이고 마감 시간이 2라는 뜻이다. 이는 정확히 2단위 시간이 소비된 후 즉각적으로 전이가 발생함을 의미한다.

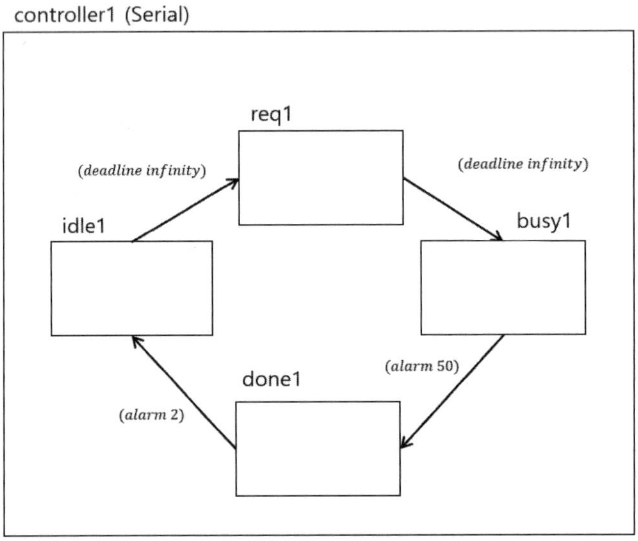

<그림 6-5> controller1 예제

(2) 계기 조건(Triggering Condition)

계기 조건은 사건과 술어의 결합으로 다음과 같은 조건이 있다. 모든 술어가 참이라면 모든 계기 조건의 사건 또한 참이다. 계기 조건은 조건이 참이 되는 시간과 관련하여 마감이 0인 것으로 간주된다. 이는 시간 조건의 마감과 대조된다. 기본적인 계기 조건은 다음과 같다:

- $\rightarrow M$: 모드 M에 진입했을 때.
- $M\rightarrow$: 모드 M에서 나왔을 때.
- $M1\rightarrow M2$: M1에서 M2로 전이가 일어났을 때.
- $M == true$: 술어 M이 활성화 중일 때.

- $M == false$: 모드 M이 비활성화 중일 때.
- $\{(M1, ..., Mn)\}$: 목록 안의 어떤 모드가 활성화하였을 때.
- $\{< M1, ..., Mn)\}$: 목록 안의 어떤 모드가 활성화 되어있고 적어도 1단위 시간 이상 활성화 됐을 때.

계기 조건과 관련된 예제는 <그림 6-6>과 같다. Shutdown이라는 병렬 모드에 Control_sd라는 직렬 모드가 있고, Control_sd 직렬 모드 안에는 idle1과 req1 기본 모드가 존재한다. 각 기본 모드는 계기 조건에 따라 전이되도록 연결되어 있다. 계기 조건은 $\{< rod1out)\}\&\{< rod2out)\}$ 이고 이는 rod1out과 rod2out 이란 이름을 가지는 모드가 현재 활성화 되어 있고, 활성화 된지 적어도 1단위 시간이 지났다면 전이 조건을 만족하여 idle1에서 req1으로 전이가 가능하다는 것을 나타낸다.

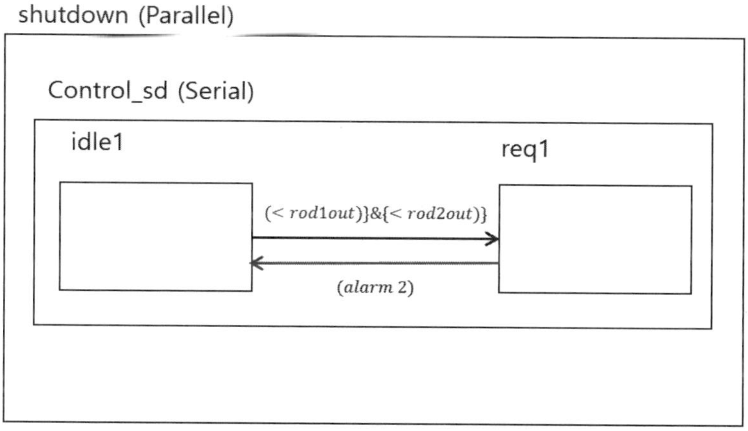

<그림 6-6> shutdown 예제

6.2.3 Properties

Modechart의 주요 특징은 다양한 전이 조건과 이를 통한 모드간의 동기화이다. Modechart에는 한 모드에서 다른 모드로 전이하기 위한 제약 조건을 두 가지 형태로 명세할 수 있다. 첫 번째는, 시간 조건으로 시간을 사용한 전이 조건이다. 두 번째는 계기 조건으로, 특정 모드의 활성화 여부에 따라 발생하는 전이 조건이다. 이러한 다양한 전이 조건을 통해 모드간의 동기화 및 시간 제약 조건을 명세할 수 있다. 먼저 Modechart의 전이 조건 및 동기화의 특성을 설명하기 위한 예제를 소개하고 전이 조건에 의한 동기화 방식이 다른 언어와 어떤 차이점을 보이는지 설명하겠다.

<그림 6-7>은 Modechart의 두 가지 종류의 전이 조건을 설명하기 위한 예제이다. <그림 6-7>의 구성은 병렬 모드 P_Mode1과 P_Mode1의 자식 모드인 직렬 모드 S_Mode1과 S_Mode2로 구성되어 있다. 직렬 모드 S_Mode1은 자식 모드 Init_Mode, Mode1, Mode2, Mode3, Mode4가 있다. S_Mode1의 자식 모드는 Init_Mode가 시작 모드이고 전이 조건에 의해 Mode1, Mode2, Mode3 중 하나를 거쳐 Mode4까지 도달한 후 $(alarm\ 2)$의 시간 조건에 의해 다시 Init_Mode로 돌아오는 순환 구조로 구성되어 있다. S_Mode2는 Mode5와 Mode6이 자식 모드로 있고, 시작 모드 Mode5에서 $\rightarrow Mode4$ 전이 조건을 만족하여 Mode6으로 도달한다. Mode6에서는 $Mode4\rightarrow$ 전이 조건을 만족하면 Mode5로 돌아오게 된다. <그림 6-7>의 예제를 기반으로 아래에 시간 조건과 계기 조건에 대해 알아보자.

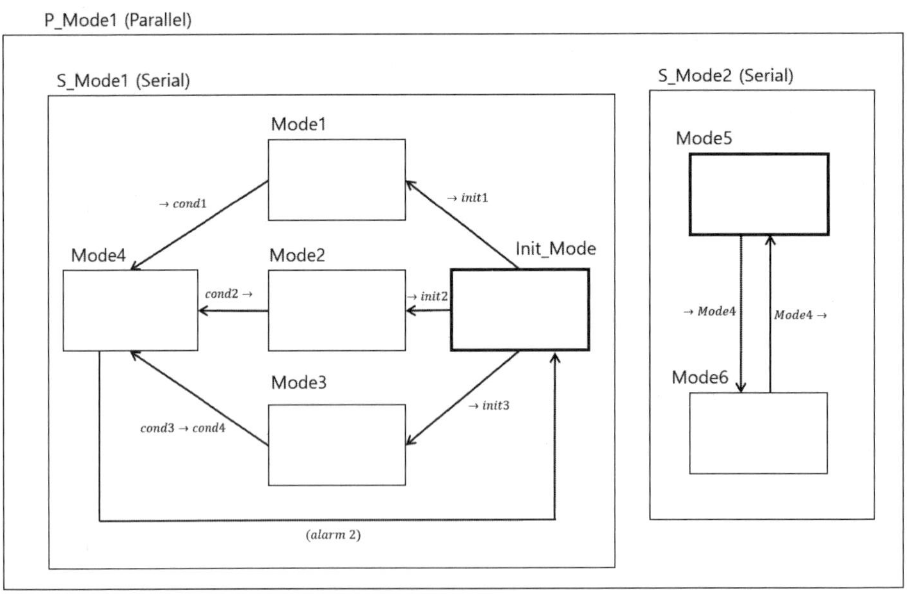

<그림 6-7> 사건 예제

(가) 계기 조건에 의한 동기화

Modechart는 전이 조건으로 계기 조건을 설정할 수 있다. 6.2.2.2 절의 사건에 대한 정의에서 사건의 종류는 *진입 사건(Entry event)*, *퇴장 사건(Exit event)*, *전이 사건(Transition event)* 세 종류가 있다는 것을 확인했다. <그림 6-7>의 직렬 모드 S_Mode2에서 자식 모드인 Mode5에서 Mode6로 활성화되기 위한 전이 조건은 →*Mode4*이다. →*Mode4*는 진입 사건이며 의미는 S_Mode1의 자식 모드인 Mode4로 진입하게 되는 사건이 발생하면 조건이 충족된다는 뜻이다. Mode6에서 Mode5로 진입하기 위한 전이 조건은 *Mode_4*→이다. *Mode4*→는 →*Mode4*와 반대로 모드에서 퇴장할 때 전이 조건이 성립한다. 그러므로 Mode5와 Mode6은 Mode4의 진입과 퇴장 사이에 활성화되는 모드이다. 전이 사건은 한 모드에서 다른 모드로 진입 시에 활성화된다. 전이 사건은 현재 활성화된 모드와 활성화될 모드를 모두 전이 조건에 명세한다. Mode3에서 Mode4로 진입하기 위한 전이 조건은 *cond3*→*cond4*이다. 이 전이 조건은 cond3 모드에서 cond4 모드로 전이되었을 때 만족한다. Modechart에서는 시스템을 명세할 때 필요에 따라서 진입 사건, 퇴장 사건이나 전이 사건을 선택하여 진입조건으로 명세할 수 있다.

(나) 시간 조건에 의한 모드 활성화

Modechart에서는 시간 조건 또한 전이 조건으로 사용할 수 있다. 시간 조건에 대한 정의는 6.2.2.2절의 조건에 대해 설명할 때 언급했다. 시간 조건은 *지연(delay)*과 *마감(deadline)*을 명세해 주어야 한다. 지연의 의미는 각각 출발 모드에서 도착 모드로 전이할 때 대기해야 하는 시간을 뜻하고, 마감은 명시된 시간 내에 전이해야 함을 뜻한다. <그림 6-7>에서 직렬 모드 S_Mode1에서, Mode4에서 Init_Mode로 돌아가기 위한 전이 조건은 (*alarm*, 2)이다. (*alarm*, 2)를 해석하면 지연이 2이고 마감이 2라는 의미이고 (2,2)와 같은 의미를 가진다. 이처럼 Modechart는 전이 조건으로 계기 외에도 시간을 조건으로 사용할 수 있다.

(다) 분석: 다른 언어와의 차이점

Statechart에서는 동기화를 위해 전이의 이름을 사용한다. 예를 들면 전이 A가 발생할 때 전이 B도 같이 발생해야 한다는 방식으로 동기화가 이루어진다. 따라서 각 전이별로 이름을 정의해야 한다. 또한 Statechart에서는 다수의 전이에 대한 동기화를 위해 중복된 이름을 사용하는 것이 허용된다. 그러나 수많은 전이가 동기화되어야 하는 경우 각기 다른 이름을 사용해야 한다는 단점이 있다. 이러한 문제를 해결하기 위해 동기화를 위한 전이에 대하여 하나의 동일한 이름을 사용할 수 있지만, 동기화가 복잡하게 구성되어 있는 경우에는 다수의 전이에 대한 이름을 하나로 통일하기 어렵다. 또한 전이 조건의 이름이 중복되어 시스템의 명세 및 분석에 어려움이 따를 수 있다.

반면 Modechart는 전이의 이름을 사용하는 대신, 계기 조건을 사용함으로써 모드 간의 동기화를 정의한다. 특정 모드의 진입 사건 또는 퇴장 사건을 전이 조건으로 사용할 수 있기 때문에, 다수의 전이에 대한 동기화를 하나의 사건으로 간편하게 명세할 수 있다. 또한 단순히 여러 전이가 동시에 수행되도록 구성된 Statechart와 달리, 세 가지 유형의 사건을 사용함으로써 Statechart에 비해 다양한 시점의 동기화가 가능하다.

6.3 Example

이 절에서는 Modechart를 사용하여 PBC(Producer-Buffer-Consumer) 예제를 기술한다.

6.3.1 Main Example

PBC는 생산자(Producer), 버퍼(Buffer)와 소비자(Consumer)간에 자원을 생산·전달·소비하는 과정을 다룬다. 즉 PBC는 생산자가 중간자를 거쳐 소비자에게 두 가지 자원(R1, R2)을 전달하는 예제이다.

6.3.2 Description

PBC 예제에서 자원이 생산자가 버퍼를 거쳐 소비자까지 도달하는 과정에서 몇 가지 요구 사항을 충족해야 한다. PBC 동작에 대한 요구 사항은 다음과 같다.

- 생산자는 버퍼에 자원 R1과 R2를 저장한다.
- 버퍼는 소비자에게 자원 R1과 R2를 전달한다.
- 자원 R1과 R2를 모두 전달한 후 반복한다.
- 생산자가 버퍼에 자원을 전달 후 버퍼가 소비자에게 자원을 전달하여야 한다.
- 버퍼에 최대 2개의 자원만 저장된다.

6.3.3 Specification

위와 같은 요구 사항을 만족하기 위해 명세된 PBC의 전체 모드 구성은 <그림 6-8>과 같다. <그림 6-8>의 모드 구성은 PBC 병렬 모드와 병렬 모드 안에 세 가지 자식 노드로 구성되어 있다. 각 자식노드는 P 직렬 모드, B 병렬 모드, C 직렬 모드로 구성되어 있고, B 병렬 모드의 자식 노드가 2개 존재한다. 각각은 B_R 직렬 모드와 B_S 직렬모드이다. B 병렬 모드를 B_R 직렬 모드와 B_S 직렬 모드로 나눈 이유는 P 모드로부터 B 모드로 자원을 전달받는 수신자인 B_R 모드와 B 모드에서 C 모드로 자원을 전달하는 송신자를 쉽게 구분하기 위해서이다.

<그림 6-9>는 P 직렬 모드의 기본 모드와 전이 조건을 명세한 결과이다. 시작 모드인 init_P는 모드의 시작을 나타내며 시작 모드를 기준으로 양쪽으로 나뉘어진 send1_P 모드와 send2_P 모드는 후에 서술할 B_R 모드와의 자원 송수신을 동기화하기 위해 존재하는 모드이다. 마찬가지로 send21_P와 send12_P도 추후에 B_S 모드와 B_S모드와 동기화 하는 C 모드와의 자원 송수신에 대한 동기화를 위해 만들어진 모드이다.

<그림 6-10>은 B_R 직렬 모드를 명세한 그림이다. 시작 모드인 init_BR을 기준으로 양쪽으로 recv2_B 모드, recv1_B 모드, recv21_B 모드 및 recv12_B 모드가 있다. 각 모드는 이전에 서술하였던 P 직렬 모드의 전이 조건에 따라서 init_BR 모드부터 시작하여 상태가 전이된다. 특히 recv21_B 모드와 recv12_B 모드는 B_S 모드의 전이를 실행하기 위해 선행되어야 하는 조건 중 하나이다.

<그림 6-11>의 C 직렬 모드는 init_C 시작 모드, req1_C 모드, req2_C 모드, recv2_C 모드, recv1_C 모드, recvA_C 모드 총 6가지의 모드로 구성되어 있으며, 각 모드는 B_S 모드와의 자원 거래를 위해 존재한다. C 직렬 모드에는 모든 자원을 받았음을 나타내는 recvA_C 모드가 있다. recvA_C 모드에 진입하면 C를 제외한 P 모드, B_S 모드, B_R 모드의 마지막 전이 조건에 따라서 모두 초기 노트로 돌아가게 된다. 마지막으로 recvA_C 모드도 $(alarm\ 2)$ 조건에 따라 일정 시간 후 초기 상태로 돌아가게 된다.

<그림 6-12>의 B_S 직렬 모드는 init_BS 시작 모드와 send2_B 모드, send1_B 모드, send21_B 모드와 send12_B 모드 총 5개의 원자 모드로 구성된다. 각 모드로 진입하기 위한 전이 조건이 지금까지 예제에서 명세해왔던 전이 조건과 다르게 여러 조건을 논리식으로 연결한 형태의 계기 조건을 사용했음을 확인할 수 있다. 예를 들어 init_BS에서 send1_B로 가는 전이 조건은 $\{(recv1\_B,\ recv21\_B,\ recv12\_B)\} \wedge req1\_C$ 라는 전이 조건을 사용하였다. 이는 B_S 모드와 가장 마지막에 자원을 받는 C 모드와의 동기화를 위해 명세된 것이다. 이는 자원1을 요청한 C에 대하여 자원1을 보낼 수 있는 B의 상태는 recv1_B, recv21_B, recv12_B 중 하나임을 의미한다. send12_B 모드와 send21_B 모드 또한 마찬가지로 C 모드와의 자원의 송수신을 위해 존재하는 모드이다.

다음은 각 모드가 P 모드에서부터 시작하여 전이되는 과정을 상세히 서술한 것이다.

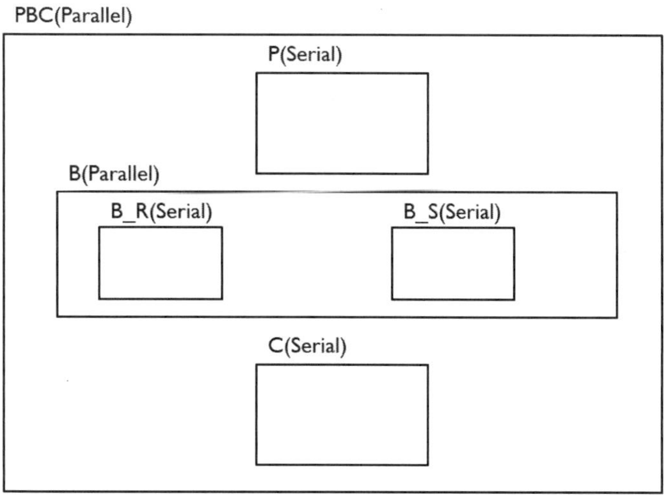

<그림 6-8> PBC 병렬 모드(PBC Parallel Mode)

P 직렬 모드는 init_P 시작 모드와 send2_P, send21_P, send1_P, send12_P 원자 모드를 포함한다. init_P에 진입한 상태가 어느 시점에서 send1_P 또는 send2_P에 진입하게 된다. 여기서 (*deadline* ∞)의 의미는 지연 0에 마감 ∞으로써 언제든지 원하는 시간에 전이가 발생할 수 있다는 것이다. P의 직렬 모드는 <그림 6-9>과 같다.

이 때 B_R직렬 모드를 보면 init_BR 모드에 진입한 후 다음 모드로 진입할 전이 조건인 $\rightarrow$*send1_P* 또는 $\rightarrow$*send2_P*를 만족하여, init_BR의 상태에서 나간 후, recv1_B 또는 recv2_B로 진입하게 된다. B_R직렬 모드는 <그림 6-10>에 나타나 있다.

다시 P 직렬 모드를 보면 send1_P 또는 send2_P 상태에서 (*alarm* 10) 전이 조건에 의해 send12_P 또는 send21_P로 전이가 된다. (*alarm* 10)의 의미는 지연이 10이고 마감이 10이라는 뜻이며 표기는 (10,10)와 같다. send12_P 또는 send21_P 상태는 P가 가지고 있던 자원1과 자원2를 모두 B에게 넘긴다는 것을 의미한다.

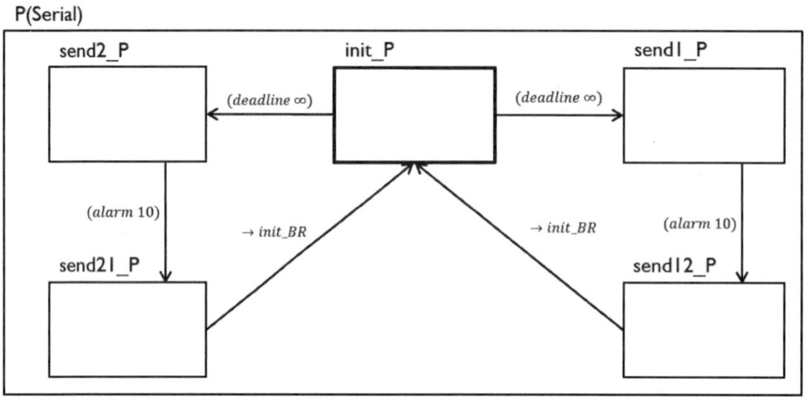

<그림 6-9> P 직렬 모드(P Serial Mode)

다시 B_R을 살펴보면, recv1_P 또는 recv2_P모드에 있는 상태에서 전이 조건 $\rightarrow send12\_P$ 또는 전이 조건 $\rightarrow send21_P$의 조건을 P 직렬 모드에서 만족하기 때문에, recv1_B 또는 recv2_B 모드 상태에서 나와 recv12_B 또는 recv21_B로 진입하게 된다.

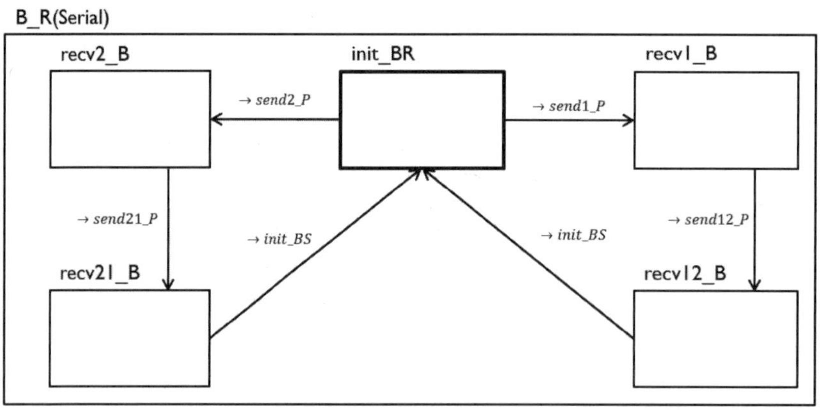

<그림 6-10> B_R 직렬 모드(P Serial Mode)

c의 직렬 모드에서는 init_C에서 req1_C 또는 req2_C로 전이가 발생한다. 다음 전이 조건인 $\rightarrow send1\_B$ 또는 $\rightarrow send2_B$를 만족하기 위해서는, B_S 직렬 모드

에서 send1_B 또는 send2_B에 진입해야 한다. <그림 6-11>는 c의 직렬모드다.

B_S 직렬 모드를 살펴보면 init_BS는 시작 모드이고 다음 모드로 진입하기 위해서는 $\{(recv1\_B,\ recv21\_B,\ recv12\_B)\} \wedge req1\_C$ 또는 $\{(recv2_B,\ recv21_B,\ recv12_B)\} \wedge req2_C$를 만족해야 한다. 목록 안에 있는 모드 중 하나가 활성화 중이고, C 모드에서 req1_C 또는 req2_C가 활성화 중이므로, 전이 조건을 만족하여 send1_B 또는 send2_B로 진입한다.

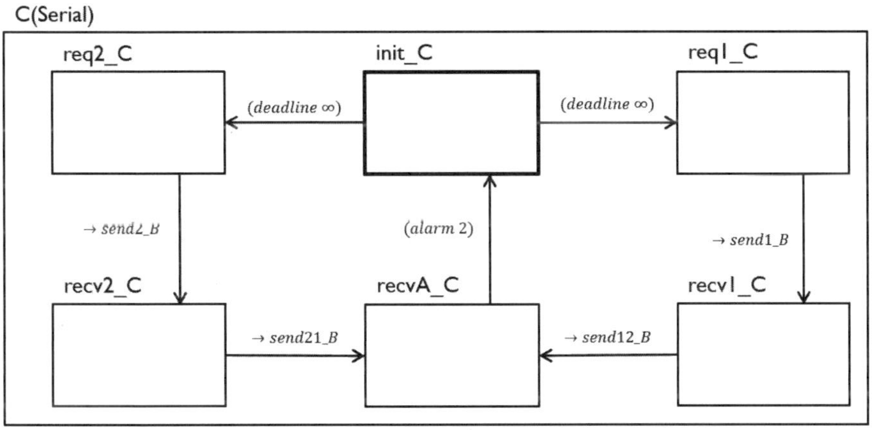

<그림 6-11> C 직렬 모드(P Serial Mode)

C의 직렬 모드에서 req1_C 또는 req2_C가 활성화 되어 있고, B_S직렬 모드에서 send1_B 또는 send2_B가 활성화 되어 있으므로, $\rightarrow send1\_B$ 또는 $\rightarrow send2\_B$ 전이 조건을 만족하여 recv1_C 또는 recv2_C가 활성화된다.

다시 B_S를 보면 send1_B 또는 send2_B가 활성화 중이고, 각 전이 조건은 $(\{\langle recv21\_B)\} \vee \{(recv12\_B)\}) \wedge recv1\_C$ 와 $(\{\langle recv21_B)\} \vee \{(recv12_B)\}) \wedge recv2_C$이다. C에서 recv1_C 또는 recv2_C가 활성화되어 각 전이 조건을 만족하여 send21_B 또는 send12_B로 전이된다.

같은 방법으로 C의 직렬 모드에서 $\rightarrow send21\_B$ 또는 $\rightarrow send12_B$의 조건을 만족하여 recvA_C로 전이된다. 이는 B가 가지고 있던 자원1과 자원2가 C로 전달

됨을 뜻한다.

마지막으로 C를 제외한 각각의 직렬 모드의 초기화 조건인 $\rightarrow recvA\_C$, $\rightarrow init_BS$와 $\rightarrow init_BR$조건을 만족하여 전이가 되어 시작 모드로 초기화된다.

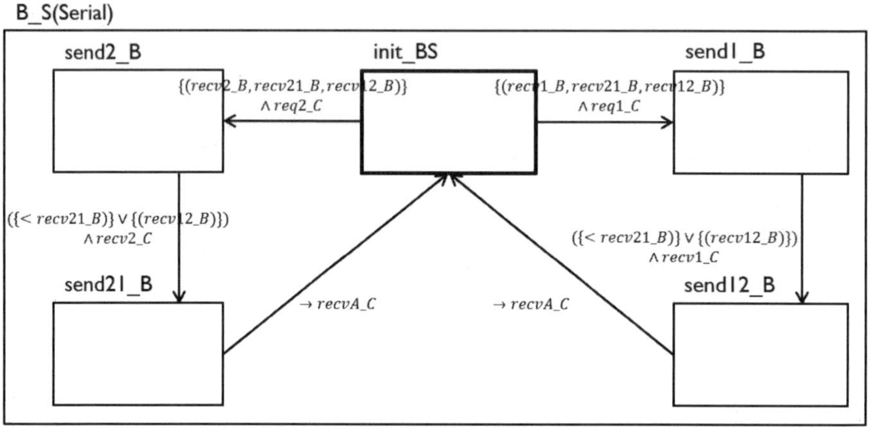

<그림 6-12> B_S 직렬 모드(P Serial Mode)

6.3.4 Verification

PBC 예제의 요구 사항은 다음과 같다.

- R1: 생산자는 버퍼에 자원1과 자원2를 전달한다.
- R2: 버퍼는 소비자에게 자원1과 자원2를 전달한다.
- R3: 자원1과 자원2를 모두 전달한 후 반복한다.
- R4: 생산자가 버퍼에 자원을 전달 후 버퍼가 소비자에게 자원을 전달해야 한다.
- R5: 버퍼에 최대 2개의 자원만 저장된다.

이에 대한 검증 과정은 다음과 같다.

- R1: 첫 번째 요구 사항은 P 직렬 모드 안의 send12_P 혹은 send21_P 와 B_R 직렬 모드의 recv12_B 혹은 recv_21_P의 동기화가 진행되면 만족된다. 여기서 P 직렬 모드의 send12_P와 B_R 직렬 모드의 ecv12_B는 서로 동기화를 되어야 할 대상이고, 마찬가지로 send21_P와 recv21_B도 서로 간에 짝으로 동기화 되어야 한다. P 직렬 모드에서 send1_P 또는 send2_P에 진입하면 B_R 직렬 모드의 recv1_B, recv2_B의 전이 조건인 $\rightarrow send1\_P$, $\rightarrow send2_P$를 만족하여 recv_1 또는 recv_2 모드에 진입한다. recv_1과 recv_2의 의미는 각각 자원1과 자원2를 받는다는 의미이다. P 직렬 모드에서 send1_P 또는 send2_P에 진입한 모드는 $(alarm\ 10)$ 시간을 대기한 후 send12_P 또는 send21_P로 진입한다. 이 때 직렬 모드 B_S의 전이 조건인 $\rightarrow send12_P$와 $\rightarrow send21_P$를 만족하여 recv12_B 또는 recv21_B로 진입한다. 동기화된 모드의 의미는 P로부터 자원1과 자원2가 B에게 전달된다는 뜻이다. 그러므로 첫 번째 요구 사항을 만족한다.
- R2: 두 번째 요구 사항은 B_S 직렬 모드 안의 send12_B 또는 send21과 C 직렬 모드 안의 recvA_C가 동기화되면 만족한다. C 직렬 모드에서 req1_C 또는 req2_C 로 전이한다. 다음 전이 조건인 send1_B와 send2_B를 만족하기 위해서는 B_S 직렬 모드에서 send1_B 또는 send2_B로 전이돼야 한다. send1_B와 send_2B 모드 진입을 위한 전이 조건은 각각 $\{(recv1\_B,\ recv21\_B,\ recv12\_B)\} \wedge req1\_C$ 와 $\{(recv2\_B,\ recv21\_B,\ recv\_12B)\} \wedge req2\_C$ 이다. 1번 요구 사항에서 recv12_B 또는 recv_21_B로 전이되는 것이 확인되고, 다른 하나의 전이 조건인 $\rightarrow req1\_C$ 또는 $\rightarrow req2\_C$ 는 C 직렬 모드의 recv1_C와 recv2_C의 진입조건인 $\rightarrow send1\_B$ 또는 $\rightarrow send2_B$를 만족하면 된다. 이로써 버퍼가 소비자에게 R1과 R2를 저장하는 요구 사항을 만족한다.
- R3: 세 번째 요구 사항은 자원1과 자원2를 C까지 무사히 전달 후에 모든 모드가 초기화되면 만족된다. C 모드에서가 recvA_C 모드에 진입하면 직렬 모드 B_S에서 init_BS로 진입하기 위한 조건인 $\rightarrow recvA_C$를 만족하게 되고 초기화된다. 연쇄적으로 직렬 모드 B_R과 P의 자식 모드의 init_BR과 init_P의 진입 조건인 $\rightarrow init_BS$와 $\rightarrow init_P$를 만족하게 되어 B_R과 P가 초기화된다. 마지막으로 C 모드에서는 $(alarm\ 2)$시간이 지난

후 init_C 모드에 진입하게 된다. 이로써 자원1과 자원2를 전달 후 모든 모드가 초기 상태로 돌아가서 반복하게 되므로 요구 사항을 만족하게 된다.

- R4: 네 번째 요구 사항은 생산자가 버퍼에 자원1 또는 자원2를 전달하기 전에 버퍼가 소비자에게 자원1 또는 자원2를 전달해서는 안된다는 요구 사항이다. 생산자가 버퍼에게 자원을 전달하기 전에 버퍼가 소비자에게 자원을 전달할 수 없다. 왜냐하면 버퍼에 없는 자원을 소비자에게 전달할 수 없기 때문이다. 직렬모드 B_S안의 init_BS 모드에서 send21_B 또는 send12_B로 전이될 때 요구되는 전이 조건을 분석하여 R4의 요구 사항을 만족하는지 확인할 수 있다. 직렬모드 B_S 안의 send2_B 또는 send1_B 모드의 진입조건은 각각 $\{(recv1_B,\ recv21_B,\ recv_12B)\} \wedge req1_C$와 $\{(recv2\_B,\ recv21\_B,\ recv\_12B)\} \wedge req2\_C$ 이다. 이 전이 조건 $recv1\_B,\ recv21\_B,\ recv\_12B$ 중에 하나의 모드가 활성화되고 req1_C 모드 또는 req2_C 모드가 활성화될 때 각각 send1_B 또는 send2_B로 진입할 수 있다는 의미이다. recv12_B와 recv21_B 모드는 직렬 모드 B_R 안에 있으며, 모드의 의미는 P가 B에게 자원1과 자원2를 전달했다는 것을 뜻한다. req1_C와 req2_C 모드는 각각 C가 자원1 또는 자원2를 받기 위한 준비를 마쳤다는 의미이다. 그러므로 recv1_B, recv21_B, recv12_B와 req1_C 또는 req2_C 두 가지 전이 조건을 만족하면 P가 B로 전달한 자원1과 자원2를 받은 후, C가 자원1 또는 자원2를 받을 준비가 되면 두 가지 자원 중 하나를 받게 된다. 직렬모드 B_S 모드 안에 send21_B와 send12_B 모드의 의미는 각각 자원1 또는 자원2를 전달 후 남은 자원2 또는 자원1을 전달한다는 것이다. 이 모드로 진입하기 위한 전이 조건은 각각 $(\{\langle recv21_B)\} \vee \{(recv12_B)\}) \wedge recv1_C$와 $(\{\langle recv21_B)\} \vee \{(recv12_B)\}) \wedge recv2_C$이다. recv21_B와 recv12_B 모드는 직렬 모드 B_R의 자식 모드이며 요구 사항 1번에서 만족됨을 확인했다. recv1_C와 recv2_C 모드는 직렬 모드 C의 자식 모드이고 의미는 각각 자원2 또는 자원1을 받았다는 것을 의미한다. 이 모드로 진입하기 위해서는 전이 조건 $\rightarrow send2_B$와 $\rightarrow send1_B$를 만족해야 한다. send1_B와 send2_B 모드는 send21_B와 send12_B로 진입하기 전에 활성화 되어있는 모드이며, 위에서 send1_B와 send2_B모드로 진입하는 과정을 설명했

다. 위의 내용을 종합하면, init_BS 모드로부터 send21_B 또는 send12_B로의 전이는 버퍼로 자원이 전달되어야만 소비자에게 자원을 전달할 수 있다는 의미이다. 그러므로 생산자가 자원을 버퍼에 저장하기 전에 버퍼가 자원을 소비자에게 전달해서는 안되는 4번의 요구 사항을 충족한다.

- R5: 다섯 번째 요구 사항은 버퍼에 최대 2개의 자원만 저장되어야 하는 요구 사항이다. 자원을 생산하는 모드는 직렬모드 P이고, P는 자원1과 자원2를 생산 및 전달 후 초기화한다. 이 때 P가 초기화하기 위한 전이 조건은 $\rightarrow init_BR$이다. init_BR 모드는 직렬 모드 B_R에 있고 init_BR로 진입하기 위한 조건은 $\rightarrow init_BS$이다. init_BS 모드는 직렬 모드 B_S에 있고 init_BS로 진입하기 위한 조건은 $\rightarrow recvA_C$이다. recvA_C에 진입하기 위한 조건은 $\rightarrow send21_B$와 $\rightarrow send12_B$인데 각 전이 조건을 만족하는 과정은 2번 요구 사항 설명에서 보았으며, 각 모드는 자원1과 자원2가 모두 C에게 전달되었음을 의미한다. 식렬 모드 P를 제외한 B_R과 B_S는 자원을 전달하는 역할만 할 뿐 생산하지 않는다. 즉, P가 초기화 되기 위해서는 B가 자원1과 자원2를 모두 C에게 전달해야 함을 의미한다. 이로써 버퍼에 최대 2개의 자원만 저장된다는 요구 사항을 충족한다.

6.4 결어

본 장에서는 Modechart의 정의 및 특징을 알아보았고, PBC 예제를 통하여 Modechart의 유용성을 점검해 보았다. Modechart는 실시간 시스템을 명세하기 위해 쓰인 언어이다. Modechart는 모드라는 개념을 통해 시스템의 상태를 표현하였고, 각 전이에 대해 전이 조건을 정의하여 각 모드 간의 동기화를 가능하게 하였다. 또한 전이 조건에 시간 조건과 세기 조건을 사용함으로써, 다양한 제약 조건을 표현할 수 있다. 도표 명세는 시스템 명세에 대한 직관성을 부여한다. 또한 Modechart는 Real-time Logic과 연관이 있으므로, 분석 및 검증을 위하여 Real-time Logic을 사용할 수 있다.

참고 문헌

[JM94] Farnam Jahanian and Aloysius K. Mok , Modechart: A Specification Language for Real-Time Systems, IEEE TRANSACTIONS ON SOFTWARE ENGINEERING, VOL. 20, NO. 12, DECEMBER 1994, pp.933-947.

[JLM88] F. Jajanian, R.S. Lee, and A.K. Mok. Semantics of modechart in real-time logic. In Proc. of 21st Hawaii International Conference on System Sciences, January 1988.

[HCM96] Heitmeyer, Constance, and Dino Mandrioli. Formal Methods for Real-Time Computing. John Wiley & Sons, Inc., 1996.

PART 07

논리학 개요

PART 07

논리학 개요

컴퓨터 기반 시스템이나 이를 제어하고 관리하는 SW를 논리적[119]으로 이해하기 위해서는 초기 주어진 전제[120] 하에서 결론[121]을 유도할 수 있는 어떤 규칙[122]이 적용 가능한가를 따지는 것이 중요하다. 즉 시스템과 SW가 초기 조건으로부터 최종 결론까지 유도될 수 있는 규칙이 존재한다면 이러한 시스템과 SW는 논리적으로 건전[123]하다고 말할 수 있다. 이를 위해서는 조건으로부터 결론을 유도하는 규칙은 건전성[124]과 완전성[125]을 보여야 한다. 그렇지 않을 경우, 우리는

---

119) 논리학(Logic): “A knowledge representation and reasoning formalism originally developed by mathematicians to formalize mathematically reasoning” [DoC90]. 수학과 컴퓨터에 기반을 둔 논리학의 사전적 의미는, “수학적인 추론을 정형화하기 위해 수학자에 의해서 독창적으로 개발된 추론의 형식주의와 지식의 표현”이다.

120) 전제(Premise): 추리에서 결론의 기초가 되는 명제.

121) 결론(Conclusion): 일정한 전제를 기초로 이끌어 낸 판단.

122) 유도 규칙 (Derivation Rule) 또는 추론 규칙(Inference Rule): 전제로부터 결론을 유도하기 위해 적용하는 규칙. 예를 들면, 3단 논법과 같은 규칙을 의미한다.

123) 건전(Sound): 전제로부터 결론을 유도할 때, 그 전제가 참이며 그 결론 또한 참인 경우.

124) 건전성(Soundness): 전제로부터 유도된 결론이 참임을 보장한다는 논리 체계의 기본 성질.

125) 완전성(Completeness): 참인 명제는 언제나 공리로부터 유도된다는 논리 체계의 기본 성질.

그러한 시스템과 SW를 믿고 사용할 수 없기 때문이다. 즉 신뢰성을 보장하지 않는 시스템과 SW는 사용해서는 안된다는 말과 같다.

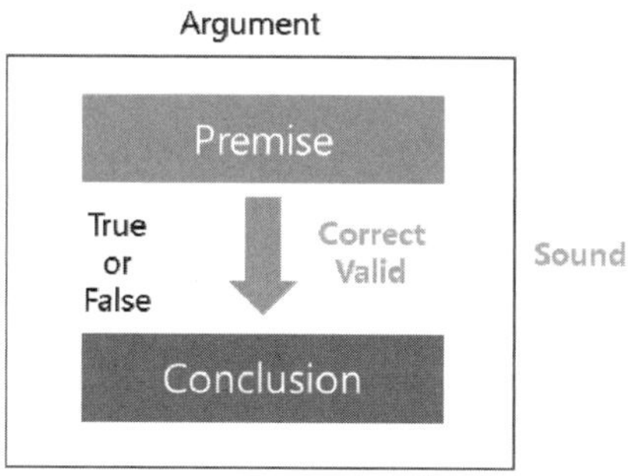

<그림 7-1> Argument Structure

<그림 7-1>은 은 이러한 논리적 논쟁(Argument)을 도식적으로 표현한 것이다. 여기에서 몇 가지 중요한 논리적 개념을 정의할 필요가 있다.

[정의 7.0.1] 타당한(Valid) 또는 올바른(Correct)

논쟁이 전제 조건과 결론으로 구성이 되어 있다고 가정하자. 이 경우 다음과 같은 네 가지의 경우가 발생된다:

경우	전제 조건	결론	논쟁
1	참	참	참
2	참	거짓	거짓
3	거짓	참	참
4	거짓	거짓	참

위 경우 중, 전제 조건과 결론의 관계 중, 논쟁을 참을 만드는 관계를 타당(Valid)하거나 올바르다(Correct)고 정의한다.

일반적으로, 어떤 논쟁이 타당하다고 모든 전제 조건 하에서 항상 참인 결론을 보장하는 것은 아니다. 예를 들면, 전제 조건이 거짓일 때, 즉 성립이 되지 않을 때, 그 결론은 참인 든지 거짓이든지 무의미해지는 경우가 있다. 이런 경우는 우리의 실세계와 마찬가지로, 시스템과 SW 관점에서는 이런 논쟁은 위험한 결과를 초래할 수도 있다. 이를 예방하기 위해서, 논쟁이 건전하다는 것을 입증하는 것은 매우 중요하다.

[정의 7.0.2] 건전한(Sound)
타당한 논쟁 중, 전제 조건이 참인 경우.

어떤 논쟁이 건전하다는 것은 논쟁의 전제 조건이 참인 경우에 대해서만 유효성을 인정할 수 있다는 의미이다. 즉 전제 조건이 참인 경우에 대해서만 성립된 논쟁의 타당성은 항상 참인 결론만을 보장할 수 있다는 의미이다. 그리고 이런 건전한 시스템과 SW만을 우리는 신뢰하고 활용할 수 있다는, 해야 한다는 것을 의미한다. 이는 다양한 체계의 논리학을 이해하는 데에 매우 중요한 개념이다[126].

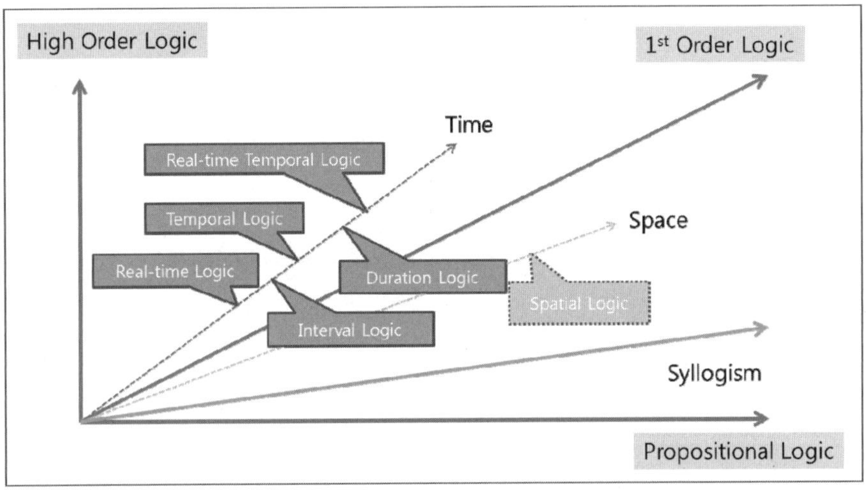

<그림 7-2> 논리 체계의 차원

<그림 7-2>는 논리 체계의 차원을 도식적으로 보여주는 지도이다. 여기에서 차원을 다음과 같이 정의했다.

126) 타당한 언명(Valid Argument)과 참인 논증(True Proof)은 성립되지 않음을 명심하자. 항상 참 또는 거짓인 언명(True or False Argument)과 타당한 논증(Valid Proof)이 있을 뿐이다.

[정의 7.0.3] 논쟁의 차원

1) 무차원 논리(No-oder Logic): 논쟁의 대상이 없는 경우를 무차원으로 정의한다. 이 차원에서는 주어진 전제는 참, 거짓만을 논쟁의 대상으로 삼는다. 예를 들면, 명제 논리(Propositional Logic)가 이에 해당한다.

2) 1차원 논리(1st-Order Logic): 논쟁의 대상이 특정 원소와 그들의 성질 및 그들 간의 함수 관계를 1차원으로 정의한다. 이 차원에서는 주어진 원소가 특정한 조건 및 성질을 만족하는지, 대상 사이에 특정한 관계가 성립이 되는지, 즉 참, 거짓이 성립이 되는지를 논쟁의 대상으로 삼는다. 예를 들면, 술어 논리(Predicate Logic)가 이에 해당한다.

3) 다차원 논리(High-Order Logic): 논쟁의 대상이 특정 집합과 그들의 성질, 집합 간의 관계 및 함수의 집합인 경우를 다차원으로 정의한다. 이 차원에서는 주어진 집합이 특정한 조건 및 성질을 만족하는지, 집합 사이에 특정한 관계가 성립이 되는지, 집합 간 함수 집합, 또는 그 집합긴의 관계가 성립이 되는지, 즉 참, 거짓이 성립이 되는지를 논쟁의 대상으로 삼는다. 예를 들면, 다차원 논리(High-Order Logic)가 이에 해당한다.

여기에서 무차원보다는 차원이 높고, 1차원 논리에 강한 제약 조건을 주어, 1차원이라고 말할 수 없고, 1차원보다는 낮은 차원의 논리를 0.5차원이라고 말할 수 있다:

4) 0.5차원 논리(Half-Order Logic): 1차원 논리에 강한 제약 조건을 둔 경우를 의미한다. 전제 조건과 결론이 다루는 대상을 대명사(Major Term), 중명사(Middle Term), 소명사(Minor Term)로 한정하고, 전제 조건과 결론은 각각 중복되지 않게 대명사와 소명사를 다루지만, 중명사는 같이 다루어야 하는 강한 조건을 가지고 있다. 즉 전제 조건과 결론 사이에 중명사를 매개로 대명사와 소명사가 정상적으로, 즉 논리적으로 성립이 됨을 보이는 논리를 0.5차원 논리(Half-Order Logic)로 정의했다. 예를 들면, 삼단논법(Syllogism)이 여기에 해당한다.

다양한 유형의 논리 체계가 존재한다. <그림 7-2>는 시간과 공간 관점에서의 몇 가지 논리 체계를 보여주고 있다.

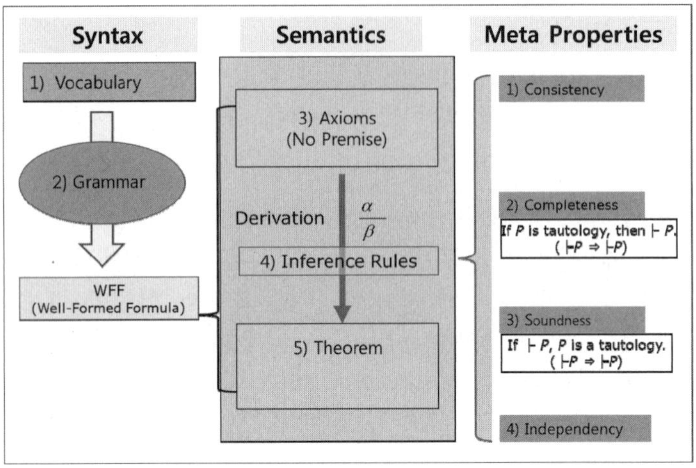

<그림 7-3> 논리 체계의 구조와 성질

[정의 7.0.4] 논리 체계

논리 체계 L=<V, G, A, R, T>는, <그림 7-3>에서 보여주는 바와 같이, 다음과 같은 요소로 구성되어 있다:

1) V: 어휘(Vocabulary)

논리를 전개하기 위해서는 자연어처럼 논리를 기술할 수 있는 수단이 있어야 한다. 그 수단의 기본이 논리언어를 구성하는 알파벳이다. 일반적으로 문자와 숫자 및 특수 기호로 이루어져 있다.

2) G: 문법(Grammar)

문자와 숫자 및 특수부호를 나열했다고 해서, 논리적인 문구가 만들어지는 것은 아니다. 논리적으로 진위를 따질 수 있는 논리적인 문구가 만들어지기 위해서, 그 문구를 구축하기 위한 문법이 정의되어야 한다. 이렇게 논리의 진위를 따질 수 있는 문법 체계로 만들어진 문구를 정형논리식 또는 정식(WFF: Well-Formed Formula)이라고 한다. 일반적으로 논리식이라고 한다.

3) A: 공리(Axiom)

공리의 집합이다. 전제 조건 없이 항상 참인 논리식을 공리라 한다.

4) R: 추론 규칙(Inference Rule)

전제 조건으로부터 결론을 유도하는 규칙의 집합이다. 각 논리 체계마다 다양한 유형의 규칙이 존재한다.

5) T: 이론(Theorem)

공리로부터 추론 규칙을 적용해 유도된 명제, 즉 참이 증명된 명제의 집합이다.

이러한 논리 체계가 안전하게 사용되기 위해서는 아래와 같은 성질이 만족되는지 증명해야 한다. 그렇지 않을 경우, 전제 항에서 유도된 결론이 항상 참인지 믿을 수 없기 때문이다.

[정의 7.0.5] 논리 체계의 성질

위의 L은 다음 성질 R=<Cs, S, Cm, I>을 만족해야 한다.

1) Cs: 일관성(Consistency):

어떤 명제에 대해서도 모순이 발생되지 않음을 보여야 한다. 즉 참과 거짓이 동시에 성립되지 않음을 보여야 한다. 이는 기본적으로 추론 규칙이 항상 일관된 결론만을 유도한다는 것을 보이는 것과 같다.

2) S: 건전성(Soundness):

추론 규칙에 의해 유도되는 결론은 항상 참일 수밖에 없음을 보여야 한다. 어떤 면에서 일관성이 보장되면, 건전성이 성립됨을 보일 수 있다.

3) Cm: 완전성(Completeness):

어떤 참인 명제에 대해, 항상 공리로부터 추론 규칙에 의해 유도될 수 있음을 보여야 한다. 이는 일반적으로 유도되지 않는다고 가정하고, 그런 경우가 발생될 수 없음을 증명함으로, 역으로 완정성이 성립됨을 보일 수 있다.

4) I: 녹립성(Independence):

공리 간에 종속성이 없음을 보여야 한다. 하나의 규칙이 다른 규칙에 의존하고 있다면 공리라 말할 수 없다. 즉 논리 체계가 근본적으로 참인 조건에서 시작할 수 있고, 왜 참인지를 공리 단계에서 증명할 필요가 없다는 의미이다.

그럼 다음 절부터는 다양한 차원의 논리 체계를 살펴보자.

7.1 명제 논리

이 절에서 명제 논리(Propositional Logic)를 간단히 설명한다.

[정의 7.1.1] 명제 논리 언어

명제 논리의 언어는 다음과 같은 요소로 구성되어 있다:

a) 명제 부호: P, Q, R

b) 명제 변항부호: p, q, r

c) 연결자: $\wedge : and$
$\vee : or$
$\rightarrow : implication$
$\neg : not$
$\leftrightarrow : bi-implication$
$\perp : falsum$

d) 보조 부호: (,) .

[정의 7.1.2] 진리값[127]과 진리 함수값[128]

진리값의 의미는 다음과 같다:

a) 명제 부호 P, Q, R은 참(T: True) 또는 거짓(F: False)의 값 중 하나만을 가진다.

---

127) 명제 또는 명제 변항이 가질 수 있는 모든 값. 진리값은 참과 거짓, 두 값밖에 없다.
128) 진리값의 정의역에서 진리값의 치역으로의 사상관계를 의미한다. 즉 연결자 함수를 의미한다.

b) 연결자는 <그림 7-4>와 같은 진리 함수값을 가진다. 그리고 이를 진리 표[129]로 표현하면 <그림 7-5>와 같다.

c) 명제가 동시에 참과 거짓 두 값을 가질 때, 모순이 발생되었다고 한다. 이런 경우를 참 또 거짓이 성립되지 않고 항상 거짓만이 성립되는 falsum이라고 정의한다.

#	결합사	규칙	의미
1	¬	아니다	~p의 진리치는 p와 반대이다.
2	∨	그리고	p∨q 는 p와 q 둘 다 거짓일 때 그리고 오직 그 경우에만 거짓이다.
3	•	또는	p•q 는 p와 q 둘 다 참일 때 그리고 오직 그 경우에만 참이다.
4	→	만일 ...이면 ...이다	p→q 는 p가 참이고 q가 거짓일 때 그리고 오직 그 경우에만 거짓이다.
5	↔	만일 ...이면 그리고 오직 그 경우에만	p ↔ q 는 p와 q가 같은 진리를 가질 때 그리고 오직 그 경우에만 참이다.

<그림 7-4> 명제 논리 연결자/결합사 정의 및 의미

규칙 1	
p	¬p
T	F
F	T

규칙 2			규칙 3			규칙 3			규칙 4			규칙 5		
p	∨	q	p	q	p•q	p	•	q	p	→	q	p	↔	q
T	T	T	T	T	T	T	T	T	T	T	T	T	T	T
T	T	F	T	F	F	T	F	F	T	F	F	T	F	F
F	T	T	F	T	F	F	F	T	F	T	T	F	F	T
F	F	F	F	F	F	F	F	F	F	T	F	F	T	F

<그림 7-5> 명제 논리 연결자/결합사 진리값

[정의 7.1.3] 논리식 (Formula)

논리식은 다음과 같이 구성될 수 있다:

1) $\phi = atomic$[130] 논리식

2) ϕ, ψ가 조건식이라는 가정 하에, $(\phi \bullet \psi)$ $(\bullet \in \{\wedge, \vee, \rightarrow, \leftrightarrow\})$도 논리식

129) 명제정식이 가질 수 있는 모든 참과 거짓의 값을 명제 변항의 진리값과 연결자의 진리 함수값을 통해서 보여주는 표. 특히 하나의 명제정식이 다른 정식과 논리적으로 동치인가를 보이는 데에 주로 사용한다.

130) 논리식 원소(Atom): 더 이상 분해할 수 없거나, 또는 모순(Contradiction)과 같이 항상 거짓(falsum)인 것을 의미한다. 원자 명제(Atomic Proposition)라고도 한다.

3) ϕ가 조건식이라는 가정 하에, $\neg\phi$도 논리식.

[정의 7.1.4] 부분 논리식 (Subformula)

다음 조건을 만족할 때, ϕ는 ψ의 부분 논리식이다:

1) $\phi = \psi$, 또는

2) $\psi = (\phi_1 \bullet \phi_2)$ $(\bullet \in \{\wedge, \vee, \rightarrow, \leftrightarrow\})$이고, ϕ는 ψ_1 또는 ψ_2의 부분 논리식이거나,

3) $\psi = (\neg\phi_1)$이고, ϕ가 ψ_1의 부분 논리식인 경우.

논리식의 진위 여부는 기본적으로 [정의 7.1.2]에 기반을 두고 있으며, 다음 추론 규칙을 적용하여 전제로부터 결론을 유도할 수 있다.

규칙	이름	설명		도식
R1 (DS)	선언적 삼단논법 Disjunctive Syllogism	p∨q로부터 q를 추출할 수 있다.		p∨q, ~p / q
R2 (Simp)	단순화 Simplification	p • q로부터 p를 추출할 수 있다.	p • q로부터 q를 추출할 수 있다.	p•q / p; p•q / q
R3 (MP)	전건긍정식 Modus Ponens	p→q와 p로부터 q를 추출할 수 있다.		p→q, p / q
R4 (MT)	후건부정식 Modus Tallens	p→q와 ~q로부터 ~p를 추출할 수 있다.		p→q, ~q / ~p
R5 (Conj)	연언 Conjunction	p와 q로부터 p • q를 추출할 수 있다.		p, q / p • q
R6 (HS)	가언적 삼단논법 Hypothetical Syllogism	p→q와 q→r로부터 p→r을 추출할 수 있다.		p→q, q→r / p→r
R7 (Add)	부가 Addition	p로부터 p∨q를 추리해 낼 수 있다.		p / p∨q
R8 (CD)	구성적 딜레마 Constructive Dilemma	p→q와 r→s, 그리고 p∨r로부터 q∨s를 추출할 수 있다.		p→q, r→s, p∨r / q∨s

<그림 7-6> 명제 논리 추론 규칙

[정의 7.1.5] 명제 논리 추론 규칙 (Inference Rules)

명제 논리의 추론 규칙은 <그림 7-6>과 같다.

추론 규칙의 타당성을 증명하는 것은 [정의 7.0.1]에서 거론한 바와 같이 매우

중요하다. 만약 명제의 논증이 타당하다면, 진리표를 통해, 주어진 전제 조건에 의해 그 논쟁의 진위가 그대로 입증된다. 그렇지 않을 경우, 전제로부터 진리 함수적인 결론을 도출해 낼 수 있다. 즉 타당성을 입증할 수 있다.

예를 들어, <그림 7-6>의 R1, 즉 선언적 삼단논법(DS: disjunctive syllogism)의 타당성을 <그림 7-7>과 같이 증명할 수 있다.

전제 조건	p∨q	¬p	두 조건이 참이기 위해
	⇓		⇓
결론	q		q가 참일 수 밖에 없음

<그림 7-7> 선언적 삼단논법의 타당성 관계도

이는 전제가 참이기 위해서는 p∨q와 ¬p가 동시에 참이어야 한다. 그런데 p∨q가 참인 전제에서 ¬p가 참이기 때문에 p와 q 중 하나만이 참이 될 수 있다. 즉 p∨q와 ¬p 전제 하에 q라는 결론이 유도된다는 규칙이다. 나머지 규칙도 이와 같이 타당성과 건전성을 증명할 수 있다.

R9 (DN)	이중부정 Double Negation	p↔~~p
R10 (DeM)	드모르간의 정리 DeMorgan's Theorem	~(p∨q)↔(~p •~ q) ~(p • q)↔(~p∨~q)
R11 (Comm)	교환법칙 Commutation	(p∨q) ↔ (q∨p) (p • q) ↔ (q • p)
R12 (Assoc)	결합법칙 Association	[(p∨q)∨r] ↔ [p∨(q∨r)] [(p • q) • r] ↔ [p • (q • r)]
R13 (Dist)	배분법칙 Distribution	[p∨(q • r)] ↔ [(p∨q) • (p∨r)] [p • (q∨r)] ↔ [(p • q)∨(p • r)]
R14 (Contra)	전치轉置규칙 (환질환위법) Contraposition	(p→q) ↔ (~q→~p)
R15 (Imp)	함축 Implication	(p→q) ↔ (~p∨q)
R16 (Exp)	수출/추출 규칙 Exportation	[(p • q)→r] ↔ [p→(q→r)] [(p • q)→r] ↔ [q→(p→r)]
R17 (Tau)	항진 규칙 Tautology	(p • p) ↔ p (p∨p) ↔ p
R18 (Equiv)	동치 규칙 Equivalence	(p↔q) ↔ [(p→q) • (q→p)] (p↔q) ↔ [(p • q)∨(~q • ~p)]

<그림 7-8> 명제 논리 대치 규칙

[정의 7.1.6] 명제 논리 대치 규칙 (Substitution Rules)

명제 논리의 대치 규칙은 <그림 7-8>과 같다.

대치 규칙의 타당성을 증명하는 것은 [정의 7.0.1]에서 거론한 바와 같이 매우 중요하다. 이에 대한 증명은 [정의 7.1.2]에 기반을 두고, 두 정식의 진리표를 구하여, 모든 명제 변항의 진리값과 연결자의 진리 함수의 경우에 대해 동일한 진리값을 갖는 것을 진리표를 통해서 보이면 된다.

~	(p	∨	q)	↔	(~	p	•	~	q)
0	1	1	1	1	0	1	0	0	1
0	1	1	0	1	0	1	0	1	0
0	0	1	1	1	1	0	0	0	1
1	0	0	0	1	1	0	1	1	0

~	(p	•	q)	↔	(~	p	∨	~	q)
0	1	1	1	1	0	1	0	0	1
1	1	0	0	1	0	1	1	1	0
1	0	0	1	1	1	0	1	0	1
1	0	0	0	1	1	0	1	1	0

<그림 7-9> 진리표에 의한 드모르간의 법칙 타당성 증명

예를 들어, <그림 7-8>의 R10의 드모르간의 법칙이 성립됨을, <그림 7-9>와 같이, 진리표를 통해서 증명하면 다음과 같다:

1) ¬(p∨q)↔(¬p •¬q): 어떤 선언문의 부정은, 그 부정기호를 떼고, 선언을 연언으로 대치하여, 그 결과 각각의 연언지를 부정함으로써 연언문으로 대치할 수 있다. 그리고 그 역도 성립한다.

2) ¬(p • q)↔(¬p∨¬q): 어떤 연언문의 부정은, 그 부정기호를 떼고, 연언을 선언으로 대치하여, 그 결과 각각의 선언지를 부정함으로써 선언문으로 대치할 수 있다. 그리고 그 역도 성립한다.

[정의 7.1.7] 조건적 증명 규칙 (RCP: Rule of conditional proof)

조건적 증명 규칙은 <그림 7-10>에서 보여주는 바와 같이 어떤 명제(p)를 가정으로 규칙을 적용해서 타당한 결론(p)이 유도가 되었다면, 이 가정된 결론(p→q)은 가정(p)가 성립된다는 전제 하에 유도된다.

<table>
<tr><td rowspan="5">R19
(RCP)</td><td rowspan="5">조건적 증명 규칙
(Rule of conditional proof)</td><td>1</td><td>Pr</td><td></td></tr>
<tr><td>2</td><td>p</td><td>가정 (AP: Assumed premise)</td></tr>
<tr><td>3</td><td>…</td><td></td></tr>
<tr><td>4</td><td>q</td><td>가정 하의 결론</td></tr>
<tr><td>5</td><td>p→q</td><td>가정된 결론</td></tr>
<tr><td rowspan="5">R20
(RAA)</td><td rowspan="5">귀류법
(rule of reductio ad absurdum)</td><td>1</td><td>Pr</td><td>P</td></tr>
<tr><td>2</td><td>~p</td><td>가정 부정 (AP)</td></tr>
<tr><td>3</td><td>…</td><td></td></tr>
<tr><td>4</td><td>⊥</td><td>모순 (Contradiction)</td></tr>
<tr><td>5</td><td>p</td><td>가정 인정</td></tr>
</table>

<그림 7-10> RCP와 RAA 증명 방법

[정의 7.1.8] 귀류법[131]RAA

귀류법은 <그림 7-10>에서 보여주는 바와 같이 주어진 명제가 거짓이라고 가정하고 이로부터 모순이 발생되는 것을 보임으로 그 명제가 역으로 참임을 보인다.

논리 체계의 궁극적인 목적은 주어진 명제를 증명하는 것이다. 명제를 증명하는 다양한 방법이 있겠지만, 가장 기본적인 방법은 드모르간의 법칙에서 보인 바와 같이 명제의 진리표를 구축하여 등치관계가 성립됨을, 즉 명제가 참임을 직접 보이는 것이다. 하지만 명제가 복잡할 경우, 즉 복합 명제는 이를 기본적인 명제로 분해하여 증명할 필요가 있다.

예를 들면, 다음과 같은 복합 명제가 있다고 가정하자:

<u>만일 그 사진이 소녀와 닮는다면(P)</u>, <u>그녀(S)</u>와 <u>사진사(O)</u>는 <u>실망할</u> 것이다. 그러나 만일 그 사진이 소녀와 닮지 않으면, <u>그녀의 보호자는 대금을</u> 지불하<u>지 않을 </u>(H)이다. 또한 만일 그러한 일이 일어난다면, 사진사 역시 실망할 것이다. 그런데 사진사는 결코 실망하는 일이 없을 것이다. 따라서 그 소녀가 실망할 것이다.

131) 주어진 명제의 부명제가 거짓임을 밝힘으로써 원명제가 참임을 증명하는, 간접증명법의 하나[CARNEY80].

이 명제의 진위를 판별하기 위해, 이 복합 명제로부터 다음과 같은 기본 명제를 추출한다:

- P: 사진이 소녀와 닮다.
- S: 그녀는 실망한다.
- O: 사진사는 실망한다.
- H: 그녀의 보호자는 대금을 지불한다.

이를 기반으로 복합 명제를 공식으로 표현하면 다음과 같다:

P→(S • O), (~P→~H) • (~H→O), ~O ∴ S

그리고 이의 진위를 따지는 과정은 <그림 7-11>과 같다. 이 그림의 오른 쪽에는 각 단계별로 적용된 추론 규칙이 기술되어 있다.

P→(S • O), (~P→~H) • (~H→O), ~O ∴ S			
1	P→(S • O)		P
2	(~P→~H) • (~H→O)		P
3	~O		P
4	~P→~H	~~H→~~P	2, Simp
5	~H→O	~O→~~H	2, Simp
6	~~H		3, 5, MT
7	~~P		4, 6, MT
8	P		7, DN
9	S • O		1, 8, MP
10	S		9, Simp

<그림 7-11> 결론 유도 과정

그리고 이 증명 과정을 도식적으로 표현하면 <그림 7-12>와 같다. <그림 7-11>에서 보여주는 전개 과정보다 전제 조건과 결론과의 관계가 명확히 드러남을 확인할 수 있다.

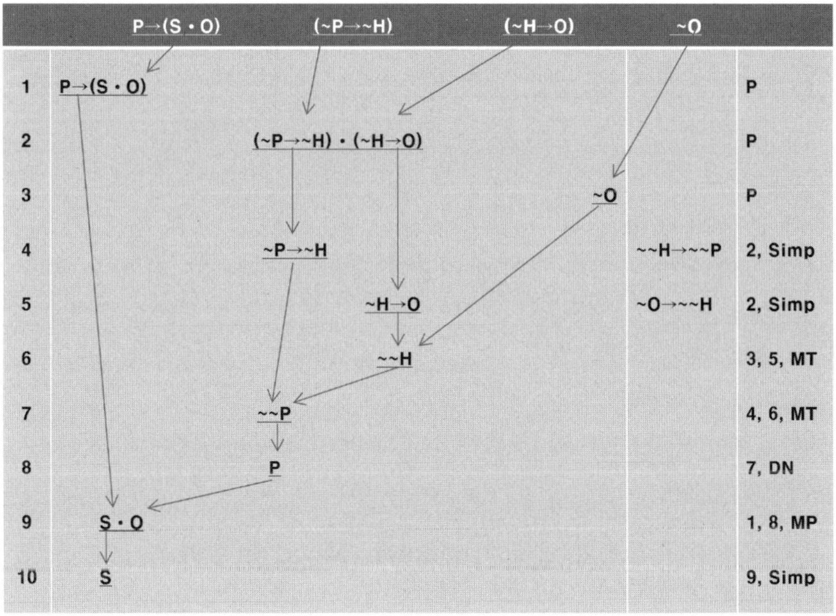

<그림 7-12> 결론 유도 과정 도표

7.2 술어 논리

술어 논리(Predicate Logic)는 양화 이론(Quantification Theory)[132]이라고 한다. 그 이유는 술어 논리의 명제가 특정 집합의 대상을 정량적으로 서술하고 있기 때문이다.

일반적으로 술어가 특정 하나의 대상을 지칭하는 명제를 단칭 명제(Singular Sentence)라 하고, 그렇지 않는 명제를 열린 명제(Open Sentence)라고 한다. 열린 명제에서는 인이이 어떤 대상 하나를 지칭하는 경우와 대상 전체를 지칭하는 경우로 나뉘고, 이를 구분하기 위해 존재 한량사(Existential Quantifier)와 보편 한량사(Univertial Quantifier)를 <그림 7-13>과 같이 정의한다.

132) 1차 술어 논리를 양화 이론(Quantification Theory)이라고도 한다.

모든 x에 대해 Ax이다	Every x is such that Ax.	$(\forall x). Ax$	보편 한량사
어떤 x에 대해 Ax이다	Some x is such that Ax.	$(\exists x). Ax$	존재한량사

<그림 7-13> 한량사/자

[정의 7.2.1] 술어 논리 언어

술어 논리의 언어는 명제 논리에 다음과 같은 요소를 추가하였다:

a) 술어 부호: A, B, C

b) 개체 부호: X, Y, X

c) 개체 부호변항: x, y, z

b) 한량사 부호: $\exists$: 존재 한량사($Existential\ Quantifier$)
$\forall$: 보편 한량사($Univertial\ Quantifier$)

[정의 7.2.2] 한량사 부정의 법칙 (Quantifier Negation Rule)

<그림 7-14>와 같다.

~(∃x)Sx	(∀x)~Sx
~(∀x)Sx	(∃x)~Sx
(∀x)Sx	~(∃x)~Sx
(∃x)Sx	(∀x)~Sx

<그림 7-14> 한량자 부정

[정의 7.2.3] 정언 명제(Categorical Sentence)

술어 명제는 한량사의 유형과 긍정 또는 부정문의 기준에 따라, <그림 7-15>와 같이, 4가지 유형으로 구분된다.

I	특칭긍정	어떤 S는 P이다.	S이면서 P인 어떤 것이 존재한다.	(∃x)(Sx•Px)	~E
O	특칭부정	어떤 S는 P가 아니다.	S이지만 P가 아닌 어떤 것이 존재한다.	(∃x)(Sx•~Px)	~A
A	보편긍정	모든 S는 P이다.	어떤 x에 대해 그것이 S이지만 P가 아니라는 것은 거짓이다.	~(∃x)(Sx•~Px)	~O
E	보편부정	모든 S는 P가 아니다.	어떤 x에 대해 그것이 S이며 P라는 것은 거짓이다.	~(∃x)(Sx•Px)	~I

<그림 7-15> 정언 명제 (Categorical Sentence)

그리고 이들 간에는 <그림 7-16>와 같은 대당성이 성립된다.

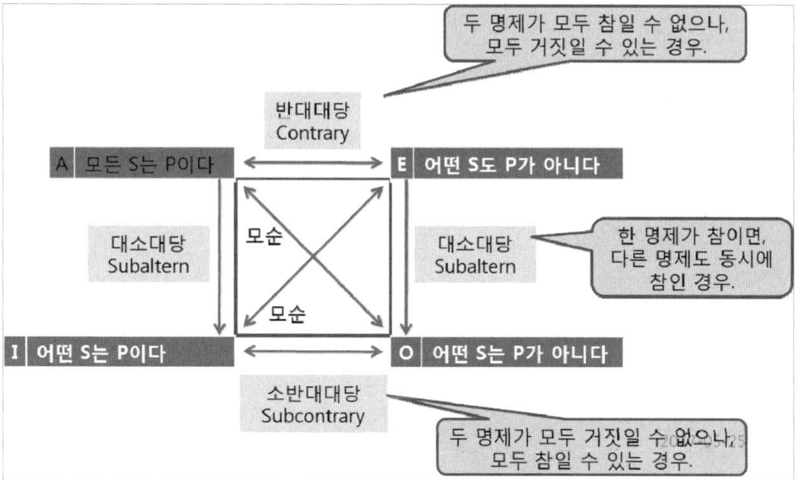

<그림 7-16> 정언 명제의 대당성

[정리 7.2.1]

정언 명제에서 공집합이 아닌 명사로 S와 P를 제한하면, 즉 S가 존재하고, P가 존재하면, <그림 7-17>과 같은 관계가 성립된다. 증명은 설명과 같다.

타당한 추리	설명
~(A•E)	A와 E가 동시에 참이 될 수 없다.
~(~I•~O)	I와 O는 동시에 거짓일 수 없다.
A→I	만일 A가 참이라면, I도 참이다.
E→O	만일 E가 참이라면, O도 참이다.

<그림 7-17> 정언 명제 간 참인 관계

[정의 7.2.4] 명제의 유형

술어 논리에서 명제는 다음과 같이 일반 명제, 단칭 명제, 복합 명제로 구분된다:

1) 일반 명제: 보편한량자와 존재한량자, 또는 그것의 변형으로 이루어진 명제.
2) 단칭 명제: 특정 하나의 대상을 지칭하는 명제.
3) 복합 명제: 명제 결합사에 의해 결합된 일반 명제나 단칭 명제.

그리고 술어 변항의 수에 따라, 일항 술어(One-Place Predicate; Monadic Predicate Logic), 이항 술어, … 등으로 구분된다.

술어 논리는 명제 논리의 8개 추론 규칙과 10개의 대치 규칙과 2개의 간접 증명 `규칙 외에 다음과 같은 새로운 한량자 추론 규칙을 적용할 수 있다.

[정의 7.2.5] 술어 논리 추론 규칙 (Inference Rules)
<그림 7-18>은 술어 논리의 추론 규칙을 보여준다. 기본적으로 한량자가 의미하는 바에 의해, 전제로부터 결론의 유도가 타당한가를 따지는 규칙이다. 그리고 부당할 경우에도, 특정한 조건이 만족이 되면, 타당할 수 있다.

R1 (UI)	보편예화 (Universal Instantiation)	∀x.F(x) / F(a)	타당(Valid)		
R2 (EG)	존재일반화 (Existential Generalization)	F(a) / ∃x.F(x)	타당(Valid)		
R3 (EI)	존재예화 (Existential Instantiation)	∃x.F(x) / F(a)	부당(Invalid)	만약 a가 F에 해당되면	타당 (Valid)
R4 (UG)	보편일반화 (Universal Generalization)	F(a) / ∀x.F(x)	부당(Invalid)	문맥상 x가 a를 의미하면	타당 (Valid)

<그림 7-18> 술어 논리 추론 규칙 (Inference Rules)

예를 들어, R1 보편 예화(UI: Universal Instantiation)의 의미는 다음과 같다: 모든 x에 대해 F가 성립될 때, x에 속한 특정 a에 대해서 F가 성립된다. 너무나 당연한 규칙이다. 특정 집합의 모든 원소에 특정한 성질이 성립될 때, 그 집합에 있는 특정한 원소에게도 당연히 F의 성질이 성립된다.

술어 논리에는 <그림 7-19>과 <그림 7-20>에서 보여주는 바와 같은 제약 조건이 있다.

R3 (EI)	존재예화 Existential Instantiation	(∃x)Fx / Fa	누군가는 약하다. ∴동진이는 약하다.	부당	만약 a가 F인 그 무엇이라면,	타당
예비적 존재예화	존재한량화 명제로부터 그 어떤 사례도 이끌어낼 수 있다.					
제약조건 1	EI를 적용할 때 논증의 전제 중에 나타나는 개체상항을 사용해서는 안 된다.					
제약조건 2	EI를 적용할 때 이미 앞서 EI를 적용함으로써 증명 내에 들어온 개체상항을 사용해서는 안 된다.					
제약조건 3	EI를 적용할 때 결론에 나타나는 개체상항을 사용해서는 안 된다.					
제약조건 4	EI를 적용할 때 그 EI를 적용하고 있는 존재일반화에 나타나고 있는 상항을 사용해서는 안 된다.					

<그림 7-19> 존재 예화의 제약 조건

R4 (UG)	보편일반화 Universal Generalization	Fa / (x)Fx	동진이는 약하다. ∴모든 사람은 약하다.	부당	문맥상, x가 a만 지칭한다면,	타당
예비적 UG	개체사항을 포함한 명제로부터 그 명제의 보편일반화를 이끌어낼 수 있다.					
제약조건 1	UG를 적용할 때 변항으로 대체한 개체상항은 그 어느 전제에도 나타날 수 없다.					
제약조건 2	개체상항은 EI에 의해 증명 내로 도입할 수 없다.					
제약조건 3	단칭관계명제에서 EI에 의해 도입한 상항과 함께 나타나는 상항에 대해서는 UG를 적용할 수 없다.					

<그림 7-20> 보편 일반화의 제약 조건

7.3 고차원 논리

고차원 논리는 술어 논리에 다음 두 가지 논점을 추가한 논리 체계[133]이다:

133) 고차원 논리를 이해하는 것은 어려워 보일 수 있다. 하지만 컴퓨터 전공자에게는 이미 프로그래밍 언어를 통해서 고차원적인 개념을 충분히 SW 개발 과정에서 활용하고 있다. 특히, Lisp, Scheme, ML과 같은 함수 언어에서의 high-order function은 이러한 개념을 컴퓨터 언어로서 구현한 결과이다.

1) 집합 및 관계 변항:

a) 대상 도메인의 부분 집합

b) 대상 도메인의 데카르트 곱, 즉 도메인 간의 관계

2) 술어와 함수 변항

예를 들면, 귀납법(Induction)을 고차원 논리에서는 다음과 같이 정의한다:

$$\forall P.[P(a) \wedge \forall k.P(k) \Rightarrow P(s(k))] \Rightarrow \forall n.P(n)$$

이 의미는 다음과 같다:

만약 P가 0에 대해 참이고, k에 대해 참이라고 가정할 때 k+1에 대해 참이라면, P는 0 과 같거나 큰, 모든 n에 대해 항상 참이다.

7.4 공리 체계

어떤 증명없이 사실 또는 참으로 받아들이는 가정을 공리(Axiom)라 한다. 모든 정리는 이 공리로부터 추론 규칙을 적용하여 유도된다. 추론 규칙이 타당하다면 참이라 가정한 공리로부터 유도된 정리는 참일 수밖에 없다[134]. 역으로 참인 어떤 정리는 공리로부터 추론 규칙을 통해서 그 공리까지 유도될 수 있다[135]. 이는 역으로 참이지 않은 어떤 정리는 절대로 공리로부터 추론 규칙을 통해서 정리로 유도될 수 없음을 의미한다.

이러한 논리 체계를 공리 체계라 하고, 이를 구성하는 요소는 기본적으로 어휘, 문법, 공리, 추론 규칙 및 이론으로 이루어져 있다. 그리고 이러한 공리 체계는 일관성, 건전성, 완전성 및 독립성을 보장해주어야 한다. 이 절에서는 명제 논리에 대한 공리 체계를 설명한다.

134) 이러한 성질을 건전성이라고 한다.
135) 이러한 성질을 완전성이라고 한다.

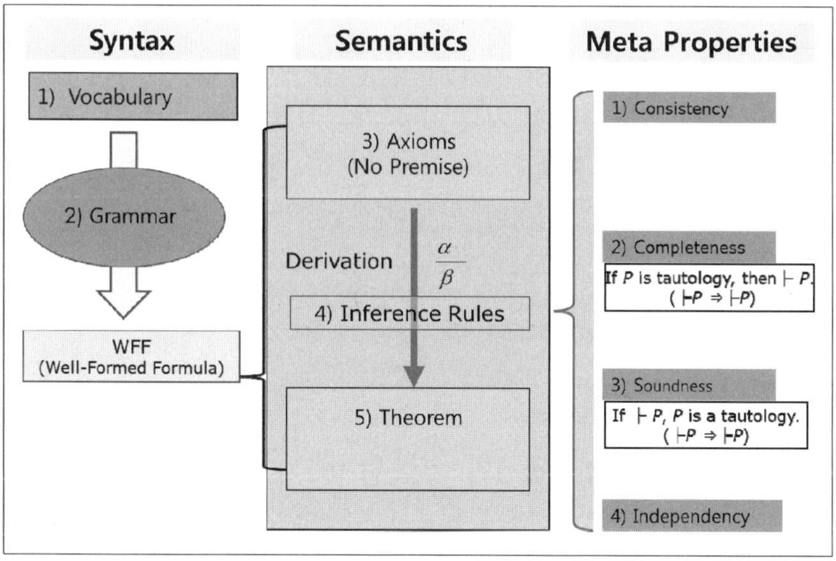

<그림 7-21> 논리 체계와 성질

7.4.1 명제 논리의 공리 체계

[정의 7.5.1] 공리 체계

정형적으로 명제 논리의 공리 체계 S는, <그림 7-21>에서 보여주는 바와 같이, 다음 5-관계쌍, 즉 5-튜플(tuple)로 정의된다:

$S = \langle L, G, A, R, T \rangle$

여기에서,

L : 공리 체계의 언어

G : 공리 체계의 언어 문법

A : 공리의 최소집합

R : 추론 규칙

T : 이론

[정의 7.5.2] 진리값에 의한 명제의 유형

명제는 진리치 관점에서 항상 다음과 같이 3가지 경우로 나뉜다:

1) Tautology: 항상 참이 되는 정식. 대표적인 예는 추론 규칙.
2) Contradiction: 항상 거짓이 되는 정식
3) Contingent: 참이 되거나, 거짓이 되는 정식

다음은 Russell과 Whitehead의 '수학 원리'(PM: Principia Mathematica)에 제시한 공리 체계를 살펴보자.

7.4.2 Russell과 Whitehead의 수학원리

'수학 원리'(PM: Principia Mathematica)136)에서는 명제 논리의 공리 체계를 다음과 같이 정의하였다

7.4.2.1 PM의 어휘

어휘(Vocabulary)는 변항과 결합사 및 괄호로 다음과 같이 구성된다:

- V1) 명제 변항: p, q, r, …
- V2) 명제 결합사: ¬, ∨
- V3) 괄호: '(', ')'

7.4.2.2 PM의 정형식을 위한 정형 규칙

136) Alfred North Whitehead와 Bertrand Russell의 저술. 3권의 책으로 이루어져 있으며, 1910년, 1912년, 1913년에 각각 발간되었다[WR10, WR12, WR13]. 이 저서에서 기호 논리학의 공리 체계를 정의하였다.

정형식(WFF: Well-Formed Formula)을 위한 정형 규칙은 다음과 같다:

- W1) 어떤 명제 변항은 WFF이다
- W2) 만일 P가 WFF이면, ¬P도 WFF이다.
- W3) 만일 P와 Q가 WFF이면, (P∨Q)[137]도 WFF이다.

7.1.절 명제 논리에서 거론했던 다른 연결자는 위 2개의 원초적 연결자[138]로 <그림 7-22>과 같이 표현할 수 있다:

D1	P→Q	¬P∨Q
D2	P•Q	¬(¬P∨¬Q)
D3	P↔Q	(P→Q)•(Q→P)
		¬[¬(¬P∨Q) ∨¬ (¬Q∨P)]

<그림 7-22> PM의 최소 연결자 집합

이들 동일성은 진리표를 통해서 입증할 수 있다.

7.4.2.3 PM의 공리

PM엔 <그림 7-23>과 같은 최소한의 공리 5개가 있다.

A1	(p∨p)→p	~(p∨p)∨p
A2	p→(q∨p)	~p∨(q∨p)
A3	(p∨q)→(q∨p)	~(p∨q)∨(q∨p)
A4	(p→q)→[(r∨p)→(r∨q)]	~(p→q)∨[~(r∨p)∨(r∨q)]
A5	[p∨(q∨r)]→[q∨(p∨r)]	~[p∨(q∨r)]∨[q∨(p∨r)]

이해하기가 훨씬 어려움

<그림 7-23> PM의 공리

137) 일반적으로 맨 밖에 있는 괄호는 제거한다.
138) 최소 연결자 집합이라고 한다.

7.4.2.4 PM의 추론 규칙

PM엔 <그림 7-24>와 같은 최소한의 추론 규칙 2개가 있다.

R1	만일 P→Q이고 P라면, Q가 추리될 수 있다.	전건긍정식 MP Modus Ponens
R2	정식 내의 어떠한 변항에 대해서건 어떠한 wff라도 대입할 수 있다. 단, 그 대입은 해당 변항 모두에 대해 이루어져야만 한다.	대입의 규칙 Substitution Rule

<그림 7-24> PM의 추론 규칙

7.4.2.5 PM의 정리

정리는 증명된 정형식을 의미한다. 역에서 증명이란 다음과 같은 조건을 만족해야 한다:

1) WFF 정식의 계열[139]로서,
2) 그 각각이
   a) 하나의 공리[140]이거나, 아니면
   b) 규칙[141]이나 정의[142]에 의해서 앞서의 행로부터 나오는 정식의 계열.

그리고 그 계열의 마지막 행을 정리라 한다.

예를 들면, 정리 T1을 공리로부터 <그림 7-25>와 같이 유도할 수 있다:

139) 위 1)의 V1, V2, V3와 2)의 W1, W2, W3를 만족하는.
140) 위 3)의 A1, A2, A3, A4, A5 이거나.
141) 위 4)의 R1, R2 이거나.
142) 위 연결자 정의인 D1, D2, D3 이거나.

T1	p→(q→p)	
1	p→(q∨p)	A2
2	p→(~q∨p)	1, R2, q/~q
3	p→(q→p)	2, D1

<그림 7-25> 정리 T1

그리고 추가적인 정리 T2, T3, T4, T5가 <그림 7-26>, <그림 7-27>, <그림 7-28>, <그림 7-29>과 같이 전개됨을 볼 수 있다.

T2	(p→q)→[(r→p)→(r→q)]	
1	(p→q)→[(r∨p)→(r∨q)]	A4
2	(p→q)→[(~r∨p)→(~r∨q)]	1, R2, r/~r
3	(p→q)→[(r→p)→(r→q)]	2, D1

<그림 7-26> 정리 T2

T3	[p→ (q→r)]→[q→ (p→r)]	
1	[p∨(q∨r)]→[q∨(p∨r)]	A5
2	[~p∨(~q∨r)]→[~q∨(~p∨r)]	1, R2, p/~p, q/~q
3	[p→ (q→r)]→[q→ (p→r)]	2, D1

<그림 7-27> 정리 T3

T4	{(p→q)→ [(q→r)→(p→r)]}	
1	[p→ (q→r)]→[q→ (p→r)]	T3
2	{(q→r)→ [(p→q)→(p→r)]}→{(p→q)→ [(q→r)→(p→r)]}	R2, p/q→r, q/p→q, r/p→r
3	(p→q)→[(r→p)→(r→q)]	T2
4	(q→r)→[(p→q)→(p→r)]	3, R2, p/q, q/r, r/p
5	{(p→q)→ [(q→r)→(p→r)]}	2, 4, R1

<그림 7-28> 정리 T4

T5	p→p	
1	(p∨p)→p	A1
2	p→(q∨p)	A2
3	p→(p∨p)	2, q/p
4	{(p→q)→ [(q→r)→(p→r)]}	T4
5	{(p→(p∨p))→ [((p∨p)→p)→(p→p)]}	4, q/p∨p, r/p
	{(3)→ [(1) →(6)]}	
6	[((p∨p)→p)→(p→p)]}	3, 5, R1
7	p→p	1, 6, R1

<그림 7-29> 정리 T5

그리고 추가적인 정리 T6~T14가 <그림 7-30>과 같이 정의되어 있다.

T6	p∨¬p
T7	p→¬¬p
T8	¬¬p→p
T9	(p→q) → (¬q→¬p)
T10	(¬q→¬p) →(p→q)
T11	p→ [q→(p•q)]
T12	p↔¬¬p
T13	(p→q)↔ (~q→~p)
T14	p↔ p

<그림 7-30> 정리 T6~T14

그리고 <그림 7-31>과 같은 파생 규칙을 유도하여 증명에 효과적으로 사용할 수 있다.

DR1	전이규칙	만일 P→Q이고 Q→R라면, P→R을 추리해낼 수 있다.
DR2	연언규칙	만일 P이고 Q라면, P•Q 를 추리해낼 수 있다.
DR3	대치규칙	만일 M↔N이 정리라면, *P*M으로부터 *Q*M을 추리해낼 수 있다.
		P, Q: PM 상의 정식 *P*M: M이 한 번 이상 나타나는 정식 *Q*M: PM에서 M을 N으로 대치한 정식

<그림 7-31> PM의 파생 규칙

7.4.3 PM이 지녀야 할 성질[143)]

다음은 PM이 지녀야할 5가지 성질에 대해 알아보자.

143) 이런 성질을 다루는 논리학을 Meta-Logic이라고 한다.

7.4.3.1 무모순성(1)과 건전성(2)

PM에서 명제 P와 ¬P가 동시에 성립된다면, PM은 무의미한 체계가 된다. 그 이유는 PM의 추론 규칙 R2를 두 번 적용하여 다음 정리가 성립되기 때문이다.

$$P \rightarrow (\neg P \rightarrow Q)$$

이 뜻은 P와 ¬P로부터 어떤 WFF Q를 유도할 수 있다는 의미이고, 이렇게 유도된 Q가 정리라는 의미이다. 즉 모순으로부터 임의의 모든 Q가 정리로 유도된다면, 그 체계에는 무의미하다는 것과 같다.

PM의 무모순성(Consistency)을 증명하는 방법은 다음과 같다:

1) PM의 각 공리(A1~A5)가 항진 정식임을 진리표를 사용하여 입증한다.
2) 두 개의 추론 규칙(R1, R2)이 항진 정식의 유진직 성질을 가짐을 증명한다.
   a) R1은 귀류법(RAA)를 적용하여 증명한다. 즉 P→Q와 P가 항진 정식이지만, Q가 항진 정식이 아니라고 가정하고, 이로부터 모순이 발생이 됨을 보여, Q가 항진 정식이 될 수밖에 없음을 증명한다.
   b) R2도 귀류법을 이용해 증명한다. 즉 대입 전의 항진 정식이 대입 후에 항진이 아니라고 가정하고, 이럴 경우 모순이 발생이 됨을 통해서 대입 후에도 항진 정식이 될 수밖에 없음을 증명한다.

즉,

i) 각 공리는 항진 정식이고, 이러한 성질은 R1과 R2에 관해 유전적임으로, 모든 정리는 항진 정식이다.
ii) 즉 PM은 건전하다.
iii) 따라서, 만일 모든 정리가 항진 정식이라면, 어떠한 P에 대하여 P와 ¬P가 동시에 정리일 수 없다.
iv) 따라서, PM은 무모순적이다.

PM이 건전하다는 것을 보이는 것만으로도 PM이 무모순성(Soundness)임을 보이기에 충분하다.

7.4.3.2 완전성(3)

PM 내의 모든 항진 정식은 PM의 정리임을 보이는 것이 PM의 완전성(Completeness)을 보이는 것이다. 즉 PM 내의 어떤 항진 정식도 PM의 정리임을, 즉 공리와 추리 규칙으로부터 유도된 결론, 즉 정리임을 보일 수 있다는 의미이다. 이는 <그림 7-32>과 같은 의미로 해석할 수 있다.

PM의 모든 토톨러지 정식	→	PM의 정리
$\models P$	→	$\vdash P$

<그림 7-32> PM의 완전성

이에 대한 증명 방법은 <그림 7-33>과 같다[144]:

PM의 모든 토톨러지 wff는 PM의 정리이다.
1) 만일 P가 PM의 wff라면, 역시 PM의 한 wff로서, P↔P'가 PM의 한 정리가 되는 CNF의 P'가 존재한다.
2) 모든 토톨러지 CNF는 PM의 정리이다.

<그림 7-33> PM의 완전성 증명 방법

즉 "PM의 모든 토톨러지 WFF는 PM의 정리이다"임을 증명하기 위해서, 다음 1)과 2)를 증명해야 한다:

1) 만일 P가 PM의 WFF라면, 역시 PM의 한 wff로서, P↔P'가 PM의 한 정리가 되는 CNF[145]의 P'가 존재한다.

144) Emil Post는 1920년 콜롬비아대학에서 본인의 박사 논문을 통해 Whitehead와 Russell의 PM이 완전함을 증명하였다 [POST21].

145) CNF(Conjunctive Normal Form): PM의 WFF 정식이 $Q_1 \wedge Q_2 \wedge \cdots \wedge Q_m$ 와 같이 ∧로 묶여있는 형식을 의미한다. 여기에서 각 Q_j는 기본 선언選言(Elementary Disjunction), 즉 각 P_i가 P 또는 ¬P로 이루어진 $P_1 \vee P_2 \vee \cdots \vee P_n$ 과 같은 선언식으로

절차는 다음과 같다:

a) 여기에서 모든 PM의 항진 정식은 PM의 D1과 D3을 이용하여, 오직 ∨, ∧, ¬로만 결합된 정식을 만든다.

b) 명제 논리의 동치 규칙 R9(DN)와 R10(DeM)을 이용하여 괄호 밖의 모든 부정을 제거한다.

c) R9(DN)을 이용하여 모든 부정을 제거한다.

d) 필요한 만큼 명제 논리의 동치 규칙 R13(Dist), 즉 분배 법칙을 이용하여 CNF를 얻는다.

이렇게 유도된 CNF 정식은, PM은 건전하기 때문에, 항진 정식이 된다.

예를 들어, 기본 선언 경우와 아닌 경우를 들면, <그림 7-34>와 <그림 7-35>와 같다:

$p \rightarrow (q \rightarrow p)$
$\sim p \vee (\sim q \vee p)$
$\sim p \vee \sim q \vee p$

<그림 7-34> 기본

$p \rightarrow (q \rightarrow (p \bullet q))$
$\sim p \vee (\sim q \vee (p \bullet q))$
$\sim p \vee ((\sim q \vee p) \bullet (\sim q \vee q))$
$(\sim p \vee \sim q \vee p) \bullet (\sim p \vee \sim q \vee q)$

<그림 7-35> 비-기본

2) 모든 토톨러지, 즉 항진 CNF는 PM의 정리이다.

다음은 이렇게 전환된 CNF 정식이 PM의 정리로서 공리로부터 유도될 수 있음을 보이는 것이다. 그리고 이렇게 유도된 CNF에는, 이 정식을 구성하는 모든 기본 선언[146]의 자리에 하나의 변항과 그의 부정이 동시에 나다나

이루어져 있어야 한다.

146) P_i가 P 또는 ¬P로 이루어진 $P_1 \vee P_2 \vee \cdots \vee P_n$ 선언식을 기본 선언選言(Elementary

는 성질이 있다. 즉 공리로부터 유도된 정리가 항상 참임을 결과적으로 보인다.

2)를 증명하기 위해서는, 어떤 PM의 토톨러지라도 다음의 정리(PM의 T6, A2, T11) 와 교환(명제 논리의 R11) 및 결합(명제 논리의 R12) 법칙이 주어질 때, PM의 한 정리임을 입증할 수 있다.

a	T6	p∨~p
b	A2	p ›(p∨q)
c	T11	p→[q→(p•q)]

<그림 7-36> 비-기본

이를 증명하는 절차는 다음과 같다:

a) <그림 7-36>의 정리 a(T6)와 공리 b(A2)를 이용하여 모든 기본 선언을 증명한다.

b) c(T11)를 이용하여 그 기본 선언을 결합한다.

c) 필요한 만큼 교환 및 결합 법칙을 이용하여 원하는 CNF를 얻는다.

A2는 공리이며, T6과 T11 역시 공리로부터 추론 규칙임을 통해 유도된 정리이므로, 이렇게 유도된 CNF 역시 정리가 된다. 즉 위 절차 1)에서 PM의 항진 정식으로부터 유도된 CNF가 위 법칙을 통해 유도된 또 하나의 정리임을 보인 것이다.

예를 들면, 위 1)의 두 번째 예제에 대한 증명은 <그림 7-37>과 같다.

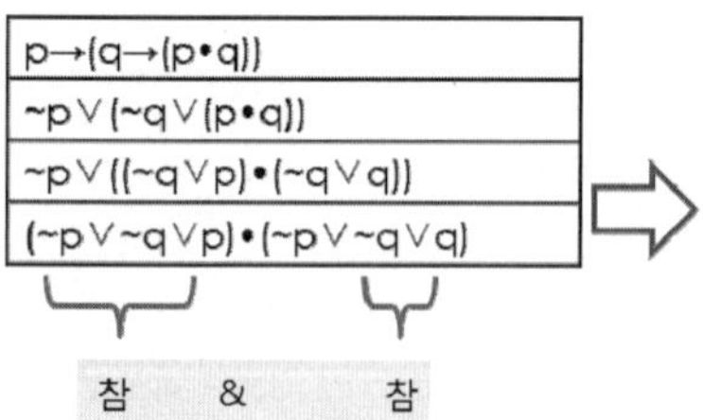

	p→(q→(p•q)) ↔ (~p∨~q∨p)•(~p∨~q∨q)	
1	p∨~p	a
2	(p∨~p)∨~q	1, b
3	p∨~p∨~q	2, Comm, Assoc
4	q∨~q	a
5	(q∨~q)∨~p	4, b
6	q∨~q∨~p	5, Comm, Assoc
7	(3)•(6)	3, 6, c

<그림 7-37> <그림 7-35> 예제의 증명

Disjunction)이라고 한다.

이 완전성에 대해, 괴델은 불완전성 이론[147]으로 항진 명제 중 참이지만 증명할 수 없는 명제가 있음을 증명하였다[148].

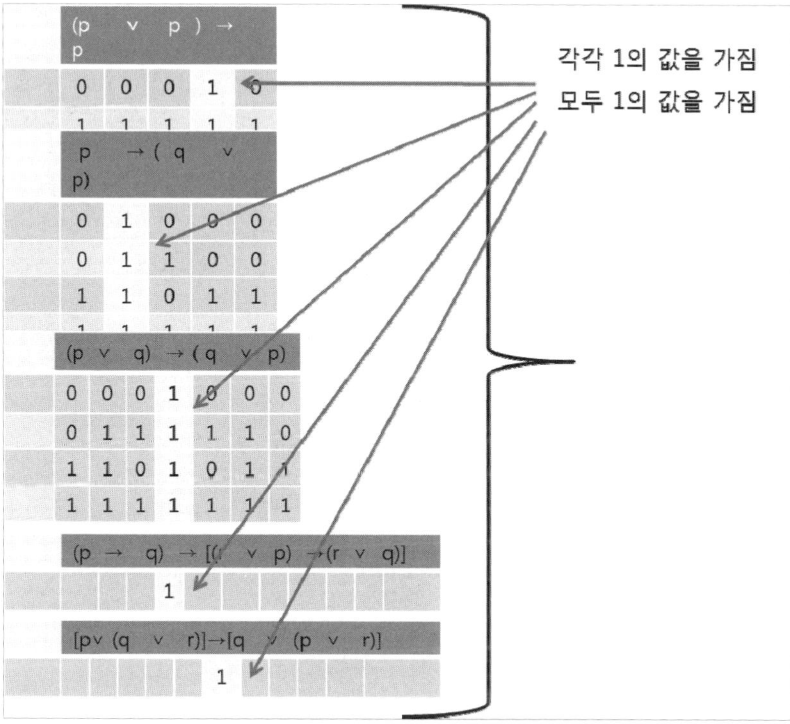

<그림 7-38> 공리의 항진성 언명 결합 진리표

7.4.3.3 독립성(4)

P를 PM의 하나의 공리라고 하고, 'PM-P'를, 이 공리를 제외한 나머지 공리라고 했을 때, PM-P에서 P에 대한 어떠한 증명도 없을 때, 오직 그 경우에만, P는 PM의 다른 공리루부터 독립적(Independent)이라고 할 수 있다. 즉 각각의 공리

147) 괴델의 불완전성 이론: 제7.5절 참조.

148) 니체는 괴델의 이론보다 더 고차원적인, 참과 거짓으로 구분할 수 없는 체계에 우리가 살고 있다고 주장했다.

가 서로 종속되지 않을 경우, PM의 공리는 서로 독립적이고, 나아가 PM은 독립적이라고 할 수 있다.

일반적으로 한 공리가 다른 공리로부터 유도되는 것을 보이는 것은 용이해 보인다. 하지만 반대로 한 공리가 다른 공리로부터 유도되지 않는다는 것을 보이는 것은 용이해 보이지 않을 뿐만 아니라, 그 증명 방법 또한 분명하지도 않다. PM의 독립성을 증명하기 위해서는 PM의 무모순성을 증명하는 방법을 적용한다. 즉 <그림 7-38>에서처럼, 공리의 항진성을 언명의 결합에 의한 진리표를 해석하고, <그림 7-39>처럼, 이러한 항진성이 추리 규칙에 의해 유전되는 유전성을 보인다. 즉 <그림 7-40>에서처럼 공리와 추리의 결과, 모두 항진성이 보장된다.

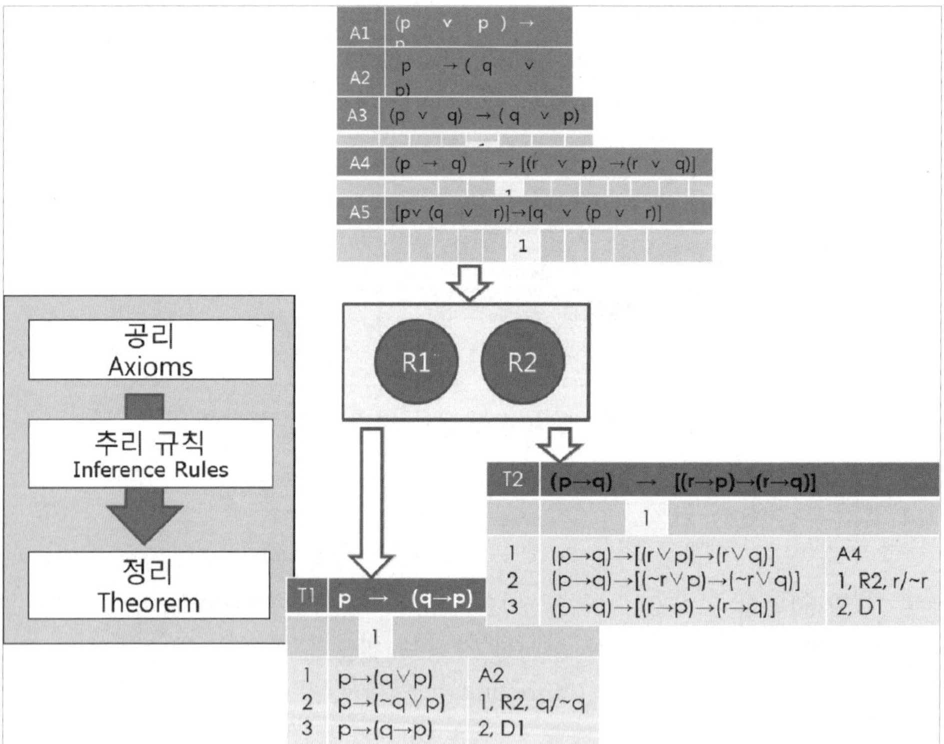

<그림 7-39> 추리 규칙의 항진 유전성

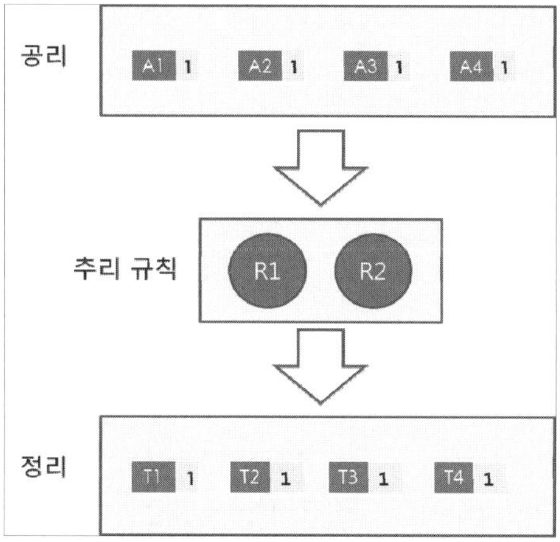

<그림 7-40> 항진성 보장

독립성을 증명하기 위해, 결합사에 다른 해석을 적용한 결과를 분석해 볼 수 있다. 예를 들어, PM의 변항이 가질 수 있는 값이 0, 1, 2 이고, 이를 기반으로 한 결합사 ¬과 ∨의 함수값이 다음과 같이 정의된다고 가정하자.

p	¬p
0	1
1	0
2	2

p	q	p∨q
0	0	0
1	0	0
2	0	0
0	1	0
1	1	1
2	1	2
0	2	0
1	2	2
2	2	0

<그림 7 41>

이 경우, <그림 7-41>에 보여주는 바와 같이, A2, A3, A4는 모든 변항의 경우의 값에 그 결과 값이 일관되게 0을 가지는 데 반해, A1은 그 결과 값이 일관되지 않음을 알 수 있다. 그리고 이런 값은 결코 A2, A3, A4를 통해서는 얻어질 수 없다. 즉 <그림 7-42>에 보여주는 바와 같이, A1은 A2, A3, A4로부터 독립

적임을 보인 것이다.

0의 정식,
유전적임

A1	(p∨p)→p
A2	p→(q∨p)
A3	(p∨q)→(q∨p)
A4	(p→q)→[(r∨p)→(r∨q)]
A5	[p∨(q∨r)]→[q∨(p∨r)]

A1						
p	~(	p	∨	p)	∨	p
0	1	0	0	0	0	0
1	0	1	1	1	0	1
2	1	2	0	2	2	2

A2							
p	q	~	p	∨	(p	∨	q)
0	0	1	0	0	0	0	0
1	0	0	1	0	1	0	0
2	0	2	2	0	2	0	0
0	1	1	0	0	0	0	1
1	1	0	1	0	1	1	1
2	1	2	2	0	2	2	1
0	2	1	0	0	0	0	2
1	2	0	1	0	1	2	2
2	2	2	2	0	2	0	2

A3
0

A4
0

A1은 A2, A3, A4와 R1, R2
에 의해 유도될 수 없다.

∴A1은 독립적이다!

<그림 7-42>

그리고 A2는 A1, A3, A4에 대하여; A3는 A1, A2, A4에 대하여; A4는 A1, A2 A3에 대하여 이런 방식으로 서로 독립적임을 보임으로써, 결국 PM의 공리가 독립적임을 보인다. 반면에 A5는 독립적이지 않아서, 다른 공리, 즉 A1, A2, A3, A4에 의해 유도될 수 있다[149].

7.5 불완전성 이론

괴델의 불완전성 이론[Gödel31a, Gödel31b]은 1차 술어 논리에서 대해, 그 술어 체계가 건전하다는 전제 하에, 참이지만 증명할 수 없는 명제가 있음을, 즉 완전성이 성립되지 않음을, 역설을 이용해 증명한 이론이다.

149) James D. Carney의 Foundation of Logic 참조 바람 [CARNEY80].

괴델의 불완전성 이론을 이해하기 위해서는 우선 역설에 대한 이해가 필요한다. 논리학에서 역설은 모순을 가진 명제이다. 즉 참과 거짓이 동시에 성립된다. 예를 들면, 다음과 같은 문장이 있다고 가정하자:

P: 이 문장은 거짓이다.

이 문장이 참이라고 가정하면, 이 '문장'은 거짓이 되고; 이 문장이 거짓이라면, 이 '문장'은 참이 된다. 즉 모순이 발생하였다. 이런 역설의 원인은 명제의 대상이 그 명제를 대상으로 삼을 때 발생된다.

괴델의 불완전성 이론도 이런 역설에 기반을 두고 있다. 괴델이 선정한 명제는 다음과 같다:

P: 참이지만 증명할 수 없는 명제가 있다.

이 명제 자체가 이 명제가 포함된 1차 술어 논리의 핵심적인 주제를 대상으로 하고 있다. 즉 완전성에 대한 논리이다. 이 명제가 참이면, 1차 술어 논리에서의 완전성은 보장되지 않는다. 역으로, 이 명제가 거짓이면, 1차 술어 논리에서의 완전성은 보장된다. 즉 모순이 발생이 된다. 즉 1차 술어 논리에서의 "참이지만 증명할 수 없는" 명제가 있음을, 바로 이 명제를 통해서 증명한 것이다. 하지만 여기에는 강한 제약 조건이 있다. 이 1차 술어 논리가 건전성을 보장해야 한다는 것이다. 이는 너무 당연한 전제이며, 사실 건전성이 보장되지 않는 논리 체계는 사용할 수 없기 때문이다.

그럼 괴델이 1차 술어 논리의 불완전성을 어떻게 증명했는지, 간단하게 정리해 보자. <그림 7-43>에서 보여주는 바와 같이, 이론 증명 과정을 요약하면 다음과 같다:

1) 논리 체계의 정형화: 괴델은 1차 술어 논리 체계를 다음과 같이 정형화했다. 특히 기본적인 부호를 1부터 9까지의 자연수로 표현할 수 있도록 최소화했다[150].

a) 부호: 명제 논리식을 구성하는 요소. 부호, 연결자, 괄호 등.

b) 정식 규칙: 위 부호가 의미 있는 논리식이 되기 위한 규칙.

c) 공리: 참임을 증명할 필요가 없는 기본 정의.

d) 추론 규칙: 공리로부터 정리를 유도하기 위한 규칙.

2) 괴델 수체계 (GN(p)) 정의: 위 논리 체계로 부터 생성된 모든 논리 정식(p)이 각각의 유일한 자연수로 표현될 수 있는 괴델 수체계를 정의했다. 그리고 참인 명제에 해당하는 대응 수는 공리나 정리로 인수 분해됨을 보였다. 즉 건전함을 보였다.

3) 증명 함수 Pr(GN(p)) 정의: 괴델 수체계 하에서 참인 1차 술어 논리 명제를 참이라는 규명할 수 있는, 또는 참인 값의 집합으로 사상하는, 함수 Pr을 정의하였다. 당연히, 이 함수의 사상 결과, Pr()인 경우와 ~Pr()인 경우로 구분된다. 1차 술어 논리 명제가 참과 거짓으로 구분된 것처럼, 괴델 수를 매개로 한 Pr()의 치역도 참과 거짓으로 구분된다.

4) 괴델 수체계에서의 역설 명제 설정; 괴델은 다음과 같이 1차 술어 논리 체계 하에서 모순을 발생시키는 역설, 즉 "참이지만 증명할 수 없는 명제"를 다음과 같이 규정하였다:

a) Pr(NG(p)): 괴델 수를 매개로 1차 술어 논리에서 "참인 명제임을 증명하는" 함수 Pr의 치역을 정의했다. Pr(NG(p))

b) ~Pr(NG(p)): 역으로, 괴델 수를 매개로 1차 술어 논리에서 "참인 명제임을 증명할 수 없는" 함수 Pr의 치역을 정의했다.

c) g=GN(~Pr(g)): 1차 술어 논리에서 "참이지만 증명할 수 없는 명제"에 해당하는 역설 (메타) 명제를 설정하였다.

d) G=~Pr(g)라 정의하여, GN(G)=g가 되었다.

e) 즉 "오직 p가 증명 불능일 때만 ~Pr(GN(p))이다"라는 명제에 대해,

f) "오직 G가 증명 불능일 때만 ~Pr(g), 즉 G이다"라는 명제가 설정되었다.

5) 역설의 모순 증명: 괴델은 이 역설에 대해 다음과 같이 모순이 발생됨을

150) 0은 괴델 수로 전환된 정식을 구분하는 구분자로 사용된다.

증명했다.

a) 명제가 참이면: G가 증명 불가능하므로, "건전성"에 의해, 즉 ~G가 되고,

b) 명제가 거짓이면: G가 증명 가능하므로, "건전성"에 의해, 즉 G가 된다.

c) 즉 모순이 발생이 되었다.

이렇게 증명한 불완전성 이론이 괴델의 제1 불완전성 이론[151]이다. 주지하는 바와 같이, 1차 술어 논리의 건전성은 불완전성을 증명하기 위한 전제 조건이다.

괴델의 제2 불완전성 이론은 제1 불완전성 이론의 당연한 귀결이다. 즉 "논리 체계가 건전하다면, 즉 무모순이라면, G는 증명 불능이다"라는 명제에 대해, "참이지만, 증명할 수 없다"는 것을 증명한 것은, 역시, 괴델 수를 매개로 한 논리 체계의 어떤 산술체계에 대해서도 역시, 불완전성이 성립이 된다는 것을 보이는 것과 같다는 것이다. 이것이 바로 괴델의 제2 불완전성 이론이다.

---

151) 불완전성 이론을 기호화하는 것은 중요하다. 필자는 이를 다음과 같이 증명하고자 한다. 건전성은 $(S\vdash p)\rightarrow(S\models p)$이라고 한다면, 즉 "명제 p가 공리로부터 유도됨을 보이면, p는 참이다" 라면, 완전성은 역으로, $(S\models p)\rightarrow(S\vdash p)$으로, 즉 "명제 p가 참이면, 공리로부터 유도될 수 있음을 보일 수 있다" 라고 해석할 수 있다. 이를 근거로, 역설적인 명제를 만들어 보면, "참이지만, 증명할 수 없다"라는 명제 p는, p 자체에 "참이지만, 증명할 수 없다"는 명제 p를 정의함으로써, 다음과 같은 명제 논리식을 규정할 수 있다: $(S\models p)\rightarrow\sim(S\vdash p)$. 이 명제가 모순임을 증명하기 위해 p가 참인 경우와, 거짓인 경우를 따져봐야 한다. 1) 먼저 p가 참인 경우를 보자. p가 참이라면, 명제 p는, 즉 $(S\models p)\rightarrow\sim(S\vdash p)$는 논리 체계가 건전하다는 전제에 의해, $\sim(S\vdash p)\rightarrow\sim(S\models p)$, 즉 공리로 부터 유도되지 않음으로 참이라 말할 수 없는, 즉 거짓이 된다. 참이라 가정하면, 거짓이 된다. 2) 역으로, p가 거짓인 경우를 부자 p가 거짓이라면, 명제 p는, 즉 $(S\models\sim p)\rightarrow\sim(S\vdash\sim p)$는 논리 체계가 건전하다는 전제에 의해, $\sim(S\vdash\sim p)\rightarrow\sim(S\models\sim p)$, 즉 공리로부터 유도되지 않는 것이 아님으로, 거짓이라 말할 수 없는, 즉 참이 된다. 거짓이라 가정하면, 참이 된다. 결국 모순이 발생이 됨을 증명하였다. 이는 시사하는 바가 많다. 첫째는, 어떤 논리 시스템이라도 모순이 있어서는 안된다는 점이다. 즉 모순이 발생되는 시스템은 사용할 수 없다는 의미이다. 둘째는, 어떤 논리 시스템도 메타 논리 시스템의 요소를 그 자체의 논리 대상으로 삼아서는 안된다는 점이다. 1차원 세계에서 2차원 세계를 다룰 수 없듯이, 2차원 세계에서 3차원 세계를 다룰 수 없듯이, 논리 체계는 절대 메타 논리의 논리를 그 논리 체계의 멤버로 삼아서는 안된다는 의미이다.

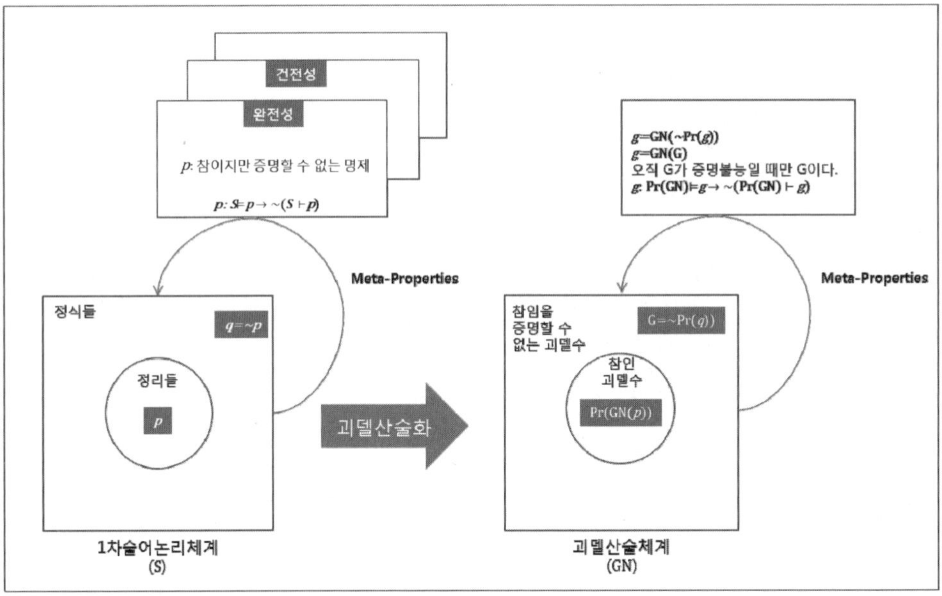

그림 7-43 괴델의 불완전성 이론 증명 체계

7.6 결어

이 장에서는 논리 체계에 대한 기본적인 개념과 여러 차원의 논리 구조를 알아보았다. 그리고 이러한 논리 체계가 건전성·완전성·독립성과 같은 메타 속성을 만족해야 함을 보였다. 그리고 괴델의 불완전성 이론을 통해서, 메타적 성질을 가진, 모순이 되는 역설 명제를 통해서, 참이지만 증명할 수 없는 명제가 있음을, 즉 완전하지 않음을 살펴보았다.

참고 문헌

[CARNEY80] James D. Carney, Richard K. Scheer, Foundation of Logic, Macmillan, New York, 1980.

[DoC90] Dictionary of Computing, Oxford University Press, New

York, 1990.

[MSBS2.0] Microsofdt Bookself 2.0 한국어사전.

[Gödel29a] Gödel, K (1929). Über die Vollständigkeit des Logikkalküls. Doctoral dissertation. University Of Vienna.

[Gödel29b] Gödel, K (1930). Die Vollständigkeit der Axiome des logischen Funktionenkalküls. Monatshefte für Mathematik (in German). 37 (1): 349-360. JFM 56.0046.04. doi:10.1007/BF01696781.

[Gödel31a] Kurt Gödel, 1931, Über formal unentscheidbare Sätze der Principia Mathematica und verwandter Systeme, I, Monatshefte für Mathematik und Physik, v. 38 n. 1, pp. 173-198.

[Gödel31b] Kurt Gödel, 1931, Über formal unentscheidbare Sätze der Principia Mathematica und verwandter Systeme, I, in Solomon Feferman, ed., 1986. Kurt Gödel Collected works, Vol. I. Oxford University Press, pp. 144-195. ISBN 978-0195147209.

[POST21] Post, Emil Leon (1921). Introduction to a General Theory of Elementary Propositions. American Journal of Mathematics. 43: 163-185. doi:10.2307/2370324.

[WR10] Whitehead, Alfred North; Russell, Bertrand (1910), Principia mathematica, 1 (1 ed.), Cambridge: Cambridge University Press, JFM 41.0083.02.

[WR12] Whitehead, Alfred North; Russell, Bertrand (1912), Principia mathematica, 2 (1 ed.), Cambridge: Cambridge University Press, JFM 43.0093.03.

[WR13] Whitehead, Alfred North; Russell, Bertrand (1913), Principia mathematica, 3 (1 ed.), Cambridge: Cambridge University Press, JFM 44.0068.01.

08
PART

Z Notation

PART 08

Z Notation

8.1 개요

Z[152]는 1974년 Jean-Raymond Abrial에 의해 개발되었으며[ABRIAL74], 컴퓨터 시스템의 모델링 및 기술에 사용되고 있다. Axiomatic set theory[153], lambda calculus[154], first-order logic[155]을 기반으로 하며, Z 언어의 모든 표

---

152) Z['zεd]라는 이름은 개발자인 Abrial이 "이것이 궁극적인 언어이기 때문이다!"("Because it is the ultimate language!")라고, Z라는 이름이 명명된 이유를 밝혔지만, Z 정형 명세 언어가 기반을 두고 있는 Zermelo-Fraenkel 집합 이론의 'Z'와 관련이 있다고 알려져 있다[Z].

153) 집합이론에서 Russell의 Paradox 같은 모순이 발생이 되지 않도록 공리화한 이론이다. 여기엔, Zermelo-Fraenkel 집합 이론(ZFC)과 이에 기반 한 파생이론과, Von Neumann-Bernays-Gödel, Morse-Kelley, Tarski-Grothendieck 집합 이론이 있다[SET].

154) λ-calculus는 변수에 대한 할당(binding)과 대입(substitution)을 이용하여 함수(function)의 추상화(abstraction와 적용(application)에 기반한 연산(computation)을 표현하기 위해 고안한, 수학 논리학에서의 한 정형 체계이다[LAMBDA]. 일반적으로 프로그래밍 언어의 실행 원리를 수학적으로 정형화했다는 평가를 받고 있다.

155) 제7장 7.2절 참조. 논쟁의 대상이 특정 원소와 그들의 성질 및 그들 간의 함수와 관계인 경우를 1차원으로 정의한다. 이 차원에서는 주어진 원소가 특정한 조건 및 성질을 만족하는지, 대상 사이에 특정한 관계가 성립이 되는지, 즉 참, 거짓이 성립이 되는지를 논쟁의 대상으로 삼는다. 예를 들면, 술어 논리(Predicate Logic)가 이에 해당한다.

현은 타입을 사용하여 표현된다.

기존의 관계형 DB와 같은 데이터 모델링 기법은 컴퓨터 메모리상의 데이터 레이아웃을 정확히 표현할 수는 없지만, 이해를 도모하는 추상화 기법을 제공한다. 그러나 이러한 기법은 단순한 형태의 모델로 한정되며, 모델의 명확성보다는 구현을 위한 효율성에 중점을 두었다. 또한, 데이터 모델링 기법은 시스템을 명확히 설명할 수는 있지만, 시스템 행동에 대한 추론을 거의 지원하지 않는다.

하지만 수학적 데이터 타입을 사용한 데이터 모델은 위의 문제를 해결할 수 있다. 데이터 타입은 컴퓨터 표현을 지향하지는 않지만, 시스템의 행동을 효과적으로 추론할 수 있는 수학적 규칙을 따른다. 이 방법은 술어 논리 표기법을 사용하여 시스템의 행동을 추상적으로 기술한다. 이를 통해 시스템의 행동을 추론할 수 있다.

Z는 ISO/IEC 13568로 표준화 되어 있으며[ISO02], Z를 기반으로 하는 다양한 형태의 논리 기반 정형기법[156]이 개발되었다.

본 장에서 설명을 위해 사용된 예제의 일부는 [BECKERT04]에서 인용하였다.

8.2 Method

8.2.1 Syntax

가. Type

Z는 타입(type)을 사용하여 모든 것을 표현하므로 type의 정의 및 사용은 매우 중요하다.

156) 예를 들면, 객체 지향 방법을 적용한 Z++가 있다[Z++].

(a) Pre-defined types

Z Natation 에서 미리 정의된 타입을 사용한다. $\mathbb{Z}$, $\mathbb{Q}$, $\mathbb{R}$, $\mathbb{N}$ 등의 Pre-defined type이 존재하며, 각각 정수, 유리수, 실수, 자연수를 나타낸다. 이러한 Pre-defined type은 type에 대한 별도의 정의를 필요로 하지 않으며, 기호만을 사용하여 타입을 표현할 수 있다.

(b) Sets

Z Notation에서 정의된 모든 set는 type으로 사용될 수 있다. Set는 다음과 같은 형태로 정의된다:

- $[Person]$
- $weekday ::= mon \mid tue \mid wed \mid thu \mid fri \mid sat \mid sun$

[Person]은 Person 이라는 set를 정의한 것이며, weekday는 set의 원소를 mon부터 sun 까지로 직접 정의한 형태이다.

(c) Type definition

Z Notation에서는 다양한 형태로 타입을 정의할 수 있다. 타입을 정의하는 방법은 다음과 같다:

- $T=\mathbb{Z}$
  $T=\mathbb{Z}$ 는 Pre-defined type을 사용한 방법으로서 $\mathbb{Z}$는 정수형 타입을 나타낸다.
- $T=[Type]$
  $T=[Type]$은 set를 타입으로 정의한 방법이며, $[Type]$ 이라는 set가 타입으로 정의된 것이다.
- $T::=\cdots$ (free type)
  $T::=\cdots$ (free type) 은 set와 set의 원소의 정의를 사용하여 타입을 정의

한 형태이다. 예를 들면 *T::=mon | tue | wed | thu | fri | sat | sun* 와 같이 정의할 수 있다.

- *T=ℙT'*

  T=ℙT' 는 *T'* 타입을 원소로 갖는 set를 타입으로 정의한 것이다. 여기에서 ℙ는 power set를 나타내는 기호이다.

- *T=T1×⋯×Tn*

  T=T1×⋯×Tn 은 (t1,....,tn) 형태의 tuple을 타입으로 정의한 형태를 나타낸다.

나. Axiomatic definition

Axiomatic은 다음과 같이 정의된다.

SymbolDeclarations
ConstrainingPredicates

*SymbolDeclarations*에서는 Axiomatic에서 사용되는 기호를 선언하며, 제약 조건은 *ConstrainingPredicates* 에 기술된다.

예를 들면 positive natural number ℕ1은 다음과 같이 정의된다.

ℕ1: ℙ ℤ
∀z: ℤ • (z∈ℕ1⟷z≥1)

*SymbolDeclarations*에서는 ℕ1이 정수의 power set임을 나타내고 있다. 즉 ℕ1은 정수 집합이 일부이다. *ConstrainingPredicates* 에서는 ℕ1 이 되기 위한 정수의 조건을 표현하고 있다. 여기에서는 • 연산자가 사용되었다. *A•B* 는 *A*

에 속하는 원소 중 B를 만족하는 원소를 모아놓은 집합을 의미한다. 즉, $\mathbb{N}1$ 에 해당하는 값은 정수 중 1 이상인 값임을 나타낸다.

다. Relation

Z 에서는 type/set 간에 relation을 설정할 수 있다. Z 에서 사용되는 relation 은 다음과 같다:

- $S \leftrightarrow T = \mathbb{P}(S \times T)$
  $S \leftrightarrow T = \mathbb{P}(S \times T)$ 는 S와 T 간의 관계가 tuple로 표현될 수 있음을 나타낸다.
- $a \mapsto b$ for (a, b) if $(a, b) \in S \leftrightarrow T$
  S와 T 간의 관계에 따른 S의 원소 a와 T의 원소 b의 관계는 $a \mapsto b$ 와 같이 표현된다.
- dom $R = \{a : S, b : T \mid a \mapsto b \in R \bullet a\}$
  dom R 은 domain R 의 약자이다. $a \mapsto b \in R \bullet a$ 는 관계 R에 속하는 $a \mapsto b$ 에 대하여 a 부분에만 해당하는 집합을 나타낸다. 즉, $a \mapsto b$에서 앞 부분에 해당하는 값을 의미한다.
- ran $R = \{a : S, b : T \mid a \mapsto b \in R \bullet b\}$
  ran R은 range R의 약자이다. $a \mapsto b \in R \bullet b$는 관계 R에 속하는 $a \mapsto b$ 에 대하여 b 부분에만 해당하는 집합을 나타낸다. 즉, $a \mapsto b$에서 뒷 부분에 해당하는 값을 의미한다.
- $S' \lhd R = \{a : S, b : T \mid a \mapsto b \in R \land a \in S' \bullet a \mapsto b\}$
  $S' \lhd R$ 은 S와 T 간의 관계에 대해서 dom R 이 S'에도 속하는 경우에 해당하는 $a \mapsto b$를 나타낸다.
- $R \rhd T' = \{a : S, b : T \mid a \mapsto b \in R \land b \in T' \bullet a \mapsto b\}$
  $R \rhd T'$ 은 S와 T 간의 관계에 대해서 ran R 이 T'에도 속하는 경우에 해당하는 $a \mapsto b$를 나타낸다.
- $S' \ntriangleleft R = \{a : S, b : T \mid a \mapsto b \in R \land a \notin S' \bullet a \mapsto b\}$
  $S' \ntriangleleft R$ 와 S와 T 간의 관계에 대해서 dom R 이 S'에 속하지 않는 경우에

해당하는 $a \mapsto b$를 나타낸다.

- $R \rhd T' = \{a:S, b:T \mid a \mapsto b \in R \wedge b \notin T' \bullet a \mapsto b\}$
  $R \rhd T'$ 은 S와 T 간의 관계에 대해서 ran R 이 T'에 속하지 않는 경우에 해당하는 $a \mapsto b$를 나타낸다.
- $R ⨾ R' = \{a:S; b:T; c:U \mid a \mapsto b \in R \wedge b \mapsto c \in R' \bullet a \mapsto c\}$
  $R ⨾ R'$ 은 관계 R과 R'이 결합된 형태를 나타낸다. 즉, $a \mapsto b \in R$ 이고 $b \mapsto c \in R'$ 일 때 $a \mapsto c$ 가 성립하는 경우를 나타낸다.

라. Function

Function은 relation의 특별한 형태이며, 일반적인 관계를 나타내는 기호인 $\leftrightarrow$ 대신 다른 기호를 사용하여 표현한다. Function에는 Partial function과 Total function의 두 종류가 있다.

(a) Partial functions ($\rightarrowtail$)

$f \in S \nrightarrow T \Leftrightarrow$
$f \in S \leftrightarrow T \wedge \forall a:S, b:T, b':T \mid (a \mapsto b \in f \wedge a \mapsto b' \in f) \bullet b = b'$

Partial function은 S와 T의 관계에 대하여 $a \mapsto b \in f$ 이고 $a \mapsto b' \in f$ 이면 $b=b'$임을 만족하는 것을 나타낸다. 즉, 하나의 dom R에 대하여 관계가 성립하는 ran R이 하나만 존재함을 나타낸다.

(b) Total functions ($\rightarrow$)

$f \in S \rightarrow T \Leftrightarrow$
$f \in S \nrightarrow T \wedge \forall a:S \bullet \exists b:T \bullet a \mapsto b \in f$

Total function은 S의 모든 a에 대하여 Partial function 조건이 만족하는 경우를 나타낸다. 즉 Partial function과 동일하지만 Partial function에 속하는

dom *R*의 집합이 *S*와 동일한 경우임을 나타낸다.

마. Schemata

Z에서는 schemata를 사용하여 시스템을 명세한다. Schemata는 Axiomatic에 Name이 추가된 형태이다. Z에서의 시스템 명세는 주로 schemata를 통해 이루어지며, 앞서 살펴본 type, relation 등이 schemata 내부에서 사용된다. Schemata는 다음의 형태로 정의된다.

Name
SymbolDeclarations
ConstrainingPredicates

*SymbolDeclarations*과 *ConstrainingPredicates*는 Axiomatic과 동일하게 사용되며, *Name*은 schemata의 이름을 의미한다. 아래의 예를 살펴보자.

[Seat]
[Person]

TicketForPerformance
$seating : \mathbb{P}\, Seat$ *sold:Seat*⇸*Person*
dom $sold \subseteq seating$

먼저 [*Seat*]와 [*Person*] 타입을 선언하였으며, 이를 활용한 *TicketForPerformamnce*가 정의되어 있다. *TicketForPerformamnce*에서 사용되는 기호는 *seating*과 *sold*가 있으며, *seating*은 *Seat*을 원소로 갖는 집합이고 *sold*는 *Seat*⇸*Person* 형태의 관계이며 Partial function임을 알 수 있다. 또한 dom $sold \subseteq seating$ 를 통해 *sold* 함수에 속하는 모든 dom *sold* 는 *Seat*

타입임을 알 수 있다.

8.2.2 Semantics

가. Operations

모든 schemata는 State를 지닌다. State는 현재 variable이 할당되어 있는 상태를 의미하며, operation이 수행됨에 따라 state가 변하게 된다. 상태는 pre state와 post state로 구분되며, post state에는 ′ 기호가 표기된다. 또한 schemata에는 input과 output을 사용할 수 있으며 ?는 input을 의미하고 !는 output을 의미한다. 아래의 예를 살펴보자.

Purchase

TicketForPerformance
TicketForPerformance′
$s?: Seat$
$p?: Person$
$s? \in seating \setminus \mathrm{dom}\ sold$
$sold' = sold \cup \{s? \mapsto p?\}$
$seating' = seating$

Response::=okay | sorry

Success

$r!: Response$
$r! = okay$

*Purchase*에서는 *TicketForPerformance* 와 *TicketForPerformance′* 가 섞여 있다. 즉 *Purchase*에 의해 *TicketForPerformance*의 상태가 변화함을 나

타낸다. 또한 *Purchase*는 *s*와 *p*가 입력되며, 각각의 값이 *Seat*와 *Person* 타입임을 나타낸다.

ConstrainingPredicates 부분에서는 *Purchase*의 출력값 *s*와 *TicketForPerformance* 의 상태 변화를 나타내기 위한 *sold*와 *seating*의 변화가 나타나 있다. 입력된 *s* 는 *seating*의 원소이지만 dom *sold*에는 속하지 않는 값이다. *sold*에는 $s? \mapsto p?$, 즉 입력된 *s*와 *p*에 대한 관계가 추가되고, *seating*에는 변화가 없다.

즉, *Purchase*는 극장의 티켓을 구매하는 것을 의미하며, 아직 팔리지 않은 자리 하나와 사람 한명의 관계를 구성하여 이를 판매된 티켓 목록에 추가함으로서 현재 티켓 현황을 업데이트한다.

Response 타입은 *okay*와 *sorry*를 원소로 가진다. 이를 사용한 *Success*는 *r*을 출력하는 기능만을 지닌다. *r*은 *Response* 타입이며, 출력되는 *r*은 항상 *okay*임을 의미한다.

나. Operator

위의 예에서 *TicketForPerformance*의 상태 변화를 나타내기 위해 *TicketForPerformance*와 *TicketForPerformance′* 가 선언되었다. 그러나 상태 변화를 나타내기 위해 항상 두 개의 schemata를 계속해서 선언하는 것은 매우 번거로운 작업이다. 따라서 Z에서는 pre state와 post state에 대한 명세를 축약하기 위한 연산자가 존재한다. 이러한 연산자는 다음과 같다:

- $\Delta Schema \Leftrightarrow Schema \wedge Schema'$
- $\Xi Schema \Leftrightarrow \Delta Schema \wedge (x1 = x1' \wedge \cdots \wedge xn = xn')$ *where x1,…,xn are the variables declared in Schema*

Δ 연산자는 pre state와 post state를 모두 포함한다. 따라서 일반적인 상태의

변화를 나타낼 때는 Δ 연산자를 사용한다. 다음은 Δ 연산자를 사용하여 위 예제의 *Purchase*를 재구성한 것이다.

Purchase

$\Delta TicketForPerformance$
$s?: Seat$
$p?: Person$

$s? \in seating \setminus \mathrm{dom}\ sold$
$sold' = sold \cup \{s? \mapsto p?\}$
$seating' = seating$

Δ 연산자를 통해 *TicketForPerformance*와 관련된 선언 부분이 축약되었음을 알 수 있다.

Ξ 연산자는 Δ 연산자와 동일하게 pre state와 post state를 모두 포함한다. 그러나 state의 변화와 더불어 Schema에 선언된 모든 변수의 변화에 대해서도 나타내고 있다. 그러나 이 연산자를 사용하는 경우에는 pre state와 post state에 대한 변수의 값이 모두 동일해야 한다. 따라서 Ξ 연산자는 상태가 전혀 변화하지 않음을 나타낸다. 아래의 예를 살펴보자.

NotAvailable

$\Xi TicketForPerformance$
$s?: Seat$
$p?: Person$

$s? \in \mathrm{dom}\ sold$

*NotAvailable*에는 Ξ 연산자가 사용되었다. *s*와 *p*를 입력으루 받지만, 입력된 *s*가 dom *sold*에 속하는 경우를 나타내는 schemata이다 *NotAvailable*로 인해 *TicketForPerformance* 는 pre state와 post state를 갖게 되지만,

TicketForPerformance 의 변수인 *seating*과 *sold*에는 아무런 변화가 없음을 나타낸다. 즉, *NotAvailable*이 실행되어도 *TicketForPerformance*는 아무런 영향을 받지 않는다.

8.3 Example

가. Main Example

Z를 사용한 시스템 명세의 예제로는 BirthdayBook[SPIVEY]을 사용한다. BirthdayBook은 이름과 생일을 기록하는 시스템으로서 생일의 추가, 검색 등의 기능이 있다.

나. Description

BirthdayBook에는 (이름,생일)의 tuple로 데이터가 저장된다. BirthdayBook에는 생일의 추가 및 초기화 기능이 존재한다. 이름을 사용하여 생일을 검색할 수 있으며, 누군가의 생일이 되면 생일이라는 알림을 보내는 기능이 있다.

다. Specification

[*NAME*]
[*DATE*]
REPORT::=ok|already_known|not_known

이 부분은 명세에서 사용될 타입을 선언한 부분이다. *BirthdayBook* 예제에서는 [*NAME*], [*DATE*], *REPORT*라는 세 가지 타입을 사용한다. 이 중 *REPORT*는 원소가 *ok*, *already_known*, *not_known* 으로 제한되어 있다.

BirthdayBook

known: $\mathbb{P}$*NAME*
birthday:*NAME*⇸*DATE*
known=dom *birthday*

*BirthdayBook*은 *known*과 *birthday*를 원소로 갖는다. *known*은 *NAME*의 power set 이며, *birthday*는 *NAME*과 *DATE*간의 Partial function을 나타낸다. 즉 *known*은 저장된 이름의 목록이며, *birthday*는 이름과 이름에 대한 생일을 묶은 tuple의 집합을 나타낸다. 또한 *known*과 dom *birthday*는 같기 때문에 *known*에 저장되지 않은 사람의 생일이 저장되어 있지는 않으며, *known*에 저장된 모든 사람은 생일 또한 저장된 상태가 유지된다. *BirthdayBook* 은 BirthdayBook 예제에서의 핵심 schemata이며, 다른 모든 schemata는 모두 *BirthdayBook* schemata를 사용한다.

AddBirthday

ΔBirthdayBook
name?:*NAME*
date?:*DATE*
result!:*REPORT*
(*name?*∉*known* ∧ *birthday′*=*birthday*∪{*name?*↦*date?*} ∧ *result!*=*ok*) ∨ (*name?*∈*known* ∧ *birthday′*=*birthday* ∧ *result!*=*already_known*)

*AddBirthday*는 생일을 추가하는 기능을 담당한다. *name*, *date*를 입력받으며 *result*를 출력한다. 또한 *BirthdayBook*을 사용하며, *BirthdayBook*의 상태를 변화시킨다. 서술부의 첫 부분은 이름과 생일이 정상적으로 저장된 상황을 나타낸

다. 입력된 이름이 *known*에 포함되어 있지 않은 경우, 이는 이미 저장되어 있는 이름이 아니기 때문에 *birthday*에 입력된 이름과 생일을 저장하고 *ok*를 출력한다. 서술부의 두 번째 부분은 이름과 생일이 저장되지 않은 상황이다. 입력된 이름이 이미 *known*에 포함되어 있다는 것은 해당 이름에 대한 생일이 이미 저장되어 있다는 의미이기 때문에 *birthday*를 변화시키지 않고 *already_known*을 출력한다.

FindBirthday

ΞBirthdayBook *name?:NAME* *date!:DATE* *result!:REPORT*
$(name? \in known \wedge$ $\quad date! = birthday(name?) \wedge$ $\quad result! = ok) \vee$ $(name? \notin known \wedge$ $\quad date! = birthday(name?) \wedge$ $\quad result! = not\_known)$

*FindBirthday*는 생일을 검색하는 기능을 담당한다. *name*을 입력받아 검색을 수행하며 *date*와 *result*를 출력한다. *FindBirthday*에서는 *BirthdayBook*이 사용되지만, *BirthdayBook*의 변수의 값이 변화하지 않기 때문에 Ξ 연산자가 사용되었다. 서술부의 첫 번째 부분은 검색이 제대로 완료된 상태를 나타낸다. 입력된 *name*이 *known*에 속해 있기 때문에 *birthday(name?)*을 통해 *name*에 대한 생일을 출력하게 되며, *ok*도 함께 출력된다. 서술부의 두 번째 부분은 검색 결과가 없는 경우이다. 입력된 *name*이 *known*에 속해 있지 않기 때문에 *birthday(name?)*의 결과로 아무 값도 출력되지 않으며, *not_known*이 출력된다.

Remind

$\Xi BirthdayBook$
$today?:DATE$
$cards!:\mathbb{P}\ NAME$
$result!:REPORT$
$cards!=\{n:known \mid birthday(n)=today?\}$
$result!=ok$

*Remind*는 생일 알림 기능이다. *today*를 입력받으며, *cards*와 *result*를 출력한다. *Remind* 도 *FindBirthday*와 마찬가지로 *BirthdayBook*이 사용되지만, *BirthdayBook*의 변수의 값이 변화하지 않기 때문에 Ξ 연산자가 사용되었다. *today*는 *DATE* 타입이며, 입력된 날짜를 의미한다. *cards*는 *NAME* 타입이 아닌 $\mathbb{P}$ *NAME* 타입이 사용되었는데 이는 해당 날짜가 생일인 사람이 한 명으로 제한된 것이 아니라 여러 사람이 있을 수 있기 때문이다 *known*에 저장된 모든 이름을 대상으로 생일을 확인하며, *birthday(n)*이 *today*인 것만 *cards*에 포함된다.

InitBirthdayBook

$BirthdayBook$
$known=\varnothing$

*InitBirthBook*은 *BrithdayBook*을 초기화 하는 것이다. *known*을 $\varnothing$으로 만듦으로써 초기화를 수행한다. *known*이 $\varnothing$라는 것은 dom *birthday* 또한 $\varnothing$라는 것이므로 *birthday* 또한 초기화된다.

8.4 Tool

Z Notation을 사용하여 시스템을 명세하기 위한 지원 도구로는 Z Word

Tool[ZWORD]이 있다. 이 도구는 Microsoft word의 추가 기능으로 설치되어 사용할 수 있는 Z 명세 도구이다. Z Word Tool 은 Microsoft word 상에서 Z 언어 명세를 위한 여러 기능을 제공하고 있으며, 추가석으로 Z 파일로 export, fuzz type checker 등의 기능을 제공한다.

Z Word Tool을 설치하면 Microsoft word를 실행 시 <그림 8-1>과 같이 상단에 Z 메뉴가 나타난다.

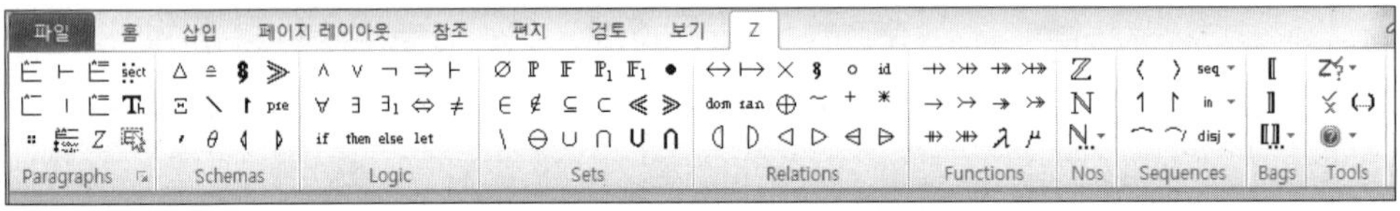

<그림 8-1> Word 상의 Z 메뉴

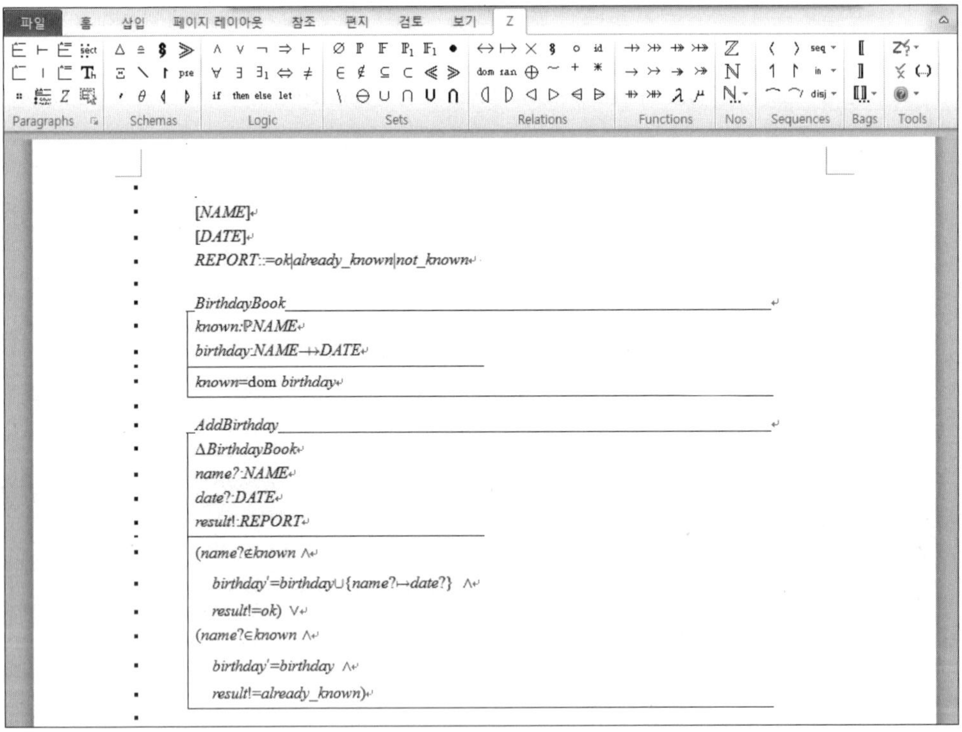

<그림 8-2> Word 상의 Z Specification

Z 메뉴에서는 Z Notation에서 사용되는 다양한 논리 기호 및 Schemata를 간편하게 입력할 수 있는 도구를 제공한다. <그림 8-2>는 Word 상에서 Z Notation을 사용한 시스템 명세의 예를 나타낸다.

Z Specification의 작성 후에는 타입 관련 오류를 확인하기 위한 Typecheck 기능을 활용할 수 있다. Typecheck를 실행하기 위한 메뉴는 <그림 8-3>에서 확인할 수 있다.

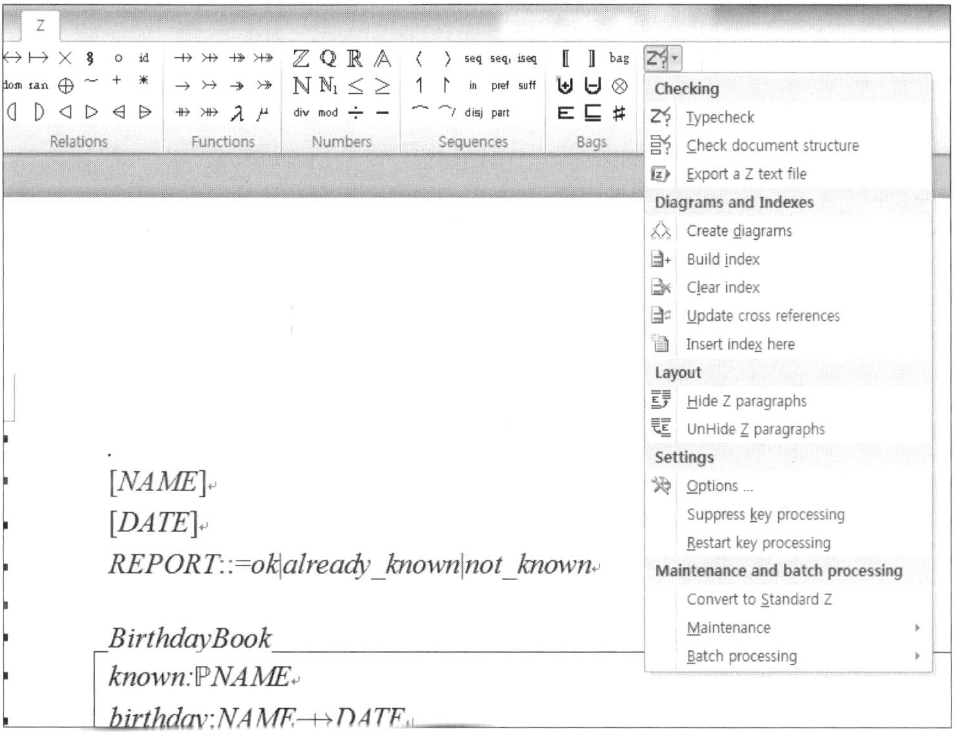

<그림 8-3> Typecheck 메뉴

Typecheck를 실행하면 type을 확인한다. 시스템 명세의 상태에 따라 <그림 8-4> 또는 <그림 8-5>와 같이 결과가 나타날 수 있다. <그림 8-4>는 오류가 없는 상태이며, <그림 8-5>는 오류가 발생한 상황을 나타낸다.

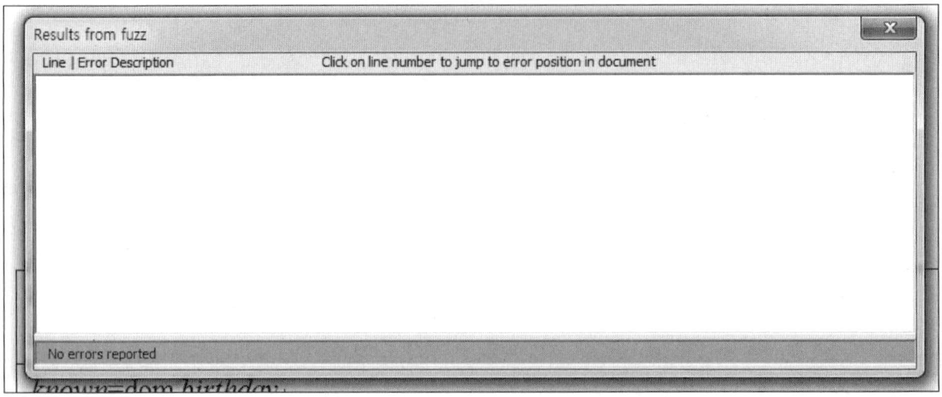

<그림 8-4> 오류가 없는 상태

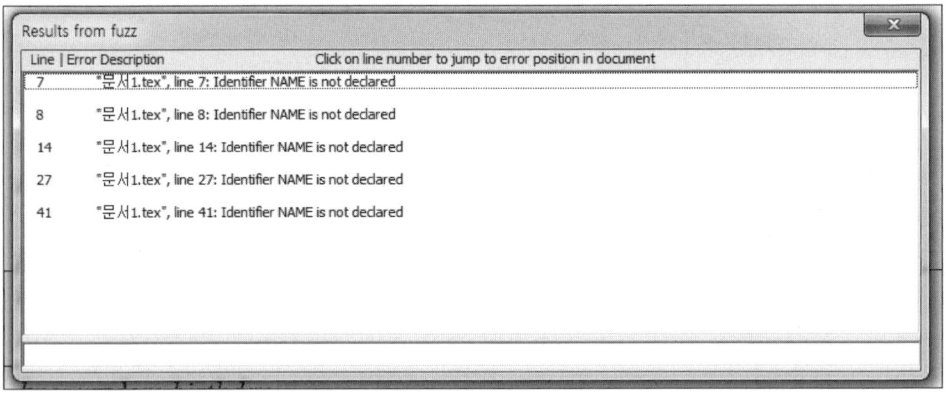

<그림 8-5> 오류가 발생한 상태

그러나 이러한 Z Specification은 Microsoft word에서만 사용되는 형태이다. 다른 Z 관련 도구와의 호환성을 위해서는 시스템 명세를 표준에 맞춰주어야 할 필요성이 있다. 이러한 변환을 위해 Z Word Tool에서는 Export a Z text file 기능을 제공한다. <그림 8-3>에서 해당 기능을 위한 메뉴를 찾아볼 수 있다. 이 기능을 실행하면 일반적으로 C:\Users\<Username>\Documents 경로에 tex 파일이 생성된다. 이 파일이 표준에 따라 변환된 Z 파일이다. <그림 8-6>은 tex 파일의 내용을 나타낸 것이다.

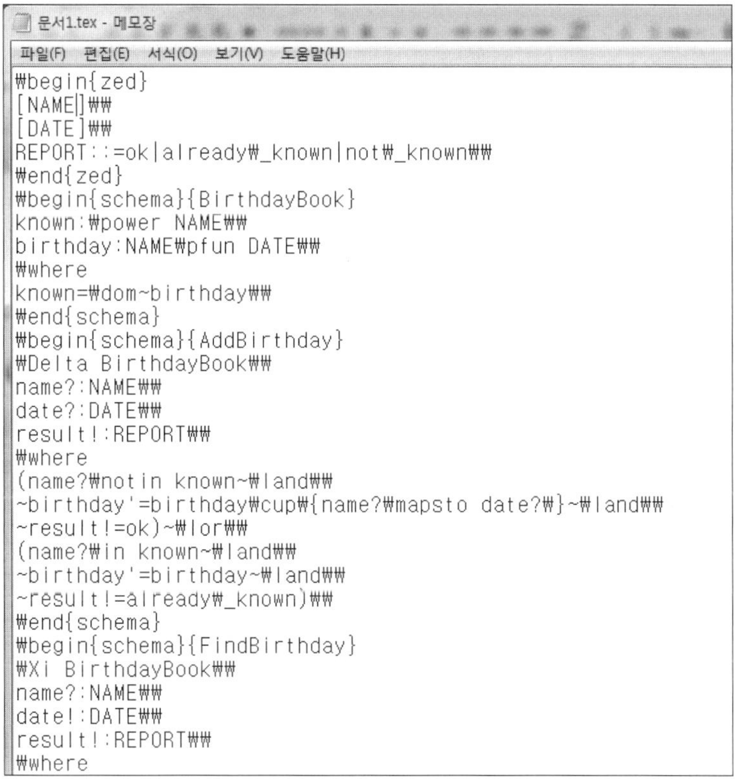

문서1.tex - 메모장

파일(F) 편집(E) 서식(O) 보기(V) 도움말(H)

```
₩begin{zed}
[NAME]₩₩
[DATE]₩₩
REPORT::=ok|already₩_known|not₩_known₩₩
₩end{zed}
₩begin{schema}{BirthdayBook}
known:₩power NAME₩₩
birthday:NAME₩pfun DATE₩₩
₩where
known=₩dom~birthday₩₩
₩end{schema}
₩begin{schema}{AddBirthday}
₩Delta BirthdayBook₩₩
name?:NAME₩₩
date?:DATE₩₩
result!:REPORT₩₩
₩where
(name?₩notin known~₩land₩₩
~birthday'=birthday₩cup₩{name?₩mapsto date?₩}~₩land₩₩
~result!=ok)~₩lor₩₩
(name?₩in known~₩land₩₩
~birthday'=birthday~₩land₩₩
~result!=already₩_known)₩₩
₩end{schema}
₩begin{schema}{FindBirthday}
₩Xi BirthdayBook₩₩
name?:NAME₩₩
date!:DATE₩₩
result!:REPORT₩₩
₩where
```

<그림 8-6> tex 파일

8.5 결어

Z 는 Axiomatic set theory, lambda calculus, first-order logic을 기반으로 하는 논리 시스템을 명세하기 위한 notation이다. 타입 정의, 변수 선언, 입력 값 및 출력 값 정의 등 시스템의 명세를 위해 필요한 기능이 제공되기 때문에 매우 유용하게 사용될 수 있으며, 논리 시스템을 채용하였기 때문에 시스템의 행동을 수학적으로 추론할 수 있다.

또한 Z Notation에서 정의된 논리 체계만이 아니라 별도로 정의된 논리 언어를 Z Notation에 도입할 수 있다. 이러한 특성으로 인해 Z Notation을 기반으로 하는 수많은 논리 기반 정형기법이 개발될 수 있었다.

또한 Z Notation은 ISO/IEC 13568로 표준화되어 있기 때문에[ISO02], 표준에 따라 작성된 Z Specification은 Z를 사용하는 어느 도구에서도 활용이 가능하다는 장점이 있다.

참고 문헌

[ABRIAL74] Jean Raymond Abrial, Data Semantics, Grenoble : Université scientifique et médicale, 1974.

[ISO02] ISO/IEC 13568:2002, Information technology - Z formal specification notation - Syntax, type system and semantics, 2002.

[BECKERT04] Bernhard Beckert, Formal Specification of Software The Z Specification Language, 2004.

[SPIVEY] J. M. Spivey, The Z Notation: A Reference Manual Second Edition, 1992.

[ZWORD] https://sourceforge.net/projects/zwordtools/

[SET] https://en.wikipedia.org/wiki/Set_theory

[LAMBDA] https://en.wikipedia.org/wiki/Lambda_calculus

[Z] https://en.wikipedia.org/wiki/Z_notation

[Z++] https://en.wikipedia.org/wiki/Z%2B%2B

09
PART

Temporal Logic

PART 09

Temporal Logic

9.1 개요

Temporal Logic[157](시제 논리)은 Amir Pnueli[158]가 시간적인 측면에서 시스템의 규칙을 표현하고, 명제의 참과 거짓을 판별하여 시스템을 분석하기 위한 만든 1차 술어 논리이다[HP85, MZP12].

Temporal Logic은 시스템의 명세 및 요구 사항에 대한 검증에 사용된다. 예를 들어 상호 배제(Mutual exclusion)가 요구되는 두 프로세스 P1과 P2은 다음과 같은 세 가지 요구 사항을 만족해야 한다.

157) Temporal Logic, 즉 시제 논리는, 1950년대 뉴질랜드 논리 학자인 A.N. Prior(1914년12월4일~1969년10월6일)가 창안한 Tense Logic을, 이스라엘의 논리 학자이며 컴퓨터 과학자인 Pnueli 교수가 Statechart[HAREL86, HAREL87]에 기반한 논리 검증 체계를 위하여 확장하고 체계화시킨 논리 체계이다.

158) Amir Pnueli(1941년4월22일~2009년11월2일)는 지금의 이스라엘인 팔레스타인에서 1941년 태어난 이스라엘 컴퓨터 과학자이며, 튜링상을 받은 세계적인 학자이다 [PNUELI]. 원래 이스라엘 Weimann Institute of Science에서 수학을 전공했지만, Stanford 대학에서 박사후 과정 중 컴퓨터 과학으로 전공을 바꾸었다. Temporal Logic, Model Checking의 전공자이며, Harel과 같이 I-Logix을 창립하여, Statechart를 위한 Statemate를 개발하였다. 1981년부터 Weimann Institute에서 교수직을 수행하였고, 1999년부터 사망전까지 New York University의 컴퓨터 과학과에 근무했다.

- r_0: 시스템의 모든 상태(State)에서, P1과 P2는 critical section을 동시에 점유할 수 없다.
- r_1: P1이 critical section에 진입하기 위해 대기하고 있다면, 언젠가는 반드시 critical section 진입해야 한다.
- r_2: P2도 r_1과 같은 요구 사항을 만족해야 한다.

만약 시스템의 모든 요구 사항 r에 대해서 참이라고 말할 수 있다면, 시스템은 유효하다고 할 수 있다. 그러므로 시스템의 요구 사항 r_0와 r_1, r_2가 유효하다고 증명할 수 있으면, 이 시스템은 상호 배제 문제가 발생하지 않는다.

시스템의 명세라는 관점에서, 위와 같은 시스템을 표현할 때, 시스템이 달성하고자 하는 요구 사항을 만족할 수 있도록 명세해야 한다. Temporal Logic은 시간 표현이 가능하기 때문에, 위에 서술한 상호 배제 예시와 같이, 시간에 대한 제약 조건이 필요한 시스템의 요구 사항을 명세하고 분석할 때 용이하다.

Temporal Logic의 정식의 종류는 크게 *상태 정식(State formulas)*과 *시간 정식(Temporal formulas)으로 나뉜다.* 상태 정식은 시스템의 각 상태의 관계를 표현하기 위한 정식이다. 시간 정식은 시스템의 각 상태의 관계를 시간 측면에서 명세하기 위한 정식이다. 시간 정식은 미래 연산자와 과거 연산자로 나뉜다. 시간 정식을 사용하여 시스템을 명세할 때, 하나의 연산자 혹은 여러 연산자를 조합하여 사용할 수 있다.

본 장에서 상태 정식과 연산자를 설명하기 위해 사용하는 예제는 [MZP12]를 참조하였다.

9.2 Method

9.2.1 State formulas

Temporal Logic은 *상태 언어(State Language)*를 기반으로 만들어졌기 때문에, *상태 정식(State formulas)*으로 구성되어 있으며, 상태 정식은 *시제 연산자(Temporal operators)*와 *논리 연산자(Logical operators)*의 집합으로 구성되어 있다. 이 절에서는 상태 언어의 정의와 상태 정식의 의미에 대해 다룬다.

가) 상태 언어(State Language)

(1) Vocabulary

상태 언어의 Vocabulary ν는 셀 수 있는 변수 유형의 집합으로 구성되어 있다. 예를 들어 프로그래밍 언어에서 제공되는 *데이터 변수(Data variables)의 경우, 이진(Boolean), 정수(Integer), 리스트(List), 집합(Set)* 등으로 구성된다. 상태 정식에서는 명제의 참과 거짓을 판별하기 위해서 데이터 변수의 이진 변수가 주로 사용된다.

또한 변수의 영역은 *고정 변수(rigid variable)*과 *변동 변수(flexible variable)*로 나뉜다. 고정 변수는 시스템의 모든 상태에서 반드시 같은 값을 가진다. 반대로 변동 변수는 시스템의 모든 상태에서 각각 다른 값을 가질 수 있다. 변동 변수는 데이터 변수와 같이 변할 수 있는 변수이다. 고정 변수는 주로 시스템의 각각 다른 상태를 명세할 때, 다른 상태를 연관 짓기 위해 사용된다. 예를 들어 상태 s와 s'이 있고, s'은 s보다 1이 더 큰 상태라고 가정했을 때, 고정 변수 u와 변동 변수 y를 사용하여 다음과 같이 표현할 수 있다.

- 만약 상태 s에서 $y=u$이면, 상태 s'는 $y=u+1$이다.

(2) Vocabulary의 다른 기호

Vocabulary ν는 또한 상수, 함수와 술어를 포함하고 있다. 예를 들어 참과 거짓을 나타내는 F, T와 0, 1, 2, ... 의 값을 나타내는 정수, 이진 변수의 함수 연산을 위한 $\vee, \wedge$ 등의 기호와 정수 계산을 위한 +, - 기호 등이 있다. hd, tl과 같이 리스트의 처음과 끝에 위치한 원소를 가져오는 함수도 있다.

(3) V에 대한 정의

다음의 식 $V \subseteq \nu$에 따라, V는 ν의 부분 집합이고, V의 변수와 기호를 사용하여 식과 정식에 대한 정의를 할 수 있다.

[정의 9.1] 식(Expressions)으로서의 V:

- 모든 변수 $x \in V$는 V의 식이다.
- 만약 $e_1,...,e_m$이 V의 식이고 f가 m차 함수($m \geq 0$)라면, $f(e_1,...,e_m)$는 식이다. 또한 모든 상수(m=0 인 경우)도 식이다.

예를 들어 $A \vee B$, $x+3y$, $hd(u)$는 식이다.

[정의 9.2] 원자 정식(Atomic Formulas)으로서의 V:

- 모든 명제 $x \in V$에 대하여, 이진 변수 x는 원자 정식이다.
- 만약 P가 m차 술어($m \geq 0$)이고 $e_1,...,e_m$이 P의 논증에 유효한 식이라면, $P(e_1,...,e_m)$는 원자 정식이다. 또한 같은 유형의 식 e_1,e_2에 대해, $e_1 = e_2$는 원자 정식이다.

예를 들어, $x > y+1$, $null(u)$, $x \in A \cup B$ 는 원자 정식이다.

[정의 9.3] 이진 정식(Boolean Formulas)으로서의 V:

- 모든 원자 정식은 이진 정식이다.
- 만약 p와 q가 이진 정식이라면 다음과 같은 이진 연결사($\neg, \vee, \wedge, \rightarrow, \leftrightarrow$)를 사용하여 표현한다.

예를 들어, $\neg(x > y) \wedge null(v)$는 이진 정식이다.

[정의 9.4] 상태 정식(State Formulas)으로서의 V:

- 모든 이진 정식은 상태 정식이다.
- 만약 p가 상태 정식이라면, 한정사($\exists$, $\forall$)를 사용하여 $\exists u$: p, $\forall u$: p와 같이 표현 가능하다.
- 만약 p와 q가 상태 정식이라면, 한정사를 포함하지 않은 상태 정식을 명제 상태 정식(propositional state formulas)이라고 한다.

예를 들어 $\forall x \forall y : (x > y+1) \rightarrow \exists v : null(v)$는 상태 정식이고, $(p \leftrightarrow q) \rightarrow r$은 명제 상태 정식이다.

나) 상태 정식의 의미(Semantics)

[정의 9.5] 모델(Models)로서의 V:

- 상태 s에 변수 $u \in V$ 가 할당 되었다면, $s[u]$와 같이 표현 가능하다.
- 모델 σ는 상태의 집합으로 순서를 가지고 있으며, $(\sigma : s_0, s_1, s_{2,...})$와 같이 표현한다.

여기서 s_i는 상태를 의미한다.

[정의 9.6] 식(V)의 의미:

상태 s와 식 e에 대해, $s[e]$와 같이 표기 가능하며, 다음과 같이 정의할 수 있다:

- 변수 $x \in V$의 값은 $s[x]$이다.
- 식 $f(e_1,...,e_m)$에 대해, 다음과 같이 정의한다:

$$s[f(e_1,...,e_m)] = f(s[e_1],...,s[e_m])$$

그러므로, 상태 s에서 함수 f를 식 $e_1,...,e_m$의 값에 적용 가능하다. 즉, 상태 s에 주어진 값을 각각의 식 $e_1,...,e_m$에 개별 적용 가능하다는 의미이다. 위 정식과 관련된 예제가 [정의 9.7]에 소개된다.

[정의 9.7] 이진 정식의 의미:

상태 s의 이진 정식 φ의 값을 $s[\varphi]$로 표기하며, 다음과 같이 정의한다:

- 원자 정식 $P(e_1,\ldots,e_m)$에 대해:
  - $s[P(e_1,\ldots,e_m)] = P(s[e_1],,\ldots,s[e_m])$
- 이진 정식의 이진 연결자 사용에 대해:
  - $s[\neg p] \ = \ \neg s[p]$
  - $s[p \vee q] \ = \ s[p] \vee s[q]$
  - $s[p \wedge q] \ = \ s[p] \wedge s[q]$
  - $s[p \rightarrow q] \ = \ s[p] \rightarrow s[q]$
  - $s[p \leftrightarrow q] \ = \ s[p] \leftrightarrow s[q]$

그러므로, 상태 s에서 원자 정식 P를 식 $e_1,\ldots,e_m$에 적용 가능하다. 즉, 상태 s에 주어진 값을 각각의 식 $e_1,\ldots,e_m$에 개별 적용 가능하다는 의미이다.

예를 들어, $V = \{x, y, z\}$이고 상태 s 일 때

$$s \ = \ < x:0, \ y:1 \ z:2 >$$

라면, 아래에 주어진 예제를 이진 정식 정의를 활용하여 구할 수 있다.

$$\begin{aligned}
& s[(x+z=2*y) \rightarrow (y>z)] \\
& \qquad = s[(x+z=2*y)] \rightarrow s[(y>z)] \\
& \qquad = (s[x]+s[z]=2*s[y]) \rightarrow (s[y]>s[z]) \\
& \qquad = ((0+2=2*1) \rightarrow (1>2)) \\
& \qquad = ((2=2) \rightarrow (1>2)) = (T \rightarrow F) \\
& \qquad = F
\end{aligned}$$

위 예제 $(x+z=2*y) \rightarrow (y>z)$에서 이진 연결자 사용 정의

$s[p \rightarrow q] = s[p] \rightarrow s[q]$를 적용하면 $s[(x+z=2*y)] \rightarrow s[(y>z)]$가 도출된다. 도출된 식을 $s[P(e_1,...,e_m)] = P(s[e_1],,...,s[e_m])$ 정의를 사용하면 $(s[x]+s[z]=2*s[y]) \rightarrow (s[y]>s[z])$를 구할 수 있다. 다시 상태 s의 세 가지 값 $x:0$, $y:1$ $z:2$를 도출된 식에 적용하면, $s[x]=0$, $s[z]=2$, $2*s[y]=2*1$의 값과 $s[y]=1$, $s[z]=2$의 값을 구할 수 있다. 각각의 식을 적용하면 $((0+2=2*1) \rightarrow (1>2))$ 식이 도출된다. 식을 계산하면 $((2=2) \rightarrow (1>2)) = (T \rightarrow F)$가 구해진다.

[정의 9.8] 상태 정식의 의미:

s, s'이 상태이고, $x \in V$ 이면, s의 $x-variant$인 s'을 다음과 같이 정의한다:

- $s'[y]=s[y]$에 대해 모든 $y \in V-\{x\}$이다.

$x-variant$는 상태 s와 s'가 변수 x를 제외한 모든 변수에서 같은 상태라는 의미이다. 즉, x에 대해서만 변동성이 허용된다는 의미이다.

주어진 상태 s와 상태 정식 p에 대해, s가 의미적으로 p를 수반한다는 것, 또는 p는 s로 의미적으로 유도된다는 것을 다음과 같이 기호로 표현할 수 있다.

$$s \Vdash p$$

또한 상태 정식 p의 종류에 따라 다음과 같이 정의 할 수 있다:

[정의 9.9] 상태 정식 p의 종류에 따른 정의:

$s \Vdash p$에 대해 다음과 같이 정의한다:

- 이진 정식에 대해:
  - $s \Vdash p$이면 $s[p] = T$이다.
- 변수 u에 대한 한정사에 대해:
  - $s \Vdash \exists u : p$이면 $s' \Vdash p$에 대해 어떤 s'은 s의 $u-variant$이다.
  - $s \Vdash \forall u : p$이면 $s' \Vdash p$에 대해 모든 s'은 s의 $u-variant$이다.

- 이진 연결자와 같이 쓰인 상태 정식에 대해:
  - $s \Vdash \neg p$이면 $s \nVdash p$ 이다.
  - $s \Vdash p \vee q$이면 $s \Vdash p$ or $s \Vdash q$ 이다.

9.2.2 Temporal Formulas: Future Operators

시간 정식은 *시제 연산자(Temporal operator)*, *이진 결합(Boolean connectives)*, *한정사(Quantification)*를 적용한 상태 정식을 기반으로 구성되어 있다. 시간 연산자의 종류는 *미래 연산자(Future Operators)*와 *과거 연산자(Past Operators)* 두 그룹으로 나뉜다. 먼저 미래 연산자에 대해 살펴본 후 6.2.3절에서 과거 연산자에 대해 살펴본다. 미래 연산자와 과거 연산자에서 사용되는 표의 예제는 [MZP12]를 참고했다.

각각의 연산자와 하위 정식은 시간 정식에서 사용된다. 시간 정식에 대한 정의는 다음과 같다.

[정의 9.10] 시제 정식에 대한 정의:

> *상태 순서(sequence)* σ에서 위치 $j \geq 0$에 대한 정식 p를 다음과 같이 표기한다:
>
> $$(\sigma, j) \vDash p$$

여기서 주의할 점은 $\vDash$와 $\Vdash$의 차이에 있다. $\vDash$는 상태 순서 σ가 의미적으로 p를 수반한다는 의미를 나타낼 때 쓰는 기호이고, $\Vdash$는 특정 상태(State)가 의미적으로 p를 수반한다는 의미를 나타낼 때 쓰이는 기호이다.

[정의 9.11] 상태 정식(State Formula)에 대한 정의:

> 상태 정식 p에 대해 다음과 같이 정의한다.
>
> $(\sigma, j) \vDash p$이면 $s_j \Vdash p$이다. $(\sigma : s_0, s_1, \ldots, s_j, \ldots)$

예를 들어 <표 9-1>에서 vocabulary $V=\{x,y\}$에 대한 상태 순서(sequence), 위치 $j=0,1,...,$ 및 상태 s_j에 대한 x, y의 값과 상태 정식 $x=y$의 결과를 확인할 수 있다.

j	0	1	2	3	…
x	1	2	3	4	…
y	5	4	3	2	…
x=y	F	F	T	F	…

<표 9-1> 상태 정식 예제

<표 9-1>을 확인 결과, 상태 순서(sequence)의 위치 j=2일 때 상태 정식 x=y의 값이 참임을 확인할 수 있다. 즉 $(\sigma,2)\vDash(x=y)$이다. 또한 j=2 외에 다른 위치는 참 값이 아님을 확인할 수 있다.

[정의 9.12] Boolean(이진) 연산자

- 부정 $\neg p$에 대해 다음과 같이 정의한다:

  $(\sigma,j)\vDash\neg p$이면 $(\sigma,j)\nvDash p$이다.

- 논리합 $p\vee q$에 대해 다음과 같이 정의한다:

  $(\sigma,j)\vDash p\vee q$이면 $(\sigma,j)\vDash p$ 또는 $(\sigma,j)\vDash q$이다.

<표 9-2>에서 Boolean 연산자에 대한 예제를 확인할 수 있다.

j	0	1	2	3	…
x	1	2	3	4	…
y	5	4	3	2	…
x=y	F	F	T	F	…
¬(x=y)	T	T	F	T	…
x<y	T	T	F	F	…
¬(x=y)∨(x<y)	T	T	F	T	…

<표 9-2> 이진 연산자 예제

[정의 9.13] Next(다음) 연산자 ○

Next 연산자는 다음과 같이 정의한다:

$(\sigma, j) \vDash \bigcirc p$이면 $(\sigma, j+1) \vDash p$이다.

<표 9-3>에서 Next 연산자에 대한 예제를 확인할 수 있다. Next는 다음 상태의 값을 그대로 참조한다.

j	0	1	2	3	4	5	6	…
x	0	0	1	1	0	0	1	…
x=0	T	T	F	F	T	T	F	…
x=1	F	F	T	T	F	F	T	…
○(x=1)	F	T	T	F	F	T	T	…
(x=0) ∧ ○(x=1)	F	T	F	F	F	T	F	…

<표 9-3> 다음 연산자 예제

[정의 9.14] Henceforth(이제부터는) 연산자 □

Henceforth 연산자는 다음과 같이 정의한다:

$(\sigma, j) \vDash \Box p$이면 모든 $k \geq j$에 대해 $(\sigma, k) \vDash p$ 이다.

<표 9-4>에서 Henceforth 연산자에 대한 예제를 확인할 수 있다. Henceforth는 어떤 상태 j를 기준으로 상태 j 이후의 정식이 모두 참이라면, 상태 j 이후의 상태는 모두 참이 됨을 의미한다. 만약 <표 9-4>에서 상태 4 이후의 x 값이 모두 정식 x>3을 만족하기 때문에, 상태 4 이후의 값은 모두 참이다.

j	0	1	2	3	4	5	6	…
x	1	3	2	4	3	5	4	x>3
x>3	F	F	F	T	F	T	T	…
□(x>3)	F	F	F	F	F	T	T	…

<표 9-4> Henceforth 연산자 예제

[정의 9.15] Eventually(언젠가) 연산자 ◇

Eventually 연산자는 다음과 같이 정의한다:

$(\sigma, j) \models \Diamond p$이면 어떤 $k \geq j$에 대해 $(\sigma, k) \models p$이다.

<표 9-5>에서 Eventually 연산자에 대한 예제를 확인할 수 있다. Eventually 연산자는 상태 j를 기준으로 상태 j 이후의 정식이 모두 거짓이라면, 상태 j 이후의 상태는 모두 거짓이 됨을 의미한다. <표 9-5>에서 x=4를 만족하는 값이 없기 때문에 상태 3 이후의 값은 모두 거짓이다.

j	0	1	2	3	4	5	...
x	1	2	3	4	5	6	x=x+1
x=4	F	F	F	T	F	F	...
◇(x=4)	T	T	T	T	F	F	...

<표 9-5> Eventually 연산자 예제

[정의 9.16] Until(까지) 연산자 U

Until 연산자는 다음과 같이 정의한다:

$(\sigma, j) \models pUq$이면 $\exists k \geq j$에 대해 $(\sigma, k) \models q$이고 $\forall i, j \leq i \leq k, (\sigma, i) \models p$이다.

Until 연산자는 ◇ 연산자와 □ 연산자가 결합된 형태이다. 즉 p가 참인 상태부터 q가 참인 상태까지 모두 참 값을 갖는다. <표 9-6>에서 식 $(3 \leq x \leq 5)U(x=6)$을 계산한 예제를 확인할 수 있다. 주어진 식에서 좌항이 참인 상태의 범위 j는 $2 \leq j \leq 4$이고 우항이 참인 상태는 $j=5$이다. 그러므로 상태 j의 범위 $2 \leq j \leq 5$는 모두 참이다.

j	0	1	2	3	4	5	6	...
x	1	2	3	4	5	6	7	x=x+1
3≤x≤5	F	F	T	T	T	F	F	...
x=6	F	F	F	F	F	T	F	...
$(3 \leq x \leq 5)U(x=6)$	F	F	T	T	T	T	F	....

<표 9-6> Until 연산자 예제

[정의 9.17] Unless(까지) 연산자 W

Unless 연산자는 다음과 같이 정의한다:

$(\sigma,j)\models p\,Wq$이면 $(\sigma,j)\models p\,Uq$ 또는 $(\sigma,j)\models \Box p$이다.

Unless 연산자는 until 연산자인 U와 $\Box$ 연산자가 결합된 형태이다. Unless 연산자는 until 연산자에 비해 비교적 약한 특성을 갖는다. 여기서 약한 특성이란, unless 연산자가 기존의 until 연산자보다 값의 포함관계가 더 넓다는 의미이다.

<표 9-7>에서 식 $[(3 \leq x \leq 5) \vee (x \geq 8)]\,W(x=6)$에 대한 예제를 확인할 수 있다. 좌항이 참인 상태의 범위는 $2 \leq j \leq 5$, $j > 6$이다. 우항이 참인 상태는 $j=5$이다. $p\,Uq$를 적용하여 좌항이 참인 상태의 범위 $2 \leq j \leq 5$와 우항이 참인 상태 $j=5$의 값을 적용해 상태 j의 범위 $2 \leq j \leq 5$는 참이다. $\Box p$를 적용하면 상태 j의 범위 $j > 6$는 모두 참이다. 그러므로 상태의 범위 $2 \leq j \leq 5$, $j > 6$는 모두 참이다.

j	0	1	2	3	4	5	6	7	8	…
x	1	2	3	4	5	6	7	8	9	x=x+1
3≤x≤5	F	F	T	T	T	F	F	T	T	…
x=6	F	F	F	F	F	T	F	F	F	…
$[(3 \leq x \leq 5) \vee (x \geq 8)]\,W(x=6)$	F	F	T	T	T	T	F	T	T	….

<표 9-7> Unless 연산자 예제

9.2.3 Temporal Formulas: Past Operator

과거 연산자는 미래 연산자와 대칭되는 연산자를 포함하고 있다 미래 연산자는 j, j+1, j+2, ... 순으로 위치를 결정하지만 과거 연산자는 이와 반대로 j, j-1, j-2, .0 순으로 위치가 결정된다. 과거 연산자의 종류는 Previous, Has-always-been, Once, Since, Back-to가 있다.

[정의 9.18] Previous(이전) 연산자 $\ominus$

previous 연산자를 다음과 같이 정의한다:

$(\sigma,j) \vDash \ominus p$이면 $(j>0)$ 그리고 $(\sigma,j-1) \vDash p$이다.

Previous 연산자는 Next 연산자와 반대이다. Next 연산자는 j+1의 값을 참으로 읽지만 Previous는 j-1의 값을 참으로 읽는다.

Previous 연산자에 대한 예제는 <표 9-8>과 같다. 표에서 x=1일 때 참인 상태는 $j=0,1,4,5$이고, x=0일 때 참인 상태는 $j=2,3,6$이다. (x=1) ∧ ⊖(x=0) 식에서 ⊖(x=0)일 때 참인 상태는 $j=3,4$이다. 그러므로 (x=1) ∧ ⊖(x=0)에서 참인 상태는 $j=4$이다.

j	0	1	2	3	4	5	6	…
x	1	1	0	0	1	1	0	…
(x=1) ∧ ⊖(x=0)	F	F	F	F	T	F	F	…
(x=0) ∧ ○(x=1)	F	F	F	T	F	F	F	…

<표 9-8> Previous 연산자 예제

[정의 9.19] Has-always-been(지금까지) 연산자 ⊟

has-always-been 연산자를 다음과 같이 정의한다:

$(\sigma,j) \vDash \boxminus p$이면 모든 k에 대해 $0 \le k \le j$이고, $(\sigma,k) \vDash p$이다.

Has-always-been 연산자는 미래 연산자인 Henceforth 연산자와 반대된다. Has-always-been 연산자의 예제는 <표 9-9>와 같다. $(x \le 3)$가 참인 상태의 범위는 $0 \le j \le 2$이다. Has-always-been 연산자의 참의 범위는 상태 $j=0$부터 마지막 참인 상태까지 모두 참이다. 그러므로 $\boxminus(x \le 3)$의 참의 범위는 $0 \le j \le 2$이다.

j	0	1	2	3	4	5	6	…
x	1	2	3	4	5	6	7	x=x+1
$\boxminus(x \le 3)$	T	T	T	F	F	F	F	…

<표 9-9> Has-always-been 연산자 예제

[정의 9.20] Once(적어도 한번) 연산자 $\diamondminus$

Once 연산자를 다음과 같이 정의한다:

$(\sigma, j) \models \diamondminus p$라면 어떤 k에 대해 $0 \leq k \leq j$이고, $(\sigma, k) \models p$이다.

Oncc 연산자는 미래 연산자의 Eventually p와 반대되는 값을 가진다. 한 번이라도 참이 되는 정식부터 그 이후의 상태는 모두 참이다.

<표 9-10>은 Once 연산자를 이용하여 $\diamondminus(x=4)$의 진리값을 구한 결과이다. $x=4$가 참이 되는 상태 $j=3$이다. 그러므로 $\diamondminus(x=4)$가 참인 상태의 범위는 $j \geq 3$이다.

j	0	1	2	3	4	5	...
x	1	2	3	4	5	6	x=x+1
$\diamondminus(x=4)$	F	F	F	T	T	T	...

<표 9-10> Once 연산자 예제

[정의 9.21] Since(이래) 연산자 S

Since 연산자를 다음과 같이 정의한다:

$(\sigma, j) \models pSq$ 이면 $\exists k, 0 \leq k \leq j$ 대해 $(\sigma, k) \models q$이고, $\forall i,\ k \leq i \leq j,\ (\sigma, i) \models p$이다.

Since 연산자 pSq로 표기하고 값의 범위는 q가 참이 되는 상태부터 시작하여 p가 마지막 참 값을 가지는 상태까지가 참 값의 범위이다.

Since 예제인 $(x \leq 6)S(x=3)$에 대한 진리값은 <표 9-11>에 있다. $x \leq 6$가 참인 상태의 범위는 $0 \leq j \leq 5$이고, $x=3$가 참인 상태는 $j=2$이다. 그러므로 $(x \leq 6)S(x-3)$가 참인 범위는 $2 \leq j \leq 5$이다.

j	0	1	2	3	4	5	6	…
x	1	2	3	4	5	6	7	x=x+1
$(x \le 6)$	T	T	T	T	T	T	F	…
$x = 3$	F	F	T	F	F	F	F	…
$(x \le 6)S(x = 3)$	F	F	T	T	T	T	F	…

<표 9-11> Since 연산자 예제

[정의 9.22] Back-to(뒤로) 연산자 B

Back-to 연산자는 다음과 같이 정의한다:

$(\sigma,j) \vDash pBq$ 이면 $(\sigma,k) \vDash pSq$ 또는 $(\sigma,j) \vDash \boxminus p$

미래 연산자에서 Until 연산자에 비해 약한 특성(weak property)을 가지는 Unless와 마찬가지로, Back-to 연산자도 Since 연산자의 약한 특성을 가지고 있다. Back-to 연산자는 Since 연산자와 Has-always-been 연산자가 결합한 형태이다.

Back-to 연산자에 대한 예제는 <표 9-12>에 제시되어 있다. $x \neq 4$가 참인 상태의 범위는 $j \neq 3$이다. $x = 6$이 참인 상태의 범위는 $j = 5$이다. $(x \neq 4)S(x = 6)$가 참인 범위는 $j \geq 5$이다. $\boxminus(x = 6)$이 참인 상태의 범위는 $j \leq 2$이다. 그러므로 $(x \neq 4)B(x = 6)$가 참인 상태의 범위는 $j \leq 2$, $j \geq 5$이다.

j	0	1	2	3	4	5	6	7	8	…
x	1	2	3	4	5	6	7	8	9	x=x+1
$(x \neq 4)$	T	T	T	F	T	T	T	T	T	…
$x = 6$	F	F	F	F	F	T	F	F	F	…
$(x \neq 4)B(x = 6)$	T	T	T	F	F	T	T	T	T	…

<표 9-12> Back-to 연산자 예제

[정의 9.23] Weak Previous(약한 뒤로) 연산자

Weak previous 연산자는 다음과 같이 정의한다.

$(\sigma,j) \vDash \widetilde{\ominus} p$ 라면 $j = 0$ 또는 $(j > 0$ 그리고 $(\sigma,j-1) \vDash p)$이다.

Until과 Since 연산자보다 약한 특성을 가지는 Unless나 Back-to 연산자와 마찬가지로 weak previous도 previous 연산자보다 약한 특성을 가진다. 약한 특성이란 뜻을 간단히 말하면, 기존의 previous 연산자는 j=0에서 항상 거짓 값을 가졌지만, weak previous에서는 항상 참 값을 가진다.

또한 weak previous 연산자는 시스템의 시작 위치를 명시할 수 있는 특수 술어인 $first$를 사용할 수 있다. $first$는 다음과 같이 표기할 수 있다.

$$first = \widetilde{\ominus} F$$

9.2.4 Axioms와 Inference Rules

윗 절에서 상태 정식과 시간 정식의 일반적인 특성을 기술하였다. 이러한 특성을 이용하여 시스템의 상태를 정식으로 명세할 수 있다. 하지만 명세한 정식을 유효하다고 검증하기 위해서는 공리와 추론 규칙이 필요하다. 예를 들어 다음과 같은 요구 사항에 대한 검증이 필요하다고 가정하자.

$$\Diamond p \Leftrightarrow \vee \bigcirc \Diamond p$$

이러한 요구 사항을 검증하기 위해서는 연역적 추론이 필요하다. 일반적인 논리 이론을 기반으로 정의한 공리와 추론 규칙을 통해 시스템의 요구 사항을 검증 가능하다.

가) 동치(Equivalence)와 합동(Congruence)

공리를 설명하기 전에 *동치(Equivalence)*와 *합동(Congruence)*에 대해 설명할 필요가 있다. 동치란 정식 p와 q가 첫 번째 상태에서 같은 진리값을 가짐을 의미한다. 만약 $p \leftrightarrow q$가 유효한 정식이라면, 동치를 다음과 같이 표기한다.

$$p \sim q$$

합동이란 정식 p와 q가 모든 상태에서 같은 진리값을 가짐을 의미한다. 합동은 *함의(Entailment)*라고도 불린다. 만약 $\Box(p \leftrightarrow q)$가 유효한 정식이라면, 합동을 다음과 같이 표기한다.

$$p \approx q$$

동치와 합동을 설명하기 위해 간단히 예를 들어,

$$T \sim \neg \ominus T$$

는 첫 번째 상태에서 반드시 참이다. 그러므로 동치이다. 그러나,

$$T \not\approx \neg \ominus T$$

와 같이 모든 상태에선 참이 아니다. 그러므로 합동이 아니다.

추가로, 합동은 다음과 같은 약어로 표기 가능한다:

$\Box(p \rightarrow q)$에 대해 $p \Rightarrow q$
$\Box(p \leftrightarrow q)$에 대해 $p \Leftrightarrow q$

나) 공리(Axioms)

공리는 유효한 정식의 집합이며 연산자의 기본 성질을 가진다. Temporal Logic에는 다음과 같이 *미래 공리(Future Axioms)*, *과거 공리(Past Axioms)*, *혼합 공리(Mixed Axiom)*와 *상태-항진 공리(State-Tautology Axiom)*가 있다.

[정의 9.24] 미래 공리(Future Axioms):

(1) $\square p \rightarrow p$

(2) $\bigcirc \neg p \Leftrightarrow \bigcirc p$

(3) $\bigcirc (p \rightarrow q) \Leftrightarrow (\bigcirc p \rightarrow \bigcirc q)$

(4) $\square (p \rightarrow q) \Rightarrow (\square p \rightarrow \square q)$

(5) $\square p \rightarrow \square \bigcirc p$

(6) $(p \Rightarrow \bigcirc p) \rightarrow (p \rightarrow \square p)$

(7) $p\,Wq \Leftrightarrow [q \vee (P \wedge \bigcirc (p\,Wq))]$

(8) $\square p \Rightarrow p\,Wq$

[정의 9.25] 과거 공리(Past Axioms):

(1) $\ominus p \rightarrow \widetilde{\ominus} p$

(2) $\widetilde{\ominus} (p \rightarrow q) \Leftrightarrow (\widetilde{\ominus} p \rightarrow \widetilde{\ominus} q)$

(3) $\boxminus (p \rightarrow q) \Leftrightarrow (\boxminus p \rightarrow \boxminus q)$

(4) $\square p \rightarrow \square \widetilde{\ominus} p$

(5) $(p \Rightarrow \widetilde{\ominus} p) \rightarrow (p \Rightarrow \boxminus p)$

(6) $pBq \Leftrightarrow (q \vee [p \wedge \widetilde{\ominus} (pBq)])$

(7) $\widetilde{\ominus} F$

[정의 9.26] 혼합 공리(Mixed Axioms):

(1) $p \rightarrow \bigcirc \ominus p$

(2) $p \Rightarrow \widetilde{\ominus} \bigcirc p$

이 두 가지 혼합 공리는 미래와 과거가 혼합되어 있다.

[정의 9.27] 상태-항진 공리(State-Tautology Axiom):

- 공리 TAU (tatutology): 상태-유효 정식 p에 대해:

  $\vDash p$

상태-항진 공리는 상태 유효성과 시간 유효성 사이를 연결해 주는 단일 공리이다. 추론 규칙에서는 이러한 단일 공리를 일반화 규칙(generalization rule)이라고 부른다.

다) 기본 추론 규칙(Basic Inference Rules)

추론 규칙은 기존의 정식에서 다른 유효한 정식으로 유도될 수 있는 패턴을 제공한다. 기본 추론 규칙은 *일반화(generalization)*, *특수화(specialization)*, *인스턴스화(instantiation)*와 *전건 긍정(Modus Ponens)*이 있다.

추론 규칙의 형태는 다음과 같다:

$$\frac{p_1,\dots,p_k}{q} \text{ 또는 } p_1,\dots,p_k \vdash q$$

위의 형태에서 $p_1,\dots,p_k$ 정식은 전제이고 , q 정식은 결론이다. 즉, $p_1,\dots,p_k$가 유효하면 q도 유효하다.

[정의 9.28] 일반화(Generalization): 상태 정식 p에 대해:

$$\frac{\Vdash p}{\vDash \Box p}$$

[정의 9.29] 특수화(Specialization): 상태 정식 p에 대해:

$$\frac{\models \Box p}{\Vdash p}$$

[정의 9.30] 인스턴스화(Instantiation): 정식 체계(Formula scheme) p와 교체 정식 α에 대해:

$$\frac{p}{p[\alpha]}$$

[정의 9.31] 전건 긍정(Modus Ponens): 전건 긍정에 대한 추론 규칙에 대해:

$$\frac{(p_1, \wedge \ldots \wedge, p_n) \rightarrow q,\ p_1,\ \ldots, p_n}{q}$$

다) 유도된 추론 규칙(Derived Inference Rules)

상태 정식과 시간 정식으로부터 공리와 기본 추론 규칙을 유도했던 것처럼, 공리와 추론 규칙으로부터 또 다른 추론을 유도할 수 있다.

[정의 9.32] 특성화(Particularization): 상태 정식 p에 대해:

$$\frac{\Box p}{p}$$

특성화는 다음과 같이 유도된다:

(1) $\Vdash p$	(전제)
(2) $\Box p \rightarrow p$	(미래 공리: 1번 규칙(1))

(3) p (추론 규칙: 전건 긍정(2,1))

[정의 9.33] 명제 추리(Propositional Reasoning): 명제 상태 정식 $p_1,\ldots,p_n$, q로부터, $\dfrac{(p_1 \wedge \ldots \wedge p_n)}{q}$가 유효 상태의 정식이라면:

$$\frac{(p_1,\ldots,p_n)}{q}$$

명제 추리 추론 규칙을 사용하여 아래의 예제를 풀어보았다:

(1) $p\,Wq \rightarrow p$ (전제)
(2) $p\,Wq \Leftrightarrow [q \vee (p \wedge \bigcirc(p\,Wq))]$ (미래 공리: 7번 규칙(1))
(3) $p\,Wq \leftrightarrow [q \vee (p \wedge \bigcirc(p\,Wq))]$ (⇔ 정의, 특성화(2))
(4) $p\,Wq \leftrightarrow p$ (명제 추리(3))

[정의 9.34] 함의 전건 긍정(Entailment Modus Ponens):
함의 전건 긍정은 $p_1,\ldots,p_n$이 모든 상태에서 참일 때, $(p_1 \wedge \ldots \wedge p_n) \Rightarrow q$가 유효하면, q도 모든 상태에서 유효하다는 의미이다. 함의 전건 긍정은 다음과 같다:

$$\frac{(p_1, \wedge \ldots \wedge, p_n) \rightarrow q,\ \ \Box p_1,\ \ldots, \Box p_n}{\Box q}$$

함의 전건 긍정의 식 유도 과정은 다음과 같다:

(1) $\Box(p \rightarrow q) \Rightarrow (\Box p \rightarrow \Box q)$ (미래 공리: 4번 규칙)
(2) $\Box(p \rightarrow q) \rightarrow (\Box p \rightarrow \Box q)$ (특성화(1))
(3) $p \Rightarrow q$ (전제)
(4) $\Box(p \rightarrow q)$ (⇔ 정의)
(5) $\Box p \rightarrow \Box q$ (전건 긍정(2,4))

(6) $\Box p$ (전제)

(7) $\Box q$ (전건 긍정(5,6))

[정의 9.35] 함의 이행성(Entailment Transitivity):
함의 전건 긍정을 기반으로 정의한 함의 이행성 규칙은 다음과 같다:

$$\frac{p \Rightarrow q,\ \ q \Rightarrow r}{p \Rightarrow r}$$

함의 이행성 식 유도 과정은 다음과 같다:

(1) $p \Rightarrow q$ (전제)

(2) $\Box(p \rightarrow q)$ ($\Rightarrow$ 정의)

(3) $q \Rightarrow r$ (전제)

(4) $\Box(q \rightarrow r)$ ($\rightarrow$ 정의)

(5) $\Vdash [(p \rightarrow q) \wedge (q \rightarrow r)] \ \rightarrow\ (p \rightarrow r)$ (공리 TAU)

(6) $[(p \rightarrow q) \wedge (q \rightarrow r)] \Rightarrow (p \rightarrow r)$ (일반화(5))

(7) $\Box(p \rightarrow r)$ (함의 전건 긍정(6,2,4))

(8) $p \Rightarrow r$ ($\Rightarrow$ 정의)

[정의 9.36] 함의 명제 추리(Entailment Propositional Reasoning): 전건 긍정으로부터 함의 전건 긍정을 유도한 방법과 유사하게, 명제 추리로부터 함의 명제 추리를 유도할 수 있다.

명제 상태 정식 $p_1, \ldots, p_n$, q 로부터, $\dfrac{(p_1 \wedge \ldots \wedge p_n)}{q}$가 유효 상태의 정식이라면:

$$\frac{\Box p_1,\ \ldots, \Box p_n}{\Box q}$$

와 같이 표기 가능하고, 함의 명제 추리를 사용하여 식을 유도하는 예제는 다음과 같다:

(1) $p \Rightarrow q$ (전제)
(2) $\square(p \rightarrow q)$ ($\Rightarrow$ 정의)
(3) $q \Rightarrow r$ (전제)
(4) $\square(q \rightarrow r)$ ($\Rightarrow$ 정의)
(5) $\square(p \rightarrow r)$ (함의 명제 추리(2,4))
(6) $p \Rightarrow r$ ($\Rightarrow$ 정의)

9.3 Properties

Temporal Logic에서는 시간에 따른 특정 상태의 활성화(참 혹은 거짓) 유무를 명세할 수 있다. 각 상태는 시간 순서를 가지고, 각 시간 순서에 따라 다른 상태를 지닌다. 그러므로 특정 상태에서 참이라는 것은 특정 시간에 참이라는 것을 의미한다.

Temporal Logic에서는 상태의 시간 관계를 통해 상태 간의 관계를 파악할 수 있다. 위의 9.2.2절과 9.2.3절에서 상태의 시간 관계를 명세하기 위한 시간 정식을 알아보았다. 시간 정식은 과거 연산자와 미래 연산자로 나뉘며, 연관 관계에 따라 다양한 형태의 연산자가 존재한다.

과거 연산자를 사용하면 특정 상태의 이전 상태 값에 의한 영향을 명세할 수 있다. 간단히 예를 들어 $\ominus$연산자의 경우, 기준 상태의 바로 전 상태가 어떤 값을 가지고 있느냐에 따라 현재 상태의 값이 변하게 된다.

반대로, 미래 연산자를 사용하면 특정 상태의 다음 상태 값에 의한 영향을 명세할 수 있다. 예를 들어 ○ 연산자의 경우, 기준 상태의 바로 다음 상태의 값을 참조함으로써, 현재 상태에 영향을 미친다.

Temporal Logic은 과거 연산자와 미래 연산자 간의 조합을 통해 상태 간의 시간 관계를 상대적으로 명세할 수 있다. 이러한 시스템 명세는 추론 규칙을 통해 연역적으로 증명할 수 있다.

9.4 Example

이 절에서는 Temporal Logic을 사용하여 PBC(Producer-Buffer-Consumer) 예제를 기술한다.

9.4.1 Main Example

PBC는 생산자(Producer), 버퍼(Buffer)와 소비자(Consumer) 간에 자원을 생산·전달·소비하는 과정을 다룬다. 즉, PBC는 생산자가 중간자를 거쳐 소비자에게 자원을 전달하는 예제이다. 생산자, 버퍼와 소비자가 자원을 점유하는 시점을 참이라 할 때, 전달자가 각 상태에서 가지는 값은 <표 9-13>과 같다.

전달자 \ 상태	1	2	3
생산자	T	F	F
버퍼	F	T	F
소비자	F	F	T

<표 9-13> 전달자의 자원 점유 상태

9.4.2 Description

PBC 예제에서 자원이 생산자가 버퍼를 거처 소비자까지 도달하는 과정에서 몇 가지 요구 사항을 충족해야 한다. PBC 동작에 대한 요구 사항은 다음과 같다.

- R1: 생산자가 버퍼와 동기화를 통해 자원을 전달한다.
- R2: 버퍼가 소비자와 동기화를 통해 자원을 전달한다.
- R3: 생산자가 버퍼에 자원을 전달 후 버퍼가 소비자에게 자원을 전달하여

야 한다.

- R4: 자원의 전달이 반복된다.

9.4.3 Specification

PBC의 동작은 다음과 같이 정리할 수 있다.

- 생산자가 버퍼에게 자원을 전달할 준비가 완료된다.
- 버퍼는 생산자로부터 자원을 받을 준비가 완료된다.
- 생산자는 버퍼에 자원을 전달한다.
- 버퍼는 생산자로부터 받은 자원을 소비자에게 전달한 준비를 완료한다.
- 소비자는 버퍼로부터 자원을 전달받을 준비를 완료한다.
- 버퍼는 소비자에게 자원을 전달한다.
- 첫 번째 동작으로 되돌아가 반복한다.

위의 정리된 PBC 동작을 Temporal Logic을 사용하여 다음과 같이 명세할 수 있다:

(1) $All_{ini} \rightarrow first \vee (\ominus C_{receive} \ U \ \bigcirc P_{ready})$

(2) $P_{ready} \rightarrow \ominus Start \ U \ \bigcirc P_{send}$

(3) $BR_{ready} \rightarrow \ominus Start \ U \ \bigcirc BR_{receive}$

(4) $P_{send} \rightarrow \ominus (P_{ready} \wedge BR_{ready}) \ U \ \bigcirc BS_{ready}$

(5) $BR_{receive} \rightarrow \ominus (P_{ready} \wedge BR_{ready}) \ U \ \bigcirc C_{ready}$

(6) $BS_{ready} \rightarrow \ominus BR\_receive \ U \ \bigcirc BS_{send}$

(7) $C_{ready} \rightarrow \ominus BR\_ready \ U \ \bigcirc C_{receive}$

(8) $BS_{send} \rightarrow \ominus (BS_{ready} \wedge C_{ready}) \ U \ \bigcirc All_{ini}$

(9) $C_{receive} \rightarrow \ominus (BS_{ready} \wedge C_{ready}) \ U \ \bigcirc All_{ini}$

Temporal Logic의 명세와 <표 9-13>의 자원 점유 시점을 결합하면 <표 9-14>와 같다. <표 9-14>는 Temporal Logic으로 명세한 각각의 시스템이 참 값을 가지는 시점을 시간 순으로 나열한 것이다. 즉 생산자가 소비자에게 자원을 전달하는 과정을 시간 관점에서 표를 통해 한 눈에 볼 수 있다. 표의 상태는 1~5가 반복된다.

전달과정	상태 / 시스템	1	2	3	4	5	6	7	…
초기 상태	All_{ini}	T					T		…
생산자-버퍼	P_{ready}		T					T	…
	BR_{ready}		T					T	…
	P_{send}			T					…
	$BR_{receive}$			T					…
버퍼-소비자	BS_{ready}				T				…
	C_{ready}				T				…
	BS_{send}					T			…
	$C_{receive}$					T			…

<표 9-14> PBC 상태도

아래의 내용은 Temporal Logic의 명세에 대한 설명이다. 아래의 설명에서 명시한 번호는 위의 Temporal Logic 명세의 각 번호 (1) ~ (8)에 해당한다.

1번의 All_{ini}는 시스템의 초기화를 나타내며, $first$와 $(\ominus C_{receive}\ U\ \bigcirc P_{ready})$의 논리합으로 구성된다. $first$는 시스템의 시작 상태를 표시하는 술어이다. $\ominus C_{receive}$와 $\bigcirc P_{ready}$는 각각 단항 연산자인 previous, next와 이항 연산자인 until을 사용하고 있다. previous와 next 연산자는 기존의 시스템이 값을 가지는 상태의 전 값과 후 값을 참조한다. 또한 참 값을 가지는 상태 범위를 until을 사용하여 나타낸다. 쉽게 표현하면, $Start$가 참 값을 가지는 상태의 범위는 $C_{receive}$가 참 값을 가진 후(previous)의 상태부터, P_{ready}가 참 값을 가지기 전(next) 상태까지라는 의미이다.

2번과 3번의 P_{ready}와 BR_{ready}는 각각 $\ominus Start\ U \bigcirc P_{send}$와 $\ominus Start\ U \bigcirc BR_{receive}$ 논리식으로 구성되어 있다. 두 논리식은 생산자가 버퍼에 자원을 보낼 준비가 완료됨을 의미한다. 즉 생산자와 버퍼가 동기화하는 구간이다. 이 논리식에도 1번과 같이 previous와 next 연산자를 포함하고 있다. Previous와 next 연산자는 1번에서 설명했으므로 생략한다.

4번과 5번은 생산자가 버퍼에 자원을 전달함을 의미한다. 두 논리식은 P_{ready}와 BR_{ready}의 논리곱으로 이루어져 있다. P_{ready}와 BR_{ready}는 생산자와 버퍼가 자원을 보내기 전에 동기화한다는 의미이며, 위의 단락에서 동기화를 이루는 과정을 설명했다. 이 논리곱은 previous 연산자로 묶여있고, 각각 BS_{ready}, C_{ready}와 until 연산자를 사용하여 구성되어 있다. 그러므로 4번과 5번 논리식은 생산자가 버퍼에 자원을 전달하기 전에 동기화가 필요함을 나타낸다.

6번과 7번은 2번과 3번 논리식과 거의 유사하다. 두 논리식을 통해 버퍼의 자원을 소비자에게 보내기 전에 동기화를 이루는 과정을 명세했다. until 연산자를 통해 자원을 보내기 전까지 동기화를 마쳐야 한다는 의미를 부여했다. 버퍼가 소비자에게 자원을 보내는 명세 내용은 8번과 9번에 있다.

8번과 9번은 버퍼가 소비자에게 자원을 보냈음을 의미한다. 이 논리식은 4번과 5번 논리식과 거의 유사하다. 4번과 5번 논리식은 시스템의 순환 구조를 나타내기 위해 All_{ini}를 until 연산자에 표현했다. 1번 식은 $\ominus C_{receive}$가 포함되어 있고, previous 연산자는 $C_{receive}$의 전 상태를 참조하기 때문에, 시스템의 상태가 1번으로 되돌아감으로써 시스템이 순환된다.

9.4.4 Verification

9.4.2 절에서 언급한 PBC의 요구 사항은 다음과 같다:

- R1: 생산자가 버퍼와 동기화를 통해 자원을 전달한다.

- R2: 버퍼가 소비자와 동기화를 통해 자원을 전달한다.
- R3: 생산자가 버퍼에 자원을 전달 후 버퍼가 소비자에게 자원을 전달하여야 한다.
- R4: 자원의 전달이 반복된다.

이 절에서 요구 사항을 검증할 때, <표 9-14>를 활용하여 요구 사항을 검증한다. <표 9-14>의 상태 1~5의 값은 반복된다. 요구 사항의 설명을 쉽게 진행하기 위해, 반복되는 값을 가지는 상태의 시작을 j+1이라 하고, 상태의 끝을 j+5라고 하겠다.

R1은 생산자가 버퍼에 자원을 전달하는 요구 사항이다. 생산자가 버퍼에 자원을 전달하는 요구 사항과 관련된 시스템은 P_{ready}, BR_{ready}, P_{send}, $BR_{receive}$이다. P_{ready}, BR_{ready}는 생산자와 버퍼의 동기화를 담당하고, P_{send}, $BR_{receive}$는 생산자가 버퍼에 자원을 전달하기 위한 시스템이다. <표 9-14>를 보면 P_{ready}, BR_{ready} j+2 상태에서 참 값을 가지고, P_{send}, $BR_{receive}$ j+3에서 참 값을 가진다. 생산자가 버퍼에 자원을 전달하기 전에 동기화가 이루어지므로, 생산자와 버퍼 간의 동기화 후에 자원을 전달하는 요구 사항을 만족한다.

R2는 버퍼가 소비자와 동기화한 후 자원을 전달하는 요구 사항이다. R2 요구 사항 검증 과정은 R1의 요구 사항 검증 과정과 유사하다. 버퍼가 소비자에게 자원을 전달하는 시스템은 BS_{ready}, C_{ready}, BS_{send}, $C_{receive}$이다. BS_{ready}, C_{ready}는 버퍼와 소비자 간의 동기화를 담당하고, BS_{send}, $C_{receive}$는 버퍼가 소비자에게 자원을 전달하는 시스템이다. <표 9-14>를 보면 BS_{ready}, C_{ready}가 j+4 상태에서 참 값을 가지고, BS_{send}, $C_{receive}$는 j+5 상태에서 참 값을 가진다. 버퍼가 소비자에게 자원을 전달하기 전에 동기화가 이루어지므로, 버퍼가 소비자와 동기화한 후에 자원을 전달하는 요구 사항을 만족한다.

R3는 생산자가 버퍼에 자원을 전달 후 버퍼가 소비자에게 자원을 전달하는 요구 사항이다. R1과 R2의 요구 사항을 통해 R3의 요구 사항을 검증할 수 있다. R1은 생산자가 버퍼에 자원을 전달하는 요구 사항이고 상태 i+2와 j+3에서 참이다. R2는 버퍼가 소비자에게 자원을 전달하는 요구 사항이고 상태 i+4와 j+5에서 참

이다. j+2와 j+3은 j+4와 j+5보다 선행된다. 그러므로 생산자가 버퍼에 자원을 전달 후 버퍼가 소비자에게 자원을 전달하는 요구 사항을 만족한다.

R4는 자원의 전달이 반복되는 요구 사항이다. R3를 통해 생산자가 소비자에게 자원을 전달하는 요구 사항을 만족하는 과정을 보았다. <표 9-14>를 보면 R1, R2와 R3 요구 사항을 만족한 후의 상태는 j+5 상태이다. j+5 상태에서 $C_{receive}$가 참 값을 가지고, 그 다음 상태에서 All_{ini}가 참이 된다. All_{ini}이 참이 될 때 j+1 상태로 돌아가게 된다. All_{ini}은 모든 시스템이 초기화됨을 의미한다. 이를 통해 각 시스템이 j+1으로부터 j+5까지 상태가 반복됨을 확인할 수 있다. 그러므로 자원의 전달이 반복되는 요구 사항을 만족한다.

9.5 결어

본 장에서는 Temporal Logic의 정의와 특징을 알아 보았고, Temporal Logic을 사용하여 PBC 예제를 명세하고 분석해 보았다. Temporal Logic은 1차 술어 논리로써, 시스템의 시간을 표현하기 위해 상태 정식과 시간 정식을 정의했다. Temporal Logic을 사용함으로써, 시스템의 각 상태에서 발생되는 프로세스의 행위를 시간 관점에서 정의한 문법을 사용하여 명세할 수 있다. 시스템을 명세할 때, 프로세스의 행위 시점에 따라서 과거 연산자나 미래 연산자, 혹은 연산자를 조합해서 명세가 가능하며, 명세된 시스템을 공리와 추론 규칙을 통해 연역적으로 분석 및 검증할 수 있다. Temporal Logic은 시간에 대한 명세가 가능하기 때문에 실시간 시스템의 분석 및 검증에 효과적이다.

참고 문헌

[HAREL86] Harel, David. Statecharts in the Making: A Personal Account. The Weizmann Institute of Science.

[HAREL87] David Harel, Statecharts: A visual formalism for complex systems. Science of Computer Programming, 8(3):231-274, June 1987.

[MZP12] Manna, Zohar, and Amir Pnueli. The temporal logic of reactive and concurrent systems: Specification. Springer Science & Business Media, 2012.

[HP85] D. Harel and A. Pnueli, On the development of reactive systems, in: K.R. Apt, Ed., Logics and Models of Concurrent Systems, Springer, New York, 1985. pp. 477-498.

[PNUELI] https://en.wikipedia.org/wiki/Amir_Pnueli

10

PART

Real-Time Logic

PART 10

Real-Time Logic

10.1 개요

Real-Time Logic(RTL)[159][JAHANIAN86, JLM88]은 실시간 시스템(RTS: Real-Time System)의 시간 요구 사항을 분석하기 위한 1차 술어 논리(first order predicate logic)이다. RTL은 *Event-Action Model*[HENINGER80; JAHANIAN86]를 기반으로 한다. Event-Action model은 *액션(Action)*, *상태 술어(State Predicate)*, *이벤트(Event)*, *시간 제약 조건(Timing Constraint)*이라고 하는 네 가지 기본 개념을 가진다.

- 액션(Action) : 액션은 시스템에서 발생하는 작업의 단위로 *단일 액션(Primitive Action)*과 *복합 액션(Composite Action)*으로 나눌 수 있다. 액션은 ';', '||', '!N' 표기법을 사용하여, 발생하는 순서를 제어한다. 액션의 자세한 내용은 *10.2.1 액션 상수(Action Constants)* 절에서 설명한다.

- 이벤트(Event) : 이벤트는 실시간 시스템에서 시간에 대한 액션의 행위를 설명할 때 사용하는 *시간 표시자(Temporal Marker)*역할을 한다. 이벤트

159) Real-Time Logic은 Modechart에서 명세한 기간에 대한 요구 사항을 검증하기 위해, Modechart의 개발자인 Jajanian과 Mok이 고안한 1차 술어 논리이다.

는 *시작 이벤트(Start Event)*, *종료 이벤트(Stop Event)*, *전이 이벤트(Transition Event)*, *외부 이벤트(External Event)* 로 구분된다. 이벤트의 자세한 내용은 *10.2.3 이벤트 상수(Event Constants)* 절에서 설명한다.

- 상태 술어(State Predicate) : 상태 술어는 시간 흐름에 따른 시스템의 상태가 참(True)인지 거짓(False)인지 표현하기 위해 사용된다. 상태 술어의 자세한 내용은 *10.2.4 상태 술어(State Predicates)* 절에서 설명한다.

- 시간 제약 조건(Timing Constraint) : 시간 제약 조건은 시스템에서 어떠한 이벤트가 발생하여 소요되는 시간은 *절대 시간(Absolute Time)*[160] [ABSOLUTTIME, 절대 시간]을 사용함을 의미한다.

RTL은 앞서 말한 네 가지 기본 개념을 따르며, RTL의 핵심이라고 할 수 있는 *발생 함수(Occurrence Function)*[161]를 추가한 정형 언어이다. RTL은 이벤트 발생에 시간 값을 할당하여 Event-Action model로 작성된 명세를 분석할 수 있다.

9장에서 소개한 일반적인 Temporal Logic은 *이벤트(Event)*나 *액션(Action)*의 상대적인 순서를 표현할 수 있지만, *절대 시간(Absolute time)*은 표현할 수 없었다. 따라서 RTL의 시간 특성은 실시간 시스템(RTS: Real-Time System)을 표현하기에 효과적이다. 일반적인 Temporal Logic은 '*A*; *B*' 와 같이 액션 *A*가 다음 액션 *B*를 수행하도록 명세할 수 있지만, 액션 *A*가 발생한 후 특정 시간 내에 액션 *B*가 발생하는 것을 명세할 수 없다.

---

160) 절대 시간은 아이작 뉴턴(Isaac Newton)[NEWTON; 뉴턴]에 의해 소개된 개념이다. 그의 저서 *Philosophiæ Naturalis Principia Mathematica* [PRINCIPIA; 프린키피아] 에서는 이렇게 말한다. "*수학적이며 진리적인 절대 시간은 외부의 그 어떤 것과 상관없이 그것 자체로 흐른다.*" 즉, 시간은 외부 변화에 상관없이 독립적으로 존재함을 의미한다.

161) 발생 함수(Occurrence Function)는 실시간 개념을 적용하기 위해 도입된 함수로써, 이벤트나 액션이 발생하는 시간을 표시해 주는 함수이다. 발생 함수는 @를 사용하여 표시해 준다. 발생 함수의 자세한 내용은 *10.2.2 발생 함수 (Occurrence Function)* 절에서 설명한다

[예제 10.1] 복합 액션(Composite Action)

A; (B || C)

예를 들어, [예제 10.1]과 같은 복합 액션이 주어질 경우, Temporal Logic은 *ABC*와 *ACB*, 두 가지 실행 순서를 갖도록 표현할 수 있다. 하지만 첫 번째 실행 순서인 *ABC*의 *C* 또는 두 번째 실행 순서인 *ACB*의 *B*가 언제 완료되었는지 알 수 없다. 즉, Temporal Logic은 시스템의 완료 시간을 알 수 없다. 실시간 시스템에서 실행 순서로만 명세된 시스템 행위(System Behavior)를 분석하는 것은 부자연스럽다. [예제 10.1]의 세 가지 액션 *A*, *B*, *C*가 각각 *1단위 시간*으로 실행된다고 가정하고 복합 액션 A; (B || C)를 *2단위 시간*에 완료해야 할 경우, *B*와 *C*는 병렬로 실행되어야 한다. 이렇듯 실시간(Real-Time)에서 절대 시간 값은 안전성(Safety)을 보장하기 위해 중요한 역할을 한다. 따라서 Temporal logic은 시간에 대한 제약 조건이 약한 시스템에서는 적합하나 실시간 시스템에는 적합하지 않다. 이 장에서는 Temporal Logic의 시간 특성을 보완한 Real-Time Logic(RTL)에 대해 알아본다. 다음 절부터 설명하는 정의와 예제는 [JAHANIAN86]와 [ALBERT]을 참조하였다.

10.2 Method

RTL의 상수는 *액션 상수(Action Constant)*, *이벤트 상수(Event Constant)*, *정수 상수(Integer Constant)* 세 가지 유형으로 구분된다[JAHANIAN86]. 액션 상수는 시스템의 행위를 표현하고, 고유한 이름을 가진다. 액션 상수는 *단일 액션(Primitive Action)*과 *복합 액션(Composite Action)*으로 나뉜다. 이벤트 상수는 액션의 시작을 알리는 *시작 이벤트(Start Event)*, 종료를 나타내는 *종료 이벤트(Stop Event)*, 시스템 상태가 이동하는 *전이 이벤트(Transition Event)*, 외부에서 발생하는 이벤트를 표현하는 *외부 이벤트(External Event)*로 나뉜다. 정수 상수는 일반적인 수학에서의 정수를 의미한다. 여기에 시스템의 일정기간 동안, 상태의 진리값을 나타내는 *상태 술어(State Predicates)*, RTL에서 이벤트나 사건 또는 액션의 발생을 명시하는 *발생 함수(Occurrence Function)* 포함하여 RTL

의 개념이 완성된다. 이 절에서 앞서 간략하게 설명한 액션 상수, 발생 함수, 이벤트 상수, 상태 술어를 자세히 살펴보자.

10.2.1 Action Constants

액션(*Action*)은 시스템의 행위를 표현하는 수단으로 고유한 이름을 사용한다. 이 고유한 이름은 변수 이름과 구별하기 위해 대문자를 사용한다. 액션은 *단일 액션*(*primitive action*)과 *복합 액션*(*composite action*)으로 구분한다. [정의 10.1]은 단일 액션과 복합 액션의 표기법 및 정의이다.

[정의 10.1] 단일 액션과 복합 액션의 표기법 및 정의

- 단일 액션의 표기법:
  ㄱ) A : 액션 A가 단독으로 시스템 행위를 표현할 경우 사용된다.
- 복합 액션의 표기법:
  ㄴ) B.A : 단일 액션 A가 복합 액션 B에 오직 한 개만 존재할 경우 사용된다.
  ㄷ) $B.A_i$: 단일 액션 A가 복합 액션 B에 두 개 이상 존재할 경우 사용된다.

[예제 10.2] 단일 액션과 복합 액션

ㄱ) CA : SAMPLE; TEST; SAMPLE; TEST; CALCULATE; TRANSMIT
ㄴ) CB : (INPUT1 || INPUT2); CALCULATE

예를 들어, [예제 10.2]과 같은 액션이 주어질 경우, *CA*와 *CB*는 복합 액션이며, *SAMPLE*, *TEST*, *CALCULATE* 등은 단일 액션이다. 즉, 복합 액션 *CA*는 단일 액션 *SAMPLE*, *TEST*, *CALCULATE*, *TRANSMIT*을 포함하고 있으며, 같은 방법으로 복합 액션 *CB*는 단일 액션 *INPUT1*, *INPUT2*, *CALCULATE*를 포함하고 있다. 복합 액션 *CA*를 보면, 단일 액션 *SAMPLE*이 두 번 나오는 것을 확인할 수 있다. 여기서 두 번째 단일 액션 *SAMPLE*를 명세할 경우 [정의 10.1]에 따라 $CA.SAMPLE_2$ 라고 명세 한다. 또한 [예제 10.2]를 보면, 복합 액션 *CA*와 *CB*에

는 동일한 단일 액션 *CALCULATE*가 있는 것을 확인할 수 있다. 이 동일한 단일 액션 *CALCULATE*를 구분하기 위해, [정의 10.1]에 따라 *CA.CALCULATE*, *CB.CALCULATE*라고 명세한다.

앞에서 설명했듯이 복합 액션은 두 개 이상의 단일 액션으로 이루어져 있다. 따라서 복합 액션은 포함되어 있는 액션의 순서를 지정할 수 있다. 복합 액션은 ';', '||', '!N'의 표기법을 사용하여 액션의 순서를 제어한다. [정의 10.2]은 액션의 순서를 제어하는 표기법 및 정의이다.

[정의 10.2] 액션의 순서를 제어하는 표기법 및 정의

- ';' : 액션의 순차적 실행을 의미한다. 즉, A; B는 액션 A가 실행된 후 액션 B가 순차적으로 실행됨을 의미한다.
- '||' : 액션의 병렬적 실행을 의미한다. 즉, A || B는 액션 A, B가 병렬적으로 실행됨을 의미한다.
- '!N' : 복합 액션의 부분 순서가 직렬적 또는 병렬적 실행이 아닌 경우 '!N'이라고 표시된 동기화 지점을 통한 실행을 의미한다. 예를 들어, X!N; A; B; !NY는 액션 Y의 실행이 시작되기 전에 액션 X의 실행이 완료되어야 함을 의미한다.

예를 들어 [예제 10.2]을 보면, [정의 10.2]에 의해 복합 액션 *CA*는 각 단일 액션이 순차적으로 실행함을 의미한다. 복합 액션 *CB*의 첫 번째 액션 (*INPUT1* || *INPUT2*)은 단일 액션 *INPUT1*, *INPUT2*로 구성된 복합 액션이다. 이 복합 액션은 [정의 10.2]에 의해 따라서 *INPUT1*, *INPUT2*가 병렬적으로 실행됨을 의미하고, 이 복합 액션이 실행된 후 단일 액션 CALCULATE 액션이 순차적으로 실행된다.

10.2.2 Occurrence Function

*발생 함수(Occurrence Function)*는 RTL의 핵심으로, 문자 *@*을 사용하여 표시한다. 발생 함수는 실시간(Real-Time) 개념을 적용하기 위해 도입되었다. [정의

10.3]은 발생 함수의 표기법 및 정의를 보여주며, [공리 10.1]은 발생 함수의 공리를 보여준다.

[정의 10.3] 발생 함수의 표기법 및 정의

- 발생 함수의 표기법:

$$@(e, i) = t$$

- 표기법에 대한 정의:
  ㄱ) 이벤트 e의 i 번째 발생 시간이 t 시간임을 의미한다.
  ㄴ) 이벤트 e는 *이벤트 상수(Event Constant)*이고, i는 *정수 상수(Integers Constant)* 또는 *변수*이다.

[공리 10.1] 발생 함수의 공리

- 명세된 시스템의 각 이벤트 E에 대해,
  ㄱ) $\forall i\ @(E, i) = t \rightarrow t \geq 0$
  ㄴ) $\forall i\ \forall j\ [@(E, i) = t \wedge @(E, j) = t' \wedge i < j] \rightarrow t < t'$

여기서 [공리 10.1]의 ㄱ)을 보면, 이벤트 E의 i번째 경우가 전혀 발생하지 않을 수 있으므로 $\forall i\ @(E, i) \geq 0$처럼 쓰지 않는다. ㄴ)을 보면 시스템에서 두 번 발생한 동일한 이벤트 E에 대해, 두 이벤트가 구별될 수 있어야 함을 의미한다.

발생 함수인, @를 사용하면 시간 제약 조건이 있는 시스템에서 시스템의 실시간 행위(System Behavior)를 표현할 수 있다. 발생 함수는 엄격한 시간 제약 조건을 표현하기 위해 대수 관계에서 사용된다. [예제 10.3]은 발생 함수를 표현한 예제이다. [예제 10.3]에서 나오는 *시작(Start,* ↑), *종료(Stop,* ↓), *외부(External,* Ω) 이벤트 상수의 자세한 내용은 *10.2.3 이벤트 상수(Event Constant)*절에서 설명한다.

[예제 10.3] 발생 함수의 표현

- 다음과 같은 요구 사항이 주어질 경우:
  - 요구 사항:
    ㄱ) 액션 SAMPLE은 BUTTON1이 발생한 후에만 실행된다.

ㄴ) SAMPLE의 모든 실행은 BUTTON1이 발생한 후, 20단위 시간 이내에 완료되어야 한다.

- RTL로 다음과 같이 명세할 수 있으며:
  - 명세:

    ㄱ) BUTTON1; SAMPLE

    ㄴ) $\forall i$ @(ΩBUTTON1, i) < @(↑SAMPLE, i) ∧

    @(↓SAMPLE, i) ≤ @(ΩBUTTON1, i) + 20
- 명세된 이벤트의 의미는 다음과 같다:
  - 이벤트의 의미

    ㄱ) ΩBUTTON1 : BUTTON1을 누른다는 것을 의미하는 *외부 이벤트 상수*.

    ㄴ) ↑SAMPLE : 액션 SAMPLE의 시작을 의미하는 *시작 이벤트 상수*.

    ㄷ) ↓SAMPLE : 액션 SAMPLE의 종료를 의미하는 *종료 이벤트 상수*.

[예제 10.3]의 의미는 다음과 같다. *명세 ㄱ)*은 *Event-Action Model*에 의해 *BUTTON1*이 수행된 후, *SAMPLE*이 차례대로 수행되는 것을 의미한다. 이것은 *요구 사항 ㄱ)*은 만족하지만 *요구 사항 ㄴ)*은 만족하지 않으며, 명세할 수도 없다. 따라서 *명세 ㄴ)*과 같이 시간 제약 조건을 더하여 명세한다. *명세 ㄴ)*은 *BUTTON1*의 발생 시간은 *SAMPLE*의 시작 시간보다 커서는 안 되며, *SAMPLE*의 종료 시간은 *BUTTON1*의 발생 시간에서 *20단위 시간*이 지난 시간보다 작거나 같아야 함을 의미한다. 즉, 20단위 시간을 20초라고 할 경우, BUTTON1이 눌린 후 SAMPLE이 시작되어야 하며, SAMPLE은 BUTTON1을 누른 후 20초 이내에 종료되어야 함을 의미한다. *명세 ㄴ)*을 보면, *요구 사항 ㄱ)*과 *ㄴ)*을 모두 만족하는 것을 확인할 수 있다.

10.2.3 Event Constant

*이벤트 상수(Event Constant)*는 실시간 시스템에서 시간에 대한 액션의 행위를 설명할 때 사용되는 시간 표시자(Temporal Marker) 역할을 한다. 이벤트 상수는 다음과 같이 네 가지로 분류된다.

- 시작 이벤트 (Start Event, ↑) : 액션의 시작을 의미하며, 기호 ↑로 표시한다.
- 종료 이벤트 (Stop Event, ↓) : 액션의 종료를 의미하며, 기호 ↓로 표시한다.
- 외부 이벤트 (External Event, Ω) : 외부에서 발생하는 이벤트이며, 기호 Ω로 표시한다.
- 전이 이벤트 (Transition Event) : 시스템 상태의 속성의 변화를 의미한다.

가. 시작 이벤트 / 종료 이벤트 상수 (Start and Stop Event Constant)

시작 이벤트 및 *종료 이벤트 상수(Start and Stop Event Constant)*는 액션의 시작과 종료를 의미한다. [정의 10.4]는 시작 이벤트 및 종료 이벤트의 표기법 및 정의를 보여준다.

[정의 10.4] 시작 이벤트 및 종료 이벤트의 표기법 및 정의

- 시작 이벤트의 표기법:

$$\uparrow A$$

- 종료 이벤트의 표기법:

$$\downarrow A$$

- 표기법에 대한 정의:
  ㄱ) ↑A : 액션 A의 시작을 의미한다.
  ㄴ) ↓A : 액션 A의 종료를 의미한다.

시작 이벤트 및 종료 이벤트는 *단일 액션(Primitive Action)*과 *복합 액션(Composite Action)* 모두에서 사용할 수 있다. 예를 들어, ↑B.A는 복합 액션 B내에 있는 액션 A의 시작을 의미하며, 유사하게 ↑$B.A_2$는 B내에 있는 두 번째 A의 시작을 의미한다. 단일 액션의 시작 이벤트 또는 종료 이벤트의 발생 시간은 액션에 시작 이벤트 또는 종료 이벤트를 표시함으로써 정의되며, 복합 액션의 시작 이벤트 또는 종료 이벤트의 발생 시간은 모든 하위 액션이 시작 시간 최소값 t에서 시작되었다고 말하며, 종료 시간 최대값 t에서 종료했다고 정의한다. [공리 10.2]는 시작 이벤트 및 종료 이벤트의 공리를 보여준다.

[공리 10.2] 시작 이벤트 및 종료 이벤트의 공리

- 명세된 시스템의 각 액션 A에 대해,

  ㄱ) ∀i ∀t @(↓A, i) = t → @(↑A, i) < t

- 복합 액션 C에서 각 하위 단일 액션 A에 대해,

  ㄴ) ∀i ∀t @(↑C.A, i) = t → ∃j @(↑A, j) = t

  ∧ [@(↓C.A, i) = t' ↔ @(↓A, j) = t']

[공리 10.2]가 성립됨을 간단히 설명하면, 다음과 같다. ㄱ)을 보면, 액션 A의 종료 시간이 t 시간일 경우, 액션 A의 시작 시간은 t 시간보다 작아야 한다. 다시 말해, 어떤 액션에 대해, 액션의 종료 이벤트는 해당 액션의 시작 이벤트 이후에 표시해야 한다. ㄴ)은 복합 액션의 하위 단일 액션에서의 시작 시간과 종료 시간의 관계를 보여준다. 복합 액션 C의 하위 단일 액션 A의 시작 시간이 t 시간일 경우, 해당 단일 액션 A의 시작 시간은 t 시간임을 보여주며, C의 하위 단일 액션 A의 종료 시간이 t′ 시간일 경우 해당 단일 액션 A의 종료 시간은 t′ 시간이 된다. 이것은 서로 다른 복합 액션 내에 똑같은 단일 액션이 존재할 경우, 똑같은 단일 액션의 시작 시간과 종료 시간을 구분하기 위함이다. 예를 들어, *10.2.1 액션 상수(Action Constants)*의 [*예제 10.2*]에서 서로 다른 복합 액션 CA와 CB 내에 있는 동일한 단일 액션 CALCULATE의 시작 시간과 종료 시간을 구분하기 위함이다.

나. 전이 이벤트 상수 (Transition Event Constant)

*전이 이벤트(Transition Event)*는 *상태 속성(State Attribute)*의 변화를 표시하며, 상태 속성은 실시간 시스템 환경에서의 상태를 의미한다. 다시 말해, 상태 속성은 "*타이어의 압력이 안전 수준 이하이다.*"와 같은 시스템의 상태를 의미한다. [정의 10.5]는 전이 이벤트의 표기법 및 정의를 보여준다.

[정의 10.5] 전이 이벤트의 표기법 및 정의

- 전이 이벤트의 표기법:

  ㄱ) (S := T)

  ㄴ) (S := F)

- 표기법에 대한 정의:
  ㄱ) 상태 속성 S를 참으로 변경시키는 전이 이벤트이다.
  ㄴ) 상태 속성 S를 거짓으로 변경시키는 전이 이벤트이다.

상태 속성은 전이 이벤트 표기에서만 정의되지만, 상태 속성은 RTL에서 상수(Constant)는 아니다. 또한 상태 속성을 RTL의 *상태 술어(State Predicates)*와 혼동해서는 안 된다. 상태 술어의 자세한 내용은 10.2.4 상태 술어 (State Predicates) 절에서 확인할 수 있다. [공리 10.3]은 전이 이벤트의 공리를 보여준다.

[공리 10.3] 전이 이벤트의 공리1

- 전이 이벤트 (S := T)가 0 시간에 발생할 경우:
  즉, @((S := T), 1) = 0이라면, 상태 속성 S의 초기 값은 참으로 정의된다.
- 전이 이벤트 (S := F)가 0시간에 발생할 경우:
  즉, @((S := F), 1) = 0이라면, 상태 속성 S의 초기 값은 거짓으로 정의된다.

[공리 10.4]는 상태 속성 S의 초기 값이 *참(true)*인지 *거짓(false)*인지에 따라 두 차례 연속으로 반대 기호의 전이 이벤트가 발생하는 순서를 정의한 것이다. 예를 들어, S의 초기 값이 참일 경우, S를 거짓으로 변경하는 전이와 다시 S를 참으로 변경하는 전이가 연속으로 발생함을 의미한다.

[공리 10.4] 전이 이벤트의 공리2

- 시스템 명세에서 각 상태 속성 S에 대해,
  - S의 초기 값이 참일 경우:
    ㄱ) $\forall i\ \forall t\ @((S := F), i) = t \rightarrow @((S := T), i) < t$
    ㄴ) $\forall i\ \forall t\ @((S := T), i + 1) = t \rightarrow @((S := F), i) < t$
  - S의 초기 값이 거짓일 경우:
    ㄱ) $\forall i\ \forall t\ @((S := T), i) = t \rightarrow @((S := F), i) < t$
    ㄴ) $\forall i\ \forall t\ @((S := F), i + 1) = t \rightarrow @((S := T), i) < t$

즉, [공리 10.4]에서 상태 속성 S의 초기 값이 참일 경우, ㄱ)은 S를 거짓으로 변경되는 전이 이벤트가 발생할 때, 현재 S는 참이어야 한다. ㄴ)은 그 다음 다시 S가 참으로 변경되는 전이 이벤트가 발생할 경우, 현재 S는 거짓이어야 함을 의미한다. 상태 속성 S의 초기 값이 거짓일 경우는 이와 반대로 생각하면 된다.

다. 외부 이벤트 상수 (External Event Constant)

*외부 이벤트(External Event)*는 컴퓨터 시스템에서 발생하지 않는 시스템 행위에 영향을 줄 수 있는 이벤트이다. 외부 이벤트는 특수문자 Ω(오메가)를 앞에 붙인 대문자로 표시한다. [정의 10.6]은 외부 이벤트의 표기법 및 정의를 보여준다. [예제 10.4]는 외부 이벤트의 예제이다. [예제 10.4]에서 ㄱ)은 clock tick을 의미하는 외부 이벤트를 보여주며, ㄴ)은 press button #1을 의미하는 외부 이벤트를 보여준다.

[정의 10.6] 외부 이벤트의 표기법 및 정의

- 외부 이벤트의 표기법:

  ΩA

- 외부 이벤트의 정의:
  - 시스템에서 직접 발생하진 않았지만, 시스템에 영향을 줄 수 있는 이벤트를 의미한다.

[예제 10.4] 외부 이벤트의 표현

ㄱ) ΩCLOCK : clock tick

ㄴ) ΩBUTTON1 : press button #1

10.2.4 State Predicates

실시간 시스템에서 안전성 어써션/논제(Safety assertions)은 시간의 흐름에 따른 시스템의 상태를 통해 파악할 수 있다. 이러한 어써션을 표현하는 한 가지 방법은 시간-종속적인 술어를 도입하는 것이다. RTL은 일정 기간 동안 상태 속성의 진리값을 표현하기 위해 *상태 술어(State Predicates)*라고 하는 표기법을 사용한다. 상태 속성 S가 일정한 기간 동안 진리값이 변하지 않는 상태 속성이라고 가정할 경우, RTL은 경계 조건을 사용하여, 일정 기간 동안 S의 진리값을 표현하기 위해 [예제 10.5]와 같은 9가지 형태의 상태 술어를 제공한다.

[예제 10.5] 상태 술어의 표기법

S[x, y], S(x, y), S<x, y>, S[x, y), S[x, y>, S(x, y], S(x, y>, S<x, y], S<x, y)

상태 술어는 상태 속성 S의 진리값을 *참(true)*으로 변경하는 전이 이벤트와 S의 진리값을 *거짓(false)*으로 변경하는 전이 이벤트로 표시한다. [예제 10.5]에서 두 인수 x와 y는 시간을 의미하고 상태 속성이 참으로 유지되는 기간을 표시하기 위해 "[", "]", "(", ")", "<", ">" 기호와 함께 사용된다. [정의 10.7]은 상태 술어의 표기법 및 정의를 보여준다.

[정의 10.7] 상태 술어의 표기법 및 정의

- 상태 술어의 표기법:

  [x, (x, <x, y], y), y>

- 상태 술어의 의미:
  - 인수 x, y는 시간을 의미하고, E_t와 E_f가 상태 속성 S를 각각 참(true)과 거짓(false)으로 변경하는 전이 이벤트일 경우,

    ㄱ) [x : E_t가 x 시간에 발생함을 의미한다.

    ㄴ) (x : E_t가 x 시간 또는 x 시간 이전에 발생함을 의미한다.

    ㄷ) <x : E_t가 x 시간 이전에 발생함을 의미한다.

    ㄹ) y] : E_f가 y 시간에 발생함을 의미한다.

    ㅁ) y) : E_f가 y 시간 또는 y 시간 이후에 발생함을 의미한다.

    ㅂ) y> : E_f가 y 시간 이후에 발생함을 의미한다.

예를 들어, 상태 술어 S[x, y]는 상태 속성 S가 x, y사이의 기간에서 정확히 참임을 의미한다. 즉, S를 참으로 만드는 전이 이벤트 E_t가 x시간에 발생하고, y시간에 거짓으로 만드는 전이 이벤트 E_f가 발생한다. 따라서 상태 속성 S는 x와 y 사이에서 정확히 참으로 유지된다. 또 다른 예로, 상태 술어 S(x, y)는 x, y사이의 기간 동안 상태 속성 S가 참임을 나타낸다. 하지만 x시간 이전 또는 y시간

이후 S 값에 대해서는 알 수 없다. 만약, x시간 이전에 E_t가 발생할 경우 x시간 이전에도 참일 수 있다.

[정의 10.8]은 [예제 10.5]에서 9개의 상태 술어가 참인 경우의 정의이며, [정의 10.9]는 [예제 10.5]에서 9개의 상태 술어가 거짓인 경우의 정의이다.

[정의 10.8] 상태 술어가 참인 경우의 정의

- $S[x, y] \equiv \text{true iff } \exists i\ \exists j\ \nexists k\ @((S := T), i) = x \land y = @((S := F), j) \land$
  $x < @((S := F), k) \land @((S := F), k) < y$
- $S[x, y) \equiv \text{true iff } \exists i\ \nexists k\ @((S := T), i) = x \land$
  $x < @((S := F), k) \land @((S := F), k) < y$
- $S[x, y> \equiv \text{true iff } \exists i\ \nexists k\ @((S := T), i) = x \land$
  $x < @((S := F), k) \land @((S := F), k) \leq y$
- $S(x, y) \equiv \text{true iff } \exists i\ \nexists k\ @((S := T), i) = x \land$
  $x < @((S := F), k) \land @((S := F), k) < y$
- $S(x, y] \equiv \text{true iff } \exists i\ \exists j\ \nexists k\ @((S := T), i) \leq x \land y = @((S := F), j) \land$
  $x < @((S := F), k) \land @((S := F), k) < y$
- $S(x, y> \equiv \text{true iff } \exists i\ \nexists k\ @((S := T), i) \leq x \land$
  $x < @((S := F), k) \land @((S := F), k) \leq y$
- $S<x, y> \equiv \text{true iff } \exists i\ \nexists k\ @((S := T), i) < x \land$
  $x \leq @((S := F), k) \land @((S := F), k) \leq y$
- $S<x, y] \equiv \text{true iff } \exists i\ \exists j\ \nexists k\ @((S := T), i) < x \land y = @((S := F), j) \land$
  $x \leq @((S := F), k) \land @((S := F), k) < y$
- $S<x, y) \equiv \text{true iff } \exists i\ \nexists k\ @((S := T), i) < x \land$
  $x \leq @((S := F), k) \land @((S := F), k) < y$

[정의 10.9] 상태 술어가 거짓인 경우의 정의

- $S[x, y] \equiv \text{false iff } \exists i\ \exists j\ \nexists k\ @((S := F), i) = x \land y = @((S := T), j) \land$
  $x < @((S := T), k) \land @((S := T), k) < y$
- $S[x, y) \equiv \text{false iff } \exists i\ \nexists k\ @((S := F), i) = x \land$

$x < @((S := T), k) \wedge @((S := T), k) < y$

- $S[x, y> \equiv \text{false iff } \exists i \nexists k\ @((S := F), i) = x \wedge$
  $x < @((S := T), k) \wedge @((S := T), k) \leq y$
- $S(x, y) \equiv \text{false iff } \exists i \nexists k\ @((S := F), i) = x \wedge$
  $x < @((S := T), k) \wedge @((S := T), k) < y$
- $S(x, y] \equiv \text{false iff } \exists i\ \exists j \nexists k\ @((S := F), i) \leq x \wedge y = @((S := T), j) \wedge$
  $x < @((S := T), k) \wedge @((S := T), k) < y$
- $S(x, y> \equiv \text{false iff } \exists i \nexists k\ @((S := F), i) \leq x \wedge$
  $x < @((S := T), k) \wedge @((S := T), k) \leq y$
- $S<x, y> \equiv \text{false iff } \exists i \nexists k\ @((S := F), i) < x \wedge$
  $x \leq @((S := T), k) \wedge @((S := T), k) \leq y$
- $S<x, y] \equiv \text{false iff } \exists i\ \exists j \nexists k\ @((S := F), i) < x \wedge y = @((S := T), j) \wedge$
  $x \leq @((S := T), k) \wedge @((S := T), k) < y$
- $S<x, y) \equiv \text{false iff } \exists i \nexists k\ @((S := F), i) < x \wedge$
  $x \leq @((S := T), k) \wedge @((S := T), k) < y$

[정의 10.8]와 [정의 10.9]는 정형 분석에서 사용하기에는 약간 복잡하다. 따라서 상태 술어는 상태 속성의 초기 값을 알고 있다면, [정의 10.10]과 [정의 10.11]과 같이 단순화 할 수 있다. [정의 10.10]은 상태 속성 S의 초기 값이 참일 경우, [정의 10.8]의 단순화된 정의이다. 마찬가지로 [정의 10.11]은 상태 속성 S의 초기 값이 거짓일 경우, [정의 10.9]의 단순화된 정의이다.

[정의 10.10] 상태 속성 S가 초기에 참일 경우 [정의 10.8]의 단순화된 정의

- $S[x, y] \equiv \exists i\ @((S := T), i) = x \wedge y = @((S := F), i)$
- $S[x, y) \equiv \exists i\ @((S := T), i) = x \wedge [\forall t\ @((S := F), i) = t \rightarrow y \leq t]$
- $S[x, y> \equiv \exists i\ @((S := T), i) = x \wedge [\forall t\ @((S := F), i) = t \rightarrow y < t]$
- $S(x, y) \equiv \exists i\ @((S := T), i) \leq x \wedge [\forall t\ @((S := F), i) = t \rightarrow y \leq t]$
- $S(x, y] \equiv \exists i\ @((S := T), i) \leq x \wedge y = @((S := F), i)$
- $S(x, y> \equiv \exists i\ @((S := T), i) \leq x \wedge [\forall t\ @((S := F), i) = t \rightarrow y < t]$
- $S<x, y> \equiv \exists i\ @((S := T), i) < x \wedge [\forall t\ @((S := F), i) = t \rightarrow y < t]$
- $S<x, y] \equiv \exists i\ @((S := T), i) < x \wedge y = @((S := F), i)$

- $S<x, y) \equiv \exists i\ @((S := T), i) < x \land [\forall t\ @((S := F), i) = t \rightarrow y \leq t]$

[정의 10.11] 상태 속성 S가 초기에 거짓일 경우 [정의 10.9]의 단순화된 정의

- $S[x, y] \equiv \exists i\ @((S := T), i) = x \land y = @((S := F), i + 1)$
- $S[x, y) \equiv \exists i\ @((S := T), i) = x \land [\forall t\ @((S := F), i + 1) = t \rightarrow y \leq t]$
- $S[x, y> \equiv \exists i\ @((S := T), i) = x \land [\forall t\ @((S := F), i + 1) = t \rightarrow y < t]$
- $S(x, y) \equiv \exists i\ @((S := T), i) \leq x \land [\forall t\ @((S := F), i + 1) = t \rightarrow y \leq t]$
- $S(x, y] \equiv \exists i\ @((S := T), i) \leq x \land y = @((S := F), i + 1)$
- $S(x, y> \equiv \exists i\ @((S := T), i) \leq x \land [\forall t\ @((S := F), i + 1) = t \rightarrow y < t]$
- $S<x, y> \equiv \exists i\ @((S := T), i) < x \land [\forall t\ @((S := F), i + 1) = t \rightarrow y < t]$
- $S<x, y] \equiv \exists i\ @((S := T), i) < x \land y = @((S := F), i + 1)$
- $S<x, y) \equiv \exists i\ @((S := T), i) < x \land [\forall t\ @((S := F), i + 1) = t \rightarrow y \leq t]$

상태 술어의 두 인수가 같은 값인 경우, 유용한 정보를 가진다. 예를 들어, $S(x, x)$는 상태 속성 S가 x시간에서 참임을 나타낸다. 다른 예로 $S<x, x)$는 S가 x 시간 이전에 참일 수 있음을 나타낸다. 즉, S는 x시간 이전에 참일 수 있으며, 적어도 x시간까지는 참으로 유지됨을 의미한다.

10.3 Properties

RTL은 *시작 이벤트*(*Start Event*)와 종료 이벤트(*Stop Event*)를 사용하여, 액션 또는 이벤트의 발생에 대한 시작과 종료를 표현하였다. 또한 실시간 시스템에서 안전성을 보장해 주는 절대 시간이라는 개념을 도입하였다. 따라서 앞서 말한 두 정의는 실시간 시스템의 시간에 대한 제약 조건을 표현하는데 효과적이다. RTL을 9장의 Temporal logic과 비교했을 때, 시간에 대한 제약 조건이 강한 시스템에서는 RTL로 시스템을 명세하고 분석하는 것이 효과적이고, 시간에 대한 제약조선이 약한 시스템에서는 Temporal logic이 적합하다.

10.4 Example

10.4.1 Main Example

본 장에서는 Real-Time Logic(RTL)을 사용하여 Standard Railroad Crossing(SRC) 예제[ALBERT]를 명세하고 설명한다. Standard Railroad Crossing 예제는 *열차*, *열차 센서*, *게이트 제어기* 및 *게이트*로 이루어져 있다. 열차가 철도와 철도 교차로 사이를 지나갈 때 철도 교차로에 자동차가 없도록 하는 것이 게이트 제어기의 목표이다. 다시 말해, 열차가 지나갈 때, 게이트가 아래쪽으로 위치하여 자동차의 출입을 막아야 한다. <그림 10-1>은 Standard Railroad Crossing 예제를 도식화한 것이다.

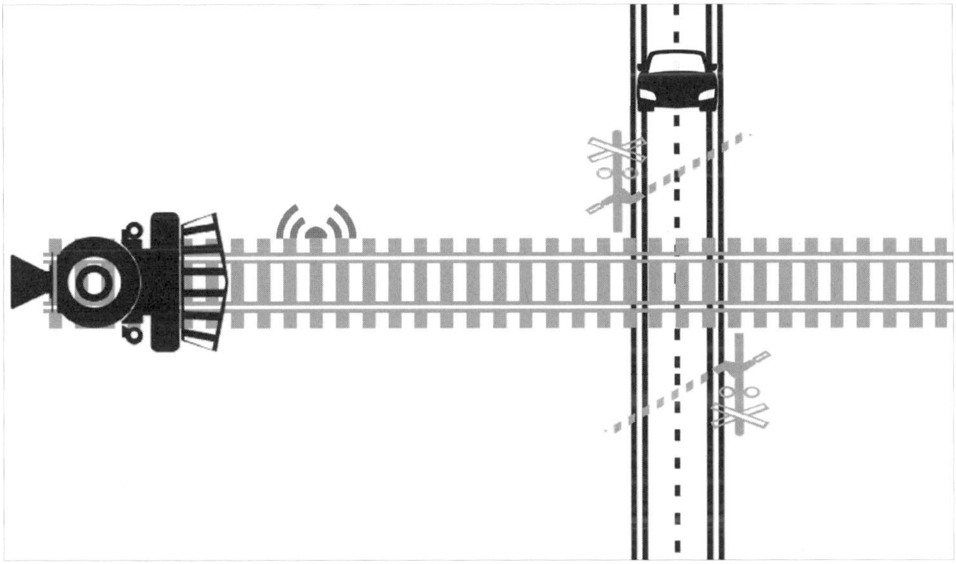

<그림 10-1> Standard Railroad Crossing 예제 도식화

10.4.2 Description/Specification/Verification

10.3.1 Main Examples 절에서 소개한 Standard Railroad Crossing(SRC) 예제의 동작은 다음과 같다:

열차가 열차 센서에 접근하여 센서에 감지된다. 열차 센서는 열차가 감지되면 신호를 게이트 제어기로 전송하고 게이트 제어기는 신호를 받아 게이트를 내린다.

이러한 동작에 다음과 같은 요구 사항이 있다고 가정한다:

- SRC 예제에 대한 동작 요구 사항:
  1) 게이트는 열차가 열차 센서에 감지된 시점부터 30초 이내에 내려와야 한다.
  2) 게이트가 내려오는 시간은 적어도 15초가 필요하다.

- SRC 예제에 대한 안전성 요구 사항:
  1) 열차가 열차 센서에서 철도 교차로까지 이동하는데 적어도 45초가 필요할 경우, 열차는 열차 센서에 감지된 후 60초 이내에 철도 교차로를 지나가야 한다.
  2) 열차가 철도 교차로를 지나갈 때 게이트는 내려가 있어야 하며, 열차는 게이트가 완전히 내려간 후 45초 이내에 철도 교차로를 떠나야 한다.

다음은 앞에서 제시한 요구 사항을 Real-Time Logic(RTL)을 이용하여 명세하고 요구 사항을 충족하는지 확인한다. [명세 10.1]은 *Event-Action Model* 관점에서 명세한 경우이다. [명세 10.1]은 TrainApproach, Downgate, Crossing 세 가지 액션으로 구성되며, 각 액션은 순차적으로 발생한다. 각 액션의 의미는 다음과 같다. TrainApproach는 열차가 접근하여 열차 센서에 감지된 시점을 의미한다. Downgate는 게이트 제어기를 통해 게이트가 내려가는 것을 의미한다. Crossing은 열차가 철도와 철도 교차로를 지나가는 것을 의미한다. <그림 10-2>는 [명세 10.1]을 도식화 한 것이다.

[명세 10.1] Event-Action Model로 명세

TrainApproach; Downgate; Crossing;

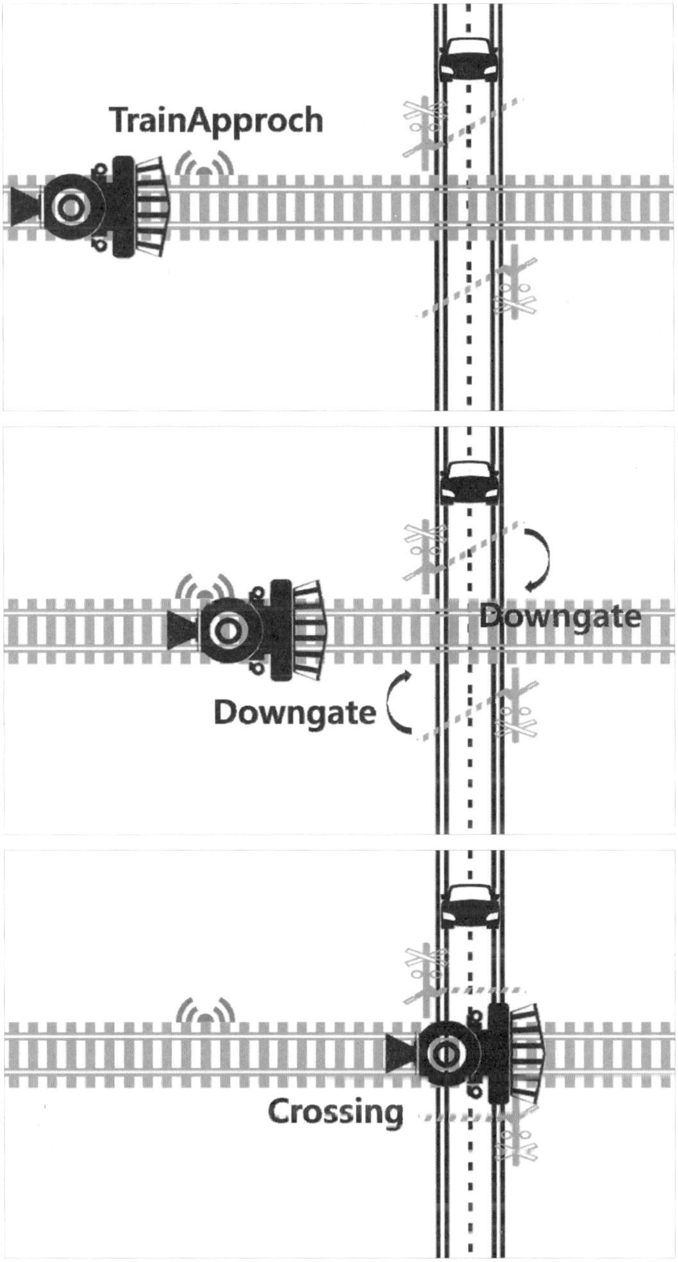

<그림 10 2> [명세 10.1]의 도식화

[명세 10.2] RTL을 이용한 동작에 대한 요구 사항 명세

1) $\forall x$ @(TrainApproach, x) $\leq$ @($\uparrow$ Downgate, x) $\wedge$

@($\downarrow$ Downgate, x) $\leq$ @(TrainApproach, x) + 30

2) $\forall y$ @($\uparrow$ Downgate, y) + 15 $\leq$ @($\downarrow$ Downgate, y)

[명세 10.2]는 RTL을 사용하여 동작 요구 사항을 명세한 것이다. [명세 10.2]에서 1)의 의미는 다음과 같다. TrainApproach의 발생 시간은 Downgate의 시작 시간보다 작거나 같아야 하며, Downgate의 종료 시간은 TrainApproach의 발생 시간에 30단위 시간을 합한 것보다 작거나 같아야 한다. 즉, 1단위 시간을 1초라고 가정할 경우, 열차가 접근하여 열차 센서에 감지된 다음 게이트가 내려가기 시작해야 하며, 게이트가 완전히 내려온 시간은 열차가 열차 센서에 감지된 시간으로부터 30초 이내이어야 한다. 이는 동작 요구 사항의 1)을 만족한다.

[명세 10.2]에서 2)의 의미는 다음과 같다. Downgate가 시작 시간에 15단위 시간을 합한 시간은 Downgate의 종료 시간보다 작거나 같다. 즉, 1단위 시간을 1초라고 가정할 경우, 게이트가 완전히 내려간 시간은 게이트가 내려가기 시작한 시점부터 적어도 15초가 필요함을 의미한다. 이는 동작에 대한 요구 사항의 2)를 만족한다.

<그림 10-3>은 [명세 10.2]를 도식화한 것이다. TrainApproch와 ↑ Downgate가 같은 시간에 발생했다고 가정했다. 즉 열차가 감지된 동시에 게이트가 내려가기 시작한 것을 의미한다. <그림 10-3>에서 15초에 포착된 그림을 보면 게이트가 완전히 닫혀 있는 것을 확인할 수 있다. 이것은 [명세 10.2]에서 2) 요구 사항을 만족한다. <그림 10-3>에서 30초에 포착된 그림은 열차가 감지된 후 30초 이내에 게이트가 완전히 닫혀 있으므로 [명세 10.2]에서 1) 요구 사항을 만족한다.

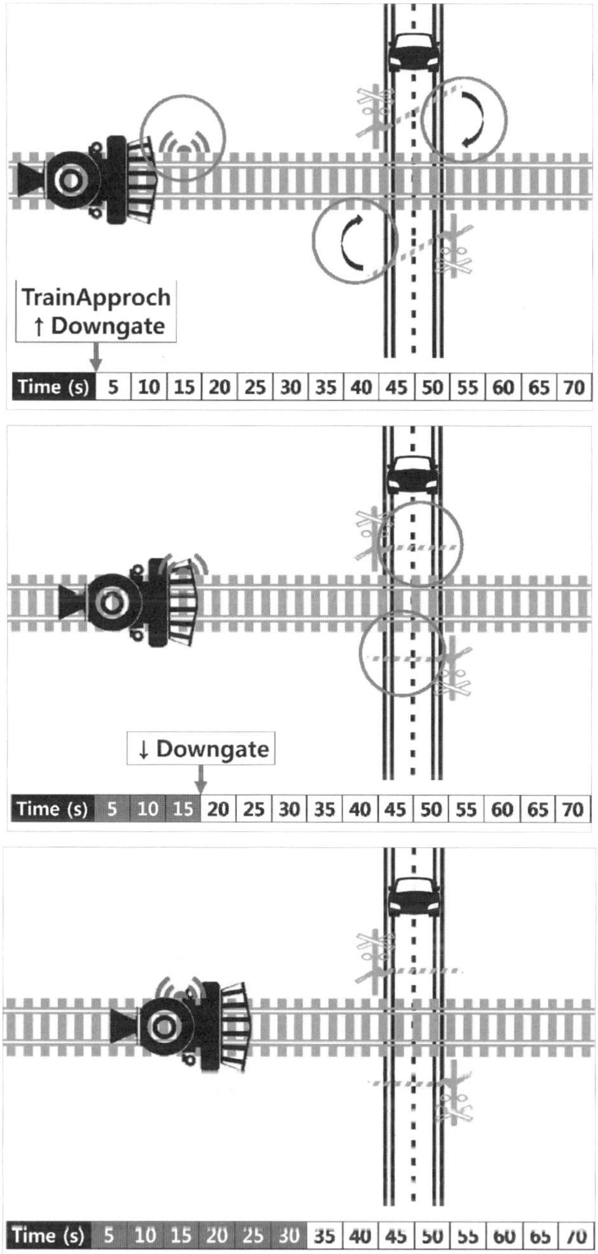

<그림 10-3> [명세 10.2]의 도식화

[명세 10.3] RTL을 이용한 안전성 요구 사항 명세

$$
\begin{aligned}
&\forall t\ \forall u\ @(\text{TrainApproach},\ t) + 45 \le @(\text{Crossing},\ u) \land \\
&\quad @(\text{Crossing},\ u) < @(\text{TrainApproach},\ t) + 60 \rightarrow \\
&\quad @(\downarrow \text{Downgate},\ t) \le @(\text{Crossing},\ u) \land \\
&\quad @(\text{Crossing},\ u) \le @(\downarrow \text{Downgate},\ t) + 45
\end{aligned}
$$

[명세 10.3]은 RTL을 사용하여 안전성 요구 사항을 명세한 것이다. [명세 10.3]의 의미는 다음과 같다. Crossing은 TrainApproach가 발생한 시점 이후로부터 45단위 시간과 60단위 시간 사이에 발생해야 하며, Crossing은 Downgate의 종료 시간 이후로부터 45단위 시간 이내에 발생해야 한다. 즉, 열차 횡단은 열차가 열차 센서에 감지된 후로부터 45초 이후에 이루어지며, 열차 횡단은 열차가 감지된 후 60초 이내에 완료되어야 함을 의미한다. 그리고 열차 횡단은 게이트가 완전히 다 내려온 후 이루어져야 하며, 열차 횡단은 게이트가 완전히 내려간 후 45초 이내에 이루어져야함을 의미한다. 이는 안전성 요구 사항 1), 2)를 모두 만족한다.

<그림 10-4>는 [명세 10.3]을 도식화한 것이다. <그림 10-4>에서 45초에 포착된 그림은 열차가 열차 교차로의 시작 지점에 도착했다. 그리고 <그림 10-4>에서 60초에 포착된 그림은 45초 ~ 60초 사이에 열차가 열차 교차로를 통과한다. 이것은 [명세 10.3]에서 1) 요구 사항을 만족한다. 또 다시 <그림 10-4>에서 60초에 포착된 그림을 보면 게이트가 완전히 닫힌 후 45초 이내에 열차가 열차 교차로를 통과한다. 이것은 [명세 10.3]에서 2) 요구 사항을 만족한다. <그림 10-4>에서 70초에 포착된 그림은 게이트가 열리고 있는 상황이다.

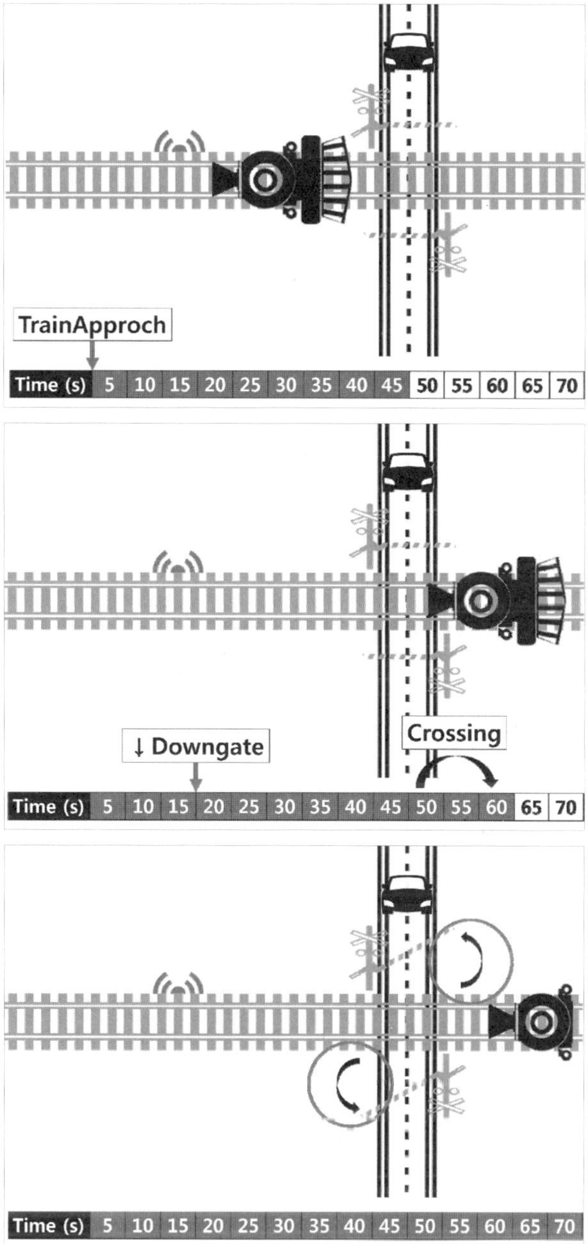

<그림 10-4> [명세 10.3]의 도식화

10.5 결어

본 장에서는 Real-Time Logic(RTL)의 전반적인 개념에 대해 알아보았다. 또한 예제를 통해 RTL로 시스템을 명세해 보고, 시간 요구 사항을 만족하는지 살펴보았다. RTL은 실시간 시스템(RTS: Real-Time System)의 시간 요구 사항을 분석하기 위한 1차 술어 논리(first order predicate logic)로써 Temporal Logic의 시간적 특성을 보완하였다. RTL은 Event-Action model를 기반으로 한다. RTL은 이벤트 발생에 시간 값을 할당하여 Event-Action model로 작성된 명세를 분석할 수 있다. RTL은 절대 시간을 이용하므로 Temporal Logic에 비해 실시간 시스템(Real-Time System)을 명세하기에 더 효과적이다.

참고 문헌

[ABSOLUTTIME] https://en.wikipedia.org/wiki/Absolute_time_and_space

[ALBERT] ALBERT M. K. CHENG "REAL-TIME SYSTEMS Scheduling, Analysis, and Verification" A JOHN WILEY & SONS, INC., PUBLICATION pp. 151-152

[HENINGER80] K. L. Heninger, "Specifying Software Requirements for Complex Systems: New Techniques and Their Applications," IEEE Trans. Software Engineering, vol. SE-6, no. 1, pp. 2-13, January 1980.

[JAHANIAN86] F. Jahanian and A. K. Mok, "Safety Analysis of Timing Properties in Real-Time Systems," IEEE Trans. Software Engineering, vol. SE-12, no. 9, pp. 890-904, September 1986.

[JLM88] F. Jajanian, R.S. Lee, and A.K. Mok. Semantics of modechart in real-time logic. In Proc. of 21st Hawaii International Conference on System Sciences, January 1988.

[NEWTON] https://en.wikipedia.org/wiki/Isaac_Newton

[PRNCIPIA]
hen.wikipedia.org/wiki/Philosophiae_Naturalis_Principia_Mathematica
[뉴턴] https://ko.wikipedia.org/wiki/아이작_뉴턴
[절대 시간] https://ko.wikipedia.org/wiki/시간지연
[프린키피아] https://ko.wikipedia.org/wiki/자연철학의_수학적_원리

11 PART

프로세스 대수 개요

PART 11

프로세스 대수 개요

제1장에서 설명한 바와 같이, 시스템이나 SW가 상호 작용이 빈번한 여러 에이전트(agent)나 프로세스(Process)로 이루어져 있다면, 상태 기계나 논리 체계를 적용하여 이러한 시스템을 명세하거나 분석 및 검증하기 어려울 수 있다. 그 이유는 상태 기계와 논리 체계는 근본적으로 다수의 프로세스와 그들 간의 상호 작용을 기술하기 위하여 고안된 정형기법이 아니기 때문이다.

반면 프로세스 대수는 독립적으로 실행되는 시스템 내의 다수의 프로세스와 그들 간의 상호 작용, 통신 및 동기화를 상위 단계에서 명세 및 분석할 뿐만 아니라, 프로세스 간의 동일성[162)]을 추론하기 위해 고안한 정형기법이다. 대표적으로 CSP[HOA85], CCS[MIL89], ACP[BK85], LOTOS[ISO87,HOG89] 등의 프로세스 대수가 있으며, 최근 프로세스의 이동성 등을 다루기 위한 프로세스 대수에는 π-calculus[MIL99], the ambient calculus[CG98], δ-Calculus[CL15], dT-Calculus[CLL17] 등이 있다.

162) 특정 변수나 객체의 동일성은 특정 유형의 동일한 값을 기준으로 동일한가를 따지는 반면, 프로세스 간의 동일성은, 어떤 조건에서 어떤 행위를 하는가가 동일성의 기준이 된다. 예를 들어, 동일한 조건 내에서 두 프로세스가 동일한 반응을 보인다면, 두 프로세스는 동일하다고 말할 수 있다. CCS[MIL89]에서는 이러한 개념의 Bisimulation[PARK81]을 기반으로 프로세스 간의 동일성을 정의했고, Milner는 이 동일성에 프로세스 내부의 동기적 상호 작용인 τ-action을 반영하여 이 동일성에 Strong Equivalence와 Weak 또는 Observable Equivalence가 있음을 보였다.

11.1 프로세스 대수의 구조

프로세스 대수를 구조적 관점[163]에서 정의하기 위해서는 먼저 대수의 대상인 이름의 집합을 정의해야 한다:

1) 프로세스 이름: 예를 들면, P, Q, R.
2) 채널(channel) 또는 포트 이름: x, y, z 또는 x, y, z.
3) 자료 또는 객체 이름: m, n.
4) 액션의 이름: a, b, c

프로세스 대수의 '이름'을 대상으로 수행할 수 있는 대수 연산자는 기본적으로 다음과 같은 것이 있다:

1) 프로세스의 병렬 구성 연산자: ('|')

   시스템에서 독립적으로 수행되는 프로세스를 병렬적으로 구성하기 위한 연산이다. 예를 들어, 2개의 프로세스 P와 Q가 있다면, 이들의 병렬 구성을 병렬 연산자('|')를 이용하여 P|Q로 정의할 수 있다. 이는 P와 Q가 동시에 독립적으로 수행함을 의미하며, 이는 상호 간에 통신 및 동기화 같은 상호 작용이 가능함을 암시한다.

2) 프로세스의 선택 구성 연산자: ('+')

   시스템에서 독립적으로 수행되는 프로세스를 선택적으로 구성하기 위한 연산이다. 예를 들어, 2개의 프로세스 P와 Q가 있다면, 이들의 선택 구성을

163) 수학 체계(Mathematical Structrue)에서 체계(Structure)는 집합에 수학적인 특징을 가진 객체를 결합한 구조를 의미한다. 예를 들면, 자연수의 집합에 +, *과 같은 연산자를 결합하고, 이에 대한 +의 항등원 0, 과 *의 항등원 1을 결합한 구조를 자연수에 대한 대수(Algebra)라는 구조(structure)로 정의한다. 이 대수가 건전하고 완전하게 작동되기 위해서는 닫힘 성질을 만족해야 한다. 구조에는 Measures, Group, Fields, Topologics, Geomctrics, Orders, Events, Equivalences, Differential Structures, Categories 등이 있다.

선택 연산자('+')를 이용하여 P+Q로 정의할 수 있다. 이는 P와 Q가 동시에 독립적으로 수행할 수 없고, 두 프로세스 중 하나만을 수행할 수 있음을 의미하며, 이는 상호 간에 통신 및 동기화 같은 상호 작용이 가능하지 않다.

2) 통신을 위한 수신과 발신 연산자: 포트 name(x)와 co-name(x)

통신 채널은 동기적[164] 또는 비동기적[165]일 수 있다. 수신과 발신을 각각 연산자로 표현할 수 있다. 예를 들면, x(m)을 채널 x로 객체 m을 보내는 연산으로; x(n)을 채널 x로부터 객체 n을 받는 연산으로; 그리고 이들의 병렬적인 상호 작용, 즉 (x(m)|x(n/m))을 통신 연산으로 정의할 수 있다.

3) 행동(action)의 연속화 연산자: ('•')

프로세스는 연속적인 행동으로 이루어져 있다. 이렇게 행동이 연속적으로 이루어져 있음을 표현하는 연산이 있다. 예를 들면, 액션 a 다음에 b 가 실행이 된다면, a•b 로 a와 b가 순차적으로 실행됨을 연산자로 표현한다.

4) 상호 작용 시점의 은닉화 연산자: ('\')

프로세스는 여러 채널로 연결될 수 있다. 이런 채널 중 외부에 숨기고 싶

164) 동기 통신: 동기적 통신은 발신자(sender)와 수신자(receiver) 사이에 통신이 이루어지기 위해서는 동일한 시간대를 공유해야 함을 말한다. 만약 발신자와 수신자가 동일한 시간대를 공유하지 못하면, 즉 발신자가 먼저 오거나, 수신자는 늦게 오면, 상대방이 도착할 때까지 대기해야 한다.

165) 비동기 통신: 비동기적 통신은 발신자(sender)와 수신자(receiver) 사이에 통신이 이루어지기 위해서는 동일한 시간대를 공유해야 한다는 제약 조건이 없는 통신을 말한다. 만약 발신자와 수신자가 동일한 시간대를 공유하지 못하면, 상대방이 도착할 때까지 대기할 필요가 없이, 일방적 통신을 진행한다. 발신자가 먼저 도착했을 경우, 수신자가 없는 상태에서, 전달할 메시지를 버퍼에 저장하여, 수신자가 그 메시지를 받도록 한다. 버퍼가 없을 경우, 메시지를 전달할 수 없다. 역으로 먼저 수신자가 도착했을 경우, 발신자가 없는 상태에서, 버퍼에 메시지가 있으면, 그 메시지를 가져가고, 없을 경우, 발신자가 올 때까지 기다리지 않고, 바로 미수신 상태로 돌아간다. 따라서 메시지가 전달되지 않는 결과를 초래한다.

은 채널은 은닉화 연산을 통해 숨길 수 있다. 예를 들면, P의 채널 중 x 채널에 대한 통신을 차단하고자 한다면, P\{x}로 정의할 수 있다.

5) 재귀 또는 복재 연산자: ('!')

때로는 시스템의 무한한 행위를 유한한 방법을 통해 기술할 필요가 있다. 즉 프로세스의 재귀 또는 복재 정의가 필요한 경우가 있다. 예를 들면, 단일 연산자를 이용해 !P로 정의할 수 있다. 이 !P=P|!P 를 의미한다.

이 외에도 일반 대수의 항등원과 같은 개념이 필요하다:

6) Null 프로세스:

이는 nil, 0, STOP 등으로 표현한다.

7) Null 액션:

이는 nil, 0 등으로 표현한다.

이런 프로세스 대수는 기본적으로 위 연산자에 대해 다음과 같은 규칙이 성립되므로 군(group)[166]으로 분류된다:

- $x+y=y+x$ (선택 합성의 교환 법칙)
- $x+(y+z)=(x+y)+z$ (선택 합성의 결합 법칙)
- $x+x=x$ (선택 합성의 멱등(idempotent) 법칙)
- $(x+y) \bullet z = x \bullet z + y \bullet z$ (•에 대하 +의 우(right)분배 법칙)
- $x \bullet (y \bullet z) = (x \bullet y) \bullet z$ (순차 합성이 결합 법치)
- $x|y - y|x$ (병렬 합성의 교환 법칙)

166) 군(Group)은 집합과 그 집합에 대해 이진 연산이 닫힘성(closure), 결합성(associativity), 멱등성(identity), 역등성(invertability)의 4가지 성질을 만족하는 수학 체계이다.

- $x|(y|z) = (x|y)|z$ (병렬 합성의 결합 법칙)

그 이유는 다음과 같은 군의 signature$(G, *, u, ^{-1})$ 규칙 또는 공리를 만족하기 때문이다:

- $a * (b * c) = (a * b) * c$
- $u * a = a = a * u$
- $a * a^{-1} = u = a^{-1} * a$

즉 프로세스 대수를 다음과 같은 대수로 정의할 수 있다

11.2 프로세스 대수의 정의

[정의 11.1] 프로세스 대수의 구조적 정의

정형적으로 프로세스 대수 A는 다음과 같은 3-관계쌍, 즉 3-튜플(tuple)로 정의된다:

$A = \langle N, O, C \rangle$

여기에서,

N: 이름의 집합

O: 연산자의 집합

C: 연산자에 대한 멱등[167]값의 집합

---

167) 근대화 과정에서 우리는 많은 유산을 빼앗겼다. 그 중 대표적인 것은 아마도, 각 분야에서 내려오던 전문 지식과 용어라고 생각한다. 특히 근대에 비판 없이 받아들이던 외국의 선진 지식 중, 과학 분야에서는 더욱 심했을 것이라고 생각한다. 필자가 처음 '멱등'이라는 단어를 접했을 때, 전혀 감을 잡을 수가 없었다. 영어로는 idempotent라고 하지만 그 어원과 뜻은 찾아보면, 다음과 같다는 것을 알 수 있었다. 어근은, "same"의 뜻을 가진 라틴어 'idem' 단어와 "having power"를 가진 라틴어 'potent' 단어를 조합하여, 1870년 미국 수학자 벤자민 피어스(Benjamin Peirce)가 만든(coin) 단어이며, 그 뜻은 집합의 한 원소에 어떤 연산을 반복적으로 수행해도 그 값이 변하지 않는 값을 의미한다는 것을 알 수 있었다. 하지만 冪等이라는 한자로 표현된 멱등이 생소했을 뿐만 아니라, 그 뜻 또한 모호했다. '덮을' 멱(冪)자에 '같을' 등(等)자라 하니, '덮어서' '같게' 된다 라는 의미라면, 여기에서의 '덮다'라는 것은 어떤

하지만 프로세스 대수를 대수적 관점이 아닌 명세 언어[168] 관점에서 정의한다면, 다음과 같은 쌍(tuple)으로 정의할 수 있다.

[정의 11.2] 프로세스 대수의 언어적 정의

정형적으로 프로세스 대수 A는 다음과 같은 3-관계쌍, 즉 3-튜플(tuple)로 정의된다:

$A = \langle L, T, R \rangle$

여기에서,

L : 프로세스 대수 문법 (Syntax)

T : 전이 규칙에 기초한 프로세스 대수 의미 (Semantics)

R : 프로세스 대수 규칙/법칙 (Rules)

[예제 11.1] CCS(Communication and Concurrency System)

CCS는 다음 3-관계쌍으로 정의된다:

$A_C = \langle L_C, T_C, R_C \rangle$

여기에서,

1) L_C : CCS 문법(Syntax)

<그림 11-1>과 같다. 이를 설명하면 다음과 같다:

연산(operation)을 의미한다 라고 판단할 수 있었다. 그럼 '덥을' 멱(冪)자 대신에 '찾을' 멱(覓)를 쓰면 될 수도 있다는 생각이 들었다. '같은' 값을 '찾아' 주는 값, 멱등(覓等). 만약 우리가 근대화 과정에서 일본의 지배를 받지 않았다면, 과연 이런 단어를, 용어를 우리 선조는 어떻게 받아 들였을까 궁금하지 않을 수 없었다. 혹은 이런 유사한 개념을 우리 선조는 이미 사용하고 있었을지도 모른다는 생각도 들었다. 그렇다면, 과연 그 단어는 어떤 단어였을까? 근대 제국주의 국가에 의해 온갖 문물과 용어가 동양으로 들어올 때, 이를 맨 처음 받아들이던 일본에 의해서 번역되었던 수많은 문물과 용어가 식민지 지배라는 논리로 강제적으로 '한국'에 들어 왔었다는 점을 감안한다면, 멱등도 그런 비참한 역사의 산물, 아니 폐(弊)물이 아니었을까 하는 생각이 들었다. 그리고, 그 결과, 지금까지 그 어원도, 뜻도 정확히 알지 못한 채, 함부로 쓰고 있는 것이 아닌가 하는 생각이 들었다.

168) 명세 언어(Specification Language)는 주로 수학에 기반을 둔 언어이며, 시스템과 SW의 모델링 단계에서 이들의 작동과 여러 가지 성질을 기술하는 데 사용된다. 그리고 이들이 기술한 바대로 작동이 되고, 여러 가지 성질을 만족하는지를 보조 도구를 통해서 검증하거나 분석할 수 있다 [DoC90].

a) Empty Process(0): 공 프로세스; 액션이 없는 유효한 프로세스
b) Parallel Composition($P_1|P_2$): 병렬 합성; 프로세스 P_1와 P_2가 동시에 존재, 즉 실행된다.
c) Choice(P_1+P_2): 선택; 프로세스 P_1와 P_2 중 하나가 선택되어 실행된다.
d) Action Prefix($a.P_1$): 액션 접두사; 액션 a를 실행한 후, P_1이 실행된다.
e) Renaming/Relabeling(P_1[b/a]): 재명명; P_1의 모든 이름 a가 b로 재명명된다.
f) Restriction($P_1 \backslash a$): P_1의 모든 이름 a를 제한, 즉 외부에 차단한다.
g) Process Identifier(A): 프로세스 ID; P_1를 참조하기 위한 ID.

Syntax	Name	Meaning
$P ::= 0$	Empty process	A valid CCS process.
$\mid P_1 \mid P_2$	Parallel Composition	The process P_1 and the process P_2 exist simultaneously.
$\mid P_1 + P_2$	Choice	Proceed either as the process P_1 or the process P_2.
$\mid a.P_1$	Action Prefix	Perform action a and continue as the process P_1.
$\mid P_1[b / a]$	Renaming	All actions named a to be renamed as b.
$\mid P_1 \backslash a$	Restriction	The process P_1 without action a.
$\mid A$	Process identifier	Use A to refer the process P_1.

<그림 11-17> CCS Syntax

2) T_C : CCS의 전이 규칙(Transition Rules)

<그림 11-2>과 같다. 이를 설명하면 다음과 같다:

a) Nill: 공; 전이 규칙이 없다.
b) Action Prefix: 액션 접두사; 전제(Premise) 없이 액션 a가 발생되면, a에 의해 a.P가 P로 전환된다.
c) Choice: 선택; a에 의해 P가 P'로, Q가 Q'로 전환되는 2개의 전

제가 있다면, P+Q일 때는 P와 Q 중의 하나만 a에 의해 P에서 P'로, 또는 Q가 Q'로 전환된다.

d) Relabeling/Renaming: 재명명; a에 의해 P가 P'로 전환된다면, a를 f로 사상(mapping)한 결과에 의해, P의 모든 이름에 대해 f로 사상한 P는 이러한 P'으로 전환된다.

e) Parallel Composition($P_1|P_2$): 병렬 합성; P_1와 P_2가 동시에 존재, 즉 실행된다.

  i) a에 의해 P가 P'으로 전환된다면, P|Q는, P만 P'으로 전환되어, P'|Q로 전환된다.

  ii) a에 의해 Q가 Q'으로 전환된다면, P|Q는, Q만 Q'으로 전환되어, P|Q'으로 전환된다.

  iii) a에 의해 P가 P'으로 전환되고, a의 짝(counterpart; complement)-액션, 즉 a 액션에 의해 Q가 Q'으로 전환된다면, P|Q는, a와 a에 의한 τ-액션으로, 동시에 P'|Q'으로 전환된다.

f) Process Variable: 프로세스 변항 (△=def, 즉 ≝); a에 의해 P가 P'로 전환된다면, P를 c로 참조할 경우, c는 P'로 전환된다.

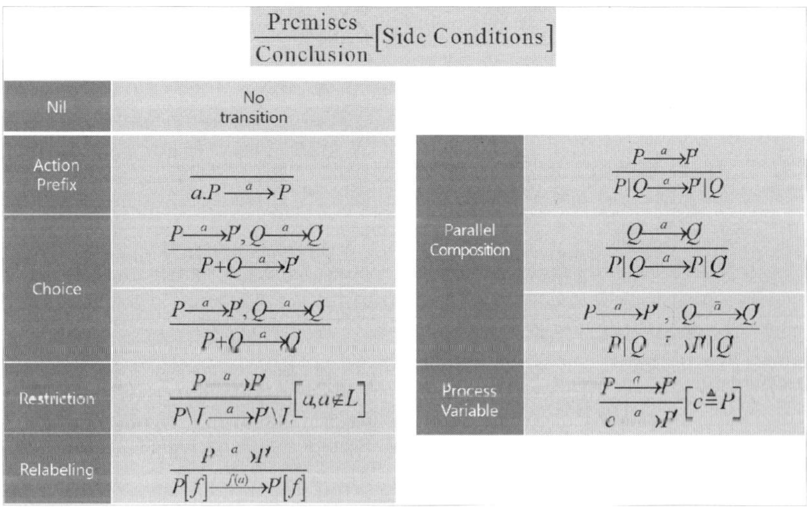

$\frac{\text{Premises}}{\text{Conclusion}}[\text{Side Conditions}]$

Nil	No transition
Action Prefix	$\frac{}{a.P \xrightarrow{a} P}$
Choice	$\frac{P\xrightarrow{a}P',\ Q\xrightarrow{a}Q'}{P+Q\xrightarrow{a}P'}$
	$\frac{P\xrightarrow{a}P',\ Q\xrightarrow{a}Q'}{P+Q\xrightarrow{a}Q'}$
Restriction	$\frac{P\xrightarrow{a}P'}{P\backslash L\xrightarrow{a}P'\backslash L}[a,\bar{a}\notin L]$
Relabeling	$\frac{P\xrightarrow{a}P'}{P[f]\xrightarrow{f(a)}P'[f]}$
Parallel Composition	$\frac{P\xrightarrow{a}P'}{P\mid Q\xrightarrow{a}P'\mid Q}$
	$\frac{Q\xrightarrow{a}Q'}{P\mid Q\xrightarrow{a}P\mid Q'}$
	$\frac{P\xrightarrow{a}P',\ Q\xrightarrow{\bar{a}}Q'}{P\mid Q\xrightarrow{\tau}P'\mid Q'}$
Process Variable	$\frac{P\xrightarrow{a}P'}{c\xrightarrow{a}P'}[c\triangleq P]$

<그림 11-18> CCS Transition Rules

3) R_C : CCS의 규칙 또는 법칙 (Laws)

<그림 11-3>과 같다. 이를 설명하면 다음과 같다:

a) 선택 교환 법칙(Choice, Commutative)
b) 선택 결합 법칙(Choice, Associative)
c) 선택 멱등 법칙(Choice, Idempotent)
d) '.'에 대한 +의 우(right)분배 법칙 (Distribution of + over '.')
e) 순차 합성 결합 법칙 (Sequence, Associative)
f) 병렬 합성 교환 법칙 (Parallel, Commutative)
g) 병렬 합성 결합 법칙 (Parallel, Associative)

Laws	Definition
Choice: Commutative	$x+y=y+x$
Choice: Associative	$(x+y)+z=y+(x+z)$
Choice: Idempotent	$x+x=x$
Distribution of + over .	$(x+y).z=x.z+y.z$
Sequence: Associative	$(x.y).z=y.(x.z)$
Parallel: Commutative	$x\|y=y\|x$
Parallel: Associative	$(x\|y)\|z=y\|(x\|z)$

<그림 11-1> CCS Laws

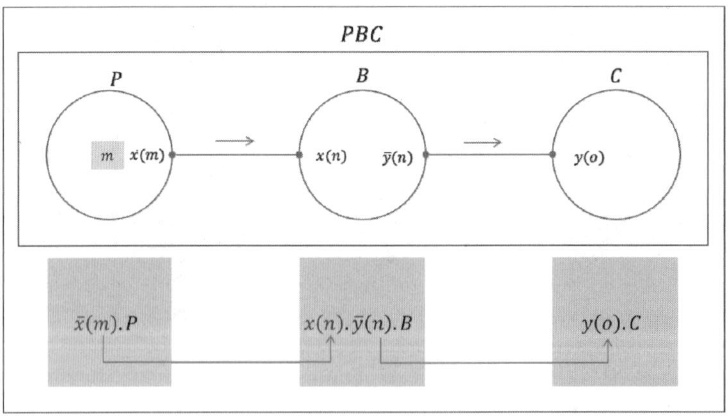

<그림 11-2> PBC 예제

예를 들어, <그림 11-4>처럼, PBC(Producer-Buffer-Consumer) 시스템이 P, B, C 프로세스로 구성이 되어 있고, P와 B, 그리고 B와 C 사이에 각각 채널 x와 y가 있어서, 채널 x를 통해서, P가 m을 B에게 보내면, B가 이를 n으로 받고, B가 이를 받아, 채널 y를 통해서, B가 m, 즉 n을 C에게 보내면, C가 이를 o로 받는다고 가정하자. 이를 CCS로 명세하면, <그림 11-5>와 같다.

1. $PBC \stackrel{\text{def}}{=} P|C|B$
2. $P \stackrel{\text{def}}{=} \bar{x}(m).P$
3. $B \stackrel{\text{def}}{=} x(n).\bar{y}(n).B$
4. $C \stackrel{\text{def}}{=} y(o).C$

<그림 11-3> CCS 코드

그리고 이 3개의 프로세스가 실행되는 과정을 대수적 관점에서 살펴보면 <그림 11-6>과 같다. 그림의 줄1에서의 C|B가 교환 법칙(Choice Commutative 법칙)에 이해 줄2에서이 B|C로 전환된다. 줄2의 P, B, C는 각각의 정의로 대치된과 동시에, P와 B가 '|'의 결합 법칙(Parallel Associative 법칙)에 따라 '|'-결합이 된다. 줄3에서는 P의 x(m) 발신 연산(Send Operation)과 B의 x(n) 수신 연산(Receive Operation)이 이진 통신 연산(Binary Communication Operation) 병렬 합성(Parallel Composition) 전이 규칙(Transition Rule)에 의해 수행된 결과, P의 m이 B의 n으로 전송된다. 줄4에서는 B와 C가 '|'의 결합 법칙(Parallel Associative 법칙)에 따라 '|'-결합이 된다. 줄5에서는 B의 y(n) 발신 연산과 C의 y(o) 수신 연산이 이진 통신 연산 병렬 합성 전이 규칙에 의해 수행된 결과, B의 n이 C의 o로 전송된다. 결과 P의 m이 B를 경유해 C의 o로 전송된다.

1. $PBC \stackrel{\text{def}}{=} P|C|B$
2. $= P|B|C$
3. $= (\bar{x}(m).P \mid x(m/n).\bar{y}(m/n).B) \mid y(o).C$
4. $\rightarrow P \mid (\bar{y}(m) .B \mid y(m/o).C)$
5. $\rightarrow P \mid B \mid C$

Commutative Law
Binary Synch
Associative Law

<그림 11-4> PBS의 전이 규치에 의한 대수저 실행

11.3 프로세스 대수의 건전성과 완전성

산술 대수 체계처럼 프로세스 대수 체계를 믿고 사용하기 위해서는 프로세스 대수의 건전성(soundness)과 완전성(completeness)을 입증해야 한다.

논리 체계의 공리 체계에서는 공리의 항진성과 추리 규칙의 유전성을 기반으로 건전성을 입증하였고, 이 체계 내의 모든 항진인 정리는 그 체계가 가진 명제 변항으로 항진성을 가지는 CNF(Conjunctive Normal Form)로 표현이 가능하고, 이러한 CNF는 공리로부터 <그림 11-7>의 추리 규칙을 이용하여 유도됨을, 즉 완전성을 보였다.

a	T6	p∨~p
b	A2	p→(p∨q)
c	T11	p→[q→(p•q)]

<그림 11-5> 추리 규칙

반면 프로세스 대수 체계에서는 프로세스 대수에서 성립되는 동일성의 개념을 정의하고, 이를 위한 공리를 정의한 후, 이를 기반으로, 동일성이 성립됨을 보임으로 건전성을 입증하였고, 프로세스 유한 집합은 항상 표준 형식으로 전환할 수 있고, 이러한 형식의 프로세스가 특정한 액션에 의해 다른 상태로 전환이 될 때, 동일성이 성립이 되는 다른 프로세스와 동일하게 전환됨을, 또한 역으로의 관계도 성립됨을, 즉 완전성이 성립이 됨을 보였다.

예를 들면, CCS는 다음 두 가지의 동일성[169)], 즉 강한 동일성과 약한 동일성을 정의했다.

[정의 11.3] CCS의 강한 동일성(Strong Equivalence/Bisimulation) ('~')

169) 동일성(Equivalence): Bisimulation에 의한 동일성. 여기에는, Strong Equivalence와 Observable Equivalence, 두 가지의 동일성이 있다. 그 배경에는 외부에서 관찰할 수 없는 τ-action에 의한 내부 상태의 변화를 반영하는가, 그렇지 않은가에 따른 두 유형의 동일성 또는 동치성을 의미한다.

모든 액션 a∈Act에 대해, 다음 조건을 만족할 때, 강한 동일성(Strong Equivalence/Bisimulation)이라 정의하고, $P \sim Q$라 쓴다 :

a) $P \xrightarrow{a} P'$일 경우, $Q \xrightarrow{a} Q'$을 만족하는 Q'이 존재하며, Q'은 $P' \sim Q'$이다.

b) $Q \xrightarrow{a} Q'$일 경우, $P \xrightarrow{a} P'$을 만족하는 P'이 존재하며, P'은 $P' \sim Q'$이다.

[정의 11.4]

만약 $t \in Act^*$, $\hat{t} \in L^*$은 t에서 τ를 제거한 문자열이다.

[정의 11.5]

만약 $t = a_1 \cdots a_n \in Act^*$일 경우, $E \xrightarrow{a_1} \cdots \xrightarrow{a_n} E'$이면, $E \xrightarrow{t} E'$이라 쓴다.

[정의 11.6]

만약 $t = a_1 \cdots a_n \in Act^*$일 경우, $E \left(\xrightarrow{\tau}\right)^* \xrightarrow{a_1} \left(\xrightarrow{\tau}\right)^* \cdots \left(\xrightarrow{\tau}\right)^* \xrightarrow{a_n} \left(\xrightarrow{\tau}\right)^* E'$이면, $E \stackrel{t}{\Longrightarrow} E'$이라 쓴다.

[정의 11.7] CCS의 약한/외형적 동일성(Observation Equivalence or Weak Bisimulation) ('≈')

모든 액션 a∈Act에 대해, 다음 조건을 만족할 때, 약한/외형 동일성(Observation Equivalence/Weak Bisimulation)이라 정의하고, $P \approx Q$ 라 쓴다 :

a) $P \xrightarrow{a} P'$일 경우, $Q \stackrel{\hat{a}}{\Longrightarrow} Q'$을만족하는 Q'이 존재하며, Q'은 $P' \approx Q'$이다.

b) $Q \xrightarrow{a} Q'$일 경우, $P \stackrel{\hat{a}}{\Longrightarrow} P'$을 만족하는 P'이 존재하며, P'은 $P' \approx Q'$이다.

[정의 11.8] 동일 또는 외형적 합동 (Equal/Observation Congruence) ('=')

모든 액션 a∈Act에 대해, 다음 조건을 만족할 때, 동일 또는 외형적 합동(Equal/Observation Congruence)이라 정의하고, $P = Q$라 쓴다 :

a) $P \overset{a}{\rightarrow} P'$일 경우, $Q \overset{\ddot{a}}{\Longrightarrow} Q'$을 만족하는 Q'이 존재하며, Q'은 $P' \approx Q'$이다.

b) $Q \overset{a}{\rightarrow} Q'$일 경우, $P \overset{\hat{a}}{\Longrightarrow} P'$을 만족하는 P'이 존재하며, P'은 $P' \approx Q'$이다.

CCS에서는 위 동일성에 대한 대수 체계의 건전성과 완전성을 입증하기 위해서 오직 선택 연산에 관한 공리만을 다음과 같이 적용하였다. 하나는 강한 동일성에 관한 공리이고, 다른 하나는 외적 동일성에 관한 공리이다.

[공리 11.1] **A1** ('$\sim$')

A1: $P+Q=Q+P$
A2: $P+(Q+R)=(P+Q)+R$
A3: $P+P=P$
A4: $P+0=P$

[공리 11.2] **A2** ('$\approx$')

A1~A4
A5: $a.\tau.P=\tau.P$
A6: $P+\tau.P=\tau.P$
A7: $a.(P+\tau.Q)+a.Q=a.(P+\tau.Q)$

다음에서 $P=Q$는 [정의 11.8]에 기반한 동일 관계를 의미하고, $\mathbf{A} \vdash P=Q$ 는 공리집합 **A**로부터 유도된, 즉 **A**의 동일성 추론에 의해 증명된 걸 의미한다.

[정의 11.9] 표준 형식 (Standard Form)

프로세스 P가 다음 형식에 맞으면, 표준 형식이라고 정의한다:

$$P \equiv \sum_{i=1}^{m} a_i.P_i$$

여기에서, 모든 P_i 역시 표준 형식을 따른다.

여기에서 '≡'는 문법적 동일성을 의미한다. 즉 부호열이 같다는 의미로 해석할 수 있다.

[정리 11.1]

$P \sim Q \Leftrightarrow A_1 \vdash P = Q$

[증명]

($\Leftarrow$) $P \sim Q \Leftarrow A_1 \vdash P = Q$ [건전성]

A1의 공리에서 '='를 '~'로 바꾸었을 경우, 즉 다음이 성립됨을 보여야 한다.

1) A~1: $P + Q \sim Q + P$

a) $P + Q \xrightarrow{a} P'$이라 가정하자. 선택 연산(Choice Operation)의 의미(semantics)에 의해, $P \xrightarrow{a} P'$ 또는 $Q \xrightarrow{a} P'$이다. 이는 "또는"의 의미에 의해, $Q \xrightarrow{a} P'$ 또는 $P \xrightarrow{a} P'$이다. 즉 $Q + P \xrightarrow{a} P'$이다. 그리고 전자의 P'과 후자의 P'은 같기 때문에, ~의 정의에 의해 $P' \sim P'$이 성립된다.

b) $Q + P \xrightarrow{a} P'$이라 가정하자. 선택 연산(Choice Operation)의 의미(semantics)에 의해, $Q \xrightarrow{a} P'$ 또는 $P \xrightarrow{a} P'$이다. 이는 "또는"의 의미에 의해, $P \xrightarrow{a} P'$ 또는 $Q \xrightarrow{a} P'$이다. 즉 $P + Q \xrightarrow{a} P'$이다. 그리고 전자의 P'과 후자의 P'은 같기 때문에, ~의 정의에 의해 $P' \sim P'$이 성립된다.

(∴) a) 과 b)에 의해, $P + Q \sim Q + P$가 성립된다.

2) A~2: $P + (Q + R) \sim (P + Q) + R$

a) $P+(Q+R)\xrightarrow{a}P'$이라 가정하자. 선택 연산(Choice Operation)의 의미(semantics)에 의해, $P\xrightarrow{a}P'$ 또는 ($Q\xrightarrow{a}P'$ 또는 $R\xrightarrow{a}P'$)이며, 또한 $P\xrightarrow{a}P'$ 또는 $Q\xrightarrow{a}P'$ 또는 $R\xrightarrow{a}P'$이다. 이는 "또는"의 의미에 의해, ($P\xrightarrow{a}P'$ 또는 $Q\xrightarrow{a}P'$) 또는 $R\xrightarrow{a}P'$이다. 즉 $(P+Q)+R\xrightarrow{a}P'$이다. 그리고 전자의 P'과 후자의 P'은 같기 때문에, ~의 정의에 의해 $P' \sim P'$이 성립된다.

b) $(P+Q)+R\xrightarrow{a}P'$이라 가정하자. 선택 연산(Choice Operation)의 의미(semantics)에 의해, ($P\xrightarrow{a}P'$ 또는 $Q\xrightarrow{a}P'$) 또는 $R\xrightarrow{a}P'$이며, 또한 $P\xrightarrow{a}P'$ 또는 $Q\xrightarrow{a}P'$ 또는 $R\xrightarrow{a}P'$이다. 이는 "또는"의 의미에 의해, $P\xrightarrow{a}P'$ 또는 ($Q\xrightarrow{a}P'$ 또는 $R\xrightarrow{a}P'$)이다. 즉 $P+(Q+R)\xrightarrow{a}P'$이다. 그리고 전자의 P'과 후자의 P'은 같기 때문에, ~의 정의에 의해 $P' \sim P'$이 성립된다.

(∴) a) 과 b)에 의해, $P+(Q+R) \sim (P+Q)+R$ 이 성립된다.

3) A.3: $P+P \sim P$

위와 유사한 방법으로 증명 가능하다.

4) A.4: $P+0 \sim P$

위와 유사한 방법으로 증명 가능하다.

(∴) 즉 A1의 공리로부터 $P=Q$가 유도되었다면, 이는 $P \sim Q$ 임을 보장한다.

(⇒) $P \sim Q \Rightarrow A_1 \vdash P = Q$ [완전성]

$P \sim Q$ 라 가정하자. 그리고 P와 Q가 표준 형식이라고 가정하자. 즉 $P \equiv \sum_{i=1}^{m} a_i . P_i$, $Q \equiv \sum_{j=1}^{n} b_j . Q_j$이다. P와 Q의 최대 깊이(maximum depth)[170]에 귀납법을 적용하여 다음과 같이 증명한다. 여기에서 depth를 d라 하자.

1) (d=0)

d가 0이면, P와 Q는 **0**, 즉 nil이다. 그리고 동치의 추론, 즉 이를 **A1**에 대입한 결과, **A1** $\vdash 0 = 0$이라는 결론에 이른다[171].

A1: $0+0=0+0$

A2: $0+(0+0)=(0+0)+0$

A3: $0+0=0$

A4: $0+0=0$

2) (d>1)

a) $a.P'$을 P의 선택 결합원(summand)라 가정하면, 이에 의해 $P \xrightarrow{a} P'$이 성립된다. 또한 $P \sim Q$ 를 가정했으므로, $Q \xrightarrow{a} Q'$이 성립되어야 한다. 즉 Q에도 $a.Q'$이라는 선택 결합원이 존재해야 한다.

b) a)의 역도 동시에 성립된다. 즉 $b.Q'$을 Q의 선택 결합원이라 가정하면, 이에 의해 $Q \xrightarrow{b} Q'$이 성립된다. 또한 $P \sim Q$ 를 가정했으므로, $P \xrightarrow{b} P'$이 성립이 되어야 한다. 즉 P에도 $b.P'$이라는 선택 결합원이 존재해야 한다.

(∴) a) 과 b)에 의해, (d>1) 경우에 $P \sim Q$ 를 가정하면, $P = Q$ 이 성립된다. 그리고 P와 Q 가 표준 형식을 따라, 필요시 **A1**의 A1과 A2를 적용하여, 중복되는 선택 결합원에 대해서는 A3을 적용하면, $\vdash P = Q$가 유도됨을 보일 수 있다.

170) 최대 깊이(maximum depth)는 P에 포함되어 있는 접두사의 최대수를 의미한다.
171) 여기에서 반사성이 동치 추론의 일부이기도 하다.

(∴) 1)과 2)에 의해서, $P \sim Q$ 가 성립되면, **A1** 공리로부터 $P = Q$가 유도된다. 즉 **A1**$\vdash P = Q$가 성립된다.

위 정리는 강한 동일성(Strong Equivalence), 즉 '$\sim$'에 관한 정리였다. 다음은 외형적 동일성(Observation Equivalence), 즉 '$\approx$'에 관한 정리이다. 이를 위해서 표준 전형식(Full Standard Form)을 정의한다.

[정의 11.9] 표준 전형식 (Full Standard Form)

다음 조건을 만족할 때, 프로세스 P를 표준 전형식(Full Standard Form)이라고 정의한다:

1) $P \equiv \sum_{i=1}^{m} a_i . P_i$ 에서 각 P_i이 표준 전형식이고,

2) $P \overset{a}{\Longrightarrow} P'$ 이면, $P \overset{a}{\longrightarrow} P'$ 이다.

[정의 11.10]

에이전트(Agent)의 대수식이 Constant(상자常者)[172] 또는 Recursion[173]이 아니고, 유한한 Summand(선택 결합사)로만 구성이 되었을 때, 이를 *유한* (*finite*)하다고 정의한다.

[정의 11.11]

에이전트(Agent)의 대수식 E가 Composition(결합사), Restriction(제한), Relabeling(재명명)을 포함하지 않을 뿐만 아니라, E의 Constant(항자) 대수식 또한 Composition, Restriction, Relabeling를 포함하고 있지 않을 때, 이를 *연속적*(*serial*)이라고 정의한다.

위 정의는 외형적 동일성('$\approx$')에 대한 완전성을 유한하고 연속적인 경우에만 제

172) Constant(상자常者): CCS에서 에이전트 상수 또는 상자(常者)를 의미한다. '$\stackrel{def}{=}$'를 이용해 정의한 에이전트를 의미한다.

173) CCS에서는 Recursion 에이전트를 fix식으로 정의했다. 즉 $X_i \stackrel{def}{=} E_i$의 E_i에 X_i가 재귀적으로 정의되어 있다. 이를 복수 에이전트의 경우, $fix_j(\widetilde{X} = \widetilde{E})$로; 단수 에이전트인 경우, $fix(X = E)$로 표현한다.

한하기 위한 조치로 볼 수 있다. 이는 역으로 외형적 동일성('$\approx$')의 완전성이 성립되는 대상을 공리 체계를 통해서 유한하게, 그리고 연속적으로 유도될 수 있는 대상만으로 한정한다고도 볼 수 있다.

[보조 정리 11.3] Saturation

만약 $P \xrightarrow{a} P'$ 이면, **A2** $\vdash P = P + a.P$ 이다.

[증명] (P 구조에 대한 귀납법 적용)

1) $a.P'$을 P의 선택 결합원(Summand)라고 가정하자. 그러면 A3에 의해 다음이 성립된다:

$$\begin{aligned} P &= P + P && [A3] \\ &= P + a.P' && [가정] \end{aligned}$$

2) $a.Q$를 P의 선택 결합원, 그리고 $Q \xrightarrow{\tau} P'$이라고 가정하자. A2 $\vdash Q = Q + \tau.P'$ 에 의해 다음이 성립된다:

$$\begin{aligned} P &= P + a.Q && [A3, 가정] \\ &= P + a.(Q + \tau.P') && [Induction : \vdash Q = Q + \tau.P' \ by \ Q \xrightarrow{\tau} P'] \\ &= P + a.(Q + \tau.P') + a.P' && [A7] \\ &= P + a.P' && [P = P + a.(Q + \tau.P') \text{ 적용 : 위 줄2}] \end{aligned}$$

3) $\tau.Q$를 P의 선택 결합원, 그리고 $Q \xrightarrow{a} P'$이라고 가정하자. A2 $\vdash Q = Q + a.P'$ 에 의해 다음이 성립된다:

$$\begin{aligned} P &= P + \tau.Q && [A3, 가정] \\ &= P + \tau.Q + Q && A6 \\ &= P + \tau.Q + Q + a.P' && [가정의 귀납법에 의해] \\ &= P + a.P' && [P = P + \tau.Q + Q \text{ 적용 : 위 줄2}] \end{aligned}$$

위 1), 2), 3)에 의해 Saturation이 성립된다.

[보조 정리 11.4]

모든 표준 형식 P에 대해, 다음 조건을 만족하는, 동일 값의 접두사 포함 길이(Nesting Depth)를 가진 표준 진형식 P'이 존재한다.

[증명] (P 구조에 대한 귀납법 적용)

1) (d=0)

이 경우, $P \equiv 0$이므로, 이는 표준 전형식에 해당된다.

2) (d>1)

각각의 P의 선택 결합원 $b.Q$에 대하여, **A2**에 의해 이미 표준 전정식으로, 깊이가 증가하지 않고, 전환되었다고 귀납적으로 가정하자. 다음 조건을 만족하는 모든 쌍을 고려하자:

$$\forall\,(a_i, P_i), 1 \le i \le n:\ P \overset{a_i}{\Longrightarrow} P_i \text{ 이지만, } P \overset{a_i}{\longrightarrow} P_i \text{ 이지 않은.}$$

각 P_i는 P의 임의 선택 결합원 $b.Q$의 부분 대수식(subexpression)이므로 표준 전정식을 따라야 한다. 즉 $P' \equiv P + a_1.P_1 + \cdots + a_k.P_k$는 P와 동일한 깊이 값을 가진 표준 전정식이 된다. 그리고 [보조 정리 11.3]에 의해, **A2** $\vdash P = P'$ **이** 성립된다.

[정리 11.5]

$P \approx Q \Leftrightarrow A_1 \vdash P = Q$

[증명]

($\Leftarrow$) $P \approx Q \Leftarrow A_1 \vdash P = Q$ [건전성]

A2의 공리에서 '='를 '≈'로 바꾸었을 경우, 즉 다음이 성립됨을 보여야 한다. A1~A4의 증명 방법은 '~'의 증명 방법과 유사하다:

1) $A_{\approx}1$: $P + Q \approx Q + P$

a) $P + Q \overset{a}{\Longrightarrow} P'$이라 가정하자. 선택 연산(Choice Operation)의 의미(semantics)에 의해, $P \overset{a}{\Longrightarrow} P'$ 또는 $Q \overset{a}{\Longrightarrow} P'$이다. 이는 "또는"의 의미에 의해, $Q \overset{a}{\Longrightarrow} P'$ 또는 $P \overset{a}{\Longrightarrow} P'$이다. 즉 $Q + P \overset{a}{\Longrightarrow} P'$이다. 그리고 전자의 P'과 후자의 P'은 같기 때문에, ≈의 정의에 의해 $P' \approx P'$이 성립된다.

b) $Q + P \overset{a}{\Longrightarrow} P'$이라 가정하자. 선택 연산(Choice Operation)의 의미

(semantics)에 의해, $Q \overset{a}{\Longrightarrow} P'$ 또는 $P \overset{a}{\Longrightarrow} P'$ 이다. 이는 "또는"의 의미에 의해, $P \overset{a}{\Longrightarrow} P'$ 또는 $Q \overset{a}{\Longrightarrow} P'$ 이다. 즉 $P+Q \overset{a}{\Longrightarrow} P'$ 이다. 그리고 전자의 P'과 후자의 P'은 같기 때문에, $\approx$의 정의에 의해 $P' \approx P'$이 성립된다.

(∴) a) 과 b)에 의해, $P+Q \approx Q+P$가 성립된다.

2) A≈2: $P+(Q+R) \approx (Q+P)+R$

[정리 11.2]의 $P+(Q+R) \sim (Q+P)+R$ 중, '~'를 '≈'로 바꾸어 증명하는 것과 같다.

3) A≈3: $P+P \approx P$

[정리 11.3]의 $P+P \sim P$ 중, '~'를 '≈'로 바꾸어 증명하는 것과 같다.

4) A≈4: $P+0 \approx P$

[정리 11.4]의 $P+0 \sim P$ 중, '~'를 '≈'로 바꾸어 증명하는 것과 같다.

5) A≈5: $a.\tau.P \approx a.P$

a) ⇒의 정의([정의 11.6])에 따라 A≈5의 좌항으로부터 $a.\tau.P \overset{a}{\Longrightarrow} P$가 성립된다. 동일한 정의에 따라 A≈5의 좌항으로부터 $a.P \overset{a}{\Longrightarrow} P$가 성립된다. 좌항의 P와 우항의 P가 당연히 동일함으로 $P=P$이고, [정의 11.8] '='의 정의에 의해, $P \approx P$ 이다.

b) ⇒의 정의에 따라 A≈5의 좌항으로부터 $a.P \overset{a}{\Longrightarrow} P$가 성립된다. 동일한 정의에 따라 A≈5의 우항으로부터 $a.\tau.P \overset{a}{\Longrightarrow} P$가 성립된다. 우항의 P와 좌항의 P가 당연히 동일함으로 $P=P$이고, '='의 정의에 의해, $P \approx P$이다.

(∴) a) 과 b)에 의해, $a.\tau.P \approx a.P$가 성립된다.

6) A≈6: $P+\tau.P \approx \tau.P$

a) $P \overset{a}{\to} P'$이라 가정하자. 등식의 우항에 대해, 선택 연산의 의미에 따라, $P \overset{a}{\to} P'$ 또는 $\tau.P \overset{\tau.a}{\longrightarrow} P'$이다. 이는 $P \xrightarrow{a+\tau a} P'$이고, 이는 $P \xrightarrow{(\tau)^* a} P'$임으로, ⇒의 정의에 따라, $P \overset{a}{\Rightarrow} P'$으로 표현할 수 있다. 역시 좌항에 대해서도, 동일하게 $\tau.P \overset{a}{\Rightarrow} P'$이 성립된다. 그리고 좌항의 P'와 우항 P'은 당연히 $P' = P'$이고, '='의 정의에 의해, $P' \approx P'$이다.

b) $P \overset{a}{\Rightarrow} P'$이라 가정하자. 등식의 좌항에 대해, $\tau.P \overset{a}{\Rightarrow} P'$이 성립된다. 등식의 우항에 대해서는, 선택 연산의 의미에 따라, $P \overset{a}{\to} P'$ 또는 $\tau.P \overset{\tau.a}{\longrightarrow} P'$이다. 이는 $P \xrightarrow{a+\tau a} P'$이고, 이는 $P \xrightarrow{(\tau)^* a} P'$임으로, ⇒의 정의에 따라, $P \overset{a}{\Rightarrow} P'$으로 표현할 수 있다. 그리고 좌항의 P'과 우항 P'은 당연히 $P' = P'$이고, '='의 정의에 의해, $P' \approx P'$이다.

(∴) a) 과 b)에 의해, $P + \tau.P \approx \tau.P$가 성립된다.

7) $A_{\approx}7$: $a.(P+\tau.Q) + a.Q \approx a.(P+\tau.Q)$

위와 동일한 방법으로 증명할 수 있으나, 분배 법칙과 이미 증명한 A5를 이용해 증명하면 다음과 같다:

$$\begin{aligned} a.(P+\tau.Q)+a.Q &= a.P + a.\tau.Q + a.Q && [\text{분배법칙}: .over+] \\ &= a.P + (a.\tau.Q + a.Q) && [\text{결합법칙}: +] \\ &= a.P + a.\tau.Q && [A5\text{에 의해}] \\ &= a.(P+\tau.Q) && [\text{역분배법칙}: .over+] \end{aligned}$$

'='의 정의에 의해, $a.(P+\tau.Q) + a.Q \approx a.(P+\tau.Q)$가 성립된다.

(⇒) $P \approx Q \Rightarrow A_1 \vdash P = Q$ [완전성]

[보조 정리 11.3]과 [보조 정리 11.4]에 의해, P와 Q가 표준 전정식이라고 가정하다. 증명은 P와 Q의 깊이 합에 귀납적인 방법을 적용해 이루어진

다.

1) (d=0)

이 경우, $P \equiv 0 \equiv Q$이므로, 이는 $P \approx Q$ 이면, 즉 $0 \approx 0$ 이면 A2 $\vdash 0 = 0$은 타당하다.

2) (d>1)

$P \approx Q$ 이고, $a.P'$을 P의 선택 결합원이라고 정의하자. 이 경우, Q의 선택 결합원 중 $a.P'$이 있음을 증명해야 한다. P의 선택 결합원 가정에 의해, $P \xrightarrow{a} P'$이다. 그리고 $P \approx Q$ 가정에 의해, $Q \xrightarrow{a} Q'$이고, $P' \approx Q'$ 인 Q' 이 존재해야 한다. 여기에서 Q가 표준 전형식이라는 가정에 의해, $Q \xrightarrow{a} Q'$이 성립이 되고, 따라서 $a.Q'$이 Q의 선택 결합원이 된다.

여기에서 바로 귀납법을 적용할 수 없다. 그 이유는 $P' \approx Q'$는 성립됨을 보였지만, $P' = Q'$ 인지는 아직 모르기 때문이다. 그러나 Hennessy 이론[174]에 의해, $P' = Q'$ 또는 $P' = \tau.Q'$ 또는 $Q' = \tau.P'$임을 알 수 있다. 각 경우를 귀납적으로 따져 보면 다음과 같다:

a) $P' = Q'$의 경우: 귀납적 가정 A2$\vdash P' = Q'$에 의해, P'와 Q'이 표준 전정식이고, 또한 P와 Q보다 접두사 포함 깊이가 적기 때문에, A2$\vdash a.P' = a.Q'$이 성립된다.

b) $P' = \tau.Q'$의 경우: $\tau.Q'$을 귀납법을 적용하기 전에 표준 전정식으로 전환해야 한다. [보조 정리 11.4]에 의해, $\tau.Q'$과 깊이가 같은, 그리고 A2$\vdash \tau.Q' = Q''$인 표준 전정식 Q''이 존재한다. 귀납적 가정 A2$\vdash P' = Q''$에 의해, A2$\vdash P' = \tau.Q'$이 성립된다. 그리고 A5에 의해, A2$\vdash a.P' = a.Q'$이 성립된다.

c) $Q' = \tau.P'$: b)와 유사하게 증명할 수 있다.

(∴) a), b), c)에 의해, (d>1)인 경우, $P' \approx Q'$ 이면, A2

174) Hennessy 이론: $P \approx Q \Leftrightarrow (P = Q \vee P = \tau.Q \vee Q = \tau.P)$ [MIL89]

$\vdash a.P^{'} = a.Q^{'}$ 이 성립된다.

(∴) 1), 2)에 의해, $P^{'} \approx Q^{'}$ 일 경우, **A2**$\vdash P = P$가 성립됨을 보인다. 즉 $P^{'} \approx Q^{'}$ 이 성립이 되면 **A2**공리에 의해 $P = Q$가 유도됨을 보였다. 즉 완전성이 증명되었다.

참고로, ACSR에서는 Bisimulation에 기반한 동일성의 건전성과 완전성을 다음과 같은 방법을 적용하여 입증하였다 [PJL93].

- 건전성: 모든 전이 규칙에 대해, 전제 조건에 동일성이 성립될 경우, 전이 규칙(Transition Rules)에서도 같은 유형의 동일성이 성립됨을 보였다.
- 완전성: 완전성은 유한한 상태를 가진 에이전트 집합의 부분 집합을 대상으로 ACRS 법칙(Laws)의 완전성이 성립됨을 보였다. 이를 위해 위 법칙이 성립됨을 보일 수 있는 ACSR의 프로세스 중, 위 집합의 성질을 만족할 수 있는 프로세스를 규정하기 위해, 프로세스 변항에 대응할 수 있는 Bisimuation 개념을 기반으로, 유한한 상태를 가진 프로세스 집합의 부분 집합을 도출하였다. 그리고 이 집합을 대상으로, 프로세스의 조건 없는 재귀항을 제거한 상태에서, 이 집합 내 프로세스가 이 특정한 등식 집합의 속성을 만족함으로서, 최종적으로 이러한 등식 집합이 Bisimulation에 대해서 유일한 해법임을 보였다.

11.4 프로세스 대수의 역사

프로세스 대수의 역사는 1970년 초까지 거슬러 올라간다. 그 당시, 병렬 이론에 기반을 둔 정형기법은 Petri Net이 유일했다. 1970년대, 프로그래밍 언어의 의미론에 집중된 컴퓨터 프로그램에 대한 정형적인 추론의 유형은 기본적으로 다음과 같은 3가지가 중심을 이루었다[SEMANTICS]:

1) 작동 의미론: 컴퓨터 프로그램을 추상 기계의 실행으로 정의한다. 이러한 기계의 상태를 프로그램 변수의 값으로 정의하고, 상태 간의 전이를

프로그램의 기본 구문으로 정의한다.

2) 외연적 의미론: 작동 의미론보다 더 추상적이다. 컴퓨터 프로그램을, 입력 데이터를 출력 데이터로 변형하는 하나의 함수로 간주한다.

3) 공리 의미론: 프로그램의 정확성을 증명하는 증명법을 강조한다. 기본적인 개념은 기본 정리와 더불어 증명의 세 요소, 즉 전제 조건, 프로그램 구문과 실행후 조건, 그리고 불변 값에 기반을 두고 있다.

그런데 여기에서 병렬 연산자를 가진 프로그램에 대해 어떤 의미론을 정의해야 하는지에 대한 의문이 제기되었다. 여러 시도가 있기는 했지만, 이러한 의미론으로는 병렬 프로그램의 의미를 정의하는 것이 어렵다는 것이 밝혀졌다.

프로세스 대수 관점에서 병렬 프로그램에 대한 의미론이 논의되기 전에 두 가지의 패러다임적인 변화가 있었다:

1) 첫째는, 행위를 입력과 출력의 관계로 규정하던 함수적 접근 방법이 유효하지 않았다. 프로그램은 아직도 오토마타 관점으로 정의할 수 있었다. 그러나 언어적 동일성에 대한 개념은 더 이상 적절하지 않았다. 그 이유는 입력과 출력 사이에 프로세스가 서로 연동해서 행하는 다른 프로세스나 환경과의 상호 작용(interaction)이 그 결과에 영향을 미치기 때문이었다. 즉 함수적인 행위가 파괴되었다.

2) 둘째는, 전역 변수의 개념을 극복해야 했다. 전역 변수에 의해, 대상 오토마타의 상태가 프로그램 변수의 값으로 주어졌다. 즉 상태는 변수의 값으로 정의되었다. 병렬 프로세스의 독립적인 실행은 주어진 시간에 전역 변수의 값을 결정하는 것을 어렵게 만들거나 불가능하게 만들었다. 그래서 각 프로세스는 자신의 지역 변수로 이들을 가지게 되었고, 프로세스 간에 명시적으로 어떤 정보나 값을 교환할 수 있도록, 단순하게 정의하게 되었다.

이런 변화를 겪으면서, 1980년 초기에 프로세스 대수가 독립적인 연구 분야로 자리 잡게 되었다. <그림 11-8>에서 보여주는 바와 같이 다양한 프로세스 대수가 개발되었다.

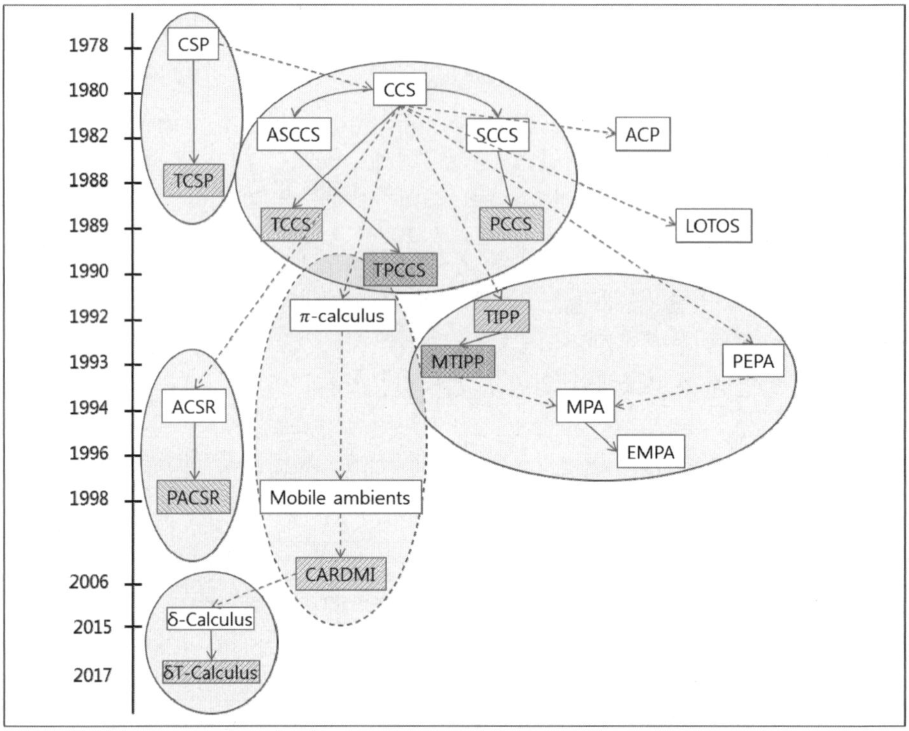

<그림 11-8> 프로세스 대수 Map

11.5 비교 분석

<표 11-1>은 각 프로세스 대수의 속성을 비교 분석한 표이다. 여기에서는 비교하고자 하는 속성은 다음과 같다:

1) 동기-비동기성: 이 성질은 프로세스 간의 interaction이 동기적인지 아닌지를 의미한다. CARDMI의 경우, 동기·비동기 연산이 동시에 가능함을 보인다.
2) 결정-비결정성: 이 성질은 프로세스 연산 중 선택(choice) 연산이 결정적인가 비결정인가를 의미한다. PCCS, TPCCS, PACSR 등은

결정·비결정 연산이 동시에 가능함을 보인다.

3) 시간: 이것은 연산에 대한 실행 시간·종료 시간·반복 시간과 같은 시간에 대한 조건을 정의한 성질이다. TCSP. TCCS, TPCCS, ACSR, t-CARDMI 등에 이러한 성질이 정의되었다.
4) 확률: 이것은 프로세스 연산 중 선택(choice) 연산의 비결정성에 대해 확률을 정의한 성질이다. PCCS, TPCCS, PACSR 등에 확률 속성이 정의되어 있다.
5) 자원: 이 성질은 프로세스가 자원에 대해 경쟁을 정의한 것이다. ACSR과 PACSR에 이러한 성질이 정의되어 있다.
6) 우선 순위: 이것은 프로세스가 자원에 대해 경쟁할 때 우선권을 정의한 것이다. 우선권에 의해서 비결정적인 선택 연산이 결정화될 수 있다. ACSR과 PACSR에 이러한 성질이 정의되어 있다.
7) 이동성: 이것은 프로세스가 공간 또는 프로세스 내부 또는 외부로 진입 또는 진출하기 위한 성질을 정의한 것이다. Pi-Calculus, CARDMI 등에 이러한 성질이 정의되어 있다.

		비/동기	비/결정	시간	확률	자원	우선권	이동	시각화
CSP 군	CSP	비동기	비결정	무	무	무	무	무	무
	TCSP	동기	결정	유	무	무	무	무	무
	ACP	비동기	비결정	무	무	무	무	무	무
	LOTOS	동기	비결정	무	무	무	무	무	무
CCS 군	CCS	비동기	비결정	무	무	무	무	무	무
	SCCS	동기	비결정	무	무	무	무	무	무
	ASCCS	비동기	비결정	무	무	무	무	무	무
	PCCS	동기	비+결정	무	유	무	무	무	무
	TCCS	비동기	비결정	유	무	무	무	무	무
	TPCCS	동기	비+결정	유	유	무	무	무	무
ACSR 군	ACSR	비동기	비결정	유	무	유	유	무	무
	PASCR	동기	비+결정	유	유	유	유	무	무
	Pi Calculus	비동기	비결정	무	무	무	무	유	무
	Mobile Ambient	비동기	비결정	무	무	무	무	유	유
δ군	CARDMI	비+동기	비결정	유	무	무	무	유	유
	Union	비+동기	비결정	유	무	유	유	유	유
	δ-Calculus	비+동기	비결정	유	무	유	유	유	유
	dT-Calculus	비+동기	비결정	유	무	유	유	유	유

<표 11-1> 프로세스 내수 성질 비교표

11.6 결어

이 장에서는 프로세스 대수의 정의와 동일성에 대한 이론과 종류를 살펴보았다. 특히 CCS를 통해서 Bisimulation에 기반한 동일성에는 강한 동일성(Strong Equivalence)과 약한 동일성(Weak Equivalence)이라는 두 가지 유형의 동일성이 성립됨을 살펴보았다. 그리고 이를 기반으로 프로세스 대수의 건전성과 완전성이 어떻게 성립이 되는지 알아보았다. 그럼 다음 장부터 대표적인 프로세스 대수를 알아보자.

참고 문헌

[BK85] J.A. Bergstra and J.W. Klop. Algebra of Communicating Processes with Abstraction. Journal of Theoretical Computer Science, 37:77-121,1985.

[CG98] L. Cardelli and A. Gordon, Mobile Ambients, in Proceedings of FoSSaCS'98 (M. Nivat, Ed.), Lecture Notes in Computer Science, Vol. 1378, pp. 140~155, Springer-Verlag, Berlin, 1998.

[CL15] Y. Choe and M. Lee, δ-Calculus: Process Algebra to Model Secure Movements of Distributed Mobile Processes in Real-Time Business Application, 23rd European Conference on Information Systems, 2015.

[CLL17] Y. Choe, S. Lee, M. Lee, dT-Calculus: A Process Algebra to Model Timed Movements of Processes, 19th International Conference on Mathematical and Computational Methods in Science and Engineering, 2017.03.

[DoC90] Dictionary of Computing, Oxford University Press, New

York, 1990.

[HOA85] C.A.R. Hoare, Communicating Sequential Processes, Prentice Hall Int l, 1985.

[HOG89] Hogrefe, D., Estelle, Lotus und SDL, Springer-Verlag, Berlin, Germany, 1989.

[ISO87] International Standard Organization. LOTOS - a formal description technique based on the temporal ordering of observational behavior. Technical Report ISO/TC97/SC21N1573, ISO, Feb 1987.

[MIL89] R. Milner, Communication and Concurrency, Prentice-Hall, London, 1989.

[MIL99] R. Milner, Communicating and Mobile Systems: The Pi-Calculus, Cambridge University Press, Cambridge, UK, 1999.

[PARK81] Park, David (1981). Concurrency and Automata on Infinite Sequences. In Deussen, Peter. Theoretical Computer Science. Proceedings of the 5th GI-Conference, Karlsruhe. Lecture Notes in Computer Science. 104. Springer-Verlag. pp. 167-183. doi:10.1007/BFb0017309. ISBN 978-3-540-10576-3.

[PJL93] Patrice Brémond-Grégoire, Jin-Young Choi, Insup Lee. The Soundness and Completeness of ACSR. Technical Report No. MS-CIS-93-59, The University of Pennsylvania, 1993.

[SEMANTICS]
https://en.wikipedia.org/wiki/Semantics_(computer_science)

12
PART

CCS

PART 12

CCS

12.1 개요

Calculus of Communicating Systems(CCS)는 1980년 Robin Milner[175]에 의해 개발된 프로세스 대수이다 [MIL80]. CCS에서 액션(Action)은 두 프로세스 사이에서 indivisible 통신을 모델링한다. 다시 말해, 두 프로세스의 동기화 통신을 모델링한다. CCS에는 *병렬 구성(Parallel Composition)*, 액션 간의 *선택(Choice)* 및 범위의 *제한(Restriction)*을 설명하기 위한 연산자가 포함되어 있다. 병렬 구성, 선택, 제한 등의 기본 연산자는 *12.3.2 문법과 연산자* 절에서 설명하다. CCS는 deadlock[176] 같은 시스템 특성에 대한 qualitative correctness을 평가하기에 유용하다. CCS의 표현은 Labelled Transition System(LTS)[177]으로 해석되며, LTS의 자세한 내용은 *12.3.4 프로세스와 LTS*

175) Robin Milner(1934년 1월 13일~2010년 3월 20일)는 영국의 컴퓨터 과학자이다 [MILNER]. 그는 CCS과 pi-Calculus를 개발하였으며, LCF라는 최초의 자동 이론 검증기를 개발하였을 뿐만 아니라, 대표적인 함수 언어인 ML 언어도 개발하였다. 그는 죽음 직전까지 CCS와 pi-Calculus를 통합하기 위한 Bi-Graph를 개발하고 있었다.

176) Deadlock은 두 개 이상의 프로세스가 있을 경우, 서로 상대방의 작업이 끝나기만을 기다리기 때문에 결과적으로 아무것도 완료되지 못하는 상태를 말한다. Edward G. Coffman, Jr.의 1971년 논문에 언급된 4가지 조건, 상호 배제(Mutual exclusion), 점유 대기(Hold and wait), 비선점(No preemption), 순환 대기(Circular wait)를 만족해야 발생한다[DEADLOCK].

절에서 확인할 수 있다. CCS 모델간의 bisimilarity는 semantic equivalence로 사용된다. equivalence에 대한 자세한 내용은 *12.4 규칙* 절에서 자세히 설명한다.

12.2 Method

CCS는 프로세스간의 포트를 통한 상호 작용 또는 내부 연산을 나타내는 *액션(Action)*과 이러한 액션을 조합하기 위한 *연산자(Operation)*로 이루어져 있다. CCS는 자신으로 명세된 프로세스의 실행 단계에 대한 의미를 명시하기 위해 *Operational Semantics*[178]를 사용한다. 또한 CCS는 하나의 *Labelled Transition System(LTS)*으로 표현할 수 있다. 이번 절에서는 CCS의 액션, 연산자, Operational Semantics에 대해 자세히 설명하고, CCS를 LTS로 어떻게 표현되는지 확인한다.

12.3.1 Action

*액션(Action)*은 프로세스간의 포트를 통한 입/출력(input/output) 연산 또는 내부 연산 단계를 나타낸다. 전자는 외부(external) 연산이라 불리며, 주변의 환경과의 상호 작용을 필요로 한다. 후자는 동기화 연산으로 프로세스의 내부 상호 작용을 의미한다. A는 τ(타우)를 제외한 액션의 이름, 포트의 집합을 나타낸다. [정의 12.1]은 CCS 액션의 3가지 형태를 보여준다.

---

177) Labelled Transition System(LTS)은 이론 컴퓨터 과학 분야에서 주로 사용되는 *전이 시스템(Transition System)* 중 하나이다. 전이 시스템은 시스템 상태의 집합과 그 상태 간 관계의 집합으로 이루어져 있으며, 컴퓨터 과학에서는 계산의 도구로 사용된다. LTS는 전이 시스템에 전이의 의미를 부여한 것으로 (S, ∧, →) 형태를 따른다[TRANSYS].

178) Operational Semantics는 정형 프로그래밍 언어의 의미론 중의 하나로, 언어의 각 요소마다 수학적인 의미를 부여하는 Denotational Semantics와 다르게, 논리적인 구문에 대해 그의 실행과 절차로부터 증명을 구축하여, 프로그램에 대한 정확성·안전성·안성성 등을 검증하는 방식이다[OPSEM].

[정의 12.1] CCS의 액션의 3가지 형태

- $\alpha(\alpha \in A)$: 포트로부터 신호를 받는 액션.
- $\overline{\alpha}(\alpha \in A)$: 포트로 신호를 보내는 액션.
- τ : 내부 연산 단계.

[정의 12.1]로부터 CCS 모든 액션의 집합인 A_{CCS}를 다음과 같이 나타낼 수 있다:

- $A_{CCS} = A \cup \{ \overline{\alpha} | \alpha \in A\} \cup \{\tau\}$

이중 표기는 다음과 같이 정의되며, $\overline{\tau}$라는 표현은 허용되지 않는다:

- $\overline{\overline{\alpha}} = \alpha$

α와 $\overline{\alpha}$는 서로 상호 보완(complementary) 관계로서, 같은 채널을 통한 입/출력을 담당하는 액션이라는 것을 의미한다. 집합 $A_{CCS} - \{\tau\}$는 외부(external) 액션의 집합이고, 오직 τ만이 내부 상호 작용을 의미한다.

12.3.2 문법과 연산자

[정의 12.2] CCS의 문법

$$P ::= nil \mid a.P \mid A \mid P_1 + P_2 \mid P_1 \mid P_2 \mid P \setminus L \mid P[f]$$

[정의 12.2]는 CCS 문법의 정의이며, BNF 문법[179]에 의해 정의되었다. [정의 12.3]은 프로세스의 *액션(Action)*을 조합하기 위한 *연산자(Operation)*를 설명한다. [정의 12.3]에서 사용되는 P, P_1, P_2는 CCS의 프로세스이며, 집합 C는 프로세스 변수의 집합을 나타낸다.

179) BNF 문법은 정형 언어의 구문 규칙을 기술하기 위한 언어이다. | 기호는 둘 중 하나의 선택을 의미하고, ::= 기호를 사용하여 좌변은 우변에 의해 정의된다는 것을 표현한다 [BNF].

[정의 12.3] CCS에서 사용되는 7가지의 연산자

1) nil : 실행을 마치고 종료된 프로세스를 나타낸다.

2) $a.$: *prefixing operator.* $a \in A_{CCS}$ 관계를 만족해야 하며, 프로세스 앞에 추가할 수 있다. 예를 들어, $a.P$는 액션 a를 먼저 수행한 후, P의 행동을 하는 것을 나타낸다.

3) + : *choice construct.* $P_1 + P_2$는 상호 작용 환경에 따라서 P_1 또는 P_2의 행동을 할 가능성이 있음을 나타낸다.

4) | : *parallel composition.* $P_1 \mid P_2$는 P_1과 P_2의 실행은 interleave[180] 된다. 두 프로세스간의 동기화를 위한 상호 보완(complementary) 액션을 허용하며, 이 경우 $a, \overline{a}$의 두 액션이 아닌 τ 액션이 실행된다. 즉 , 외부연산이 아니고 내부연산을 의미한다.

5) \ : *restriction operator.* $L \subseteq A_{CCS}$ $\{\tau\}$일 때 \ L은 시스템 내에서의 L 내부에 있는 액션을 한정시키는 것을 의미한다. 다시 말해, $P \setminus L$은 L에 언급된 액션을 사용한 상호 작용을 허용하지 않음을 의미한다. L에 언급된 액션을 제외한 다른 액션은 P의 행동을 제약하지 않는다. 또한 τ 액션은 제한에 포함되지 않는다.

6) $[f]$: *relabeling.* 프로세스 내의 액션 이름을 변경할 수 있게 하는 연산자이다. f는 A_{CCS} to A_{CCS} 함수이며 다음의 두 가지 제약을 따른다.

- $f(\tau) = \tau$
- $f(\overline{a}) = \overline{f(a)}$

이러한 f를 *renaming*이라고 부른다. $P[f]$는 P에 참여하는 액션이 f를 통해 이름이 변경된다는 것을 의미하며, 이름만 변경될 뿐 P의 행동이 변경되는 것은 아니다. 예를 들어, $P[b/a]$는 P의 액션 a의 이름을 b로

180) Interleave는 두 프로세스가 실행 시 특정 시간대에 시간을 같이 공유해서 실행이 된다는 의미이다. 병렬 프로세스나 시스템의 병렬성이 성립이 되기 위한 제1 기본 소건이다.

변경하는 것을 의미한다.

7) $\stackrel{\text{def}}{=}$: *defining equation.* $c \in C$ 일 때 $c \stackrel{\text{def}}{=} p$의 형태로 등식의 정의를 나타낸다. 이 경우 c는 p와 동일한 행동을 호출함을 나타낸다. c와 같은 표현을 사용하여 재귀적 정의를 허용한다. 정의 등식 연산자를 사용하여 작성된 시스템을 프로세스라 한다. P_{CCS}는 모든 CCS 프로세스의 집합을 표현하기 위해 사용된다.

12.3.3 Operational semantics

CCS와 그 외의 다른 프로세스 대수는 일반적으로 프로세스의 실행 단계를 정확하게 정의하기 위한 *operational semantics*를 포함하고 있다. 이 *semantics*는 일반적으로 *삼항관계(ternary relation)*의 형태로 나타낸다. $p \xrightarrow{a} p'$은 시스템 p가 액션 a를 수행할 때에만 p'과 같은 행동을 할 수 있음을 나타낸다. CCS 같은 프로세스 대수는 각각의 연산자에 대한 추론 규칙을 사용하여 전이(Transition, →)에 대한 정의를 유도한다. [정의 12.4]는 추론 규칙의 형태를 보여준다.

[정의 12.4] 추론 규칙의 형태

$$\frac{\text{전제 조건}(premises)}{\text{결론}(conclusion)}(\text{추가 조건}(side\ condition))$$

이 규칙은 *전제 조건*(premises)을 성립하고 *추가 조건*(side condition)을 만족했을 때 *결론*(conclusion)이 추론됨을 나타낸다. 여기서는 이러한 작동 의미론의 형식을 Structural Operational Semantics(SOS)라 부른다. [정의 12.5]는 CCS 연산자의 규칙을 보여준다.

[정의 12.5] CCS 연산자의 규칙

1) *nil*: nil 연산자는 규칙이 없다. 따라서 어떠한 전이(Transition)도

불가능하다.

2) Prefixing : *Prefixing operator*는 하나의 규칙이 있다.

$$\frac{}{a.p \xrightarrow{a} p}$$

이 규칙은 선제가 없다. 따라서 $a.p$ 형태의 프로세스가 a를 수행할 수 있으면 그 후 p의 행동을 함을 나타낸다. 여기에서는 추가 조건이 생략됐는데 이러한 경우는 추가 조건은 항상 *참(ture)*으로 간주한다.

3) Choice: *Choice operator*에는 두 개의 규칙이 있다.

$$\frac{p \xrightarrow{a} p'}{p+q \xrightarrow{a} p'} \quad \frac{q \xrightarrow{a} q'}{p+q \xrightarrow{a} q'}$$

이 규칙은 $p+q$형태의 시스템이 서브시스템 p와 q의 전이를 상속한다는 것을 나타낸다.

4) Parallel composition: *Parallel composition operator*에는 3개의 규칙이 있다. 먼저 2개의 규칙을 보도록 한다.

$$\frac{p \xrightarrow{a} p'}{p|q \xrightarrow{a} p'|q} \quad \frac{q \xrightarrow{a} q'}{p|q \xrightarrow{a} p|q'}$$

이 규칙은 서브시스템의 전이가 interleave됨을 나타낸다. 다음의 규칙은 | 로 연결된 프로세스간의 상호 작용을 나타낸다.

$$\frac{p \xrightarrow{a} p', q \xrightarrow{\overline{a}} q'}{p|q \xrightarrow{\tau} p'|q'}$$

이 규칙에 따라, 서브시스템은 상호 보완(complementary) 액션을 통해 동기화 할 수 있다. 동기화의 결과로 τ 액션이 실행된다. 이러한 동기화는 오식 두 프로세스만이 참여함을 보장한다.

5) Restriction: *Restriction operator*는 하나의 규칙이 있다.

$$\frac{p \xrightarrow{a} p'}{p \backslash L \xrightarrow{a} p' \backslash L}(a, \bar{a} \notin L)$$

이 규칙은 추가 조건을 포함하고 있으며, L에 언급되지 않은 액션만 허용함을 나타낸다.

6) Relabeling: *Relabeling operation*에는 하나의 규칙이 있다.

$$\frac{p \xrightarrow{a} p'}{p[f] \xrightarrow{f(a)} p'[f]}$$

직관적으로 알 수 있듯이, $p[f]$는 p와 동일한 전이를 한다. 차이점으로는 액션이 f에 의해 *relabeling* 된 것 뿐이다.

7) Process variable: Process variable에는 하나의 규칙이 있다.

$$\frac{p \xrightarrow{a} p'}{c \xrightarrow{a} p'}(c \overset{\text{def}}{=} p)$$

이 규칙에 따라 c는 $c \overset{\text{def}}{=} p$ 형태의 정의에 따라 p와 동일한 행동을 한다.

12.3.4 Processes와 Labelled Transition System

Labelled transition system(LTS)은 이론 컴퓨터 과학 분야에서 주로 사용되는 *상태 전이 시스템(State Transition System)*의 특이한 경우이다[TRANSYS]. 일반적으로 상태 전이 시스템은 상태의 집합과 그 상태 간의 관계의 집합으로 이루어져 있는데, LTS는 전이(Transition)에 의미를 부여한 형태로 구성되어 있다. [정의 12.6]는 LTS의 형태를 보여준다.

[정의 12.6] LTS의 형태

$< Q, A, \rightarrow >$

Q는 상태의 집합을 나타내고, A는 액션의 집합을 나타낸다. $\rightarrow(\rightarrow \subseteq Q \times A \times Q)$는 전이 관계를 나타낸다. 어떤 LTS의 정의는 시작 상태를 지정하는데, 시작 상태를 포함한 $< Q, A, \rightarrow, q_s >$의 형태를 Rooted Labelled Transition System이라고 한다.

[정의 12.6]는 CCS가 하나의 LTS로 표현될 수 있음을 보여준다. P_{CCS}는 CCS 프로세스의 집합을 나타내고, A_{CCS}는 액션의 집합을 나타낸다. $\rightarrow_{CCS}$는 전이관계를 나타낸다. $< P_{CCS}, A_{CCS}, \rightarrow_{CCS} >$는 LTS의 정의를 만족한다. 이는 다른 프로세스 대수와 관련하여 두 가지 결과를 확인할 수 있다. 첫 번째는 *behavioral equivalences*의 정의에 대해 LTS를 사용하여 언어에 독립적인 방식으로 제공될 수 있다는 것이다. 두 번째는 개별로 명세된 시스템을 Rooted LTS로 변환할 수 있다는 것이다. 수학적으로 모든 CCS 시스템 P는 $< P_{CCS}, A_{CCS}, \rightarrow_{CCS}, p >$라는 Rooted LTS의 형태로 구성된다.

12.4 규칙

프로세스 대수는 일반적으로 시스템 분석을 기반으로 한 *behavioral congruence* 개념을 사용한다. 대수에서 *congruence*는 치환 속성을 지닌 *equivalence* 관계이다. *equivalent* 시스템은 더 큰 시스템 내에서 상호 교환하여 사용될 수 있다. $C[\,]$를 구멍이 있는 시스템으로 정의하고, $C[p]$는 p에 의해 구멍이 채워진 시스템을 나타낸다. *equivalence*를 나타내는 기호, $\approx$는 $p \approx q$일 때, 어떠한 $C[\,]$에 대해서도 $C[p] \approx C[q]$를 만족함을 나타내는 *congruence*이다. 이러한 관계는 한 언어에서는 적합하지만 다른 언어에서는 적합하지 않을 수 있음을 나타낸다.

12.4.1 Trace Equivalence의 부적합성

[정의 12.7] $< Q, A, \rightarrow >$를 LTS라 하자.

① $s = a_1, \ldots, a_n \in A^*$를 액션의 순서라 하자. 또한 $q_0, \ldots, q_n$의 상태가 있고 $q = q_0$, $q_i \xrightarrow{a_i} q_{i+1}$, $q' = q_n$일 때 $q \xrightarrow{s} q'$라 하자.

② $q \xrightarrow{s} q'$를 만족하는 q'이 존재할 때 s는 q의 strong trace이다. $S(q)$는 q의 모든 strong trace의 집합이다.

③ $S(p) = S(q)$일 때 $p \approx_s q$ 관계이다.

여기에서는 *strong trace*라는 용어를 사용하였는데 이는 주어진 정의에서는 외부(internal), 내부(external) 액션을 구분할 수 없기 때문이다. CCS는 LTS로 나타낼 수 있기 때문에 CCS 시스템에서 $\approx_s$의 정의를 적용할 수 있다. 그러나 $\approx_s$는 비결정적인 시스템의 정의가 가능한 CCS나 다른 언어에 적용할 시 심각한 결함이 나타난다. 그에 대한 예제는 다음과 같다:

- p를 $a.b.nil + a.c.nil$이라 하고 q를 $a.(b.nil + c.nil)$이라 하자. $S(p) = S(q) = \{\epsilon, a, ab, ac\}$ 이므로 $p \approx_s q$ 관계를 만족한다. 그러나 $a.$ 전이 후에 q는 $b.$ 와 $c.$ 모두 수행 가능하지만 p에서는 $b.$와 $c.$중 하나만 수행이 가능하다.
- $C_1 \triangleq a.C_1, C_2 \triangleq a.C_2 + a.nil$이라 하자. 두 시스템은 $C_1 \approx C_2$ 관계를 만족한다. 그러나 $a.$ 전이 후 C_2는 deadlock 상태로 갈 수 있는 반면에 C_1은 그렇지 않다.

*Trace equivalence*와 비결정적 시스템으로 인한 문제는 두 시스템이 같은 *traces*를 지니고 있더라도 *inequivalent*한 상태에 도달할 수 있다는 것이다.

12.4.2 Bisimulation Equivalence

[정의 12.8] $< Q, A, \rightarrow >$를 LTS라 하자. 관계 $R \subseteq Q \times Q$는 $< p, q > \in R$인 p, q에 대하여 어떠한 a, p', q'도 다음의 조건을 만족할 때 *bisimulation*이다.

① if $p \xrightarrow{a} p'$ then $q \xrightarrow{a} q'$ for some q' such that $< p', q' > \in R$

② if $q \xrightarrow{a} q'$ then $p \xrightarrow{a} p'$ for some p' such that $< p', q' > \in R$

이는 만약 두 시스템이 *bisimulation* 관계이면 각각 다른 쪽의 행동에 대한 시뮬레이션이 가능하다는 의미이다. 더 구체적으로, *bisimulation* 관계이면 연관된 상태는 반드시 매치된 전이를 통해 서로 간에 연관된 상태로 이동한다는 의미이다.

[정의 12.9] 시스템 p, q는 $< p, q >$를 포함한 *bisimulation* R이 존재할 때 *bisimulation equivalent* 또는 *bisimilar*이다. $p \sim q$는 p와 q가 *bisimilar*임을 나타낸다.

다음은 CCS 프로세스의 관계에 관한 예이다.

- $a.b.nil + a.b.nil \sim a.b.nil$
- $a.b.nil + a.c.nil \not\sim a.(b.nil + c.nil)$
- $C_1 \not\sim C_2$

*Bisimulation equivalence*에는 여러 가지 이점이 있다. 첫 번째는 모든 LTS에 있어 *equivalence*는 참이라는 것이다. 두 번째는 두 *equivalent* 시스템은 반드시 같은 deadlock 가능성을 보인다는 것이다. 세 번째는 는 $\approx_s$를 함축하고 있고, LTS가 결정적이라면 모든 상태가 한 액션마다 많아야 하나의 전이를 수행한다는 점이다. 마지막으로 $\sim$는 CCS의 *congruence*이다. CCS에서 $p \sim q$이면 큰 시스템 내에서 p, q 간에 상호 교환이 가능함을 의미한다.

그러나 $\sim$는 비동기 실행을 허용하는 CCS 및 다른 프로세스 대수에서 중요한 결함이 나타난다. 비동기 실행은 내부 계산에 민감한 특성을 지니는데 앞의 정의에서는 τ 액션이 다른 액션과 마주보는 상태를 다루지 않았다. 예를 들면, $a.\tau.b.nil$ 과 $a.b.nil$은 비록 외부에서 차이점을 발견할 수 없지만 *bisimulation equivalent*가 아니다. 이러한 내부 연산은 다른 시스템의 행동에 영향을 미칠 수 있다. 이것이 검증이 필요한 이유이다.

12.4.3 Observational Equivalence

내부 계산에 관한 민감도를 줄인 *bisimulation equivalence*에 대해 살펴본다. 이러한 관계를 *약한 전이*(*Weak Transition*)라고 부른다.

[정의 12.10] $< Q, A, \rightarrow >$를 LTS라 하고 $\tau \in A, q \in Q$이다.

① if $s \in A^*$ then $\hat{s} \in (A - \{\tau\})^*$ is the action sequence obtained by deleting all occurrences of τ from s

② Let $s \in (A - \{\tau\})^*$. Then $q \overset{s}{\Rightarrow} q'$ if there exists s' such that $q \overset{s'}{\longrightarrow} q'$ and $s = \hat{s}$

$\hat{s}$는 순서 s에서 visible content를 반환한다. $q \overset{s}{\Rightarrow} q'$은 q가 s와 같은 *visible content*로 전이 순서를 수행할 수 있을 때 q'이 됨을 나타낸다.

[정의 12.11]은 *weak bisimulation*에 대한 정의이다

[정의 12.11] $< Q, A, \rightarrow >$를 LTS라 하고 $\tau \in A, q \in Q$이다. 관계 $R \subseteq Q \times Q$는 $< p, q > \in R$ 인 p, q에 대하여 어떠한 a, p', q'도 다음의 조건을 만족할 때 *weak bisimulation*이다.

① if $p \xrightarrow{a} p'$ then $q \stackrel{\hat{a}}{\Longrightarrow} q'$ for some q' such that $< p', q' > \in R$

② if $q \xrightarrow{a} q'$ then $p \stackrel{\hat{a}}{\Longrightarrow} p'$ for some p' such that $< p', q' > \in R$

시스템 p, q는 $< p, q >$를 포함한 *weak bisimulation* R이 존재할 때 *observationally equivalent* 또는 *weakly equivalent* 또는 *weakly bisimilar*이다. 이를 $p \approx q$와 같이 표기한다.

*Weak bisimulation*의 예는 다음과 같다:

- $a.\tau.b.nil \approx a.b.nil$
- For any p, $\tau.p \approx p$

[정의 12.12] $< Q, A, \rightarrow >$를 LTS라 하고 $\tau \in A$이고 $p, q \in Q$이다. 모든 a, p', q'에 대하여 다음의 조건을 만족할 때 $p \approx^c q$이다.

① if $p \xrightarrow{a} p'$ then $q \stackrel{a}{\Longrightarrow} q'$ for some q' such that $p' \approx q'$

② if $q \xrightarrow{a} q'$ then $p \stackrel{a}{\Longrightarrow} p'$ for some p' such that $p' \approx q'$

이 관계에 대하여 몇 가지 주의사항이 있다. 첫 번째로 p의 τ 전이는 반드시 q의 $\stackrel{\tau}{\rightarrow}$ 전이와 매치가 되어야 한다. 두 번째로 정의에는 재귀성이 없다. 마지막으로 $p \approx^c q$관계가 CCS에서 적합하면 $p \approx q$관계도 따라서 적합하게 된다. 다음은 관련된 예제이다;

- $a.\tau.b.nil \approx^c a.b.nil$
- $\tau.a.nil \not\approx^c a.nil$
- For any p, q, if $p \approx p$ then $\tau.p \approx^c \tau.q$

12.4.4 Axiomatizing I

처음에는 CCS의 ~ 관계와 관련된 공리를 살펴보도록 한다. 처음에는 CCS의 일부분인 Basic CCS를 살펴본다.

1) Basic CCS

Basic CCS는 오직 nil, prefixing, + 연산자만을 지니고 있다. 이 시스템에서는 오직 순서만을 정의할 수 있다. 이에 대한 공리는 다음과 같다.

[공리 12.1] Basic CCS 공리

- $x+y=y+x$ (A1)
- $x+(y+z)=(x+y)+z$ (A2)
- $x+mil=x$ (A3)
- $x+x=x$ (A4)

2) Basic Parallel CCS

다음은 Basic CCS에 parallel, composition 연산자를 추가하여 확장된 공리를 살펴본다. 이를 통해 추가된 공리는 다음과 같다.

[공리 12.2] Basic Parallel CCS 공리

- $(\sum_{i\in I} a_i.x_i)|(\sum_{j\in J} b_j.y_j)=$

$$\sum_{i\in I} a_i.(x_i|\sum_{j\in J} b_j.y_j)+\sum_{j\in J} b_j.(\sum_{i\in I} a_i.x_i|y_i)+\sum_{\{(i,j)|a_i=\overline{b_j}\}} \tau.(x_i|y_j) \qquad \text{(Exp)}$$

3) Finite CCS

다음은 process variables를 제외한 모든 연산자가 추가된 CCS이며 이를 finite CCS라 한다. 추가된 연산자는 $\backslash L$, [f]가 있으며 이에 대하여 추가된 공리는 다음과 같다.

[공리 12.3] Finite CCS 공리

- $nil \backslash L = nil$ (Res1)
- $(a.x) \backslash L = \begin{cases} nil & \text{if } a, \bar{a} \in L \\ a.(x \backslash L) & otherwise \end{cases}$ (Res2)
- $(x+y) \backslash L = x \backslash L + y \backslash L$ (Res3)
- $nil[f] = nil$ (Rel1)
- $(a.x)[f] = f(a).(x[f])$ (Rel2)
- $(x+y)[g] = x[f] + y[f]$ (Rel3)

4) Full CCS

다음은 process variables 연산자가 추가된 full CCS에 관하여 살펴본다. 그러나 CCS의 관계에 대한 공리는 더 이상 존재하지 않는다. 그러나 두 개의 유용한 heuristics가 개발되었다.

첫 번째는 unrolling rule이다. 이는 다음과 같다:

- $\dfrac{C \overset{\text{def}}{=} p}{C = p}$ (Unr)

이 규칙은 프로세스가 호출되는 것과 동일하다는 것을 나타낸다.

두 번째는 unique fixpoint induction이다. 이는 다음과 같다:

- $\dfrac{p = t[p/X] \quad q = t[q/X]}{p = q} (X - t \ has \ a \ unique \ solution)$ (UFI)

12.4.5 Axiomatizing II

다음은 CCS의 $\approx^c$관계와 관련된 공리에 대하여 살펴본다. 처음에는 Finite CCS에 대하여 살펴본 후 Full CCS와 관련하여 살펴보도록 한다.

1) Finite CCS

12.4.4 Axiomatizing I 절에서 살펴본 finite CCS ($\sim$관계)의 공리는 여기서도 동일하게 적용된다. 그러나 여기에서는 추가적으로 액션 τ에 대한 추가적인 공리가 필요하다. 추가된 공리는 다음과 같다.

[공리 12.4] Finite CCS 공리 + 액션 τ

- $a.\tau.x = a.x$ (1)
- $x + \tau.x = \tau.x$ (2)
- $a.(x+\tau.y) = a.(x+\tau.y) + a.y$ (3)

*강한 전이(Strong transition)*에서는 $a.(x.\tau.y) + a.y \xrightarrow{a} y$ 처럼 우변의 오른쪽 항을 따르지만 약한 전이에서는 $a.(x+\tau.y) \xrightarrow{a} y$와 같이 우변의 왼쪽 항을 따른다.

2) Full CCS

12.4.4 Axiomatizing I 절에서 살펴본 Full CCS($\sim$관계)와 마찬가지로 여기에서도 추가적인 공리는 존재하지 않는다. 그러나 규칙 (Unr), (UFI)는 여전히 유효한 특성을 지닌다.

12.5 Example

이 절에서는 2가지의 예제를 사용하여 CCS에 대해 설명하도록 한다. 12.5.1 Sub Example은 CCS의 equivalence를 확인하는 예제이고, 12.5.2 Main Example은 간단한 통신 프로토콜에 관한 예제이다.

12.5.1 Sub Example

본 예제는 [LBAC96]에서 참조하였다. 본 예제는 ACSR로 명세된 예제를 CCS로 변환한 것이다. 이 예제를 사용하여 CCS의 equivalence에 대해 확인해 본다. 5개의 프로세스 (*P*, *Q*, *R*, *S*, *OS*)와 3개의 액션(*buf*, *cpu*, *end*)이 있다. *OS*는 *P*, *Q*, *R*과 *buf*, *cpu*를 통해 통신을 하고, *P*와 *Q*는 *S*와 *end*를 통해 통신을 한다고 가정한다. <그림 12-1>은 프로세스 P, Q, R 통신 예제의 구조이다.

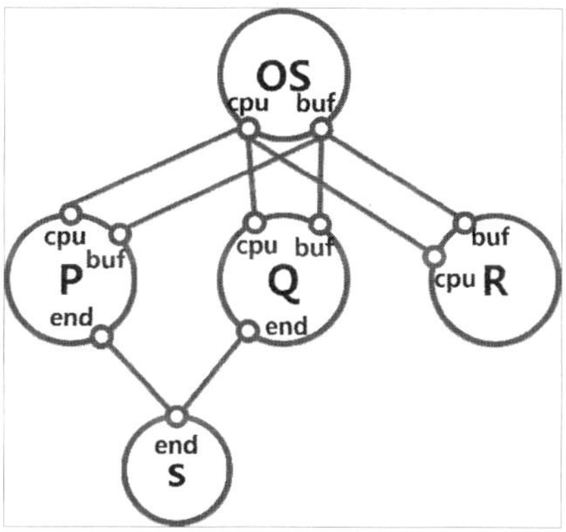

<그림 12-1> P, Q, R 통신 예제

가. Description

CCS를 사용한 <그림 12-1>의 명세는 다음과 같다:

- $A = \{buf, cpu, end\}$

- $System \stackrel{\text{def}}{=} P \mid Q \mid R \mid S \mid OS$
- $P \stackrel{\text{def}}{=} buf.P_1 + cpu.P$
- $P_1 \stackrel{\text{def}}{=} end.P$
- $Q \stackrel{\text{def}}{=} buf.Q_1 + cpu.Q_2$
- $Q_1 \stackrel{\text{def}}{=} end.Q$
- $Q_2 \stackrel{\text{def}}{=} buf.Q_3 + cpu.Q$
- $Q_3 \stackrel{\text{def}}{=} end.Q$
- $R \stackrel{\text{def}}{=} buf.R + cpu.R$
- $S \stackrel{\text{def}}{=} \overline{end}.S$
- $OS \stackrel{\text{def}}{=} \overline{cpu}.OS + \overline{buf}.OS$

본 예제의 시스템은 *P, Q, R, S, OS*로 구성되어 있으며, 각 프로세스는 액션을 통해 동기화 통신이 이루어진다.

*P*는 *OS*에서 *buf*를 통해 신호를 받거나 *cpu*를 통해 신호를 받는 2가지 경우가 있다. *buf*를 통해 신호를 받을 경우, P_1이 실행된다. P_1 에서는 *end*를 통해 *S*에서 보내는 신호를 받는다.

*Q*는 앞서 설명한 *P*와 동일한 2가지 경우가 있다. *buf*를 통해 신호를 받을 경우, Q_1이 실행된다. Q_1에서는 *end*를 통해 *S*에서 보내는 신호를 받는다. *cpu*를 통해 신호를 받을 경우, Q_2가 실행된다. Q_2에서는 P와 동일한 2가지 경우가 있으며, *buf*를 통해 신호를 받을 경우, Q_3이 실행된다. Q_3에서는 *end*를 통해 S에서 보내는 신호를 받는다.

R 또한, *OS*에서 *buf*를 통해 신호를 받거나 *cpu*를 통해 신호를 받는 2가지 경우가 있다.

*S*는 *end*를 통해 *P* 또는 *Q*에 신호를 보내며, *OS*는 *cpu*, *buf*를 통해 *P*, *Q*, *R*에 신호를 보낸다.

나. Analysis

이 절에서는 앞서 명세한 예제를 통해 *weak equivalence*와 *strong equivalence*를 확인해 보고 차이점을 비교해 본다. [증명 12.1]과 [증명 12.2]는 *12.3.3 Operational semantics* 절에서 설명한 규칙을 이용해 전이 과정을 유추한 것이다.

[증명 12.1] *Operational semantics*를 이용한 *P, Q, R*의 전이 과정 유추

전이되는 과정은 다음과 같은 규칙을 통해 확인할 수 있다:

- $P \stackrel{\text{def}}{=} buf.P_1 + cpu.P$에서:
  - $P \rightarrow P_1$ 인 경우:

    1) *prefixing* 규칙에 따라 $buf.P_1$ 은 다음과 같은 전이가 발생하다:

    $$buf.P_1 \xrightarrow{buf} P_1$$

    2) 앞의 결과와 *choice* 규칙을 사용하면 다음과 같은 결과를 볼 수 있다:

    $$buf.P_1 + cpu.P \xrightarrow{buf} P_1$$

    3) 앞의 결과와 *process variable* 규칙을 사용하여 다음과 같은 전이를 유추할 수 있다:

    $$P \xrightarrow{buf} P_1$$

위와 같은 방법으로 전이를 유추한다.

- $P \rightarrow P$ 인 경우.

  1) $cpu.P \xrightarrow{cpu} P$

  2) $buf.P_1 + cpu.P \xrightarrow{cpu} P$

3) $P \xrightarrow{cpu} P$

- $Q \stackrel{\text{def}}{=} buf.Q_1 + cpu.Q_2$ 에서
  - $Q \rightarrow Q_1$ 인 경우:

    1) $buf.Q_1 \xrightarrow{buf} Q_1$

    2) $buf.Q_1 + cpu.Q_2 \xrightarrow{buf} Q_1$

    3) $Q \xrightarrow{buf} Q_1$

  - $Q \rightarrow Q_2$ 인 경우:

    1) $cpu.Q_2 \xrightarrow{cpu} Q_2$

    2) $buf.Q_1 + cpu.Q_2 \xrightarrow{cpu} Q_2$

    3) $Q \xrightarrow{cpu} Q_2$

- $R \stackrel{\text{def}}{=} buf.R + cpu.R$에서
  - *buf* 통신인 경우:

    1) $buf.R \xrightarrow{buf} R$

    2) $buf.R + cpu.R \xrightarrow{buf} R$

    3) $R \xrightarrow{buf} R$

  - *cpu* 통신인 경우:

    1) $cpu.R \xrightarrow{cpu} R$

    2) $buf.R + cpu.R \xrightarrow{cpu} R$

3) $R \xrightarrow{cpu} R$

[증명 12.2] *Operational semantics*를 이용한 P_1, Q_1, Q_2, Q_3 전이 과정 유추

- $P_1 \stackrel{\text{def}}{=} end.P$에서
  - $P_1 \rightarrow P$ 인 경우:

    1) $end.P \xrightarrow{end} P$

    2) $P_1 \xrightarrow{end} P$

- $Q_1 \stackrel{\text{def}}{=} end.Q$에서
  - $Q_1 \rightarrow Q$ 인 경우:

    1) $end.Q \xrightarrow{end} Q$

    2) $Q_1 \xrightarrow{end} Q$

- $Q_2 \stackrel{\text{def}}{=} buf.Q_3 + cpu.Q$ 에서
  - $Q_2 \rightarrow Q_3$ 인 경우:

    1) $buf.Q_3 \xrightarrow{buf} Q_3$

    2) $buf.Q_3 + cpu.Q \xrightarrow{buf} Q_3$

    3) $Q_2 \xrightarrow{buf} Q_3$

  - $Q_2 \rightarrow Q$ 인 경우:

    1) $cpu.Q \xrightarrow{cpu} Q$

    2) $buf.Q_3 + cpu.Q \xrightarrow{cpu} Q$

    3) $Q_2 \xrightarrow{cpu} Q$

- $Q_3 \stackrel{\text{def}}{=} end.Q$ 에서
  - $Q_3 \rightarrow Q$ 인 경우:

    1) $end.Q \xrightarrow{end} Q$

    2) $Q_3 \xrightarrow{end} Q$

OS 입장에서 프로세스 *P*, *Q*, *R*은 *buf*와 *cpu*를 통한 동기화 통신이 이루어진다. <그림 12-2>는 *OS*와 *P*, *Q*, *R*의 통신을 도식화 한 것이다. <그림 12-2>를 보면, *P*는 *buf*를 통한 동기화 통신으로 P_1으로, *cpu*를 통한 동기화 통신으로 *P*로 전이가 이루어진다. *Q*도 마찬가지로 *buf*를 통해 Q_1로 *cpu*를 통해 Q_2로 전이가 이루어지며, *R* 또한 *buf*를 통해 *R*로, *cpu*를 통해 *R*로 전이가 이루어지는 것을 볼 수 있다. [증명 12.1]을 통해 각 프로세스의 전이 과정을 확인할 수 있다.

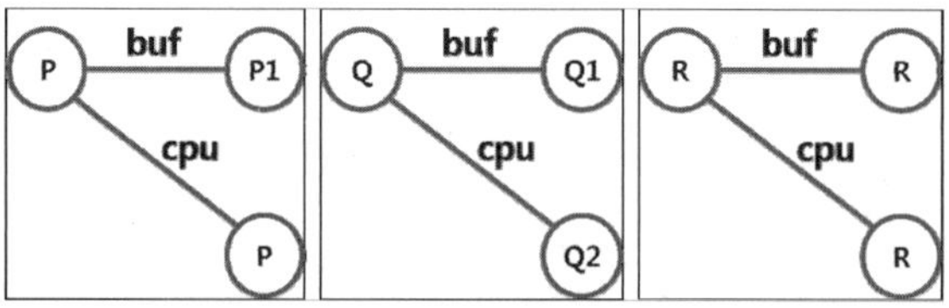

<그림 12-2> *OS* 와 *P*, *Q*, *R*의 통신

언뜻 보면, 프로세스 *P*, *Q*, *R*이 유사한 동작을 하는 것 같다. 하지만 *R*은 *buf*와 *cpu* 통신을 통해 *R*로 전이가 이루어지지만, *P*는 P_1과 *P*로 *Q*는 Q_1과 Q_2로 전이가 이루어진다. [증명 12.2]는 <그림 12-2>의 P_1, Q_1, Q_2가 P_1은 *P*로, Q_1, Q_2는 *Q*로 전이되는 것을 보여준다. <그림 12-1>을 보면, *OS*는 *P*, *Q*, *R*과 연결되어 있고, S와는 연결되어 있지 않다. 따라서 *OS*는 *P*, *Q*와 *S* 간의 통신을 확인할 수 없다. 즉 *OS* 관점에선 P_1과 Q_1이 *S*와 통신하여 각각 *P*와 *Q*로 전이되는 과정, 그리고 Q_2가 *Q*로 전이되는 과정을 확인하지 못한다. 따라서 *OS* 관점에서 보면 <그림 12-3>과 같은 결과를 확인할 수 있다. *OS* 관점에서는 *P*, *Q*, *R*은 동일한 프로세스로 간주되며, 이러한 *P*, *Q*, *R*의 관계를 *weak equivalence* 관계라고 말한다.

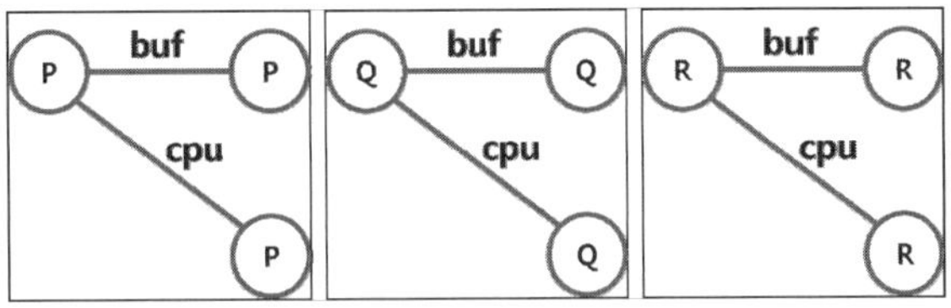

<그림 12-3> *OS* 관점에서 *P*, *Q*, *R*의 전이 과정

하지만 실제 시스템 관점에서 <그림 12-4>와 같은 *P*, *Q*, *R*의 전이 과정을 보여준다. <그림 12-3>과 같이 *P*, *Q*, *R*이 동일한 전이과정을 보이는 것 같지만, 자세히 보면 그렇지 않다. [증명 12.1]에서 $P \overset{\text{def}}{=} buf.P_1 + cpu.P$와 $R \overset{\text{def}}{=} buf.R + cpu.R$은 *buf*와 *cpu*를 통해 동일한 전이 과정을 보인다. 하지만 다음 전이 단계에서 [증명 12.2]의 $P_1 \overset{\text{def}}{=} end.P$를 보면 P_1은 *end*를 통해 전이가 발생하지만 [증명 12.1]의 $R \overset{\text{def}}{=} buf.R + cpu.R$은 *buf* 또는 *cpu*를 통해 전이가 발생한다. 유사하게 [증명 12.1]에서 $P \overset{\text{def}}{=} buf.P_1 + cpu.P$와 $Q \overset{\text{def}}{=} buf.Q_1 + cpu.Q_2$는 *buf*와 *cpu*를 통해 동일한 전이 과정을 보인다. 그리고 다음 전이 단계에서 [증명 12.2]의 $P_1 \overset{\text{def}}{=} end.P$와 $Q_1 \overset{\text{def}}{=} end.Q$는 *end*을 통해 전이가 발생하거나, [증명 12.1]의 $P \overset{\text{def}}{=} buf.P_1 + cpu.P$와 [증명 12.2]의 $Q_2 \overset{\text{def}}{=} buf.Q_3 + cpu.Q$에서 *buf*와 *cpu*를 통한 전이가 발생한다. 결과적으로 <그림 12-4>에서 *P*와 *Q*는 동일한 전이 과정을 보이게 되며, 여기서 *P*와 *Q*의 관계를 *strong equivalence* 관계라고 말한다. 또한 *P*, *Q*와 *R*은 동일한 전이 과정을 보이지 않으므로 *strong equivalence* 관계가 아니다.

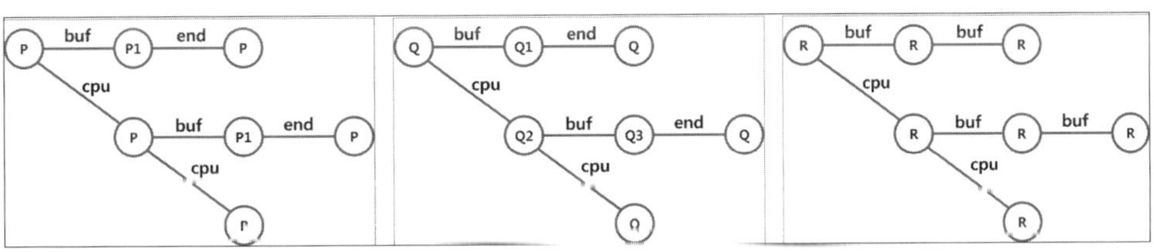

<그림 12-4> 시스템 관점에서 *P*, *Q*, *R*의 전이 과정

12.5.2 Main Example

CCS를 이용한 간단한 예제를 사용하여 CCS에 대해 설명하도록 한다. 다음은 간단한 통신 프로토콜에 관한 예제이다[RSA99]:

가. Description

- $A = \{send, recv, msg, ack, get, put, get\_ack, put\_ack\}$
- $M \stackrel{\text{def}}{=} put.\overline{get}.M + put\_ack.\overline{get\_ack}.M$

시스템은 M통신 버퍼 중 하나로 볼 수 있다. put 채널로부터 받은 메시지를 get 채널을 통해 전달하고, 답신(acknowledgements)에 대해서도 유사하게 동작한다. 이 예는 CCS가 *value-passing*을 명시적으로 지원하지 않음에도 어떻게 포트 이름의 부호화를 통해 데이터 교환의 제약을 나타낼 수 있는지를 보여준다. 시스템 M은 두 종류의 데이터(메시지(message)와 답신)를 제어할 수 있다.

다음은 다른 프로세스에 대한 정의이다:

- $S \stackrel{\text{def}}{=} send.\overline{msg}.ack.S$
- $R \stackrel{\text{def}}{=} msg.\overline{recv}.\overline{ack}.R$
- $P \stackrel{\text{def}}{=} (S[put/msg, get\_ack/ack] \mid M \mid R[get/msg, put\_ack/ack])$
  $\backslash\{get, get\_ack, put, put\_ack\}$

P는 송신자 S, 수신자 R, 미들웨어 M으로 구성된 간단한 통신 프로토콜을 CCS로 표현한 것이며 이를 그림으로 표현하면 <그림 12-5>와 같다.

송신자는 *send* 채널을 통해 메시지를 반복적으로 받고, 그것을 *msg* 채널로 보낸 뒤 *ack* 채널로부터 답신이 오기를 기다린다. 수신자는 *msg* 채널을 통해 메시지를 받고 이를 *recv* 채널로 보낸 후 *ack* 채널로 답신을 보낸다.

a/b, c/d의 형태로 나타난 *relabeling* 연산자는 b를 a로, d를 c로 *relabeling* 한다는 의미이다. 여기에 언급되지 않은 액션(Action)은 영향을 받지 않는다. 이 예제에서 *relabeling* 되는 액션은 <그림 12-5>에서 선으로 연결된 액션이다. *Restriction operator*를 통해 송신자와 수신자가 직접 msg, ack 채널을 통해 통신하지 않고 각각 미들웨어와만 통신하도록 보장한다.

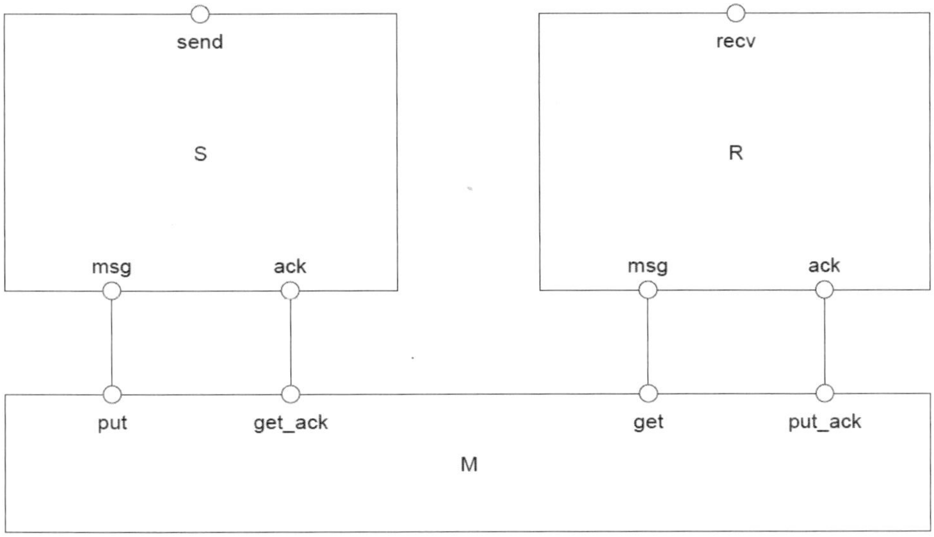

<그림 12-5> 통신 프로토콜의 구조

나. Analysis

Operational semantics 관점에서 미들웨어 M에 대하여 살펴보도록 한다.

[증명 12.3] $M \stackrel{def}{=} put.\overline{get}.M \mid put_ack.\overline{get_ack}.M$의 전이 과정 유추

프로세스 $put.\overline{get}.M$은 *prefixing* 규칙에 따라 다음의 전이가 가능하다:

- $put.\overline{get}.M \xrightarrow{put} \overline{get}.M$

이 결과와 *choice* 규칙을 사용하여 다음의 결과가 나타난다:

- $put.\overline{get}.M + put\_ack.\overline{get\_ack}.M \xrightarrow{put} \overline{get}.M$

이 결과와 *process variable* 규칙을 사용하여 다음의 전이를 유추할 수 있다.

- $M \xrightarrow{put} \overline{get}.M$

[증명 12.4] $P \stackrel{\text{def}}{=} (S[...] \mid M \mid R[...]) \backslash \{get, put, get_ack, put_ack\}$의 전이 과정 유추

위와 유사한 방법을 사용하면 시스템에 대하여 다음의 추론이 가능하다:

- $P \xrightarrow{send} ((\overline{msg}.ack.S)[put/msg, get\_ack/ack] \mid M \mid R[get/msg, put\_ack/ack])$

  $\backslash \{get, get\_ack, put, put\_ack\}$

여기서 M과 R의 전이는 각각 put, get 액션을 통해 발생하게 된다. 그러나 이 액션은 제한 집합에 포함되어 있으므로 전이가 불가능하다. 따라서 가능한 전이는 제한 집합에 포함되지 않은 액션으로 전이가 발생하는 것은 S 뿐이고, 초기 상태의 P는 오직 S에 의한 전이만 가능하게 된다.

<그림 12-6>은 위와 유사한 방식으로 P의 각 상태에 대한 전이 과정을 구하고 이를 상태 전이도(state diagram)로 나타낸 것이다.

12.6 결어

이 장에서는 프로세스 대수에 대하여 전반적으로 살펴보았다. Behavioral equivalences를 살펴보고, 이러한 equivalences는 CCS의 공리을 통해 표현될 수 있음을 살펴보았다. CCS는 여러 프로세스 대수의 기반이 되는 프로세스 대수 언어로서 프로세스 대수를 분석하는데 있어 반드시 거쳐 가야 하는 부분에 해당된다.

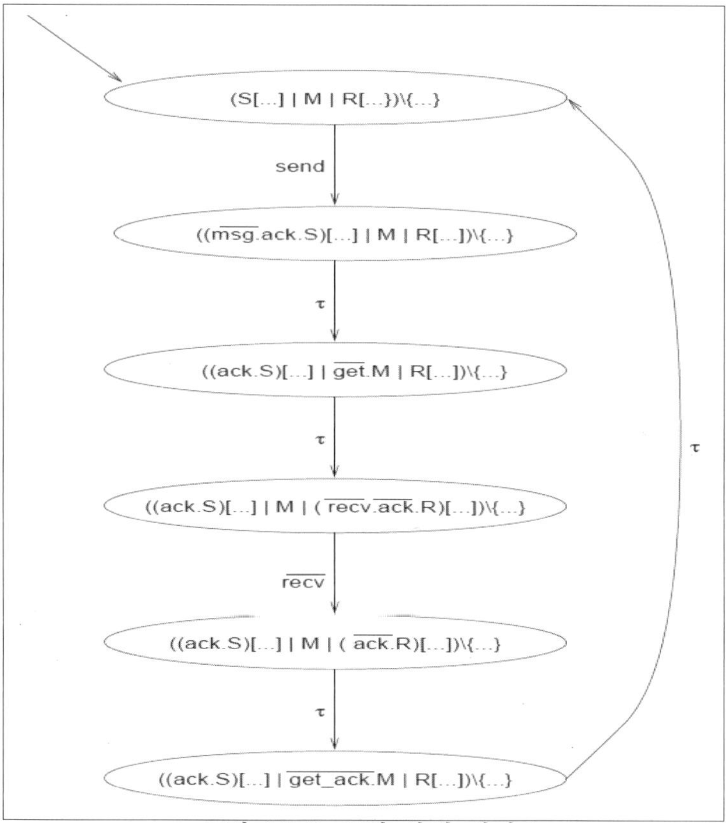

<그림 12-6> P의 상태 전이도

참고 문헌

[BISIMULATION] https://en.wikipedia.org/wiki/Bisimulation

[BNF] https://en.wikipedia.org/wiki/Backus-Naur_form

[DEADLOCK] https://en.wikipedia.org/wiki/Deadlock#Livelock

[LBAC96] I. Lee, H. Ben-Abdallah and J. choi A Process Algebraic Method for the Specification and Analysis of Real-Time

System, Formal Methods for Real-Time Computing, Edited by C. Heitmeyer, D. Mandrioli, WILEY 1996, pp.167-194.

[MIL80] R. Milner, A Calculus of Communicating Systems, volume 92 of Lecture Notes in Computer Science, Springer-Verlag, Berlin, 1980.

[MILNER] https://en.wikipedia.org/wiki/Robin_Milner

[OPSEM] https://en.wikipedia.org/wiki/Operational_semantics

[RSA99] C. Rance, S. Scott A, Process algebra, Wiley Encyclopedia of Electrical and Electronics Engineering, 1999.

[TRANSYS] https://en.wikipedia.org/wiki/Transition_system

13
PART

ACSR

PART 13

ACSR

13.1 개요

ACSR[181](The Algebra of Communicating Shared Resources)[LDG91]은 기본적으로 CCS에 기반을 두고 있으며, CCS에 공유 자원(resource)과 시간의 개념을 추가한 프로세스 대수이다.

ACSR에서의 행동(Action)은 자원을 필요로 한다. 따라서 두 프로세스가 행동을 위해 동일한 하나의 자원을 필요로 하게 되는 경우에는 충돌이 발생하게 된다. ACSR에서는 이러한 자원 사용에 따른 충돌을 방지하기 위해 우선 순위(Priority)이라는 개념을 도입하였다. 두 프로세스가 같은 자원을 필요로 하는 경우, 우선 순위가 더 높은 프로세스가 자원을 먼저 사용하게 된다. 만약 우선 순위가 동일하다면 두 프로세스 중 하나가 비결정적으로 선택되어 자원을 사용하게 된다.

ACSR의 중요한 구성 요소는 1) 공유 자원에 대해 경쟁하는 시적(時的) 행동

181) ACSR은 The University of Pennsylvania의 이인섭(Insup Lee) 교수와 연구원이 의해서 개발된 프로세스 대수 언어이다. CCS에 기반을 두고 있으며, CCS에 시간과 자원 경쟁 및 예외 처리를 규정하여 확장하였다. 건전성과 완전성은 [PJL93]에 발표되었다. 동일성을 검증하기 위한 VERSA가 개발되었다.

(timed action)과 2) 프로세스 간의 동기화를 위해 사용되는 사건(event)이다. ACSR에서 각각의 시적 행동은 한 단위의 시간을 소비하며, 사건은 즉각적이며 시간을 소모하지 않는다.

13.2 Syntax

ACSR은 다른 프로세스 대수와 같은 기본적인 연산자를 가지고 있다:

1) Prefix: 액션과 이벤트에 대한 순차적 연속 연산
2) Choice: 양자택일해야 하는 프로세스에 대한 선택 연산
3) Parallel: 병렬적으로 실행될 두 프로세스의 합성 연산
4) Restriction과 Hiding: 사건과 자원 사용에 대한 제한 연산
5) Recursion: 무한 프로세스를 기술하기 위한 재귀 연산

ACSR은 무엇보다도, 다른 프로세스 대수에서는 제공하지 않는, 실시간 시스템을 명세 하는 데 있어서 매우 유용한 두 가지의 연산자를 제공한다:

1) Interrupt: 비동기적인 액션과 이벤트에 대해 반사적인 행동을 쉽게 명세할 수 있게 한다.
2) Exception: 예외 상황이 발생했을 시, 이를 프로세스 내부에서 해결할 수 있도록 한다.

ACSR의 문법은 다음과 같다. 여기에서 P, Q, R, S는 프로세스를, t는 자연수를, I와 H는 실수의 부분 집합을, F는 이름의 집합인 $L \cup \overline{L}$의 부뷰 집합이다

$$
\begin{aligned}
P ::= \; & NIL \mid A : P \mid (a,n).P \mid P + P \mid P \parallel P \\
& \mid P \triangle_t^a (Q,R,S) \mid [P]_I \mid P \backslash F \mid P \backslash\backslash H \mid rec\, X.P \mid X
\end{aligned}
$$

이 문법과 구성 요소의 의미를 설명하면 다음과 같다:

1) NIL: NIL은 액션이 없는 프로세스이다. 프로세스의 초기 상태 또는 deadlock 상태를 나타낸다.

2) Prefix: 여기에는 두 가지의 prefix가 존재한다.

   i) $A:P$: 한 단위 시간에 자원을 소모하는 액션 A를 실행한 후, 프로세스 P에 진입한다.

   ii) $(a,n).P$: 이벤트 (a,n)을 실행한 후, 프로세스 P에 진입한다. 여기에서는 시간이 소요되지 않는다.

3) 선택 및 병렬 구문:

   i) $P+P$: 비결정적 프로세스 선택 연산자. 일반적으로 두 프로세스 중 하나가 비결정적으로 선택되어 수행된다. 그러나 우선 순위에 차이가 있는 경우에는 우선 순위가 높은 쪽이 선택되어 수행된다.

   ii) $P \parallel P$: 두 프로세스의 병렬 합성 연산자. 동기적 또는 비동기적으로 진행할 수 있다.

4) $P \triangle_t^a (Q,R,S)$: timeout과 interrupt와 관련된 연산. 여기에는 다음과 같은 3가지의 의미가 있다.

   i) 만약 P가 시간 t 내에 $\overline{a}$에 의해서 처리되면, 다음에 Q가 실행된다.

   ii) 만약 P가 시간 t 내에 $\overline{a}$에 의해서 처리되지 않으면, P를 중단하고, R을 실행한다.

   iii) P는 항상 S에 의해 interrupt될 수 있다.

5) $[P]_I$: close 연산자. P가 I 내에 있는 자원을 독점적으로 사용한다.

6) $P \backslash F$: Restriction 연산자. P 내에서 F의 사건이 발생이 되지 않도록 P의 행위를 제한한다.

7) $P \backslash\backslash H$: Hiding 연산자. P로부터 H 내의 자원에 대한 정보를 은닉한다.

8) $rec X.P$: Recursion 프로세스. 무한한 행위를 정의할 수 있다.

9) X: 프로세스 이름. $X \stackrel{def}{=} P$. 규모가 큰 시스템을 명세하기 위해서, 프로세

스 P를 X로 명명하여, 사용할 수 있도록 한다. 이를 통해서, $rec\,X.(a,1).X$ 재귀 프로세스를 rec 연산을 사용하지 않고, $P \stackrel{\text{def}}{=} (a,1).P$ 로 정의할 수 있다.

13.3 Semantics

ACSR에서 프로세스의 실행은 표식 전이 시스템(labelled transition system)으로 정의된다. 예를 들면, P1은 다음과 같은 실행을 거친다:

$$P_1 \xrightarrow{a_1} P_2 \xrightarrow{a_2} P_3 \xrightarrow{a_3} \ldots$$

여기에서, P_1은 처음 a_1을 실행하고 P_2가 된다. 그리고 P_2은 처음 a_2을 실행하고 P_3가 된다. 이런 식으로 반복이 계속된다. P_i는 a_{i-1}에 의해서 규정된 i-1번째 실행이 된 이후의 프로세스 상태를 의미한다. 이 기술 방법은 연산 기계를 기술하는 일반적인 방법이다. 그러나 프로세스 대수에서는 P_i의 상태를 명시적으로 구체적인 문법을 통해서 기술한다. 그리고, 이러한 실행에 대한 유한한 수의 전이 규칙이 있다.

ACSR 언어의 의미는 두 단계로 정의된다:

1) Unconstrained transition systems: 우선 순위가 없는 전이 규칙이며, $P \xrightarrow{a} P'$ 로 표기한다.

2) Constrained transition systems: 우선 순위가 있는 전이 규칙이며, $P \xrightarrow{a}_{\pi} P'$ 로 표기한다.

13.3.1 Labelled Transition System

ACSR의 여러 연산자의 의미는 연산 규칙(operational rule)에 의해 정의된다. 각 규칙은 프로세스의 행위를 묘사하는 표식전이 시스템에서의 실행 단계를 정의한다. 이 규칙은 다음과 같이 기술되고, 해석된다: 만약 가운데 줄 위의 전이가 유효하면, 그 중 아래에 있는 전이 또한 유효하다.

$$\frac{\text{전제조건들}}{\text{실행전상태} \rightarrow \text{실행후상태}}$$

특수한 경우는 가운데 줄 위에 어떤 전이도 없는 경우이다. 이 경우에는 아래에 있는 전이가 무조건 실행됨을 의미한다. 우리는 이런 규칙을 공리(axiom)라 정의한다.

가. 공리

ACSR 은 다음과 같은 두 개의 공리를 가지고 있다:

$$ActT\ \frac{-}{A:P \xrightarrow{A} P} \qquad ActI\ \frac{-}{(a,n)P \xrightarrow{(a,n)} P}$$

이는 액션 또는 이벤트가 실행된 후 프로세스 P 가 실행됨을 의미한다.

나. Choice

$$ChoiceL\ \frac{P \xrightarrow{a} P'}{P+Q \xrightarrow{a} P'} \qquad ChoiceR\ \frac{Q \xrightarrow{a} Q'}{P+Q \xrightarrow{a} Q'}$$

Choice 연산은 P 또는 Q 중 실행 가능한 어느 것이든 선택되어 실행될 수 있음을 의미한다.

다. Parallel

$$ParT \quad \frac{P \xrightarrow{A_1} P',\ Q \xrightarrow{A_2} Q'}{P \parallel Q \xrightarrow{A_1 \cup A_2} P' \parallel Q'} (\rho(A_1) \cap \rho(A_2) = 0)$$

여기에서 $\rho(A)$는 액션 A가 사용하는 자원의 집합이다.

$$ParL \quad \frac{P \xrightarrow{(a,n)} P'}{P \parallel Q \xrightarrow{(a,n)} P' \parallel Q}$$

$$ParR \quad \frac{Q \xrightarrow{(a,n)} Q'}{P \parallel Q \xrightarrow{(a,n)} P \parallel Q'}$$

$$ParCom \quad \frac{P \xrightarrow{(a,n)} P',\ Q \xrightarrow{(\bar{a},m)} Q'}{P \parallel Q \xrightarrow{(\tau,n+m)} P' \parallel Q'}$$

Parallel 연산은 P와 Q가 같은 자원을 사용하지 않는 경우 또는 별개의 이벤트가 발생하는 경우에는 P와 Q가 독립적으로 실행되지만, P와 Q의 이벤트가 서로 동기화되는 경우에는 P와 Q가 동시에 전이됨을 의미한다.

라. Scope

$$Scope\,CT\ \frac{P \xrightarrow{A} P'}{P \triangle_t^b (Q,R,S) \xrightarrow{A} P' \triangle_{t-1}^b (Q,R,S)}\ (t > 0)$$

$$Scope\,CI\ \frac{P \xrightarrow{(a,n)} P'}{P \triangle_t^b (Q,R,S) \xrightarrow{(a,n)} P' \triangle_t^b (Q,R,S)}\ (\bar{a} \neq b, t > 0)$$

$$Scope\,E\ \frac{P \xrightarrow{(\bar{b},n)} P'}{P \triangle_t^b (Q,R,S) \xrightarrow{(\tau,n)} Q}\ (t > 0)$$

$$Scope\,T\ \frac{R \xrightarrow{a} R'}{P \triangle_t^b (Q,R,S) \xrightarrow{a} R'}\ (t = 0)$$

$$Scope\,I\ \frac{S \xrightarrow{a} S'}{P \triangle_t^b (Q,R,S) \xrightarrow{a} S'}\ (t > 0)$$

Scope 연산에 대한 의미는 시간 개념이 포함되어 있기 때문에 복잡한 형태를 띈다. ScopeCT, ScopeCI는 Scope 조건이 충족되지 않은 일반적인 실행을 나타내는 의미로서 P 만이 상태가 변화하는 것을 나타낸다. ScopeCT는 액션이 실행되었기 때문에 시간이 1단위 시간만큼 지나갔으며, ScopeCI는 이벤트가 실행되었기 때문에 시간이 소모되지 않았다. ScopeE는 Scope 조건을 충족하여 Q가 실행되는 것을 나타낸다. ScopeT는 t가 0이 되었기 때문에 timeout 오류가 발생하여 R이 실행되는 것을 의미한다. 마지막으로 ScopeI는 실행 중 어느 때라도 S가 인터럽트되어 실행될 수 있음을 나타낸다.

마. Restriction

$$Res\,T\ \frac{P \xrightarrow{A} P'}{P\backslash F \xrightarrow{A} P'\backslash F}$$

$$Res\,I\ \frac{P \xrightarrow{(a,n)} P'}{P\backslash F \xrightarrow{(a,n)} P'\backslash F}(a,\bar{a} \not\in F)$$

Restriction 연산자가 사용된 경우에 대한 의미이다. ResT 는 액션이 실행되기 때문에 restriction 연산자의 영향을 받지 않지만, ResI 는 이벤트가 실행되기 때문에 이벤트가 F 에 포함되서는 안된다는 제약 조건이 붙어 있다.

바. Hiding

$$Hide\,T\ \frac{P \xrightarrow{A} P'}{P\backslash\backslash H \xrightarrow{A'} P'\backslash\backslash H}\text{where } A = \{(r,n) \in A \mid r \not\in H\}$$

$$Hide\,I\ \frac{P \xrightarrow{(a,n)} P'}{P\backslash\backslash H \xrightarrow{(a,n)} P'\backslash\backslash H}$$

Hiding 연산자가 사용된 경우에 대한 의미이다. HideT 는 액션이 실행되기 때문에 hiding 연산자의 영향을 받아 자원이 H 에 포함되어 있지 않아야 한다는 제약 조건이 붙어 있지만, HideI 는 이벤트가 실행되기 때문에 hiding 연산자의 영향을 받지 않는다.

사. Close

$$CloseT\ \frac{P \xrightarrow{A_1} P'}{[P]_I \xrightarrow{A_1 \cup A_2} [P']_I} (A_2 = \{(r,0) \mid r \in I - \rho(A_1)\})$$

$$CloseI\ \frac{P \xrightarrow{(a,n)} P'}{[P]_I \xrightarrow{(a,n)} [P']_I}$$

Close 연산자가 사용된 경우에 대한 의미이다. Close는 자원과 관련되어 있기 때문에 오직 액션에만 영향을 미친다. 따라서 이벤트가 실행되는 CloseI 와는 달리 CloseT 에만 자원과 관련된 제약 조건이 붙어 있다.

아. Recursion

$$Rec\ \frac{P[rec\,X.P/X] \xrightarrow{a} P'}{rec\,X.P \xrightarrow{a} P'}$$

13.3.2 Algebraic Laws

ACSR 에서는 문법 기반의 분석을 위한 대수 규칙이 존재한다. 이러한 대수 규칙을 사용하여 시스템의 명세를 변화시킴으로서 동일성을 확인하는데 사용될 수 있다.

가. Choice

Choice 에 대한 대수 규칙은 다음과 같다:

- $Choice(1)\ \ P+NIL=P$
  Choice(1)은 NIL 연산자가 Choice 연산에 어떠한 영향도 미치지 않음을 의미한다.

- $Choice(2)\ \ P+P=P$
  Choice(2)는 같은 프로세스 간의 Choice 연산은 프로세스 하나로 취급함을 나타낸다.

- $Choice(3)\ \ P+Q=Q+P$
  Choice(3)은 Choice 연산에는 교환 법칙이 성립함을 나타낸다.

- $Choice(4)\ \ (P+Q)+R=P+(Q+R)$
  Choice(4)는 Choice 연산에는 결합 법칙이 성립함을 나타낸다.

- $Choice(5)\ \ A_1:P+A_2:P=A_2:P \text{ if } A_1 < A_2$
  Choice(5)는 두 행동에 대한 Choice 연산이 발생한 경우 우선 순위가 높은 쪽이 선택됨을 나타낸다.

- $Choice(6)\ \ (a_1,n_1).P_1+(a_2,n_2).P_2=(a_2,n_2).P_2 \text{ if } (a_1,n_1)<(a_2,n_2)$
  Choice(6)은 두 사건에 대한 Choice 연산이 발생한 경우 우선 순위가 높은 쪽이 선택됨을 나타낸다.

- $Choice(7)\ \ A:P+(\tau,n).Q=(\tau,n).Q \text{ if } n>0$
  Choice(7)은 액션과 동기화 사건에 대한 Choice 연산이 발생한 경우 동기화 사건이 선택됨을 나타낸다.

나. Parallel

Parallel 에 대한 대수 규칙은 다음과 같다:

- $Par(1)\ \ P \parallel Q = Q \parallel P$
  Par(1)은 Parallel 연산에는 교환 법칙이 성립함을 나타낸다.

- $Par(2)\ \ (P \parallel Q) \parallel R = P \parallel (Q \parallel R)$
  Par(2)는 Parallel 연산에는 결합 법칙이 성립함을 나타낸다.

- $$Par(3)\ \sum_{i \in I} A_i P_i + \sum_{j \in J}(a_j, n_j).Q_j \parallel \sum_{k \in K} B_k : R_k + \sum_{l \in L}(b_l, m_l).S_l$$
  $$= \sum_{\substack{i \in I, k \in K, \\ \rho(A_i) \cap \rho(B_k) = \varnothing}} (A_i \cup B_k) : (P_i \parallel R_k)$$
  $$+ \sum_{j \in J}(a_j, n_j).(Q_j \parallel (\sum_{k \in K} B_k : R_k + \sum_{l \in L}(b_l, m_l).S_l))$$
  $$+ \sum_{l \in L}(b_l, m_l).((\sum_{i \in I} A_i : P_i + \sum_{j \in J}(a_j, n_j).Q_j)) \parallel S_l$$
  $$+ \sum_{\substack{j \in J, l \in L, \\ a_j = \bar{b}_l}} (\tau, n_j + m_l).(Q_j \parallel S_l)$$
  Par(3)은 다수의 행동 및 사건이 포함된 프로세스에 대한 규칙을 나타낸다. 식의 우항을 살펴보면 4가지의 식이 Choice 연산으로 연결되어 있다:
  - 첫 번째는 같은 자원을 사용하지 않는 모든 행동이 병렬적으로 수행됨을 나타낸다.
  - 두 번째는 Q에 대한 사건이 선택되고, 그와 동시에 R과 S가 수행되는 것을 나타낸다.
  - 세 번째는 S에 대한 사건이 선택되고, 그와 동시에 P와 Q가 수행되는 것을 나타낸다.
  - 네 번째는 Q와 S의 사건이 서로 동기화되는 경우 동기화 사건에 대하여 Q와 S가 동시에 실행됨을 나타낸다.

다. Scope

Scope 에 대한 대수 규칙은 다음과 같다:

- $Scope(1)\ \ A:P\triangle_t^b(Q,R,S)=A:(P\triangle_{t-1}^b(Q,R,S))+S$ if $t>0$
  Scope(1)은 행동이 실행되어 시간이 소모됨을 나타내며, 언제든지 S 에 의해 인터럽트 될 수 있음을 나타낸다.

- $Scope(2)\ \ (a,n).P\triangle_t^b(Q,R,S)=(a,n).(P\triangle_t^b(Q,R,S))+S$ if $t>0\wedge\overline{a}\neq b$
  Scope(2)는 사건이 실행되어 시간이 소모되지 않음을 나타내며, 언제든지 S 에 의해 인터럽트 될 수 있음을 나타낸다.

- $Scope(3)\ \ (a,n).P\triangle_t^b(Q,R,S)=(\tau,n).Q+S$ if $t>0\wedge\overline{a}=b$
  Scope(3)은 사건 $\overline{b}$가 시간 내에 실행되어 정상적으로 Q 로 전이됨을 나타내며, 언제든지 S 에 의해 인터럽트 될 수 있음을 나타낸다.

- $Scope(4)\ \ P\triangle_0^b(Q,R,S)=R$
  Scope(4)는 시간이 0 이 되면 timeout 이 되어 R 로 전이됨을 나타낸다.

- $Scope(5)\ \ (P_1+P_2)\triangle_t^b(Q,R,S)=P_1\triangle_t^b(Q,R,S)+P_2\triangle_t^b(Q,R,S)$
  Scope(5)는 Choice 연산으로 연결된 프로세스에 대한 Scope 연산은 각각의 프로세스에 대한 Scope 연산으로 분리될 수 있음을 나타낸다.

- $Scope(6)\ \ (NIL)\triangle_t^b(Q,R,S)=S$ if $t>0$
  Scope(6)는 NIL 프로세스에서는 어떤 행동/사건도 실행되지 않기 때문에 Q 로 전이하는 것은 불가능하며, timeout 이 발생하지 않은 상황에서는 오직 S 에 의한 인터럽트로만 전이될 수 있음을 나타낸다.

라. Restriction

Restriction 에 대한 대수 규칙은 다음과 같다:

- $Res(1)\ NIL \backslash F = NIL$
  Res(1)은 어떤 행동/사건도 실행하지 않는 NIL 프로세스에 대하여 Restriction 연산이 무의미함을 나타낸다.

- $Res(2)\ (P+Q)\backslash F = (P\backslash F) + (Q\backslash F)$
  Res(2)는 Choice 로 연결된 두 프로세스에 대한 Restriction 연산은 각각의 프로세스에 대한 Restriction 연산으로 분리될 수 있음을 나타낸다.

- $Res(3)\ (A:P)\backslash F = A:(P\backslash F)$
  Res(3)는 프로세스의 행동이 Restriction 연산에 영향을 받지 않음을 나타낸다.

- $Res(4)\ ((a,n).P\backslash F) = (a,n).(P\backslash F)\ \text{if}\ \ a,\overline{a} \notin F$
  Res(4)는 프로세스의 사건에 대하여 해당 사건이 F 에 의해 제한된 사건이 아닌 경우에는 Restriction 연산에 영향을 받지 않음을 나타낸다.

마. Close

Close 에 대한 대수 규칙은 다음과 같다:

- $Close(1)\ [NIL]_I = NIL$
  Close(1) 은 NIL 프로세스에 대하여 Close 연산이 적용되지 않음을 나타낸다.

- $Close(2)\ [P+Q]_I = [P]_I + [Q]_I$

  Close(2)는 Choice 로 연결된 두 프로세스에 대한 Close 연산은 각각의 프로세스에 대한 Close 연산으로 분리될 수 있음을 나타낸다.

- $Close(3)\ [A_1 : P]_I = (A_1 \cup A_2) : [P]_I$ where $A_2 = \{(r,0) | r \in I - \rho(A_1)\}$

  Close(3)은 Close 연산 내부에서 행동이 실행되면, 자원 I에 대한 모든 행동이 함께 실행됨을 의미한다.

- $Close(4)\ [(a,n).P]_I = (a,n).[P]_I$

  Close(4)는 사건의 실행과 Close 연산 간에는 아무런 연관관계가 없음을 나타낸다.

바. Recursion

Recursion 에 대한 대수 규칙은 다음과 같다:

- $Rec(1)\ rec X.P = P[recX.P/X]$

13.4 Properties

13.4.1 Priority

ACSR 에서는 공유 자원의 사용에 따른 충돌을 방지하기 위하여 우선 순위를 도입하였다. 일반적으로 우선 순위는 자원을 사용하는 행동에 명세되지만, 행동뿐 아니라 사건에도 우선 순위를 명세할 수 있다. 다음의 예제는 우선 순위에 따른 자원의 사용이 어떻게 발생하는지를 설명한다.

$$
\begin{aligned}
&System = [(Dispatch \parallel T_1 \parallel T_2 \parallel T_3)\backslash\{s_1, s_2, s_3\}]_{\{cpu\}} \\
&Dispatch = D_1 \parallel D_2 \parallel D_3 \\
&D_1 = (\overline{s_1}, 1).\varnothing^{P1} : D_1 \\
&D_2 = (\overline{s_2}, 1).\varnothing^{P2} : D_2 \\
&D_3 = (\overline{s_3}, 1).\varnothing^{P3} : D_3 \\
&T_1 = (s_1, 1).C_1 \\
&T_2 = (s_2, 2).C_2 \\
&T_3 = (s_3, 3).C_3 \\
&C_1 = \varnothing.C_1 + \{(cpu, 1)\} : T_1 \\
&C_2 = \varnothing.C_2 + \{(cpu, 2)\} : T_2 \\
&C_3 = \varnothing.C_3 + \{(cpu, 3)\} : T_3
\end{aligned}
$$

예제에서는 처음에 D_1, D_2, D_3이 동시에 실행된다. 그로 인해 T_1, T_2, T_3이 동시에 동기화되어 실행되며, 그로 인해 C_1, C_2, C_3이 동시에 실행된다. 각 C는 cpu 자원을 사용하거나, 대기하게 된다. 만약 C_1, C_2, C_3이 동시에 cpu 자원을 사용하려 하는 경우, 충돌을 방지하기 위해 우선 순위에 따른 선택이 발생하게 된다. 예제에서는 C_3의 우선 순위가 가장 높으므로, C_3이 cpu 자원을 사용하는 행동을 수행하게 되며, C_1과 C_2는 cpu 자원을 사용하지 못하고, 대기하는 행동을 반복하게 된다.

이와 같이 우선 순위를 통해 자원 사용의 우선 순위를 결정함으로서 충돌을 방지하였으며, 특정 자원을 사용하는 중에는 해당 자원을 필요로 하는 행동이 실행되지 않게 함으로서 임계 구역(critical section)과 관련된 문제가 발생하지 않도록 할 수 있다.

13.4.2 Temporality

기존의 CCS 에서는 단순 행동의 실행만을 명세할 수 있었지만, ACSR 에서는 다양한 형태의 시간 속성을 명세할 수 있다. ACSR 에서 시간 속성을 명세하기 위한 연산자로 Scope 가 사용된다. Scope 연산자를 통해 프로세스의 deadline, timeout 오류 및 interrupt 에 대한 명세가 가능하다.

$P\triangle_t^b(Q,R,S)$에서 deadline은 t로 표기된다. t는 프로세스 P에서 $\bar{b}$의 실행에 대한 deadline을 의미한다. 만약 t 시간 내에 $\bar{b}$가 실행되지 않으면 시스템에 오류가 발생하게 된다. ACSR에서는 이러한 timeout 오류를 해결하기 위해 예외 처리 명세를 가능하도록 하였다.

$P\triangle_t^b(Q,R,S)$에서 예외 처리를 위한 프로세스는 R 이다. 만약 t 시간 내에 프로세스 P에서 $\bar{b}$ 가 실행되지 않으면 시스템에서 timeout 오류가 발생하게 되고, 그 후 시스템은 프로세스 R을 실행한다. 이러한 예외 처리 명세는 시스템의 안전성을 더욱 높여주는 역할을 한다.

$P\triangle_t^b(Q,R,S)$에서 S는 interrupt 프로세스를 의미한다. interrupt 프로세스는 timeout 오류가 발생하기 전 까지 언제든지 실행이 가능하다. 이러한 interrupt 프로세스는 매우 유용하게 사용될 수 있다. 예를 들면 프로세스가 실행되는 도중 특정 신호에 의해 다른 행동을 수행해야 하는 경우, Scope 연산을 사용하지 않는다면 일반적인 실행을 위한 명세와 신호를 입력받기 위한 명세를 모두 사용해야 하며, 신호에 의해 일반적인 실행을 멈추고 입력된 신호에 따른 행동을 하도록 동기화 연산을 추가해야 한다. 이러한 방식의 명세는 시스템 명세를 매우 복잡하게 만들 수 있다. 그러나 Scope 연산을 사용하면 이러한 명세를 매우 간편하게 작성할 수 있다. 일반적인 실행을 P로 명세하고, 신호를 입력받는 부분 및 그에 따른 행동을 S로 명세한다면 별도의 동기화 명세 없이도 P를 중단하고 S를 실행하도록 명세할 수 있다.

13.5 Example

13.5.1 Main Example

본 장에서는 EMS(Emergency Medical Systems) 예제를 사용하여 ACSR 명세

와 분석에 대하여 설명한다.

13.5.2 Description

EMS 시스템은 환자의 호출을 받은 병원에서 환자에게 구급차를 보내 환자를 병원으로 이송하는 과정을 표현한다. 환자의 호출에 대하여 병원이 구급차를 보낸 후 구급차가 환자가 있는 집에 도달하면, 환자는 의식이 있거나 의식이 없는 두 가지 중 한 상태로 전이되며, 각각의 상태에 따라 다른 방식으로 동작한다. 의식이 있다면 시간 내에 환자를 구급차로 이송하게 되며, 의식이 없다면 일정 시간이 지난 후 구급차는 강제로 환자에게 가서 환자를 이송하게 된다.

13.5.3 Specification

ACSR을 사용한 EMS 시스템의 명세는 다음과 같다:

$$EMS ::= P \parallel A \parallel H$$

$$H ::= (call,1).(\overline{move},1).(cure,1).nil$$

$$A ::= (move,1).\varnothing^{20} : (\overline{arrive},1).(ride,1).nil \triangle_{28}^{\overline{ride}} (A_r, A_b, nil)$$

$$A_r ::= \varnothing^{20} : (\overline{cure},1).nil$$

$$A_b ::= (\overline{break},1).A_r$$

$$P ::= (\overline{call},1).(arrive,1).\varnothing^{6} : (((\overline{ride},1).nil) + nil)\triangle^{ride}(nil, nil, (break,1).nil)$$

EMS 시스템은 P, A, H 로 구성되어 있으며 각 프로세스가 이벤트를 통해 동기화되어 동작한다.

H는 $(call,1)$을 통해 환자의 호출을 받으며, $(\overline{move},1)$을 통해 구급차에게 출동 명령을 내린다. 그 후 $(cure,1)$ 를 통해 구급차가 환자를 이송해왔음을 인식한 뒤 종료된다.

A는 $(move,1)$를 통해 출동 명령을 받은 후 20단위 시간에 걸쳐 환자에게 이동한다. $(\overline{arrive},1)$를 통해 환자에게 도착했음을 알린 뒤 $(ride,1)$신호를 최대 8단위 시간동안 기다린다. 8단위 시간 이내에 신호를 받았다면 환자가 의식이 있어 바로 이송 가능한 상태임을 의미하므로 A_r 이 실행된다. 만약 8단위 시간이 지나도록 $(ride,1)$신호를 받지 못하면 환자가 의식이 없는 상태임을 의미하므로 A_b가 실행된다. A_b 에서는 $(\overline{break},1)$ 신호를 보내 강제로 환사에게 이동하여 환자를 구급차로 옮긴 뒤 A_r이 실행된다. A_r에서는 20단위 시간에 걸쳐 병원으로 이송하며, 병원에 도착한 뒤 $(\overline{cure},1)$신호를 보내 환자 이송이 완료되었음을 알린 후 종료된다.

P는 $(\overline{call},1)$을 통해 병원에 연락한 뒤 구급차가 오기를 기다린다. $(arrive,1)$신호를 받은 뒤 환자는 두 가지 중 한 상태로 전이하게 된다. 첫 번째 경우는 의식이 있는 경우로서 $(\overline{ride},1).nil$ 이 실행된 경우이다. 이 경우에는 6단위 시간 후 $(\overline{ride},1)$ 신호가 발생하므로 Scope 연산자 중 첫 번째인 nil이 실행되어 정상적으로 종료된다. 두 번째 경우는 의식이 없는 경우로서 nil이 실행된 경우이다. 이 경우에는 $(\overline{ride},1)$신호가 발생하지 않으므로 Scope 연산자에서 계속 대기하게 되며, A에 의해 $(\overline{break},1)$신호가 발생하게 되면 이를 기점으로 $(break,1).nil$ 이 실행되어 정상적으로 종료된다.

13.5.4 Analysis

EMS 예제의 실행 순서를 분석하면 다음과 같다:

$$
\begin{aligned}
&P \parallel A \parallel H = \\
&(\overline{call},1).(arrive,1).\varnothing^{6} : (((\overline{ride},1).nil) + nil) \triangle^{ride} (nil, nil, (break,1).nil) \parallel \\
&(move,1).\varnothing^{20} : (\overline{arrive},1).(ride,1).nil \triangle_{28}^{\overline{ride}} (A_r, A_b, nil) \parallel \\
&(call,1).(\overline{move},1).(cure,1).nil
\end{aligned}
$$

$$\xrightarrow{(\tau,1)} (arrive,1).\varnothing^{6} : (((\overline{ride},1).nil)+nil)\triangle^{ride}(nil,nil,(break,1).nil) \parallel$$
$$(move,1).\varnothing^{20} : (\overline{arrive},1).(ride,1).nil\triangle_{28}^{\overline{ride}}(A_r,A_b,nil) \parallel$$
$$(\overline{move},1).(cure,1).nil$$
$$\xrightarrow{(\tau,1)} (arrive,1).\varnothing^{6} : (((\overline{ride},1).nil)+nil)\triangle^{ride}(nil,nil,(break,1).nil) \parallel$$
$$\varnothing^{20} : (\overline{arrive},1).(ride,1).nil\triangle_{28}^{\overline{ride}}(A_r,A_b,nil) \parallel$$
$$(cure,1).nil$$
$$\xrightarrow{\varnothing^{20}} (arrive,1).\varnothing^{6} : (((\overline{ride},1).nil)+nil)\triangle^{ride}(nil,nil,(break,1).nil) \parallel$$
$$(\overline{arrive},1).(ride,1).nil\triangle_{8}^{\overline{ride}}(A_r,A_b,nil) \parallel$$
$$(cure,1).nil$$
$$\xrightarrow{(\tau,1)} \varnothing^{6} : (((\overline{ride},1).nil)+nil)\triangle^{ride}(nil,nil,(break,1).nil) \parallel$$
$$(ride,1).nil\triangle_{8}^{\overline{ride}}(A_r,A_b,nil) \parallel$$
$$(cure,1).nil$$
$$\xrightarrow{\varnothing^{6}} (((\overline{ride},1).nil)+nil)\triangle^{ride}(nil,nil,(break,1).nil) \parallel$$
$$(ride,1).nil\triangle_{2}^{\overline{ride}}(A_r,A_b,nil) \parallel$$
$$(cure,1).nil$$

이 후 P는 $(\overline{ride},1).nil$ 과 nil 둘 중 하나를 선택하여 수행한다.

- 먼저 $(\overline{ride},1).nil$ 을 선택한 경우는 다음과 같다:

$$(\overline{ride},1).nil\triangle^{ride}(nil,nil,(break,1).nil) \parallel$$
$$(ride,1).nil\triangle_{2}^{\overline{ride}}(A_r,A_b,nil) \parallel$$
$$(cure,1).nil$$
$$\xrightarrow{(\tau,1)} nil \parallel A_r \parallel (cure,1).nil = nil \parallel \varnothing^{20} : (\overline{cure},1).nil \parallel (cure,1).nil$$
$$\xrightarrow{\varnothing^{20}} nil \parallel (\overline{cure},1).nil \parallel (cure,1).nil$$
$$\xrightarrow{(\tau,1)} nil \parallel nil \parallel nil$$

- 두 번째로 nil 을 선택한 경우는 다음과 같다:

$$
\begin{aligned}
& nil\triangle^{ride}(nil,nil,(break,1).nil) \parallel \\
& (ride,1).nil\triangle_{2}^{\overline{ride}}(A_r,A_b,nil) \parallel \\
& (cure,1).nil \\
\xrightarrow{\varnothing^2}\ & nil\triangle^{ride}(nil,nil,(\overline{break},1).nil) \parallel \\
& (ride,1).nil\triangle_{0}^{\overline{ride}}(A_r,A_b,nil) \parallel \\
& (cure,1).nil \\
& = nil\triangle^{ride}(nil,nil,(break,1).nil) \parallel 0 \\
& \quad A_b \parallel \\
& \quad (cure,1).nil \\
& = nil\triangle^{ride}(nil,nil,(break,1).nil) \parallel \\
& \quad (\overline{break},1).A_r \parallel \\
& \quad (cure,1).nil \\
\xrightarrow{(\tau,1)}\ & nil \parallel A_r \parallel (cure,1).nil = nil \parallel \varnothing^{20} : (\overline{cure},1).nil \parallel (cure,1).nil \\
\xrightarrow{\varnothing^{20}}\ & nil \parallel (\overline{cure},1).nil \parallel (cure,1).nil \\
\xrightarrow{(\tau,1)}\ & nil \parallel nil \parallel nil
\end{aligned}
$$

위의 과정을 통해, EMS 예제의 명세가 전이 규칙 및 대수 규칙을 통해 시스템이 종료 상태까지 전이됨을 알 수 있다.

13.6 결어

이 장에서는 ACSR 프로세스 대수에 대해 살펴보았다. ACSR은 CCS와 유사한 개념과 문법을에 가지고 있지만, 공유 자원(resource)과 시간에 대한 개념을 도입하였다. 여기에서 공유 자원에 대해 경쟁하는 시적(時的) 행동(timed action)과, deadline 및 timeout에 대한 오류 처리를 가능하게 하는 시간 속성이 대수의 핵심적인 속성임을 파악하였다.

ACRS에서 파생된 같은 계통의 언어에는 확률적인 속성을 정의한 PACSR[PSCLS98]과 문자 기반의 ACRS를 도표언어로 정의한 GCSR[BAL98] 등이 있다.

참고 문헌

[LDG91] Insup Lee, Susan Davidson, and Richard Gerber. Communicating Shared Resources: A Paradigm for Integrated Real-Time Specification and Implementation. In A.M. van Tilborg and G.M. Koob, Foundation of Real-Time Computing: Formal Specification and Methods, pp. 87-109. Kluwer Academic Press, 1991.

[PSCLS98] A. Philippou, O. Sokolsky, R. Cleaveland, I. Lee, S. Smolka, Probabilistic resource failure in real-time process algebra, IN PROCEEDINGS CONCUR 98, pp. 389-404, 1998.

[BAL98] H. Ben-Abdallah, I, Lee, A Graphical Language for Specifying and Analyzing Real-Time Systems, Special Issue of Integrated Computer-Aided Engineering on Real-time Engineering Systems, Vol 5, No 4, 1998.

[PJL93] Patrice Brémond-Grégoire, Jin-Young Choi, Insup Lee. The Soundness and Completeness of ACSR. Technical Report No. MS-CIS-93-59, The University of Pennsylvania, 1993.

14

PART

dT-calculus

PART 14

dT-calculus

14.1 개요

분산 이동 실시간 시스템(DMRS: Distributed Mobile Real-time System)의 명세와 분석을 위해 많은 프로세스 대수가 개발되었다. 그러나 분산 이동 실시간 시스템은 일반적인 시스템과 달리 이동과 시간 속성에 대한 명세와 분석을 필요로 한다[Hax00]. 그 이유는 이동 속성은 분산된 환경에서 프로세스 간의 다양한 상호 작용을 명세 및 분석할 수 있어야 하며, 시간 속성은 이러한 상호 작용의 시간에 대한 제약 조건을 명세 및 분석할 수 있게 하기 때문이다.

dT-Calculus[182)][CLL17]는 분산 이동 실시간 시스템의 명세를 위한 프로세스 대수이다. dT-Calculus는 다음과 같은 속성을 지닌다:

- 이동성: dT-calculus는 두 가지 유형의 이동이 있다. 액티브 이동은 스스로 이동하는 자율적인 이동이다. 패시브 이동은 다른 프로세스에 의한 타율적인 이동이다.

---

182) dT-Calculus는 전북대학교 이문근 교수와 연구원이 개발한 프로세스 대수 언어이다[CLL17]. 이는 이전에 개발한 δ-Calculus[CL15]에 시간 속성을 정의하여 확정하였다. δ-Calculus를 이용한 정형 명세와 분석 및 검증을 위해서 SAVE 도구가 ADOxx Meta-Modeling Platform[FK13]에서 개발이 되었다.

- 동기성: dT-calculus의 이동은 기본적으로 동기적이다. 이동을 위해서는 액티브, 패시브 이동 모두 그에 대한 허가가 필요하다. 비동기 이동은 우선 순위에 의해 제한적으로 이루어진다.
- 우선 순위: 우선 순위는 각각의 프로세스에게 부여된다. 우선 순위를 통해 프로세스는 다른 프로세스에 접근하거나 제어하는 것이 가능하다. 이를 통해 시스템의 안전성과 보안성을 보장하는 것이 가능하게 된다.
- 시간: 이동의 시간적 속성을 명세할 수 있다. 또한 예외 처리 등을 통해 기한의 위반에 대한 적절한 조치를 가능하게 한다.

dT-Calculus는 위와 같은 속성을 도입하여 시스템의 이동이라는 속성을 명세할 수 있으며, 이를 통해 이동에 따른 시스템의 변화와 같은 공간적 특성을 표현할 수 있다. 본 장에서는 dT-Calculus의 문법, 의미, 규칙과 특징을 알아보고, EMS(Emergency Medical System) 예제의 요구 사항을 dT-Calculus를 사용하여 분석한다.

14.2 Method

14.2.1 문법

dT-calculus의 문법은 <표 14-1>과 같으며 정의는 다음과 같다:

- Action(A): 액션의 실행을 나타낸다.

  1) Timed action($A^{p;n}_{[r,to,e,d]}$): 시간 속성을 지닌 액션의 실행을 나타낸다. 시간 속성은 [r,to,e,d]로 나타내며 각각 ready time, timeout, execution time, deadline을 나타낸다. p와 n은 액션의 주기적 실행을 위한 시간 속성이며 p는 period, n은 반복 회수를 나타낸다.

2) Timed process($P^{p,n}_{[r,to,e,d]}$): 시간 속성을 지닌 프로세스를 나타낸다.

3) Priority($P_{(n)}$): 프로세스의 우선 순위를 표현한다. n은 0 이상의 정수로 표현되며 우선 순위를 나타낸다. 숫자가 높을수록 높은 우선 순위를 표현하며, 예외로 0은 최상위 우선 순위를 나타낸다.

4) Nesting($P[Q]$): P가 Q를 포함하고 있음을 나타낸다. 내부 프로세스는 외부 프로세스에 의해 제어된다. 만일 내부 프로세스가 외부 프로세스보다 높은 우선 순위를 지닌다면, 허가 없이 외부 프로세스의 밖으로 나갈 수 있다.

5) Channel($P\langle r \rangle$): P의 채널을 나타낸다. 채널 r을 통해 P는 다른 프로세스와 통신하는 것이 가능하다.

6) Choice($P+Q$): P와 Q중 하나만이 비결정적으로 선택되어 실행된다.

7) Parallel($P \| Q$): P와 Q가 동시에 병렬적으로 실행된다.

8) Exception($P \backslash F$): P를 실행하되 P에 대하여 timeout error 또는 deadline error가 발생한 경우 F를 실행한다.

9) Sequence($A \cdot P$): 액션 A를 실행한 후 P가 실행됨을 의미한다.

10) Empty($\varnothing$): 아무 작업도 수행하지 않는다.

11) Send/Receive($r(\overline{msg})$; $r(msg)$): 프로세스간의 통신을 나타낸다. 채널 r을 통해 메시지 msg를 주고받는다.

12) Request($m^p(k)$ P): 이동하기 위해 이동을 요청하는 행동을 나타낸다. p, k는 각각 우선 순위, 이동을 위한 키 값을 나타낸다.

13) Permission(P $m(k)$): 이동 요청에 대한 허가를 나타낸다.

14) Create process(new P): 프로세스의 내부에 새 프로세스를 생성하는 행동이다. 새로 생성되는 프로세스는 자신을 생성한 프로세스보다 높

은 우선 순위를 지닐 수 없다.

15) Kill process($kill\ P$): 다른 프로세스를 종료시키는 행동이다. 종료될 프로세스는 자신보다 높지 않은 우선 순위를 지녀야 한다.

16) Exit process($exit$): 자기 자신을 종료시키는 행동이다. 종료될 시 내부의 모든 프로세스 또한 같이 종료된다.

문법	이름
A	action
$A^{p,n}_{[r,to,e,d]}$	timed action
$P^{p,n}_{[r,to,e,d]}$	timed process
$P_{(n)}$	priority
$P[Q]$	nesting
$P\langle r \rangle$	channel
$P+Q$	choice
$P \parallel Q$	parallel
$P \backslash F$	exception
$A \bullet P$	sequence
$\varnothing$	empty
$r(\overline{msg});\ r(msg)$	send/receive
$m^p(k)\ P$	request
$P\ m(k)$	permission
$new\ P$ $kill\ P$	create process kill process
$exit$	exit process

<표 14-1> dT-Calculus 문법

dT-Calculus는 행동의 시간을 명세하기 위해 timed action과 timed process를 정의했다. dT-Calculus에서 사용하는 다섯 가지의 시간 속성은 ready time, timeout, execution time, deadline, period이다. 각각의 속성에 대하여 자세히 살펴보면 다음과 같다:

- Ready time: 액션의 준비 시간을 나타낸다. 해당 액션에 처음으로 도달하면 실행에 앞서 ready time 만큼 대기 시간을 보내게 된다. Ready time 중에는 어떠한 행동도 하지 않으며, 동기화도 발생하지 않는다.
- Timeout: 액션의 준비가 완료된 후 실제 실행되기까지 대기할 수 있는 최대 시간이다. Ready time 동안의 대기 시간이 모두 지났지만 동기화 파트너가 없다면 실행을 하지 못한 채 대기하게 된다. 대기 중 timeout 시간 이전에 동기화 파트너가 준비되면 액션을 실행할 수 있지만, timeout 이전에 실행되지 못한 액션은 timeout 처리가 되며, 이에 대한 조치를 정의하지 않았다면 시스템은 fault 상태에 빠지게 된다.
- Execution Time: 액션이 실행하는데 소요되는 시간이다. Ready time이 종료된 직후 또는 Timeout 시간 대기 중 조건을 만족하여 액션이 실제로 실행되면 execution time 동안 액션을 실행하게 되며 execution time 시간이 모두 흐른 뒤에는 해당 액션을 종료하고 다음 액션을 시작하게 된다.
- Deadline: 액션 실행의 마감시간을 의미한다. 모든 액션은 설정된 deadline 이내에 실행이 완료되어야 한다. Deadline은 ready time과 동시에 시작된다. 만약 액션이 deadline 이내에 완료되지 못했다면 시스템은 fault 상태에 빠지게 된다. Fault 상태를 방지하기 위해서는 별도의 예외 처리를 정의해야 한다.
- Period: 액션의 주기적인 실행 시간을 의미한다. 액션이 시작된 후 period 시간이 지난 후 동일한 액션이 다시 실행된다. Period 시간과 위의 네 가지 시간 속성은 별도로 관리되며, 주기적인 실행 도중에도 언제든지 timeout, deadline에 의한 fault가 발생할 수 있다.

대부분의 액션 및 프로세스에 대하여 위의 시간 속성을 정의할 수 있다. 그러나 몇몇 액션/프로세스에 대해서는 특정 속성이 사용되지 않는다. 관련 내용은

14.2.3 절에서 설명한다.

만약 각 액션에 대하여 시간 속성을 정의하지 않는 경우 각 액션에 대한 시간 속성이 [0,-,1,-]으로 정의된 것으로 간주한다. 즉, 대기 시간 없이 바로 실행이 가능하며 timeout, deadline이 없이 무한히 대기할 수 있음을 의미한다.

일반적으로 모든 이동은 동기적으로 이루어진다. 다른 프로세스의 내부, 외부로 이동하기 위해서는 해당 프로세스의 허가가 필요하며, 다른 프로세스를 내부, 외부로 이동시키기 위해서도 해당 프로세스의 허가가 필요하다. 이러한 엄격한 동기화 이동을 통해 프로세스의 이동을 제어할 수 있으며, 인증되지 않은 이동을 예방함으로써 시스템의 안전성 및 보안성을 보장할 수 있다.

14.2.2 의미

dT-Calculus는 동기화와 이동성의 특징을 살려 시스템을 명세한다. 본 절에서는 이동 의미론, 프로세스의 동기화를 위한 통신 의미론, 시간 속성이 포함된 프로세스 및 액션의 의미론에 대해 알아본다.

dT-Calculus의 의미론은 전이 규칙으로 표현된다. 이러한 전이 규칙은 다음의 구조를 따른다.

$$\frac{p_1,\dots,p_k}{q}(r)$$

$p_1,\dots,p_k$는 전제(premise), q는 전제로부터 이끌어내는 결론(conclusion), r은 부가 조건(side condition)을 나타낸다.

<표 14-2>는 dT-Calculus의 이동 의미론이다. In, Out, Get, Put 전이 규칙은 일반적인 동기화 이동을 나타낸다. 각각의 이동은 반드시 상대 프로세스와 동일한 키를 지니고 있어야 한다. InP, OutP, GetP, PutP는 우선 순위에 따른 비동

기 이동을 나타내는 전이 규칙이다. 이는 상대방보다 높은 우선 순위를 지니고 있다면 이동에 허가가 필요하지 않음을 나타낸다. InN과 GetN은 이미 다른 프로세스를 포함하고 있는 프로세스 내부로 새로운 프로세스가 들어오는 경우 새로 들어온 프로세스와 기존의 내부 프로세스는 서로 병렬관계를 형성함을 나타내는 전이 규칙이다.

이름	의미
In	$\dfrac{P \xrightarrow{in(k)\ \ Q} P',\ Q \xrightarrow{P\ in(k)} Q'}{P \Vert Q \xrightarrow{\delta} Q'[P']}$
Out	$\dfrac{P \xrightarrow{out(k)\ \ Q} P',\ Q \xrightarrow{P\ out(k)} Q'}{Q[P] \xrightarrow{\delta} P' \Vert Q'}$
Get	$\dfrac{P \xrightarrow{get(k)\ \ Q} P',\ Q \xrightarrow{P\ get(k)} Q'}{P \Vert Q \xrightarrow{\delta} P'[Q']}$
Put	$\dfrac{P \xrightarrow{put(k)\ \ Q} P',\ Q \xrightarrow{P\ put(k)} Q'}{P[Q] \xrightarrow{\delta} P' \Vert Q'}$
InP	$\dfrac{P_{(n)} \xrightarrow{in^{p}(k)\ \ Q_{(m)}} P'_{(n)}}{P_{(n)} \Vert Q_{(m)} \xrightarrow{\delta} Q_{(m)}[P_{(n)}]} (n \geq m)$
OutP	$\dfrac{P_{(n)} \xrightarrow{out^{p}(k)\ \ Q_{(m)}} P'_{(n)}}{Q_{(m)}[P_{(n)}] \xrightarrow{\delta} P'_{(n)} \Vert Q_{(m)}} (n \geq m)$
GetP	$\dfrac{P_{(n)} \xrightarrow{get^{p}(k)\ \ Q_{(m)}} P'_{(n)}}{P_{(n)} \Vert Q_{(m)} \xrightarrow{\delta} P_{(n)}[Q_{(m)}]} (n \geq m)$

PutP	$$\frac{P_{(n)} \xrightarrow{put^{p}(k)\ \ Q_{(m)}} P'_{(n)}}{P_{(n)}[Q_{(m)}] \xrightarrow{\delta} P'_{(n)} \| Q_{(m)}} (n \geq m)$$
InN	$$\frac{P \xrightarrow{in(k)\ \ Q} P',\ Q \xrightarrow{P\ \ in(k)} Q'}{P \| Q[R] \xrightarrow{\delta} Q'[P' \| R]}$$
GetN	$$\frac{P \xrightarrow{get(k)\ \ Q} P',\ Q \xrightarrow{P\ \ get(k)} Q'}{P[R] \| Q \xrightarrow{\delta} P'[R \| Q']}$$

<표 14-2> dT-Calculus의 이동 의미론

<표 14-3>는 dT-Calculus의 통신 의미론이다. 통신 의미론은 다음과 같다.

1) Action: 액션의 실행에 대한 전이 규칙을 나타낸다. 이 전이 규칙에는 다른 전제 조건이 필요하지 않으며, 액션의 실행이 끝난 뒤 P가 실행된다.

2) Choice: ChoiceL과 ChoiceR은 같은 조건에서 둘 중 하나가 선택되는 행동의 전이 규칙을 나타낸다. ChoiceP는 우선 순위에 의해 선택이 결정되는 전이 규칙을 나타낸다.

3) Parallel: ParlL과 ParlR은 서로간에 영향이 없음을 나타내는 전이 규칙이다. 반면에 ParCom은 서로 간에 동기화되는 행동이 발생하는 경우 반드시 두 프로세스가 동시에 전이되어야 함을 나타내는 전이 규칙이다.

4) Nest: NestO와 NestI는 포함관계와는 관계없이 실행이 가능함을 나타내는 전이 규칙이다. NestCom은 서로간에 동기화되는 행동이 발생하는 경우 두 프로세스가 동시에 전이됨을 나타내는 전이 규칙이다.

이름	의미
Action	$\dfrac{-}{A.P \xrightarrow{A} P}$
ChoiceL ChoiceR	$\dfrac{P_{(n)} \xrightarrow{a} P'_{(n)}}{P_{(n)} + Q_{(n)} \xrightarrow{a} P'_{(n)}}$ $\dfrac{Q_{(n)} \xrightarrow{a} Q'_{(n)}}{P_{(n)} + Q_{(n)} \xrightarrow{a} Q'_{(n)}}$
ChoiceP	$\dfrac{P_{(n)} \xrightarrow{a_1} P_{(n)}', Q_{(m)} \xrightarrow{a_2} Q_{(m)}'}{P_{(n)} + Q_{(m)} \xrightarrow{a_1} P'_{(n)}} (n > m)$
ParlL ParlR	$\dfrac{P \xrightarrow{a} P'}{P \Vert Q \xrightarrow{a} P' \Vert Q}$ $\dfrac{Q \xrightarrow{a} Q'}{P \Vert Q \xrightarrow{a} P \Vert Q'}$
ParCom	$\dfrac{P \xrightarrow{a} P', Q \xrightarrow{\bar{a}} Q'}{P \Vert Q \xrightarrow{\tau} P' \Vert Q'}$
NestO NestI	$\dfrac{P \xrightarrow{a} P'}{P[Q] \xrightarrow{a} P'[Q]}$ $\dfrac{Q \xrightarrow{a} Q'}{P[Q] \xrightarrow{\bar{a}} P[Q']}$
NestCom	$\dfrac{P \xrightarrow{a} P', Q \xrightarrow{\bar{a}} Q'}{P[Q] \xrightarrow{\tau} P'[Q']}$

<표 14-3> dT-Calculus의 통신 의미론

<표 14-4>은 dT-Calculus의 시간속성 의미론이다. 기호 $\triangleright_t$는 t 만큼의 단위 시간이 지나갔음을 의미한다. 시간속성 의미론은 다음과 같다:

1) Tick-Time R: 액션의 준비 시간에 대한 규칙을 나타낸다. 준비시간 중에

는 시간의 흐름에 따라 r과 d 값이 감소된다.

2) Tick-Time TO: 액션의 대기 시간에 대한 규칙을 나타낸다. 실행되지 않고 대기중인 액션은 시간의 흐름에 따라 to와 d 값이 감소된다.

3) Tick-Time End: 액션의 종료에 대한 규칙을 나타낸다. 액션이 실행되어 e의 값이 0 이 된 후에 다음의 액션으로 넘어간다.

4) Tick-Time SyncE: 동기화 액션의 실행 시간에 대한 규칙을 나타낸다. 한 액션과 동기화 파트너가 준비되면 두 액션이 실행되며, 시간의 흐름에 따라 각 액션의 e와 d 값이 감소된다.

5) Tick-Time AsyncE: 비동기 액션의 실행 시간에 대한 규칙을 나타낸다. 비동기 액션의 경우 별도의 대기 시간 없이 곧바로 실행이 가능하므로 준비 시간이 끝난 뒤 바로 실행 단계로 진입한다. 그 후 시간의 흐름에 따라 e와 d의 값이 감소된다.

6) Tick-Time P: 프로세스의 시간의 흐름에 대한 규칙을 나타낸다. 프로세스의 시간 속성은 deadline 만이 사용되므로 시간의 흐름에 따라 d의 값이 감소된다.

7) Timeout: Timeout 발생에 대한 규칙을 나타낸다. to의 값이 0 이 된 경우 timeout error가 발생하지만 exception이 정의되어 있는 경우 예외 처리를 실행한다.

8) Deadline: deadline 위반에 대한 규칙을 나타낸다. d의 값이 0 이 된 경우 deadline error가 발생하지만 exception이 정의되어 있는 경우 예외 처리를 실행한다.

9) Period: 주기적 실행에 대한 규칙을 나타낸다. Period 시간 후에 액션이 다시 실행되며, 그에 따른 반복 회수 n의 값이 감소된다.

10) Period End: 주기적 실행의 종료에 대한 규칙을 나타낸다. 반복 회수 n의 값이 1인 경우 period 시간이 지난 후에는 더 이상 반복되지 않고 다음의 액션이 시작된다.

이름	의미
Tick-Time R	$\dfrac{-}{A_{[r,to,e,d]} \xrightarrow{\rhd_1} A_{[r-1,to,e,d-1]}} (r \geq 1)$
Tick-Time TO	$\dfrac{-}{A_{[0,to,e,d]} \xrightarrow{\rhd_1} A_{[0,to-1,e,d-1]}} (to \geq 1)$
Tick-Time End	$\dfrac{-}{A_{[0,to,0,d]} \square A' \xrightarrow{\rhd_1} A'}$
Tick-Time SyncE	$\dfrac{A \parallel A' \xrightarrow{(\tau \vee \delta) \wedge \rhd_1} A'' \parallel A'''}{A_{[0,to,0,d]} \parallel A'_{[0,to_1,e_1,d_1]}, \xrightarrow{\rightarrow(\tau \vee \delta) \wedge \rhd_1} A_{[0,to_1,e_1-1,d_1-1]} \parallel A_{[0,to_2,e_2-1,d_2-1]}}$
Tick-Time AsyncE	$\dfrac{-}{A_{[0,to,e,d]} \xrightarrow{\rhd_1} A_{[0,to,e-1,d-1]}}$
Tick-Time P	$\dfrac{-}{P_{[r,to,e,d]} \xrightarrow{\rhd_1} P_{[r,to,e,d-1]}}$
Time-out	$\dfrac{-}{A_{[0,0,e,d]} \backslash P \xrightarrow{\rhd_1} P}$
Dead-line	$\dfrac{-}{A_{[r,to,e,0]} \backslash P \xrightarrow{\rhd_1} P}$
Period	$\dfrac{-}{A^{p,n}_{[r,to,e,d]} \xrightarrow{\rhd_p} A^{p,n-1}_{[r,to,e,d]}}$
Period End	$\dfrac{-}{A^{p,1}_{[r,to,e,d]} \bullet A' \xrightarrow{\rhd_p} A'}$

<표 14-4> dT-Calculus의 시간속성 의미론

이름	규칙
Choice(1)	$P+P=P$
Choice(2)	$P+Q=Q+P$
Choice(3)	$(P+Q)+R=P+(Q+R)$
Parallel(1)	$P\|\varnothing = P$
Parallel(2)	$P\|Q=Q\|P$
Parallel(3)	$(P\|Q)\|R=P\|(Q\|R)$
Nesting(1)	$P[\varnothing]=P$
Nesting(1)	$R[P]+R[Q]=R[P+Q]$
Distributive(1)	$P\|(Q+R)=(P\|Q)+(P\|R)$
Distributive(2)	$(a_1+a_2).P=a_1.P+a_2.P$
Timed Process	$P_{[r,to,e,d]}=P_{[-,-,-,d]}$
Non-time Action	$A=A_{[0,-,1,-]}$
Empty	$\varnothing_{[r,to,e,d]}=\varnothing_{[-,-,e,-]}$

<표 14-5> dT-Calculus의 규칙

14.2.3 규칙

dT-Calculus의 규칙은 <표 14-5>와 같다. 이 대수 규칙은 프로세스의 실행 또는 축약에 사용되거나, 시간 속성의 정의 및 제약에 대한 규칙으로 사용된다. 규칙에 대한 설명은 다음과 같다:

1) Choice: Choice에 대한 교환 및 결합 법칙을 나타낸다.

2) Parallel: Parallel에 대한 교환 및 결합 법칙을 나타낸다.

3) Nesting: 동일한 프로세스의 서로 다른 내부 프로세스에 대한 Choice는 결합이 가능함을 나타낸다.

4) Distributive: Parallel과 Choice간의 분배 법칙은 Parallel이 외부에 있을 시에만 성립하고, Choice와 Sequence간의 분배 법칙은 Choice 연산이 앞에 오고, Sequence 연산이 외부에 있으면서 뒤쪽에 있을 시에만 성립함을 나타낸다.

5) Timed Process: 프로세스에 대한 시간 속성은 deadline 속성만 사용된다.

6) Non-time Action: 시간 속성을 정의하지 않은 액션은 시간 속성을 [0,-,1,-]으로 정의한 액션과 동일하다.

7) Empty: Empty 액션에 대한 시간 속성은 execution time 속성만 사용된다.

14.2.4 그래프 표현

dT-calculus의 문법을 그래프로 나타낼 때, 다음과 같은 두 가지 관점으로 표현할 수 있다.

1) ITL(In-The-Large): 지정학적 공간에서 프로세스의 상호 작용을 표현하는 시스템 관점이다. 이 관점에서 프로세스는 노드로 표현되며, 통신 채널은 노드간의 연결로 표현된다. 노드는 다른 노드 안에 포함될 수 있다. 모든 이동은 선으로 표현되며 이동 후 노드의 위치가 변화한다. ITL의 아이콘은 <표 14-6>와 같다. <그림 14-1>는 ITL의 예제이다.

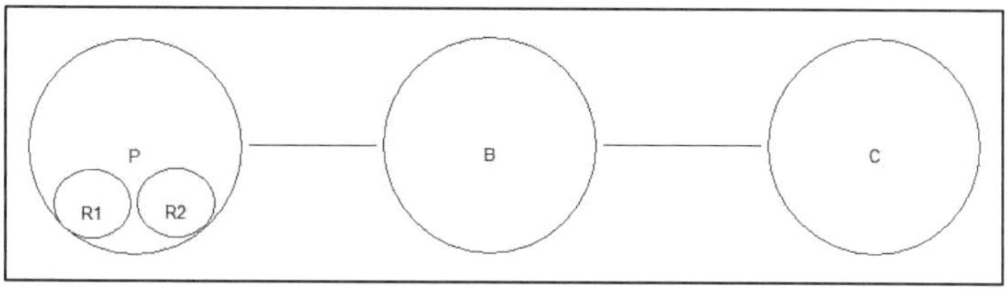

<그림 14-1> ITL 예제(ITL View Example)

2) ITS(In-The-Small): 행동·통신·이동 등을 표현하는 프로세스 관점이다. 행동은 프로세스의 실행 단계를 나타낸다. 그러나 이 관점에서는 프로세스의 이동 결과를 확인할 수 없다. ITS의 아이콘은 <표 14-7>과 같다. 이동 액션의 경우 실선은 일반적인 이동, 점선은 hide 이동을 나타내며, 회색은 우선 순위 이동을 의미한다. <그림 14-2>은 ITS의 예제이다. 각각의 프로세스는 박스로 표현된 ProcessLane의 형태로 표현되며, 하나의 ProcessLane에는 프로세스의 행동을 표현하는 액션 블록으로 구성이 되어 있다.

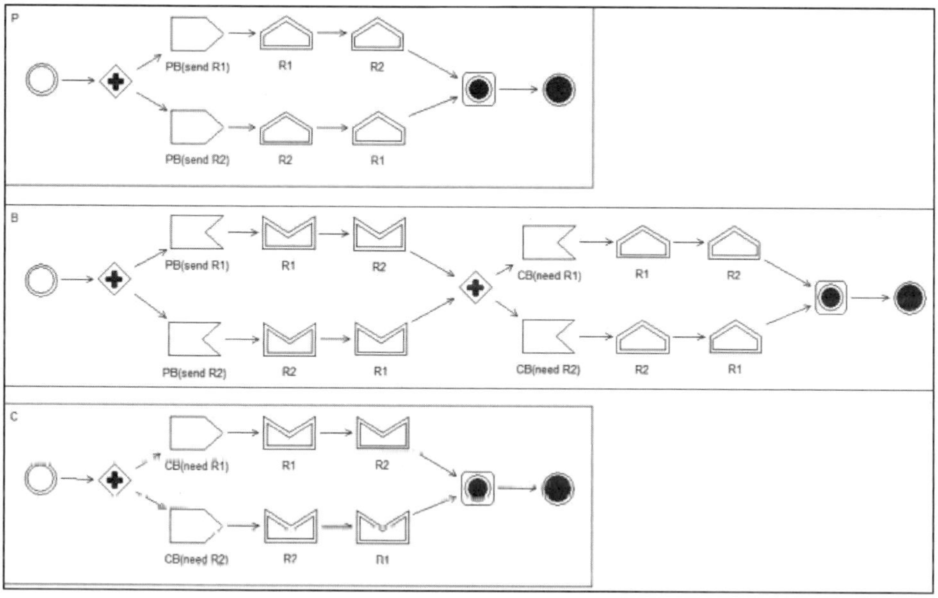

<그림 14-2> ITL 예제(ITL View Example)

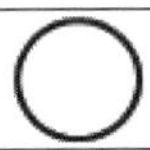	Process		Movement		Channel

<표 14-6> ITL 아이콘(ITL Icons)

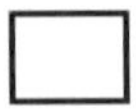	Process Lane		Start	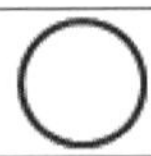	Other Process		End
	Choice		Parallel		New		Exit
	Kill		Send		Receive	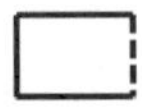	Empty
	InRequest		InRequest Priority	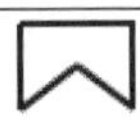	InPermission		OutRequest
	OutRequest Priority		OutPermission		GetRequest		GetRequest Priority
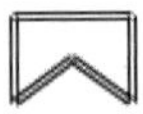	GetPermissio n		PutRequest		PutRequest Priority		PutPermission
	Sequence		Exception				

<표 14-7> ITS 아이콘(ITS Icons)

ITL과 ITS는 각각 시스템 관점의 그래프와 프로세스 관점의 그래프를 표현한다. 시스템의 완전한 명세를 위해 ITL의 노드(프로세스)는 ITS의 프로세스와 일대일 대응이 되어야 한다. 이러한 대응은 문법적 완전성에 대한 적절한 구조적 조건을 보장한다.

14.3 Properties

14.3.1 이동성

dT-Calculus에서의 이동성의 표현은 프로세스 간의 동기화를 통해 발생한다. 이는 프로세스 동기화 파트너의 허가 없이는 이동이 발생할 수 없음을 의미한다. 이러한 동기성은 프로세스의 무분별한 이동을 방지하고 이동의 제어를 명확히 할 수 있다. dT-Calculus에서 사용되는 이동의 유형은 다음과 같다.

- in: 자신이 다른 프로세스의 내부로 직접 이동
- out: 자신이 다른 프로세스의 외부로 직접 이동
- get: 다른 프로세스를 자신의 내부로 이동시킴
- put: 다른 프로세스를 자신의 외부로 이동시킴

각각의 이동 유형을 도식화 하면 <그림 14-3>과 같다.

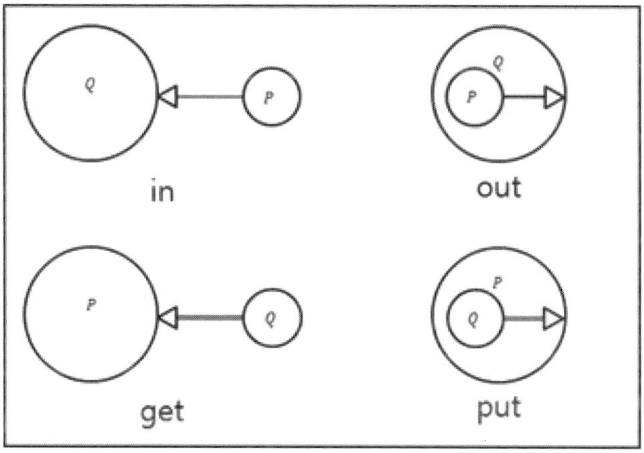

<그림 14-3> dT-Calculus의 이동성

dT-Calculus에서 동기성은 프로세스의 이동을 제어하는 기본적인 방법이다. 예를 들어, P[Q[R]]에서 R이 P의 밖으로 나가려 한다면 R은 가장 먼저 Q의 허가를 받아야 한다. 따라서 R은 Q의 허가 다음에 P의 허가를 받아야 한다. 이러한 동기성은 프로세스의 무분별한 이동을 방지하고, 이동이 제어를 명확히 할 수 있다.

반면에, 상황에 따라서 비동기 이동이 필요한 경우가 있다. dT-calculus에서는 명확한 제약 조건 하에서만 비동기 이동을 허용하고 있다. 비동기 이동은 다음과 같은 두 가지 유형이 있다.

1) 병렬 프로세스에 의한 비동기 이동: 이 방법은 프로세스의 명세를 통해 비동기 이동을 허용하는 방법이다. 예를 들면, 시스템이 다음과 같이 정의되어 있다.

$$System ::= S \parallel (P\ in)^{\infty} \parallel (P\ out)^{\infty}$$

$$System \parallel in\ \ System.P \xrightarrow{\delta} System[P]$$

시스템은 두 부분으로 구성된다. 하나는 시스템의 행동이며, 다른 하나는 P의 이동을 허가하는 부분이다. 내부적으로, P는 동기화 이동을 수행한다. 그러나 P의 이동 요청이 발생함과 동시에 동기화가 이루어지므로, 외부적으로는 마치 P가 비동기 이동을 하는 것처럼 보이게 된다. 이러한 이동 방식은 허가된 특정 프로세스에 대해서 출입을 자유롭게 하는 효과가 있다.

2) 우선 순위에 의한 비동기 이동: 이 방법은 우선 순위 옵션을 사용하여 비동기 이동을 가능하게 한다. 예를 들어, 시스템은 다음과 같이 정의되어 있다.

$$System ::= P_{(2)} \parallel Q_{(1)}$$

$$in^{p}\ \ Q_{(1)}.P_{(2)} \parallel Q_{(1)} \xrightarrow{in^{p}\ \ Q_{(1)}} Q_{(1)}[P_{(2)}]$$

P의 우선 순위는 Q보다 높다. 따라서 P는 Q의 허가 없이 Q의 내부로 들어가는 것이 가능하다. 반대로, Q는 P보다 우선 순위가 낮으므로 P에 대한 모든 비동기 이동이 불가능하다. 이는 시스템 관리자와 같은 프로세스나, 보안 시스템과 같은 프로세스의 행동을 표현하기 위해 사용된다.

14.3.2 시간 속성

dT-Calculus의 시간 속성은 각각의 액션/프로세스에 대하여 직접적으로 명세된다. 액션 외에도 프로세스의 시간 속성의 명세가 가능하게 함으로써 액션에 대한 제약 조건 뿐 아니라 프로세스 전체에 대한 제약 조건을 명세할 수 있다.

Period 시간의 도입은 주기적인 반복 실행의 명세에 있어서 기존의 프로세스 대수에 비해 많은 장점을 지닌다. 일반적으로 동기화 액션은 파트너의 준비 상태에 따라 실행 시작 시간이 다르게 나타나기 때문에 같은 액션이라 하더라도 실행 시점에 따라 총 소요 시간은 다르게 나타난다. 즉 다음과 같은 형식의 명세로는 주기적인 행동을 정확히 명세할 수 없다는 문제가 있다.

$$A \bullet \varnothing_{[-,-,e,-]} \bullet A \bullet \varnothing_{[-,-,e,-]} \bullet A \bullet \varnothing_{[-,-,e,-]} \bullet \cdots$$

Empty 액션을 사용하여 주기적인 행동을 표현하고자 하였지만 액션 A의 소요 시간이 매번 다르기 때문에 고정적인 실행 시간을 지닌 empty액션의 사용은 적합하지 않다. 반면 period 시간을 활용하면 액션 A의 소요 시간에 대하여 전혀 고려할 필요성이 없다는 장점이 있다. 액션의 실행 종료 후 재실행하기까지의 시간 간격에 대한 계산 없이 period 시간이 지난 후 다시 액션을 실행하므로 주기적 행동의 명세가 매우 간편해진다.

14.3.3 보안성

dT-calculus의 이동성을 통해 외부 환경에 따른 프로세스의 영향을 표현할 수 있다. 같은 시스템일지라도 어느 환경에서 해당 시스템을 운용하는지에 따라 보안적인 특성이 다르게 나타난다. 예를 들면, 폐쇄적인 통신망 내에서 안전하다고 판명된 시스템이 오픈된 인터넷 환경에서도 동일하게 안전하다고는 할 수 없다. 이와 마찬가지로 dT-calculus의 프로세스는 어떤 프로세스를 포함하고 있는지, 어떤 프로세스에 포함되어 있는지 등의 조건에 따라 행동이 달라진다. 이는 독립적으로는 존재할 때에는 안전하다 여겨지는 시스템일지라도 특정 프로세스와의 상호 작용에 의해 언제든지 안전하지 않은 상태가 될 수 있음을 의미한다. 이러한 시스템 자체의 행동에 대한 안전성 뿐 아니라 시스템의 외부적 환경과 그에 따른 상호 작용을 명세하여 보안적인 측면을 더욱 강화할 수 있다.

14.4 Example

본 장에서는 EMS(Emergency Medical Systems) 예제를 사용하여 dT-Calculus 명세와 분석에 대하여 설명한다.

14.4.1 Main Example

EMS 시스템은 환자의 호출을 받은 병원에서 환자에게 구급차를 보내 환자를 병원으로 이송하는 과정을 표현한다. 환자의 호출에 대하여 병원이 구급차를 보낸 후 구급차가 환자가 있는 사 고현장에 도달한다. 환자는 의식이 있거나 의식이 없는 두 가지 중 한 상태이며, 각각의 상태에 따라 다른 방식으로 처리한다. 의식이 있다면 시간 내에 환자를 구급차로 이송하게 되며, 의식이 없다면 일정 시간이 지난 후 구급차는 강제로 환자에게 가서 환자를 이송하게 된다.

14.4.2 Description

EMS 시스템은 요구 사항은 다음과 같다.

- R1: 구급차1(Amb1)이 30단위 시간 내에 환자를 병원에 이송 후 환자가 치료를 받아야 한다.
- R2: 구급차2(Amb2)가 30단위 시간 내에 환자를 병원에 이송 후 환자가 치료를 받아야 한다.

위의 요구 사항은 환자의 의식이 있는 경우와 없는 경우 모두를 만족해야 한다.

14.4.3 Specification

EMS 시스템은 다음과 같이 작동한다:

- 차량의 사고가 발생하고 사고 발생을 운전자가 인식한다.
- 운전자가 차량 밖으로 빠져 나오려 시도한다.
- 운전자가 차량 밖으로 빠져나온 경우, 운전자가 직접 911(미국; 한국 119)에 사고 발생을 알린다. 운전자가 빠져나오지 못한 경우, 차량이 운전자가 빠져 나오지 못함을 감지하여 911에 사고 발생 신호를 보낸다.
- 신고를 받은 911은 두 구급차 중 하나를 선택한 뒤 신호의 유형(환자/차량)에 따라 구급차에게 다른 명령을 내린다.
- 구급차는 911을 빠져 나가 사고 현장에 도착 후 환자를 바로 태우거나, 차량 문을 열고 환자를 꺼낸 뒤 구급차에 태운다.
- 구급차는 환자에게 응급치료를 수행하고 병원으로 이송한다.
- 병원에 도착한 뒤 환자를 병원으로 옮기고 911에 환자 이송 완료 메시지를 보낸다.
- 병원에서는 환자에 대한 치료를 수행한다.

위의 정리된 EMS 동작을 dT-Calculus를 사용하여 다음과 같이 명세할 수 있다.

- $EMS ::= Car[Drv] | 911[Amb1_{[-,-,-,40]} || Amb2_{[-,-,-,40]}] | Hsp;$
- $Car ::= CD(\overline{crush}).Drv\ out_{[0,5,1,7]} \backslash (CE(\overline{call}) \bullet AC(open) \bullet put\ Drv);$
- $Drv ::= DC(crach) \bullet (out\ Car \bullet DE(\overline{call}) + \varnothing_{[-,-,10,-]} \bullet$

  $Car\ put) \bullet ((Amb1\ get \bullet AD(em) \bullet Amb1\ put) +$

$(Amb2\ get \bullet AD(em) \bullet Amb2\ put)) \bullet HD(tr);$

- $911 ::= (DE(call)_{[0,5,1,7]} \bullet ((EA1(\overline{Lv1}) \bullet Amb1\ out) + EA2(\overline{Lv1})))\backslash CE(call) \bullet ((EA(\overline{Lv2}) \bullet Amb1\ out) + EA2(\overline{Lv2}))) \bullet EA(done);$
- $Amb1 ::= (EA1(Lv1)_{[0,5,1,7]} \bullet (out\ 911)_{[0,-,5,-]})\backslash (EA1(Lv2) \bullet (out\ 911)_{[0,-,5,-]} \bullet AC(\overline{open})) \bullet get\ Drv \bullet AD(\overline{em}) \bullet (in\ Hsp)_{[0,-,10,-]} \bullet put\ Drv \bullet EA(\overline{done});$
- $Amb2 ::= (EA2(Lv1)_{[0,5,1,7]} \bullet \varnothing_{[-,-,3,-]})\backslash (EA2(Lv2) \bullet \varnothing_{[-,-,3,-]} \bullet AC(\overline{open})_{[0,-,7,-]}) \bullet get\ Drv \bullet AD(\overline{em}) \bullet (in\ Hsp)_{[0,-,10,-]} \bullet put\ Drv \bullet EA(\overline{done});$
- $Hsp ::= (Amb1\ in + Amb2\ in) \bullet HD(\overline{tr});$

운전자가 차량에서 빠져 나오지 못하는 경우를 감지하기 위하여 Car 프로세스에 다음과 같은 형태의 액션이 사용되었다.

$$Car ::= \ldots Drv\ out_{[0,5,1,7]}\backslash(CE(\overline{call}))\ldots$$

위 명세는 Timeout을 5로 설정함으로서 5단위 시간 이내에 해당 액션이 실행되지 못하면 예외 처리를 통해 차량이 자동으로 911에 연락하라는 의미이다. <그림 14-5>의 명세에 따르면 차량에 의한 연락은 항상 운전자에 의한 연락보다 나중에 발생하게 된다. 따라서 Amb1및 Amb2 프로세스에서도 timeout을 설정하여 운전자의 연락과 차량의 연락을 구분할 수 있도록 명세하였다.

911에 대기중인 Amb1과 외부에 위치한 Amb2는 서로 다른 특성을 지닌다. 환자에게 도달하는 시간은 Amb2가 더 빠르지만, Amb2는 차량 문을 여는 작업에 있어서 Amb1보다 많은 시간을 소모한다. 따라서, 환자의 상태에 따라 Amb1과 Amb2가 환자를 병원으로 이송하는 시간은 달라지게 된다.

dT-Calculus는 그래프 표현이 가능하다. 명세 모델은 ITL, ITS 두 가지 형태로 표현이 가능하다. EMS 시스템에 대한 ITL 모델은 <그림 14-4>과 같다. ITL 모델에서는 각 프로세스의 포함 관계 및 채널의 연결을 표현한다.

EMS 시스템의 ITS 모델은 <그림 5>과 같다. ITS 모델에서는 각 프로세스의 관점에서 어떠한 액션이 실행되는지를 구체적으로 표현한다.

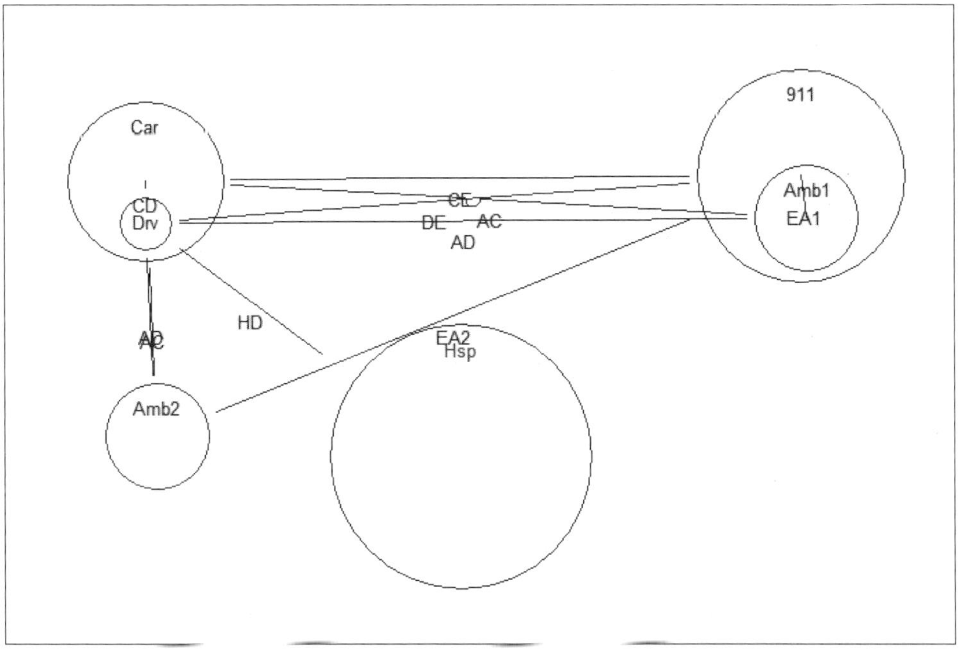

<그림 14-4> EMS 예제의 ITL

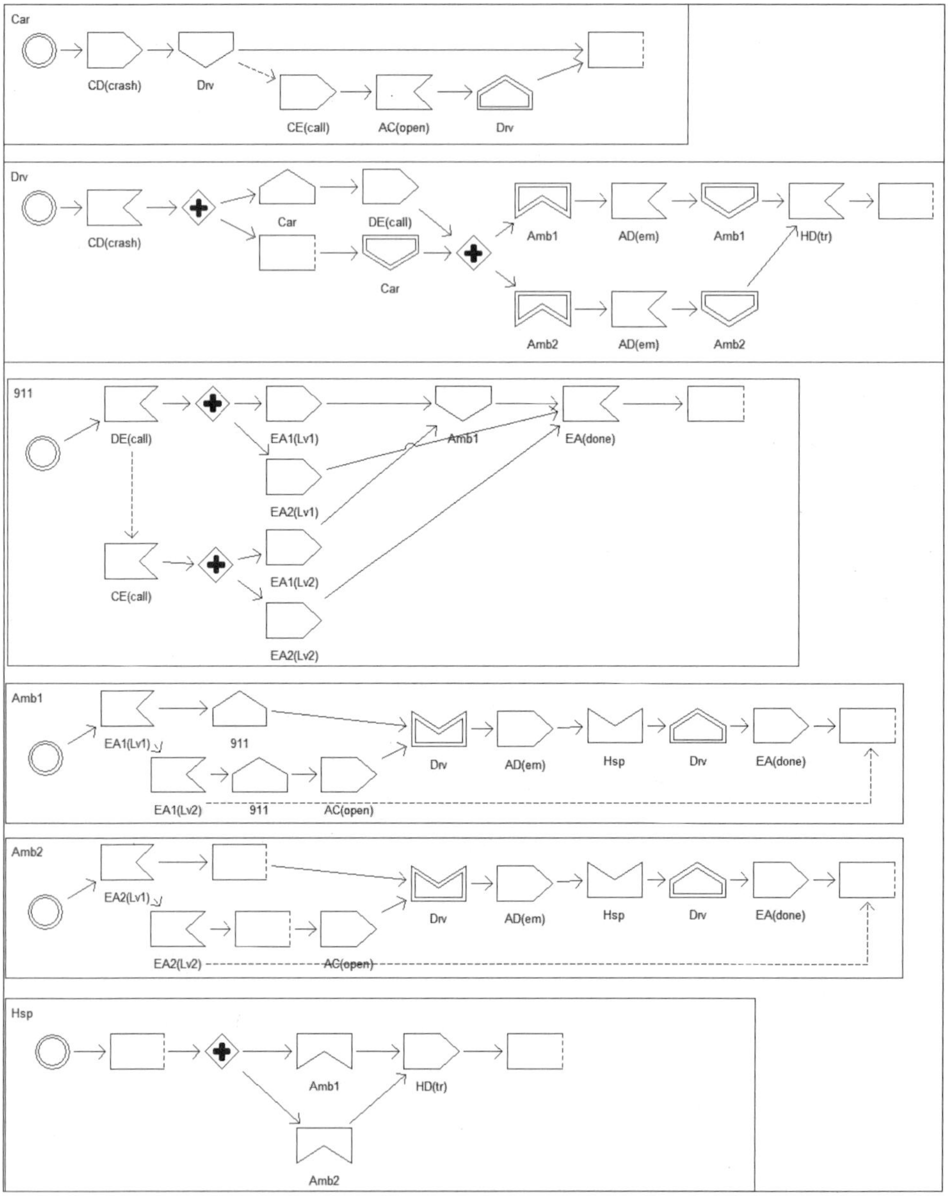

<그림 14-5> EMS 예제의 ITS

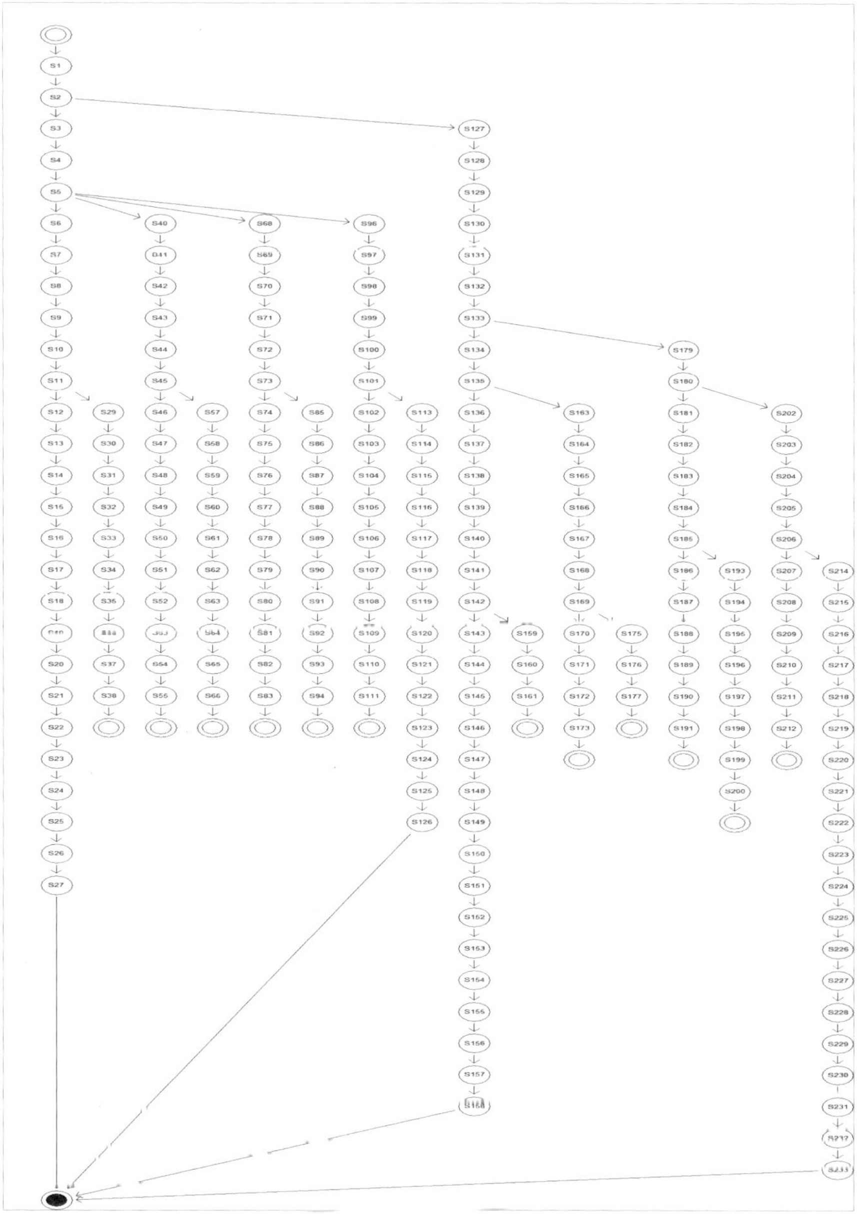

<그림 14-6> EMS 예제의 실행경로

14.4.4 Verification

EMS 시스템은 <그림 14-6>과 같이 총 16가지의 경로를 지니며, 그 중 정상적으로 실행되는 경우는 총 4가지가 존재한다. 그 외의 12가지의 경로는 선택 분기에서의 잘못된 선택으로 인해 동기화 문제가 발생한 경우이다. 예를 들면, 911은 Amb1에게 신호를 보내 Amb1이 출발하였으나, 환자가 Amb1이 아닌 Amb2를 기다리고 있는 상황이 이에 해당된다.

EMS 예제는 환자의 의식이 있는 경우와 없는 경우에 따라서 Amb의 시간 소요가 다르기 때문에 두 가지 경우의 수를 모두 분석해야 한다.

가) 환자의 의식이 있는 경우

정상적으로 실행된 경로에 대하여 시간 속성의 분석을 수행할 수 있다. 먼저 환자가 차량을 무사히 빠져나오는 경우는 다음과 같다:

1) T1: 사고가 발생하고 운전자가 이를 인식한다.
2) T2: 운전자가 빠져 나온다.
3) T3: 운전자가 911에 연락한다.
4) T4: 911이 구급차에 사고 현장으로 이동하라는 명령을 내린다.

선택된 구급차에 따라 시간의 경과가 다르게 발생한다. 구급차가 환자에게 도달하는 시간을 t 라 하였다.

5) T4+t: 구급차가 911을 빠져나와 사고 현장에 도착한다.
6) T5+t: 구급차가 운전자를 태운다.
7) T6+t: 구급차가 응급치료를 수행한다.
8) T16+t: 구급차가 병원에 도착한다.
9) T17+t: 운전자를 병원으로 이송한다.

10) T18+t: 병원은 운전자를 치료하고, 구급차는 911에 이송 완료 메시지를 보낸다.

Amb1의 경우 t=5이므로 총 23단위 시간이 소모되며, Amb2의 경우 t=3이므로 총 21단위 시간이 소모된다.

R1의 요구 사항은 Amb1이 30단위 시간 내에 환자를 병원에 이송 후 환자가 치료를 받는 것이고, 23단위 시간을 소모했으므로, R1의 요구 사항을 만족한다. R2의 요구 사항은 Amb2가 30단위 시간 내에 환자를 병원에 이송 후 환자가 치료를 받는 것이고, 23단위 시간을 소모했으므로, R2의 요구 사항을 만족한다.

나) 환자의 의식이 없는 경우

두 번째 경우는 환자가 차량에서 빠져나오지 못하는 경우이다.

1) T6: 차량이 운전자가 빠져 나오지 못했음을 감지한다.
2) T7: 차량이 911에 사고 발생 메시지를 보낸다.
3) T8: 911이 구급차에 명령을 내린다.

선택된 구급차에 따라 시간의 경과가 다르게 발생한다. 구급차가 환자에게 도달하는 시간을 t 라 하였다.

4) T8+t: 구급차가 911을 빠져나와 사고 현장에 도착한다.

각 구급차가 차량의 문을 여는데 소요되는 시간은 같지 않다. 따라서 해당 시간을 d라 하였다.

5) T8+t+d: 구급차가 차량의 문을 연다.
6) T9+t+d: 운전자를 차량 밖으로 꺼낸다.
7) T10+t+d: 구급차가 운전자를 태운다.

8) T11+t+d: 구급차가 응급치료를 수행한다.

9) T21+t+d: 구급차가 병원에 도착한다.

10) T22+t+d: 환자를 병원으로 이송한다.

11) T23+t+d: 병원은 운전자를 치료하고, 구급차는 911에 이송 완료 메시지를 보낸다.

Amb1 의 경우 t=5, d=1 이며, Amb2 의 경우 t=3, d=7 이다. 따라서 Amb1 은 29단위 시간을 소모하며, Amb2 는 33 단위 시간을 소모한다.

R1의 요구 사항은 Amb1이 30단위 시간 내에 환자를 병원에 이송 후 환자가 치료를 받는 것이고, 29단위 시간을 소모했으므로, R1의 요구 사항을 만족한다. 하지만 R2의 요구 사항은 Amb2가 30단위 시간 내에 환자를 병원에 이송 후 환자가 치료를 받는 것이고, 33단위 시간을 소모했으므로, R2의 요구 사항을 만족하지 않는다.

14.5 도구

본 장에서는 제안한 dT-Calculus를 실제로 활용하여 시스템을 명세하고 분석하기 위한 도구인 SAVE(Specification, Analysis, Verification and Evaluation) 도구의 사용법을 소개한다. SAVE는 ADOxx 메타 모델링 플랫폼[Fill13]을 사용하여 개발되었다.

가. 설치 전 환경 설정[183)]

설치 전 환경 설정은 부록 A를 참고하면 된다.

183) 설치 전 환경 설정은 부록 A 참조.

나. ADOxx 설치[184]

ADOxx를 설치하면 "ADOxx Development Toolkit.exe" “ADOxx Modeling Toolkit.exe" 실행 파일이 생성된다. Development Toolkit은 ADOxx 라이브러리 및 사용자 편집 기능을 사용할 수 있고, Modeling Toolkit은 생성한 라이브러리를 도구로써 사용할 수 있다. 이 중 ADOxx Development Toolkit을 실행한다. ADOxx Development Toolkit에 접속하기 위해서는 관리자 계정으로 접속해야 한다. 관리자 계정의 아이디와 초기 비밀번호는 각각 "Admin"과 "Password"이다. <그림 14-7>는 ADOxx Development Toolkit에 접속한 화면이다.

<그림 14-7> ADOxx Development Toolkit 접속 화면

나. SAVE 라이브러리 설치

SAVE 설치 파일은 http://austria.omilab.org/psm/content/save/info에서

184) ADOxx 설치는 부록 A 참고.

다운받을 수 있다. 위의 사이트 주소로 접속하여 좌측의 Tool-Download 항목을 클릭해 "SAVEv1.17.abl" 파일을 다운 받는다. abl 파일이란 ADOxx에 추가할 수 있는 라이브러리 파일이다.

다음은 다운받은 abl 파일을 ADOxx에 추가해야 한다. <그림 14-8>에서 1번과 2번 아이콘을 누르면 그림과 같이 Library management 창이 뜬다. Library management 창에서 3번을 누른 후 4번을 누르면 abl 파일을 추가할 수 있다. 다운받은 "SAVEv1.17.abl" 파일을 라이브러리에 추가해 준다. 라이브러리 추가 도중 기본 모델 그룹을 생성에 관한 질문 문구가 뜬다. 이 때 “예”를 클릭하여 기본 모델 그룹을 생성한다. 라이브러리 추가가 완료됐다면 Application libraries 박스에 “SAVE V1.17” 목록이 생성됐을 것이다.

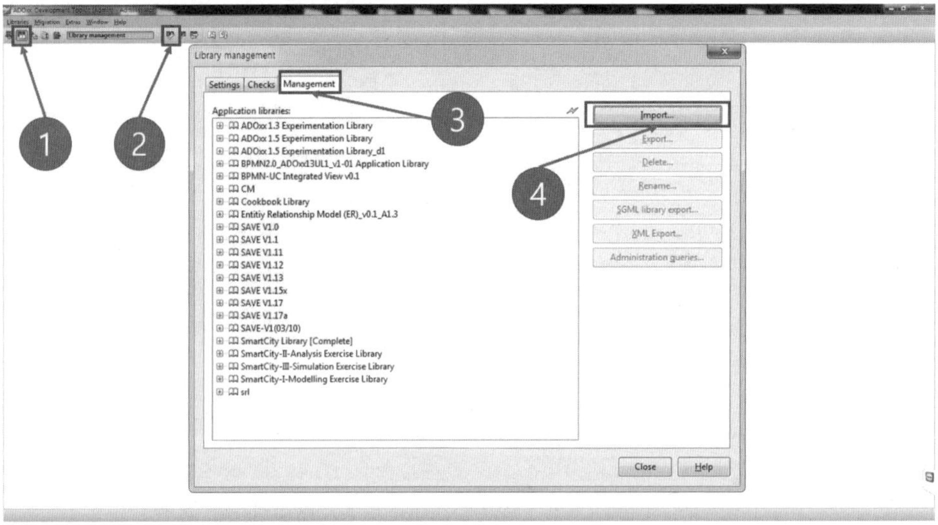

<그림 14-8> ADOxx 라이브러리 추가

다. 라이브러리 사용자 추가

다음은 설치한 SAVE 라이브러리에 사용자는 추가해야 한다. <그림 14-9>은 SAVE 라이브러리에 사용자를 추가하는 과정이다. ADOxx Development

Toolkit 창에서 1번 아이콘을 클릭 후 2번 아이콘을 클릭하면 User management 창이 생성된다. User management 창에서 사용자를 추가하기 위해 3번을 클릭하면 사용자 아이디와 비밀번호를 입력할 수 있는 창이 뜬다. 원하는 아이디와 비밀번호를 입력 후 5번을 클릭하여 계정 생성이 필요한 라이브러리를 선택해주어야 한다. SAVE v1.17을 선택해 준다. 마지막으로 ADOxx 사용자 그룹에 생성할 계정을 추가해야 한다. 6번 버튼을 클릭 후 7번 목록을 더블 클릭하면 ADOxx 사용자 그룹에 계정이 추가된다. Ok버튼을 누르면 계정 생성이 완료된다.

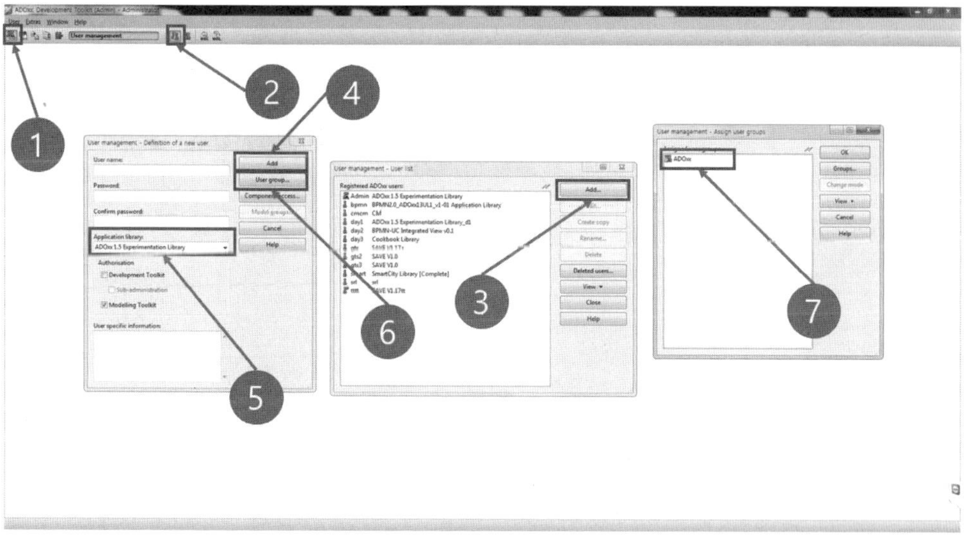

<그림 14-9> ADOxx 라이브러리 추가

라. Modeling Toolkit 접속

SAVE 라이브러리 계정 생성을 완료했으면 ADOxx Development Toolkit 창을 종료한 후 ADOxx Modeling Toolkit 실행 파일을 실행한다. ADOxx Development Toolkit을 실행하면 아이디와 비밀번호를 입력할 수 있는 창이 뜬다. 이 때 생성했던 아이디와 비밀번호를 입력하면 SAVE 도구에 로그인 할 수 있다. 로그인에 성공하면 <그림 14-10>과 같은 창이 뜬다.

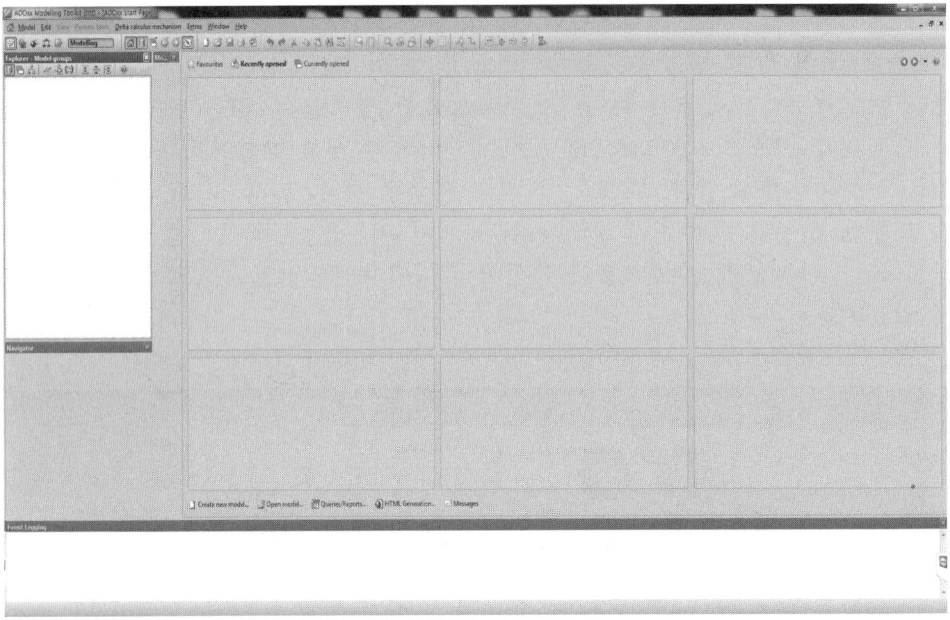

<그림 14-10> SAVE 실행화면

라. ITL(In-The-Large) 모델 생성

이제 시스템 명세를 위해 *ITL(In The Large)*와 *ITS(In The Small)*모델을 생성해야 한다. ITL은 시스템의 프로세스의 포함관계를 나타낸 모델이고, ITS는 시스템의 각 프로세스가 수행하는 액션을 정의하는 모델이다. <그림 14-11>의 1번을 살펴보면 SAVE 도구에서 생성 가능한 모델을 볼 수 있다. ITL에서는 프로세스의 포함관계와 프로세스가 통신하는 채널을 명세할 수 있다. <그림 14-12>는 간단한 예제를 ITL에 명세한 화면이다.

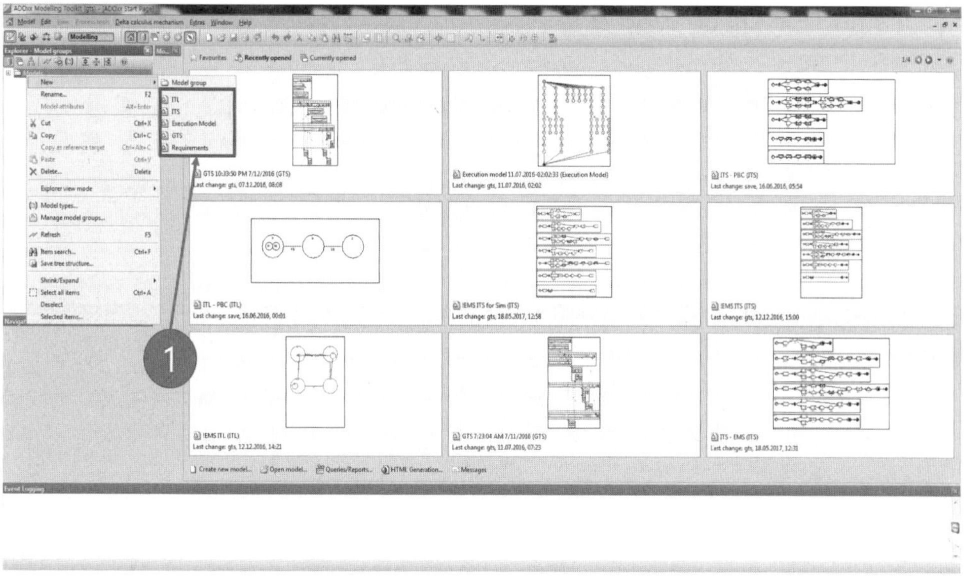

<그림 14-11> SAVE 생성가능 모델

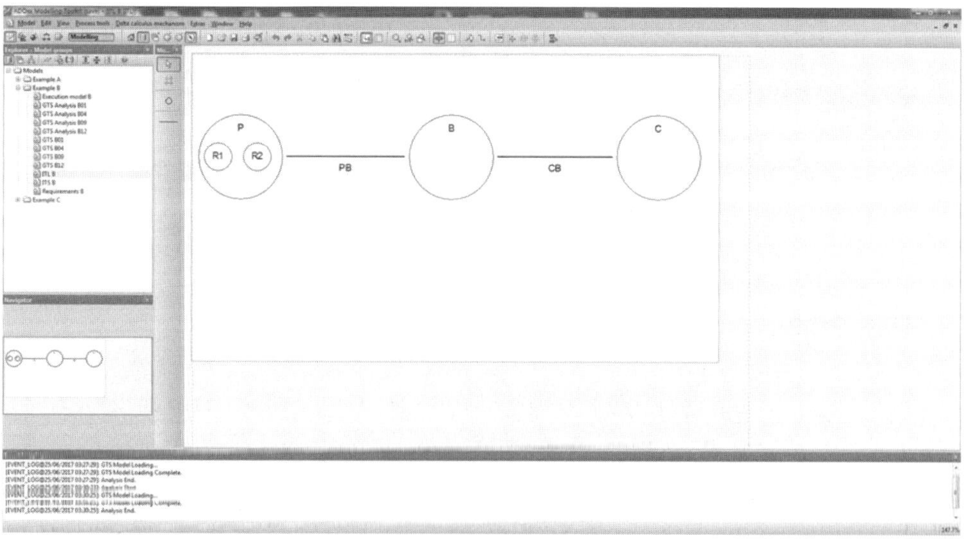

<그림 14-12> ITL 모델

나. ITS(In-The-Small) 모델 생성

ITS는 시스템의 프로세스가 수행하는 액션을 명세하는 모델이다. <그림 14-13>은 ITS 모델을 명세한 화면이다. ITS에서 큰 사각형 상자는 각 프로세스를 나타내고 사각형 상자 안에 작은 아이콘은 프로세스가 순차적으로 실행하는 액션을 의미한다.

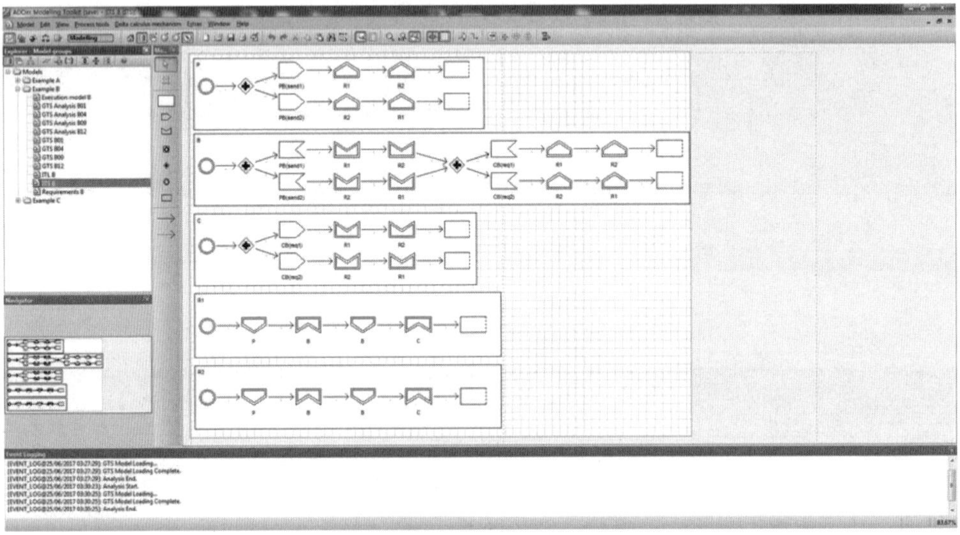

<그림 14-13> ITS 모델

다. 실행 모델(Execution Model) 생성

시스템의 명세가 완료되면 명세 모델을 기반으로 실행 경로를 분석한 결과인 실행 모델을 자동으로 생성할 수 있다. 실행 모델은 명세 모델에서 발생할 수 있는 모든 경로를 분석하여 각 경로의 실행 결과(정상, deadlock 등)를 표현한다. 만약 경로에서 deadlock이 발생할 경우 빨간 아이콘을 생성하여 해당 경로가 deadlock이 발생했음을 알 수 있다. 실행 모델을 생성하는 방법은, 상단의 메뉴에서 "Delta calculus mechanism"을 클릭하면 하위 목록이 뜬다. 하위 목록 중 "Generate Execution Model"을 클릭하면 명세한 ITL과 ITS를 선택하는 창이 뜨고, ITL과 ITS를 선택하면 실행 모델을 생성한다. <그림 14-14>는 실행 모델을 생성한 결과이다.

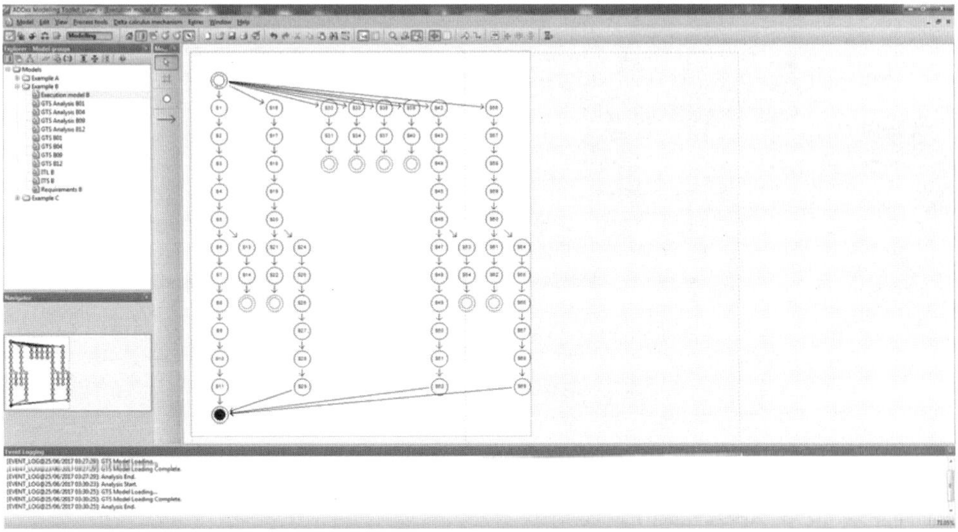

<그림 14-14> 실행 모델

라. GTS(Geo-Temporal Space) 생성

GTS는 시스템의 프로세스가 수행한 액션 및 이동을 이차원 시공간에서 표현한 모델이다. GTS에서 프로세스를 표현할 때, x축이 시간이고 y축이 프로세스가 점유한 공간을 표현한다. GTS를 생성할 때, 실행 모델에서 생성된 경로 중 하나를 선택해야 한다.

상단의 메뉴에서 "Delta calculus mechanism"을 클릭하면 하위 목록이 뜬다. 하위 목록 중 "Generate Execution Model"을 클릭하면 실행 모델 경로 중 한 개의 경로를 선택할 수 있다. 경로를 선택하면 해당 경로의 프로세스가 액션을 수행하는 과정을 볼 수 있는 GTS를 생성할 수 있다. <그림 14-15>는 GTS를 생성한 결과이다.

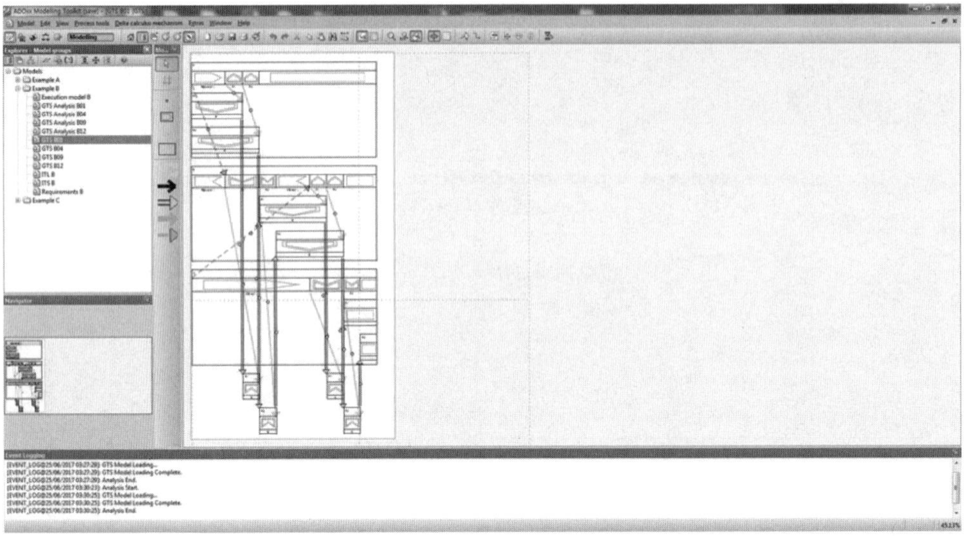

<그림 14-15> GTS 생성결과

마. 시스템 요구 사항 명세 및 분석

GTS 데이터를 기반으로 시스템의 요구 사항을 분석할 수 있다. "Requirements" 모델에서는 프로세스가 수행한 액션의 선행 관계를 분석할 수 있다. 먼저 분석을 위해 모델을 생성해야 한다. 왼편의 모델 폴더를 우클릭하면 새 모델을 생성할 수 있고, 이 중 “Requirements” 모델을 생성한다. “Requirements” 모델을 생성하면 빈 창이 뜬다. 왼편에 네모 아이콘과 원형 아이콘을 생성하며 자신이 원하는 요구 사항을 명세할 수 있다. 명세한 요구 사항을 토대로 요구 사항 분석을 진행할 수 있다. “Delta calculus mechanism” 하위 목록 중 "GTS Analysis" 목록을 클릭하면 생성한 요구 사항 명세와 생성된 GTS 데이터를 분석하여 현재 명세한 요구 사항이 만족됐는지 확인할 수 있다. <그림 14-16>은 GTS 요구 사항 명세와 분석 결과를 보여준다.

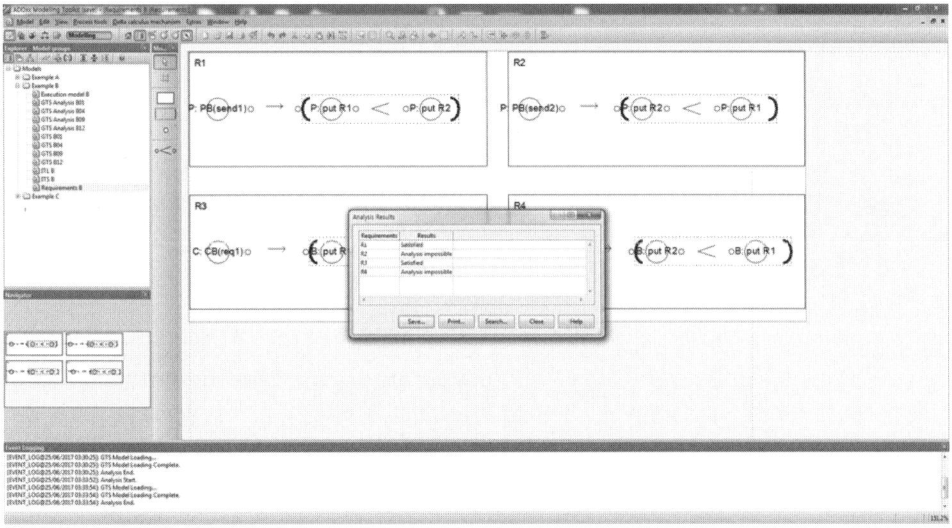

<그림 14-16> GTS 요구 사항 분석 결과

14.6 결어

본 장에서는 dT-calculus에 대해 살펴보았다. dT-Calculus는 이동성이라는 개념을 통해, 지정학적으로 분리된 프로세스의 이동을 다양한 형태로 명세할 수 있다. 또한 다양한 시간 속성을 명세함으로서 실시간 시스템에서 요구되는 시간 제약 조건을 보다 명확히 명세할 수 있다.

dT-Calculus는 기존의 텍스트 기반 프로세스 대수에 기반을 두고 있지만, 이를 시각화 한 그래프로 표현이 가능하다. 텍스트 기반의 명세를 시각화함으로 인해 시스템의 분석이 더욱 용이해진다는 장점을 지닌다.

SAVE 도구는 dT-Calculus를 사용한 명세와 분석 기능을 지원하므로, dT-Calculus를 사용한 이론적인 측면에서의 분석으로 끝나지 않고 실제로 활용이 가능하다는 장점이 있다.

참고 문헌

[CL15] Y. Choe and M. Lee, δ-Calculus: Process Algebra to Model Secure Movements of Distributed Mobile Processes in Real-Time Business Application, 23rd European Conference on Information Systems, 2015.

[CLL17] Y. Choe, S. Lee, M. Lee, "dT-Calculus: A Process Algebra to Model Timed Movements of Processes", 19th International Conference on Mathematical and Computational Methods in Science and Engineering, 2017.03.

[Hax00] Haxthausen AE, Peleska Jan. Formal development and verification of a distributed railway control system. Software Engineering IEEE Transactions on Vol. 26, No. 8. August. 2000. pp. 687-701.

[FK13] H. Fill and D. Karagiannis, On the Conceptualisation of Modeling Methods Using the ADOxx Meta Modeling Platform, Enterprise Modeling and Information Systems Architectures 8(1), pp.4-25, 2013.

15
PART

국제 표준안과 정형기법

PART 15

국제 표준안과 정형기법

이 장에서는 제1장 정형기법 개요에서 설명한 ESA의 ECSS 표준안 중 SW에 대한 표준안에 어떤 요구 사항이 있는지를 알아보고, 이 요구 사항을 어떻게 만족할 수 있는지를 살펴보도록 한다.

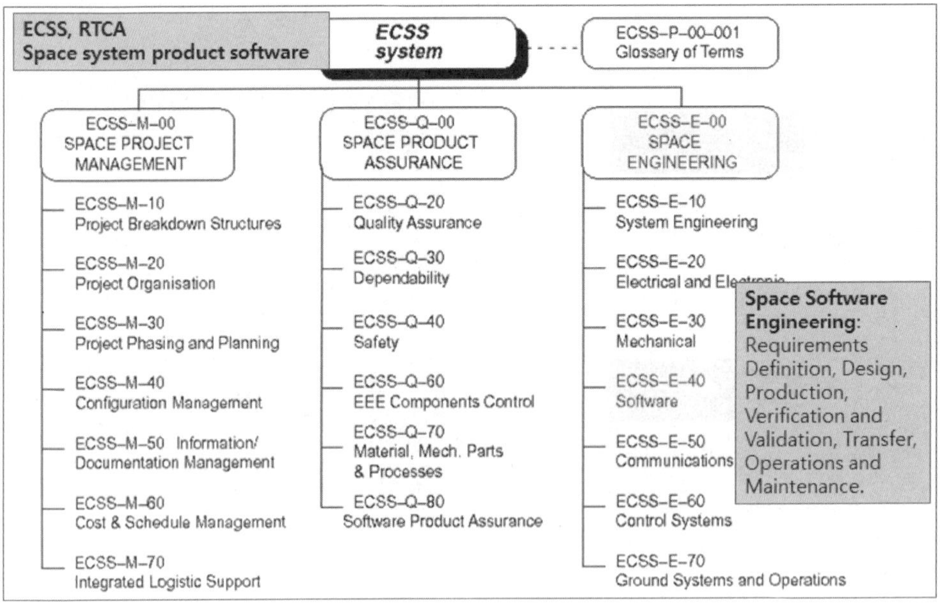

<그림 15-1> ESA의 ECSS 표준안

15.1 ECSS 표준안

제1장에서 설명 바와 같이, 아리안 5호 참사 이후, ESA의 우주 항공 시스템을 정형적으로 개발을 위해 ECSS[185] 표준안, 즉 유럽형 우주 항공 표준안을 <그림 15-1>에서 보여주는 바와 같이 규정하였다. 여기에서의 3대 요소와 관련 표준안은 다음과 같다[JM02]:

I) ECSS-M-00: Space Project Management
- ECSS-M-10: Project Breakdown Structures
- ECSS-M-20: Project Organization
- ECSS-M-30: Project Phasing & Planning
- ECSS-M-40: Configuration Management
- ECSS-M-50: Information/Documentation Management
- ECSS-M-60: Cost & Schedule Management
- ECSS-M-60: Integrated Logistics Support

II) ECSS-Q-00: Space Project Assurance
- ECSS-Q-10: Quality Assurance
- ECSS-Q-20: Dependability
- ECSS-Q-30: Safety
- ECSS-Q-40: EEE Component Control
- ECSS-Q-50: Material, Mech. parts & Processes
- ECSS-Q-60: Software Product Assurance

III) ECSS-M-00: Space Engineering
- ECSS-E-10: System Engineering
- ECSS-E-20: Electrical & Electronics

---

185) ECSS(European Cooperation for Space Standardization). ECSS(우주표준유럽협의체)는 EU연합의 ESA(European Space Agency)에 의해서 주도적으로 구성된 유럽형 우주 관련 사업의 표준을 위해 구성된 유럽 협의체이다. 여기에서는, 아리안 5호 참사 원인을 철저히 분석하였고, 이러한 참사가 다시는 발생이 되지 않도록, ESA에서 추진하는 모든 우주 프로젝트에 관한을 위한 세부 표준안을 규정하였다.

- ECSS-E-30: Mechanical
- ECSS-E-40: Software
- ECSS-E-50: Communications
- ECSS-E-60: Control Systems
- ECSS-E-70: Ground Systems & Operations

제1장에서 설명한 바와 같이, 이 표준안에서 주목할 사안은 표준안의 대상이 단지 시스템 공학(System Engineering)이나 전기-전자(Electrical & Electronics), 기계 및 역학(Mechanical), 소프트웨어(Software), 제어(Control Systems), 지상 시스템과 운영(Ground Systems & Operations)과 같은 우주 공학(Space Engineering)에 관한 요소만을 다룬 것이 아니라; 품질 보증(Quality Assurance), 신뢰성(Dependability), 안정성(Safety), 전기전자공학 요소 제어(EEE Component Control), 재료 기계 구성체 및 공정(Material, Mech. Parts & Processes), 소프트웨어 제품 보증(Software Product Assurance)과 같은 우주 프로젝트 보증(Space Project Assurance)에 관한 요소를 포함하여; 프로젝트 세부 구조(Project Breakdown Structures), 프로젝트 조직(Project Organization), 프로젝트 단계 및 계획(Project Phasing & Planning), 배치 관리(Configuration Management), 정보 및 문서 관리(nformation/Documentation Management), 비용 및 일정 관리(Cost & Schedule Management), 통합 자재 및 인력 공급 및 작동(Integrated Logistics Support)과 같은 우주 프로젝트 관리 및 경영(Space Project Management)에 관한 요소까지 포함하고 있다는 것이다. 즉 이는 우주 프로젝트와 시스템과 제품을, 영역별로 체계적으로, 유기적으로 관리하고, 제작하고, 운영해야 한다는 기본 원칙을 반영한 것이다.

특히 SW와 관련된 공정을 구조적 관점에 고찰하면 <그림 15-2>와 같다. 이를 설명하면 다음과 같다:

- SW 생명 주기 공정: 이 공정은 SW의 생명 주기를 구축하는 공정이다. 이는 다음과 같은 과정을 통해서 이루어진다.
    - 개발: SW를 개발하는 과정이다.

◦ 작동: 개발된 SW를 작동시키는 과정이다.

◦ 관리: SW를 관리하기 위한 과정이다.

이 과정은 E-40 외의 다른 표준안에서 요구되는 다양한 환경·장치·인력·자원을 획득하고 공급하기 위해 다른 공정 과정과 결합되어야 한다. 이를 정리하면 다음과 같다:

◦ 취득 단계: 우주 항공 프로젝트 관리 관점에서 SW 개발·작동·관리하는데 필요한 다양한 환경·자원·인력·체계 등을 취득하는 공정이 협조적으로 이루어져야 한다.

◦ 공급 단계: 우주 항공 프로젝트 관리 관점에서 SW 개발·작동·관리하는데 필요한 다양한 환경·자원·인력·체계 등을 공급하는 공정이 협조적으로 이루어져야 한다.

- SW 생명 주기 보조 공정: SW 생명 주기를 보조하는 공정 과정은 다음과 같이 이루어져 있다:

◦ 검증: 개발한 SW가 요구 사항을 만족하는지 판별하는 과정이다.

◦ 보증: 개발한 SW가 주어진 환경에서 요구한 바대로 작동이 되는지를 판별하는 과정이다.

◦ 결합 검토: 각 공정 과정 및 단계마다 업무의 정확성과 결과물을 기준에 따라 확인하는 과정이다.

이 과정은 E-40 외의 다른 표준안에서 요구되는 다양한 환경·장치·인력·자원을 획득하고 공급하기 위해 다른 공정 과정과 결합되어야 한다. 이를 정리하면 다음과 같다:

◦ 문서화: 이 공정 과정에서 요구되는 입력 및 출력, 그리고 관련 문서를 체계적으로 관리하는 공정 과정과 잘 결합이 이루어져야 한다.

◦ 배치 관리: 이 공정 과정에서 요구되는 다양한 자원을 체계적으로 관리하는 공정 과정과 잘 결합이 이루어져야 한다.

- SW 생명 주기 조직 공정: SW 생명 주기 조직적으로 관리하기 위한 다른 표준안에서의 공정은 다음과 같다:

◦ 관리: 당연히 프로젝트의 일부로서 SW의 생명 주기를 관리해야 한다.

◦ 환경: SW의 생명 주기에 필요한 모든 환경(infrastructure)를 제공하

고 관리해야 한다.

- 개선: 항상 개선 방안을 강구하고 그 과정을 체계화해야 한다.
- 교육: SW 생명 주기에 요구되는 모든 교육 과정, 시설 및 일정을 총체적으로 공급하고 관리해야 한다.

<그림 15-2>에서 노란색(또는 음영)으로 강조한 공정은 이 장에서 보여주고자 하는 SW의 설계 과정에서 정형기법 모델링과 이를 기반으로 한 검증 과정에 관한 공정을 살펴보기 위해서이다.

그럼 이 표준안 중 SW에 관한 표준안 ECSS-E-40에 대해 살펴보자.

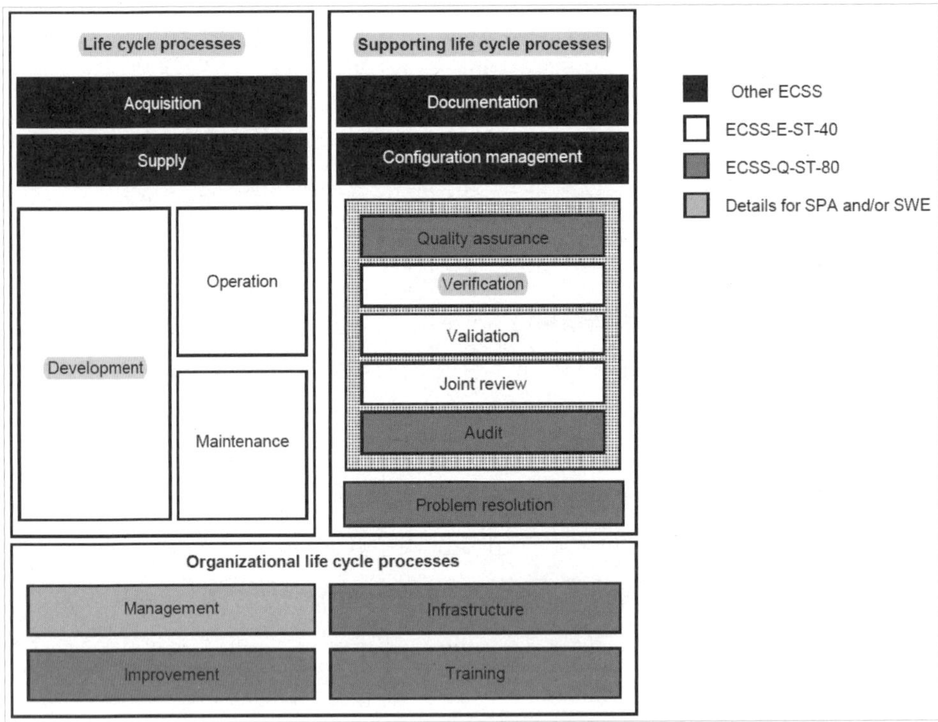

<그림 15-2> ECSS에서 SW와 관련이 있는 공정 [ECSSE40]

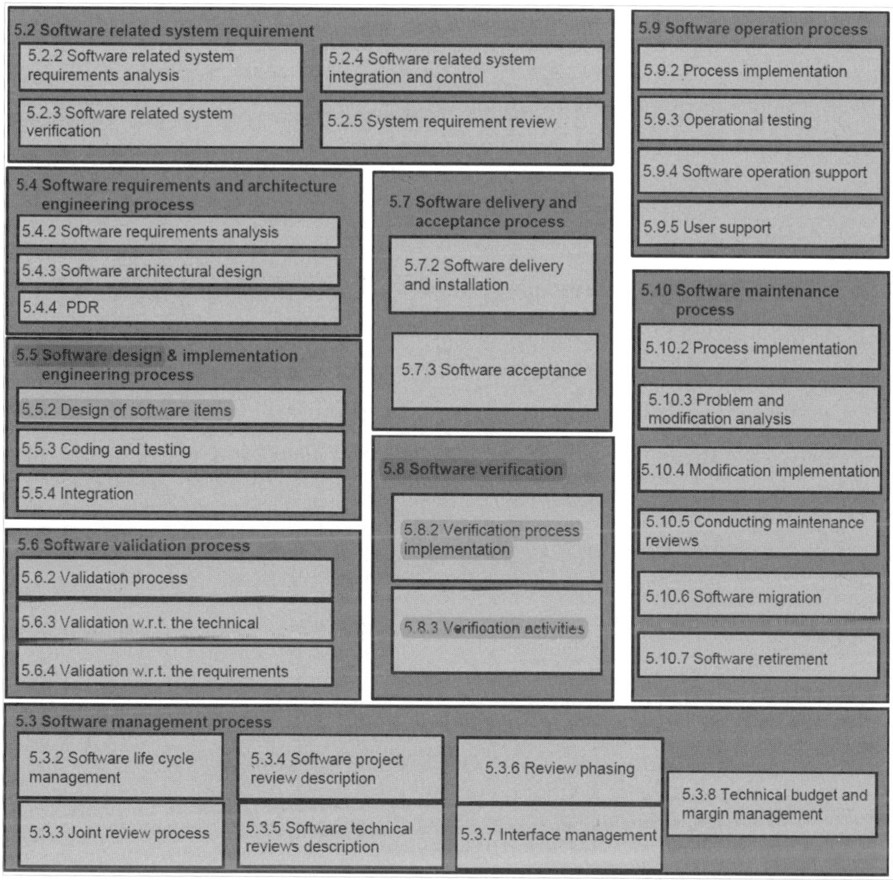

<그림 15-3> E-40 표준안 구조 [ECSSE40]

15.2 ECSS-E-40 SW 표준안

제1장에서 설명한 바와 같이, ECSS-E-40 SW의 표순안에서는, SW 공학 프로세스 적용, 모델 및 정형기법 기반 공학 적용, 도구 기반 공학 적용 및 SW 생명주기 프로세스 적용 등과 같은 핵심 원칙을 규정하였다. 이에 대한 관련 사항을 정리하면 다음과 같다

15.2.1 ECSS E-40 표준안의 구조와 내용

<그림 15-3>는 ECSS E-40 표준안의 구조를 보여주고 있다 . E-40 표준안의 내용을 살펴보면 다음 목차와 같다 [ECSSE40]:

- 5.1 Introduction
    - 5.2 Software related system requirement process
    - 5.2.1 Overview
    - 5.2.2 Software related system requirements analysis
    - 5.2.3 Software related system verification
    - 5.2.4 Software related system integration and control
    - 5.2.5 System requirements review
- 5.3 Software management process
    - 5.3.1 Overview
    - 5.3.2 Software life cycle management
    - 5.3.3 Joint review process
    - 5.3.4 Software project reviews description
    - 5.3.5 Software technical reviews description
    - 5.3.6 Review phasing
    - 5.3.7 Interface management
    - 5.3.8 Technical budget and margin management
    - 5.3.9 Compliance to this Standard
- 5.4 Software requirements and architecture engineering process
    - 5.4.1 Overview
    - 5.4.2 Software requirements analysis
    - 5.4.3 Software architectural design
    - 5.4.4 Conducting a preliminary design review
- 5.5 Software design and implementation engineering process
    - 5.5.1 Overview
    - 5.5.2 Design of software items

- 5.5.3 Coding and testing
- 5.5.4 Integration

- **5.6 Software validation process**
  - 5.6.1 Overview
  - 5.6.2 Validation process implementation
  - 5.6.3 Validation activities with respect to the technical specification
  - 5.6.4 Validation activities with respect to the requirements baseline
- **5.7 Software delivery and acceptance process**
  - 5.7.1 Overview
  - 5.7.2 Software delivery and installation
  - 5.7.3 Software acceptance
- **5.8 Software verification process**
  - 5.8.1 Overview
  - **5.8.2 Verification process implementation**
  - **5.8.3 Verification activities**
- **5.9 Software operation process**
  - 5.9.1 Overview
  - 5.9.2 Process implementation
  - 5.9.3 Operational testing
  - 5.9.4 Software operation support
  - 5.9.5 User support
- **5.10 Software maintenance process**
  - 5.10.1 Overview
  - 5.10.2 Process implementation
  - 5.10.3 Problem and modification analysis
  - 5.10.4 Modification implementation
  - 5.10.5 Conducting maintenance reviews
  - 5.10.6 Software migration

◦ 5.10.7 Software retirement

이 목차 중, 본 교재와 관련이 있는 SW 설계와 명세 및 검증에 관한 E-4-의 요구 사항을 정리하면 다음과 같다:

- 5.5 SW 설계 및 구현 공학 공정
  - **<u>5.5.2 SW 요소 설계</u>**
- 5.8 SW 검증 공정
  - **<u>5.8.2 검증 공정 구형</u>**
  - **<u>5.8.3 검증 활동</u>**

이 장에서 이를 자세히 알아보도록 하자.

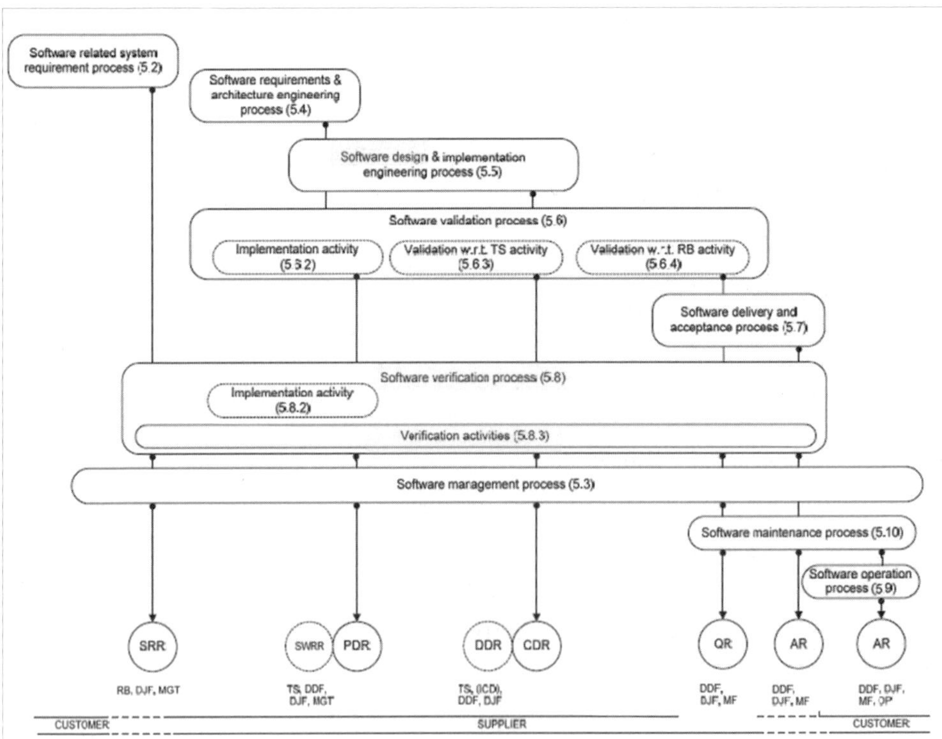

<그림 15-4> SW 생명 주기 공정 개관

15.2.2 E-40 생명 주기

E-40 표준의 공정 및 생명 주기는 <그림 15-4>와 같다 [ECSSE40]. 이를 정리하면, 다음과 같다:

- [5.2] SW 관련 시스템 요구 공정: SW는 시스템의 일부이다. SW의 요구 사항은 시스템의 요구 사항을 구체적으로 SW 관점에서 반영한 것이다. 이를 분석하고, 검증하고, 통합 및 관리하기 위한 공정이 항상 선행되어야 한다. 이를 기반으로 SW 검증 및 관리 공정이 유효할 수 있다.
- [5.4] SW 요구 및 아키텍처 공학 공정: SW에 대한 구축, 작동, 관리하기 위해 제일 먼저 요구되는 과정은 SW에 대한 요구를 반영할 수 있는 구조적인 체계를 설정하는 것이다. 즉 SW에 대한 아키텍처를 구축해야 한다. 이 공정이 선행된 이후에, SW를 설계하고 구축할 수 있으면, 나아가 보증과 검증 및 관리가 유효할 수 있다.
- [5.5] SW 설계 및 구축 공정: SW 요구 및 아키텍처 공학 공정 이후에, 아키텍처를 기반으로 다양한 관점의 설계가 이루어진다. SW 아키텍처를 구성하는 기본 구성 요소(SW unit)에 대한 기능, 행위 등에 특성을 명세한 후에, 이를 기반으로 구현이 이루어진다. 이러한 공정을 마친 후에 이에 대한 보증과 검증이 이루어진다.
- [5.6] SW 보증 공정: 보증(validation)[186]은 이렇게 개발한 SW가 시스템의 작동 환경에서 요구한 바대로 작동하는지를 검사(testing)를 통해서 확인하는 절차이다. 이전 절에서 설명한 바와 같이 SW과 관련된 시스템 요구 공정이 있다. 이 과정을 거친 후에 SW가 공급되고 수용되어야 한다. 이 과정은 당연히 SW 검증과 관리 공정과 연동해야 한다.
- [5.8] SW 검증 공정: SW를 설계하는 과정에서 다양한 SW에 대한 다양한 성질을 명세하게 된다. 검증 단계에서는 각 단위별 SW가 명세한 대로 적합한 입력을 받고, 이를 기반으로 주어진 조건에 따라 정확하게 실행이 이

186) Validation (보증): 각 표준안마다 전문용어를 정확히 규정하는 것은 매우 중요하다. 이러한 용어는 기본적으로 전문 분야에서의 용어의 정의에 따르고 있지만, 각 표준안에서 규정한 정확한 용어를 재확인하는 것도 중요하다. <표 15-2>는 E-40에서 규정한 용어 중 이 장에서 사용되고 있는 용어를 정리한 사전이다.

루어지는지를 판별하며, 나아가, 이 실행 과정과 그 결과, SW가 만족해야 하는 성질, 예를 들면, 안전성과 신뢰성 등의 성질이 만족되는지도 판별해야 한다. 이 과정은 당연히 SW 보증 및 관리 공정과 연동해야 한다.

- [5.9] SW 관리 공정: SW 관리는 위 공정과 연동하면서 체계적으로 이루어져야 한다. 시스템 요구 관점에서, SW 요구 및 아키텍처 공학 관점에서, SW 설계 및 구축 관점에서, SW 보증 관점에서, SW 검증 관점에서, 그리고 SW 관리 그 자체를 위한 관점에서 통합적으로, 종합적으로 이루어져야 한다.

그리고 각 공정마다 필요한, 즉 입력, 출력 및 관리 문서를 유형별 체계적으로 규정하고 있다. E-40 표준안에서 제시한, SW 설계와 SW 검증 공정에서 요구되는 문서의 유형을 살펴보면[ECSSE40], <표 15-1>과 같다. 또한, SW 설계와 SW 검증 공정에서 요구되는 전문용어 중, 일부 관련이 있는 용어를 정리하면, <표 15-2>와 같다.

약어	의미
AR	acceptance review
CDR	critical design review
DDF	design definition file
DDR	detailed design review
DJF	design justification file
ICD	interface control document
MF	maintenance file
PDR	preliminary design review
QR	qualification review
RB	requirements baseline
SDD	software design document
SRR	system requirements review
SUITP	software unit/integration test plan
SUM	software user manual
TS	technical specification

<표 15-1> 표두어(Acronym) 목록

용어	의미
code coverage	percentage of the SW that has been executed (covered) by the test suite
condition	boolean expression not containing boolean operators
configurable code	code (source code or executable code) that can be tailored by setting values of parameters
COTS, OTS, MOTS SW	for the purpose of this Standard, commercial-off-the-shelf, off-the-shelf and modified-off-the-shelf SW for which evidence of use is available
critical SW	SW of criticality category A, B or C
deactivated code	code that, although incorporated through correct design and coding, is intended to execute in certain SW product configurations only, or in none of them
decision	boolean expression composed of conditions and zero or more boolean operators that are used in a control construct.
decision coverage	measure of the part of the program within which every point of entry and exit is invoked at least once and every decision has taken "true" and "false" values at least once.
existing SW	any SW developed outside the business agreement to which this Standard is applicable, including SW from previous developments provided by the supplier, SW from previous developments provided by the customer, COTS, OTS and MOTS SW, freeware and open source SW
integration testing	testing in which SW components, hardware components, or both are combined and tested to evaluate the interaction between them
logical model	implementation-independent model of SW items used to analyse and document SW requirements
metric	defined measurement method and the measurement scale
migration	porting of a SW product to a new environment
modified condition and decision coverage	measure of the part of the program within which every point of entry and exit has been invoked at least once, every decision in the program has taken "true" and "false" values at least once, and each condition in a decision has been shown to independently affect that decision's outcome NOTE A condition is shown to independently affect a decision's outcome by varying that condition while holding fixed all other possible conditions.
operational	for the purpose of this Standard, related to the SW operation
quality characteristics	set of attributes of a SW product by which its quality is described and evaluated
quality model	set of characteristics and the relationships between them which provide the basis for specifying quality requirements and evaluating quality
real-time	pertaining to a system or mode of operation in which computation is performed during the actual time that an

	external process occurs, in order that the computation results can be used to control, monitor, or respond in a timely manner to the external process
regression testing	selective retesting of a system or component to verify that modifications have not caused unintended effects and that the system or component still complies with its specified requirements
reusability	degree to which a SW unit or other work product can be used in more than one computer program or SW system
SW component	part of a SW system
SW intensive system	space system in which the dominant part of the constituents are SW elements
SW observability	property of a system for which the values of status variables can be determined throughout observations of the output variables
SW problem	condition of a SW product that causes difficulty or uncertainty in the use of the SW
SW product assurance	totality of activities, standards, controls and procedures in the lifetime of a SW product which establishes confidence that the delivered SW product, or SW affecting the quality of the delivered product, conforms to customer requirements
SW unit	separately compilable piece of source code
statement coverage	measure of the part of the program within which every executable source code statement has been invoked at least once.
stress test	test that evaluates a system or SW component at or beyond its required capabilities
test case	set of test inputs, execution conditions and expected results developed for a particular objective such as to exercise a particular program path or to verify compliance with a specified requirement
test design	documentation specifying the details of the test approach for a SW feature or combination of SW features and identifying associated tests
test procedure	detailed instructions for the set up, operation and evaluation of the results for a given test
test script	file containing a set of commands or instructions written in native format (computer or tool processable) in order to automate the execution of one or a combination of test procedures (and the associated evaluation of the results)
unit test	test of individual SW unit
unreachable code	code that cannot be executed due to design or coding error
usability	capability of the SW to be understood, learned, used and liked by the user, when used under specified conditions
validation	process to confirm that the requirements baseline functions and performances are correctly and completely implemented in the final product
verification	process to confirm that adequate specifications and inputs

	exist for any activity, and that the outputs of the activities are correct and consistent with the specifications and input
walk-through	static analysis technique in which a designer or programmer leads members of the development team and other interested parties through a SW product, and the participants ask questions and make comments about possible errors, violation of development standards, and other problems

<표 15-2> ECSS E-40 표준안 용어 중 SW 설계와 검증 공정 관련 용어 일부

그럼 E-40에서 제시한 5.5.2 절의 SW 설계와 5.8.2 절의 검증 공정의 내용을 알아보자.

15.3 [5.5.2] Design of Software Items

E-40에서 규정한 설계(design) 공정의 중요한 결과물 중의 하나는, SW production tree[187]에서 식별할 수 있는 수준이 SW 요소(item)에 대한 상세한 설계이다. 이 공정 과정은 E-40의 5.5.2 Design of Software Items, 즉 5.5 Software Design Process의 2번 째 절에 기술되어 있다 [ECSSE40]. 이를 정리하면 다음과 같다.

- 5.5.2.1 Detailed design of each software component
  a. **The supplier shall develop a detailed design for each component of the software and document it.**
     - *EXPECTED OUTPUT: Software components design documents [DDF, SDD: CDR].*

  b. Each software component shall be refined into lower levels containing software units that can be coded, compiled, and tested.
     - *EXPECTED OUTPUT: Software components design documents [DDF, SDD: CDR].*

187) 공정 과정에서 산출되는 제품, 특히 SW를 식별 가능한 수준까지 세세하게, 역-tree 형식으로, 즉 top-down 방식으로 제시한 그림이다.

c. It shall be ensured that all the software requirements are allocated from the software components to software units.
  - *EXPECTED OUTPUT: Software components design documents [DDF, SDD; CDR].*

- 5.5.2.2 Development and documentation of the software interfaces detailed design
  a. The supplier shall develop and document a detailed design for the interfaces external to the software item, between the software components, and between the software units, in order to allow coding without requiring further information.
  - *EXPECTED OUTPUT: The following outputs are expected:*
    a. External interfaces design (update) [TS, ICD; CDR];
    b. Internal interfaces design (update) [DDF, SDD; CDR].
- 5.5.2.3 Production of the detailed design model
  a. <u>The supplier shall produce the detailed design model of the software components defined during the software architectural design, including their static, dynamic and behavioural aspects.</u>
  - *EXPECTED OUTPUT: The following outputs are expected:*
    a. Software static design model [DDF, SDD; CDR];
    <u>b. Software dynamic design model [DDF, SDD; CDR];</u>
    <u>c. Software behavioural design model [DDF, SDD; CDR];</u>
- 5.5.2.4 Software detail design method
  a. The supplier shall use a design method (e.g. object oriented or functional method) to produce the detailed design including:
  1. software units, their interfaces, and;
  2. software units relationships.
     - *EXPECTED OUTPUT: Software design method [DDF, SDD; CDR]*
- 5.5.2.5 Detailed design of real-time software
  a. The dynamic design model shall be compatible with the

computational model selected during the software architectural design model.

- *EXPECTED OUTPUT: Real-time software dynamic design model [DDF, SDD; CDR].*

b. The supplier shall document and justify all timing and synchronization mechanisms.

- *EXPECTED OUTPUT: Real-time software dynamic design model [DDF, SDD; CDR].*

c. The supplier shall document and justify all the design mutual exclusion mechanisms to manage access to the shared resources.

- *EXPECTED OUTPUT: Real-time software dynamic design model [DDF, SDD; CDR].*

d. The supplier shall document and justify the use of dynamic allocation of resources.

- *EXPECTED OUTPUT: Real-time software dynamic design model [DDF, SDD; CDR].*

e. The supplier shall ensure protection against problems that can be induced by the use of dynamic allocation of resources, e.g. memory leaks.

- *EXPECTED OUTPUT: Real-time software dynamic design model [DDF, SDD; CDR].*

- 5.5.2.6 Utilization of description techniques for the software behaviour

  a. The behavioural design of the software units shall be described by means of techniques using automata and scenarios.

  - *EXPECTED OUTPUT: Software behavioural design model techniques [DDF, SDD; CDR].*

- 5.5.2.7 Determination of design method consistency for real-time software

a. It shall be ensured that all the methods utilized for different item of the same software are, from a dynamic stand-point, consistent among themselves and consistent with the selected computational model.
   - *EXPECTED OUTPUT: Compatibility of real-time design methods with the computational model [DDF, SDD; CDR].*

- 5.5.2.8 Development and documentation of the software user manual
  a. The supplier shall develop and document the software user manual.
     - *EXPECTED OUTPUT: Software user manual [DDF, SUM; CDR].*
- 5.5.2.9 Definition and documentation of the software unit test requirements and plan
  a. The supplier shall define and document responsibility and schedule, control procedures, testing approach, test design and test case specification for testing software units.
     - *EXPECTED OUTPUT: Software unit test plan [DJF, SUITP; CDR].*
- 5.5.2.10 Conducting a detailed design review
  a. The supplier shall conduct a detailed design review (DDR) as anticipation of the CDR, in conformance with 5.3.4.3b.

이 중 이 교재의 정형기법과 관련된 항목을 정리하면 다음과 같다:

- 5.5.2.1 각 SW 구성 요소에 대한 상세 설계
  a. 공급자는 SW의 각 구성 요소에 대해 상세히 설계하고, 이를 문서화해야 한다.
- 5.5.2.3 상세 설계 모델 생성
  a. 공급자는 SW 아키텍처 설계 과정에서 도출한 SW 구성 요소에 대한, 정적·동적·행위적 측면 등을 포함한 상세한 설계를 도출해야 한다.

- 5.5.2.5 실시간 SW 상세 설계
  b. 공급자는 모든 시간과 동기화 체계를 문서화하고 이를 정당성을 제시해야 한다.
- 5.5.2.6 SW 행위에 대한 표기 기법 활용
  a. 단위 SW[188]에 대한 행위 설계는 오토마타와 시나리오에 기반을 둔 기법으로 기술되어야 한다.

즉 교재에서 보여준, 설계 공정 중, SW에 대한 행위 명세를 정형기법을 활용해 기술해야 한다는 요구 사항을 ECSS E-40의 5.5.2절을 통해서 확인할 수 있다.

그럼 다음은 5.8절의 검증 공정에 대해 알아보자.

15.4 [5.8] SW Verification Process

이번 절에서는 검증(verification)[189] 공정에 대해 알아보자. 5.8 Software verification process의 세부 공정에서 정의한 두 공정을 정리하면 다음과 같다.

15.4.1 [5.8.2] SW Verification Process Implementation

5.8.2의 공정은 다음과 같다 [ECSSE40]:

- <u>5.8.2.1 Establishment of the software verification process</u>
  a. The verification process shall be established by the supplier to verify the software products.

188) SW unit에 대한 E-40에서의 사전적 의미는 <표 15-2>에 기술되어 있다. 즉 코드 수준에서 독립적으로 컴파일을 할 수 있는 단위의 SW를 의미한다.
189) SW unit에 대한 E-40에서의 사전적 의미는 <표 15-2>에 기술되어 있다. 단위 SW의 행동에 대해 적정한 명세와 입력이 정의되어 있고, 이러한 입력과 활동에 대해 출력이 적합한지를 확인하는 절차를 의미한다. 즉 주어진 입력에 대해, 이를 처리하고, 출력하는 행위적인 성질이 정확히 명세되었는지를 확인하는 절차라는 뜻이다.

b. Life cycle activities and software products needing verification shall be determined based upon the scope, magnitude, complexity, and criticality analysis.
   - *EXPECTED OUTPUT: Software verification plan - software products identification [DJF, SVerP; PDR].*

c. <u>**Verification activities and tasks defined in clause 5.8.3, including associated methods, techniques, and tools for performing the tasks, shall be selected for the life cycle activities and software products.**</u>
   - *EXPECTED OUTPUT: Software verification plan - activities, methods and tools [DJF, SVerP; PDR].*

d. A determination shall be made concerning the verification effort, the identification of risks and the degree of organizational independence.
   - *EXPECTED OUTPUT: Software verification plan - organizational independence, risk and effort identification [DJF, SVerP; PDR].*

- 5.8.2.2 Selection of the organization responsible for conducting the verification

a. If the project warrants an independent verification effort, a qualified organization shall be selected for conducting the verification.
   - *EXPECTED OUTPUT: Independent software verification plan - organization selection [DJF, - ; PDR].*

b. This organization shall have the independence and authority needed to perform the verification activities.
   - *EXPECTED OUTPUT: Independent software verification plan - level of independence [DJF, - ; PDR].*

위 항목 중, 다음 항목은 구체적으로 검증 공정이 어떻게 진행되어야 하는지를 다음과 같이 명시하고 있다:

- 5.8.2.1 SW 검증 공정 구축
  c. 다음 절(5.8.3 검증 활동)에서 정의하는, 관련 기법·기술·도구 등을 포함해서, 검증 활동 및 업무가 SW 생명 주기 활동과 SW 제품을 위해 선택되어야 한다.

즉 이 제1장에서 서술한 바와 같이, SW 검증을 위해서, 정형기법·기술·도구가 사용되어야 한다는 것을 명시하고 있다. 다음 절에서 위 검증 활동이 5.8.3절에서 어떻게 이루어지는 알아보자.

15.4.2 [5.8.3] Verification Process Activities

5.8.2의 공정은 다음과 같다 [ECSSE40]:

- 5.8.3.1 Verification of requirements baseline
  a. The customer shall verify that the requirements baseline, including the interface requirements document:
     1. specifies a clear description of the environment in which the software operates;
     2. specifies the characteristics of all external systems (e.g. bus, computer, ground interface) in interaction with the software product;
     3. specifies the controllability and observability points for each application;
     4. specifies the fault detection, identification, and recovery strategy to be implemented, and that the strategy is coherent with the dependability and safety level of the software under consideration;
     5. specifies the modes/submodes and transition between modes (modes automaton);

6. specifies telemetries date management occurrences;
7. identifies the configuration data of the software;
8. identifies and justifies the margins policy in terms of memory and CPU allocation;
9. defines operational scenario;
10. includes consistent and verifiable requirements.

- *EXPECTED OUTPUT: Requirements baseline verification report [DJF, SVR; SRR].*

- 5.8.3.2 Verification of the technical specification
  a. The supplier shall verify the technical specification including the interface control document ensuring that:
  1. software requirements and interface are externally and internally consistent (not implying formal proof consistency);
  2. the traceability between system requirements and software requirements is complete;
  3. the software requirements that are not traced to the system requirements allocated to software are justified;
  4. software requirements are verifiable;
  5. software design is feasible;
  6. operations and maintenance are feasible;
  7. the software requirements related to safety, security, and criticality are correct;
  8. the hardware environment constraints are identified;
  9. the implementation constraints are identified;
  10. the requirement verification method as specified in ECSS-Q-ST-80 clause 7.2.1.3 is feasible.
  11. the logical model has been checked;

- *EXPECTED OUTPUT: The following outputs are expected:*
  a. Requirements traceability matrices [DJF, SVR or (SRS and ICD); PDR];

b. Requirements verification report [DJF, SVR; PDR].

- <u>5.8.3.3 Verification of the software architectural design</u>

  a. **<u>The supplier shall verify the architecture of the software item and the interface design ensuring that:</u>**

  1. architecture and interface are externally consistent with the requirements of the software item;
  2. there is internal consistency between the software components;
  3. the traceability between the requirements and the software components is complete;
  4. the software components that are not traced to the software requirements are justified;
  5. producing a detailed design is feasible;
  6. operations and maintenance are feasible;
  7. **<u>the design is correct with respect to the requirements and the interfaces, including safety, security and other critical requirements;</u>**
  8. the design implements proper sequence of events, inputs, outputs, interfaces, logic flow, allocation of timing and sizing budgets, and error handling;
  9. the hierarchical breakdown from high level components to terminal ones is provided;
  10. **<u>the dynamic features (tasks definition and priorities, synchronization mechanisms, shared resources management) are provided and the real-time choices are justified;</u>**
  11. the synchronisation between external interface and internal timing is achieved.

- *EXPECTED OUTPUT: The following outputs are expected:*

  a. Software architectural design to requirements traceability matrices [DJF, SVR or SDD; PDR];

  b. Software architectural design and interface verification report [DJF, SVR; PDR].

- 5.8.3.4 Verification of the software detailed design

  a. The supplier shall verify the software detailed design ensuring that:

  1. detailed design is externally consistent with the architecture;
  2. there is internal consistency between software components and software units;
  3. the traceability between the architecture and the detailed design is complete;
  4. the software units that are not traced to the components are justified;
  5. testing is feasible, by assessing that:
     (a) commandability and observability features are identified and included in the detailed design in order to prepare the effective testing of the performance requirements;
     (b) computational invariant properties and temporal properties are added within the design;
     (c) fault injection is possible.
  6. operation and maintenance are feasible;
  7. the design is correct with respect to requirements and interfaces, including safety, security, and other critical requirements;
  8. the design implements proper sequence of events, inputs, outputs, interfaces, logic flow, allocation of timing and sizing budgets, and error handling;
  9. the design model has been checked;
  10. 1the hierarchical breakdown from high level components to terminal ones is provided;
  11. 1the dynamic features (tasks definition and priorities, synchronization mechanisms, shared resources

management) are provided and the real-time choices are justified;

12. 1the synchronisation between external interface and internal timing is achieved;

◦ *EXPECTED OUTPUT: The following outputs are expected:*
  a. Detailed design traceability matrices [DJF, SVR or SDD; CDR];
  b. Detailed design verification report [DJF, SVR; CDR].

- 5.8.3.5 Verification of code
  a. The supplier shall verify the software code ensuring that:
    1. the code is externally consistent with the requirements and design of the software item;
    2. there is internal consistency between software units;
    3. the code is traceable to design and requirements, testable, correct, and in conformity to software requirements and coding standards;
    4. the code that is not traced to the units is justified;
    5. the code implements proper events sequences, consistent interfaces, correct data and control flow, completeness, appropriate allocation of timing and sizing budgets, and error handling;
    6. the code implements safety, security, and other critical requirements correctly as shown by appropriate methods;
    7. the effects of run-time errors are controlled;
    8. there are no memory leaks;
    9. numerical protection mechanisms are implemented.

  ◦ *EXPECTED OUTPUT: The following outputs are expected:*
    a. Software code traceability matrices [DJF, SVR; CDR];
    b. Software code verification report [DJF, SVR; CDR].

  b. The supplier shall verify that the following code coverage is achieved

Code coverage vs. criticality	A	B	C	D
Source code statement coverage	100%	100%	AM	AM
Source code decision coverage	100%	100%	AM	AM
Source code modified condition and decision coverage category	100%	AM	AM	AM
"AM" means that the value is agreed with the customer and measured as per ECSS-Q-ST-80 clause 6.3.5.2.				

◦ *EXPECTED OUTPUT: Code coverage verification report [DJF, SVR; CDR, QR, AR].*

c. Code coverage shall be measured by analysis of the results of the execution of tests.

◦ *EXPECTED OUTPUT: Code coverage verification report [DJF, SVR; CDR, QR, AR].*

d. If it can be justified that the required percentage cannot be achieved by test execution, then analysis, inspection or review of design shall be applied to the non covered code.

◦ *EXPECTED OUTPUT: Code coverage verification report [DJF, SVR; CDR, QR, AR].*

e. In case the traceability between source code and object code cannot be verified (e.g. use of compiler optimization), the supplier shall perform additional code coverage analysis on object code level as follows:

Code coverage vs. criticality	A	B	C	D
Object code coverage	100%	N/A	N/A	N/A
N/A means not applicable.				

◦ *EXPECTED OUTPUT: Code coverage verification report [DJF, SVR; CDR, QR, AR].*

f. The supplier shall verify source code robustness (e.g. resource sharing, division by zero, pointers, run-time errors).

- *EXPECTED OUTPUT: Robustness verification report [DJF, SVR; CDR]*

- 5.8.3.6 Verification of software unit testing (plan and results)
  a. The supplier shall verify the unit tests results ensuring that:
    1. the unit tests are consistent with detailed design and requirements;
    2. the unit tests are traceable to software requirements, design and code;
    3. software integration and testing are feasible;
    4. operation and maintenance are feasible;
    5. all activities defined in clause 5.5.3 are performed;
    6. test results conform to expected results;
    7. test results, test logs, test data, test cases and procedures, and test documentation are maintained under configuration management;
    8. normal termination (i.e. the test end criteria defined in the unit test plan) is achieved;
    9. abnormal termination of testing process (e.g. incorrect major fault, out of time) is reported;
    10. 1abnormal termination condition is documented in summary section of the unit test report, together with the unfinished testing and any uncorrected faults.
  - *EXPECTED OUTPUT: The following outputs are expected:*
    a. Software unit tests traceability matrices [DJF, SVR; CDR];
    b. Software unit testing verification report [DJF, SVR; CDR].

- 5.8.3.7 Verification of software integration
  a. The supplier shall verify that the integration has been performed according to the strategy specified in the software integration test plan, and the integration activities ensuring:
    1. traceability to software architectural design;
    2. internal consistency;

3. interface testing goals;
4. conformance to expected results.

- *EXPECTED OUTPUT: Software integration verification report [DJF, SVR; CDR].*

- 5.8.3.8 Verification of software validation with respect to the technical specifications and the requirements baseline
  a. The supplier shall verify the software validation results ensuring that the test requirements, test cases, test specifications, analysis, inspection and review of design cover all software requirements of the technical specification or the requirements baseline.
  - *EXPECTED OUTPUT: The following outputs are expected:*
    a. Traceability of the requirements baseline to the validation specification [DJF, SVR or SVS; QR, AR];
    b. Traceability of the technical specification to the validation specification [DJF, SVR or SVS; CDR].

  b. The supplier shall verify the software validation results ensuring conformance to expected results.
  - *EXPECTED OUTPUT: The following outputs are expected:*
    a. Validation report evaluation with respect to the technical specification [DJF, SVR; CDR];
    b. Validation report evaluation with respect to the requirements baseline [DJF, SVR; QR].

- 5.8.3.9 Evaluation of validation: complementary system level validation
  a. The supplier shall identify the requirements of the technical specification and the requirements baseline that cannot be tested in its own environment, and shall forward to the customer a request to validate them at system level.
  - *EXPECTED OUTPUT: Complement of validation at system level [DJF, SValP; PDR].*

- 5.8.3.10 Verification of software documentation
  - a. The supplier shall verify the software documentation ensuring that:
    1. the documentation is adequate, complete, and consistent;
    2. documentation preparation is timely;
    3. configuration management of documents follows specified procedures.
  - ◦ *EXPECTED OUTPUT: Software documentation verification report [DJF, SVR; PDR, CDR, QR].*
- 5.8.3.11 Schedulability analysis for real-time software
  - a. As part of the verification of the software requirements and architectural design , the supplier shall use an analytical model (or use modelling and simulation if it can be demonstrated that no analytical model exists) to perform a schedulability analysis and prove that the design is feasible.
  - ◦ *EXPECTED OUTPUT: Schedulability analysis [DJF, SVR; PDR].*
  - b. As part of the verification of the software detailed design , the supplier shall refine the schedulability analysis performed during the software architectural design on the basis of the software detailed design documentation.
  - ◦ *EXPECTED OUTPUT: Schedulability analysis (update) [DJF, SVR; CDR].*
  - c. As part of the verification of the software coding and testing, the supplier shall update the schedulability analysis performed during the software detailed design with the actual information extracted from the code.
  - ◦ *EXPECTED OUTPUT: Schedulability analysis (update) [DJF, SVR; CDR].*
- 5.8.3.12 Technical budgets management
  - a. As part of the verification of the software requirements and architectural design, the supplier shall estimate the technical

budgets including memory size, CPU utilization and the way the deadline are met.

- *EXPECTED OUTPUT: Technical budgets - memory and CPU estimation [DJF, SVR; PDR].*

b. As part of the verification of the software detailed design, the supplier shall update the estimation of the technical budgets.

- *EXPECTED OUTPUT: Technical budgets (update) - memory and CPU estimation [DJF, SVR; CDR].*

c. As part of the verification of the coding, testing and validation, the technical budgets shall be updated with the measured values and shall be compared to the margins.

- *EXPECTED OUTPUT: Technical budgets (update) - memory and CPU calculation [DJF, SVR; CDR, QR, AR].*

- 5.8.3.13 Behaviour modelling verification

a. As support to the verification of the software requirements, the supplier shall verify the software behaviour using the behavioural view of the logical model produced in 5.4.2.3c.

- *EXPECTED OUTPUT: Software behaviour verification [DJF, SVR; PDR].*

b. As support to the verification of the software architectural design, the supplier shall verify the software behaviour using the behavioural view of the architecture produced in clause 5.4.3.4

- *EXPECTED OUTPUT: Software behaviour verification [DJF, SVR; PDR].*

c. As support to the verification of the software detailed design, the supplier shall verify the software behaviour using the software behavioural design model produced in 5.5.2.3a. and c., by means of the techniques defined in 5.5.2.6.

- *EXPECTED OUTPUT: Software behaviour verification [DJF, SVR;CDR].*

위 항목 중, 다음 항목은 구체적으로 검증 절차가 어떻게 이루어져야 하는지를 명시하고 있다. 이를 정리하면 다음과 같다.

- 5.8.3.1 기본 합의 요구 사항 검증
  - a. 고객은 인터페이스 요구 문서에 대한 다음 기본 요구 합의 사항(이하 합의 요구)을 검증한다:
    - 2. 합의 요구는 SW 제품 사용 시, 외부 시스템의 특징을 명세한다.
    - 3. 합의 요구는 각 적용 사례에 대해 제어 가능성과 외부 감시성 여부를 명세한다.
    - 4. 합의 요구는 적용될 오류 발견·인식·복구 전략과 이 전력이 SW의 의존성과 안전성에 부합하는지를 명세한다.
    - 5. 합의 요구는 모드(mode)와 자식 모드 (submode)와 그들 간의 전이로 명세된다.
    - 9. 합의 요구는 동작 절차를 정의한다.
    - 10. 합의 요구는 일관되고 검증 가능한 요구 사항을 포함한다.
- 5.8.3.2 기술 명세 검증
  - a. 공급자는 다음 사항을 확인하기 위한, 접근(interface) 제어 문서를 포함한 기술 명세를 검증한다:
    - 4. SW 요구 사항은 검증 가능하다.
- 5.8.3.3 SW 아키텍처 설계 검증
  - a. 공급자는 다음 사항을 확인하기 위한, SW 요소와 접근성 설계를 검증한다:
    - 7. 설계는 안전성, 보안성 등과 같은 중대한 요구 사항과 접근성에 대해 정확하다.
- 5.8.3.4 SW 상세 설계 검증
  - a. 공급자는 다음 사항을 확인하기 위한, SW 상세 설계를 검증한다:

5. 다음을 평가함으로써, 검사가 가능하다:

   (a) 명령과 이에 대한 반응 관찰 속성이, 평가 요구에 효과적인 검사를 준비하기 위해, 상세 설계에 포함되어 있고, 식별 가능하다.

6. 동작과 관리가 가능하다.

7. 설계는 요구와 접근에 대해 정확하다.

8. 설계는 반응·입력·출력·접근·논리흐름·시간과 규모에 부합한 예산 배정·오류 처리 등과 같은 업무를 명시한다.

- 5.8.3.13 행위 모델 검증

  a. SW 요구 검증 보완으로, 공급자는, 5.4.2.3c.에서 생성한 논리 모델의 행위 도표를 사용하여 SW의 행위를 검증한다.

  b. SW 아키텍처 설계 검증의 보완으로, 공급자는, 5.4.3.4에서 생성한 아키텍처를 사용하여 SW의 행위를 검증한다.

  c. SW 상세 설계 검증의 보완으로, 공급자는, 5.5.2.6에서 정의한 기술로, 5.5.2.3a와 b에서 생성한 SW 행위 설계 모델을 사용하여, SW의 행위를 검증한다.

여기에서도 요구하는 바는 설계 과정에서 SW의 행위적인 성질을 명세하기 위해서는 오토마타와 같은 정형기법, 기술 및 도구를 사용해야 한다고 명시하고 있다.

그러면 이러한 요구 사항이 도구를 통해서 SW 개발 과정에서 어떻게 관리되고 운영되는지를 ECSS E-40 표준안에 대한 인증 관점에서 알아보자.

15.5 ADONIS

이 절에서는 BOC[190] Group의 BPMN[191] 도구인 ADONIS[192]를 사용하여, ECSS

의 표준안 중 E-40에서의 요구 사항이 어떻게 관리가 되는지 알아보자. 특히 우주 항공용 SW가 역으로 E-40의 요구 사항을 어떻게 만족하는지를 확인해 보자.

<그림 15-5> E-40 표준안 Compliance를 위한 ADONIS 상위 모델 화면

<그림 15-5>는 E-40 표준안에 대한 준수(Compliance) 사항을 관리하기 위한 ADONIS 기본화면이다. 이로부터 다음과 같은 E-40의 가장 기본적인 요구 사항

---

190) BOC는 비엔나 대학의 지식 공학 Group에서 1995년 대학의 전문 지식과 도구를 상용화한 회사이며, 미국에 9개의 자회사와 180여명의 전문 인력으로 기업에 경영 및 전략 도구와 서비스 및 지식을 제공하는 경영 관리 IT 기업이다.

191) Business Process 모델링에서 Business Process를 명세하기 위해 고안한 시각 모델링 언어이다[BPMN]. 여기에서 Business를 '업무'로 번역하는 것이 타당하다. 즉 업무 공정 과정을 명세하기 위한 언어로 번역할 수 있다.

192) ADONIS는 유럽을 대표하는 BPMN 도구이다. 원래 ADONIS는 오스트리아 비엔나대학에서 창안한 BPMS(Business Process Management System) 프레임워크에 기반한 업무 공정 관리(Business Process Management)를 지원하는 업무 공정 분석(Business Process Analysis) 도구이다. 이 ADONIS는 BOC Information Technologies Consulting 법인에 의해 상업용으로 개발되었다. BPMS 표기법과 Java로 개발된 BPMN2.0을 사용하여, 업무 공정 모델, 업무 분석, 모의 실험, 평가 및 BPMN 2.0 XML (BPMN DI)과 XPDL을 통합 출판과 자동화를 허용하고 있다. 상용 ADONIS와 별개로, 공개 공용판도 제공된다 [ADONIS].

이 어떻게 관리가 되는지를 알아볼 수 있다:

- R1) 검증 가능한 공학 과정을 적용해야 한다.
- R2) 설계 과정에서 모델 기법을 사용해야 한다.
- R3) 설계 과정 중, 핵심 SW는 정형기법을 적용해야 한다.
- R4) 공정 과정 관리, 모델링 및 정형 명세를 위해서 도구를 사용해야 한다.
- R5) 객체 지향 패러다임을 적용해야 한다.

15.5.1 ECSS E-40 표준안 문서 관리

우선 SW 개발 과정에서 준수해야 하는 E-40 표준안 문서를 관리할 수 있는 체계를 구축해야 한다. <그림 15-6>은 ECSS 표준안 관리를 위한 ADONIS Company Map[193]을 보여준다. Company Map을 통해서, ECSS 표준안 문서를 체계적으로 관리하고, Hyper Link와 Text 등을 통해서 문서를 효율적으로 관리할 수 있다. 또한 각 문서에 대한 속성·특성·책임자·관리 방법·제한 조건·관련 문서·그림·프로세스 등과 같은 다양한 정보를 정의하고 관리할 수 있다.

193) Company Map: Company map은 업무 공정 전체를 보여주기 위한 모델이다. 각 업무 공정을 추상화하여 Company map을 통해 나타낼 수 있다.

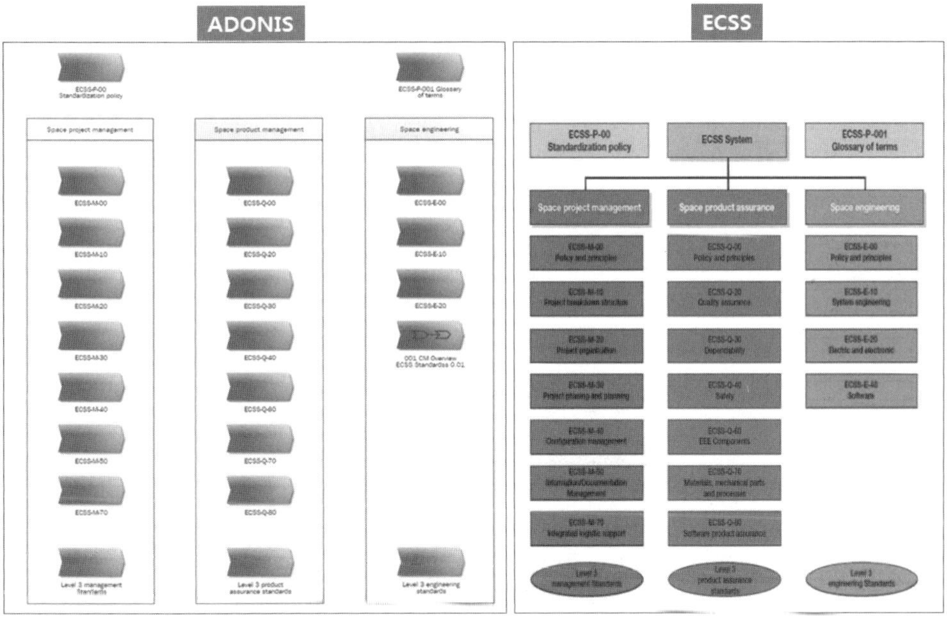

<그림 15-6> ECSS 표준안 관리를 위한 ADONIS Company Map

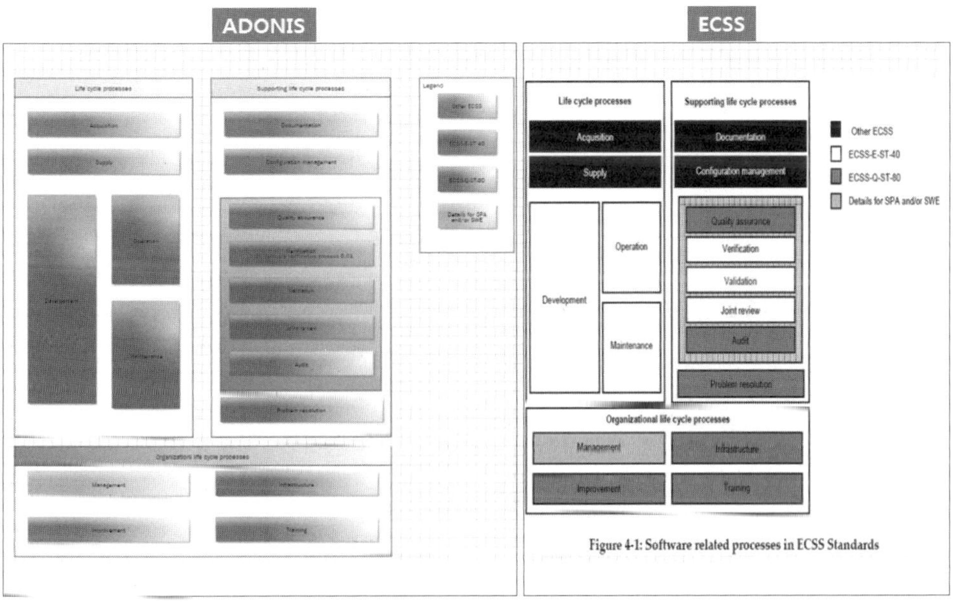

<그림 15-7> E-40의 SW와 관련 있는 공정

15.5.2 SW 관련 공정 관리

ADONIS는 업무를 관리하기 위한 다양한 기능을 제공하고 있다. <그림 15-7>은 15.1절에서 설명한, E-40의 SW와 관련 있는 공정을 정의한 Company Map이다.

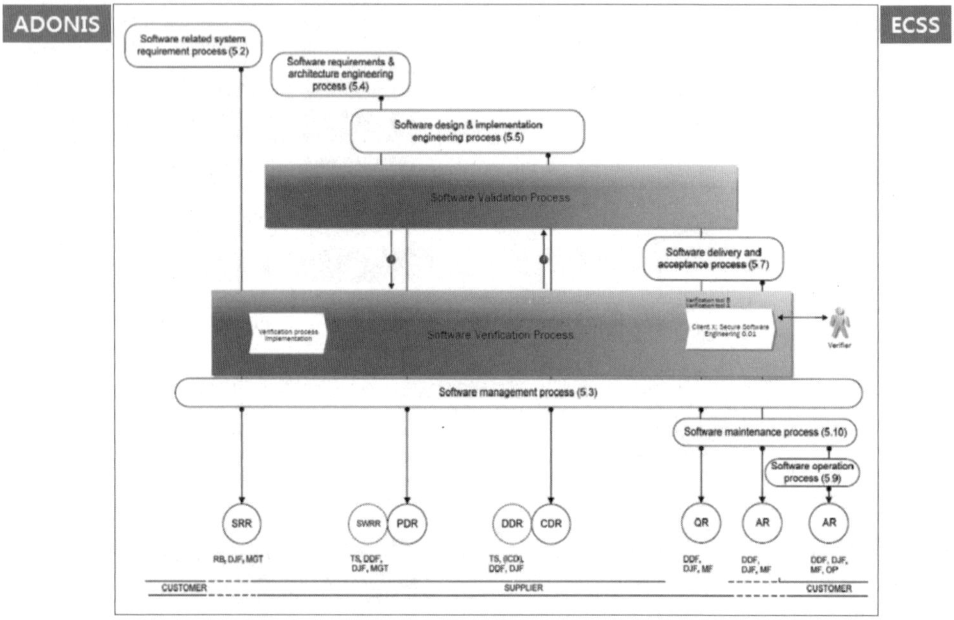

<그림 15-8> SW 생명 주기 공정

설명한 바와 같이, 이를 통해서 다음과 같은 공정 과정을 <그림 15-6>의 전체 ECSS 표준안 문서와 연동하여 관리할 수 있다:

- SW 생명 주기 공정: 이 공정은 SW의 생명 주기를 구축하는 공정이다. 이는 다음과 같은 과정을 통해서 이루어진다.
  - 개발: SW를 개발하는 과정이다.
  - 작동: 개발된 SW를 작동시키는 과정이다.

- 관리: SW를 관리하기 위한 과정이다.

이 과정은 E-40 외의 다른 표준안에서 요구되는 다양한 환경·장치·인력·자원을 획득하고 공급하기 위해 다른 공정 과정과 결합되어야 한다. 이를 정리하면 다음과 같다:

- 취득 단계: 우주 항공 프로젝트 관리 관점에서 SW 개발·작동·관리하는데 필요힌 다양한 환경·자원·인력·체계 등을 취득하는 공정이 협조적으로 이루어져야 한다.
- 공급 단계: 우주 항공 프로젝트 관리 관점에서 SW 개발·작동·관리하는데 필요한 다양한 환경·자원·인력·체계 등을 공급하는 공정이 협조적으로 이루어져야 한다.

• SW 생명 주기 보조 공정: SW 생명 주기를 보조하는 공정 과정은 다음과 같이 이루어져 있다:

- 검증: 개발한 SW가 요구 사항을 만족하는지 판별하는 과정이다.
- 보증: 개발한 SW가 주어진 환경에서 요구한 바대로 작동이 되는지를 판별하는 과정이다.
- 결합 검토: 각 공정 과정 및 단계마다 업무의 정확성과 결과물을 기준에 따라 확인하는 과정이다.

이 과정은 E-40 외의 다른 표준안에서 요구되는 다양한 환경·장치·인력·자원을 획득하고 공급하기 위해 다른 공정 과정과 결합되어야 한다. 이를 정리하면 다음과 같다:

- 문서화: 이 공정 과정에서 요구되는 입력 및 출력, 그리고 관련 문서를 체계적으로 관리하는 공정 과정과 결합이 잘 이루어져야 한다.
- 배치 관리: 이 공정 과정에서 요구되는 다양한 자원을 체계적으로 관리하는 공정 과정과 결합이 잘 이루어져야 한다.

• SW 생명 주기 조직 공정: SW 생명 주기 조직적으로 관리하기 위한 다른 표준안에서의 공정은 다음과 같다:

- 관리: 당연히 프로젝트의 일부로서 SW의 생명 주기를 관리해야 한다.
- 환경: SW의 생명 주기에 필요한 모든 환경(infrastructure)을 제공하고 관리해야 한다.
- 개선: 항상 개선 방안을 강구하고 그 과정을 체계화해야 한다.
- 교육: SW 생명 주기에 요구되는 모든 교육 과정·시설·일정을 총체적으

로 공급하고 관리해야 한다.

위에서 명시한 SW 관련 공정의 절차에 대해 관련 문서상의 타 공정과의 연관성 및 문서상의 요구 사항을 항목별로 면밀히 관리할 수 있다.

15.5.3 SW 생명 주기 공정 관리

<그림 15-8>은 ADONIS를 이용하여 어떻게 E-40에서 요구하는 SW 생명 주기 공정을 관리할 수 있는가를 보여주고 있다. 여기에서는 각 공정을 E-40 표준안 문서의 항목과 연동하여 다음과 같은, SW 생명 주기 공정에 대한 요구 사항을 명세하고 관리할 수 있다:

- [5.2] SW 관련 시스템 요구 공정: SW는 시스템의 일부이다. SW의 요구 사항은 시스템의 요구 사항을 구체적으로 SW 관점에서 반영한 것이다. 이를 분석·검증·통합·관리하기 위한 공정이 항상 선행되어야 한다. 이를 기반으로 SW 검증 및 관리 공정이 유효할 수 있다.
- [5.4] SW 요구 및 아키텍처 공학 공정: SW에 대한 구축·작동·관리하기 위해 제일 먼저 요구되는 과정은 SW에 대한 요구를 반영할 수 있는 구조적인 체계를 설정하는 것이다. 즉 SW에 대한 아키텍처를 구축해야 한다. 이 공정이 선행된 이후에, SW를 설계하고 구축할 수 있으면, 나아가 보증과 검증 및 관리가 유효할 수 있다.
- [5.5] SW 설계 및 구축 공정: SW 요구 및 아키텍처 공학 공정 이후에, 아키텍처를 기반으로 다양한 관점의 설계가 이루어진다. SW 아키텍처를 구성하는 기본 구성 요소(SW unit)에 대한 기능, 행위 등에 특성을 명세한 후에, 이를 기반으로 구현이 이루어진다. 이러한 공정을 마친 후에 이에 대한 보증과 검증이 이루어진다.
- [5.6] SW 보증 공정: 보증(validation)은 이렇게 개발한 SW가 시스템의 작동 환경에서 요구한 바대로 작동하는지를 검사(testing)를 통해서 확인하는 절차이다. 이전 절에서 설명한 바와 같이 SW과 관련된 시스템 요구 공정이 있다. 이 과정을 거친 후에 SW가 공급이 되고 수용되어야 한다. 이 과정은 당연히 SW 검증과 관리 공정과 연동을 해야 한다.

- [5.8] SW 검증 공정: SW를 설계하는 과정에서 다양한 SW에 대한 다양한 성질을 명세하게 된다. 검증 단계에서는 각 단위별 SW가 명세한 대로 적합한 입력을 받고, 이를 기반으로 주어진 조건에 따라 정확하게 실행되는지를 판별하며, 나아가, 이 실행 과정과 그 결과, SW가 만족해야 하는 성질, 예를 들면, 안전성과 신뢰성 등의 성질이 만족되는지도 판별해야 한다. 이 과정은 당연히 SW 보증 및 관리 공정과 연동해야 한다.
- [5.9] SW 관리 공정: SW 관리는 위 공정과 연동을 하면서 체계적으로 이루어져야 한다. 시스템 요구 관점에서, SW 요구 및 아키텍처 공학 관점에서, SW 설계 및 구축 관점에서, SW 보증 관점에서, SW 검증 관점에서, 그리고 SW 관리 그 자체를 위한 관점에서, 통합적·종합적으로 이루어져야 한다.

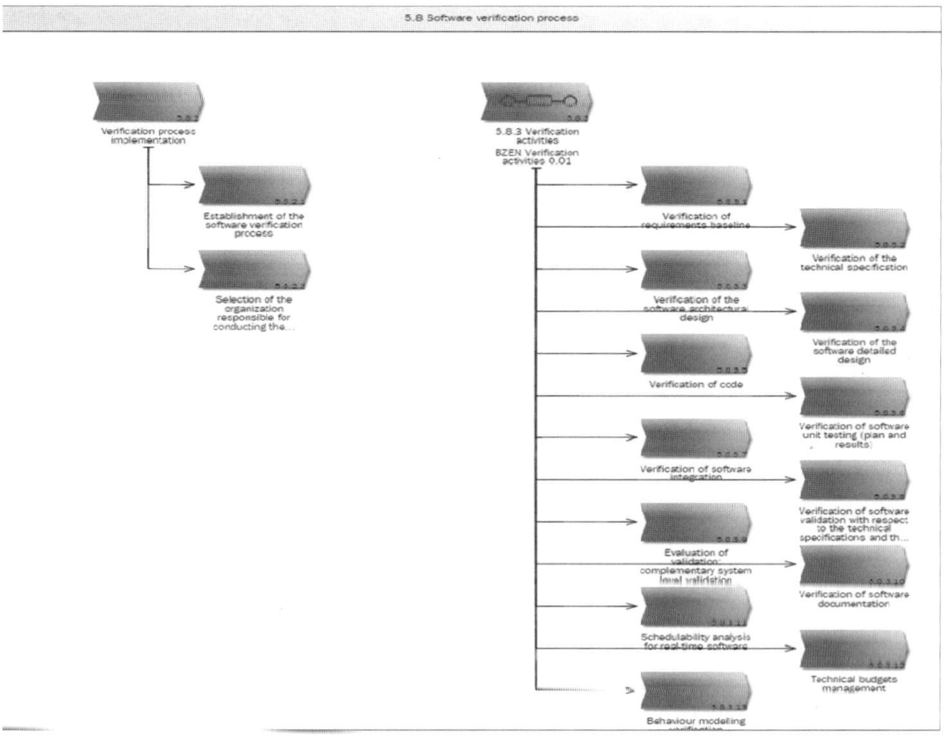

<그림 15-9> [5.8.3] Verification Process Activities 문서

15.5.4 [5.8.3] Verification Process Activities 관리

<그림 15-9>은 ADONIS 상에서의 [5.8.3] Verification Process Activities 표준안 문서의 Company Map을 보여준다. 여기에서 보여주는 항목은 15.4.2절에서 제시한 항목을 ADONIS 문서체계로 정의하고 관리하는 화면을 보여주고 있다.

15.5.5 SAVE Verification Activity

<그림 15-9>의 항목 중, SW 검증 활동의 일환으로, 명세된 단위 SW에 대한 검증을 위해서, 명세 기법, 기술 및 도구의 사용을 권장하고 있다. <그림 15-10>은 δ-Calculus 프로세스 대수 정형기법 기반에 기반한 명세·분석·검증 도구인 SAVE[194]를 이용하여, 검증 활동이 어떻게 이루어지는가를 정의한 공학 공정표이다. 각 공정 과정의 단계별로 단계에 대한 정의, 책임자, 입력과 출력 및 관련 자료 등과 같은, 단계별 업무에 필요한 다양한 정보를 정의하고 관리할 수 있다. 특히 업무 자체가 이 공정 절차에 의해서 진행이 될 수 있도록 ADONIS 상에서 이 업무 자체를 진행할 수 있다. <그림 15-11>은 이 검증 과정에서의 SAVE에 의한 모의 실험의 한 화면을 보여주고 있다.

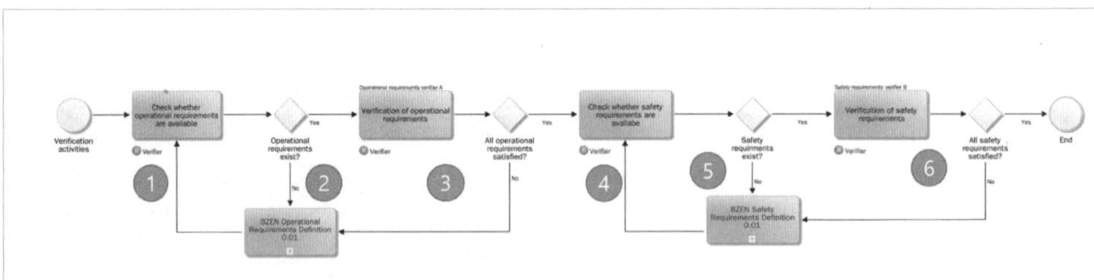

<그림 15-10> ADONIS에서의 SAVE 기반 Verification Activity 공정 정의

194) SAVE: OMiLAB Korea에서 개발한 δ-Calculus 기반 명세, 분석 및 검증 도구이다. ADOxx Meta-Modeling Platform 위에서 개발되었다.

<그림15-10>는 SAVE 기반 Verification Activity를 업무 공정 도표로 정의한 그림이다. 업무 공정 도표란 업무 공정의 흐름을 도식화하여 표현한 것을 말한다. 업무 공정 도표에서 업무의 가장 작은 단위인 테스크를 정의하고, 정의한 테스크를 업무 흐름 순으로 연결한다. 테스크를 연결할 때, 분기가 필요하다면, 분기 조건에 따라 분기점을 형성할 수 있다. ADONIS에서는 각 테스크마다 책임자·도구·입력 데이터·출력 데이터·도구 등 테스크에 필요한 세부사항을 입력할 수 있다. <그림15-10>에서 원형, 사각형, 마름모꼴의 도형을 볼 수 있고, 도형은 모양에 따라 다른 의미를 가진다(원형 번호는 제외). 원형은 업무 공정의 시작과 끝을 나타내는 도형이고, 사각형과 마름모는 각각 테스크, 분기 조건을 나타내는 도형이다.

Verification Activity는 시스템 요구 사항에 대한 검증 활동이며, 요구 사항 검증의 종류는 기능 요구 사항(operational requirement)과 안전 요구 사항(safety requirement)이 있다. <그림 15-10>의 업무 공정 도표를 살펴보면, Verification Activity에 필요한 업무를 여섯 개의 테스크로 정의했다. 좌측 세 개의 테스크는 기능 요구 사항 검증과 관련된 테스크이고, 우측 세 개의 테스크는 안전 요구 사항과 관련된 테스크이다. 기능 요구 사항을 검증을 완료한 후 안전 요구 사항 검증을 진행할 수 있다.

<그림15-10>의 각 테스크에는 번호가 매겨져 있으며, 각 번호가 가리키는 테스크의 의미는 다음과 같다.

1) 기능 요구 사항이 정의됐는지 확인.

2) 기능 요구 사항 정의.

3) 기능 요구 사항 검증.

4) 안전 요구 사항을 정의됐는지 확인

5) 안전 요구 사항 정의.

6) 안전 요구 사항 검증.

먼저 1번 테스크에서 기능 요구 사항이 정의됐는지 확인한다. 1번 테스크를 바신

후, 다음 테스크로 진행하기 전에 분기 조건이 있다. 이 분기 조건은 1번 테스크에서 기능 요구 사항이 존재 유무에 따라서, 기능 요구 사항이 없으면 2번 테스크를 진행하고, 그렇지 않으면 3번 테스크를 진행한다. 2번 테스크에선 기능 요구 사항을 정의하고 다시 1번 테스크로 돌아가게 된다. 3번 테스크에선 기능 요구 사항 검증을 실시한다. 3번 테스크를 진행한 후에 분기 조건이 있다. 이 분기 조건은 모든 요구 사항을 만족했는지를 판별한 후, 만족하지 못했으면 다시 2번 테스크로 돌아가게 되고, 만족했으면 4번 테스크를 진행한다.

4~6번 테스크의 구조는 1~3번의 안전 요구 사항 검증의 진행 구조와 같다. 안전 요구 사항이 정의됐는지 확인하고, 정의되지 않았으면 안전 요구 사항을 정의한다. 안전 요구 사항이 정의됐다면 안전 요구 사항 검증을 실시하게 된다. 모든 안전 요구 사항을 만족하면 업무 공정을 마친다.

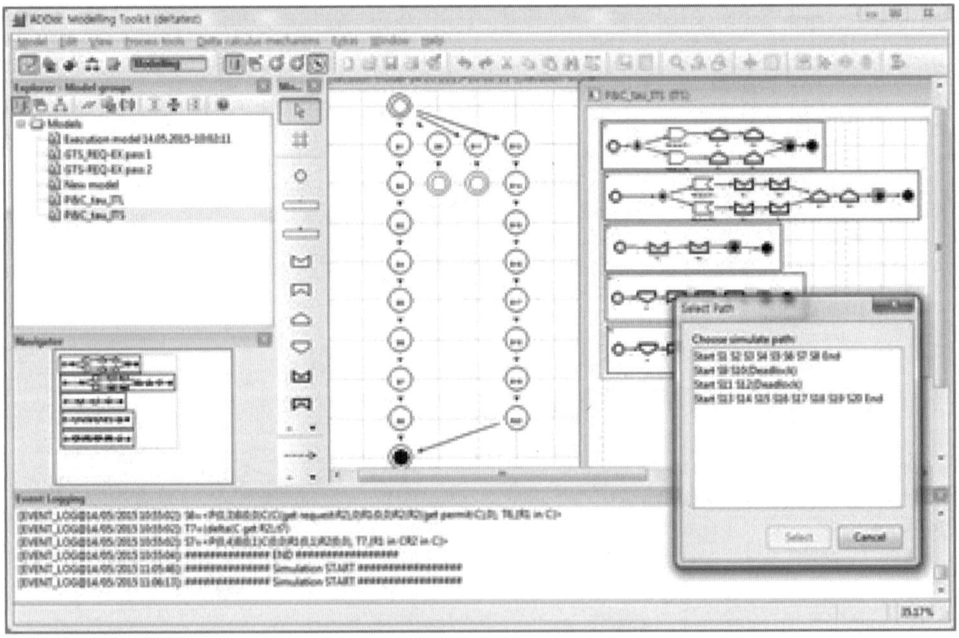

<그림 15-11> SAVE: δ-Calculus 기반 명세, 분석 및 검증 도구

15.5.6 SAVE Verification Activity: Safety Property

<그림 15-12>은 <그림 15-10>의, δ-Calculus 프로세스 대수 정형기법에 기반을 둔 명세, 분석 및 검증 도구인 SAVE 도구를 이용한 검증 활동 중, Safety 속성에 대한 검증이 어떻게 이루어지는가에 대해, ADONIS로 작성한 공학 공정 도표이다. 각 공정 과정의 단계별로 단계에 대한 정의·책임자·입력과 출력 관련 자료 등과 같은, 단계별 업무에 필요한 다양한 정보를 정의하고 관리할 수 있다. 특히 업무 자체가 이 공정 절차에 의해서 진행될 수 있도록 ADONIS 상에서 이 업무 자체를 진행할 수 있다. 특히 이 과정에서 ADONIS 상에서 필요한 모든 자료를 SAVE와 연동하면서 관리할 수 있다. 그림의 하단 부분에는 그 Safety 속성을 판별하는 조건을 논리식으로 보여주는 자료가 있다.

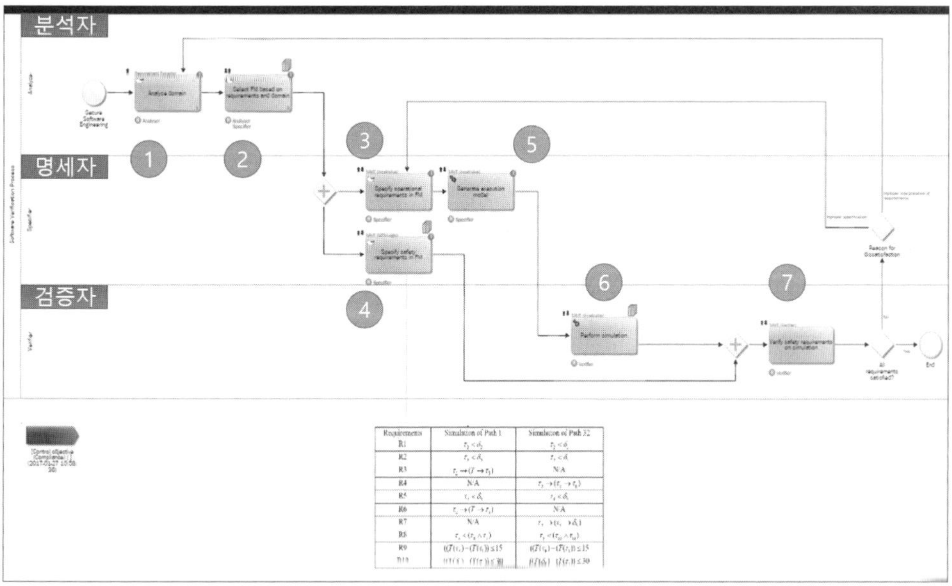

<그림 15-12> ADONIS에서의 SAVE 기반 Safety 속성 검증 활동 공정 정의

<그림 15-12>는 ADONIS에서 SAVE 기반 Safety 속성 검증 활동 공정을 정의한 것이다. 그림의 테스크는 세 가지 영역에 분포되어 있다. 세 가지 영역의 이름은 위에서부터 분석자, 명세자, 검증자이며, 각 영역에 테스크를 일딩해 담당지

가 어떤 테스크를 진행하는지 일목요연하게 보여준다.

아래의 내용은 테스크를 기반으로 각 담당자가 어떤 업무를 수행하는지 설명한 것이다.

분석자는 시스템의 도메인을 분석하고, 분석한 데이터를 기반으로 적합한 정형기법을 선택한다. 1번과 2번 테스크는 분석자가 수행하는 테스크이며, 1번 테스크는 도메인 분석, 2번 테스크는 1번의 테스크 결과물을 토대로 정형기법을 선택하는 테스크이다.

명세자는 분석자로부터 받은 데이터를 기반으로 시스템을 명세한다. 3번, 4번과 5번이 명세자가 진행하는 테스크이다. 3번과 4번 테스크 왼편에 있는 십자기호가 그려진 마름모꼴은 3번과 4번 테스크를 동시에 수행해야 함을 의미한다. 명세자 영역의 테스크는 명세자가 수행해야 할 업무를 명시한다. 3번 테스크는 기능 요구 사항에 대한 명세, 4번 테스크는 명세된 기능 요구 사항을 기반으로 실행 모델 생성, 5번 테스크는 안전 요구 사항에 대한 명세이다.

검증자는 명세자의 데이터를 기반으로 시스템을 검증한다. 6번과 7번 테스크는 검증자가 수행해야 하는 업무이다. 6번 테스크는 명세자의 실행 모델을 사용하여 시뮬레이션을 수행하고, 7번 테스크는 시뮬레이션 결과 데이터와 안전 요구 사항 결과 데이터를 토대로 안전 요구 사항을 검증한다.

마지막으로 모든 요구 사항을 만족하면 업무 공정이 완료되며, 만족하지 않은 요구 사항이 있으면, 불만족한 원인을 분석하고, 분석 결과를 기반으로 명세 혹은 검증을 재수행하게 된다.

15.5.7 SAVE 활용 조직 및 역할 관리

<그림 15-13>는 ADONIS의 Working Environment Model[195]에서 정의한 조직

195) Working Environment Model: 조직 관계도나 업무상의 역할을 정의하는 모델.

관계도이다. 그림의 아이콘은 각각 다른 의미를 가지고 있다. 상단의 사각형 아이콘은 업무그룹의 이름이며, 화살표를 통해 연결된 사람 모양의 아이콘은 업무 담당자를 뜻한다. 하단의 'R'문자가 포함된 원 아이콘은 업무 담당자가 맡고 있는 역할을 뜻하며, 업무 담당자와 역할을 연결선으로 연결하여 업무 담당자에게 역할을 할당할 수 있다. <그림 15-13>에서 정의된 역할은 분석가(Analyser), 검증가(Verifier), 명세자(Specifier)이며, <그림 15-12>에서 보았던 분석자와 명세자, 검증자와 일치함을 알 수 있다. 이처럼 조직 관계도를 통해 업무상의 역할이나 역할 담당자를 정의할 수 있다.

<그림 15-14>은 <그림15-13>와 마찬가지로 SW 개발 팀의 조직 관계도에 대한 예시이다. 그림의 조직 관계도에는 총 4개의 그룹이 있다. 그룹은 각각 요구 사항 그룹, 디자인 그룹, 구현 그룹, 작업준비 그룹을 뜻하며, 각 그룹은 다시 세부 그룹으로 나뉘거나, 그룹 안에 역할이 배치된다. 이처럼 조직 관계도를 사용하여 각 업무별로 어떤 역할이 필요한지 도식적으로 정의할 수 있다.

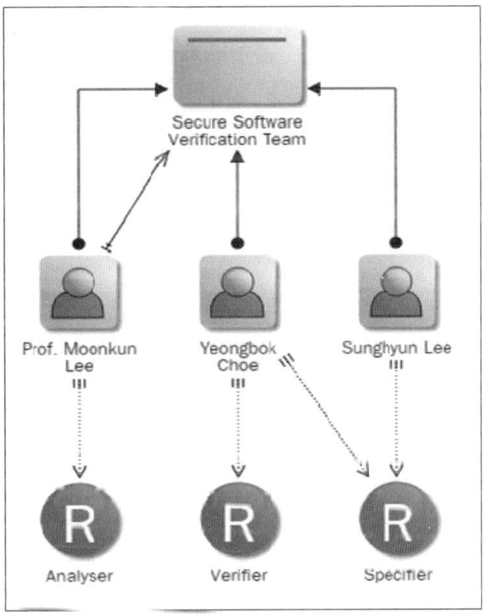

<그림 15-13> ADONIS에서의 검증팀 정의

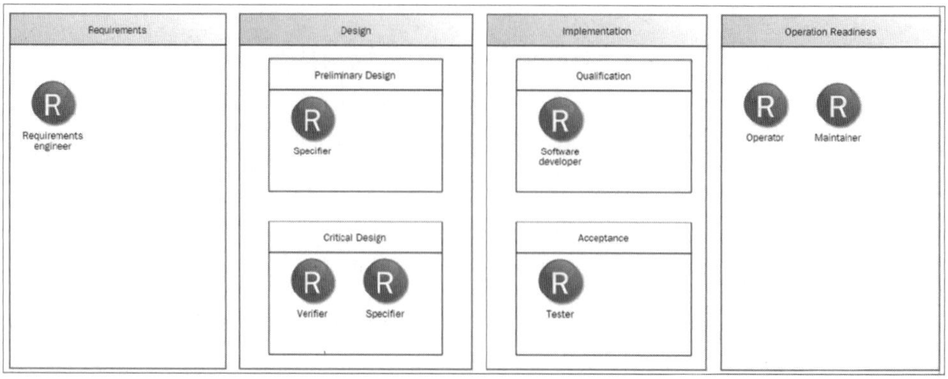

<그림 15-14> ADONIS에서의 SW 개발 팀 정의

15.6 결어

이 장에서는 ADONIS를 사용하여 ESA의 ECSS 표준안 중 SW 표준안인 E-40의 요구 사항이 어떻게 SW 개발 과정에서 준수될 수 있는지 살펴보았다. 이를 통해 각 표준안마다 요구하는 인증 과정에서, ADONIS와 같은 도구를 통해서, SW 개발 공정 과정·모델 및 정형기법 사용· 도구 사용 등과 같은 인증의 요구 사항을 만족할 수 있다는 것을 보였다. 앞으로 인증 분야에서 ADONIS와 같은 효과적인 도구의 도입을 기대해 본다.

참고 문헌

[ADONIS] https://en.wikipedia.org/wiki/ADONIS_(software)

[JM02] JONES, M., et al. Introducing ECSS Software-Engineering Standards within ESA. ESA bulletin, 2002, pp. 132-139.

[ECSSE40] ECSS Secretariat, ECSS-E-ST-40C, ESA-ESTEC, Requirements & Standards Division, Noordwijk, The Netherlands, 6 March 2009.

[BPMN]
https://en.wikipedia.org/wiki/Business_Process_Model_and_Notation

16
PART

부록

PART 16

부록

A. ADOxx Meta-Modeling Platform

A.1 개요

앞 장에서 여러 종류의 정형기법에 대하여 알아보았다. 정형기법을 사용한 시스템의 명세와 검증은 안전한 SW를 제작하기 위해 반드시 거쳐야 할 과정이다. 그러나 복잡한 시스템의 명세를 수작업으로 수행하는 데에는 한계가 있으며, 시스템의 검증을 수작업으로 수행하는 것은 거의 불가능하다. 따라서 시스템의 명세와 검증을 지원하는 도구가 반드시 필요하다.

그러나 현재 개발된 수많은 정형기법은 시스템의 명세와 검증을 위한 이론적인 측면에서 연구가 많이 진행되어 왔으며, 도구가 개발되어 실제로 활용 가능한 정형기법은 일부분에 불과하다. 또한 정형기법은 시스템의 특정 속성을 명세하고 검증하는 데에 특화되어 있기 때문에, 시스템의 모든 속성을 하나의 정형기법으로 명세하고 검증하는 것은 거의 불가능하다. 따라서 특정 시스템을 명세하고 검증하기 위해 둘 이상의 정형기법이 사용되는 경우도 존재한다. 그러나 개별적으로 개발된 정형기법 도구는 해당 정형기법에 특화되어 있고, 다른 정형기법과의 연동을 고려하여 개발되지 않았기 때문에 도구 간의 연동성이 매우 떨어진다.

따라서 특정 정형기법을 지원할 수 있는 도구를 개발하고, 개발된 도구 간의 연동이 가능하도록 지원하는 플랫폼의 존재는 정형기법의 활용성을 매우 높일 수 있다. 본 장에서 소개하는 ADOxx는 메타-모델링 플랫폼으로서 모델링 도구의 개발을 간편하게 수행할 수 있도록 지원하는 플랫폼이며, ADOxx를 통해 개발된 도구 간의 연동성이 보장된다.

ADOxx[FK13]는 오스트리아 비엔나 대학의 OMiLAB에서 개발된 메타-모델링 플랫폼으로서 무료로 다운로드하여 사용할 수 있다. 본 장에서는 ADOxx를 사용하여 모델링 도구를 개발하는 방법에 대하여 소개한다. 여기에서 사용하는 자료는 일부 ADOxx 서버에서 발췌한 것이다[TUTORIAL].

A.2 ADOxx 설치

ADOxx는 "https://www.adoxx.org/live/home"에서 간단한 등록 절차 후 다운로드 할 수 있다. ADOxx를 설치하기 위해서는 등록절차 시 입력한 e-mail로 전송된 ADOxx 라이센스 키가 필요하다. 등록절차 후 라이센스 키가 전송되기까지 시간이 소요된다. ADOxx를 사용하기 위해서는 Windows 계열 OS가 필요하다. ADOxx는 현재 한글, 중국어, 일본어와 같은 2 byte 기반의 character set를 지원하지 않으므로 ADOxx의 설치를 위해 컴퓨터 환경 설정을 변경해야 한다. 본문의 설명 및 그림은 Windows 7 OS를 기준으로 설명되었다.

(1) 날짜 형식 변경

제어판에서 "국가 및 언어" 또는 "시계, 언어 및 국가별 옵션->날짜, 시간 또는 숫자 형식 변경" 항목으로 이동하여 <그림 A 1>과 같이 형식을 '영어(미국)'으로 변경한다

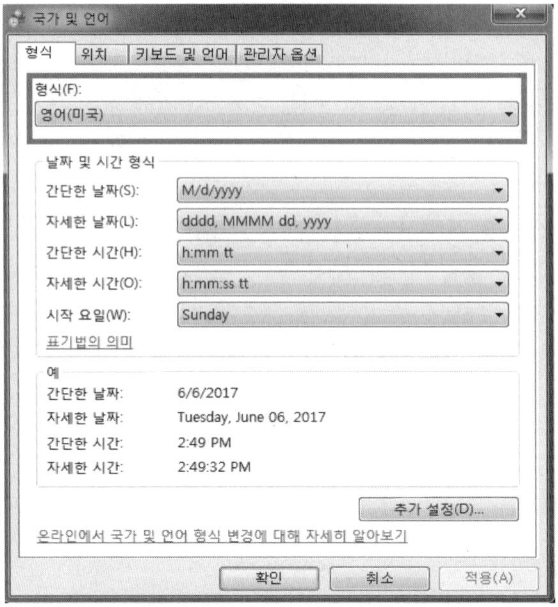

<그림 A-1> 시간 형식 변경

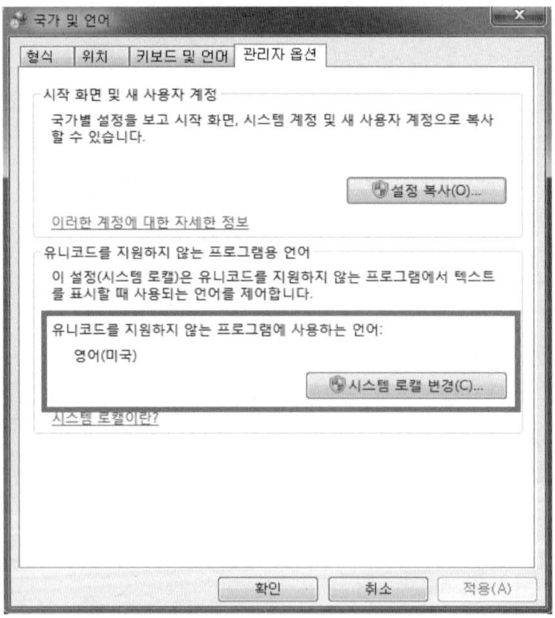

<그림 A-2> 시스템 로캘 변경 1

(2) 시스템 로캘 변경

제어판에서 “국가 및 언어” 또는 “시계, 언어 및 국가별 옵션->날짜, 시간 또는 숫자 형식 변경” 항목으로 이동한 뒤 “관리자 옵션” 탭으로 이동한다. 그 뒤 <그림 A-2>의 시스템 로캘 변경 항목으로 들어간 뒤 <그림 A-3>과 같이 시스템 로캘을 ‘영어(미국)’으로 변경한다. 이 작업은 컴퓨터의 재부팅을 필요로 한다.

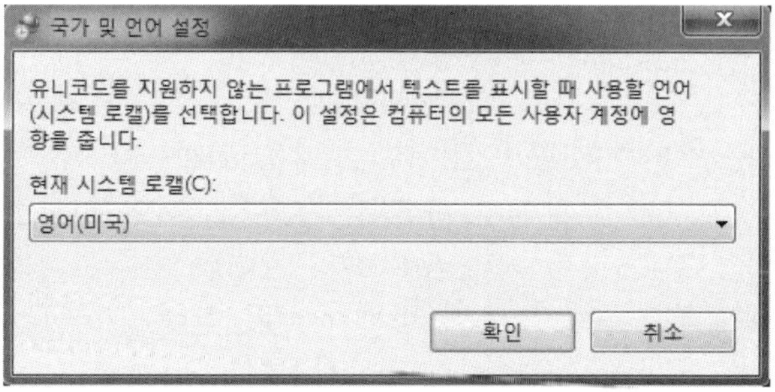

<그림 A-3> 시스템 로캘 변경 2

(3) ADOxx 설치

다운로드 받은 ADOxx의 압축을 푼 뒤에 “setup.exe”를 실행시키면 ADOxx가 설치된다. 간혹 사용하는 PC 환경에 따라 DB의 설치 중 오류가 발생하여 설치가 진행되지 않을 수 있다. 이러한 경우에는 Microsoft SQL Server Express 2012를 다운로드 받아 수동으로 설치해야 한다. 그러나 DB를 설치 시 특정한 설정 값으로 설치해야 하므로 “https://www.adoxx.org/live/installation-guide-15-other-collation”를 참조하여 DB를 설치해야 한다.

(4) ADOxx 사용

ADOxx의 설치가 완료되면 ADOxx Development Toolkit과 ADOxx Modeling Toolkit의 두 가지 프로그램을 사용할 수 있다. ADOxx Development Toolkit은 모델링 도구의 개발을 위해 사용되며, ADOxx Modeling Toolkit은 개발된

모델링 도구를 사용할 수 있는 도구이다. 초기에는 ADOxx Modeling Toolkit은 사용할 수 없으며 ADOxx Development Toolkit만을 사용할 수 있다. ADOxx Development Toolkit을 실행하면 계정 입력 화면이 나타나는데 초기 계정은 admin 이며 암호는 password 이다.

A.3 ADOxx 구조

ADOxx의 구조는 <그림 A-4>와 같다. ADOxx에 구성되어 있는 ADOxx 메타 모델을 기반으로 사용자는 자신만의 모델링 도구를 위한 메타 모델을 구성한다. 구성할 메타 모델은 모델링 도구에서 사용될 모델링 언어의 정의를 의미한다. 메타 모델의 구성이 완료되면, 이를 기반으로 하는 모델링 도구를 사용할 수 있다. 모델링 도구에서 생성되는 모든 모델은 구성된 메타 모델을 기반으로 한다.

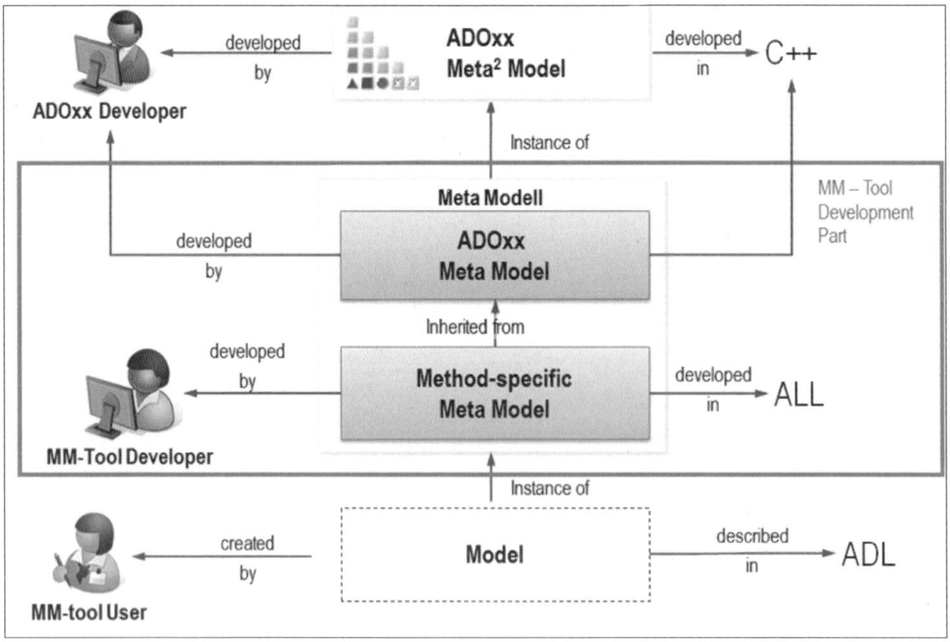

<그림 A-4> ADOxx의 구조[TUTORIAL]

ADOxx를 사용한 모델링 도구의 개발은 <그림 A-5>와 같이 이루어진다. 모델링 도구의 개발을 위해서는 모델링 언어, 모델링 프로시저, 메커니즘 & 알고리즘을 정의해야 한다. ADOxx 에서는 모델링 프로시저를 기본적으로 지원하므로, 사용자는 모델링 언어와 메커니즘 & 알고리즘을 정의하여 모델링 도구를 개발할 수 있다.

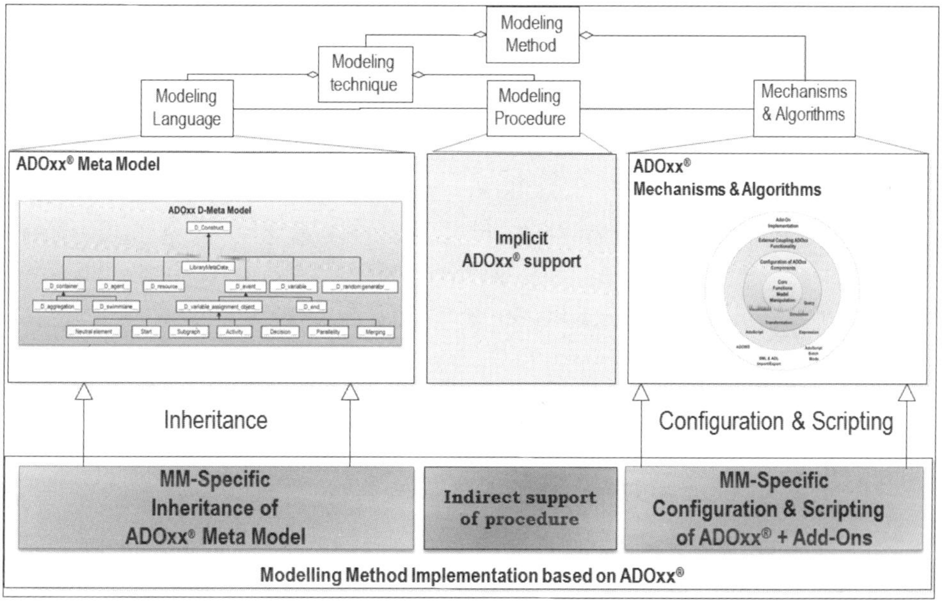

<그림 A-5> ADOxx를 사용한 모델링 도구의 개발[TUTORIAL]

A.4 모델링 언어의 정의

ADOxx에서 모델링 언어는 ADOxx Development Toolkit을 사용함으로서 정의할 수 있다. 모델링 언어의 정의는 메타 모델을 구성함으로서 정의되며, 각각의 메타 모델은 라이브러리로 구성된다. 즉, 사용자는 하나의 라이브러리에 자신만의 메타 모델을 구성함으로서 이를 모델링 도구로 활용할 수 있다. 좀 더 간편히 표현하자면 다음과 같이 표현할 수 있다:

라이브러리 = 메타 모델 = 모델링 도구

본 장에서 사용하는 라이브러리라는 용어는 일반적인 프로그래밍 언어에서 사용되는 라이브러리와 의미가 다름에 주의해야 한다.

(1) 라이브러리

ADOxx Development Toolkit을 실행시키면 <그림 A-6>과 같은 화면이 나타난다. ADOxx Development Toolkit 좌측 상단의 아이콘 중 Library Management 버튼을 클릭하면 라이브러리 관리 메뉴를 사용할 수 있다. 라이브러리 관리 창을 열면 <그림 A-7>과 같이 하나의 라이브러리가 있으며, 라이브러리의 하위에 Dynamic Library 와 Static Library를 확인할 수 있다.

<그림 A-6> ADOxx Development Toolkit 화면

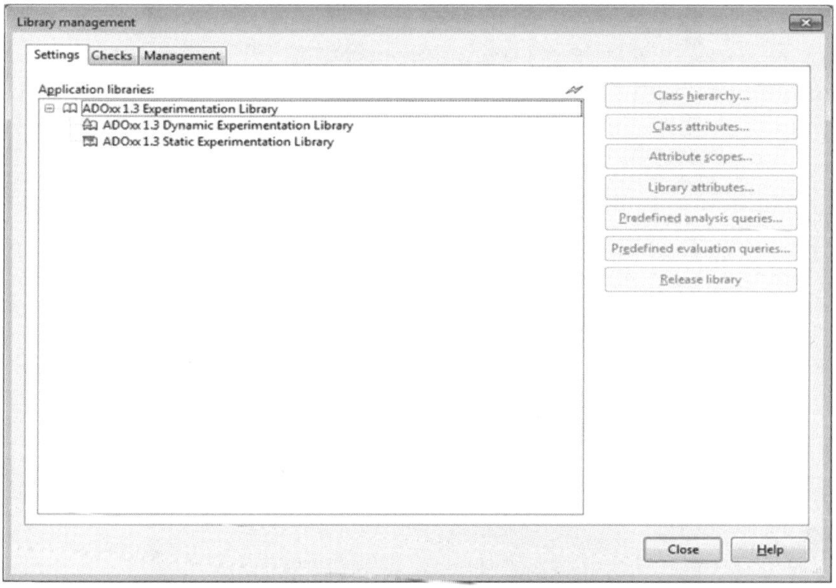

<그림 A-7> 라이브러리 관리 창

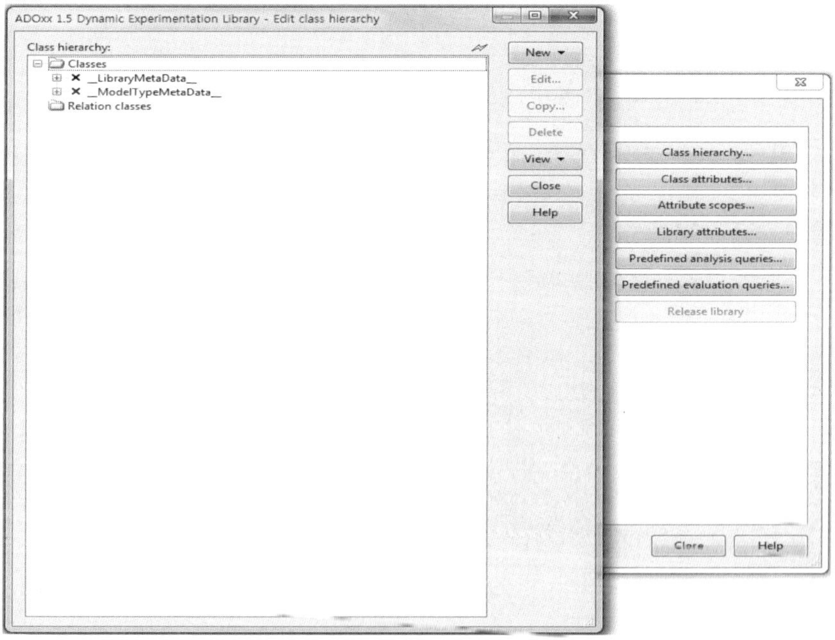

<그림 A-8> 클래스 관리 창

Dynamic Library는 그래프 기반의 모델링 언어를 정의하기 위해 사용되며, Static Library는 트리 기반의 모델링 언어를 정의하기 위해 사용된다. 두 종류의 라이브러리는 각기 다른 용도로 사용되지만, 일반적으로 기능이 더 많은 Dynamic Library가 주로 사용된다.

(2) 클래스

모델링 언어의 정의를 위해서는 클래스와 관계 클래스를 정의해야 한다. 클래스는 모델링 도구에서 사용될 아이콘(노드)을 나타내며, 관계 클래스는 클래스를 서로 연결하기 위해 사용된다. 라이브러리 관리 창에서 Dynamic Library를 선택 후 Class hierarchy를 클릭하면 클래스와 관계 클래스를 생성할 수 있는 창이 <그림 A-8>과 같이 나타난다.

클래스 관리 창에서 우측의 View 버튼을 클릭 후 Metamodel, Class hierarchy 항목에 체크하면 ADOxx에서 정의된 수많은 클래스와 클래스 간의 상관 관계를 확인할 수 있다.

ADOxx 에서는 세 가지 종류의 클래스가 존재하며, 각 클래스는 다음과 같다:

- 미리 정의된 추상 클래스: ADOxx에서 미리 정의된 추상 클래스이며, 특별한 용도를 위해 제작된 추상 클래스이다. 이 클래스에 대한 명명 규칙은 "__클래스명__" 이다.
- 추상 클래스: 사용자에 의해 정의된 추상 클래스이며, 클래스 간의 묶음(Group)을 위해 사용된다. 이 클래스에 대한 명명 규칙은 "_클래스명_" 이다.
- 클래스: 사용자에 의해 정의된 클래스이며, 모델링 도구에서 사용될 아이콘(노드)을 나타낸다. 이 클래스에 대한 명명 규칙은 "클래스명" 이다.

미리 정의된 추상 클래스 중 "__D-construct__" 는 해당 라이브러리의 최상위 클래스로서 해당 라이브러리에서 생성되는 모든 클래스는 "__D-construct__" 의 하위 클래스로 생성된다.

"__D-construct__"를 선택한 후 우측의 New 메뉴를 통해 클래스를 생성하면

<그림 A-9>와 같이 클래스 생성 화면이 나타난다. 클래스 이름을 입력한 후 OK를 누르면 클래스의 생성이 완료된다. 클래스 생성 시 클래스 이름 입력 부분 하단의 Superclass 항목이 자신이 선택한 클래스가 맞는지를 반드시 확인해주어야 한다.

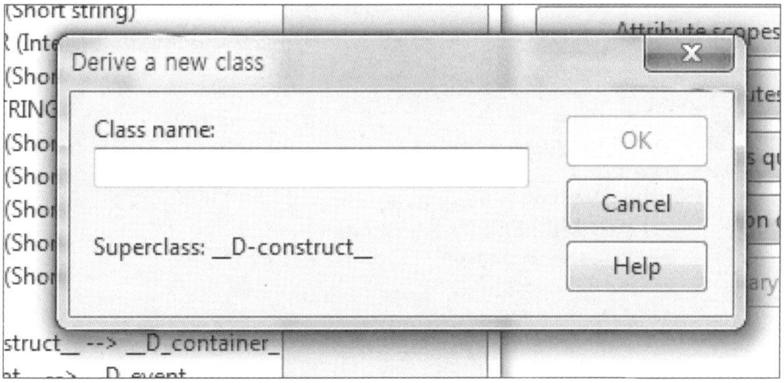

<그림 A-9> 클래스 생성 창

관계 클래스는 클래스 관리 창의 하단 부분에 있는 Relation classes 부분에서 생성할 수 있다. 관계 클래스의 생성은 클래스 생성과 동일한 과정으로 진행된다. <그림 A-10>은 관계 클래스 생성 화면이다. 관계 클래스를 생성할 때는 클래스와 달리 from-class 와 to-class 항목을 설정해 주어야 한다. 즉 관계 클래스는 아무 클래스나 연결 가능한 것이 아니라, 관계 클래스 생성 시 설정한 from-class에서 to-class 방향으로만 연결이 가능하다. 만약 모든 클래스를 연결하기 위한 관계 클래스를 생성하고 싶다면 from-class와 to-class 항목을 __D-construct__로 설정하면 된다.

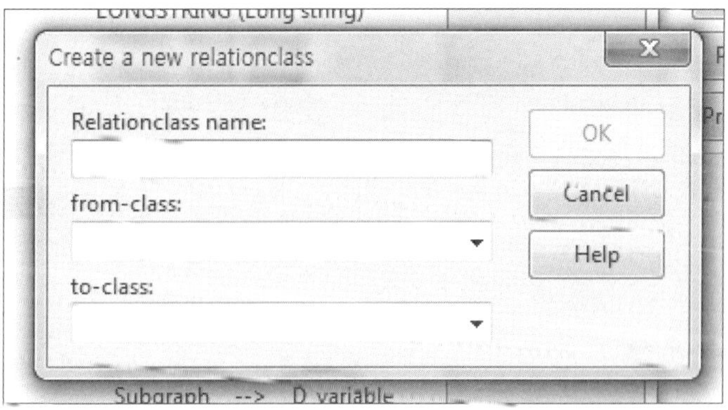

<그림 A-10> 관계 클래스 생성 창

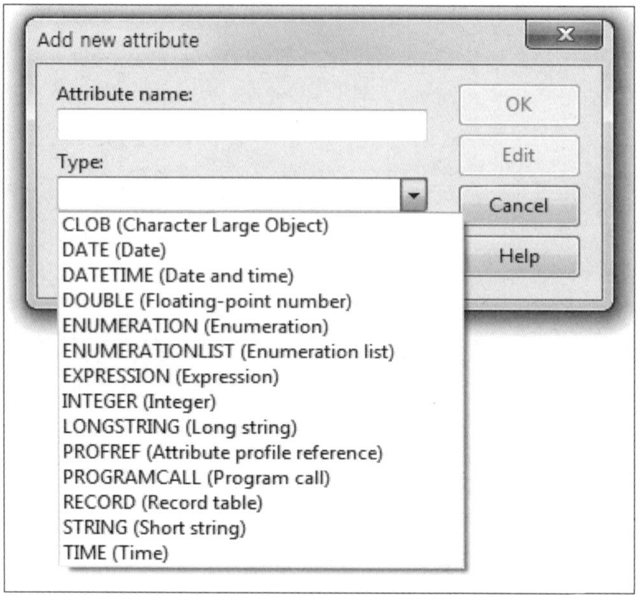

<그림 A-11> 속성 생성 창

(3) 속성

각각의 클래스는 자신만의 속성을 지닌다. 클래스 관리 창에서 생성된 클래스의 하위 항목으로 다수의 속성이 존재하는 것을 확인할 수 있다. 속성 중에는 특별한 용도를 위해 ADOxx에서 미리 정의된 속성이 있으며, 모델링 도구에서 사용하기 위해 사용자가 새로운 속성을 정의하여 추가할 수 있다. 속성을 추가하기 위해서는 속성을 추가할 클래스를 선택하고 우측의 New 메뉴에서 New attribute를 통해 생성할 수 있다. <그림 A-11>은 속성 생성 화면을 나타낸다. 속성을 생성하기 위해서는 속성의 이름과 타입을 정의해야 한다. 속성의 타입은 일반적인 프로그래밍 언어와 유사하게 정수형, 문자열, 실수형 등으로 정의할 수 있다.

(4) 특별한 속성

ADOxx에서 미리 정의된 속성 중 일부는 특별한 용도로 사용되는 속성으로서 반드시 정의해야할 필요성이 있다. 이러한 속성 중 첫 번째는 GraphRep이다. GraphRep은 클래스의 모양, 즉 모델링 도구에서 그려질 아이콘(노드)의 형태를 정의하는 속성이다. 이 속성을 정의하지 않으면 모델링 도구에서 어떠한 형태로도 해당 클래스(노드)가 그려지지 않기 때문에 활용이 불가능하다. 속성 중 GraphRep를 선택하고 우측의 Edit 버튼을 클릭하면 <그림 A-12>와 같이 속성의 편집 창이 열린다. 편집 창에서 우측의 버튼(<그림 A-12>의 붉은 사각형)을 클릭하면 GraphRep 속성 전용 편집 창이 <그림 A-13>과 같이 열린다. 해당 편집 창에서 코드 편집을 수행 후 Paint 버튼을 누르면 코드에 따라 그림이 아래쪽에 그려지게 된다.

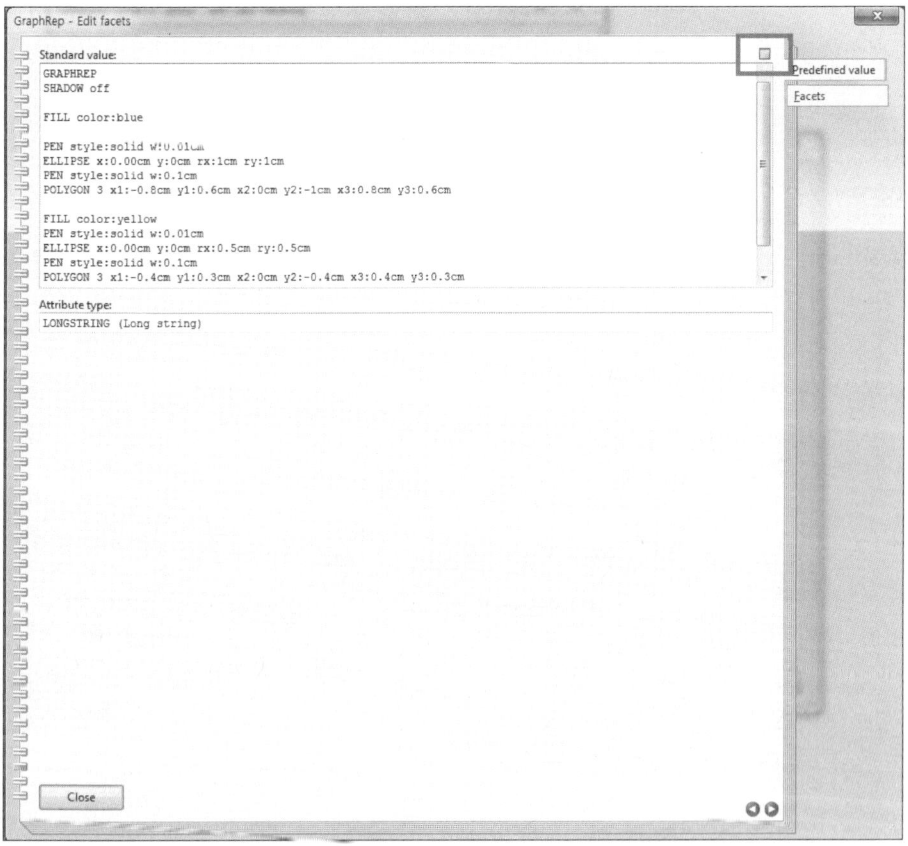

<그림 A-12> GraphRep 속성 편집 창 1

<그림 A-13> GraphRep 속성 편집 창 2

GraphRep 속성에서 사용되는 좌표계는 <그림 A-14>와 같다. 일반적인 좌표계와 달리 y축은 아래 방향이 양수이며 위쪽 방향이 음수이다. 좌표의 단위로는 cm를 사용하므로, 실제 그려질 아이콘의 크기를 쉽게 짐작할 수 있다.

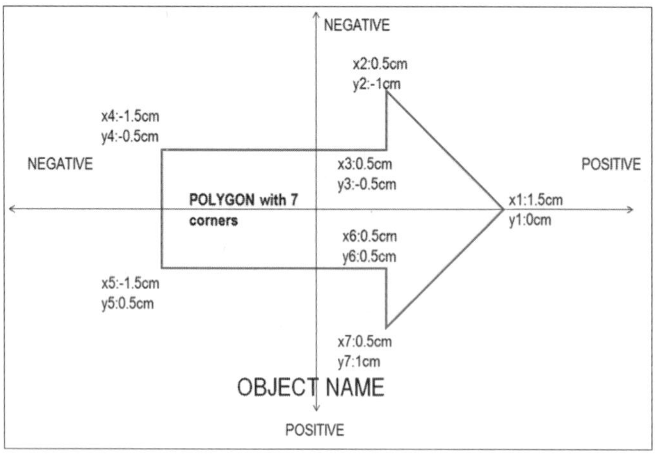

<그림 A-14> GraphRep 속성의 좌표계

<그림 A-15>는 GraphRep 속성을 정의한 예이다. <그림 A-15>의 좌측 코드를 입력하면 우측과 같이 아이콘(노드)의 형태가 그려진다.

```
GRAPHREP
FILL color:royalblue
POLYGON 7 x1:1.5cm y1:0cm x2:0.5cm
y2:-1cm x3:0.5cm y3:-0.5cm x4:-1.5cm
y4:-0.5cm x5:-1.5cm y5:0.5cm
x6:0.5cm y6:0.5cm x7:0.5cm y7:1cm
ATTR "Name" y:1.4cm w:c h:c
```

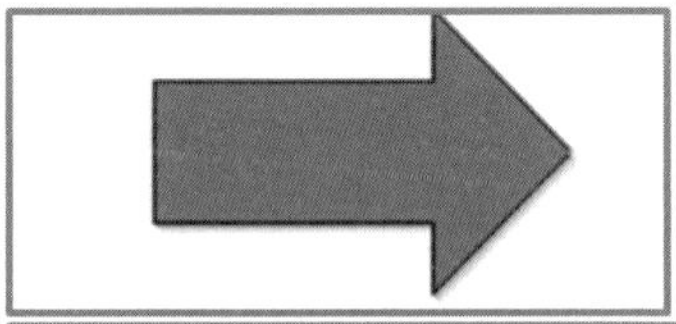

In case attribute name is available, it is shown here

<그림 A-15> GraphRep 정의의 예

https://www.adoxx.org/live/adoxx-graphrep-repository-wiki/-/wiki/GRAPHREP+Repository/FrontPage 를 참조하면 다양한 형태의 아이콘과 코드를 참조할 수 있다.

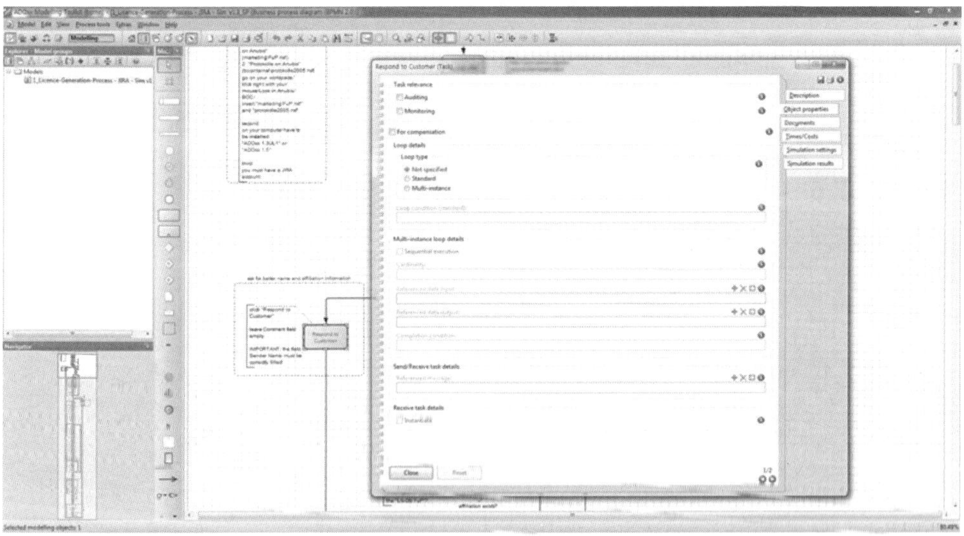

<그림 A-16> Notebook 화면

두 번째로 정의해야 할 속성은 AttrRep이다. AttrRep 속성은 Notebook의 형태를 정의하는 데 사용된다. Notebook은 각 아이콘(노드)에 대한 속성이 표현되는 창이며, <그림 A-16>과 같다.

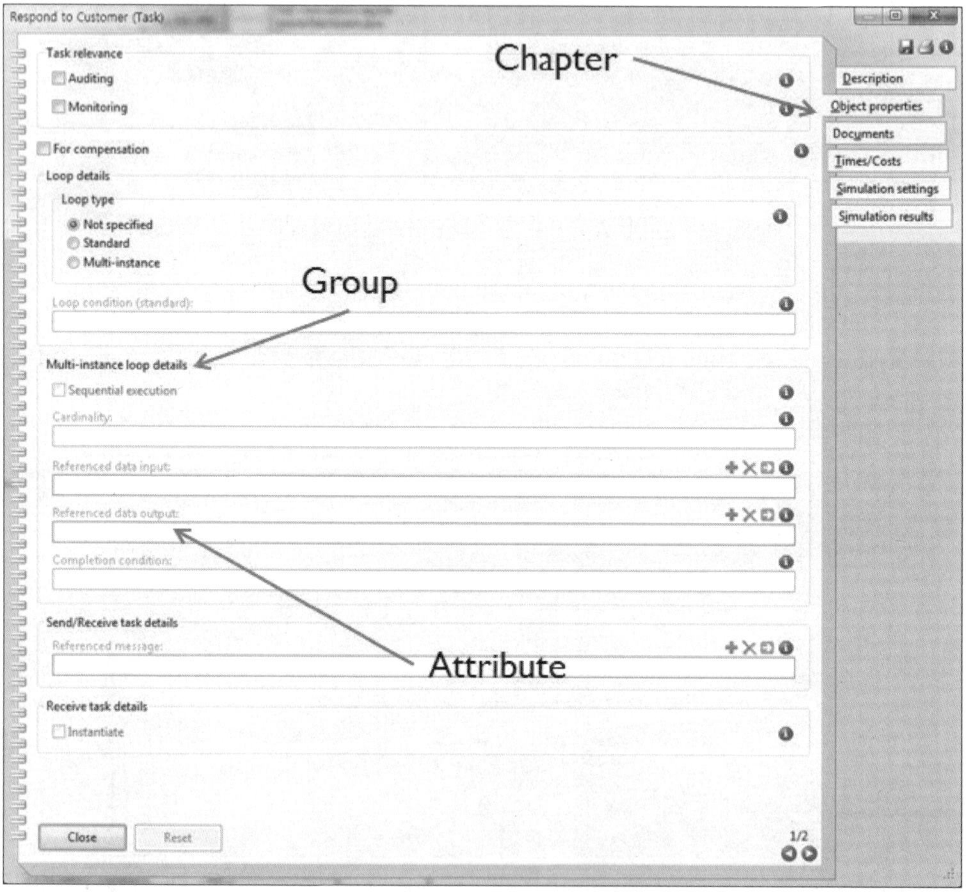

<그림 A-17> Notebook의 구조

Notebook에는 해당 아이콘(노드)에 대한 여러 가지 속성이 나타나며, 필요에 따라 속성의 값을 사용자가 직접 편집할 수 있다. 그러나 AttrRep 속성을 정의하지 않으면, Notebook에 아이콘(노드)의 이름을 편집하기 위한 Name 속성을 제외하고는 어떠한 속성도 표기되지 않아 속성을 활용할 수 없다.

AtttRep의 정의를 위해서는 Notebook의 구조를 알아야 한다. Notebook의 구조는 <그림 A-17>과 같다. Notebook은 Chapter, Group, Attribute로 구성되어 있다. Chapter는 탭과 같이 속성의 큰 묶음을 나타내며, Group은 Chapter 내에서 속성을 묶은 것을 나타낸다. Attribute는 Notebook에서 표현되는 속성을 나타낸다.

<그림 A-18>은 AttrRep 속성을 정의한 예이다. AttrRep 속성의 편집 창에서 <그림 A-17>의 좌측 부분과 같은 코드를 입력하여 Chapter, Group, Attribute를 정의할 수 있다.

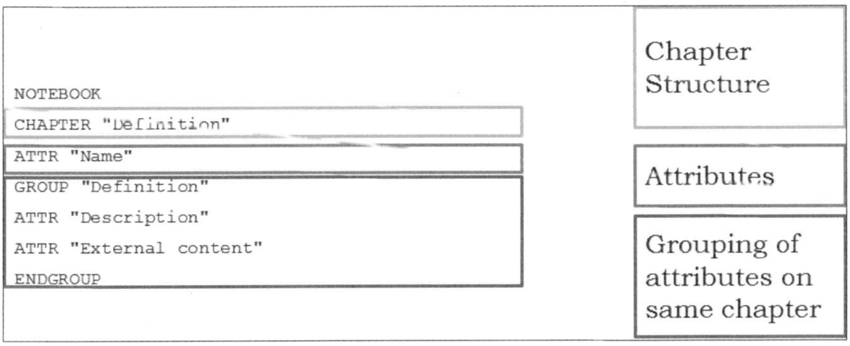

<그림 A-18> AttrRep 정의의 예

(5) 모델 타입

클래스 및 관계 클래스의 생성과 속성의 추가, 특별한 속성의 정의가 완료된 후에는 모델 타입을 정의해야 한다. 모델 타입은 모델링 도구에서 사용할 모델의 유형을 나타낸다. 모델 타입의 정의를 위해서 라이브러리 관리 창에서 메타 모델이 구성된 라이브리리를 클릭한 후 Library attribute 버튼을 클릭한다. 해당 버튼을 클릭하면 <그림 A-19>와 같이 라이브러리 속성 편집 창이 열린다.

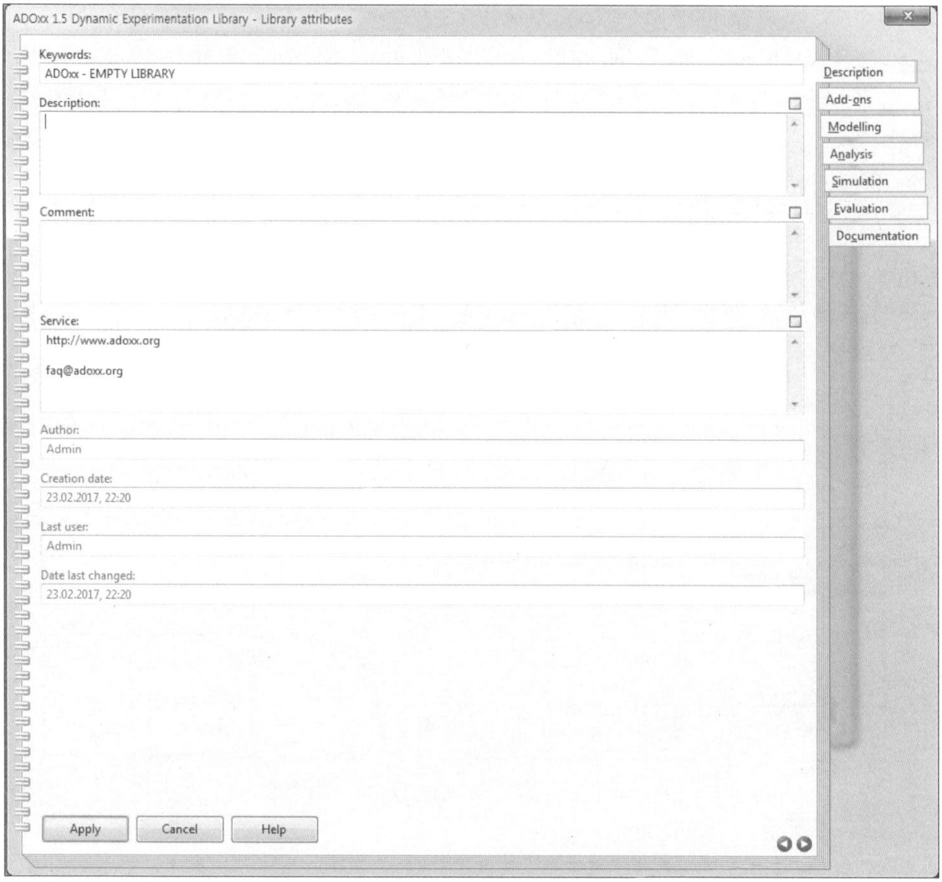

<그림 A-19> 라이브러리 속성 편집 창

라이브러리 속성 편집 창에서 Add-ons Chapter를 클릭한 후 Modi 항목에서 모델 타입을 정의하게 된다. 모델 타입의 정의는 먼저 모델 타입의 이름을 정의해야 하며, 그 후에는 해당 모델 타입에서 사용할 클래스를 포함시켜야 한다. <그림 A-20>은 모델 타입을 정의한 예이다. 예제에서는 모델 타입을 "My First Model Type"이라 정의했으며, "My First Model Type"에서 사용하기 위한 클래스/관계 클래스 5 종류를 포함시켰다.

```
MODELTYPE "My First Model Type"
INCL "My Class 1"
INCL "My Class 2"
INCL "My Class 3"
INCL "has relationship 1"
INCL "has relationship 2"
```

<그림 A-20> 모델 타입 정의의 예

하나의 라이브러리에 대하여 다수의 모델 타입을 정의할 수 있다. 각 모델의 용도에 맞도록 모델 타입을 정의하고, 적절한 클래스/관계 클래스를 포함시킴으로서, 하나의 모델링 도구에서 다양한 형태의 모델을 생성하고 활용할 수 있다.

(6) 모델링 도구

클래스 및 관계 클래스의 생성, 속성의 추가 및 특별한 속성의 정의가 완료되면 기본적인 모델을 생성할 수 있는 모델링 도구로 활용이 가능하다. 모델링 도구를 사용하기 위해서는 ADOxx Modeling Toolkit을 위한 계정을 생성해야 한다. 계정 생성은 ADOxx Development Toolkit에서 할 수 있다.

ADOxx Development Toolkit의 User management에서는 새로운 계정을 생성할 수 있다. <그림 A-21>은 계정 생성 화면을 나타낸다. 계정 생성 화면에서 계정 명과 암호를 입력하고, 해당 계정이 사용할 라이브러리를 선택해야 한다. Application library 항목에서 자신이 정의한 메타 모델이 구성되어 있는 라이브러리를 선택한 후 User group 버튼을 클릭한다. User group 버튼을 클릭하면 사용자 그룹을 설정하는 화면이 뜬다. 이 화면에서 기본적으로 입력되어 있는 ADOxx 그룹을 더블 클릭하거나, 새로운 그룹을 생성하여 사용자 그룹을 설정한 후에 계정 생성 화면에서 Add를 클릭하면 계정 생성이 완료된다.

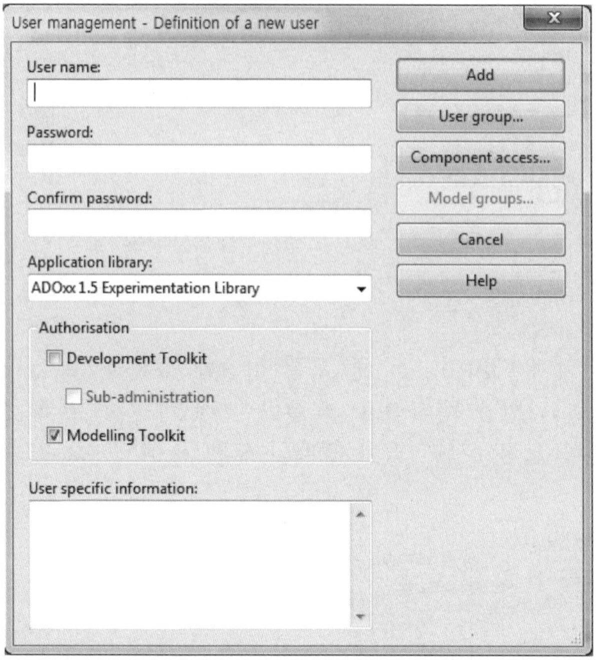

<그림 A-21> 계정 생성 창

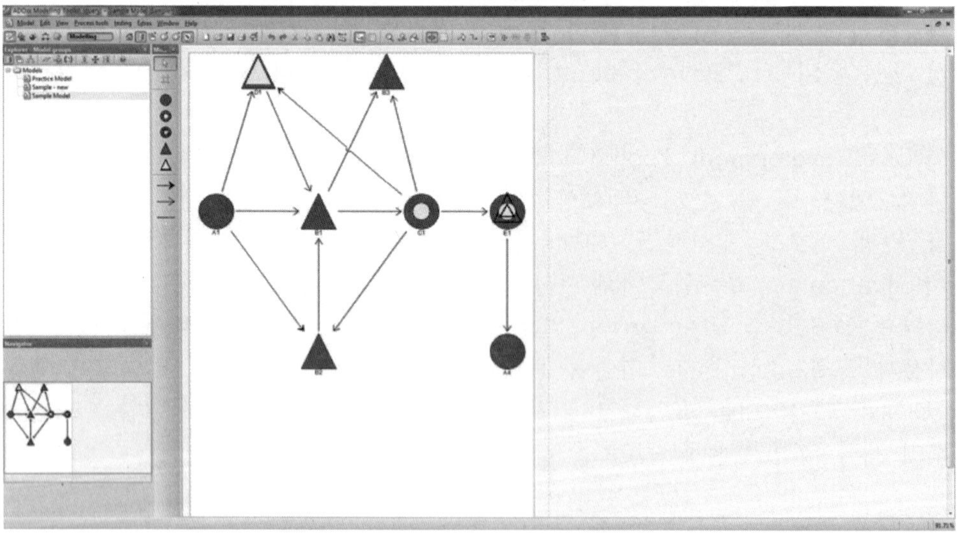

<그림 A-22> 모델링 도구 실행 화면

계정 생성을 완료한 후 ADOxx Modeling Toolkit을 실행한 뒤 생성한 계정으로 접속하면 모델링 도구가 실행된다. <그림 A-22>는 ADOxx Modeling Toolkit을 실행한 화면이다. 좌측의 Explorer 창 또는 메뉴를 통해 새로운 모델을 생성할 수 있으며, 생성할 모델의 종류는 앞서 정의한 모델 타입을 따른다.

A.5 메커니즘 & 알고리즘

모델링 언어의 정의를 통해 기본적인 모델링 도구를 개발하였다. 그러나 모델링 언어의 정의만을 통해 개발된 모델링 도구는 단순히 모델을 생성할 수 있을 뿐 그 외의 기능이 존재하지 않는다. 모델링 도구를 완벽하게 활용하기 위해서는 각각의 모델을 위한 여러 가지 추가 기능을 필요로 한다.

모델링 도구를 위한 추가 기능은 ADOxx에서 제공되는 기능을 활용하는 방법과 사용자가 추가 기능을 직접 개발하는 방법이 존재한다. ADOxx에서 제공되는 기능은 특별한 개발 과정 없이 바로 사용이 가능하지만 기능이 제한적이라는 단점이 있으며, 추가 기능을 직접 개발하는 방법은 좀 더 다양한 기능을 활용할 수 있지만 추가 기능을 직접 개발하는 과정이 쉽지 않다. 본 절에서는 ADOxx에서 제공되는 기능을 소개하고, 추가 기능을 개발하기 위한 방법을 소개한다.

A.5.1 ADOxx에서 제공되는 기능

(1) 질의(Query)

ADOxx에서는 질의 시스템을 제공하고 있다. 질의는 ADOxx Query Language(AQL)을 통해 이루어지지만, AQL을 익히지 않아도 질의를 수행할 수 있도록 편의 기능을 제공하고 있다. 질의 기능은 ADOxx Modeling Toolkit에서 실행할 수 있다.

ADOxx Modeling Toolkit을 실행한 후 상단의 메뉴바 바로 아래의 아이콘 중 Analysis를 클릭하면 메뉴 항목이 변경된다. 메뉴의 Analysis에서 Queries/Reports를 선택 후 질의를 수행할 모델을 선택하면 <그림 A-23>과 같은 질의 수행 창이 열린다.

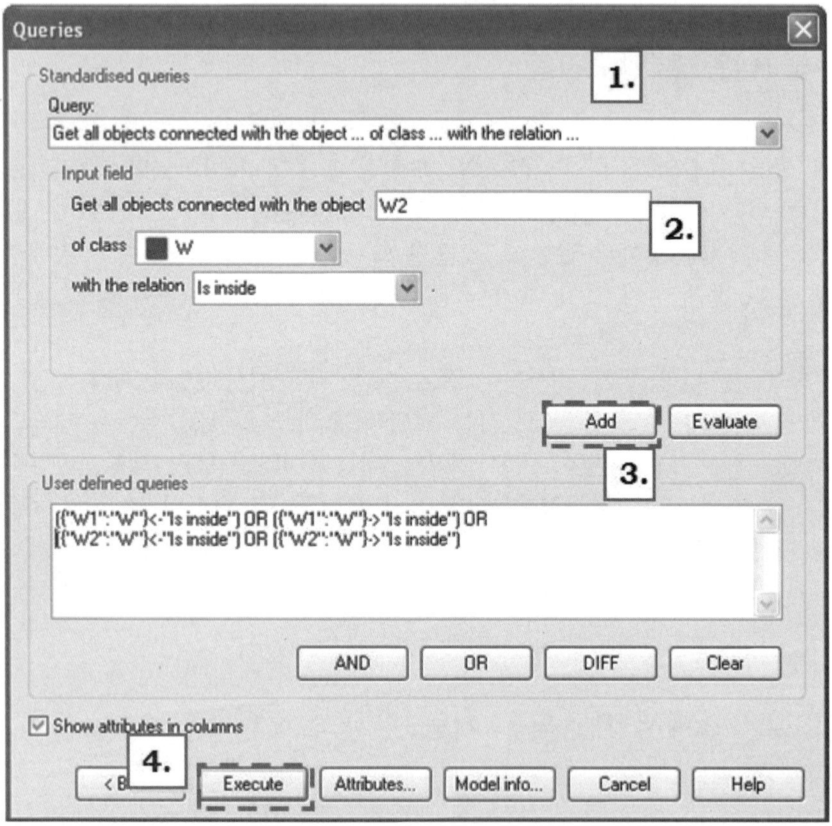

<그림 A-23> 질의 수행 창

기본적으로 질의는 AQL 언어를 사용해야 하지만 ADOxx에서는 AQL을 익히지 않고도 질의를 수행할 수 있도록 여러 가지 형태의 형식을 <그림 A-24>처럼 제공하고 있다. 상단의 Standardised queries 항목에서 Query 부분의 메뉴(<그림 A-23>의 1. 항목)에서 질의의 형식을 선택할 수 있다. 적절한 질의 형식을 선택한 뒤 <그림 A-23>의 2. 항목 부분에서 질의 수행에 필요한 값을 입력할 수 있

다. 입력 부분은 질의 형식에 따라 달라지며, 입력 값이 클래스 또는 속성인 경우 선택 가능한 값이 목록으로 나타나게 된다. 입력 값을 모두 입력한 뒤 Add 버튼(<그림 A-23>의 3. 항목)을 클릭하면 그 아래 User defined queries 부분에 질의를 수행하기 위한 AQL 문이 자동으로 입력된다. 마지막으로 Execute 버튼(<그림 A-23>의 4. 항목)을 클릭하면 질의가 수행된다. 질의의 결과는 <그림 A-25>와 같이 표 형태로 나타난다.

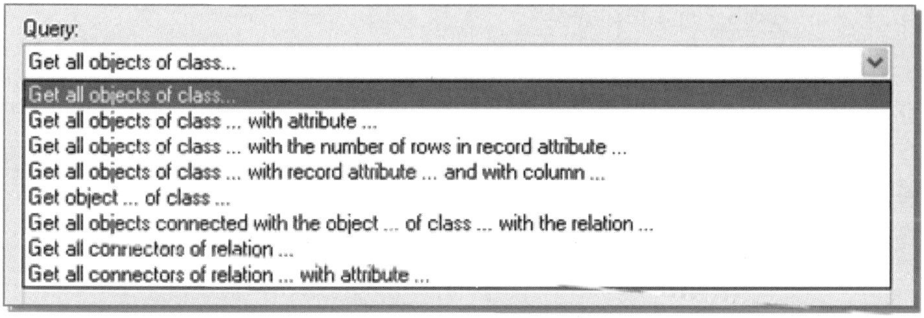

<그림 A-24> 질의 형식

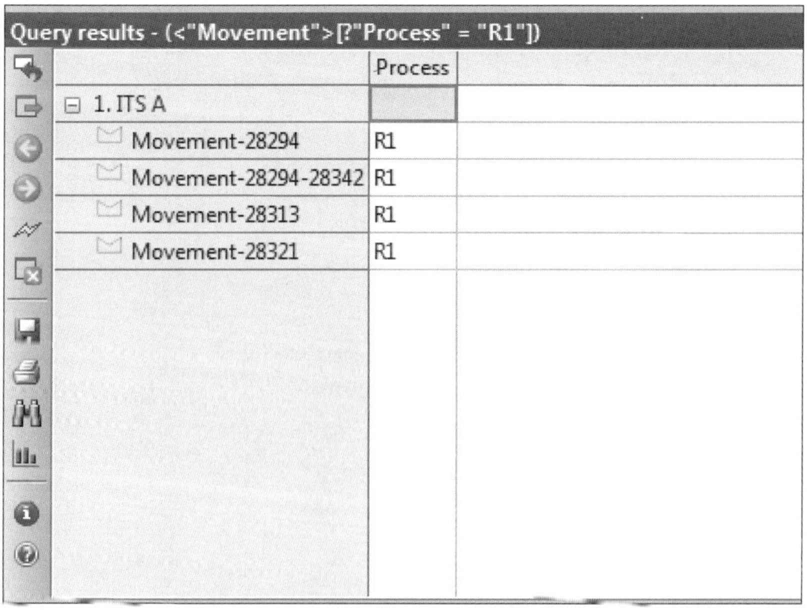

<그림 A-25> 질의 실행 결과

(2) 변환

ADOxx Modeling toolkit에서 제작된 모든 모델은 특정한 파일 형태로 추출할 수 있다. ADOxx에서는 ADL 파일 또는 XML 파일의 형태로 모델을 추출할 수 있다. ADL 파일은 ADOxx에서 사용되는 모델 추출 파일이며, 텍스트 파일 형식이므로 메모장 등의 프로그램을 통해 파일 내용을 확인할 수 있다. <그림 A-26>은 ADL 파일 형식으로 추출된 모델의 예 이며, <그림 A-27>은 XML 파일 형식으로 추출된 모델의 예 이다.

추출된 파일은 ADOxx 기반의 다른 모델링 도구 또는 그 외의 모델링 도구에서 활용할 수 있다. 특히, ADOxx 기반의 모델링 도구에서 이를 활용하는 경우, 추출된 파일의 내용을 변경한 뒤 모델링 도구로 다시 가져오면 변경한 내용이 반영되므로 매우 다양하게 활용할 수 있다.

```
INSTANCE <E1> : <E>
        ATTRIBUTE <Position>
        VALUE "NODE x:4cm y:11cm w:2cm h:2cm index:1"
        ATTRIBUTE <External tool coupling>
        VALUE ""
        ATTRIBUTE <a1>
        VALUE 0
        ATTRIBUTE <a2>
        VALUE
        ATTRIBUTE <a3>
        VALUE ""
        ATTRIBUTE <b1>
        VALUE 0
        ATTRIBUTE <b2>
        VALUE
        ATTRIBUTE <b3>
        VALUE ""
        ATTRIBUTE <e1>
        VALUE 0
        ATTRIBUTE <e2>
        VALUE
```

<그림 A-26> ADL 파일

```xml
<?xml version="1.0" encoding="UTF-8" ?>
<!DOCTYPE ADOXML (View Source for full doctype...)>
- <ADOXML version="3.1" date="28.06.2012" time="13:32" database="adoxx13" username="sample1" adoversion="Version 1.0">
  - <MODELS>
    - <MODEL id="mod.13813" name="model-1" version="1.1" modeltype="Sample" libtype="bp" applib="ADOxx 1.3 Dynamic Experimentation Library - START">
      + <MODELATTRIBUTES>
      - <INSTANCE id="obj.13814" class="E" name="E1">
          <ATTRIBUTE name="Position" type="STRING">NODE x:4cm y:11cm w:2cm h:2cm index:1</ATTRIBUTE>
          <ATTRIBUTE name="External tool coupling" type="STRING" />
          <ATTRIBUTE name="a1" type="INTEGER">0</ATTRIBUTE>
          <RECORD name="a2" />
          <ATTRIBUTE name="a3" type="STRING" />
          <ATTRIBUTE name="b1" type="INTEGER">0</ATTRIBUTE>
          <RECORD name="b2" />
          <ATTRIBUTE name="b3" type="STRING" />
          <ATTRIBUTE name="e1" type="INTEGER">0</ATTRIBUTE>
          <RECORD name="e2" />
          <ATTRIBUTE name="e3" type="STRING">11</ATTRIBUTE>
          <ATTRIBUTE name="a4" type="INTEGER">0</ATTRIBUTE>
          <ATTRIBUTE name="b4" type="STRING" />
        </INSTANCE>
      + <INSTANCE id="obj.13817" class="A" name="A1">
      + <INSTANCE id="obj.13826" class="B" name="B1">
      + <INSTANCE id="obj.13832" class="C" name="C-13010">
      + <INSTANCE id="obj.13835" class="D" name="D-13013">
      + <INSTANCE id="obj.16408" class="B" name="B-16408">
      + <INSTANCE id="obj.16604" class="V" name="V1">
      + <INSTANCE id="obj.17004" class="W" name="W1">
      + <INSTANCE id="obj.17007" class="B" name="B-16408-17007">
      + <INSTANCE id="obj.17291" class="E" name="E-17291">
      + <INSTANCE id="obj.17294" class="E" name="E-17294">
      + <INSTANCE id="obj.17297" class="E" name="E-17297">
      + <INSTANCE id="obj.17328" class="E" name="D-13013-17321">
      + <INSTANCE id="obj.17334" class="E" name="C-13010-17318">
      + <CONNECTOR id="con.13841" class="aRb">
      + <CONNECTOR id="con.13842" class="aRb">
      + <CONNECTOR id="con.13843" class="aRb">
      + <CONNECTOR id="con.13844" class="aRb">
      + <CONNECTOR id="con.13845" class="aRb">
      + <CONNECTOR id="con.16607" class="Is inside">
      </MODEL>
    </MODELS>
</ADOXML>
```


<그림 A-27> XML 파일

A.5.2 추가 기능의 개발

ADOxx에서 추가 기능을 개발하기 위해서는 AdoScript 언어를 사용하여 기능을 개발해야 한다. AdoScript 언어를 사용하여 새 메뉴의 추가, 모델 체킹 기능 구현, 외부 프로그램과의 연결 등의 기능을 개발할 수 있다.

AdoScript를 사용하여 추가 기능을 개발하기 위해 ADOxx 에서는 여러 API를 제공하고 있다. <그림 A-28>은 AdoScript에 대한 API 문서의 구성도이며, 그 중 붉은 점선으로 표기된 부분이 AdoScript에서 사용 가능한 API를 나타낸다.

API 문서는 https://www.adoxx.org/AdoScriptDoc/index.html에서 확인할 수 있다.

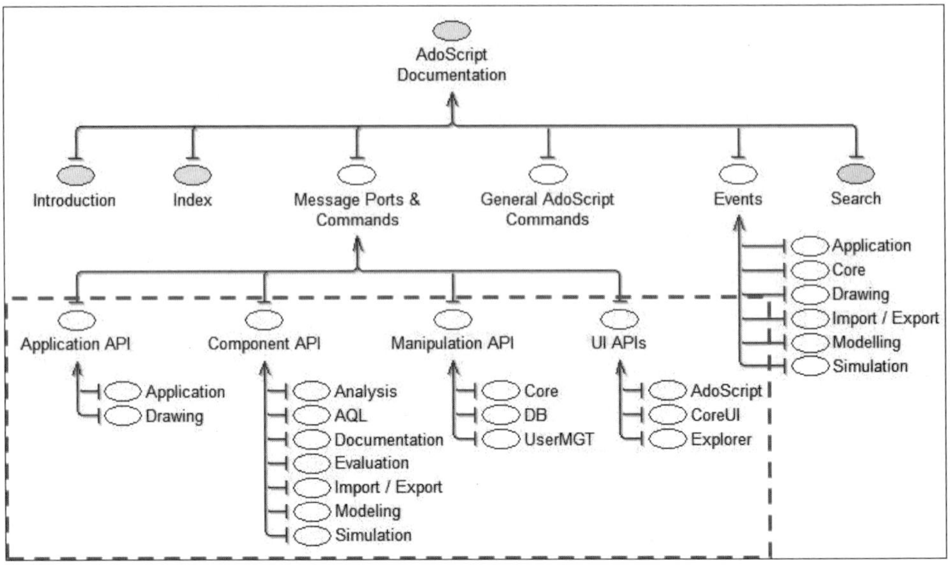

<그림 A-28> API 문서의 구성도

(1) AdoScript 코드

AdoScript 코드는 메모장과 같은 텍스트 편집기를 사용하여 작성할 수 있다. 단, ADOxx에서 AdoScript 코드를 실행하기 위해서는 파일의 확장자가 반드시 asc로 되어 있어야 한다.

```
# Reading out of the ModelID of a model currently open
CC "Modeling" GET_ACT_MODEL
# Errorcheck
IF (modelid != -1) {
  # Command Call(Keywords in Capitals)
  CC "Core" GET_MODEL_INFO modelid:(modelid)
  # Handling of Return Values
  CC "AdoScript" INFOBOX ("The active model is \""+modelname+"\" ("+modeltype+")")
}
ELSE {
  # error returned
  CC "AdoScript" ERRORBOX "No model is opened!"
}
```

<그림 A-29> AdoScript 코드

<그림 A-29>는 매우 간단한 형태의 AdoScript 코드이다. #은 주석을 나타내는 기호이다. CC는 Component Call의 약자로, ADOxx에서 제공되는 API를 사용하기 위한 키워드이다. CC 뒤에 따라오는 “Modeling”, “Core” 등은 API 그룹명을 나타내며, 그룹명 뒤의 GET_ACT_MODEL 등이 API의 이름을 나타낸다. 예제의 코드를 자세히 설명하면 다음과 같다:

- CC “Modeling” GET_ACT_MODEL
  현재 활성화된 모델의 id를 가져와서 modelid 에 저장한다.

- IF (modelid != -1) {
  …
  }
  ELSE {
  …
  }
  modelid의 값이 -1이 아니라면, IF 절의 문구를 실행시킨다. 반면에 modelid의 값이 -1이라면 ELSE 절의 문구를 실행시킨다. modelid가 -1이라는 것은, 현재 활성화된 모델이 없다는 것을 의미한다.

- CC “Core” GET_MODEL_INFO modelid:(modelid)
  입력받은 id를 지닌 모델의 정보를 가져온다. modelid:(modelid)에서 앞의 modelid는 GET_MODEL_INFO를 실행시키기 위해 필요한 매개변수의 이름을 나타내며, 뒤의 modelid는 해당 매개변수로 입력한 값을 나타낸다.

- CC "AdoScript" INFOBOX ("The active model is \""+modelname+" \" ("+modeltype+")")
  작은 알림창을 생성하고, 창 내부에 "The active model is \""+modelname+" \" ("+modeltype+")" 문구를 출력한다. 출력할 문구 중 modelname, modeltype은 윗 줄의 GET_MODEL_INFO를 실행시킨 결과로 생성된 값이다.

- CC "AdoScript" ERRORBOX "No model is opened!"
  작은 경고창을 생성하고, 창 내부에 "No model is opened!" 문구를 출력한다.

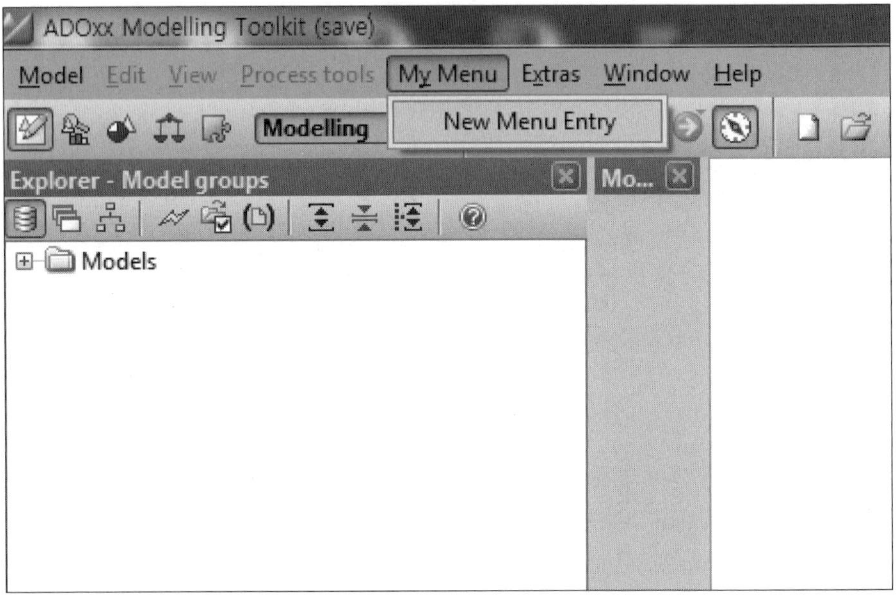

<그림 A-30> 생성된 메뉴 항목

(2) 메뉴 생성 및 실행

작성한 AdoScript 코드를 실행시키기 위해서는 해당 코드를 실행시키기 위한 메뉴를 생성해야 한다. 메뉴의 생성은 ADOxx Development Toolkit를 통해 이루어진다.

<그림 A-19>의 라이브러리 속성 창을 열고 Add-ons Chapter를 클릭한 뒤 하단의 External coupling 부분에서 메뉴를 추가할 수 있다. External coupling 부분에서 메뉴 생성을 위해 아래와 같은 코드를 입력할 수 있다:

```
ITEM "New Menu Entry" modeling:"My Menu"
EXECUTE file:("C:\\adoscript.asc")
```

이는 "My Menu" 라는 메뉴 내에 "New Menu Entry"라는 항목을 추가하고, 해당 메뉴를 클릭할 시 "C:\\adoscript.asc" 파일을 실행시킬 것임을 의미한다. 만약 메뉴가 기존에 없는 메뉴라면 메뉴를 새로 생성한다. 위의 코드를 입력하면 <그림 A-30>과 같이 메뉴가 생성된다.

AdoScript 코드를 실행하기 위해 메뉴를 생성하고 <그림 A-29>의 코드를 실행시키면 <그림 A-31> 또는 <그림 A-32>와 같이 실행 결과를 확인할 수 있다. <그림 A-31>은 활성화 된 모델이 없기 때문에 경고창이 나타났으며, <그림 A-32>는 활성화된 모델의 정보를 출력한 알림창이 생성되었다.

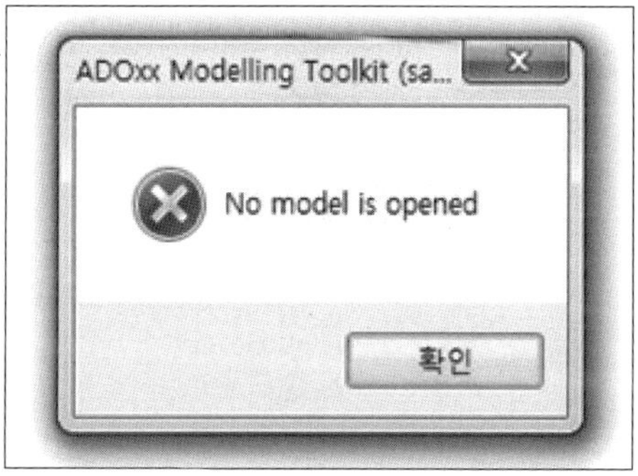

<그림 A-31> <그림 A-29>의 실행 결과(경고창)

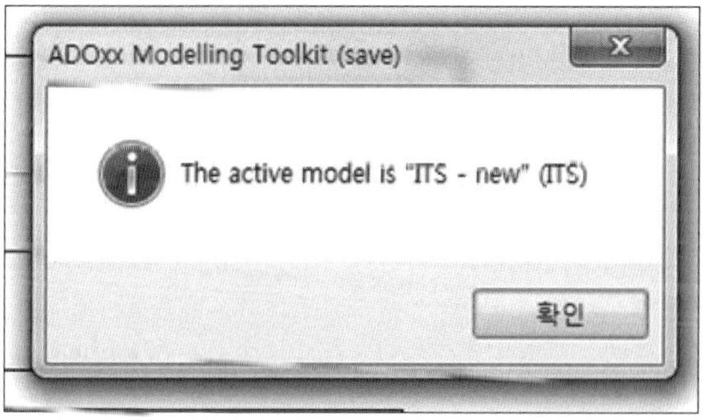

<그림 32> <그림 A-29>의 실행 결과(알림창)

A.6 결어

본 장에서는 모델링 도구를 개발할 수 있는 메타-모델링 플랫폼인 ADOxx를 소개하고, 이를 활용하여 모델링 도구를 개발하는 방법에 대하여 간략히 소개하였다. ADOxx는 오스트리아 비엔나 대학의 OMiLAB에서 개발되었으며, 유럽의 여러 대학에서 이를 사용하여 도구를 개발하였다.

https://www.adoxx.org/live/home에서는 ADOxx 외에도 이를 사용하여 개발된 BPMN, UML, OWL, ER 도구를 다운로드 받을 수 있으며, 도구 외에 해당 모델링 도구를 위해 정의된 라이브러리 파일도 다운로드 받을 수 있다. 이를 참조하면 ADOxx 기반의 모델링 도구가 어떻게 개발되었는지를 참조할 수 있으며, 또한 라이브러리를 수정하여 개선된 형태의 도구를 사용하는 것도 가능하다.

http://austria.omilab.org/psm/exploreprojects?param=explore 에서는 여러 연구 기관에서 개발한 ADOxx 기반 모델링 도구를 확인하고 다운로드 받을 수 있다. 각 도구는 다양한 목적을 위해 개발되었으며, 모두 ADOxx 기반이므로 모델링 도구간의 연동 기능을 간편하게 개발할 수 있다.

이러한 메타-모델링 플랫폼을 사용하여 정형기법을 위한 도구를 개발하면, 도구를 통한 시스템의 명세가 가능하고 자동화된 시스템의 검증 기능을 구성할 수 있다. 물론 정형기법을 통한 시스템의 검증 기능을 개발하는 것은 쉽지 않은 작업이다. 그러나 이러한 메타-모델링 플랫폼 없이 정형기법 도구를 개발한다면, 메뉴 몇 가지를 추가하는 것만으로도 상당한 작업을 필요로 한다. 메타-모델링 플랫폼의 활용은 메뉴 추가, 인터페이스 구성 등의 작업 시간을 최소화 시키고 정형기법의 기능과 같은 핵심적인 부분의 개발에 작업 시간을 할애할 수 있도록 할 수 있다.

참고 문헌

[FK13] H. Fill and D. Karagiannis, On the Conceptualisation of Modeling Methods Using the ADOxx Meta Modeling Platform, Enterprise Modeling and Information Systems Architectures 8(1), pp. 4-25, 2013.

[TUTORIAL] https://www.adoxx.org/live/tutorial, Tutorial Packages.

부록

B. Epilogue

힐베르트

20세기가 시작하던 1900년, 독일 수학자 David Hilbert[196]가 힐베르트 문제 (Hilbert's Problems)[197]라는 23개의 미해결 수학 난제를 제시한 것은, 19세기를 마감하고 20세기를 맞이하는 당시 과학자의 심리와 정서를 대표적으로 대변

196) David Hilbert(1862년1월23일~1943년2월14일)은 19세기와 20세기를 대표하는 가장 영향력이 있고 만능 수학자 중의 한명이다. 불변 이론((Invariant Theory), 기하학 공리화(Axiomization of Seometry) 등을 포함한 광범한 분야에서의 기초적인 개념을 연구하고 발견했다. 특히 힐버트 공간(Hilbert Space)을 정형화했으며, 함수적 분석(Functional Analysis) 수학의 창시자이다 [HILBERT].

197) 힐베르트가 제시한 총 23개의 문제다[HILBERT00, HilProblem]. 이 중 힐베르트 자신이 10 문제에 대해 해법을 제시했고, 나머지 문제 중 일부가 20세기 중반까지 해결이 되었다. 하지만 아직까지, 문제 자체가 모호하거나, 부분적으로 해결되었거나, 또는 바라보는 관점에 따라 부분적으로 해결되었다고 판단되거나, 또는 해결되었다고 판단하기 모호한 문제가 8개, 그리고 아직까지 명확히 해결되지 않은 문제가 4개이다.

하는 사건이라고 볼 수 있다. 즉 20세기에는 수학과 과학이 주도하는 세상, 그리고 이를 기반으로 최고의 인류 문명을 추구할 수 있을 것이라는 확신에 차 있었다. 과거에 신이 주도하던 종교의 절대성처럼, 20세기에 수학과 과학이 주도하게 될 절대성에 대한 확신이 '절대적'일 수 있었으므로.

아인슈타인

하이젠베르크

괴델

하지만 20세기 초반, 세계 1차대전을 통해 과학과 기술이 인간에게 보여준 모습은 너무 참담했다. 이것 뿐 만이 아니었다. 수학을 통해서 과학의 절대성을 입증하려던 여러 시도가 하나 둘씩 무너지기 시작했다. 시간과 공간의 절대성을 부정하는 아인슈타인의 상대성 이론[198](1916년), 물리적 확정성을 부정하는 하이젠베르크의 불확정성 이론[199](1925년), 수학적 논리 체계의 완전성을 부정하는 괴델

198) 아인슈타인은 중력에 의해 공간이 왜곡된다는 이론을 기반으로 현대 물리학을 창시한 물리 학자라고 평가해도 과언이 아니다. 이를 기반으로 아인슈타인은 물질세계의 절대성을 상징하는 빛조차도 절대적이지 않고, 중력에 의해 변하거나 왜곡될 수 있음을 상대성 이론을 통해서 이론적으로 입증했다. 나아가 빛에 종속된 시간도 중력에 의해 왜곡된다는 것 또한 이론적으로 입증했다. 현대의 많은 우주과학자가 이러한 아인슈타인의 이론을 물리적으로 입증하는 실험에 집중하고 있다.

199) 하이젠베르크의 불확정성 이론은 빛의 구성인 전자가 항상 확률적으로만 존재한다는 양자역학의 기본이 되었다. 즉 전자는 자신에게 주어진 힘만큼의 거리를 원자핵으로부터 유지하면서 확률적으로 존재하기 때문에, 그 거리에서는 언제, 어디서나 존재할 수 있다는 결론에 도달할 수 있다. 하지만 관찰되어지는 순간, 즉 관찰의 의미에 의해서, 다른 전자에 의해서 원 전자에 충돌이 발생되는 순간, 그 원 전자는 또 다른 곳으로 확률적으로 튕겨져 나가기 때문에, 원자의 절대적 위치는 관찰할 수 없다는 결론, 즉 또 다시 확률적으로 존재하는 상태로 복구된다는 결론에 이른다. 다시 말하면, 원자는 절대적으로, 확률적으로 존재할 수 밖에 없으며, 또한 그 전자의 현재 절대 위치는 '절대' 파악할 수 없으며, 모든 관찰되어진 위치는 과거의 위치라는 또 다른 결론에 이른다. 역으로 이는 지금 관찰되어지는 순간, 전자가 시간을 역행해, 관찰되어지기 전의

의 불완전성 이론[200](1931년)으로 20세기 전반부에 이미 수학과 과학에 대한 절대적인 '믿음'이 서서히 무너지기 시작했다. 당시 인류가 20세기에 직면하게 될 세상과 시대는 상대적이며, 불완전하며, 불확정할 수밖에 없다는 과학과 수학의 '상대성'과 '불완전성'과 '불확정성'으로.

과학의 발전을 역사적인 관점에서, 나아가 인류사적 관점에서 해석하는 것은 너무 의도적일 수 있다. 하지만 Alan Turing[201]에 의해 Turing Machine[202]이

시간으로 돌아간다는 결론에 도달하게 된다. 즉 전자는 관찰되는 순간, 시간은 역행할 수 없다는 시간의 절대성이 무너지게 된다.

200) F.L.G. Frege, Alfred Russell, A.N. Whitehead, David Hilbert 등의 수학자에 의해 구축된 현대 논리학은 20세기 초반, 모든 수학에 적용할 수 있는 공리 체계를 원했다. 즉 모든 수학 체계에 건전성과 완전성을 보장할 수 있는 공리 체계를 구축하고 싶었다. 이런 과정에서 Alfred North Whitehead와 Bertrand Russell은 1910년, 1912년, 1913년 각각 발간되었던 3권의 수학원리(PM: Principia Mathematica)에서 기호논리학의 공리 체계를 정의하였고[WR10, WR12, WR13], Emil Post는 1920년 콜롬비아대학에서 본인의 박사 논문을 통해 Whitehead와 Russell의 PM이 완전함을 증명하였다 [POST21]. 이를 기반으로, 모든 수학 체계에 건전성과 완전성을 보장할 수 있는 공리 체계를 구출할 수 있는 것처럼 보였다. 하지만 괴델은, 11년 뒤인 1931년에 자신의 박사 논문을 통해서, 1차 수학(1st Order Mathematics)이 불완전하다는 것을 괴델수라는 체계를 사용하여 증명하였다 [Gödel31a,Gödel31a]. 괴델은 여기에서 주어진 시스템 내에서 증명할 수 없는 정식이 있다고 가정했다. 만약 증명이 된다면, 거짓이 되는 정식이었다. 즉 참이지만, 증명할 수 없는 정식이 있다는; 참이지만 공리로부터, 추리 규칙으로 유도할 수 없는 정식이 있다는 것을, 역설을 이용해 증명했다. 즉 불완전하다는 것을 증명했다. 괴델의 연구는 당시, F.L.G. Frege, Alfred Russell, A.N. Whitehead, David Hilbert 등을 포함한 수 많은 수학자에게 엄청난 충격을 던졌다. 모든 수학 체계에 건전성과 완전성을 보장할 수 있는 공리 체계를 구축할 수 있다는 희망이 무너진 것이었다. 이는 시사하는 바가 매우 크다. 어쩌면 인간이 추구하고자 하는 완벽한 논리 체계는 가능하지 않다는 것을, 상징적으로, 그리고 이론적으로 보여준 사건이라고 볼 수 있다.

201) 앨런 튜링(Alan Turing)(1912년 6월 23일 ~ 1954년 6월 7일)은 지금 우리가 사용하고 있는 컴퓨터를 Turing Machine이라는 수학 기반 automata로 고안한 수학자이며, 논리 학자이자, 철학자이다. 이 튜링 머신은 세계 최초의 컴퓨터 알려진 ENIAC의 기본 아키텍처인 von Neumann Architecture의 배경이 되었으며, 튜링은 이 기계를 통해서, 괴델의 불완전성 이론, 즉 참이지만 참임을 증명할 수 없는 명제가 있음을, 기계적으로 증명하였다[TURING].

202) Turing Machine: Turing은 1936년 "On Computable Numbers, with an Application to the Entscheidungsproblem"[TURING37, TURING38] 논문을 통해서 컴퓨터 수학적 모델인 Turing Machine 발표했다. Turing은 이 모델을 통해서, 1931년 괴델의 포괄적 연산 정형 언어를, 나중에 Turing Machine이라고 불리는, 간단하고 정형적인 가상 장치로 대체함으로써, 1928년 Hilbert가 제시한 결정 문제, 즉

고안된 것은 이러한 시대적, 과학적, 나아가 철학적 모순과 한계를 생태적으로 극복해야만 했던 시대적 산물이라고 볼 수도 있다. 어쩌면, '상대적'이며, '불완전'하고, '불확정'한 시대를 이끌어 갈 Automata[203]와 같은 기계의 등장이 필요했으리라.

튜링

이러한 시기에 Turing은 1936년 현대 컴퓨터의 수학적 모델인 Turing Machine을 발표했다. 흥미로운 점은 Turing Machine이, Hilbert 문제 중 2번 문제의 파생 문제로 1928년 Hilbert가 제시한 결정 문제, 즉 Entscheidungsproblem[204](Decision Problem)에 대해, 하나의 해답이 되었다

Entscheidungsproblem(Decision Problem)[HC28]에 대한 연산과 증명에 대해 단점이 있음을 지적하고 이 문제를 재정식화(reformulation)하였다. 여기에서 Turing은 우리가 인지할 수 있는 연산 문제가 algorithm, 즉 결정 문제로 표현되어진다면, 자신이 제안한 Turing Machine으로 이 문제를 해결할 수 있다는 것을 증명했다. 그리고 Turing Machine이 Alozo Church의 λ-Cacculus와 동일하지만[CHURCH32, CHURCH36], λ-Calculus보다 더 직관적이고 접근하기 편하다고 평가 받았다. 이후 이 논문은 John von Neumann이 제작한 현대 컴퓨터의 기본 개념이 되었다. 실제 그는 1936부터 1938년 사이에 Princeton 대학에서 Church의 지도하에 박사 학위를 받았고, 이 시기에 John von Neumann Architecture 설계에 간접적으로 기여했다고 평가할 수 있다.

203) 오토마타(Automaton[단수]; Automata[복수])는 스스로 작동되는 시계를 의미한다. 이 기계의 작동원리는 주어진 업무를 순차적으로 수행될 수 있도록 미리 규정한 명령 체계의 자동 업무 수행 방식이다. 고대로부터 현대에까지 이런 유형의 기계가 존재한다[AUTOMATA]. 하지만 현대의 컴퓨터는 전자화된 구조에서 전자화된 명령 체계에 따라 업무를 수행하는 새로운 패러다임의 오토마타라고 정의할 수 있다. 나노 단위에서의 오토마타에 대한 연구는 지금 활발히 연구가 진행이 되고 있으며, 나아가 DNA와 RNA를 기반으로 한 생물학적인 오토마타도 이론적으로 가능할 수 있을 것이다.

204) Entscheidungsproblem(Decision Problem)는 제1차 논리(first-order logic) 정식에 대해, 이 정식이 보편적으로(universially) 타당한지 아닌지를 판단하는 문제이다[HC28]. 1차논리의 완전성에 의하면, 한 정식이 참이 논리의 공리로부터 유도될 때에

는 점이다[205]. 이는 어떤 면에서, Hilbert가 20세기를 맞이하며 추구했던 수학과 논리의 건전성과 완전성이, 괴델에 의해 수학적으로 또는 개념적으로 불완전하다는 것을, Turing이 다시 기계적으로 더 완전하게 증명한 바가 되었을지는 모르지만, 역으로 Turing Machine으로, 불완전성을, 나아가 상대성과 불확실성을 극복할 수 있는 가능성을 발견했을지도 모른다. 즉 개념적으로 불완전하다는 것을 물리적으로 입증할 수 있다면, 그 역으로 물리적으로 불완전한 것에 대해 물리적인 보완을 함으로써, 개념적인 불완전함도 실질적인 면에서 부분적으로 보완될 수도 있다는 점이다. 어쩌면 이런 면에서 많은 Heuristics가 요구되었고, Turing Machine이 실제 컴퓨터로 구현되어 이런 Heuristics를 담당하고 있는지도 모른다.

ENIAC

EDVAC

20세기 중반, Turing Machine은 von Neumann의 기본 Architecture가 되었고, ENIAC, EDVAC 등으로 제품화 되었다. 이후 다양한 Mainframe, Mini-Computer, Workstation이 개발되었고, 이들을 연결하기 위한 다양한 통신 모델과 프로토콜이 구축되었다. 20세기 후반기는 PC와 Internet으로 새로운

만 타당하고; 또한 그 역으로 타당할 때에만 유도가 되어야 한다. 즉 이 문제는 1차 논리의 공리로부터 유도규칙을 사용하여 증명이 될 수 있는가에 대한 결정 문제(decision problem)가 된다.

205) Turing은 이 논문에서, 1928년 Hilbert가 제시한 결정 문제, 즉 Entscheidungsproblem (Decision Problem)[HC28]에 대해 1931년 괴델이 제시한 포괄적 연산 정형 언어에서의 연산과 증명에 대한 단점을 제시하고, 이 문제를 재정식화(reformulation)하였다. 여기에서 Turing은 우리가 인지할 수 있는 연산 문제가 algorithm, 즉 결정 문제로 표현되어진다면, 자신이 제안한 Turing Machine으로 이 문제를 해결할 수 있다는 것을 증명했다.

시대의 시작을 준비하였고, 드디어 21세기가 시작되었다.

나쉬

페레만

21세기는 과연 어떤 시대가 될 것인지 궁금하다. 20세기의 시작인 1900년에 Hilbert가 제시한 세기의 미해결 난제처럼, 21세가 시작되던 2000년 Clay Mathematics Institute에서는 7개의 Millennium Prize Problem[206]을 제시했다. 그 중에서 Hilbert의 결정 문제, 즉 Entscheidungsproblem(Decision Problem)을 해결하는 데 걸리는 시간을 Turing Machine을 기반으로 다룬 대표적인 복잡도 문제인 'P=NP?'[207]가 선정되었다.

이 문제는 근본적으로 해결될 수 없다고 알려져 있다. 그 이유는 아마도 결국은, 괴델의 불완전성 이론과 같은 관점일 수도 있다. "참이지만 증명할 수 없는" 결

---

206) Millennium Prize Problem은 20세기가 시작하면서 Hibert가 제시했던 20세기의 23개 문제를 제시했던 것처럼, 21세기가 시작하던 2000년에 미국의 Clay 수학협회에서 7개의 21세기 문제-Birch and Swinnerton-Dyer conjecture, Hodge conjecture, Navier-Stokes existence and smoothness, P versus NP problem, Poincaré conjecture, Riemann hypothesis, 그리고 Yang-Mills existence and mass gap-를 제시했고, 각 문제마다 백만불의 상금을 걸었다. 이중 현재까지 단 한 문제 '프엥카레 추측'(Poincaré conjecture) 문제만이 러시아 수학자 그리고리 페레만(Grigori Perelman)에 의해 해결되었고, 나머지는 지금도 미해결 상태이다. 흥미로운 것은 페레만이 학회가 수여하는 백만불의 상금을 거절했다는 점이다. 아마도 페레만 자신에게 프엥카레 추측의 증명은 금전적 가치로 평가받을 수 없다는 학자로서의 어떤 철학과 가치가 있었을 것이라고 '추측'해 본다.

207) 이 문제는 1950년대에 John Forbes Nash Jr. 가 National Security Agency에게, 그리고 Kurt Gödel이 John von Neumann에게 보낸 편지에서 거론하기 시작한 문제이다. 이에 대한 명확한 문제의 정의는 1971년 Stephen Cook의 세미나 논문에서 "The complexity of theorem proving procedures"에서 처음 소개되었다 [COOK71]. 'P=NP?'를 해결했다고 주장하는 학자가 있기는 하지만 이 문제의 본질을 잘못 이해해서 발생이 되는 '문제'라고 평가한다. 대표적인 예가 전북대학교 심양곤 교수의 논문과 주장이다 [NWK04a, NWK04b].

론에 봉착할 수도 있다는 의미이다. 하지만 이를 증명하기 위한 다양한 Heuristics가 전개되고 있다는 점은, 아마도 거론한 바와 같이, 개념적으로 불완전하다는 것을 물리적으로 입증을 할 수 있다면, 그 역으로 물리적으로 불완전한 것에 대해 물리적인 보완을 함으로써, 개념적인 불완전함도 실질적인 면에서 부분적으로 보완될 수도 있다는, 즉 Heuristics로서의 Turing Machine의 의미와 가치를 부각시키고 있는지도 모른다.

AlphaGo

우리는 지금 4차 산업 혁명의 중심에 있다. ICT를 기반으로 구축되고 있는 Smart World. 그 중심에는 Big Data와 AI가 있다. 이들을 전통적인 SW 관점에서 이해할 수 있다. 하지만 결국은 Turing Machine에 기반을 둔 Heuristics의 관점을 벗어날 수는 없다. 인간의 지능을 넘어서게 될 AI와 Big Data. 하지만 이것은 '절대' 절대적일 수 없다. 과거에 신이 주도하던 종교의 절대성처럼, 미래에 AI가 주도하는 'Smart'한 기계의 절대성을 기대해서는 안된다. 그럴 경우, 우리는 다시 종교의 암흑 시대가 아닌, AI의 암흑 시대로 진입하게 될 것이다. 만약 AI가 DNA와 RNA를 코딩처럼 조작해 'Smart'한 인간과 생명체를 제조한다고 한다면, 우리는 암흑의 시대가 아니라, 혼돈(Chaos)의 시대, 그리고 종말을 맞이하게 될 것이다.

P=NP? ≈ **Man=Machine?** ?

인간 사회와 문명의 중심에는 인간이 있다. 기계는 단지 기계일 뿐이라는 사실을 Turing은 Turing Machine을 통해 Gödel의 불완전성 이론으로 검증했다. 즉 "참이지만 증명할 수 없는 것이 있다"는 것이 실제 컴퓨터로 증명이 되었다는 것은, 역으로 컴퓨터로는 완전성을 검증할 수 없다는 의미와 같다. 우리 시대의 숙세는 'P=NP?'처럼, 'Human Intelligence (HI)=(AI) Artificial Intelligence?' 또는 'Man=Machine?'이 될 수도 있다. AI가 HI를 대체하고 최종 '결정권'을 가지게 될 때, 아마도 인간은 단지 기계의 일부가 되어 있을지도 모른다.

참고 문헌

[AUTOMATA] https://en.wikipedia.org/wiki/Automaton

[CHURCH32] Church, A. (1932). A set of postulates for the foundation of logic. Annals of Mathematics. Series 2. 33 (2): 346-366. JSTOR 1968337. doi:10.2307/1968337.

[CHURCH40] Church, A. (1940). A Formulation of the Simple Theory of Types. Journal of Symbolic Logic. 5 (2): 56-68. JSTOR 2266170. doi:10.2307/2266170.

[COOK71] Cook, Stephen (1971). The complexity of theorem proving procedures. Proceedings of the Third Annual ACM Symposium on Theory of Computing. pp. 151-158.

[Gödel31a] Kurt Gödel, 1931, Über formal unentscheidbare Sätze der Principia Mathematica und verwandter Systeme, I, Monatshefte für Mathematik und Physik, v. 38 n. 1, pp. 173-198

[Gödel31b] Kurt Gödel, 1931, Über formal unentscheidbare Sätze der Principia Mathematica und verwandter Systeme, I, in Solomon Feferman, ed., 1986. Kurt Gödel Collected works, Vol. I. Oxford University Press, pp. 144-195. ISBN 978-0195147209.

[POST21] Post, Emil Leon (1921). Introduction to a General

Theory of Elementary Propositions. American Journal of Mathematics. 43: 163-185. doi:10.2307/2370324.

[HC28] David Hilbert and Wilhelm Ackermann (1928). Grundzüge der theoretischen Logik (Principles of Mathematical Logic). Springer-Verlag, ISBN 0-8218-2024-9.

[HILBER] https://en.wikipedia.org/wiki/David_Hilbert

[HILBER00] David Hilbert, Mathematical Problems. Bulletin of the American Mathematical Society, vol. 8, no. 10 (1902), pp. 437-479. Earlier publications (in the original German) appeared in Göttinger Nachrichten, 1900, pp. 253-297, and Archiv der Mathematik und Physik, 3rd series, vol. 1 (1901), pp. 44-63.

[HilProblem] https://en.wikipedia.org/wiki/Hilbert%27s_problems

[NWK04a] Ki-Bong Nam, S. H. Wang and Y. G. Kim. Linear Algebra, Lie Algebra and their applications to P versus NP, J. Appl. Algebra Discrete Struct. 2 (2004), no. 1, pp. 1-26.

[NWK04b] Ki-Bong Nam, S. H. Wang and Y. G. Kim. Explicit Universal Proof of P $\neq$ NP, IMCC Proceedings, 2004, pp. 1-58.

[TURING] https://en.wikipedia.org/wiki/Alan_Turing

[TURING37] Turing, A. M. (1937). On Computable Numbers, with an Application to the Entscheidungsproblem. Proceedings of the London Mathematical Society. 2. 42. pp. 230-65. doi:10.1112/plms/s2-42.1.230.

[TRUING38] Turing, A.M. (1938). On Computable Numbers, with an Application to the Entscheidungsproblem: A correction. Proceedings of the London Mathematical Society. 2. 43 (published 1937). pp. 544-46. doi:10.1112/plms/s2-43.6.544.

[WR10] Whitehead, Alfred North; Russell, Bertrand (1910), Principia mathematica, 1 (1 ed.), Cambridge: Cambridge University Press, JFM 41.0083.02.

[WR12] Whitehead, Alfred North; Russell, Bertrand (1912), Principia mathematica, 2 (1 ed.), Cambridge: Cambridge University Press, JFM 43.0093.03.

[WR13] Whitehead, Alfred North; Russell, Bertrand (1913), Principia mathematica, 3 (1 ed.), Cambridge: Cambridge University Press, JFM 44.0068.01.

정형기법

Formal Methods

지은이 이문근
펴낸이 이남호
펴낸곳 전북대학교출판문화원

초판 1쇄 인쇄 2017. 9. 11
초판 1쇄 발행 2017. 9. 15

전북대학교출판문화원 전라북도 전주시 완산구 어진길 32 (풍남동2가)
전화 (063) 219-5321~2
FAX (063) 219-5323
출판등록 2012년 8월 20일 제465-2012-000021호

값 25,000원

ISBN 979-11-87892-50-2 93000

이 도서의 국립중앙도서관 출판예정도서목록(CIP)은 서지정보유통지원시스템 홈페이지(http://seoji.nl.go.kr)와 국가자료공동목록시스템(http://www.nl.go.kr/kolisnet)에서 이용하실 수 있습니다. (CIP제어번호 : CIP2017022534)